《中国城市通史》

推 荐 语

中国城市化率已超过百分之六十，人们对城市史的关注超过以往任何时期。《中国城市通史》视野宏阔，体大思精，既从总体史角度对中国城市发展变迁的全过程加以探讨，又对不同时期的城市空间形态、城市经济、城市人口、城市管理、城市社会生活等多层面进行细致研究，揭示了不同时期中国城市发展特点，再现了中国城市的发展轨迹。此书在手，读者可对中国城市历史有较为全面、系统、立体的认识。

《中国城市通史》的出版，必将有力推动具有中国特色的中国城市史研究学科体系、学术体系和话语体系的构建。

——熊月之（中国城市史研究会会长，上海社会科学院原副院长，研究员）

《中国城市通史》系统阐述了中国城市的发展脉络和特点，分析了不同时期城市的兴衰流变，揭示了中国城市的本质和特点，阐释了其历史地位和贡献，是对中国城市发展进行总体史研究较为系统的巨著。全书视野宏大，整体史观鲜明，富有时代气息。全球史的视野更加凸显了城市发展的中国特色；文明史和中华民族命运体的高度，展现出各个时期中国城市的绚丽多彩，勾勒出中原城市与边疆城市"一体多元"的历史进程。

——张利民（中国城市史研究会副会长，《城市史研究》主编，研究员）

《中国城市通史》从人类文明史的高度，分时间与空间两个维度全面考察中国城市文明的兴起和发展，探寻中国城市发展的规律，凸显中国城市发展的特点，展现中国城市文明的亮点，是中国城市史研究的集大成之作，具有极高的创新性与学术价值。

——倪玉平（清华大学人文学院副院长，历史系教授）

四川大学基地培育项目

中国城市通史

《绪论　先秦卷》

何一民◎主编

何一民　王立华　何永之◎著

四川大学出版社

项目策划：熊　瑜
责任编辑：何　静　袁　捷
责任校对：周　颖　李　耕
封面设计：墨创文化
责任印制：王　炜

图书在版编目（CIP）数据

中国城市通史．绪论　先秦卷 ／ 何一民，王立华，何永之著．— 成都：四川大学出版社，2020.8
ISBN 978-7-5690-3642-8

Ⅰ．①中… Ⅱ．①何… ②王… ③何… Ⅲ．①城市史—中国—先秦时代 Ⅳ．① K928.5

中国版本图书馆 CIP 数据核字（2020）第 135033 号

审图号：GS(2020)3718
地图编制：成都地图出版社

书名	中国城市通史·绪论 先秦卷
	ZHONGGUO CHENGSHI TONGSHI · XULUN XIANQIN JUAN
著者	何一民　王立华　何永之
出版	四川大学出版社
地址	成都市一环路南一段24号（610065）
发行	四川大学出版社
书号	ISBN 978-7-5690-3642-8
印前制作	四川胜翔数码印务设计有限公司
印刷	成都东江印务有限公司
成品尺寸	185mm×260mm
插页	1
印张	27.5
字数	731千字
版次	2020年12月第1版
印次	2020年12月第1次印刷
定价	220.00元

◆ 版权所有 ◆ 侵权必究

- 读者邮购本书，请与本社发行科联系。
  电话：(028)85408408/(028)85401670/
  (028)86408023　邮政编码：610065
- 本社图书如有印装质量问题，请寄回出版社调换。
- 网址：http://press.scu.edu.cn

四川大学出版社
微信公众号

《中国城市通史》编委会

编委会主任： 何一民

副主任： 熊月之　张利民　高中伟

编　委（以姓氏笔画为序）：

　　　　王立华　王明德　田　凯　付志刚　冯　兵　冯　剑　何一民

　　　　何永之　张利民　吴朝彦　陆雨思　范　瑛　赵淑亮　侯宣杰

　　　　高中伟　黄达远　黄沛骊　韩　英　鲍成志　熊月之　谯　珊

主　编： 何一民

序

何一民

  城市是人类社会发展到一定阶段的产物，城市的产生是人类社会从野蛮时代演进到文明时代的重要标志之一，因而城市研究理所当然地成为社会发展与人类文明研究中的一项重要课题，成为探究历史奥秘与当代问题的一个窗口、一把钥匙。中国是世界城市发源地之一，中国古代城市之多、规模之大，世所罕见。中国古代典籍中不乏有关城市的记载，蕴藏着丰富的城市史资料，著名的如《洛阳伽蓝记》《东京梦华录》《都城纪胜》《长安志》《宋东京考》等史籍和《两都赋》《两京赋》《蜀都赋》等文学名篇，另外，浩如烟海的地方志书也保存了丰富的城市史资料，但古代中国一直未形成独立的城市史学，国人对中国城市历史的研究起步甚晚。1925—1926年，梁启超相继发表《中国都市小史》《中国之都市》等文，表明中国学者不仅注意到了城市的重要性，而且开始了对中国城市历史的初步研究。20世纪30年代，部分学者发表了一些有关中国城市史的文章，如陶希圣、全汉昇、侯仁之等对长安、北京等城市的研究。此外，上海等城市为了编纂城市志，也对相关城市史资料进行了整理，在一定程度上推动了中国城市史的研究。但从整体上看，当时有关中国城市历史的研究还未受到学界广泛的重视，相关研究成果较少。改革开放以来，城市现代化建设和历史学学科建设的需要成为中国城市史研究的重要推力，从国家"七五"规划开始，中国城市史研究受到学术界高度关注，参与研究者日益增多，研究成果日益丰硕。四川大学城市研究所作为国内高校中最早成立的城市研究机构之一，自1988年成立以来，先后承担了十余项与中国城市史相关的国家社科基金重点课题和年度课题，而我有幸成为改革开放以来最早开始从事中国城市史研究的学人之一。从单体城市研究到区域城市研究，从断代城市研究到城市通史研究，从城市发展与社会变迁研究到城市衰落研究，从内地城市研究到边疆城市研究，我始终认为中国城市史研究学术生命常青，需要不断地迎接挑战，不断地开拓创新。

  20世纪80年代中期，当我因教学和研究的需要开始涉足中国城市史研究时，深感对中国城市史的认识不能只局限于某一历史时段，特别是初涉中国城市史领域的硕士、博士研究生，要对中国城市史有整体的认识，才能更好地开展断代的或专题的城市史研究。中国城市历史悠久、内容丰富，要研究中国城市历史，就必须从整体上把握中国城市的发展脉络，这样，城市史研究才能做到宏观与微观相结合，才能从大处着眼、小处着手。因而，中国城市史研究者不能只对某一时段的城市有所了解，而必须对中国城市历史的全貌有所认识，对世界城市历史有所了解，将自己所要研究的对象置于历史的长河中加以考察，才能很好地把握自己所要研究的对象，从而得出创新性的研究成果。由于当时还没有一本关于中国城市的通史性著作，为了适应教学的需要，我冒昧地仅凭一己之力编写了一本《中国城市史纲》。该书虽然仅有三十万字，却耗费了我数年的时间，直到1993年才得以完成，1994年由四川大学出版社出版。该书为国内较早对中国城市史进行长时段研究的著作之一，在此之前，没有任何可资借鉴的资料。该书主要是对先秦至20世纪中叶数千年间中国城市发展脉络进行较为系统的梳理，对城市的发展变迁和特点加以概述和总结，在一定程度上弥补了中国城市史研究的不足，具有一定的学术价值。该书出版后，得到学术界的肯定，获得中国图书奖，并成为历史学、建筑学、规划学等相关学科的硕士、博士研究生了解中国城市历史的一本入门参考书。

但是，由于该书成于20世纪90年代初，缺少相关资料，因而详今略古，仅能以"史纲"的形式对"中国城市史"做一探究，成为中国城市通史研究的探路之作。20世纪90年代以来，关于中国城市的通史性著作相继问世，受到学术界的高度重视。这些通史性著作各有所长，以不同的方式对中国城市的历史变迁进行了研究，具有重要的学术价值，但也有若干不足，因而在讲授中国城市史课程和开展新的课题研究时，我深感有必要对《中国城市史纲》进行修订。由于多种原因，我始终未能下定决心重写。2008年，冯天瑜教授在全国范围内约请相关学科知名专家学者撰写中国专门史丛书，由何晓明教授出面约我撰写《中国城市史》。其时我虽应允，但因正在主持《清史·城市志》项目的研究工作，不能全身心地投入中国城市史的研究工作，只能选择在《中国城市史纲》的基础上进行改写，保留了《中国城市史纲》的框架，按时间顺序对先秦、秦汉、三国两晋南北朝、隋唐、宋辽金夏元、明清（中前期）、晚清（鸦片战争后）、民国等时段的城市情况分章进行概述，力图将不同时代中国城市的风貌、经济、社会、建设规划等特点展示出来，凸显中国城市的发展轨迹及特点。《中国城市史》较《中国城市史纲》增加了三十余万字，内容更加丰富，观点更加明确，条理也更加清晰。该书的一个特点在于尽量对中国漫长的城市历史进行全方位把握和科学分期，简明扼要地阐述中国城市的缘起及数千年间的发展演变，为漫长而复杂的中国城市历史梳理出一条较为清晰的脉络，同时尽可能地展现各个时期中国城市的不同特点。但是，当《中国城市史》出版后，再回头来看，深感不足之处甚多，故而希望整合国内学术界的力量，重新撰写一部大型多卷本《中国城市通史》。

2012年，国家社科规划办公室向全国征求重大招标课题的选题，我将编纂大型多卷本《中国城市通史》的设想加以梳理、论证，并经由四川大学向国家社科规划办推荐，经相关专家评议，该课题被列入重大招标课题指南。于是，我在全国范围内联络了多名中国城市史领域的著名专家学者，准备共同申报该项目。经过两个多月的准备，撰写了十万余字的申报书。当我们满怀信心地等待评审结果时，却得到了一个令人沮丧的消息，在专家评审时，有个别专家并不是对申报书有不同意见，而是认为编纂多卷本《中国城市通史》够不上重大项目，因此功亏一篑，该课题由重大项目降为重点项目立项。由于重点项目与重大项目的经费相差较大，故而难以再请国内其他著名专家参与该课题，只能依托四川大学城市研究所自身的力量进行相关研究。

　　虽然《中国城市通史》的编纂从重大项目降为重点项目，但我们仍然按照重大项目的相关要求进行研究，其总体框架是基于对中国城市历史基本脉络及总体特点的梳理，按历史变迁将中国城市发展历史分为七个时期，每一时期编纂一卷，分别为先秦卷、秦汉魏晋南北朝卷、隋唐五代卷、宋辽夏金卷、元明卷、清代卷、民国卷，加上总领全套书的绪论卷，凡八卷七册、450余万字。

　　多卷本《中国城市通史》的编纂充分吸取了学术界目前有关中国城市史研究的相关成果，通过不同学科的对话和不同研究方法的碰撞，对中国城市发展规律和重大理论进行了探讨、提炼和升华，在一定程度上进行了学术开拓和创新。多卷本《中国城市通史》从时间与空间两个维度较为系统地梳理了史前时期至中华人民共和国成立以前数千年间中国城市孕育、发展与变迁的历史过程；重点探讨了中国城市发展与演进的内在规律和阶段性特点；揭示了各个历史发展阶段中国城市的兴衰及其原因，以总体史的方法论对中国城市发展变迁的全过程加以探讨和论述，对不同朝代、不同阶段中国城市的空间形态、经济发展、人口数量、管理制度、社会生活等多个方面的内容进行细致、深入的考察，勾勒出中国城市发展的总进程与不同时期城市发展的全貌。每一卷都涵盖了不同时期中国城市发展变迁的方方面面，体现出中国城市发展的历史逻辑延续性。另外，每一卷又在不同章节根据不同时代的实际情况对中国城市的特殊性加以重点研究，如唐宋时期城市的"市坊"、元明港口城市的兴起与变迁、清代水系城市、民国时期城市的现代化转型等。

　　多卷本《中国城市通史》较前人著作有一个重要的创新，就是一改过去只重视中国内地城市历史的研究范式，而以中华民族命运共同体的视角对中国城市进行多维度的审视，将今天内陆边疆地区的城市发展变迁纳入中国城市史研究之中，突破了以汉族、中原政权为中心的历史书写模式。这既是本项目研究的一个突出特征，也是以往城市史研究中的薄弱环节。无论是中国城市的起源，还是不同时期中国城市的发展，都将民族地区的城市发展演变纳入整体研究之中，如秦汉魏晋南北朝卷、宋辽夏金卷、元明卷、清代卷等都设置了专篇或专章，强化对民族地区、边疆地区城市发展的研究，尤其是对辽、夏、金三个少数民族政权城市史设置专篇进行研究，着重对与宋朝并立的辽、夏、金等少数民族政权统治区域内的城市进行系统考察，其研究文本多达三十余万字，弥补了过去对辽、夏、金等城市史研究的不足。另外，本套书还专门设置章节对西藏、新疆、内蒙古等民族地区城市的发展进行深入研究。这些都是之前中国城市史相关著作较少涉及的领域，故而具有开拓性和创新性，突破了以往中国城市史研究中狭隘的地域界限，有助于增进人们对中华文明发展全貌的认识，在一定程度上，可以说是填补了学界有关中国古代农牧交接带地区城市史研究的空白。

多卷本《中国城市通史》的编纂遵循"搜采欲博,考评欲精,职任欲分,义例欲一"的基本原则,一方面充分吸收前人的研究成果,另一方面尽可能地深入发掘历史资料,大量地运用新的历史资料和统计数据,参考文献上千种,引用史料数千种。

总体上看,多卷本《中国城市通史》作为一部通史性城市史专著,具有较高的学术价值,但是由于时间跨度太大,涉及的内容繁多,研究难度极大,难免存在不足之处:首先,作为中国城市通史,尚缺少中国当代城市史的内容。多卷本《中国城市通史》之所以不包括中华人民共和国时期城市发展的历史,一是因为中华人民共和国的成立距今不远,相关研究才刚起步,很多问题都没有进行深入研究,学术准备尚不充分;二是有关此一时期城市发展的资料虽然丰富,但有不少重要资料尚未公开,因而会影响研究的学术性和客观性。有鉴于此,按现在一般通史体例,《中国城市通史》的时间下限为1949年,中华人民共和国城市史的编纂可待条件成熟后另行启动。其次,本课题组的研究者虽然运用了大量的历史文献、图表数据,但地图较少,除了元、明、清等几个时期,其他各朝代都缺乏城市地域分布图、城市空间结构图,需要在其后增补,以便对历代城市的地域分布、城市空间结构有更直观的认识。另外,中国城市发展在不同历史阶段的相关问题很多,见仁见智,挂一漏万,难以周全;加之这是一个多人合作的集体项目,研究者水平参差不齐,风格也略异,作为项目负责人,我有时也深感学识不够,力不从心,虽然尽力统稿,但仍然存在不少问题,文字叙述和分析还有若干不足。

多卷本《中国城市通史》的编纂历时六年多,远超最初的计划,相继还有一些专家学者参与相关的研讨和写作,课题组主要成员除项目负责人外,还有冯剑、黄沛骊、赵淑亮、王立华、冯兵、吴朝彦、韩英、陆雨思、何永之、念新洪、王伟、王超、黄灵、田玥、王肇磊等,他们中有的参与了部分专题研究,有的撰写了分卷文稿,主要分工如下:

全书由何一民拟定框架并对各卷进行全面修改;

绪论卷主要撰稿人何一民、何永之;

先秦卷主要撰稿人王立华、何一民;

秦汉魏晋南北朝卷主要撰稿人冯剑、何一民;

隋唐五代卷主要撰稿人冯兵、何一民;

宋辽夏金卷主要撰稿人何一民、陆雨思、王立华、韩英、黄灵、田玥;

元明卷主要撰稿人何一民、赵淑亮、吴朝彦;

清代卷主要撰稿人何一民、念新洪、何永之、王伟、王超、范瑛;

民国卷主要撰稿人黄沛骊、何一民。

此外,四川大学城市研究所还有多名研究人员参与了本课题,他们或收集资料,或撰写与之相关的论著,皆为本课题最终成果的完成做出了贡献。总之,本项目为集体成果,没有大家的努力,很难在几年内完成。

在本项目研究过程中，中国城市史研究会成立，本项目的研究得到了中国城市史研究会会长熊月之教授、副会长张利民教授、周勇教授、李长莉教授、涂文学教授、高中伟教授等人的关心和支持，在此表示诚挚的谢意。时任四川大学出版社社长熊瑜教授对本项目高度关注，并力邀完稿后在四川大学出版社出版。其后，在熊瑜社长和邱小平总编辑的大力支持和推荐下，本项目得到国家出版基金资助，新一届领导班子高度重视本项目的编辑出版工作，王军社长、邱小平总编辑、李天燕副社长多次召集工作会议布置相关工作，为此安排了精兵强将，对本项目的出版予以重点支持，在此深表谢意。

本套书的责任编辑何静、袁捷、舒星、高庆梅、刘慧敏、李施余等以高度的职业责任感投入书稿的编辑，认真地核对文献资料，校对文稿，并与主编和撰稿者反复交流磋商，使书稿的质量得以提升，并避免了一些错误。他们认真工作的态度值得学习，精益求精的精神令人感动，在此深表感谢。

中国城市历经五千多年的发展，到20世纪中叶进入了一个新的历史时期。随着中华人民共和国的成立，工业化、城市化、现代化成为不可逆转的趋势。20世纪末，全球进入城市的世纪，世界上50％的人口居住在城市中。中国也在这一时期加速了城市化进程，农村人口以每年1％以上的比例向城市转移。城市以其巨大的磁力吸引着越来越多的农村人口，大城市、超大城市成为人们向往的地方。工业时代的城市与农业时代的城市相比，有一个明显的差异，就是城市的三维空间越来越大，在部分地区，单体城市向城市群、城市带、城市巨型连绵带演变。城市的发展一方面给人类带来进步，带来福祉和发展的机遇。另一方面，城市存在的问题越来越多，环境问题、交通问题、住房问题、就业问题、安全问题等层出不穷，越来越多的人想对城市说"爱你"却不容易。如何发展城市，同时又避免城市给人们带来的烦恼，已经成为时代的新课题。在提倡新的发展理念，走新型城市化道路的同时，如何向古人学习生存的智慧，以人为本，人与自然和谐相处，也是值得思考的一个重要课题。因而中国城市史研究者需要有一种时代的责任感和使命感，不仅要研究历史，还要关注现实和未来的发展，要站在历史与未来的交汇点去探究中国城市的发展规律，寻找一条适合中国国情的城市发展道路，这样才能在中华民族伟大复兴的进程中，将中国城市建设成为可持续发展的现代化生态城市、智慧城市。

目 录

绪 论

第一章 编纂《中国城市通史》的意义与学术回顾 ……………………（003）
 第一节 编纂《中国城市通史》的意义 ………………………………（003）
 第二节 中国城市史研究学术回顾 ……………………………………（009）
 第三节 中国城市史研究存在的问题与展望 …………………………（114）

第二章 社会大分工与第一次城市革命 ……………………………………（125）
 第一节 三次社会大分工与早期城市的兴起 …………………………（125）
 第二节 城市革命与城乡分工和脑体劳动分工 ………………………（129）

第三章 王权——国家力量与中国古代城市的形成与变迁 ………………（135）
 第一节 中国古代王权与早期城市的兴起 ……………………………（136）
 第二节 中国古代王权与城市规划 ……………………………………（141）
 第三节 中国古代王权与城市行政等级体系的构建 …………………（143）
 第四节 王权与军事城镇的建立与变化 ………………………………（147）

第四章 影响城市分布的因素 ………………………………………………（150）
 第一节 地理环境对城市分布的影响 …………………………………（150）
 第二节 国家政权对城市分布的影响 …………………………………（167）
 第三节 人口的变化对城市分布的影响 ………………………………（178）
 第四节 经济的发展对城市分布的影响 ………………………………（186）

第五章 中国古代城市空间分布的变化与特点 ……………………………（192）
 第一节 中国古代城市空间分布的历史分期与变化 …………………（192）
 第二节 中国古代城市空间分布的特征及原因 ………………………（205）

先秦卷

前 言 …………………………………………………………………………（215）

第一章 早期城市的起源与发展 ……………………………………………（217）
 第一节 中国早期城市的起源 …………………………………………（217）

第二节　夏商时期的城市发展……………………………………（250）
　　第三节　西周时期的城市发展……………………………………（264）

第二章　春秋战国时期城市的发展……………………………………（279）
　　第一节　春秋战国时期的社会转型与城市发展…………………（279）
　　第二节　春秋战国时期不同区域城市的发展……………………（295）

第三章　先秦时期城市的选址和城市形态……………………………（308）
　　第一节　先秦时期的城市选址……………………………………（308）
　　第二节　先秦时期的城市规划与城市形态………………………（313）

第四章　先秦时期城市经济的发展……………………………………（336）
　　第一节　城市手工业的发展………………………………………（336）
　　第二节　城市商业贸易的发展……………………………………（358）
　　第三节　城市农牧业的发展………………………………………（370）

第五章　先秦时期的城市社会与城市文化……………………………（375）
　　第一节　先秦时期城市社会结构的变化…………………………（375）
　　第二节　先秦时期的城市管理……………………………………（392）
　　第三节　先秦时期的城市文化……………………………………（398）

结　语……………………………………………………………………（411）

参考文献…………………………………………………………………（415）

绪论 先秦卷

绪论

第一章　编纂《中国城市通史》的意义与学术回顾

中国是人类城市文明的重要发源地之一，也是世界古老文明中唯一未中断的文明。中国文明未曾中断，其原因是多方面的，其中一个重要的原因就是中国的城市文明一直未曾中断。因而探究中国城市的发展具有重要的学术价值和意义。另外，近代工业革命以来，全球的城市都出现了日新月异的发展，城市化已经成为一种不可抗拒的历史发展趋势。城市化一方面给人类社会带来了福祉，另一方面也带来了若干"城市病"。人类对城市进行过度的无序开发，必然对大自然的生态系统产生破坏和干扰，由此导致大自然对人类的报复，人类社会能否可持续发展已成为引起全球关注的一个问题，人们不得不重新对城市发展进行审视，除了对现实的城市进行研究外，还需要关注历史城市的发展，从历史的经验中探寻发展的智慧。美国学者刘易斯·芒福德精辟地论述道："要想更深刻地理解城市的现状，我们必须掠过历史的天际去考察那些依稀可辨的踪迹，去了解城市更远古的结构和更原始的功能，这应成为我们城市研究的首要任务。但这还不够，我们还要循这些遗迹继续追寻，沿着城市经历的种种曲折和所留下的印痕，通考5 000年有文字可考的历史，直至看见正在展现的未来。"[①] 因而编纂中国城市通史具有重要的学术意义和现实意义。

第一节　编纂《中国城市通史》的意义

编纂大型多卷本《中国城市通史》，具有重要的学术价值、理论价值和社会意义。

（一）《中国城市通史》的编纂是研究中华文明史的重要内容，对于深入认识中华文明的特质有着重要意义

"城市是文明的要素和载体，历史上的重大事件都是发生在城市之中，重要的

---

① [美]刘易斯·芒福德著，宋俊岭、倪文彦译：《城市发展史——起源、演变和前景》，中国建筑工业出版社，1989年，第1页。

历史人物主要是在城市中活动，重要的发明创造也是在城市中进行。"[1] 因而研究中国城市史对于研究中华文明的起源和发展，可以起到引领和推动的作用。

"城市史研究的一个重要任务，就是以文明发展为线索，勾勒出城市是怎样萌生、发展与逐渐成熟的进程，并揭示出这一进程及人类社会架构作为一个整体的运动与变迁的规律性和阶段性。""几千年来，城市发展史也可以说就是一部人类文明的发展史。因此研究城市史不仅是研究一个国家或一个地区城市的兴起发展的兴衰史，而且要提升到人类文明史的高度来思考。"[2] "中国累世发展起来的辉煌灿烂的城市文明是中华文明的集中体现，对于中国传统城市发展道路、特征及其规律的认识，将有助于揭示中华文明在世界文明史上的独特地位和作用。"[3]

（二）《中国城市通史》的编纂将推动历史学研究的开拓和创新

"城市是中国社会、经济、文化发展的重要空间载体与结构组群，城市在社会经济发展中具有重要地位和作用，因而研究中国城市的发展变迁对于我们全面、深入地了解和把握中国历史发展的脉搏具有至关重要的作用，是中国历史研究不可分割的重要内容。"[4] 大型多卷本《中国城市通史》的编纂有助于更为全面真实地反映中国历史的发展演变。《中国城市通史》将成为记述和反映中国几千年历史各方面历史的"知识总汇"，能够提供一个新的视角，让人们进一步深入了解中国社会的变迁与发展历程。

加强对几千年来中国城市发展进程、发展规律及发展特点的研究，具有重要的学术意义。由于多种原因，学术界对中国城市史研究长期重视不够，对城市的产生、发展，城市的功能、结构，城市的发展动力，城市衰落的原因，城市发展的基本规律，城市发展的特点等还缺乏深刻认识，有关城市史的研究极不平衡，很多历史时段的城市史和部分地区的城市史研究还处于空白状态。因此，加强中国城市史长时段研究，编纂多卷本《中国城市通史》，对于推动和深化中国历史研究将起到十分重要的作用，可以使我们对中国历史有更加全面、系统、立体的了解，进而为历史学研究开拓新的研究领域，提供新的研究平台，成为一个重要的学术生长点。

---

[1] 何一民：《历史时空之城的对话：中国城市史研究意义的再思考》，《西南民族大学学报》，2008 年第 6 期。

[2] 何一民：《历史时空之城的对话：中国城市史研究意义的再思考》，《西南民族大学学报》，2008 年第 6 期。

[3] 何一民：《历史时空之城的对话：中国城市史研究意义的再思考》，《西南民族大学学报》，2008 年第 6 期。

[4] 何一民：《历史时空之城的对话：中国城市史研究意义的再思考》，《西南民族大学学报》，2008 年第 6 期。

（三）《中国城市通史》的编纂有助于揭示中国城市发展的特征和规律，对当代中国城市化发展战略有着重要的借鉴和指导意义

20世纪中叶，西方主要发达国家已经完成了城市化进程，2000年，全世界已经有50%多的人口工作、生活在城市中，人类已经进入"城市时代"。中国从19世纪中叶也开始了现代意义上的城市化进程，但是百余年来中国的城市发展道路历经曲折，相比世界各国更加艰难。中国人口占世界总人口的30%左右，作为一个人口大国，如何走出一条符合中国国情的城市化道路，如何在资源短缺的条件下建设中国的城市，就需要对中国城市发展历史进行科学总结。当今中国大多数重要城市都是在历史城市的基础上发展演变而来的，现代城市的发展与历史上城市的政治、经济、军事、文化等各个领域的发展变化息息相关。大型多卷本《中国城市通史》的编纂，将加强对中国城市历史的系统研究，从而有助于揭示中国城市发展的特征、规律，对于我们今天认识和推动城市现代化和城市化进程有着重要的借鉴意义，可以为当代城市发展提供战略思路、深层次的文化内涵和坚实的发展基础，起到启迪思想、激发灵感、挖掘和利用潜在文化力的作用。因此，编写一部内容充实的大型多卷本《中国城市通史》，不但是历史赋予我们的重要使命，而且已成为时代的迫切要求。

（四）《中国城市通史》的编纂有助于推动学科建设和人才培养

中国城市史作为中国历史学的一个分支，是一门与历史学、考古学、地理学、规划学、建筑学、经济学、社会学等多学科相结合而形成的新兴交叉学科，近年来显示出强劲的学术生命力，受到广泛关注。但是，中国城市史如果要形成一门独立的分支学科和交叉学科，"需要在研究对象、研究理论和方法等方面形成体系，完善的学科理论不仅是学科成熟的标志，也是指导和推动学科发展的关键因素"[①]。大型多卷本《中国城市通史》的编纂将充分吸取学术界城市史研究的相关资料和成果，通过不同学科的对话和不同研究方法的碰撞，对城市发展规律和重大理论进行进一步探讨、提炼和升华，将极大地推动中国城市史学科的形成，形成以丰富的多学科理论、方法为坚实基础的学科体系。

人类社会从野蛮时代进入文明时代主要有三大标志，即青铜器的发明、文字的发明和城市的产生[②]，青铜器的发明使生产力出现飞跃发展，而文字的发明则开启了人类相互交流的新时代，城市的产生不仅使人类的生产、生活方式发生根本性变化，而且带来了城乡分流及脑力劳动与体力劳动的分工。另外，无论是青铜器还是文字或是文明起源中的其他各种要素如政治制度、建筑技术、宗教、艺术等，都聚

[①] 何一民：《学科构建与视野开拓：推进中国古都学研究的思考》，《四川大学学报》，2018年第5期。
[②] 何一民：《历史时空之城的对话：中国城市史研究意义的再思考》，《西南民族大学学报》，2008年第6期。

集在城市之中，城市成为文明发展的重要载体。城市还成为文明发展的助推器，推动着人类社会的进步。因而研究中国城市史，从文明发展的高度来加以认识，这是极为必要的，也是可行的。一部城市史，亦是一部人类文明进步史。为此，本书拟以文明发展为主线，从人类文明史的高度全面系统地考察中国城市文明的兴起和发展变迁。人类文明的发展具有连续性和继承性，同时也具有明显的阶段性，从人类文明的阶段性特征出发，来研究和把握中国城市史的阶段性规律，全面考察和分析不同历史时期城市的发展原因、发展动力和主要特征。既从总体上把握中国城市发展的文明主线，又深入探讨不同历史时期的阶段性特征，这是本书研究的总体考虑。

《中国城市通史》的编纂，拟从时间与空间两个维度对中国城市的发展变迁加以考察。时间：上自城市的产生、起源，下至中华人民共和国成立前；空间：以当代中国的疆域为研究的空间范围。同时，以城市文明的演变作为研究的主线，以历史的演变为经，以城市的结构为纬，按照城市发展的历史时段分卷编纂，每一历史时段都包括城市物质文明、精神文明和制度文明的变迁，内容涉及城市政治、经济、军事、自然、社会、文化、教育、建筑、交通、金融等各个方面。

长期以来，我们在研究中国城市史的发展过程中一直都在思考中国城市通史研究的总体框架。传统的城市研究往往缺乏整体性、宏观性，且对历史城市发展内在规律的研究较为欠缺。正是出于这一考虑，我们期望秉承中国修史的传统精神，按照"搜采欲博，考评欲精，职任欲分，义例欲一，秉笔欲直，持论欲平"等原则来编纂一套《中国城市通史》，即《中国城市通史》的编纂首重"通"，正如太史公所言："究天人之际，通古今之变，成一家之言。"《中国城市通史》的"通"主要表现在三个方面：一是"纵通"，即对历时态全过程的贯通，上溯城市的起源，下迄中华人民共和国成立前，系统梳理中国城市发展的脉络和特点，展现历史进程与逻辑联系的一致性、连续性，同时呈现不同阶段的特点，分析不同时期城市的兴衰流变，探究发展经验与内在规律。二是"横通"，即注重共时态城市各要素的互通，注意区域与城市之间、城市与城市之间的相互联系，城市内部结构和各要素之间的相互联系；以时间为经，以专题为纬，纵横补充，立体成像。三是"会通"，即《中国城市通史》的编纂要有广阔的视野，对城市要素和相关学科要加以综合，实现各学科和研究对象的融会贯通。城市是一个综合有机体，城市的各要素涉及多种学科的理论与方法，因而不能停留在对中国城市发展史的表面认识上，而是要通过多学科的综合研究，触类旁通，探颐索隐，将《中国城市通史》的编纂上升到对规律的抽绎解读，探寻中国城市发展的各种规律，再现中国城市发展的轨迹，凸显中国城市发展的特色，展现中国城市文明的亮点。

在对"三通"有了明确认识的基础上，基于对中国城市史历史基本脉络及总体特征的考虑，《中国城市通史》的总体框架按照中国城市发展历史分为七个时期：先秦、秦汉魏晋南北朝、隋唐五代、宋辽金夏、元明、清代、民国，每一个历史时期编纂一卷。《中国城市通史》之所以不包括中华人民共和国时期城市发展历史，其理由如下：一是中华人民共和国的建立距今天太近，相关研究才刚起步，很多问题尚未进行深入研究，学术准备极不充分；二是有关此一时期城市发展的资料虽然丰富，但不少重要资料还未公开，因而会影响研究的学术性和客观性；三是对若干人和事还存在不同的看法，某种程度上还会受到政治的影响。有鉴于此，按现在一般通史体例，《中国城市通史》的下限止于1949年，中华人民共和国城市史的编纂可待条件成熟后另行启动。

中国城市史作为中国历史学的一个分支，近年来显示出强劲的学术生命力，受到广泛关注。但中国城市史如果要真正形成一个独立的分支学科和交叉学科，需要在研究对象、研究理论和方法等方面形成体系。完善的学科理论不仅是学科成熟的标志，也是指导和推动学科发展的关键因素。中国城市史研究将充分吸取学术界目前有关城市史研究的资料和成果，通过不同学科的对话和不同研究方法的碰撞，对城市发展规律和重大理论进行进一步探讨、提炼和升华，将极大地推动中国城市史学科的形成，从而使中国城市史学科获得突破，形成以丰富的多学科理论为基础，融合多学科研究方法的综合学科体系。

加强中国城市史研究，还需要在城市史学术理论和方法方面进行拓展与创新，构建具有中国特色的城市史理论体系。城市是文明的重要构成部分和主要载体，历史上的重大事件几乎都发生在城市之中，重要历史人物亦大多在城市中活动，重要的发明创造也多数是在城市中进行，因而研究中国城市史对于研究中华文明的起源和发展，可以起到引领和推动作用。因此，加强对几千年来中国城市发展进程、规律、特点的研究具有十分重要的意义。长期以来，由于对中国城市通史理论与方法研究的缺失，对于城市的产生、发展，城市的功能、结构，城市的发展动力，城市衰落的原因，城市的基本规律，城市的特点等还缺乏深刻认识，很多研究还处于空白状态。因此，加强中国城市通史研究对于推动和深化历史研究将起到十分重要的作用，可以使我们对于中国历史有更加全面、系统、立体的了解，进而为历史学研究开拓新的研究领域，提供新的研究平台，从而推动具有中国特色的城市史研究理论体系的构建。近年来中国城市史研究正朝着这一方向前进。

科学地运用多学科的理论和方法来研究城市发展，是中国城市史研究深入发展的一个主要方向。城市史学是一门交叉学科，与某些自然科学和社会科学的学科具有共生性。目前，与城市史研究相近的学科主要有城市社会学、城市经济学、城市文化学、城市地理学、城市规划学、人口学、环境学等，这些学科各自所形成的理论和方法对于城市史研究有着重要的借鉴和参考价值。[①] 因此，在研究城市史时，要把自然科学与社会科学相关学科的理论和方法结合起来，加以综合运用。同时，要发挥历史学长时段综合性研究的优势，将对城市历史的研究与对城市现实的研究结合在一起。要注意多学科的交叉应用和综合研究，进行多方考据和论证。在历史学、城市学、建筑学研究方法的基础上，吸收和借鉴相关学科的研究方法。对相关

---

① 何一民等：《中国近代城市史研究的进展、存在问题与展望》，《中华文化论坛》，2000年第4期。

史料、史实的细致甄别、考证和扎实深入的实证研究,是本书基本的研究方法。纂修者主要运用文献考证分析法、系统研究法,同时充分吸收和借鉴历史地理学、城市史学、社会学、考古学、经济学、管理学、地理学等学科的方法和视野,爬梳历史文献,尽可能全面掌握文献资料,同时将宏观研究与微观研究、整体研究与个案研究、定性分析与定量分析、史实论述和理论剖析结合起来,以便多角度、多层面地研究这一问题。特别是要将历史记载的资料进行对比分析,如正史之间的相互印证,正史与野史之间的相互考证,以发现历史的真实情况,还历史本来面貌,深化对中国城市史的宏观把握与认识,通过对史料与史实的多学科、多角度分析论证来揭示城市历史的丰富内涵。在研究中注重综合性、整体性和基础性,在把握主脉、突出重点的基础上,既注重对史料的实证分析,也充分吸收学界已有的观点与认识,做到史实叙述与阐释并重,实证研究与史实分析相结合,既避免"以论带史"的弊端,也要克服"只见树木而不见森林"的倾向,处理好主干与细节、微观与宏观、史实与史论的关系,客观、准确地呈现城市历史的全貌。

文献研究法是历史学研究的基本方法,中国城市史研究亦然。但中国历史上相关文献对城市的记载有所缺失,部分区域及时段均存在资料不足的缺陷,因而研究中国城市的发展与社会变迁,不仅要重视历史文献的收集整理,还要注意以历史文献资料为线索,充分参考已有和最新的考古研究成果和文物资料,以及现有城市的古迹遗存;还要利用各个历史时期的档案、图片、影像等,在充分借鉴前人研究成果的基础上,进行综合研究。

史无定法,任何事物均具有多方面特征,任何一种方法都有局限性。无论何种方法,其所提供的视角均不能使我们认识该事物所具有的全部特征。为使我们对过去的认知尽可能全面,就要从尽可能多的视角展开研究,亦当尽可能地使用多种方法。只有将史学内外各种方法相结合才能做全面深入研究。如此就涉及各方法之间的关系问题,此方面最大的分歧,就在于城市史研究究竟应以城市学的方法为主,还是以历史学的方法为主?曾有学者解释,就方法论而言,城市史研究有新、老学派之分,但很难说有高下、优劣之别。新方法有新功能,以至可以开辟新的研究领域,取得新的研究成果;但就历史研究而言,没有什么方法是过时的,且必须应该放弃的。有研究者明确指出:"在方法论上不应抱有倾向性,而是根据所论问题之需要与资料等条件的可能作出选择。"[①] 由此,本项研究将运用多学科的理论与方法,综合历史学、城市学、经济学、社会学等相关学科理论与方法,对中国城市发展与社会变迁研究做深入拓展。

[①] 吴承明:《中国经济史研究的方法论问题》,《中国经济史研究》,1992年第1期。

第二节　中国城市史研究学术回顾

　　中国是世界城市的发源地之一，自先秦以来，关于中国城市的记载不绝于书，并出现了以记载城市地理、社会、经济、文化等为主要内容的著作，著名的如《洛阳伽蓝记》《东京梦华录》《都城纪胜》《长安志》《宋东京考》等史籍和《两都赋》《两京赋》《蜀都赋》等名篇，浩如烟海的地方志书也保存了丰富的城市史资料，但中国古代一直未形成独立的城市学和城市史学。中国人对于以城市为对象的研究则起步较晚。1926年，梁启超发表《中国都市小史》《中国之都市》等，表明中国学者不仅注意到城市的重要性，而且开始对城市历史进行研究。但整体上来说，此时有关中国城市历史的研究还未受到广泛的重视，相关研究成果较少。20世纪30年代，中国学术界曾围绕"中国是以农立国还是以工立国"展开了一场关于中国经济发展道路的争论，曾有学者提出发展都市以救济农村的观点，对城市的地位和作用予以高度评价。不过当时极少有学者对近代城市进行深入的研究，因而不可能形成一门学科。

　　新中国成立初期，由于多种因素的影响，城市的发展受到种种限制，中国城市史研究停步不前。

　　而与此同时，海外学者对中国城市史的研究取得较为丰硕的成果。主要的研究者为日本、美国、英国、澳大利亚等国家的学者。从20世纪五六十年代韦伯的"中国无西方型城市"到70年代施坚雅的"经济区域模式"与牟复礼的"城乡连续性"，再到80年代罗威廉的"市民社会与公共领域"，构筑了海外汉学界研究中国城市史的主要路径。其中，比较有代表性的是罗兹·墨菲的《上海——现代中国的钥匙》。该书成于20世纪50年代，是城市史研究中现代化范式的典范。施坚雅主编的《中华帝国晚期的城市》将区域体系方法应用于中国城市的研究中，对中国学者有多方面的启发。罗威廉研究汉口的两本著作，掀起了一场关于公共领域研究的大讨论。日本学者斯波义信在《宋代江南经济史研究》和《中国都市史》中都对中国城市历史展开了研究；川胜守从社会史角度展开研究的成果有《明清江南市镇社会史研究——空间与社会形成的历史学》《中国城郭都市社会史研究》和《明清贡纳制与巨大都市连锁——长江与大运河》。澳大利亚人安东篱的《说扬州：1550—1850年的一座中国城市》则对明清时期扬州的兴衰进行了梳理。

　　我国台湾学者的视角多集中在明清时期，如刘石吉对明清市镇、李孝悌对明清城市社会生活史、巫仁恕对明清城市阶层的考察等。香港学者梁元生的《晚清上海：一个城市的历史记忆》，通过对清末上海的变化考察了中国城市在早期的现代化变迁过程，以及面临的严峻挑战。

　　改革开放以来，在城市化、现代化快速发展的背景下，中国学者加强了对中国城市历史的研究，尤其是在国家社科基金的导向下，中国城市史研究出现新的发展，几乎每一个年度规划都有关于城市史研究的项目立项。经过三十余年的发展，中国城市史研究取得了若干重大的研究成果，初步形成了若干研究团队。据笔者粗略统计，从20世纪80年代中期到2018年中国各类公开出版的有关城市研究的书籍有几千种，其中有关城市史的专著和资料集达千余部，相关文章数千篇。对中国知网（CNKI）数据库进行检索，1979年至今以"城市"为题名的文章有39万多篇，文、史、哲、政、经等学科领域可查的文章达15万余篇，其中文、史、哲三种就有两万余篇。以城市史为研究对象的机构也如雨后春笋般建立与发展起来。四川大学城市研究所、上海社会科学院历史研究所、天津社会科学院历史研究所等单位从20世纪80年代就开始从事中国城市史研究，多次承担国家哲学社会科学规划的城市史课题，出版了数量较多的城市史研究成果，培养了大批从事城市史研究的学者，建立了较为健全的中国城市史学科研究体系，成为研究中国城市史的重要学术阵地。近年来，中国社会科学院、江汉大学、华东师范大学等重要科研机构和教学单位都相继成立了以中国城市史研究为主的学术研究机构。2013年，中国城市史研究会成立，会员达200余人，遍及中国20余个省市数十所高校科研机构，可以说中国城市史研究方兴未艾。

　　三十余年间，海内外中国城市史研究取得了较大进展，受到国内外学界关注。特别是关于中国城市整体研究从一开始就受到关注，较早出版的专著主要有顾朝林的《中国城镇体系——历史·现状·展望》（商务印书馆，1992年），戴均良主编的《中国城市发展史》（黑龙江人民出版社，1992年），何一民的《中国城市史纲》（四川大学出版社，1994年），宁越敏等编著的《中国城市发展史》（安徽科学技术出版社，1994年），马正林的《中国城市历史地理》（山东教育出版社，1998年）等。然而由于条件的局限，这些对中国城市史进行整体研究的著作都存在着不足，主要表现为内容过于简略，理论和方法较为单一，不能满足中国城市史研究与学习的要求。21世纪以来，中国城市通史性研究出现了新的发展，相继出版了多部有影响的专著。美籍华人学者赵冈长期研究中国城市史，2006年其论文结集为《中国城市发展史论集》，由新星出版社出版；中国学者傅崇兰等所著《中国城市发展史》，2009年由中国社会科学文献出版社出版；德国学者阿尔弗雷德·申茨所著的《幻方——中国古代的城市》，2009年由中国建筑工业出版社翻译成中文出版；中国香港学者薛凤旋所著《中国城市及其文明的演变》，2009年由三联书店（香港）有限公司出版。以上各书从不同层面对中国城市的发展演变进行了较为深入的研究。何一民在其旧著《中国城市史纲》的基础上修订完成《中国城市史》一书，字数达60余万字，2012年由武汉大学出版社出版。该书从宏观上对中国漫长的城市历史进行了全方位把握和科学分期，较为详细地阐述了中国城市的缘起及数千年的发展演变，为漫长而复杂的城市历史梳理出一条较为清晰的脉络，同时尽可能地展现了各个时代中国城市的不同特点。

　　除城市通史研究外，城市断代史研究成果也十分丰富，成绩显著，详见下述。

一、城市起源与早期城市发展的相关研究

先秦时期的城市史研究成果，主要集中在城市起源及相关问题的研究等方面。中国城市起源的研究一直是城市史研究的一个热点，不仅历史学研究者和城市学研究者高度重视，考古学界也对其十分重视，因为史前考古大多数与城市考古有着直接的关系。由于先秦时期的文献资料非常少，多为后世的追记或传说，因而先秦时期城市史研究对考古发现和考古资料具有很大的依赖性。20 世纪中后期以来，在中国北方黄河流域和南方长江流域相继发现了若干早期史前城址，对先秦城市的研究起到了十分重要的推动作用，甚至在某种程度上改写了先秦城市形成和发展的历史。

总体考察，近数十年来海内外学术界对先秦城市的研究成果较多，按照研究对象大致可划分为先秦城市的综合性研究、先秦城市的断代研究、先秦区域城市研究、先秦单体城市研究等四个方面。

（一）先秦城市的综合性研究

许宏著《先秦城市考古学研究》（北京燕山出版社，2000 年）是目前学术界对先秦城市研究较为系统的一部著作，对先秦时期的城市起源、城市建设、城市规划及布局都做了详细的研究。[1] 该著作所用史料主要以考古资料为主。钱耀鹏著《中国史前城址与文明起源研究》（西北大学出版社，2001 年）是一部系统研究我国史前城址以探索文明起源的综合性著作。李鑫以考古资料为基础，探讨了以商周城市为中心的城市形态、城市分布等问题，但是缺乏文献资料，而且考察的对象主要以黄河流域为主，缺乏对其他地区城市的考察。考古学界有关先秦城市的研究论文数量极为丰富，先秦的某些考古发现既是先秦城市研究的成果，也是研究先秦城市的第一手史料。

中国大陆历史地理学者和历史学者对先秦时期的城市也多有研究。有关城市史研究的专著及论文较多，内容涉及先秦时期的城市起源、城市发展过程、城市规划建设、城市社会文化等，不过这些论著限于体例，对先秦时期的城市发展研究较为简略，往往只关注某一个区域的城市，缺乏整体的视角。史念海著《中国古都和文化》（中华书局，1996 年），对先秦时期都城的规模及数量做了具体考察。[2] 叶骁军著《都城论》（甘肃文化出版社，1994 年）以及《中国都城发展史》（陕西人民出版社，1988 年）等著作，分别从不同的角度对先秦时期的都城变迁进行了较为系统的研究，但缺乏对其他城邑的研究。[3]

---

[1] 许宏：《先秦城市考古学研究》，北京燕山出版社，2000 年。
[2] 史念海：《先秦城市的规模及城市建置的增多》，《中国历史地理论丛》，1997 年第 3 期。
[3] 叶骁军：《中国都城发展史》，陕西人民出版社，1988 年。

董琦将先秦时期的城市分为远古时期、夏商周时期、春秋战国时期三个时期，其中远古时期是中国早期城市的萌芽时期，夏商周时期是中国城市的形成期，春秋战国时期是中国早期城市的成熟期，在春秋战国时期，城市的功能实现了由军事功能向政治功能的转变。[①] 何一民在《中国城市史》中将先秦城市的发展分为城市起源时期、夏商周时期、春秋战国三个时期，并对这三个时期的城市发展状况做了概述，总结了这三个时期城市发展的特征。[②] 戴均良主编《中国城市发展史》[③] 和宁越敏等编著的《中国城市发展史》从多学科的角度探讨了中国城市的发展特点和规律[④]。傅崇兰主编《中国城市发展史》，从中国城市产生和发展时间、空间、经济社会变革的动态过程和特点，阐述了中国城市与中华文明的关系[⑤]。薛凤旋在《中国城市及其文明的演变》一书中对先秦时期的城市起源、城市形态及城市与文明之间的关系做了相关研究。[⑥] 李孝聪对"城市"的概念及内涵做了相关分析，并对夏、商、周时期城市的建设及一些较大城市的城市形态做了相关研究，但是研究内容较为简略。[⑦] 顾朝林对先秦时期的城市发展概况及城市的地域分布做了概述性研究。[⑧] 李鑫《先秦城市的长时段比较研究》一文，从政治制度变迁，政治结构、地理结构等因素的变迁对先秦城市发展的影响做了详细的研究，认为政治、经济因素对城市发展的影响远远超过地理因素。[⑨] 吴刚对城市的概念做了界定，并对先秦时期的城市社会生活做了相关研究。[⑩] 庄林德、张京祥在其《中国城市发展与建设史》一书中讨论了中国城市形成的条件及先秦城市的早期形态。[⑪] 赵冈则对先秦时期的城市布局、城市人口、城市发展的特点做了相关研究。[⑫]

　　先秦时期的城市建设、城市规划、城市形态是城市史研究的重点之一，因此从建筑学的角度对先秦城市进行研究的成果也较为丰富。目前学界对城市形态较为系统的研究成果是张驭寰的《中国城池史》，该书对城市的选址、城内道路的规划，城池建设与山、水之间的关系，城市内的公共建筑、筑城方法都做了详细的研究，特别是对一些较大的都城及军事性城市给予个案研究，堪称研究城市建设的典范之作。[⑬] 杨宽从城市规划的角度探讨了先秦时期的城市形态及城市规划制度。[⑭]

[①] 董琦：《中国先秦城市发展史概述》，《中原文物》，1995年第1期。
[②] 何一民：《中国城市史》，武汉大学出版社，2012年。
[③] 戴均良：《中国城市发展史》，黑龙江人民出版社，1992年。
[④] 宁越敏等：《中国城市发展史》，安徽科技出版社，1994年。
[⑤] 傅崇兰：《中国城市发展史》，中国社会科学文献出版社，2009年。
[⑥] 薛凤旋：《中国城市及其文明的演变》，三联书店（香港）有限公司，2009年。
[⑦] 李孝聪：《历史城市地理》，山东教育出版社，2007年。
[⑧] 顾朝林：《中国城市地理》，商务印书馆，1999年。
[⑨] 李鑫：《先秦城市的长时段比较研究》，陕西师范大学硕士学位论文，2004年。
[⑩] 吴刚：《中国古代的城市生活》，商务印书馆，1997年。
[⑪] 庄林德、张京祥：《中国城市发展与建设史》，东南大学出版社，2002年。
[⑫] 赵冈：《中国城市发展史论集》，新星出版社，2006年。
[⑬] 张驭寰：《中国城池史》，百花文艺出版社，2003年。
[⑭] 杨宽：《中国古代都城制度史研究》，上海古籍出版社，1993年。

贺业钜也对先秦时期的"营国制度"与"春秋战国之际的城市规划制度"做了具体的研究。① 董鉴泓的《中国城市建设史》一书对先秦时期较大城市的建设年代、城市空间布局及城市形态做了详细的研究。② 齐磊等人根据城市形态及城市功能，将先秦城市分为史前时期、夏商周时期、春秋战国时期，该时期城市的发展是生产力不断发展的结果，也是城市功能不断完善的时期。③ 韦峰的《先秦时期城市空间格局研究》一文对先秦时期"城市""聚落""都城""城市空间"等概念做了界定，对先秦城市中的行政空间、祭祀空间、居住空间、市场空间、产业空间等做了初步梳理。④ 吴庆洲则对先秦时期的城市建设与防洪措施进行了详细的探讨。⑤

中国早期城市的选址对自然地理环境的要求较高，相关研究也引起了较大关注。曲英杰所著《先秦都城复原研究》《古代城市》两书，从考古学角度对先秦时期不同地区的城址形态进行了研究。⑥ 张国硕、程全认为夏商时期的城市选址更加注重城市的防御功能。⑦ 谢雪宁以西安与北京为例，从交通条件、粮食储备及政治需要三个方面解释了影响城市选址的主要因素。⑧ 朱瑾、王军对城市选址原则中的"交通""相土""形胜""择中"等因素进行了分析。⑨ 田银生认为山水、土壤等生态因素对中国古代城市选址的影响至关重要。⑩ 刘继刚通过考古材料具体分析了先秦时期城市的给水与排水状况。⑪

城市人口及城市社会文化也是先秦城市史研究的重要内容。目前，关于先秦时期城市的人口数量并无准确的统计数据，因而研究此一时期的人口非常困难，相关研究主要依据部分资料进行推算，因而难以获得准确的结论。蒋刚根据城址面积和建筑面积来推算城市人口，提出东周以前每户住宅面积约 160 平方米，春秋战国时期每户住宅面积约 290 平方米，并认为这两个数据是推测两周城市人口的重要标准。⑫ 王丽霞、何艳杰从考古资料出发，分析了商代城邑人口的生产与生活方式，包括城邑中的手工业作坊、居民饮水、污水处理等问题。⑬ 一些专门史著作也对先秦时期的城市进行了研究。如吕文郁《春秋战国文化史》对春秋战国时期的社会阶

---

① 贺业钜：《中国古代城市规划史论丛》，中国建筑工业出版社，1986 年。
② 董鉴泓：《中国城市建设史》，中国建筑工业出版社，2004 年。
③ 齐磊、翟京襄：《略论先秦城市发展的阶段性特征》，《安徽文学》，2008 年第 9 期。
④ 韦峰：《先秦时期城市空间格局研究》，郑州大学硕士学位论文，2002 年。
⑤ 吴庆洲：《中国古代城市防洪研究》，中国建筑工业出版社，1995 年。
⑥ 曲英杰：《先秦都城复原研究》，黑龙江人民出版社，1991 年；曲英杰：《古代城市》，文物出版社，2003 年。
⑦ 张国硕、程全：《试论我国早期城市的选址问题》，《河南师范大学学报》，1996 年第 2 期。
⑧ 谢雪宁：《古代都城城址选择的主要影响因素》，《河北工程大学学报》，2011 年第 1 期。
⑨ 朱瑾、王军：《从古代都城建设谈人与自然的和谐发展》，《西安建筑科技大学学报》，2007 年第 1 期。
⑩ 田银生：《自然环境——中国古代城市选址的首重因素》，《城市规划汇刊》，1999 年第 4 期。
⑪ 刘继刚：《从考古发现看先秦时期城市的给水与排水》，《中原文物》，2010 年第 4 期。
⑫ 蒋刚：《东周时期主要列国都城人口问题研究》，《文物春秋》，2002 年第 6 期。
⑬ 王丽霞、何艳杰：《从考古资料看商代城邑人的生产和生活方式》，《西北大学学报》，2003 年第 1 期。

层与社会文化的变迁做了详细的研究。①喻述君《论先秦的城市与城市文化》研究了先秦时期城市文化，认为当时城市居民的文化程度普遍较低，城市文化没有形成独立的形态。②徐杰令《先秦社会生活史》对先秦时期人们的饮食、服饰、婚姻、娱乐等问题进行了详细研究。③于云瀚《城居者的文明》对中国古代城市居民的日常生活，包括先秦时期城市经济活动做了相关研究。④晁福林《夏商西周的社会变迁》对夏商西周时期的社会性质、社会生活、社会经济做了详细研究。⑤宋镇豪《夏商社会生活史》对夏商时期人们的居住环境、婚姻习俗、饮食、交通情况进行了详细研究，是目前关于夏商时期社会生活较为全面的著作。⑥不过，上述研究并非以城市为中心进行考察。

  近十年来，学界关于先秦时期城市规划及规划思想的研究成果较多，且相当一部分成果为建筑规划学界的研究者进行的跨界研究。刘雨婷《〈春秋〉及其"三传"所见建筑原则探析》对《春秋》及其"三传"中的"建筑时间要求"、城市建筑中的"等级制度"及城市建设中的"贵民思想"做了研究。⑦苏畅《〈管子〉城市思想研究》对《管子》中的"营国思想"与"营城思想"进行了研究，并对大量城市的城市规划做了分析。⑧张慧等《〈管子〉中的城市生态规划思想》一文对《管子》中"因地制宜""城市防洪""根据环境容量分布城市"等城市规划思想进行了研究。⑨马骏华、高幸在《〈考工记〉与城市形态演变》中认为，《考工记》中所述城市建设思想只不过是周代至春秋战国时期的"城市规划意识"，与当时的城市形态并不一致。⑩焦泽阳《周"礼制"与〈考工记·匠人营国〉对早期都城形态的影响》也对《考工记》与早期城市形态的关系进行了研究，分析了先秦时期都城中的宫殿、市场等建筑对城市内部空间布局的影响。⑪刘敏、李先逵《〈诗经·大雅·绵〉中的城市营建思想探析》对《诗经·大雅·绵》中的城市营建思想进行了研究，认为《诗经》中有"宗礼思想""和谐统筹""坚固安全""经济适用"等城市建设思想。⑫文超群《从〈周礼〉看西周时期的城市建设制度》对西周时期的城市建设职能分工、城市建设程序、城市管理制度做了细致的分析。⑬

---

① 吕文郁：《春秋战国文化史》，东方出版中心，2007年。
② 喻述君：《论先秦的城市与城市文化》，《重庆科技学院学报》，2012年第19期。
③ 徐杰令：《先秦社会生活史》，黑龙江人民出版社，2004年。
④ 于云瀚：《城居者的文明》，中国社会科学出版社，2011年。
⑤ 晁福林：《夏商西周的社会变迁》，北京师范大学出版社，1996年。
⑥ 宋镇豪：《夏商社会生活史》，中国社会科学出版社，1994年。
⑦ 刘雨婷：《〈春秋〉及其"三传"所见建筑原则探析》，《同济大学学报》，2014年第1期。
⑧ 苏畅：《〈管子〉城市思想研究》，华南理工大学博士学位论文，2004年。
⑨ 张慧、赵晓峰、张锦秋：《〈管子〉中的城市生态规划思想》，《山东文学》，2008年第7期。
⑩ 马骏华、高幸：《〈考工记〉与城市形态演变》，《建筑与文化》，2013年第2期。
⑪ 焦泽阳：《周"礼制"与〈考工记·匠人营国〉对早期都城形态的影响》，《城市规划学刊》，2012年第1期。
⑫ 刘敏、李先逵：《〈诗经·大雅·绵〉中的城市营建思想探析》，《规划师》，2008年第6期。
⑬ 文超群：《从〈周礼〉看西周时期的城市建设制度》，《规划师》，2006年第11期。

另外，海外学术界对中国先秦时期城市的综合研究成果较多，如日本学者岸俊男的《中国的都城遗迹》和《中国江南的都城遗迹》，服部克彦的《古代中国的城市和它的范围》，村田治郎的《中华的帝都》等著作，对中国古代的都城和其他城市做了较为系统的研究，其中对先秦城市也有较多涉及。维塞洛夫斯基的《城市》简述了中国古代城市的基本特点。[①] 德国学者阿尔弗雷德·申茨所著《幻方——中国古代的城市》对先秦时期古城址的城市形态、城市规模做了相关论述，还将城市置于当时的历史语境之中，论述了城市与政治、经济、文化的互动关系。[②] 刘易斯·芒福德的《城市发展史——起源、演变和前景》[③] 以及乔尔·科特金的《全球城市史》[④] 也在一定程度上涉及中国早期城市的历史演变。

综上所述，目前学术界对先秦城市的研究成果较为丰硕，涉及面较为广泛，研究相当深入。不过，这些研究也存在一些薄弱环节，如大多数研究缺乏跨学科的研究视野，或从考古学的角度，或从历史学的角度，或从建筑学的角度进行研究，研究方法比较单一，较少有研究者能够进行综合性的研究；研究地域也有一定的局限性，对先秦城市的研究主要集中在黄河流域与长江流域，而对同一时期的珠江流域、辽河流域，以及西藏、新疆、云南等地区的城市研究相对缺乏。上述两个方面的问题成为今后研究者需要注意的重点。此外，学界对先秦城市的研究主要侧重于城市规模、城市规划及建设、城市经济、城市建筑等相关方面的研究，而缺乏对城市中的"人"的观察。如何对城市中的"人"及城市人的日常生活做细致的观察，这也是以后相关研究需要跟进的一个重要内容。

（二）先秦城市的断代研究

先秦时期的城市发展大致经历了史前时期、夏商时期、西周时期、春秋战国时期四个阶段，在不同的阶段，城市的发展呈现出不同的特征。学界许多学者对不同时段的城市史做了相关研究。

目前学界关于史前城市的研究成果较多，马世之《中国史前古城》对史前的古城址做了具体的分析，统计了各区域城址的具体数据，探讨了古城址的建城年代，是目前学界关于史前城市较为完整系统的研究成果。[⑤] 另外还有大量关于若干史前城址的考古发掘报告及相关研究成果。夏商时期是先秦时期城市发展的第二个阶段，相关学术成果较多。李锋《商代前期都城研究》对商代前期都城的建设、规模、城市布局进行了详细的研究。[⑥] 张国硕《夏商时代都城制度研究》以考古资料

[①] ［俄］维塞洛夫斯基著，瞿松年译：《城市》，人民出版社，1954年。
[②] ［德］阿尔弗雷德·申茨著，梅青译：《幻方——中国古代的城市》，中国建筑工业出版社，2009年。
[③] ［美］刘易斯·芒福德著，宋俊岭、倪文彦译：《城市发展史——起源、演变和前景》，中国建筑工业出版社，2005年。
[④] ［美］乔尔·科特金著，王旭等译：《全球城市史》，社会科学文献出版社，2014年。
[⑤] 马世之：《中国史前古城》，湖北教育出版社，2003年。
[⑥] 李锋：《商代前期都城研究》，中州古籍出版社，2007年。

为基础，对夏商时期都城的建设和城市布局进行了研究。①王震中《商代都邑》也对商代都邑的规模、城市建设进行了研究。②王豪《夏商城市规划和布局研究》对夏商时期城市的选址及城市内部的空间布局制度做了相关研究，认为夏商时期城市布局的变化与"君"的出现密切相关。③

春秋战国时期是中国历史上的第二次筑城高峰，与之相关的研究更多。张鸿雁《春秋战国城市经济发展史论》是关于春秋战国城市研究较为系统的一本著作，对春秋战国时期的城市数量、规模及城市经济的发展做了详细研究，具有代表性。④张南、周伊所著《春秋战国城市发展论》一文，认为春秋战国时期的政治变革与兼并战争直接推动了该时期城市的发展，促成了先秦时期第三次筑城高潮，并使得春秋战国时期出现了三种不同类型的城市：诸侯国的国都、都市型的工商业城市、成长中的郡县城市。在该时期，城市手工业、商业，城市的数量、规模都有大幅度的增长。⑤江村治树在《战国时代的城市和城市统治》一文中，对战国时代城市的相关问题提出了自己的见解。⑥王明德认为春秋战国时期的都城发展在地域上已经遍布黄河与长江两大流域，并呈现出由中原向南部、西部、北部散射发展的态势。⑦许倬云在《周代都市的发展与商业的发达》中对西周及春秋时期的城市概念及城市数量等问题做了研究。⑧侯峰的《春秋时期的邑》对春秋时期"邑"的规模、内部空间布局，邑的属性做了相关研究，较有新意。⑨

除了研究城市本身，还有学者对春秋战国时期的城市经济做了相关探讨。张鸿雁在《春秋战国城市经济发展史论》一书中，讨论了春秋时期城市的分布格局、城市人口构成、城市经济、城市社会文化等相关问题，研究较为全面，还包括春秋时期诸侯建城的时间及数量的统计。⑩杜勇对春秋战国时期城市的数量、规模，交通与城市的发展，城市手工业、城市文化的发展概况做了介绍，并对该时期城市发展的原因做了相关分析。⑪吴继轩对春秋战国时期商品经济发展的原因做了相关研究，认为重商政策、发达的交通、社会生产力的进步是该时期商品经济发展的三大推动因素。⑫张鸿雁认为春秋战国时期城市经济具有原始性，即农业经济是城市经

---

① 张国硕：《夏商时代都城制度研究》，河南人民出版社，2001年。
② 王震中：《商代都邑》，中国社会科学出版社，2010年。
③ 王豪：《夏商城市规划和布局研究》，郑州大学硕士学位论文，2014年。
④ 张鸿雁：《春秋战国城市经济发展史论》，辽宁大学出版社，1988年。
⑤ 张南、周伊：《春秋战国城市发展论》，《安徽史学》，1988年第3期。
⑥ [日]江村治树：《战国时代的城市和城市统治》，刘俊文：《日本中青年学者论中国史》（上古秦汉卷），上海古籍出版社，1995年。
⑦ 王明德：《论春秋战国时期的都城发展》，《三门峡职业技术学院学报》，2007年第4期。
⑧ 许倬云：《周代都市的发展与商业的发达》，《许倬云自选集》，上海教育出版社，2002年。
⑨ 侯峰：《春秋时期的邑》，天津师范大学硕士学位论文，2010年。
⑩ 张鸿雁：《春秋战国城市经济发展史论》，辽宁大学出版社，1988年。
⑪ 杜勇：《春秋战国城市发展蠡测》，《四川师范学院学报》，1997年第1期。
⑫ 吴继轩：《春秋战国时期商品经济发达原因探析》，《山东师范大学学报》，2007年第2期。

济的重要组成部分，城市居民依赖于农业而生存。[①] 冷鹏飞对春秋战国时期的商品生产、商品经济形态及其发展路径做了探讨。[②] 桂芳认为王权不发达、社会经济包括商品经济的发展、货币的使用及城市的发展等因素，是商人阶层兴起及商业发展的重要推动力。[③] 李生的《春秋战国时期商业发展原因新探》一文认为井田制的瓦解是推动商业发展的主要因素，重商政策的出现又为此提供了政治保证。[④] 侯强对春秋战国时期"市"的作用展开了具体分析，他认为"市"的出现促进了商人阶层的出现，促进了该时期的人口流动。[⑤] 翟媛从生态地理学和经济地理学的角度对战国时期的城市进行了剖析，研究视角较为新颖。[⑥] 黄启标认为中国早期城市大都是军事性城市，城市的人口构成与空间布局主要以适应政治、军事需求为主。春秋战国时期商业的发展促进了城市功能的转变，城市居民构成复杂多样，同时还促进了手工业的发展。[⑦] 杨生民对春秋时期的"市"做了具体的分类，并对"市"在城市中的布局及"市"在春秋战国时期中的地位及作用进行了具体的研究。[⑧]

不同的城市往往有着不同的形态，而且在不同的时期，各城市的形态也有一个发展、变化的过程。李自智认为西周时期的城市形态与春秋战国时期的城市形态有明显的不同，宫城并不完全位于郭城之中，而是位于郭城的一侧或者与郭城相邻。[⑨] 他还从考古的角度论述了中国古代城郭制的形成原因及基本概况，并认为春秋时期的"宫城位于郭城之中，形成内城外郭环套的格式"。而战国时期的城、郭已经分开，成为相邻或者相依的两个构成部分。[⑩] 刘少和在《周代建筑风格》一文中，对周代城市的等级、城市规模、建筑装饰等方面做了研究。[⑪] 此外，关于春秋时期城市社会组织的研究成果也较多，傅道彬《春秋：城邦社会与城邦气象》一文对春秋时期城市社会进行了研究。[⑫] 于云瀚《春秋时期的城市居民组织及其管理》就春秋时期的城市居民组织及城市管理组织展开了研究，认为该时期人口的流动及宗法关系的破坏，促进了城市居民管理组织的出现，保证了城市社会的稳定。[⑬]

从上文所述来看，先秦断代城市史研究大都重点关注了某个时段城市的发展状况。先秦时期是中国城市的孕育与形成期，我们除了要对某一时段的城市进行深入

---

① 张鸿雁：《春秋战国城市经济的原始性——农业经济对城市经济的渗透》，《辽宁大学学报》，1986年第2期。
② 冷鹏飞：《春秋战国时期商品经济形态的变革》，《学术研究》，1999年第10期。
③ 桂芳：《春秋战国时期商人兴起的原因》，《新乡师范高等专科学校学报》，2005年第1期。
④ 李生：《春秋战国时期商业发展原因新探》，《唐山师范学院学报》，2006年第6期。
⑤ 侯强：《春秋战国市场作用考论》，《安徽史学》，2003年第2期。
⑥ 翟媛：《从生态地理和经济地理学看战国时期城市的繁荣》，西北大学硕士学位论文，2009年。
⑦ 黄启标：《论春秋战国的商业对中国古代城市发展的影响》，《广西广播电视大学学报》，1999年第4期。
⑧ 杨生民：《论春秋战国时期的市》，《历史研究》，1996年第3期。
⑨ 李自智：《东周列国都城的城郭形态》，《考古与文物》，1997年第3期。
⑩ 李自智：《略论中国古代都城的城郭制》，《考古与文物》，1998年第2期。
⑪ 刘少和：《周代建筑风格》，《华夏文化》，2003年第1期。
⑫ 傅道彬：《春秋：城邦社会与城邦气象》，《北方论丛》，2001年第3期。
⑬ 于云瀚：《春秋时期的城市居民组织及其管理》，《安徽史学》，2000年第4期。

研究外，还需要进行更长时段的考察，方能整体把握中国早期城市的发展脉络。

（三）先秦区域城市研究

学术界关于先秦时期区域城市的研究主要集中在黄河流域与长江流域，其中又以黄河流域为主。杨育彬、孙广清在《河南考古探索》中对河南地区的城市考古发现做了概述性研究，为河南地区的城市研究提供了宝贵史料。[①] 赵明星《河南先秦城市平面布局与中国古代城市规划理论体系的形成》对先秦时期河南地区的城市平面布局做了详细的研究。[②] 王妙发《黄河流域聚落论稿：从史前聚落到早期都市》对都城的概念做了界定，并对黄河流域早期聚落的形态及城址、早期都市的特点做了相关考察。[③] 潘明娟《周秦时期关中城市体系研究》论述了采邑制对城市体系形成的影响，并对先秦时期关中地区的都城规模做了详细的考察。[④] 高幸《春秋至汉代鲁中南地区城市组群变迁研究》对春秋至汉代鲁中南地区城市组群的变迁进行了研究，对鲁中南地区城市的类型、规模和历史地理特征进行了论述，并对不同城市在营建理念上的差别做了具体分析。[⑤] 卢东东《先秦时期齐鲁地区城市发展的历史审视》对先秦时期齐鲁地区城址的数量进行了具体分析，并对齐鲁城市发展与社会经济环境的互动做了相关阐释。[⑥] 郭春媛《郑州地区先秦城址保护利用研究》对先秦时期郑州地区城址的数量、年代、规模做了详细的统计，并对一些城址的考古发现做了详细的研究。[⑦] 另外，张学海《试论山东地区的龙山文化城》对史前时期王城岗和平凉台古城、龙山古城数量、建筑技术等进行了研究。[⑧]

先秦时期，长江流域的城市数量也较多，且发展程度毫不逊色于黄河流域。孟华平、向其芳的《湖北史前城址》对湖北地区的史前城市做了系统的研究。[⑨] 周崇云在《安徽考古》中对安徽地区的史前城址进行了研究，并对早期文明与城市的关系进行了论述。[⑩] 段渝《酋邦与国家起源：长江流域文明起源的比较》对史前长江流域的城址与酋邦之间的关系进行了讨论。[⑪] 罗二虎《长江流域早期城市初论》对长江流域早期城市的出现时间及面积做了详细的考察，认为长江流域城市的城市功能较为突出，宗教祭祀活动也是该区域早期城市的主要功能之一。[⑫] 毛曦《先秦巴

[①] 杨育彬、孙文清：《河南考古探索》，中州古籍出版社，2002年。
[②] 赵明星：《河南先秦城市平面布局与中国古代城市规划理论体系的形成》，《华中建筑》，2008年第6期。
[③] 王妙发：《黄河流域聚落论稿：从史前聚落到早期都市》，知识出版社，1999年。
[④] 潘明娟：《周秦时期关中城市体系研究》，人民出版社，2009年。
[⑤] 高幸：《春秋至汉代鲁中南地区城市组群变迁研究》，东南大学硕士学位论文，2013年。
[⑥] 卢东东：《先秦时期齐鲁地区城市发展的历史审视》，华中师范大学硕士学位论文，2012年。
[⑦] 郭春媛：《郑州地区先秦城址保护利用研究》，郑州大学硕士学位论文，2014年。
[⑧] 张学海：《试论山东地区的龙山文化城》，《文物》，1996年第12期。
[⑨] 孟华平、向其芳：《湖北史前城址》，科学出版社，2015年。
[⑩] 周崇云：《安徽考古》，安徽文艺出版社，2011年。
[⑪] 段渝：《酋邦与国家起源：长江流域文明起源的比较》，中华书局，2007年。
[⑫] 罗二虎：《长江流域早期城市初论》，《文物》，2013年第2期。

蜀城市史研究》对巴蜀地区早期城市发展的自然地理环境、早期城市遗址、郡县城市及其特点做了较为全面的研究，是先秦时期区域城市研究的典范之作。[①] 此外，毛曦《中国早期城市研究——以古代巴蜀为例》，对中国城市起源、国家形成、民族起源之间的关系做了梳理，并对早期巴蜀地区的城址分布、城市体系以及城市发展的特点做了相关研究。[②]

近年来，学界除了在黄河与长江两大流域的先秦区域城市研究方面有较大突破外，还对先秦时期包括淮河流域、长江下游的吴越地区、北方的燕辽地区，以及今西藏、新疆、内蒙古等区域的城市进行了全方位的研究。

（四）先秦单体城市研究

随着先秦考古的发展，学界对先秦单体城市的研究成果也越来越多。而先秦城市的考古发掘报告，既是先秦城市考古研究的成果，也是进一步深入研究先秦时期城市的第一手史料。下文主要梳理一些利用先秦考古资料对单体城市进行研究的成果。

目前学术界对先秦时期单体城市的研究成果主要集中在城市建设、城市布局、城市社会等方面，其中又以对夏商都城，如偃师商城、安阳殷墟、郑州商城的研究成果最多。陈旭《论河南早商都邑遗址的年代及相关问题》通过对河南地区商代都城建城年代的考察，认为郑州商城与偃师商城都是郑州二里岗时期的城址，而郑州商城的建城年代稍晚于偃师商城。[③] 杨肇清《略论登封王城岗遗址大城与小城的关系及其性质》梳理了王城岗大城与小城的性质及关系，认为小城是宗庙遗迹，而大城是外城。[④] 袁广阔、曾晓敏的《论郑州商城内城和外郭城的关系》，通过对郑州商城的内外城构成情况、构筑时间进行分析，认为郭城在商代就已经出现，而且城郭的面积较大。[⑤] 关于郑州商城的建城时间，田昌五、方辉在《论郑州商城》中认为商城既非偃师商城，又非亳城，故其建城时间应该在太甲时期。[⑥] 徐昭峰在《试论郑州商城的建造过程及其性质》中，对偃师商城与郑州商城的性质做了具体的研究，并对城市规模及城市内部布局展开了研究。[⑦] 李锋《商代前期都城研究》对郑州商都的建城时间及选址等问题做了分析。[⑧] 张国硕《郑州商都文化》以郑州商都文化为主题，讨论了商王朝的发展历程和都城建设，并在确定郑州商都文化内涵的基础上，对郑州商都的建造及演变、文化特征等问题进行了较为深入的研究。[⑨] 王

---

① 毛曦：《先秦巴蜀城市史研究》，人民出版社，2008年。
② 毛曦：《中国早期城市研究——以古代巴蜀为例》，四川大学博士后出站报告，2004年。
③ 陈旭：《论河南早商都邑遗址的年代及相关问题》，《考古与文物》，2000年第1期。
④ 杨肇清：《略论登封王城岗遗址大城与小城的关系及其性质》，《中原文物》，2005年第2期。
⑤ 袁广阔、曾晓敏：《论郑州商城内城和外郭城的关系》，《考古》，2004年第3期。
⑥ 田昌五、方辉：《论郑州商城》，《中原文物》，1994年第2期。
⑦ 徐昭峰：《试论郑州商城的建造过程及其性质》，《中国历史文物》，2006年第6期。
⑧ 李锋：《商代前期都城研究》，中州古籍出版社，2007年。
⑨ 张国硕：《郑州商都文化》，河南人民出版社，2008年。

元《殷墟布局规划研究》对殷都的性质、殷都的整体布局及布局的形成原因做了简要的分析。[1] 黄尚明《从考古新材料看鄂国的历史变迁》分析了商代方国"鄂国"的历史变迁。[2] 河南文物研究所、中国历史博物馆考古部联合编写的《登封王城岗与阳城》一书，从考古学角度具体考察了登封王城岗与阳城城址、城内生产工具及其所反映的文化内涵。[3] 潘付生在《洛阳东周王城布局研究》一文中，对王城建筑群体，特别是城内宫殿、手工业作坊、粮仓等建筑的演变做了详细的研究。[4] 陶新伟的《新郑郑韩故城研究》对郑韩故城的城市空间布局及城市经济、交通状况、对外贸易、军事防御功能等分别进行了研究。[5] 郑杰祥的《郑韩故城在中国都城发展史上的地位》对郑韩故城在中国都城发展史上的地位进行了分析，对郑韩故城的规模、城市建设等方面做了详细的研究。[6] 宇野隆夫《城市的方位——以商周时代为中心》从地理方位等角度对以郑州商城、邯郸赵王城、黄陂盘龙城等为主的商周城市进行了测绘，并进一步认为商周时期还没有出现基于北极星天文知识确定正北方位的设备，这一时期的城市大都是基于天圆地方的理念进行建设的。[7] 王佳涵在《战国韩三都比较研究》一文对战国时期韩国"宜阳、阳翟、新郑"三都所在的地理环境、城市布局、城市形态等方面进行了研究。[8] 雍城是先秦时期秦国的重要都城，徐卫民在《秦都城研究》一书中，对雍城及其所处的自然环境进行了论述。[9]

春秋战国时期黄河下游的齐、鲁等诸侯国的城市也颇受学界关注，研究成果较为丰硕。胡方《齐都临淄空间形态演变的功能性导向》阐述了临淄的城市布局、功能配置等，认为临淄城空间形态的演变是为了适应城市安全、城市经济等功能性的需要，是在《考工记》等传统规范下出现的适应实际需要的产物。宋玉顺《先秦齐都临淄的建设理念》对临淄城市建设思想、城市工商业、文化建设等做了相关研究，并对城市建设中的形制、选址思想进行了分析。山东省文物考古研究所等单位编著的《曲阜鲁国故城》，对曲阜鲁国故城的城市建设、重要考古发掘成果、城市布局等进行了详细的研究，是目前关于曲阜鲁国故城最详细的考古学成果。[10] 张悦《周代宫城制度中庙社朝寝的布局辨析——基于周代鲁国宫城的营建模式复原方案》探讨了"择中立庙、前庙后寝的宗礼邦族模式"，"朝寝为重、左祖右社的地缘国家

---

[1] 王元：《殷墟布局规划研究》，河北师范大学硕士学位论文，2007年。
[2] 黄尚明：《从考古新材料看鄂国的历史变迁》，《华中师范大学学报》，2015年第1期。
[3] 河南文物研究所、中国历史博物馆考古部：《登封王城岗与阳城》，文物出版社，1992年。
[4] 潘付生：《洛阳东周王城布局研究》，郑州大学硕士学位论文，2007年。
[5] 陶新伟：《新郑郑韩故城研究》，湘潭大学硕士学位论文，2008年。
[6] 郑杰祥：《郑韩故城在中国都城发展史上的地位》，《黄河科技大学学报》，2008年第2期。
[7] [日]宇野隆夫著，王震中译：《城市的方位——以商周时代为中心》，《考古与文物》，2005年第1期。
[8] 王佳涵：《战国韩三都比较研究》，郑州大学硕士学位论文，2013年。
[9] 徐卫民：《秦都城研究》，陕西人民教育出版社，2000年。
[10] 山东省文物考古研究所、山东省博物馆、济宁地区文物组、曲阜县文管会等：《曲阜鲁国故城》，齐鲁书社，1982年。

模式"①。

先秦时期，长江流域也出现了一些规模较大的城市，学术界也对这些城市进行了个案分析。尹弘兵在《纪南城与楚郢都》一文中，根据考古发现对湖北地区的纪南城与楚郢都的城市内部考古发现做了具体的分析。② 董灏智的《楚国郢都兴衰史考略》从考古的角度对楚国郢都的兴衰进行了考察，具体探讨了郢都的城市规模及布局，并对郢都的选址原则及兴衰的原因进行了深入分析。③ 马世之的《略论楚郢都城市人口问题》认为楚郢都与齐国临淄的人口数量差异不大，堪称当时世界数一数二的大城。④ 田昌五、安作璋主编的《秦汉史》对先秦时期城市居民的构成做了分析，认为城市内有贵族、士兵、商贾、工匠、农民等五个阶层，而且这一群体是由多民族构成的。⑤ 此外，一些通史性的城市著作对先秦时期的重要单体城市也有所论述。

二、秦汉魏晋南北朝时期城市史研究

秦朝建立了统一的国家，中国城市出现了新的发展，形成了全国统一的首都—郡县城市行政等级体系。汉代，城市出现新的发展高峰。魏晋南北朝时期，战争频发，全国经济重心东移南迁，对中国城市的发展产生了重要影响。两汉时期的城市研究，具有代表性的著作为周长山的《汉代城市研究》，该书搜集了大量的文献与考古资料，研究了汉代城市的分布及汉代城市人口比例等问题⑥。其特点是将郡县城市纳入了研究范围，并采用定量分析法，得出一系列独到的见解。张继海《汉代城市社会》一书研究了汉代的聚落形态，并对汉代大小城市在结构和布局上的规律和差异进行了比较，提出了一系列较为新颖的观点。作者认为，汉代城市是当时人们普遍居住的聚落形态，除作为地方行政中心的县城和郡城外，还有乡、聚、亭、邑等聚落形态。在汉代，人们普遍居住在城郭里，这成为汉文化的重要特征。此外，作者还提出汉代的城市分为县城、郡城和都城三类。汉代城市一般有城墙，与护城河构成防御的屏障。城墙多以黄土夯成，因为工程浩大而使用刑徒。城内分为官署区、里区和市区，各有封闭的围墙。城市中的市从设立到管理，都是由政府控制的，市不仅是一个繁荣的商业场所，也是休闲和交流的场所。城市教育在汉代有很大的发展，不同城市的社会面貌有很大不同，还有一些具有农业色彩的小县城。大城市如洛阳、长安的旅馆业很发达。大城市人口众多，但治安很差。汉代城市管

---

① 张悦：《周代宫城制度中庙社朝寝的布局辨析——基于周代鲁国宫城的营建模式复原方案》，《城市规划》，2003年第1期。
② 尹弘兵：《纪南城与楚郢都》，《考古》，2010年第9期。
③ 董灏智：《楚国郢都兴衰史考略》，东北师范大学硕士学位论文，2008年。
④ 马世之：《略论楚郢都城市人口问题》，《江汉考古》，1988年第1期。
⑤ 田昌五、安作璋：《秦汉史》，人民出版社，2008年。
⑥ 周长山：《汉代城市研究》，人民出版社，2001年。

理分为民间自治性管理和政府管理,政府管理居于主导地位,城市中的退休官员和豪族对城市管理有很大影响。汉代城市的政治性强,其发展往往受到政治因素的制约。大城市以消费为主,中小城市农业色彩很浓,发展缓慢。① 任重、陈仪的《魏晋南北朝城市管理研究》也是较有影响的著作②。此外,日本学者如宫崎市定等对汉代城市也有较深入的研究。古贺登的《汉长安城与阡陌——县乡亭里制度》,对汉代长安城和汉代的基层政权进行了分析和研究。③《剑桥中国秦汉史》汇聚了西方学者研究两汉的重要成果,其中对秦汉城市也有所涉及。

关于秦汉时期的城市,学者们在一些问题上有较为一致的意见,如基本认定汉代城市政治性很强,为政治力量所控制,大多为消费性城市。但是也有一些学术问题还没有解决。从微观研究上看,汉代城市的概念、汉代城市的人口、汉代城市的数量、汉代城市社会生活方式等,分歧还较大。从宏观上看,对汉代城市的发展趋势、汉代城市的特色、汉代城市在中国历史上的地位、影响,以及汉代城市在世界文明史上的地位,学界也有不同看法,有待进一步深入研究。另外,学界对汉代城市与汉代学术思想发展的关系、汉代城市的民族性和地域性特征也还缺乏深入的研究。

近年来,开始有部分学者对秦汉时期的经济、政治、文化、生态环境等方面展开微观或宏观的考察和研究,为秦汉城市研究的深入提供了重要的学术基础。④ 总体而言,目前学界对秦汉城市的研究还较为薄弱,正如田昌五先生所言,秦汉历史依然有许多有待深入研究的领域,城市史就是其中之一。⑤

相较于秦汉城市史研究,魏晋南北朝时期的城市史研究更为滞后,近年始有一定的发展。目前学界对这个时期城市的总体发展还缺少专门的研究和论述。⑥ 秦汉时期是中原农耕地区汉文化向北方和西北方以游牧文化为主的少数民族地区扩展的时期,而魏晋南北朝则是"受汉文化影响的胡族反过来打入中国内地的时代"⑦。南、北和东、西多元文明的碰撞融合是这个时期城市变迁的主题,这个观点已经为文献和考古学的资料所证实。也有学者认为在汉化与"胡化"的矛盾对立之中,汉、胡文化出现了融合,并对唐代中华文化进入鼎盛期产生了深刻的影响⑧。需要指出的是,魏晋南北朝时期域外文明对中华文明的影响也不容忽视,尤其是佛教文化在此一时期普遍流行于中国的大江南北,并对中国城市文明的各个方面产生了不可忽视的影响。

---

① 张继海:《汉代城市社会》,社会科学文献出版社,2006年。
② 任重、陈仪:《魏晋南北朝城市管理研究》,中国社会科学出版社,2003年。
③ [日]古贺登:《汉长安城与阡陌——县乡亭里制度》,雄山阁,1980年。
④ 凌文超:《2011年秦汉史研究综述》,《中国史研究动态》,2012年第3期;陈奕玲:《2011年魏晋南北朝史研究综述》,《中国史研究动态》,2012年第5期。
⑤ 田昌五、安作璋:《秦汉史》,人民出版社,2008年。
⑥ 张捷:《近二十年来魏晋南北朝城市研究综述》,《淮阴师范学院学报》,2005年第4期。
⑦ [日]谷川道雄:《魏晋南北朝隋唐史的基本问题总论》,《魏晋南北朝隋唐史学的基本问题》,中华书局,2012年,第15页。
⑧ [日]川本芳昭:《论胡族国家》,《魏晋南北朝隋唐史学的基本问题》,中华书局,2012年,第73页。

目前，学界对魏晋南北朝时期城市的宏观研究成果还不多见，从整体上来看，魏晋南北朝时期的城市研究相对薄弱。对这个时期的城市展开研究的主要著作有郭黎安的《六朝建康》（香港天马图书有限公司，2002年），卢海鸣的《六朝都城》（南京出版社，2002年），前田正名的《平城历史地理学研究》（李凭等译，书目文献出版社，1994年），刘淑芬的《六朝的城市与社会》（学生书局，1992年），李凭的《北魏平城时代》（社会科学文献出版社，2000年），任重、陈仪的《魏晋南北朝城市管理研究》（中国社会科学出版社，2003年）等。其中除任重、陈仪的著作外，其他著作大多关注单体都城或区域城市的研究。任重、陈仪对魏晋南北朝时期城市的规模、发展趋势、人口、管理机制、治安、市场、基层组织、粮食和社会保障等方面进行了研究，取得了一定的成果。总的来说，魏晋南北朝时期城市的研究对中小城市的关注不够，对城市发展变迁的研究与民族文化的融合没有紧密结合，因此这个时期城市的总体风貌依然有待深入探讨。

三、隋唐五代城市史研究

城市是社会发展的缩影，其发展既受经济、政治、文化、社会变革的影响，亦是各方变革过程的生动体现。隋唐五代时期是我国封建社会历史发展的重要阶段，隋唐之际是中国封建社会历史上的一个大变革时期，五代则是中国历史上又一次大分裂的时期。隋朝结束了南北朝时期的大分裂，在此基础上建立起来的唐代则是中国历史上的又一个盛世。此一时期，中国城市的发展出现了新的变化，如大运河的修筑与运河沿线城市的出现，长安、洛阳两都的繁荣，里坊制管理体系的完善，南方经济的持续开发与工商业城市的兴盛，唐中后期草市、夜市的出现与里坊制的解体，唐后期藩镇割据与军事城镇及五代混战对北方城市的摧残，等等。因此，唐代城市的研究者较多，但相关研究主要集中在长安、洛阳及扬州、杭州等较大城市的管理制度及社会生活方面，比较有影响的学术成果有完白的《唐代的长安》（上海四联出版社，1954年），周峰的《隋唐名郡杭州》（浙江人民出版社，1997年），李廷先的《唐代扬州史考》（凤凰出版社，2002年），辛德勇的《隋唐两京丛考》（三秦出版社，2006年），程存洁的《唐代城市史研究初编》（中华书局，2002年），樊锦诗的《敦煌与隋唐城市文明》（上海教育出版社，2010年）等。近年来，有关隋唐五代城市经济、建设规划、社会生活等方面的研究有很大进步，成果较为丰硕，可从以下几个方面来考察。

（一）城市经济研究

城市经济，尤其是商品经济的长足发展，成为隋唐五代城市发展的直接动力，成为史学界研究和讨论的重点之一。长期以来，这一领域的研究成果斐然。关于城市经济问题的研究，肖建乐颇有建树，其《中国传统城市发展动力研究》一文认为，唐以前中国传统城市的发展动力来自政治，唐代以后主要为工商业结合的城市经济，生产力在整个历史长河中对城市的推动力表现并不直接，只有城市经济才是推动城市发展的内在、持久动力。①肖建乐的《唐代城市经济研究》一书，研究了唐代城市居民结构、工商业形态、商品货币关系、城市间联系、城市与周边地区关系等方面的变化。②肖建乐所撰的论文《唐代城市经济发展研究》，还对商业都会所起的经济作用进行了论述，认为商业都会促进了农产品的商品化倾向、带动了商品货币关系的发展。③赵常兴的《唐代城市群发展过程中的经济因素》论述了唐代城市经济发展与政治控制的关系，认为城市发展始终未能摆脱政治控制而形成独立的城市经济发展体系。从城市发展过程看，中国封建社会的城市发展史，在某种意义上就是其力图摆脱封建政治控制的历史。④

张洁在《唐代城市消费经济研究》中认为，唐代城市消费具有六大特点，①唐代城市消费，在初期与中后期呈现出明显的阶段性特征，唐前期领导城市消费方向的为几个全国性的大城市；②中唐以后商品市场出现向小城市延伸的趋势，北方、江南、东南沿海一些城市居民的消费各具特色；③奢侈性的高消费、狎妓类的畸形消费盛行；④节日消费异常繁荣；⑤唐人对舶来品普遍有特殊嗜好；⑥女性消费呈现前所未有的兴盛态势。⑤张雁南的《唐代消费经济研究》主要关注唐代消费活动，即唐代各个阶层的消费观念、行为和现象。⑥张剑光、张洁在《唐代城市消费的方式、水平和结构研究》一文中，指出唐代城市中各阶层与市场的联系逐渐密切，城市中各阶层消费水平高低有别。⑦宁欣的《唐宋城市经济社会变迁的思考》提醒学界应当重视唐宋城市经济社会的整体性研究。⑧其《转型期的唐宋都城：城市经济社会空间之拓展》一文，通过梳理唐宋都城长安、洛阳、开封、临安等城市经济社会的变化，展示以上城市的有形变化、张力弹性变化和无形变化，即平面布局的突破，地域空间的拓展，功能区域格局的重组，人口流动的加快，官府对市场管理方式的探索与调整等。⑨

关于隋唐城市商业的宏观研究，斯波义信的《商业在唐宋变革中的作用》颇具代表性，作者从交通运输、商业制度、市场区域等方面的变化探讨了唐宋间的商业变革，认为水路运输系统的进一步扩大为农村及城市经济的发展提供了基础，区域劳动分工极大地提高了贸易量和贸易额；商人设计出了新的商业惯例、制度安排和合伙方式，以拓展贸易；商业状况逐渐依赖于更高水平的私人交易与商业交换，交

---

① 肖建乐：《中国传统城市发展动力研究》，《云南民族大学学报》，2009年第3期。
② 肖建乐：《唐代城市经济研究》，人民出版社，2009年。
③ 肖建乐：《唐代城市经济发展研究》，《城市发展研究》，2007年第1期。
④ 赵常兴：《唐代城市群发展过程中的经济因素》，《西安电子科技大学学报》，2007年第3期。
⑤ 张洁：《唐代城市消费经济研究》，上海师范大学硕士学位论文，2006年。
⑥ 张雁南：《唐代消费经济研究》，齐鲁书社，2009年。
⑦ 张剑光、张洁：《唐代城市消费的方式、水平和结构研究》，《吉林大学社会科学学报》，2006年第2期。
⑧ 宁欣：《唐宋城市经济社会变迁的思考》，《河南师范大学学报》，2006年第2期。
⑨ 宁欣：《转型期的唐宋都城：城市经济社会空间之拓展》，《学术月刊》，2006年第5期。

易场所更趋自由，商业贸易进一步渗入农村。① 李彩璋在《唐代商业之研究》一文中，论述了唐代商务官司与商律、商品与商埠、国内国际贸易及商业繁荣对唐代社会的影响。作者认为商律的出现与商务机构的设立是唐代商业发展的产物，其主要目的是便于政府对商业活动的管理。内地的商业场所以两京为最，国际及江南贸易则以安南、广州、泉州、扬州为首。商品种类主要为盐、茶、酒、纸、糖、燃料等。②

陶希圣的《五代的都市与商业》从都市的残破、北方都市与商业的复兴与繁荣、长江以南都市与商业的复兴与繁荣等方面对五代时期都市与商业发展的关系进行了论述，认为五代时期都市的残破与黄巢起义后各军事集团的争夺有关；长江以南都市与商业的复兴则在黄巢起义之后，发展原因为农村市场的需求、工业独立存在的需求和交换经济的繁荣；北方都市与商业的复兴，主要在于北方武士集团将商人作为其政治基础，支持商人的发展。该文的特色在于将都市与商业的发展置于社会动态的环境下进行详细考察。③ 秦璋《唐代之交通与商业》对唐代交通、商业的发展状况进行了论述，重点分析了唐代的商业现象、金融机关和商人种类，对了解唐代都市商业具有较大价值。④ 陈恩成的《唐代之福建对外贸易》虽以"唐代""福建""贸易"为标题中的关键词，但论述范围则较为广泛，注重全局与局部研究的结合。该文对唐代以前中国对外贸易的概况，唐代中国对外贸易的港口，福建、泉州、福州及漳州之兴起、发展等方面加以研究，作者虽以福建为主要研究对象，亦不拘泥于个案，对唐代对外贸易城市的整体研究有一定的参考价值。⑤

关于唐代城市商人与商业管理的研究成果也较多。刘志远《刍议唐代"夜市"经济的雏形——鬼市》认为唐代"鬼市"是"夜市"经济的雏形与发端。⑥ 陈磊《从〈太平广记〉的记载看唐后期五代的商人》研究了《太平广记》中记载的大商人、中层商人及小商贩的经营活动和他们在唐人心目中的形象。作者认为唐后期至五代，商人人数众多，但远未形成一个有自觉意识的阶层。⑦ 宁欣的《文本的阐释与城市的舞台——唐宋笔记小说中的城市商业与商人》则依据小说中的商人形象，探讨了长安商业社会中商人身份的转化，商人经商背景的非经济因素及商人的人文风貌。⑧ 武建国的《唐代市场管理制度研究》考察了市场设置、行政管理体系、交易管理、市场秩序和市容管理，认为唐代市场管理已基本形成系统、完整的制度，

---

① [日]斯波义信著，张天虹译：《商业在唐宋变革中的作用》，《文史哲》，2009年第3期。
② 李彩璋：《唐代商业之研究》，《师大月刊》，1936年第7卷第26期。
③ 陶希圣：《五代的都市与商业》，《史地社会论文摘要月刊》，1935年第1卷第8期。
④ 秦璋：《唐代之交通与商业》，《中国经济》，1934年第2卷第12期。
⑤ 陈恩成：《唐代之福建对外贸易》，《经济商业期刊》，1941年第1期。
⑥ 刘志远：《刍议唐代"夜市"经济的雏形——鬼市》，《中北大学学报》，2009年第2期。
⑦ 陈磊：《从〈太平广记〉的记载看唐后期五代的商人》，《史林》，2009年第1期。
⑧ 宁欣：《文本的阐释与城市的舞台——唐宋笔记小说中的城市商业与商人》，《中国古代、近代文学研究》，2010年第5期。

该制度利于唐代市场的繁荣和稳定。① 宋立的《唐宋都城商业市场管理机构考略》认为唐宋都城商业市场管理机构和官员职数的差异反映了唐宋都城商业发展和繁荣的趋势。②

有关唐代各类商业构成的研究以张泽咸的《唐代工商业》一书为代表，该书分为"手工业""商业"两篇，上篇"手工业篇"全面论述了金属器、纺织、陶瓷、粮食加工、造纸、漆器、印刷业的生存状况，展示出唐代手工业全貌；下篇"商业篇"从国内商业、边境互市贸易、对外贸易等角度详细论述了唐代商业发展的情况。③ 林立平的《唐宋之际城市租赁业初探》对唐宋变革中城市的变迁进行了对比分析，认为唐宋之际城市生活气息愈发浓郁，城市租赁业蓬勃发展，租赁业与城市生活联系日趋紧密，在城市生活中占据了重要地位。④ 其《唐宋之际城市旅店业初探》一文，则认为唐宋旅店服务业有了突出发展，推动旅店业发展的条件为人口流动结构的改变和工商业的发展。⑤ 胡发强《唐代图书市场探究》认为唐代图书市场相当活跃，形成了书肆贸易和政府购买互为补充的图书买卖形式。⑥ 荣新江《五代洛阳民间印刷业一瞥》考察了五代时期洛阳的印刷业。⑦ 宿白《唐五代时期雕版印刷手工业的发展》以唐成都府成都县龙池坊卞家印本《陀罗尼经》为例，说明当时大城市里的市已无法限制手工业，手工业作坊已开设至居住区的坊内。⑧ 妹尾达彦《唐代长安东市的民间印刷业》分析了中国印刷业肇始期唐代长安东市印刷业之经营内容，印刷品内容、版式特征，以及东市印刷业在出版史上的意义。⑨ 魏明孔《隋唐手工业与居民饮食结构的改善》认为隋唐酱醋加工业普及、食糖种类增加、酿酒技术提高与饮酒之风盛行、制茶业崛起、食品和乳制品加工技术的进步等均在一定程度上丰富了当时居民的饮食内容，改善了人们的饮食结构。⑩ 温翠芳《唐代长安西市中的胡姬与丝绸之路上的女奴贸易》研究了唐代长安西市中的特殊商品——"女奴"。⑪

隋唐五代的坊市制度研究也是近年来的学术热点。宁欣《唐宋城市社会公共空间形成的再探讨》对"场"的出现、"场"的类型等问题进行了探讨，认为社会公共空间的拓展反映了市民社会的成长。⑫ 宋立《唐都长安与宋都汴京"宫市"探

---

① 武建国：《唐代市场管理制度研究》，《思想战线》，1988年第3期。
② 宋立：《唐宋都城商业市场管理机构考略》，《宜宾学院学报》，2011年第5期。
③ 张泽咸：《唐代工商业》，中国社会科学出版社，1995年。
④ 林立平：《唐宋之际城市租赁业初探》，《中国史研究》，1988年第3期。
⑤ 林立平：《唐宋之际城市旅店业初探》，《暨南学报》，1992年第2期。
⑥ 胡发强：《唐代图书市场探究》，《内蒙古社会科学》，2009年第2期。
⑦ 荣新江：《五代洛阳民间印刷业一瞥》，《文物天地》，1997年第5期。
⑧ 宿白：《唐五代时期雕版印刷手工业的发展》，《文物》，1981年第5期。
⑨ ［日］妹尾达彦：《唐代长安东市的民间印刷业》，《中国古都研究——中国古都学会第十三届年会论文集》，1995年第13辑。
⑩ 魏明孔：《隋唐手工业与居民饮食结构的改善》，《首都师范大学学报》，1997年第6期。
⑪ 温翠芳：《唐代长安西市中的胡姬与丝绸之路上的女奴贸易》，《西域研究》，2006年第2期。
⑫ 宁欣：《唐宋城市社会公共空间形成的再探讨》，《中国史研究》，2011年第2期。

析》分析了唐都长安、宋都汴京"宫市"源流及其特点。① 室永芳三《唐都长安城的坊制与治安机构》考察了唐都长安的坊制与治安警备体制。② 佐藤武敏《唐代的市制与行——尤其以长安为中心》一文，以唐代长安为中心，考察了唐都市制、市的位置与构造、市制的衰退与行的推移等问题。③ 何一民在《中国城市史纲》中认为，唐以前益州的市主要集中在城西的少府内，商业活动受到很大限制。唐建立后，随着商品经济的发展，益州的市得以扩充，有东市、大东市、南市、北市、新北市和西市等数处市场，市的增加和分布范围的拓展体现了益州商业的繁盛。④ 辛德勇《隋唐两京丛考》利用考古资料对唐代城市建筑和坊市布局进行了研究。⑤ 宁欣《街：城市社会的舞台——以唐长安城为中心》《转型期的唐宋都城：城市经济社会空间之拓展》等论文对唐代坊市制度破坏的渐进性给予关照，论述了"街"在坊市向街市转变过程中的作用。⑥ 郭天沅《上古至宋中国古代城市考略》认为，唐中期以后，伴随商品经济快速发展，交换场所突破市制，城内各地店铺林立，坊市制得以突破。⑦ 肖建乐《唐代坊市制度及其历史定位》认为，唐代坊市制度具有管理、服务双重功能，管理功能以维护封建统治为主要目的，服务功能以维护市场秩序、促进经济稳定发展为目的。⑧

李久昌《隋唐洛阳城里坊住宅时空变化与环境的关系》认为隋唐洛阳里坊住宅呈满天星斗与局部簇群状分布，具有发展和分布两方面皆不平衡的特点。⑨ 张永禄《唐都长安城坊里管理制度》指出，唐朝政府对长安城的行政管理分府、县两级制，县之下市民所居住的坊里成为基层管理单位。坊正是长安城各坊居民的直接管理者，此外另有监察系统和军事警备系统。坊内居民房舍的建造，必须严格遵守封建身份等级制度，不得逾制，民舍房屋墙壁不得侵占路面。⑩ 成一农《走出坊市制研究的误区》指出，我们在讨论坊市形态时应考虑长安、洛阳与各地方城市的差异。作者认为，唐代商业活动可以存在于坊中，限制人们自由的因素为夜禁而非坊制。⑪ 齐东方《魏晋隋唐城市里坊制度——考古学的印证》从里与坊的异同、里坊制度的形成与变化、里坊基本形态、管理机制和特质影响、瓦解过程等方面对魏晋

---

① 宋立：《唐都长安与宋都汴京"宫市"探析》，《西安文理学院学报》，2011年第1期。
② [日] 室永芳三：《唐都长安城的坊制与治安机构》，《九州大学东洋史论集》，1974年第75卷。
③ [日] 佐藤武敏：《唐代的市制与行——尤其以长安为中心》，《东洋史研究》，1966年第25卷。
④ 何一民：《中国城市史纲》，四川大学出版社，1994年。
⑤ 辛德勇：《隋唐两京丛考》，三秦出版社，2006年。
⑥ 宁欣：《街：城市社会的舞台——以唐长安城为中心》，《文史哲》，2006年第4期；宁欣：《转型期的唐宋都城：城市经济社会空间之拓展》，《学术月刊》，2006年第5期。
⑦ 郭天沅：《上古至宋中国古代城市考略》，《学术月刊》，1981年第6期。
⑧ 肖建乐：《唐代坊市制度及其历史定位》，《光明日报》，2009年12月11日。
⑨ 李久昌：《隋唐洛阳城里坊住宅时空变化与环境的关系》，《西北大学学报》，2009年第4期。
⑩ 张永禄：《唐都长安城坊里管理制度》，《人文杂志》，1981年第3期。
⑪ 成一农：《走出坊市制研究的误区》，《唐研究》（第12卷），北京大学出版社，2006年。

隋唐时期的里坊制进行了探讨。① 陶希圣《唐代管理市的法令》从市是什么、管理市的官吏、行与市的区别、斛斗秤度的校正、物价的评定等方面对唐代市的管理法令进行了论述,对研讨唐代的市极具启发意义。②

(二) 城市选址、规划布局研究

自然条件往往影响城市的发展。近年来,自然条件对城市选址、规划、布局的影响和制约引起学者们的关注。李润田《自然条件对洛阳城市历史发展的影响》指出南北大运河的开凿加快了隋唐时期东都的繁荣。隋炀帝和唐高宗将洛阳作为东都后,洛阳之所以能成为当时全国乃至世界上的大都市之一,固然是由当时的政治、经济条件决定的,但洛阳险要的地理位置亦至关重要。③ 满颖之《唐代大都市发展之地理因素》对人口分布、地形、交通与都市之关系加以研讨,认为盛唐大都市的政治中心为西北长安,经济中心为东南扬州,广州乃外货集散港口,洛阳、汴州等地因处货物转输枢纽,商业均十分繁荣。此外,都市发展与交通地形紧密相关,都市兴衰受时代影响最大,时势变迁,政治中心移动,交通亦因之改变,而附庸地的大小决定都市的贫富程度,水路交通则为支撑都市发展的动脉。④ 平冈武夫《唐代的长安与洛阳》分"资料""地图""索引"三篇,并用专门章节介绍了长安城水渠的水源、流向和利用情况。⑤ 陈俊志《中晚唐五代洛阳开封地位消长对比研究——以漕运为中心》从四个方面论述了中晚唐五代时期都城由洛阳到开封的变迁原因,介绍了洛阳和开封的地理环境以及唐代之前这两座城市的历史概况,陈述了中晚唐五代时期洛阳衰落和开封崛起的客观历史过程。该文认为,中晚唐五代时期江淮经济的崛起和漕运改革,使开封取代了洛阳漕运中心的地位,逐渐发展为漕运重镇和经济重镇;唐廷和藩镇之间对于运河的争夺促使开封从漕运重镇发展为军事重镇。由于唐代中期以来黄河和汴水运输条件逐渐恶化,洛阳失去联系东南经济基地的可能,开封作为全国漕运枢纽,地位快速提升。⑥

关于影响城市规划、布局、选址的因素,学界多持两说,一说认为文化、礼制影响城市的规划、布局、选址;一说认为自然因素影响城市的规划、布局、选址。关于隋唐的城市规划,王树声《隋唐长安城规划手法探析》探讨了长安城规划设计中的深层结构。⑦ 赵立瀛《论唐长安城的规划思想及其历史评价》认为唐长安城是

---

① 齐东方:《魏晋隋唐城市里坊制度——考古学的印证》,《唐研究》(第9卷),北京大学出版社,2003年。
② 陶希圣:《唐代管理市的法令》,《食货》,1936年第4卷第8期。
③ 李润田:《自然条件对洛阳城市历史发展的影响》,《中国古都研究》(第3辑),浙江人民出版社,1987年。
④ 满颖之:《唐代大都市发展之地理因素》,《志林》,1943年第4期。
⑤ [日]平冈武夫:《唐代的长安与洛阳》,京都大学人文科学研究所,1956年。
⑥ 陈俊志:《中晚唐五代洛阳开封地位消长对比研究——以漕运为中心》,山东大学硕士学位论文,2008年。
⑦ 王树声:《隋唐长安城规划手法探析》,《城市规划》,2009年第6期。

对《周礼·考工记》"营国"思想的继承和发展，由"气派宏伟"的规划观念出发，道路、广场、建筑的布局，其目的之一就是为了实现某种政治意图，其可行性与局限性并存。① 程义《隋唐洛阳城不是半成品——兼论东西二京布局差异》否定洛阳城为"半成品"之说，并论证了"礼制说"的合理性，认为洛阳和长安是按封建礼制的要求而设计的两座功能不同的城市。② 肖爱玲《隋唐长安城空间等级规范》认为受中国古代礼法的约束，中国历代王朝不仅要建立一套严密有序的政治制度，而且在都城建设上还要突出等级差异，使都城空间构成秩序化。隋唐长安城历经三百年的建设，最终形成了一套等级森严的城市空间等级规范。③

尚民杰《隋唐长安城的设计思想与隋唐政治》将隋唐长安城的设计思想概括为"借天象以达人欲"。长安城的平面图为一东西长、南北短的长方形，其形象与古人心目中大地颇为吻合；设计者将宫城、皇城置于都城北面的正中，实有"众星共之"与"王者受命，创始建国，立都必居中土"的双重意义；皇城两侧南北排列十三坊，"象一年有闰"，皇城正南方东西走向的四列坊"以象四时"，南北走向的九列坊则取《周礼》王城九达之制。④ 宿白《隋唐长安城和洛阳城》对长安和洛阳城街坊市渠的规划布局加以研讨，认为两者在宫城、皇城的布局上差别显著，而类似之处则为在坊的设计上均设有十字街。与长安相较，洛阳城在设计上将工商业发展置于更为重要的位置。⑤ 傅熹年《隋唐长安洛阳城规划手法的探讨》认为明北京城以宫城之广、长为模数规划都城的手法，其实在隋代就已经出现，隋代规划大兴城时有意以宫城广、长之比为基准，而唐代洛阳城规划中的模数运用，又明显比隋代大兴城更为成熟。⑥ 肖爱玲《隋唐长安城空间秩序及其价值》认为隋唐长安城在建设时凸显等级差异，从而使都城空间构成更趋秩序化。⑦ 李孝聪《公元十至十二世纪华北平原北部亚区交通与城市地理的研究》将宏观区域与微观地貌结合，讨论在政治形势和自然环境演变的双重制约下，华北平原交通框架的演变以及区域历史城市选址与分布的联系。⑧ 曹家齐《唐宋时期南方地区交通研究》讨论了唐宋时期南方地区交通与城市发展的关系，指出前者是制约后者的一个先决条件，认为当时城市的繁荣程度以江南运河与浙东运河沿线为先，沿海次之，长江沿岸又次之。该文一方面梳理了交通条件与城市发展间相辅相成的关系，另一方面则描绘出南方地区城市结构沿交通线分布的大致框架。⑨

---

① 赵立瀛：《论唐长安城的规划思想及其历史评价》，《建筑师》，1988年第9期。
② 程义：《隋唐洛阳城不是半成品——兼论东西二京布局差异》，《唐研究》（第12卷），北京大学出版社，2006年。
③ 肖爱玲：《隋唐长安城空间等级规范》，《建筑与文化》，2009年第5期。
④ 尚民杰：《隋唐长安城的设计思想与隋唐政治》，《人文杂志》，1991年第1期。
⑤ 宿白：《隋唐长安城和洛阳城》，《考古》，1978年第6期。
⑥ 傅熹年：《隋唐长安洛阳城规划手法的探讨》，《文物》，1995年第3期。
⑦ 肖爱玲：《隋唐长安城空间秩序及其价值》，《陕西师范大学学报》，2009年第5期。
⑧ 李孝聪：《公元十至十二世纪华北平原北部亚区交通与城市地理的研究》，《历史地理》（第9辑），上海人民出版社，1990年。
⑨ 曹家齐：《唐宋时期南方地区交通研究》，华夏出版社，2005年。

石自社《隋唐东都形制布局特点分析》认为，隋唐东都城规划设计应山川地势，遵循中国古代都城规划的基本原则，在形制布局上体现了安全适用与彰显皇权的有机结合，成功地实践了"天人合一"的设计理念。① 马正林《唐长安城总体布局的地理特征》认为宇文恺运用《周易》理论选择龙首原以南和少陵原以北作为长安城址，以其横贯东西的六条高坡象征《乾》之六爻，按顺序布设各种建筑物，显示不同的特殊功能，使理想与现实达到了奇妙的统一。唐长安城规模宏大，布局整齐划一，注重实效，在城址的选择上和对地形的巧妙运用堪称完美。② 霍宏伟《〈大业杂记〉与隋唐洛阳城》讨论了《大业杂记》所载东都城营建、布局、建筑形制等问题。③ 宋肃懿《唐代长安之研究》讨论了长安城的建设格局、建都因素等问题，论述范围广泛，行文简略明了。④ 张泽咸《唐代城市构成的特点》概括了唐代城市布局和坊市格局的变化。⑤ 方孝廉《隋通济渠与东都洛阳城布局》认为唐东都洛阳城始建于隋炀帝大业元年，宇文恺规划和营建东都洛阳城时，在西苑引谷水和洛河入积翠池，经皇城前黄道渠入通济渠，后因谷水、洛河多次暴涨，改变了皇城前原有的水道布局，进了影响了城市的发展。⑥

王静《唐代长安的空间与社会流动》将长安城空间布局分为长安城、城郊及联系各地的水陆交通网络与长安城内空间分布两类。社会变迁对长安城空间的分布和变化有着至深且巨的影响。政治、经济及权力格局的改变，均对长安城的空间构造和职能带来了变化。而社会流动方向和频率反映着社会变迁趋势，社会流动与变迁和城市空间布局的变化相互影响。⑦ 雍际春《隋唐都城建设与六朝都城之关系》考察了六朝时期曹魏邺城、前后凉姑臧、南朝建康、北魏平城和洛阳在规划建设上的各自风格和共性特征，认为六朝都城对隋唐都城建设产生了深远影响。⑧ 任士英的《长安宫城布局的变化与玄宗朝中枢政局——兼及"太子不居于东宫"问题》认为，宫城布局和太子不居于东宫使太子的权力与政治上可能的发展受到控制。⑨ 胡方《隋唐长安、洛阳城空间形态的演变》认为隋大兴城（长安）以其规整对称的空间形态体现了《周礼·考工记》营国制度的传统规范。其后建的洛阳城，布局形式由轴线对称到非轴线对称，功能配置由均衡对称到非均衡对称，地形利用由强调平面空间到注重立体空间，这一演变过程反映了我国古代都城空间形态逐渐适应城市功能需要和地理环境特征的趋势。⑩ 牛来颖《唐宋建筑构造变化与城市新格局——以

---

① 石自社：《隋唐东都形制布局特点分析》，《考古》，2009年第10期。
② 马正林：《唐长安城总体布局的地理特征》，《历史地理》（第3辑），上海人民出版社，1983年。
③ 霍宏伟：《〈大业杂记〉与隋唐洛阳城》，《中国地方志》，2006年第12期。
④ 宋肃懿：《唐代长安之研究》，大立出版社，1983年。
⑤ 张泽咸：《唐代城市构成的特点》，《社会科学战线》，1991年第2期。
⑥ 方孝廉：《隋通济渠与东都洛阳城布局》，《华夏考古》，2009年第3期。
⑦ 王静：《唐代长安的空间与社会流动》，《光明日报》2009年4月21日，第12版。
⑧ 雍际春：《隋唐都城建设与六朝都城之关系》，《中国历史地理论丛》，1997年第2期。
⑨ 任士英：《长安宫城布局的变化与玄宗朝中枢政局——兼及"太子不居于东宫"问题》，《唐研究》（第9卷），北京大学出版社，2003年。
⑩ 胡方：《隋唐长安、洛阳城空间形态的演变》，《广西师范大学学报》，2008年第1期。

接檐建筑为例的研究》认为，唐宋时期接檐造舍行为使原有的街道构造和城市布局被逐渐打破，造就了新型的商业建筑形式和格局。①

有关城市选址的研究也颇受重视。李孝聪《唐宋运河城市城址选择与城市形态的研究》认为研究古代城市地理，除考虑地理因素外，礼法制度对城市外貌形态和内部空间结构塑造的影响亦须关注。该文指出，在城市研究中，不仅应注重城市的物质形态，还应挖掘城市物质形态形成和变化的深层次社会、政治、礼法等人文动因。这种将城市研究静态描述与动态分析结合的方法值得借鉴。② 宁欣《唐初至宋中期城市修建扩建述略——兼论南北地区城市发展之异同》认为，唐初至北宋中期，城市修建工程分为唐前期帝业初创以经营两京为主、唐后期修补两京及地方中心城市的改扩建、唐末五代宋初城市修建重心发生地域性转移三个阶段，体现了南北方城市因政治、经济差异而趋向不同的发展道路与特色。③ 李虎、申红涛《周宋时期开封城市的形态发展研究》将五代开封城市形态发展看作是有形与无形形态的结合。朱温废唐建梁，定都开封，拉开唐宋都城空间转移的序幕。后梁、后晋、后汉、后周置都于开封，经过历代开发和建设，开封作为都城的地理条件更为优越，加之拥有多个政权定都的经历，政治条件已趋成熟，国都地位已经稳固，标志着由唐到宋都城空间转移的基本完成。④ 侯甬坚《周秦汉隋唐之间：都城的选建与超越》认为，隋唐王朝都城选址学习了前代经验，并有所超越。⑤ 辛德勇《〈冥报记〉报应故事中的隋唐西京影像》以《冥报记》所述史事为据，分析了大兴城和长安城地理建置的问题。⑥

（三）城市文化与社会生活研究

肖建乐《试论唐代城市发展的原因》论及商业都会的发展对市民阶层社会生活文化的影响。⑦ 史向军《唐长安城市文化特征探究》由唐代长安在选址方面所体现之天人关系、建筑文化概念与内涵等角度出发，分析了唐代长安的城市文化特征。⑧ 荣新江《盛唐长安与敦煌——从俄藏开元廿九年授戒牒谈起》认为，唐玄宗编纂的《御注金刚经》，以及《法华经》《梵网经》的译介、传播，为长安佛教与敦煌佛教之间搭建起一座桥梁，长安新的佛典、画样、艺文等传入敦煌，给敦煌佛教文化增添了光彩。⑨ 朱玉麒《隋唐文学人物与长安坊里空间》从文学作品的角度揭

---

① 牛来颖：《唐宋建筑构造变化与城市新格局——以接檐建筑为例的研究》，《中国经济史研究》，2010年第1期。
② 李孝聪：《唐宋运河城市城址选择与城市形态的研究》，《环境变迁研究》，北京古籍出版社，1993年。
③ 宁欣：《唐初至宋中期城市修建扩建述略——兼论南北地区城市发展之异同》，《扬州大学学报》，2006年第2期。
④ 李虎、申红涛：《周宋时期开封城市的形态发展研究》，《沈阳大学学报》，2010年第5期。
⑤ 侯甬坚：《周秦汉隋唐之间：都城的选建与超越》，《唐都学刊》，2007年第2期。
⑥ 辛德勇：《〈冥报记〉报应故事中的隋唐西京影像》，《清华大学学报》，2007年第3期。
⑦ 肖建乐：《试论唐代城市发展的原因》，《云南民族大学学报》，2008年第1期。
⑧ 史向军：《唐长安城市文化特征探究》，《扬州大学学报》，2006年第4期。
⑨ 荣新江：《盛唐长安与敦煌——从俄藏开元廿九年授戒牒谈起》，《浙江大学学报》，2007年第3期。

示了长安坊里之间的人物关系。① 妹尾达彦《韩愈与长安——9世纪的转型》分析了韩愈思想产生的地理时空背景。② 于赓哲《唐人疾病观与长安城的嬗变》认为，受医学理论的影响和现实疾病的威胁，唐代社会普遍持有"居高避湿"的建筑理念，隋代长安城初建时过分注重礼制而忽略地形缺陷的做法被部分修正，整齐划一的城市布局被打破，长安里坊人口的分布也因此受到直接或间接的影响。③ 妹尾达彦《9世纪的转型——以白居易为例》通过对白居易诗歌的分析，讨论了中唐长安、洛阳两京城市社会的变化。④ 耿占军《汉唐长安乐舞百戏演出场地的选择及其启示》指出，唐代已出现常设的固定戏场。⑤ 朱玉麒《唐宋都城小说的地理空间变迁》从唐宋传奇与宋元话本所反映的地理空间变迁出发，讨论了中国古代城市模式的变革。⑥

张同利《长安与唐小说》探讨了长安与唐代文学之间的关系。⑦ 关德洪《唐代小说与城市研究》以唐代城市发展与传奇小说创作状况为切入点，认为唐代经济的繁荣带来城市规模的扩大、市民阶层的崛起、物质生活的改善，市民精神领域的新需求使文学创作发生明显变革。⑧ 神尾弍春《唐代长安文化与契丹文化》认为，契丹民族与李唐文化最早接触，塞外民族之意识与立场使李唐文化在多样性中带有一定的塞外化倾向。⑨ 荣新江《高楼对紫陌，甲第连青山——唐长安城的甲第及其象征意义》从门第观念对城市建设的影响出发，研究了长安城内甲第的规格、特征及其对唐代人文精神和地理环境的意义。⑩ 朱玉麒《长安都市空间与唐人小说的场景还原》认为，小说在唐代的独立与唐代长安城市的发展有密切的关系。长安城市形制影响着唐人小说作品对社会的反映，亦影响着读者对作品理解的深度。⑪ 樊锦诗《敦煌与隋唐城市文明》由敦煌文献出发，详细论述了隋唐的城市建筑、市民生活、城市商业经济，并探讨了隋唐都市衣、食、住、行等各种生活形态及敦煌文献中所包含的隋唐城市文明因素。⑫ 康震《隋唐长安城若干布局特点与初盛唐诗歌美学特征》认为，长安官员的早朝诗与寓直诗所具有的稳定性、秩序性美感与衙署官舍在皇城内的布局特点有关。⑬ 荣新江《关于隋唐长安研究的几点思考》介绍了以往有

---

① 朱玉麒：《隋唐文学人物与长安坊里空间》，《唐研究》（第9卷），北京大学出版社，2003年。
② [日]妹尾达彦：《韩愈与长安——9世纪的转型》，《唐史论丛》（第9辑），三秦出版社，2007年。
③ 于赓哲：《唐人疾病观与长安城的嬗变》，《南开学报》，2010年第5期。
④ [日]妹尾达彦：《9世纪的转型——以白居易为例》，《唐研究》（第11卷），北京大学出版社，2005年。
⑤ 耿占军：《汉唐长安乐舞百戏演出场地的选择及其启示》，《唐都学刊》，2005年第6期。
⑥ 朱玉麒：《唐宋都城小说的地理空间变迁》，《唐研究》（第11卷），北京大学出版社，2005年。
⑦ 张同利：《长安与唐小说》，南开大学博士学位论文，2009年。
⑧ 关德洪：《唐代小说与城市研究》，西北大学硕士学位论文，2010年。
⑨ 神尾弍春：《唐代长安文化与契丹文化》，《西北论衡》，1937年第5卷第6期。
⑩ 荣新江：《高楼对紫陌，甲第连青山——唐长安城的甲第及其象征意义》，《中华文史论丛》，2009年第4期。
⑪ 朱玉麒：《长安都市空间与唐人小说的场景还原》，《光明日报》，2009年4月21日，第12版。
⑫ 樊锦诗：《敦煌与隋唐城市文明》，上海教育出版社，2010年。
⑬ 康震：《隋唐长安城若干布局特点与初盛唐诗歌美学特征》，《人文杂志》，2002年第1期。

关唐长安的研究成果。①

孙英刚《隋唐长安的王府与王宅》考察了隋代诸王的南城立宅、唐代前期王府变迁、王府与王宅的分离及唐后期诸王合府等现象，分析了诸类现象背后的政治因素。② 王静《唐长安城中的节度使宅第——中晚唐中央与方镇关系的一个侧面》考察了中晚唐朝觐制度、节度使宅第、节度使家庙，论述了唐代后期节度使权力的消长及其对朝局和长安社会的影响。③ 张永帅、唐亦功《论唐长安住宅所有权的延续与转移》从所有权的角度将唐代长安的住宅分为官舍和私宅，并认为两者在一定条件下可以相互转化，私宅所有权可以通过买卖、赠予及掠夺的方式发生转移。④ 张永帅、唐亦功《唐长安住宅的规模》研究了唐长安居民住宅的情况，认为唐长安早期住宅规模较为宏大的原因与长安城的建设用地较为充裕有关。其后，伴随着宫室格局的变化、住宅分布集中程度的加强和土地利用方式的转变，唐长安居民住宅的规模趋于缩小。官舍、私宅所有权通过多种形式可相互转化，出租和自然传承不会从根本上改变住宅的所有权属。⑤ 刘阿平《唐宋城市私有房产出租者构成浅析》认为，唐宋时期私有房产出租者主要为皇室、官员、商人、富室等，房屋租赁市场发展迅速。⑥ 杜文玉《唐代长安的宦官住宅与坟墓分布》认为，宦官居住区围绕皇宫分布的布局模式反映出宦官势力对皇权的依附。⑦ 尚民杰《长安城郊唐皇室墓及相关问题》主要考察了埋葬于长安近郊的长安、万年、昭应三县的唐皇室嫡系成员及其妃嫔的墓葬情况。⑧

宁欣《从士人社会到市民社会》从城市转型角度研究了唐宋时期都城居民群体的演变。⑨ 其专著《唐宋都城社会结构研究——对城市经济与社会的关注》则研究了唐宋都城社会的变迁、都城空间与经济社会的关系、人口流动对都城经济社会的影响等问题，进而提出，城市作为社会载体，至少包括地域空间、社会与政治空间、精神空间的概念。⑩ 程存洁《唐代城市史研究初篇》论述了东都的历史变迁和建城礼制，全方位考察了唐代的边城与政府的边城政策。⑪ 韩昇《南北朝隋唐士族向城市的迁徙与社会变迁》重点关注南北朝、隋唐士族向城市的迁徙及由此带来的

---

① 荣新江：《关于隋唐长安研究的几点思考》，《唐研究》（第9卷），北京大学出版社，2003年。
② 孙英刚：《隋唐长安的王府与王宅》，《唐研究》（第9卷），北京大学出版社，2003年。
③ 王静：《唐长安城中的节度使宅第——中晚唐中央与方镇关系的一个侧面》，《人文杂志》，2006年第2期。
④ 张永帅、唐亦功：《论唐长安住宅所有权的延续与转移》，《陕西师范大学学报》，2009年第5期。
⑤ 张永帅、唐亦功：《唐长安住宅的规模》，《史林》，2009年第2期；《论唐长安住宅所有权的延续与转移》，《陕西师范大学学报》，2009年第5期。
⑥ 刘阿平：《唐宋城市私有房产出租者构成浅析》，《咸阳师范学院学报》，2009年第3期。
⑦ 杜文玉：《唐代长安的宦官住宅与坟墓分布》，《中国历史地理论丛》，1997年第4期。
⑧ 尚民杰：《长安城郊唐皇室墓及相关问题》，《唐研究》（第9卷），北京大学出版社，2003年。
⑨ 宁欣：《从士人社会到市民社会》，《文史哲》，2009年第6期。
⑩ 宁欣：《唐宋都城社会结构研究——对城市经济与社会的关注》，商务印书馆，2009年。
⑪ 程存洁：《唐代城市史研究初篇》，中华书局，2002年。

社会变迁。① 陶希圣《盛唐户口较多的州郡》为其读《新唐书》的随笔，陶氏认为，在《新唐书·地理志》记载的州郡户口中，当以天宝年间调查的数目与当时的实际人口较为接近，并按照此次调查的人口数量对不同的城市进行了分类，为研究唐代城市人口提供了重要的参考资料。② 宁欣《由唐入宋都市人口结构及外来、流动人口数量变化浅论——从〈北里志〉和〈东京梦华录〉谈起》一文，以工商业、服务业人口为例，讨论了唐宋间都城人口结构的变化，同时分析了唐宋时期的外来人口与流动人口。③ 张泽咸《唐代城市构成的特点》认为，隋唐时期经济性城市逐渐增多，长安、洛阳之外，不同规模、等级的城市体制开始出现，城市居民包括官吏、地主、军人、知识分子、贫民、浮客、艺人以及工商业者等。④ 王晓鹃《从〈北里志〉看唐末长安歌妓的生活》研究了唐末长安歌妓的来源、家庭构成、技艺训练、居住场所、身份类型、交往对象、人生归宿等。⑤ 姜伯勤《从判文看唐代市籍制的终结》从几则判文出发，分析了唐代"市人"这一特殊身份制度瓦解的现象。⑥ 范邦瑾《唐代蕃坊考略》、马娟《唐宋时期穆斯林蕃坊考》、刘莉《试论唐宋时期的蕃坊》重点关注了唐宋城市中特殊的人群——"蕃商"，丰富了有关唐宋时期城市人口问题的研究成果。⑦

黄煌《唐代的城市居民生活与城市经济》勾勒了唐代城市居民物质文化生活图景，探讨了唐代城市居民的衣食住行及文化精神生活，认为商品生产发展和城市经济进步推动了唐朝的繁荣和昌盛。⑧ 黄敏枝《从开元天宝社会的积富看长安生活的奢华》⑨、刘伯骥《唐长安为中心的唐代社会风气》⑩ 以长安为研究重点，讨论了唐代长安的社会生活与风土人情。周益、姚丽君《从长安、扬州的繁荣看唐代城市个人消费特点》认为，中国城市发展至唐代出现重大变化，不论政治性城市长安抑或消费性城市扬州，城市个人消费的最大特色为依靠市场。⑪ 孙运芳《唐代长安家庭衣食住行风俗变迁》从初唐、盛唐、中晚唐三个时间段梳理了长安市民着装、饮食、居住、出行等社会风俗变迁的历史过程与原因，得出了唐代长安市民在衣食住行等方面变迁的规律、传播的途径及现实镜鉴等重要结论。⑫

---

① 韩昇：《南北朝隋唐士族向城市的迁徙与社会变迁》，《历史研究》，2003年第4期。
② 陶希圣：《盛唐户口较多的州郡》，《食货》，1935年第2卷第10期。
③ 宁欣：《由唐入宋都市人口结构及外来、流动人口数量变化浅论——从〈北里志〉和〈东京梦华录〉谈起》，《中国文化研究》，2002年第2期。
④ 张泽咸：《唐代城市构成的特点》，《社会科学战线》，1991年第2期。
⑤ 王晓鹃：《从〈北里志〉看唐末长安歌妓的生活》，《兰州学刊》，2009年第10期。
⑥ 姜伯勤：《从判文看唐代市籍制的终结》，《历史研究》，1990年第3期。
⑦ 范邦瑾：《唐代蕃坊考略》，《历史研究》，1990年第4期；马娟：《唐宋时期穆斯林蕃坊考》，《回族研究》，1998年第3期；刘莉：《试论唐宋时期的蕃坊》，《中央民族大学学报》，1999年第6期。
⑧ 黄煌：《唐代的城市居民生活与城市经济》，《华东师范大学学报》，1992年第3期。
⑨ 黄敏枝：《从开元天宝社会的积富看长安生活的奢华》，《成功大学历史学报》，1975年第2期。
⑩ 刘伯骥：《唐长安为中心的唐代社会风气》，《陕西文献》，1980年第1期。
⑪ 周益、姚丽君：《从长安、扬州的繁荣看唐代城市个人消费特点》，《湖南师范大学社会科学学报》，2001年第2期。
⑫ 孙运芳：《唐代长安家庭衣食住行风俗变迁》，曲阜师范大学硕士学位论文，2010年。

林立平《中唐后城市生活的"俗世化"倾向》考察了中唐以后社会各阶层的变化，分析了皇室贵族官僚的生活方式，认为中唐以后城市生活确已发生历史性转折，皇室贵族和官僚士大夫的特权式自给性消费方式已发生变化，他们的日常生活通过各种途径同世俗社会产生日益广泛的联系。① 冻国栋《略论唐代人口的城乡结构与职业结构》论及隋唐五代时期人口的城乡结构与职业结构问题，认为随着社会生产力的缓慢推进，所谓"四民"分业已无法概括行业间或部门间分工的实况。工商业者人数的增长已是一个基本的现实，城市中其他的行业正在吸纳更多的人口脱离乡村，进入城市或新兴市镇。② 宁欣《中国古代市民争取话语权的努力——对唐朝"罢市"的考察》认为中国古代市民的成长有一个过程，争取话语权是市民群体意识增强的重要表现。伴随唐中叶以后商品经济的发展，有关市民集体"罢市"的记载逐渐增加，"罢市"成为市民伸展民意、体现价值判断、表达政治取向的手段，侧面反映了中国市民社会的成长。③ 李斌城等《隋唐五代社会生活史》重点关注隋唐五代城市社会生活状况，对研究隋唐五代城市居民生活状态具有重要参考价值。④ 成荫《日常生活视野下的唐宋都城变革——以节日游乐社会环境为中心》考察了节日游乐社会环境的历史变迁、社会功能、历史意义，分析了唐宋都城变革在日常生活领域中的表现与特征。⑤ 宋肆懿《唐代之长安研究》探讨了唐代长安的市民生活。⑥

黄新亚《消失的太阳——唐代城市生活长卷》是描述长安城市生活的代表性作品，全书从外来文化输入、城市布局设施、市场的繁华与活跃、科场士子、求学少年、佛教信仰与佛寺文明、节日与休闲活动等方面描述了当时的城市生活。⑦ 程蔷、董乃斌《唐帝国的精神文明》视角新颖，从岁时节日、都市民俗、妇女生活习俗、文人士子风貌、神灵崇拜与巫术禁忌、民间文学与技艺六个方面叙述了唐人的精神生活。⑧ 武伯纶《唐长安郊区的研究》打破了以往研究者过多关注中心城市的惯例，对城市郊区给予关注，并以出土墓志及有关诗文论证了唐代长安市郊的田园风貌和劳动者生产、生活状况。⑨ 李昌舒《中唐时期东都士人的生活方式及其美学意蕴》认为，中唐时期白居易等人以闲官身份居住于东都洛阳，生活方式以宴集和游赏为主，追求感官刺激与追求玄远的精神境界并行不悖。该群体对中国美学的影

---

① 林立平：《中唐后城市生活的"俗世化"倾向》，《中国唐史学会论文集》，三秦出版社，1991年。
② 冻国栋：《略论唐代人口的城乡结构与职业结构》，《魏晋南北朝隋唐史资料》，2002年第19辑。
③ 宁欣：《中国古代市民争取话语权的努力——对唐朝"罢市"的考察》，《中国经济史研究》，2009年第3期。
④ 李斌城等：《隋唐五代社会生活史》，中国社会科学出版社，1998年。
⑤ 成荫：《日常生活视野下的唐宋都城变革——以节日游乐社会环境为中心》，《中国经济史研究》，2009年第3期。
⑥ 宋肆懿：《唐代之长安研究》，大立出版社，1983年。
⑦ 黄新亚：《消失的太阳——唐代城市生活长卷》，湖南人民出版社，1996年。
⑧ 程蔷、董乃斌：《唐帝国的精神文明》，中国社会科学出版社，1996年。
⑨ 武伯纶：《唐长安郊区的研究》，《文史》，1963年第3期。

响主要体现在饮茶、填词、兴建私人园林和清幽淡雅的审美趣味等方面。[1] 毕斐《张彦远笔下的长安画家与画迹》对张彦远身世及其名作《历代名画记》中画家的分野和书中所描写的寺观等建筑的分布进行了考察。[2] 侯晓燕《唐都长安城绿化》介绍了唐都长安城建筑景观中的绿化情况，分析了唐长安城绿化的状况和特色。[3]

（四）区域城市与单体城市研究

1. 区域城市研究

王涛《唐后期南方城市的兴起与繁荣》探讨了唐代南方经济发展及其总体特征，表现为传统城市体制发生变化，城市间联系日益增强，政治职能未完全消退，经济职能有所加强。[4] 邹逸麟《淮河下游南北运口变迁和城镇兴衰》论述了交通地理环境和区域经济发展的关系。[5] 杜瑜《汉唐河西城市初探》就河西走廊城市兴起的地理基础、城市兴衰及其原因进行了研究，总结出汉唐河西地区城市的发展经历了一个迂回曲折的三起三落过程。该区域的城市发展，除受地理因素的影响外，还要受到政治、军事、交通和人口迁徙等人文因素的制约。[6] 程存洁《略论唐王朝对西北边城的经营》分析了河西走廊等地的边城设置和分布等问题。[7] 周怀宇《论隋唐五代淮河流域城市的发展》认为隋唐五代时期是淮河流域城市发展的黄金时段，以扬州、开封为龙头的宋、楚、泗、寿、颍、濠、宿、庐等城市得到了快速发展。[8] 张剑光《略论唐五代江南城市的经济功能》认为唐五代江南地区城市布局愈发密集，城市经济功能不断增强，商业经济普遍繁荣，商业经营范围不断扩大。夜间商业交换现象普遍出现，城市服务业蓬勃兴起。城市对周围农村经济带来了一定的影响，农民与城市关系日益密切。[9]

李孝聪《论唐代后期华北三个区域中心城市的形成》从城市历史地理学角度分析了定州、恒州、魏州三个唐代后期区域中心城市形成、演变的历史背景和自然地理条件。[10] 赵鸿昌《唐代南诏城镇散论》认为南诏中后期城镇增至百余座，包括唐城、吐蕃城、南诏自建城等，这些城镇的发展巩固、支撑着南诏政权并与南诏的政治、军事力量同步发展。与中原城镇相较，南诏城镇的政治、军事功能较为明显。[11] 李映涛《唐代巴蜀地区城市等级结构与空间分布特征研究》认为唐代巴蜀地

---

[1] 李昌舒：《中唐时期东都士人的生活方式及其美学意蕴》，《安徽师范大学学报》，2012年第6期。
[2] 毕斐：《张彦远笔下的长安画家与画迹》，《唐研究》（第15卷），北京大学出版社，2009年。
[3] 侯晓燕：《唐都长安绿化》，陕西师范大学硕士学位论文，2009年。
[4] 王涛：《唐后期南方城市的兴起与繁荣》，《晋阳学刊》，1999年第5期。
[5] 邹逸麟：《淮河下游南北运口变迁和城镇兴衰》，《历史地理》，1988年第6期。
[6] 杜瑜：《汉唐河西城市初探》，《历史地理》，1990年第7期。
[7] 程存洁：《略论唐王朝对西北边城的经营》，《'98法门寺唐文化国际学术讨论会论文集》，陕西人民出版社，2000年。亦见程存洁：《唐代城市史研究初篇》，中华书局，2002年。
[8] 周怀宇：《论隋唐五代淮河流域城市的发展》，《安徽大学学报》，2001年第3期。
[9] 张剑光：《略论唐五代江南城市的经济功能》，《上海师范大学学报》，2001年第3期。
[10] 李孝聪：《论唐代后期华北三个区域中心城市的形成》，《高等学校文科学报文摘》，1992年第5期。
[11] 赵鸿昌：《唐代南诏城镇散论》，《云南社会科学》，1991年第4期。

区城市数量大幅增加,城市体系等级结构更为复杂和完善,城市商业日趋繁荣,城市商品种类丰富,服务性商业兴起,城市商业对农村经济的辐射作用增强。① 史念海《隋唐时期的交通与都会》综合论述了唐代以长安为中心向外辐射的交通体制、道路,研究了长安等都会的地理、交通情况。② 《唐代通西域道路的渊源及其途中的都会》分析了唐代通西域的道路,指出这些道路千百年来变化不大,论述了凉州、鄯州、甘州、敦煌、安西北庭两都护、原州、秦州和凤翔府等都会的交通状况、自然地理及经济发展水平。③ 鞠情远《唐代的都市概况》将唐代的都市划分为由交通发展而来的(如长安、洛阳、汴州、扬州等)、由工矿业发展而来的(如山西安邑,四川的云安、陵州、夔州)、因交通关系发展而来的(如马头、桥市、草市、陆上驿店)等类型。④

2. 单体城市研究

目前,学术界关于隋唐五代单体城市研究的重点为扬州,关于隋唐五代时期扬州的研究成果占据了这一历史阶段单体城市研究成果的半壁江山,广州、泉州、成都、幽州亦逐渐引起研究者关注。

(1)扬州。

由于扬州在唐代经济、文化中占有重要地位,有关扬州的研究较多。顾敦信《扬州在唐代国际交往中的地位》认为扬州地处长江与运河交汇之地,江南各地物资多须经扬州沿运河转运北上或出口外销,由东南沿海港口北上中原之外国人及商品亦必经扬州,故扬州在唐代的国际交往中地位突出。⑤ 史念海《论唐代扬州和长江下游的经济地区》认为扬州成为唐代全国最大的经济都会,受益于长江下游经济区域的发展。长江在扬州城与运河会合,这一有利的交通区位因素对扬州城的繁荣起到了重要的促进作用。其后,长江南北流向的河道有所变动,扬州段江面趋于狭窄,并与之后运河间歇性的中断共同导致了扬州城的衰败。⑥ 李廷先《唐代扬州史考》介绍了唐代以前扬州经济、文化的发展进程及唐代扬州城的规模、城市经济、社会风俗、地域文化等方面的内容。⑦ 西冈弘晃《唐宋时期扬州的盛衰与水利问题》从扬州的发展历程、扬州城的变迁、扬州城内水利与大运河的关系等方面论述了扬州盛衰与水利的关系。作者认为,大运河开通后,扬州位于交通要道,经济的繁荣程度成为决定唐宋时期扬州盛衰的重要因素。⑧ 杜瑜《历史地理变迁与扬州城市兴盛的关系》认为扬州位于运河入江口附近,它的兴起、发展均与运河密切相

---

① 李映涛:《唐代巴蜀地区城市等级结构与空间分布特征研究》,《社会科学研究》,2009年第3期;李映涛:《唐代巴蜀城市商业发展特征浅析》,《西南民族大学学报》,2009年第6期。
② 史念海:《隋唐时期的交通与都会》,《唐史论丛》(第6辑),陕西人民出版社,1995年。
③ 史念海:《唐代通西域道路的渊源及其途中的都会》,《中国历史地理论丛》,1995年第1期。
④ 鞠情远:《唐代的都市概况》,《天津(益世报)食货副刊》,1937年3月16日,第15版。
⑤ 顾敦信:《扬州在唐代国际交往中的地位》,《海交史研究》,1982年第4期。
⑥ 史念海:《论唐代扬州和长江下游的经济地区》,《扬州师范学院学报》,1982年第2期。
⑦ 李廷先:《唐代扬州史考》,江苏古籍出版社,2002年。
⑧ [日]西冈弘晃:《唐宋时期扬州的盛衰与水利问题》,《中村学园研究纪要》,2002年第34号。

关，但运河绝非扬州城兴盛的主要因素，其作用只有在江淮经济发展后才得以发挥。扬州周围经济地理的变化是影响扬州城兴衰最重要、最根本的因素。① 李裕群《隋唐时代的扬州城》概述了隋唐扬州城子城和罗城的形制、布局及河渠、桥梁等，分析了扬州作为商业经济型城市，在布局方面对长安和洛阳城形制的承袭和发展。② 庄林德、张京祥《中国城市发展与建设史》认为唐代扬州不仅是我国最大、最繁荣的工商业城市，也是我国最主要的外贸港市之一，并对扬州成为主要港市的原因进行了深入分析。③

全汉昇《唐宋时代扬州经济景况的繁荣与衰落》，分析了唐宋时期扬州的盛衰历程及其影响因素，并指出交通区位条件的变化对城市及区域经济格局的重要影响。④ 李廷先《唐代扬州城区的规模》结合文献记载和考古资料，对唐代扬州城区的规模进行了推断，认为扬州是当时国内在规模上首屈一指的城市。⑤ 蒋忠义《隋唐宋明扬州城的复原与研究》认为扬州为隋唐新兴城市，其营造促进了南北经济贸易的发展。随着城市的民殷物富，扬州逐步成为江南政治、经济、文化中心。受隋唐都城形制的影响，扬州城在规划时体现出封闭式的里坊意识，城市规划整齐，形如棋盘，坊外以道路相隔，不筑城墙，这种规划形制有利于商业的发展。⑥ 典元《隋唐时扬州繁荣的素描》对隋唐时期扬州的繁荣进行了生动描述，作者认为，交通地位带动了城市商业的繁荣，商业进而推动了制造业的发展，两者共同推动了都市生活的热闹和繁华。⑦ 韩茂莉《唐宋之际扬州经济兴衰的地理背景》就地理条件对扬州经济兴衰的影响加以探讨，阐述地理条件在城市形成和发展过程中的作用⑧。周运中《港口体系变迁与唐宋扬州盛衰》从正史、诗歌、笔记中搜寻了大量被前人所忽略的史料，并在此基础上勾勒出了唐代扬州的商贸范围。此外，作者还结合长江三角洲港口的变迁过程，分析了宋代扬州经济衰落的原因。⑨ 武仙卿《隋唐时代扬州的轮廓》对以扬州为中心的水陆交通、以扬州为中心的转运、扬州的商业、扬州城市的变迁等内容进行了全面系统的论述，堪称研究扬州的奠基之作。⑩ 谢元鲁《论"扬一益二"》探讨了扬州和益州在唐代空前繁盛的经济基础及社会条件。⑪

---

① 杜瑜：《历史地理变迁与扬州城市兴盛的关系》，《平准学刊》（第4辑），光明日报出版社，1989年。
② 李裕群：《隋唐时代的扬州城》，《考古》，2003年第3期。
③ 庄林德、张京祥：《中国城市发展与建设史》，东南大学出版社，2002年。
④ 全汉昇：《唐宋时代扬州经济景况的繁荣与衰落》，《中央研究院历史语言研究所集刊》，1943年第11册。
⑤ 李廷先：《唐代扬州城区的规模》，《中国历史地理论丛》，1991年第4期。
⑥ 蒋忠义：《隋唐宋明扬州城的复原与研究》，中国社会科学院考古研究所：《中国考古学论丛：中国社会科学院考古研究所建所40年纪念》，科学出版社，1993年。
⑦ 典元：《隋唐时扬州繁荣的素描》，《江苏文献》，1942年第3—4期。
⑧ 韩茂莉：《唐宋之际扬州经济兴衰的地理背景》，《中国历史地理论丛》，1987年第1期。
⑨ 周运中：《港口体系变迁与唐宋扬州盛衰》，《中国社会经济史研究》，2010年第1期。
⑩ 武仙卿：《隋唐时代扬州的轮廓》，《食货》，1937年第5卷第1期。
⑪ 谢元鲁：《论"扬一益二"》，《唐史论丛》（第2辑），陕西人民出版社，1987年。

(2) 广州、泉州、成都。

林家劲在《唐代广州与南海的交通》中提出，唐代广州为我国最为重要的港口，亦为国际性都市之一，其对外贸易对象主要为南海地区和阿拉伯地区，贸易商品种类繁多。[1] 李庆新《论唐代广州的对外贸易》认为唐代广州的对外贸易在经营方式、管理体制、经营规模和经营内容等方面均开创了一个全新的时代，影响广泛而深远。[2] 曾一民《唐代广州之内陆交通》以唐人所记史料为据，分析了广州主要交通干线的经济与军事价值。[3] 李东华《唐末泉州的兴起及其背景》《五代北宋时期泉州海上交通之发展》研究了南海的交通及相关的贸易圈。[4] 谢元鲁《成都：唐宋城市公共空间的变迁》利用丰富的史料揭示了唐宋时期成都城市公共空间在社会中的作用，分析了这一时期城市公共空间由封闭走向开放、由等级森严走向平等共享的深层次原因。[5] 严耕望《唐五代时期之成都》从宗教、学术、政治、军事方面指出，唐末成都为中国第一大都市及文学艺术中心。[6]

(3) 营州、西州、棣州、幽州等。

徐效慧《略述唐代营州的经济》考察了营州的农业、畜牧业、手工业、建筑业和商业经济，总结了营州经济发展的动因。[7] 衡之《唐代西州的市场经济》认为唐代西州市场经济的发展已达到相当高的水平，并分析了西州市场经济发达的原因。[8] 杜立晖《隋唐五代黄河三角洲的开发——以棣州为中心的考察》论述了隋唐五代时期黄河三角洲在市镇、人口、农工商业等方面发生的显著变化，并考察了黄河三角洲开发状况、原因、受制约因素等内容。[9] 李凤先《试析唐代以幽州为中心地区的人口流动》以人口流动的表现和特征探讨了幽州地区从政治重心边缘次中心到政治重心区转移这一过程中的人口基础。[10] 魏存成《渤海都城的布局发展及其与隋唐长安城的关系》认为，渤海都城的修建和完善集中体现了渤海对中原先进制度、文化的吸收与融合。经过修建和完善，渤海上京成为当时我国东北地区又一座繁荣昌盛的"小长安城"，生动体现了渤海与中原"疆理虽重海，车书本一家"的内在密切联系。[11] 丹化沙《略谈渤海上京龙泉府》认为渤海国都城上京龙泉府是以

---

[1] 林家劲：《唐代广州与南海的交通》，《学术研究》，1979年第6期。
[2] 李庆新：《论唐代广州的对外贸易》，《中国史研究》，1992年第4期。
[3] 曾一民：《唐代广州之内陆交通》，《华学季刊》，1984年第12期。
[4] 李东华：《唐末泉州的兴起及其背景》，《台大历史学报》，1982年第9期；李东华：《五代北宋时期泉州海上交通之发展》，《台大历史学报》，1984年第12期。
[5] 谢元鲁：《成都：唐宋城市公共空间的变迁》，《唐代国家与地域社会研究：中国唐史学会第十届年会论文集》，上海古籍出版社，2008年。
[6] 严耕望：《唐五代时期之成都》，《中文研学报》，1981年第12期。
[7] 徐效慧：《略述唐代营州的经济》，《渤海大学学报》，2006年第3期。
[8] 衡之：《唐代西州的市场经济》，《西域研究》，1997年第3期。
[9] 杜立晖：《隋唐五代黄河三角洲的开发——以棣州为中心的考察》，《东岳论丛》，2010年第6期。
[10] 李凤先：《试析唐代以幽州为中心地区的人口流动》，《河南师范大学学报》，2003年第3期。
[11] 魏存成：《渤海都城的布局发展及其与隋唐长安城的关系》，《边疆考古研究》（第2辑），科学出版社，2004年。

唐长安的布局为蓝本建造的,其城市风格与长安城较为一致。① 姜华昌《渤海上京龙泉府与唐长安城建筑布局的比较》则认为渤海上京龙泉府完全仿唐都长安城之说存在片面性。渤海国在修建上京龙泉府时虽然学习了唐长安城的布局模式,但同时亦接受了洛阳城的建筑成果,并在此基础上将中原建筑文化和本民族的建筑风格进行了结合。②

(五)城市宫殿寺院研究

秦建明等《唐初诸陵与大明宫的空间布局初探》对隋大兴城、唐长安城到大明宫诸陵的空间布局进行了分析。③ 陈忠凯《唐长安城寺院与丝绸之路》认为丝绸之路的畅通及其所带来的文化交流,对唐代长安的佛教宗派、寺院建筑、信奉者人数等产生了重要影响。④ 牛来颖《〈法苑珠林〉中所见的唐长安里坊与佛寺》考察了《法苑珠林》中《唐亲卫高法眼》中所蕴含的长安地理因素。⑤ 马得志《唐长安青龙寺建筑规模及对外影响》考察了唐长安青龙寺建筑规模及其对外的影响,认为青龙寺至少有五六个院,僧房及附属建筑亦不在少数。青龙寺作为佛学教育中心,在中外文化交流中起着积极作用。⑥ 孙英刚《想象中的真实——隋唐长安的冥界信仰与城市空间》研究了长安居民的冥界知识,讨论了西市独柳树、东市狗脊岭与冥界关系、冥界空间与长安真实空间的对应。⑦ 王涛《唐宋城市保护神二元格局的形成与分布》认为毗沙门天王信仰形成之后主要分布于北方城市,城隍神则主要分布于南方城市。⑧

王静《城门与都市——以唐长安通化门为主》论述了长安外郭城通化门及章敬寺、长乐驿的社会功能,认为它们在一定程度上体现了秩序和权力。⑨ 介永强《〈唐长安佛寺考〉补苴》以孙昌武《唐长安佛寺考》为基础,新增补唐长安及其近郊佛寺28所,考证了有关佛寺的建置沿革问题。⑩ 荣新江《隋唐长安的寺观与环境》把隋唐时期的寺观放在环境史中进行考察,研究了长安寺观与周边地区人文、自然环境的关系。⑪ 荣新江《从王宅到寺观——唐代长安"公共空间"的扩大与社会变迁》认为唐代长安规模较大的佛寺和道观多数由王宅改建。王宅向寺观的转

---

① 丹化沙:《略谈渤海上京龙泉府》,《黑龙江大学学报》,1979年第2期。
② 姜华昌:《渤海上京龙泉府与唐长安建筑布局的比较》,《北方文物》,1988年第2期。
③ 秦建明等:《唐初诸陵与大明宫的空间布局初探》,《文博》,2003年4期。
④ 陈忠凯:《唐长安城寺院与丝绸之路》,《文博》,1992年第2期。
⑤ 牛来颖:《〈法苑珠林〉中所见的唐长安里坊与佛寺》,《南都学坛》,2010年第2期。
⑥ 马得志:《唐长安青龙寺建筑规模及对外影响》,《中国考古学研究——夏鼐先生考古五十年纪念论文集》,科学出版社,1986年。
⑦ 孙英刚:《想象中的真实——隋唐长安的冥界信仰与城市空间》,《唐研究》(第15卷),北京大学出版社,2009年。
⑧ 王涛:《唐宋城市保护神二元格局的形成与分布》,《社会科学战线》,2009年第5期。
⑨ 王静:《城门与都市——以唐长安通化门为主》,《唐研究》(第15卷),北京大学出版社,2009年。
⑩ 介永强:《〈唐长安佛寺考〉补苴》,《中国历史地理论丛》,2009年第3期。
⑪ 荣新江:《隋唐长安的寺观与环境》,《唐研究》(第15卷),北京大学出版社,2009年。

变，体现了其社会功能意义的转换。王宅变为寺观给城市提供了公共空间，使其具备政治和社会功能。[①] 小野胜年的《长安的大明宫》，则以较为丰富的资料论述了唐代长安三宫之一的大明宫的修建与布局。[②]

（六）城市考证与考古

张可辉《敦煌写本〈诸山圣迹志〉所载扬州城考补》探讨了敦煌写本《诸山圣迹志》所载扬州城的规模及城门数。[③] 王文才《成都城坊考》对唐宋以前成都的建置沿革、城郭、宫苑、城门、江桥、坊巷、岁时等详加考求，具有较高的学术价值。[④] 李健超《增订唐两京城坊考》利用墓志及唐人文集等，对徐松《唐两京城坊考》之误进行校正，并增补了西京坊里。[⑤] 周晓薇等《隋代东都洛阳城四郊地名考补——以隋代墓志铭为基本素材》，对隋代东都洛阳城下辖的河南与洛阳两县所辖乡、里、村等地名进行了稽考订补。[⑥] 陈久恒《唐东都洛阳坊里宅第补》根据唐人墓志材料补录了《唐两京城坊考》中有关东都坊里的大批宅第和遗漏的坊里。[⑦] 赵超《唐代洛阳城坊补考》以墓志资料补正唐代洛阳城坊，对唐代坊、里的本义提出异议，认为里是以人口户数为依据所进行的划分，坊是以固定面积为依据所进行的划分，里与坊并非完全对应。[⑧] 呼琳贵《由礼泉坊三彩作坊遗址看唐长安坊里制度的衰败》，通过对唐三彩商业性作坊遗址资料的排比，得出唐长安坊里围墙的摧毁是一个渐近的历史过程。[⑨] 田莹《论隋唐洛阳城的池沼》根据文献资料考证出34处池沼，并从池沼的分布、面积、水源等方面探讨了当时洛阳城池沼的特点。[⑩]

与隋唐五代城市相关的考古学发掘成果为数甚多，此处仅列举若干具有代表性的成果。家瑶、李春林《唐大明宫含元殿遗址1995—1996年发掘报告》讨论了含元殿柱网布置、大台形制及殿前广场，证实了含元殿前东、西均设有龙尾道。[⑪] 陈双印、张郁萍《扬州城"四面十八门"再考辨》认为敦煌文书中所载扬州城门数不够准确，指出"十八门"应该是指扬州城的陆门，而不包括水门。[⑫] 李向菲《唐大

[①] 荣新江：《从王宅到寺观——唐代长安"公共空间"的扩大与社会变迁》，《光明日报》，2009年4月21日，第12版。
[②] [日]小野胜年：《长安的大明宫》，《佛教艺术》，1963年第51期。
[③] 张可辉：《敦煌写本〈诸山圣迹志〉所载扬州城考补》，《敦煌学辑刊》，2006年2期。
[④] 王文才：《成都城坊考》，巴蜀书社，1986年。
[⑤] 李健超：《增订唐两京城坊考》，三秦出版社，2006年。
[⑥] 周晓薇等：《隋代东都洛阳城四郊地名考补——以隋代墓志铭为基本素材》，《中国历史地理论丛》，2009年第3期。
[⑦] 陈久恒：《唐东都洛阳坊里宅第补》，《中国考古学研究——夏鼐先生考古五十年纪念论文集》，科学出版社，1986年。
[⑧] 赵超：《唐代洛阳城坊补考》，《考古》，1987年第9期。
[⑨] 呼琳贵：《由礼泉坊三彩作坊遗址看唐长安坊里制度的衰败》，《人文杂志》，2000年第1期。
[⑩] 田莹：《论隋唐洛阳城的池沼》，《唐都学刊》，2008年第1期。
[⑪] 家瑶、李春林：《唐大明宫含元殿遗址1995—1996年发掘报告》，《考古学报》，1997年第3期。
[⑫] 陈双印、张郁萍：《扬州城"四面十八门"再考辨》，《敦煌研究》，2008年第5期。

明宫浴堂殿方位考》认为唐大明宫浴堂殿应位于金銮殿西、东翰林院北。① 樊波《唐大明宫玉晨观考》认为至迟在元和十四年（819），大明宫内就存在女道观——玉晨观，其服务对象是皇帝、后妃及宫女，既是皇帝虔修法事、祈福修德的场所，亦是后妃、宫女礼拜天尊、听讲道经、施舍钱财的地方。② 李鸿宾《唐幽州雄武军（城）位置再考》指出，安禄山初建之雄武军应称雄武城，其位置在今张家口宣化一带。③ 高敏《〈唐两京城坊考〉东都部分质疑》对清徐松的《唐两京城坊考》提出质疑，重新考察了东都洛阳城。④ 赵虹光《渤海上京龙泉府城址调查发掘工作的回顾》介绍了渤海上京龙泉府城址调查和发掘之重要考古成果，认为渤海上京龙泉府的规划布局、建筑风格等模仿了唐代长安城。⑤ 另有郭义孚的《含元殿外观复原》，马得志的《唐长安兴庆宫发掘记》，中国科学院考古研究所西安唐城发掘队的《唐长安城西市遗址发掘》《唐代长安城考古纪略》，冈崎敬的《隋大兴—唐长安城与隋唐东都洛阳城——以近年的调查成果为中心》，阎文儒的《洛阳汉魏隋唐城址勘查记》，刘致平、傅熹年的《麟生殿复原的初步研究》，河南省博物馆、洛阳市博物馆的《洛阳隋唐含嘉仓的发掘》，大石良材的《中国宫殿的建筑》等学术成果，均在一定程度上推进了相关问题的研究。

关于洛阳的研究，有不少学者利用新发现的若干资料，并从较新的视角对相关问题进行了探讨。李健人《洛阳古今谈》是民国时期第一部通史性的洛阳都城史研究著作，公布了有关河南洛阳研究的多种罕见史料。⑥ 郭绍林《隋唐洛阳》分析了隋唐时期洛阳的政治、经济、文化状况。⑦ 刘连香的《张全义与五代洛阳城》，强调了历经唐末、后梁、后唐的朝代更迭而稳居于府尹之位的张全义对洛阳发展做出的建设性贡献。⑧ 王静的《终南山与唐代长安社会》认为，终南山与长安的互动关系有着具体的、物质的和无形的、观念的传统文化根基与历史基础。⑨ 荣新江的《碑志与隋唐长安研究》论述了"长安学"建立的必要性和可行性，并指出长安传世的碑刻和长安周边出土的墓志对研究隋唐"长安学"的价值和意义。⑩

王炳华的《唐置轮台县与丝绸之路北道交通》认为，因轮台位于丝路交通的控扼之处，为北道商业运行的核心，故在此处设征税点。⑪ 王涛《唐代中后期城乡关

---

① 李向菲：《唐大明宫浴堂殿方位考》，《中国历史地理论丛》，2008年第4期。
② 樊波：《唐大明宫玉晨观考》，《唐代国家与地域社会研究：中国唐史学会第十届年会论文集》，上海古籍出版社，2008年。
③ 李鸿宾：《唐幽州雄武军（城）位置再考》，《唐研究》（第16卷），北京大学出版社，2010年。
④ 高敏：《〈唐两京城坊考〉东都部分质疑》，《中国地理》，1980年第20期。
⑤ 赵虹光：《渤海上京龙泉府城址调查发掘工作的回顾》，《北方文物》，1988年第2期。
⑥ 李健人：《洛阳古今谈》，史学研究社，1936年。
⑦ 郭绍林：《隋唐洛阳》，三秦出版社，2006年。
⑧ 刘连香：《张全义与五代洛阳城》，《洛阳工学院学报》，2002年第2期。
⑨ 王静：《终南山与唐代长安社会》，《唐研究》（第9卷），北京大学出版社，2003年。
⑩ 荣新江：《碑志与隋唐长安研究》，《纪念西安碑林九百二十周年华诞国际学术研讨会论文集》，文物出版社，2008年。
⑪ 王炳华：《唐置轮台县与丝绸之路北道交通》，《唐研究》（第16卷），北京大学出版社，2010年。

系之状况及其成因》指出，中唐之后，随着商品经济的发展，城乡关系由原来的对抗性转化为依存性，并对其原因进行了分析探讨。[①] 郭正忠《唐宋城市类型与新型经济都市——镇市》认为，唐宋以来兴起的镇市，其中有一部分已属于新型的经济都市，具有不同于传统政治、军事城市的突出的经济职能。[②] 史兵《唐代长安城军事防御体系研究》以唐长安城防御体系为考察重点，着力于构建唐代都城军事防御体系的研究框架，并讨论了关中军事地形及长安防御设施，以及军队布防情况、后勤补给系统等问题。[③] 李瑞《唐宋都城空间形态研究》以唐长安和北宋东京两座都城的空间形态要素与关系为切入点，通过两个都城形态要素的比较分析，揭示了唐宋都城空间形态演化的特点、影响因素及动力机制。[④] 陈昊《隋唐长安的医疗与社会空间》以隋唐长安公共卫生为视角，从医疗照料和诊治入手，对隋唐长安城中与医疗相关的社会空间的展开、运作乃至冲突的历史过程进行了具体的分析，展现了古代医疗活动是如何"重构"城市空间的。[⑤] 久保和田男的《五代宋初的洛阳和国都问题》，通过考察各政权对祭天典礼的地理选择，得出五代前期洛阳的城市地位优于开封；而后周在开封举行郊祀，则使开封的城市职能更加完备，从而为北宋定都开封奠定了基础。[⑥]

综观以上研究成果与研究趋势，可以清晰地看到隋唐五代城市史研究领域日趋广泛，研究者队伍亦日益壮大。经过学者们的辛勤耕耘，隋唐五代城市史研究已取得了令人瞩目的成就，但存在的不足亦显而易见。

其一，资料整理与利用仍显不足。近年来，古代城市史研究已较为重视对资料的整理和对资料库的建设，各类资料已相继数据化、网络化，这些均为隋唐五代城市史的研究带来了极大的便利，有力地推动了古代城市史研究工作。但我们还应看到，研究隋唐五代城市史，不能仅仅沿袭传统的研究范式和方法，满足于旧有资料，还应加强对各城市遗址的发掘、整理工作，注重考古成果的应用与转化，强化已有资料与研究成果的交流，考证并辨析已数据化、电子化的古代城市史资料，以提高资料的利用率和准确度。

因此，隋唐五代城市史研究的理论探索与方法创新还有待加强，学科体系尚待进一步完善。中国城市史为中国史的重要组成部分，隋唐五代城市史是古代城市史研究的重要时段。城市史研究中普遍存在的理论建设不足的问题在隋唐五代城市史的研究中也有明显体现。运用新理论、新方法建构隋唐五代城市史学科体系的探索性文章乏善可陈。多数研究者仍停留于对单一历史学方法的应用之上，满足于简单的历史描述，缺乏符合中国国情的深层次理论分析和科学总结，目前本学科尚无得

[①] 王涛：《唐代中后期城乡关系之状况及其成因》，《山西大学学报》，2001年第4期。
[②] 郭正忠：《唐宋城市类型与新型经济都市——镇市》，《天津社会科学》，1986年第2期。
[③] 史兵：《唐代长安城军事防御体系研究》，陕西师范大学博士学位论文，2010年。
[④] 李瑞：《唐宋都城空间形态研究》，陕西师范大学博士学位论文，2005年。
[⑤] 陈昊：《隋唐长安的医疗与社会空间》，《光明日报》，2009年4月21日，第12版。
[⑥] [日]久保和田男：《五代宋初的洛阳和国都问题》，《中国历史地理论丛》，2001年第3期。

到学界广泛认可的关于隋唐五代城市发展的权威性理论体系，关于隋唐五代城市研究的基本内涵、基本线索、发展动力机制、城市化主体脉络等的深度成果更是难得一见。在研究方法上，鲜有研究者将历史学、地理学、地质学、政治学、经济学等相关学科综合运用于隋唐五代城市史的研究之中。因此，未来的隋唐五代城市史研究，应在理论上加以全面总结和提高。我们应认识到，对隋唐五代城市史研究理论、方法，研究对象、目的、意义的探讨，是建构城市史学的重要条件；同时，在引介西方理论的同时，应推进相关研究理论与方法的本土化。

其二，研究不平衡问题较为明显，亟待协调。从上述已有成果看，近年来学者们在隋唐五代都城研究方面取得了不俗的成绩，同时，对地方性城市的关注度也正在加强；但城市个案研究、区域研究与总体研究仍存在着严重不足。比如，对都城的研究，多重视长安、洛阳，而曾短暂作为都城的城市还未引起学者的关注，如以五代时期各政权所建都城为研究对象的成果即屈指可数。又如，对地方性城市的研究，明显侧重于扬州；对区域城市的研究，又过分重视南方城市而忽略北方城市。边疆城市研究空间更为广大，需深入探讨的领域实属广泛。就总体研究而论，隋唐五代城市史研究多重视精细化、碎片化的分析，研究选题多注重某一城市或某一城市的一个方面，缺乏宏观性视野，以隋唐五代城市总体发展脉络与规律为依据的总体性、系统化的研究成果亟待出现。由此，未来隋唐五代城市史研究应努力加强对隋唐五代城市全面系统的总体研究，将隋唐五代城市作为一个整体进行全方位的综合分析，从总体上把握隋唐五代时期城市发展的过程与主题，在延续传统都城研究的同时，关注地方性城市、中小市镇及边疆城市。

四、宋夏辽金城市史研究

宋代是中国古代城市发展史上的重要转折期，里坊制的崩溃导致城市革命，推动了宋代城市的繁荣，传统州县城市内部空间形态发生了重大变化。随着商品经济的发展，各种商业市镇大量兴起，在很大程度上改变了城市的发展格局和等级体系。夏、辽、金等政权的崛起和对北方城市的经营，也推动了北方城市的发展。学术界对宋、夏、辽、金城市的研究成果也比较丰富，现分述如下。

（一）宋代城市史研究

宋代是中国城市发展史和社会变迁史上的一个重要阶段，海内外学者对此已做过大量的研究。笔者综合近三十年来宋史研究的成果，认为学界对宋朝历史的研究主要集中在几个热点上：首先是经济的研究，主要包括租佃制、地租、户籍制度、阶级构成等，在宋史研究中占主要地位；其次是对北宋时期改革的研究，包括对宋太祖、王安石、司马光等人的研究；再次是对两宋时期战和问题的研究，包括政治形势、人物分析等。宋代城市研究成果主要集中在坊市制度、都城建设、南宋城镇的发展等方面，而在北宋时期的城市发展、宋代城市布局等方面缺乏系统、全面的研究。这里仅将与本书有关的已有研究成果做一简单的介绍，借以说明本书研究的学术基础与理论基础。

宋朝大力提倡教育，广开科举，因此人才辈出，文化成就举世瞩目[1]，为后世留下了一大批珍贵的古籍，现仅选取与城市研究有关的重要典籍罗列如下：

北宋时期，乐史的《太平寰宇记》[2]、王存的《元丰九域志》[3]、欧阳忞的《舆地广记》[4]分别记载了北宋初期、北宋中叶、北宋末三个时期的政区、户数、贡额以及城镇堡寨、山川河流的分布。南宋时期，王象之的《舆地纪胜》[5]、祝穆的《方舆胜览》[6]等记载了各府、州、军、监的历史沿革、户口、风俗、古迹、人物等。这些地理总志为本书"宋辽夏金卷"的研究提供了自然地理与经济地理研究资料。

地方志是我国重要的文化典籍和史料宝库，记载着古代某一特定历史区域的政治、经济、军事、文化、社会风情、地理沿革及物产资源。[7]中华书局所辑《宋元方志丛刊》[8]，其底本来自海内外各图书馆，囊括了现存所有的宋代地方志，包括《长安志》《淳熙三山志》《云间志》《会稽志》《景定建康志》《剡录》《澉水志》《临安志》《四明志》《吴郡志》《琴川志》《无锡志》等，为研究单体城市和区域发展提供了丰富的史料，具有宝贵的学术价值。明李濂的《汴京遗迹志》[9]是一部关于北宋都城开封的志书，作者旁征博引，引用大量典籍，详述了开封城内主要建筑的布局，北宋不同时期主客户数、财赋总数、仓廪等，可与其他志书相互佐证。南宋周去非的《岭外代答》[10]记载了作者任静江府（今广西桂林）通判时的所见见闻，包括我国广西的地理，以及东南亚、西亚、东非各国的地理、交通、物产、风俗等。赵汝适的《诸蕃志》[11]为其任提举福建路市舶官时所著，记载了亚非共50多个国家的地理、物产及其与宋王朝的关系。

除地理志外，宋人游历山海湖川、大江南北的游记，特别是士大夫走马上任奔赴各地时所留下的笔记，为今人研究宋代城市社会经济活动、市民生活、风俗习惯提供了宝贵的资料。《历代史料笔记丛刊·唐宋史料笔记丛刊》包含数十部唐宋时期的史料笔记，内容翔实。如朱彧的《萍洲可谈》记录其父朱服在广州为官时的见闻，其中有关于广州市舶司及蕃坊的情况，尤详密可靠；周密的《齐东野语》记载了"端平入洛"等南宋旧事，《癸辛杂识》记载了宋元之际的琐事杂言、典章制度、

---

[1] 袁征：《宋代教育：中国古代教育的历史性转折》，广东高等教育出版社，1991年。
[2] 乐史：《太平寰宇记》，中华书局，2008年。
[3] 王存：《元丰九域志》，中华书局，1984年。
[4] 欧阳忞：《舆地广记》，四川大学出版社，2003年。
[5] 王象之：《舆地纪胜》，中华书局，1992年。
[6] 祝穆：《方舆胜览》，中华书局，2003年。
[7] 中华书局编辑部：《宋元方志丛刊》，中华书局，1990年。
[8] 中华书局编辑部：《宋元方志丛刊》，中华书局，1990年。
[9] 李濂：《汴京遗迹志》，中华书局，1999年。
[10] 周去非著，杨武泉注解：《岭外代答校注》，中华书局，1999年。
[11] 赵汝适：《诸蕃志》，中华书局，1996年。

风土人情等，《武林旧事》[①]记载了南宋都城面貌、皇家礼仪、节庆典礼、勾栏瓦子、酒楼歌坊等。此外还有叶绍翁的《四朝闻见录》、叶梦得的《石林燕语》、庄绰的《鸡肋编》、李心传的《建炎以来朝野杂记》等。孟元老的《东京梦华录》[②]是作者追忆北宋首都汴京的盛况而作，有大量关于当时的地理、风俗以及宫廷和民间生活状况的记载，是研究宋史，特别是宋代城市社会生活不可或缺的宝贵资料；南宋吴自牧的《梦粱录》[③]、耐得翁的《都城纪胜》[④]、西湖老人的《西湖老人繁胜录》[⑤]，记录了各作者在临安生活中的所见所闻，记载了工商业盛况、勾栏瓦子、市民游艺生活、节日习俗等以市民生活为中心的内容。

元脱脱等人所著《宋史》[⑥]较为全面、系统地反映了宋代政治、经济、军事、文化各方面的状况，是本书"宋辽夏金卷"重要的参考书之一。

宋代城市的研究，历来受到学术界的高度重视，相关研究成果也较多，有影响者如日本学者伊原弘的《中国人的城市与空间》，该作品以中观和微观的视野，对宋代的城市社会生活、政治制度与城市空间做了较为系统的研究。斯波义信的《宋代江南经济史研究》从商业的视角研究了宋代江南的城市，在中国学术界产生了较大影响。谢和耐的《蒙元入侵前夜的中国日常生活》则对南宋城市生活进行了还原性研究。陈国灿的《南宋城镇史》是一部系统研究南宋城镇的专著，而包伟民的《宋代城市研究》，则在总结前人研究宋代城市的基础上对宋代城市进行了系统的研究。总体而言，有关宋代城市史的研究成果，可以从以下几方面加以考察。

1. 宋代都城研究

都城研究一直是古代史研究的重点，相关论著也十分丰富。刘春迎所著《北宋东京城研究》，结合考古资料与历史文献，对北宋时期东京城做了详细的研究，复原了北宋东京城内的重要建筑、河流、著名园林等，同时还论述了东京城的社会风俗[⑦]；周宝珠的《宋代东京研究》重点分析了北宋定都开封的原因、都城的布局、政府对都城的管理、都城工业商业的发展以及都城的文化[⑧]；刘顺安的《古都开封》简述了开封城的历史变迁、宫殿建筑与城内布局、水运交通、宗教状况、风俗民情等[⑨]；李璐珂的《古都开封与杭州》则从建筑学的角度对古都开封和杭州的历史进行了梳理[⑩]；程遂营的《唐宋开封生态环境研究》选取了中国历史上具有典型意义的开封生态环境为研究对象，从气候、水文、地形地貌、土壤、植被，城市建

---

① 周密：《武林旧事》，中国商业出版社，1982年。
② 孟元老：《东京梦华录》，中国商业出版社，1982年。
③ 吴自牧：《梦粱录》，中国商业出版社，1982年。
④ 耐得翁：《都城纪胜》，中国商业出版社，1982年。
⑤ 西湖老人：《西湖老人繁胜录》，中国商业出版社，1982年。
⑥ 脱脱等：《宋史》，中华书局，1985年。
⑦ 刘春迎：《北宋东京城研究》，科学出版社，2004年。
⑧ 周宝珠：《宋代东京研究》，河南大学出版社，1992年。
⑨ 刘顺安：《古都开封》，杭州出版社，2011年。
⑩ 李璐珂：《古都开封与杭州》，清华大学出版社，2012年。

设与规划、城市公共环境等方面，探讨了唐宋时期开封的生态环境[①]；刘方的《汴京与临安：两宋文学中的双城记》，从两宋时期都市政治事件、宗教建筑空间、皇家园林、市民生活诸方面，分别探讨了北宋东京城、南宋临安城内的都市生活。[②]另外，也有研究者通过揭示宋代都市生活所酝酿出来的"危险文学"，归结出都市文化繁荣之后所带来的负面影响，进而剖析了宋代士大夫们的精神焦虑和深层忧思。

王国平主编的《南宋史研究丛书》首发25卷，卷帙浩繁，对南宋历史进行了全方位的研究，涉及南宋都城临安的城市空间形态、社会生活、文化教育的方方面面：如徐吉军的《南宋都城临安》[③]、王国平的《南宋临安文化》[④]、王勇的《南宋临安对外交流》[⑤]、徐吉军的《南宋临安社会生活》[⑥]和《南宋临安工商业》[⑦]、何兆泉的《南宋名人与临安》[⑧]，等等。此外，何忠礼主编的《南宋史及南宋都城临安研究》[⑨]收录了20余篇关于南宋史及都城临安的研究论文。还有不少研究者从城市规划和布局的角度论述了两宋都城的发展，如李合群的《试论影响北宋东京规划布局的非理性因素：象天设都与堪舆学说》[⑩]，久保田和男的《宋都开封城内的东部与西部》[⑪]，直长运的《北宋东京城外的结构与形制》[⑫]，李瑞的《北宋东京城公共娱乐空间形态分析》[⑬]，徐吉军的《试论南宋都城临安在中国都城史上的地位》[⑭]，林正秋的《南宋首都城市建设的成就与特点》[⑮]，倪士毅的《繁华的南宋都城——临安》[⑯]，宁欣的《转型期的唐宋都城：城市经济社会空间之拓展》[⑰]。此外，樊莉娜《北宋东京城郊的发展》一文，颇有新意地研究了东京城郊。通过研究，该文作者不仅初步划定了东京城郊的大致范围，还对其发展情况进行了复原，并在此基础上进行了多层面的分析，进而认为人口的增长、交通的便利、城市消费需求的刺激以及政策方面的扶持是东京城郊得以发展的主要原因。[⑱]

[①] 程遂营：《唐宋开封生态环境研究》，中国社会科学出版社，2002年。
[②] 刘方：《汴京与临安：两宋文学中的双城记》，上海古籍出版社，2013年。
[③] 徐吉军：《南宋都城临安》，杭州出版社，2008年。
[④] 王国平：《南宋临安文化》，杭州出版社，2010年。
[⑤] 王勇：《南宋临安对外交流》，杭州出版社，2008年。
[⑥] 徐吉军：《南宋临安社会生活》，杭州出版社，2011年。
[⑦] 徐吉军：《南宋临安工商业》，杭州出版社，2009年。
[⑧] 何兆泉：《南宋名人与临安》，杭州出版社，2010年。
[⑨] 何忠礼：《南宋史及南宋都城临安研究》，杭州出版社，2009年。
[⑩] 李合群：《试论影响北宋东京规划布局的非理性因素：象天设都与堪舆学说》，《河南大学学报》，2006年第5期。
[⑪] [日] 久保田和男：《宋都开封城内的东部与西部》，《中国历史地理论丛》，2006年第2期。
[⑫] 直长运：《北宋东京城外的结构与形制》，《河南大学学报》，2007年第4期。
[⑬] 李瑞：《北宋东京城公共娱乐空间形态分析》，《南都学坛》，2005年第6期。
[⑭] 徐吉军：《试论南宋都城临安在中国都城史上的地位》，《浙江学刊》，2008年第3期。
[⑮] 林正秋：《南宋首都城市建设的成就与特点》，《现代城市》，2008年第3期。
[⑯] 倪士毅：《繁华的南宋都城——临安》，《杭州古都研究》（第1辑），内部印行本。
[⑰] 宁欣：《转型期的唐宋都城：城市经济社会空间之拓展》，《学术月刊》，2006年第5期。
[⑱] 樊莉娜：《北宋东京城郊的发展》，《三门峡职业技术学院学报》，2006年第4期。

陈国灿的《转型与调整：宋代都市文明的演变》从较为宏观的视角论述了宋代都市文明的转化，认为两宋时期都市文明经历了重大的转型和调整。一方面，州县城市普遍突破了原有政治性的限制，城市不再只是单纯的消费体，而是承担着不同层次商品经济中心的角色，城乡经济有了双向互动，城市经济不再是政治的附庸，而是与乡村经济相对应的独立形态；另一方面，商业市镇的广泛兴起和发展标志着新的都市形态的出现。市镇较少受到政治因素的控制，它以商业和市场活动为基础，具有鲜明的经济中心特征。市镇的广泛兴起，意味着州县城市一统天下的传统都市体系的解体。[1]

2. 宋代城镇研究

宋代，随着商品经济的发展，不仅城市出现大发展，与城市相关的城镇也出现前所未有的发展，因而有关宋代城镇研究的论著较多。陈国灿、奚建华的《浙江古代城镇史研究》[2] 是一部以浙江为中心的区域城镇史研究专著，该书分为上下两编，将浙江地区的城镇分为城市与市镇分别进行论述，上编主要论述浙江古代城市的发展，下编主要论述浙江古代市镇的发展。作者认为，宋代是浙江古代城市发展的顶峰时期，浙江城市经历了先秦至两汉时期的产生与缓慢发展的阶段，六朝时期的崛起阶段，隋唐五代十国时期继续发展的阶段，到了两宋，尤其是南宋时期迎来了繁荣发展的阶段，而元代则陷入发展的停滞期，明清时期，已日趋衰落。同样，浙江市镇兴起于北宋时期，兴盛于南宋时期，元代发展缓慢，但明清时期浙江农村经济结构和社会出现了新的变化，市镇数量和规模不断扩大，出现了专业化生产格局，市镇社会出现城市化特征。书中还将浙江古代市镇分为五类，即卫星市镇、生产性市镇、交通枢纽型市镇、港口型市镇、乡村墟市。陈国灿所著另一书《南宋城镇史》[3] 则在上一书的基础上对南宋的城市史进行了系统的研究，详细论述了南宋时期城市与市镇的曲折发展历程，囊括了城镇的形态与类型、城镇产业、人口、社会结构、市镇建设、社会保障、文化与社会生活等各方面的内容，是研究南宋城镇史的又一力作。

改革开放以来，学界对宋代单体城镇的研究较多，涌现了一大批学术成果，如《泉州港与古代海外交通》[4] 等。因前文已列举不少有关宋代单体城市研究的书籍，此处不赘。在论文方面，具有代表性的成果亦不少。如陈国灿的《南宋江南市镇与农村城镇化现象》[5]，认为宋代江南城市的数量和规模都有了很大提高，至南宋时期形成了一个较为密集的区域城市分布网络；而北宋市镇的数量增长较慢，但发展水平和影响却更大。至南宋时期，江南市镇掀起一个发展热潮，由市镇构成的农村市场体系，一方面将分散的乡村商品交易活动组织起来，形成一定地域范围内的流

---

[1] 陈国灿：《转型与调整：宋代都市文明的演变》，《探索与争鸣》，2010年第3期。
[2] 陈国灿、奚建华：《浙江古代城镇史研究》，安徽大学出版社，2003年。
[3] 陈国灿：《南宋城镇史》，人民出版社，2009年。
[4] 《泉州港与古代海外交通》编写组：《泉州港与古代海外交通》，文物出版社，1982年。
[5] 陈国灿：《南宋江南市镇与农村城镇化现象》，《四川大学学报》，2006年第1期。

通体系；另一方面又与城市市场结合，共同构成了多层次的江南区域市场，城乡之间、地区之间的市场联系明显加强。这在一定程度上突破了农村传统自然经济自给自足的模式和封闭单一的社会形态，呈现出城镇文明的部分特征和发展趋向。

吴业国的《南宋两浙路的市镇发展》[①]认为，在商品经济进一步发展的基础上，南宋两浙路市镇大幅增加，呈现出全面繁荣的景象。浙北平原和浙东沿海的州县，是两浙路市镇分布的密集地区。源于对交换的需求而形成的乡村草市，在镜湖流域的会稽、山阴两县分布得十分广泛，在两浙路中尤具代表性。两浙路市镇呈现出地域分布的密集化、均匀化特征，这是南宋市镇经济兴盛的反映。南宋两浙路市镇经济的发展，表现在市场的繁荣、沿海市镇的崛起和商税的激增这三个方面，反映出该地区强大的市场购买力与消费力。

相关文章还有彭友良的《两宋时代福建集市贸易的发展与城镇的兴起》[②]、王社教的《辽宋金元时期山西地区城镇体系和规模演变》[③]、董春林的《论唐宋时期三峡地区城镇仓储建设之嬗变》[④]、雍际春的《宋金元时期陇西、青东黄土高原地区城镇的发展》[⑤]、韩光辉的《宋辽金元建制城市的出现与城市体系的形成》[⑥]、林立平的《唐宋之际城市旅店业初探》[⑦]、褚清磊的《唐宋时期陕北城镇地理研究》[⑧]等。

宋代是海上贸易发达、港口城市勃兴的时代，黄纯艳所著《宋代海外贸易》[⑨]详细讨论了宋代海外贸易兴盛的原因及海外贸易对宋代政治以及对东南沿海地区城镇发展的影响。相关论文还有周运中的《港口体系变迁与唐宋扬州盛衰》[⑩]、文彬的《跻身于全国四大贸易港口——两宋时期的明州港》[⑪]、李军的《宋元"海上丝绸之路"繁荣时期广州、明州、泉州三大港口发展之比较研究》[⑫]、李大伟的《宋元泉州港在印度洋贸易体系中的地位初探》[⑬]、申海田的《宋元时期我国沿海主要

---

① 吴业国：《南宋两浙路的市镇发展》，《史林》，2010年第1期。
② 彭友良：《两宋时代福建集市贸易的发展与城镇的兴起》，《福建学刊》，1998年第4期。
③ 王社教：《辽宋金元时期山西地区城镇体系和规模演变》，《陕西师范大学学报》，2003年第4期。
④ 董春林：《论唐宋时期三峡地区城镇仓储建设之嬗变》，《重庆三峡学院学报》，2013年第1期。
⑤ 雍际春：《宋金元时期陇西、青东黄土高原地区城镇的发展》，《中国历史地理论丛》，2004年第4期。
⑥ 韩光辉：《宋辽金元建制城市的出现与城市体系的形成》，《历史研究》，2007年第4期。
⑦ 林立平：《唐宋之际城市旅店业初探》，《暨南学报》，1993年第2期。
⑧ 褚清磊：《唐宋时期陕北城镇地理研究》，陕西师范大学硕士学位论文，2010年。
⑨ 黄纯艳：《宋代海外贸易》，社会科学文献出版社，2003年。
⑩ 周运中：《港口体系变迁与唐宋扬州盛衰》，《中国社会经济史研究》，2010年第1期。
⑪ 文彬：《跻身于全国四大贸易港口——两宋时期的明州港》，《宁波经济》，1998年第4期。
⑫ 李军：《宋元"海上丝绸之路"繁荣时期广州、明州、泉州三大港口发展之比较研究》，《南方文物》，2005年第1期。
⑬ 李大伟：《宋元泉州港在印度洋贸易体系中的地位初探》，《泉州师范学院学报》，2012年第1期。

港口概述》①、项国茂的《隋唐两宋时期山东半岛的海上交通与港口》② 以及徐好艳的《唐宋时期山东海港转型研究》③ 等，为本书"宋辽夏金卷"港口城市的研究提供了重要参考。

3. 从政治、经济的视角研究宋代城市的成果

政治变革影响着城市的发展与变迁，因此，学者们在对宋代政治史的研究中，多涉及宋代的城市。包伟民、吴铮强所著《宋朝简史》简明扼要地对赵宋国家的政治脉络、与周边民族政权的关系做了归纳与介绍，同时着重分析了宋代社会结构的新格局，宋代人口增长与宋代农业、手工业、商业发展之关系等，其内容涉及宋代社会的方方面面。④ 白钢主编的《中国政治制度通史·宋代卷》⑤，除介绍宋代各项制度外，还着重阐述了其运行机制和特点；同时作者还首次论述了宋代的中央决策体制，探讨了中央的决策机构和决策依据，是全面阐述宋代国家制度史的著作，其中有部分内容涉及宋代城市。美国学者贾志扬的《天潢贵胄：宋代宗室史》⑥ 综述了10世纪北宋建立至13世纪南宋灭亡这一历史阶段中，宋代宗室在政治生活中的地位变迁以及他们自身所处时代的社会生活。

经济史一直是宋史研究中的热点，相关的著作和论文十分丰富。经济是城市发展的物质基础，因而从经济的视角来研究城市也就成了宋代城市史研究的一个特点。

宋代财政制度与货币制度是研究该时段城市经济的理论基础与时代背景，相关的学术成果以包伟民《宋代地方财政史研究》⑦、汪圣铎《两宋货币史》⑧ 为代表，两书详细考察了宋代的财政制度与货币制度。黄纯艳的《唐宋政治经济史论稿》⑨ 是作者的一部论文集，讨论了登闻鼓制度、发运使制度、专卖制度、催矿制度等，其内容还涉及西北沿边商贸问题及宋代的海外贸易，对研究宋代城市经济具有一定的参考价值。

农村草市与墟市的繁荣、赋税货币化等是宋代商品经济繁荣发展的重要表现，也是研究的热点，如郭学信、张素英《宋代商品经济发展特征及原因析论》⑩、易彪《中国宋代商品经济发展浅析》⑪、郑颖慧《论宋代商品经济的新发展》⑫、徐红

---

① 申海田：《宋元时期我国沿海主要港口概述》，《山东师范大学学报》，1996年第2期。
② 项国茂：《隋唐两宋时期山东半岛的海上交通与港口》，《福建师范大学福清分校学报》，1989年第2期。
③ 徐好艳：《唐宋时期山东海港转型研究》，中国海洋大学硕士学位论文，2013年。
④ 包伟民、吴铮强：《宋朝简史》，福建人民出版社，2006年。
⑤ 白钢：《中国政治制度通史·宋代卷》，社会科学文献出版社，2011年。
⑥ [美] 贾志扬著，赵冬梅译：《天潢贵胄：宋代宗室史》，江苏人民出版社，2005年。
⑦ 包伟民：《宋代地方财政史研究》，中国人民大学出版社，2011年。
⑧ 汪圣铎：《两宋货币史》，社会科学文献出版社，2003年。
⑨ 黄纯艳：《唐宋政治经济史论稿》，甘肃人民出版社，2009年。
⑩ 郭学信、张素英：《宋代商品经济发展特征及原因析论》，《聊城大学学报》，2006年第5期。
⑪ 易彪：《中国宋代商品经济发展浅析》，《生产力研究》，2009年第13期。
⑫ 郑颖慧：《论宋代商品经济的新发展》，《保定学院学报》，2009年第5期。

《论宋朝政府在商品经济发展中的作用》[1]、李晓《宋代商品结构状况的变化》[2] 等文章均为该方面的代表性成果,着力探讨了宋代商业的发展特点、表现以及宋政府在商品经济中的职能。

邓特号《宋代军需供应的商品化》[3]、李卿《略论宋代丝织生产的商品化》[4]、李兆超《宋代民营小工商业的经营与管理》[5]、董立章《略论中国资本主义萌芽于宋》[6]、李晓《论宋代小农、小工、小商的三位一体化趋势》[7]、薛国中《宋代矿业中经营方式与产品所有权之变迁》[8]、王菱菱《宋代金银的开采冶炼技术》[9]、韩吉绍《炼丹术与宋代冶铜业革命》[10]、裘士京《论宋代胆铜法炼铜工艺》[11] 等文章均从宋代手工业、商业的某个方面入手,对宋代经济的发展进行研究。

宋代海外贸易和榷场贸易的繁荣,也与城市发展有着一定的关联,相关论文有刘文波的《宋代福建海商崛起之地理因素》[12]、朱文慧的《试论宋代广南西路对外贸易的发展》[13]、张洁的《宋代象牙贸易及流通过程研究》[14]、陈大为的《论夏宋贸易对北宋的影响》[15]、赵莹波的《宋日贸易再考——海上丝绸之路东亚贸易圈的形成》[16]、王晓燕的《论宋与辽、夏、金的榷场贸易》[17]、陶德臣的《宋代十三山场六榷货务考述》[18],以及一些硕博士论文,如芦敏的《宋丽海上贸易研究》[19]、赵莹波的《宋日贸易研究——以在日宋商为中心》[20]、王祥春的《两宋时期的中越贸易》[21]、方文述的《宋辽榷场贸易和走私贸易研究》[22]、王昆的《宋与辽夏金间的走私贸

---

[1] 徐红:《论宋朝政府在商品经济发展中的作用》,《湖南社会科学》,2001年第1期。
[2] 李晓:《宋代商品结构状况的变化》,《西北师范大学学报》,2004年第5期。
[3] 邓特号:《宋代军需供应的商品化》,《云南社会科学》,2006年第3期。
[4] 李卿:《略论宋代丝织生产的商品化》,《河北学刊》,2001年第2期。
[5] 李兆超:《宋代民营小工商业的经营与管理》,《北京商学院学报》,1992年第4期。
[6] 董立章:《略论中国资本主义萌芽于宋》,《华南师范大学学报》,2001年第3期。
[7] 李晓:《论宋代小农、小工、小商的三位一体化趋势》,《中国经济史研究》,2004年第1期。
[8] 薛国中:《宋代矿业中经营方式与产品所有权之变迁》,《湖北大学学报》,1989年第1期。
[9] 王菱菱:《宋代金银的开采冶炼技术》,《自然科学史研究》,2004年第4期。
[10] 韩吉绍:《炼丹术与宋代冶铜业革命》,《自然科学史研究》,2006年第2期。
[11] 裘士京:《论宋代胆铜法炼铜工艺》,《东南文化》,2006年第2期。
[12] 刘文波:《宋代福建海商崛起之地理因素》,《中国历史地理论丛》,2006年第1期。
[13] 朱文慧:《试论宋代广南西路对外贸易的发展》,《江西社会科学》,2010年第5期。
[14] 张洁:《宋代象牙贸易及流通过程研究》,《中州学刊》,2010年第3期。
[15] 陈大为:《论夏宋贸易对北宋的影响》,《开封大学学报》,2006年第1期。
[16] 赵莹波:《宋日贸易再考——海上丝绸之路东亚贸易圈的形成》,《河南社会科学》,2009年第1期。
[17] 王晓燕:《论宋与辽、夏、金的榷场贸易》,《西北民族大学学报》,2004年第4期。
[18] 陶德臣:《宋代十三山场六榷货务考述》,《中国茶叶》,2006年第2期。
[19] 芦敏:《宋丽海上贸易研究》,厦门大学博士学位论文,2008年。
[20] 赵莹波:《宋日贸易研究——以在日宋商为中心》,南京大学博士学位论文,2012年。
[21] 王祥春:《两宋时期的中越贸易》,广西师范大学硕士学位论文,2008年。
[22] 方文述:《宋辽榷场贸易和走私贸易研究》,重庆师范大学硕士学位论文,2010年。

易》①、郭丽的《宋与周边少数民族茶叶贸易——以宋与吐蕃茶叶贸易为例》② 等。

城市与区域经济的发展密切相关,因而研究城市经济必然离不开对区域经济的研究。程民生的《宋代地域经济》③ 以地理空间代替时间维度来研究宋代不同地域的经济,进而全面总结了宋代不同地区的经济发展状况和特点。作者认为宋代地域经济呈现出北强、东富、西南弱的特征,北方经济在战乱中仍有优势;东南大部分地区在北宋中期形成了一个个经济重心,但在南宋后开始衰退;而京西路南部、淮南、湖北三地的部分地区,整体经济地位较前代略有下降。

陆敏珍《唐宋时期明州区域社会经济研究》④ 以唐宋时期明州为研究中心,论述了明州地区人口、耕地与区域开发、交通网络、水利建设、制度变迁、城市建设与区域发展的关系,重点研究了明州区域经济的发展过程。

张家驹《两宋经济重心的南移》⑤ 一书,首先从北宋政权的建立和南方社会生产力的发展、政治中心转移对南方社会的影响、南渡后社会生产力的恢复和发展、南方人才的勃兴等角度,证明宋王室的南渡标志着宋代南方经济文化的空前发展,并进一步得出南宋是我国历史上经济重心完成其南移过程的时代。其次,作者梳理了南方经济兴起与发展的历史进程,在此基础上将我国历史上南北经济的发展进程分为几个阶段:北方的全盛时期——远古至西晋末年,这一阶段北方经济发展水平远远超过南方,是我国经济文化重心;南北对立时代——东晋建立至北宋末年,南方经济有了很大发展并形成新的经济中心;南方全胜时代——宋王室南渡至鸦片战争,经济重心完成了南移,南方完全超过北方。

斯波义信的《宋代江南经济史研究》⑥ 是近年来日本学者研究宋代历史的代表性论著。该书作者灵活运用历史学家和社会学家之间学术对话的方式、历史研究传统的实证主义原则及区域经济、广义社会史学等研究手法,对宋代江南地区的生态环境、农田水利、经济开发、移民定居、城市发展、社会流动、商业交通、户籍税制等方面进行了深入探讨。

梁庚尧的《南宋的农村经济》⑦,基于南宋人口增加、土地兼并与商业发达的等时代背景,分析了南宋农村社会经济的冲突与协调。作者从户口状况、土地分配、组织制度、农家劳力与资本、农产品市场与价格等经济活动的各个侧面,阐释了在农村贫富不均的背景下,政府与富户协调经济的各种努力及其成效,立意新颖。而刘文波的《宋元时期泉州社会经济变迁与海外贸易》⑧、王廷奎的《两宋广

---

① 王昆:《宋与辽夏金间的走私贸易》,东北师范大学硕士学位论文,2006年。
② 郭丽:《宋与周边少数民族茶叶贸易——以宋与吐蕃茶叶贸易为例》,山东师范大学硕士学位论文,2013年。
③ 程民生:《宋代地域经济》,河南大学出版社,1992年。
④ 陆敏珍:《唐宋时期明州区域社会经济研究》,上海古籍出版社,2007年。
⑤ 张家驹:《两宋经济重心的南移》,湖北人民出版社,1957年。
⑥ [日]斯波义信著,方健、何忠礼译:《宋代江南经济史研究》,江苏人民出版社,2012年。
⑦ 梁庚尧:《南宋的农村经济》,新星出版社,2006年。
⑧ 刘文波:《宋元时期泉州社会经济变迁与海外贸易》,《泉州师范学院学报》,2010年第5期。

东区域经济及其文化》[1]、李小红的《海外贸易与唐宋明州社会经济的发展》[2]、薛政超的《试论唐宋移民对湖南经济的影响》[3]、何玉红的《论南宋蜀道经济带的衰落》[4]，均从经济的某个侧面考察了宋代不同地区城市社会经济的发展状况。此外，宋代地域经济也是硕博士学位论文考察的重点。韩毅的《唐宋时期的伊斯兰教及其与西北经济开发》[5]、靳阳春的《宋元汀州经济社会发展与变迁》[6]、杨慧玲的《宋元时期藏区经济研究》[7]、陈曦的《宋元时期江汉平原经济开发若干问题研究》[8]，均在不同程度上为该问题的深入研究做出了一定的贡献。

4. 宋代城市社会生活研究

学术界对于宋代城市社会生活的研究也比较关注。王曾瑜的《宋朝阶级结构》[9]是一部试图全面描述宋代国家社会阶级结构的专著，该书从宋代乡村户与郭坊户、官户与民户等对称户名中，提出户口分类制度的概念，并通过户口分类，详细论述了宋代社会各阶级的范围、数量及其在社会中享受的权利与义务。类似作品还有梁太济的《两宋阶级关系的若干问题》[10]、梁庚尧的《南宋城市的社会结构》[11]等。包伟民《意象与现实：宋代城市等级刍议》[12]认为，不少学者在论著中从不同的侧面提出了他们关于宋代城市等级的看法，由于他们都是通过广泛搜集文献记载中零散的宋代城市人口信息而得出的结论，因此相互间歧见颇大。其实，宋人关于城市人口规模的表述更多的是出于意象，主要是依据城市的行政地位而定，因此在时人意象中城市规模的差序格局就形成了都城百万家、路治十万家、州军与重要县城万家以及一般县城数千家这样几个等级分明的序列。同类成果还有程民生的《论宋以来北方人口素质的下降》[13]、《论宋代的流动人口问题》[14]、《宋代人口资料统计问题》[15]，郑维宽的《宋代广西人口数量考证》[16]，吴松弟的《南宋人口的发展过程》[17]、宁欣的《由唐入宋都市人口结构及外来流动》[18]，李伯重的《宋末至明初江

---

[1] 王廷奎：《两宋广东区域经济及其文化》，《广东社会科学》，1996年第3期。
[2] 李小红：《海外贸易与唐宋明州社会经济的发展》，《宁波大学学报》，2004年第5期。
[3] 薛政超：《试论唐宋移民对湖南经济的影响》，《邵阳学院学报》，2009年第3期。
[4] 何玉红：《论南宋蜀道经济带的衰落》，《西南大学学报》，2007年第3期。
[5] 韩毅：《唐宋时期的伊斯兰教及其与西北经济开发》，西北师范大学硕士学位论文，2001年。
[6] 靳阳春：《宋元汀州经济社会发展与变迁》，福建师范大学博士学位论文，2011年。
[7] 杨慧玲：《宋元时期藏区经济研究》，暨南大学博士学位论文，2006年。
[8] 陈曦：《宋元时期江汉平原经济开发若干问题研究》，武汉大学硕士学位论文，2004年。
[9] 王曾瑜：《宋朝阶级结构》，中国人民大学出版社，2010年。
[10] 梁太济：《两宋阶级关系的若干问题》，河北大学出版社，1998年。
[11] 梁庚尧：《南宋城市的社会结构》，允晨文化实业股份有限公司，1997年。
[12] 包伟民：《意象与现实：宋代城市等级刍议》，《史学月刊》，2010年第1期。
[13] 程民生：《论宋以来北方人口素质的下降》，《史学集刊》，2005年第1期。
[14] 程民生：《论宋代的流动人口问题》，《学术月刊》，2006年第7期。
[15] 程民生：《宋代人口资料统计问题》，《中州学刊》，2001年第6期。
[16] 郑维宽：《宋代广西人口数量考证》，《广西社会科学》，2004年第9期。
[17] 吴松弟：《南宋人口的发展过程》，《中国史研究》，2001年第4期。
[18] 宁欣：《由唐入宋都市人口结构及外来流动》，《中国文化研究》，2002年第2期。

南人口与耕地的变化》①等。

  谢和耐《蒙元入侵前夜的中国日常生活》②，以1275年前后的临安城为例，描述了中华文明在当时的成就，是西方汉学学术史上的代表性论著。伊永文的《行走在宋代的城市：宋代城市风情图记》③，将文学与史学熔为一炉，以通俗流畅的语言形象地展现出宋代城市绚丽多彩的生活场景，包括消防措施、嫁娶婚俗、市场的繁盛、节日的盛况、丰富的饮食文化，给读者展示出一幅立体的宋代城市风情画。平田茂树、远腾隆俊等编的《宋代社会的空间与交流》④为一部论文集，全书分为三个部分：第一部分为宋代的政治空间与交流，以宋代政治研究为中心；第二部分为宋代的宗族、空间与信息交流，以宋代宗族与信息交流、地域开发为中心；第三部分为宋代地域社会的空间与交流，以江南地域社会文化与信仰为中心。朱瑞熙等人的《辽宋西夏金社会生活史》⑤，利用大量文献资料，深入考察了辽、宋、西夏、金时期社会生活的方方面面，内容涵盖饮食、服饰、居室、交通、妇女、婚姻、生育、社会交谊、宗教信仰、文体娱乐、节日习俗等；汪圣铎的《宋代社会生活研究》⑥对宋代社会文化、医疗卫生、官员宗室的生活状况等进行了详尽的考察。

  关于宋代城市社会、生活的论文有闫薇的《从宋人边疆行记看辽人的生活习俗》⑦、孟彭兴的《论两宋进口香药对宋人社会生活的影响》⑧、成荫的《日常生活视野下的唐宋都城变革》⑨、谢军的《宋人的婚姻伦理道德生活》⑩、刘天振的《宋元南戏与民间生活伦理》⑪、姚海英的《宋元社会生活的形象透视》⑫、敬连旺的《唐宋时期落第对士人婚姻生活的影响》⑬、张邦炜的《辽宋西夏金时期少数民族妇女的生活》⑭、程民生的《宋人生活水平及币值考察》⑮等。

  总体说来，改革开放以来，宋代城市史研究非常活跃，成果突出，相比过去的研究出现了新的特征：一是研究的对象发生变化，都城等重要政治中心城市虽仍然是学界关注的重点，但对一般地方城市和边远城市的研究也越来越多；二是从区域的视角来考察城市的发展成为一种新的研究趋势，其中，既有行政区域的视角，也有经济区域、地理区域的视角；三是研究的主题呈多元化、研究的角度呈多学科

---

① 李伯重：《宋末至明初江南人口与耕地的变化》，《中国农史》，1997年第3期。
② [法] 谢和耐著，刘东译：《蒙元入侵前夜的中国日常生活》，北京大学出版社，2008年。
③ 伊永文：《行走在宋代的城市：宋代城市风情图记》，中华书局，2005年。
④ [日] 平田茂树、远腾隆俊等：《宋代社会的空间与交流》，河南大学出版社，2008年。
⑤ 朱瑞熙等：《辽宋西夏金社会生活史》，中国社会科学出版社，1998年。
⑥ 汪圣铎：《宋代社会生活研究》，人民出版社，2007年。
⑦ 闫薇：《从宋人边疆行记看辽人的生活习俗》，《理论学刊》，2007年第4期。
⑧ 孟彭兴：《论两宋进口香药对宋人社会生活的影响》，《史林》，1997年第1期。
⑨ 成荫：《日常生活视野下的唐宋都城变革》，《中国经济史研究》，2009年第3期。
⑩ 谢军：《宋人的婚姻伦理道德生活》，《伦理学研究》，2009年第5期。
⑪ 刘天振：《宋元南戏与民间生活伦理》，《山东师范大学学报》，2010年第3期。
⑫ 姚海英：《宋元社会生活的形象透视》，《江西社会科学》，2008年第4期。
⑬ 敬连旺：《唐宋时期落第对士人婚姻生活的影响》，《吉林省教育学院学报》，2013年第4期。
⑭ 张邦炜：《辽宋西夏金时期少数民族妇女的生活》，《四川师范大学学报》，1997年第3期。
⑮ 程民生：《宋人生活水平及币值考察》，《史学月刊》，2008年第3期。

化，对城市不同层面的研究成为新的发展方向，而运用多学科的理论和方法对城市进行研究也成为城市史研究的必然选择，这种新现象不仅在宋代城市史研究中有所表现，在其他领域也同样突出。

（二）辽代城市史研究

近代以来，随着中国史学和考古学的发展，部分史学家开始致力于我国古代北方少数民族的历史研究，辽金西夏史的研究得到了重视和关注，特别是辽史研究在20世纪以来取得了重大进展，研究领域不断扩大，涌现出了一批辽史研究专家，如陈述、冯家昇、傅乐焕、项春松、李锡厚、冯永谦、张国庆、景爱、杨树森、武玉环、韩茂莉等，中国科学院、内蒙古社会科学院、东北师范大学、内蒙古师范大学等科研机构和高校也都设立了专门研究辽金史的研究所，在辽代政治制度、经济结构、文化教育、社会生活等方面的研究上取得了斐然的成绩。但是迄今为止，现有成果中对辽代城市的研究仅限于单体城市或区域城市研究，还没有出现将城市作为整体研究对象，对辽代的政治、经济、社会、文化进行全方位解读的著作。当然，对辽代城市的研究离不开对辽代政治、经济、社会与文化的研究，因而笔者试图对与研究辽代城市有关的学术成果做一基本的梳理和评价。

1. 辽代城市综合性研究

中国城市史研究自20世纪80年代起步以来取得了重大进展，成绩斐然，其中城市通史性著作和关于汉代、宋代及明代城市的断代史著作颇为丰富，但至今还没出现专门研究辽代城市的著作。不过在现有的一些中国城市通史的研究成果中，对辽代城市形成和发展的诸多概况多有涉及，特别是关于辽代城市的专题性研究著作是本书"宋辽夏金卷"进行辽代城市研究的基础。

何一民著《中国城市史》是中国城市通史性研究的代表专著之一，该书从宏观的角度梳理了中国数千年城市发展的历史脉络，用历史分析方法重现了不同时期中国城市的风貌、建设规划、经济与社会文化，对辽代的城市也有所涉及。[1] 傅崇兰等主编的《中国城市发展史》，将中国城市发展与中华文明结合起来，对中国城市的演变史、居住史、建筑史及广场史做了全面研究，是依据城市学基本理论开创城市史研究新途径和新方法的重要尝试，亦对辽代城市有所关注。[2] 同时期张驭寰所著《中国城池史》一书，不仅对中国古代都城和一般城池的筑城概况做了梳理，还涉及许多城池的选址、规划与建设等诸多内容。[3] 李孝聪于2007年出版的《历史城市地理》则从历史地理的角度对中国区域城市进行了综合研究，并对处于变革时期的辽代都城和地方城市做了较为深入的研究。[4] 曲英杰所著的《古代城市》一书，在考古调查和发掘的基础之上研究了史前到元代的百余座古城，其所涉及的辽

---

[1] 何一民：《中国城市史》，武汉大学出版社，2012年。
[2] 傅崇兰：《中国城市发展史》，社会科学文献出版社，2009年。
[3] 张驭寰：《中国城池史》，百花文艺出版社，2003年。
[4] 李孝聪：《历史城市地理》，山东教育出版社，2007年。

代诸城的考古资料有很大的参考价值。①

同时，海外关注中国城市发展的通史性著作在中国城市史研究中占据着重要的地位。德国学者阿尔弗雷德·申茨所著的《幻方——中国古代的城市》是一部研究中国及东亚城市发展史的力作，该书以中国古代城市为研究对象，引入幻方——九宫格的布局模式，客观论述了中国城市与建筑聚落的产生、发展、演变及其所蕴含的宇宙观和哲学观，对北方游牧民族政权下的古代城市也做了专题性研究；② 刘易斯·芒福德的《城市发展史——起源、演变和前景》③ 以及乔尔·科特金的《全球城市史》④ 等书，则将视野放在全球城市的发展演变之上，甚少涉及中国城市的系统性研究，对辽代的城市发展也没有提及。

近年来，随着辽代考古的新进展，一些重要著作问世，如项春松著《辽代历史与考古》一书，以新近发现的考古资料为基础，研究了从契丹的兴起到辽代灭亡这一时期的辽代历史的发展演变，并对辽代多个城市和城市体系进行了研究，有力地推动了辽代城市史的研究。⑤ 孙进己等主编的《中国考古集成·东北卷（辽）》收录了1996年以前几乎所有的辽代城市考古成果，为学界对辽代城市进行深入研究提供了详细可考的考古资料。⑥

除了以上书籍外，近年来对辽代城市进行综合研究的论文也不少，如李逸友的《辽代城郭营建制度初探》⑦、张伟夫的《辽代城镇的兴起及其名称的演变》⑧、刘素侠的《从考古材料看契丹民族城镇建设的基本特点》⑨ 等文章，主要对辽代城镇建设的兴起与特点做了探讨；王淑兰的《历史地理视觉下的辽代城市研究》一文从历史地理的角度剖析辽代城市的发展⑩；王睿的《辽代都城制度研究》⑪、康鹏的《辽代五京体制研究》⑫、王德忠的《论辽朝五京的城市功能》⑬、诸葛净的《论辽之京城体系》⑭ 等，则对辽代都城的制度、功能及关系做了综合研究。

2. 区域城市及单体城市研究

近年来学术界对辽代的区域城市及单体城市研究成果颇为丰富，其研究成果多

---

① 曲英杰：《古代城市》，文物出版社，2003年。
② [德]阿尔弗雷德·申茨著，梅青译：《幻方——中国古代的城市》，中国建筑工业出版社，2009年。
③ [美]刘易斯·芒福德著，倪文彦、宋俊岭译：《城市发展史——起源、演变和前景》，中国建筑工业出版社，2005年。
④ [美]乔尔·科特金著，王旭译：《全球城市史》，社会科学文献出版社，2014年。
⑤ 项春松：《辽代历史与考古》，内蒙古人民出版社，1996年。
⑥ 孙进己等：《中国考古集成·东北卷（辽）》，北京出版社，1995年。
⑦ 李逸友：《辽代城郭营建制度初探》，陈述主编：《辽金史论集》（第三辑），书目文献出版社，1985年。
⑧ 张伟夫：《辽代城镇的兴起及其名称的演变》，《中国地名》，1997年第3期。
⑨ 刘素侠：《从考古材料看契丹民族城镇建设的基本特点》，《北方文物》，1990年第2期。
⑩ 王淑兰：《历史地理视角下的辽代城市研究》，东北师范大学博士学位论文，2011年。
⑪ 王睿：《辽代都城制度研究》，山东大学硕士学位论文，2009年。
⑫ 康鹏：《辽代五京体制研究》，北京大学博士学位论文，2007年。
⑬ 王德忠：《论辽朝五京的城市功能》，《北方文物》，2002年第1期。
⑭ 诸葛净：《论辽之京城体系》，《华中建筑》，2009年第7期。

为专题研究，以学术论文为主，系统性的专著较少。相关研究成果主要有法国学者闵宣化的《东蒙古辽代旧城探考记（外二种）》①和李逸友的《内蒙古历史名城》②，两部著作主要对辽代上京、中京等古城进行了考察。王玲主编的《辽代的南京（燕京）》则对南京地区的政治、社会经济、文化、城市进行了综合研究。③日本学者岛田正郎的《祖州城：内蒙古满其格山辽代古城址的考古学历史学发掘调查报告》对上京的祖州城进行了系统的探究。④

关于辽代区域城市及单体城市研究的学术论文数不胜数。就研究辽朝区域城市而言，多集中于对内蒙古地区辽代故城的考察，如项春松的《内蒙古赤峰地区辽代中小城镇的发现与研究》⑤、毕显忠的《内蒙古东南部辽代城址分类举例》⑥及魏孔的《内蒙古辽代城址初步研究》⑦等文；冯永谦的《辽代上京道州县丛考》⑧对辽朝上京道地区的州县情况做了研究与梳理；肖忠纯的《论东北地区辽代城市建设的特点》⑨一文对东北地区辽代城市进行了研究；杨福瑞的《辽代松漠草原城镇建设研究》⑩对松漠草原城镇体系的形成、功能和特点做了分析；等等。

辽代的单体城市研究成果丰硕。就都城研究而言，方志云的《辽上京建筑考》⑪、董新林的《辽上京城址的发现和研究述论》⑫、马凤磊与青白音的《辽上京城的兴建、布局及相关问题研究》⑬、王淑兰与韩宾娜的《论辽代草原地区城市群体的特点——以上京道城市为例》⑭、陈刚的《辽上京兴建的历史背景及其都城规划思想》⑮、伞霁虹的《辽朝上京建置研究》⑯等文章，均不同程度地研究了辽上京的建置、规划与特点；将辽中京作为研究对象的，有谭其骧的《辽后期迁都中京考实》⑰、明盼盼的《辽中京兴衰研究》⑱、李义的《辽中京产生的原因与作用》⑲等文

---

① [法] 闵宣化著，冯承钧译：《东蒙古辽代旧城探考记（外二种）》，中华书局，2004年。
② 李逸友：《内蒙古历史名城》，内蒙古人民出版社，1993年。
③ 王玲主编：《辽代的南京（燕京）》，《北京史论文集》，北京史研究会编印（内部出版），1980年。
④ [日] 岛田正郎著，李彦朴等译：《祖州城：内蒙古满其格山辽代古城址的考古学历史学发掘调查报告》，内蒙古人民出版社，2016年。
⑤ 项春松：《内蒙古赤峰地区辽代中小城镇的发现与研究》，《北方文物》，1994年第1期。
⑥ 毕显忠：《内蒙古东南部辽代城址分类举例》，《东北史地》，2009年第2期。
⑦ 魏孔：《内蒙古辽代城址初步研究》，内蒙古师范大学硕士学位论文，2010年。
⑧ 冯永谦：《辽代上京道州县丛考》，干志耿等：《辽金史论集》（第八辑），吉林文史出版社，1994年。
⑨ 肖忠纯：《论东北地区辽代城市建设的特点》，《兰台世界》，2013年第19期。
⑩ 杨福瑞：《辽代松漠草原城镇建设研究》，《赤峰学院学报》，2012年第11期。
⑪ 方志云：《辽上京建筑考》，《内蒙古社会科学》，1982年第6期。
⑫ 董新林：《辽上京城址的发现和研究述论》，《北方文物》，2006年第3期。
⑬ 马凤磊、青白音：《辽上京城的兴建、布局及相关问题研究》，《太原大学学报》，2001年第3期。
⑭ 王淑兰、韩宾娜：《论辽代草原地区城市群体的特点——以上京道城市为例》，《中南大学学报》，2011年第1期。
⑮ 陈刚：《辽上京兴建的历史背景及其都城规划思想》，东北师范大学硕士学位论文，2009年。
⑯ 伞霁虹：《辽朝上京建置研究》，辽宁师范大学硕士学位论文，2006年。
⑰ 谭其骧：《辽后期迁都中京考实》，《辽金史论文集》，辽宁人民出版社，1985年。
⑱ 明盼盼：《辽中京兴衰研究》，东北师范大学硕士学位论文，2010年。
⑲ 李义：《辽中京产生的原因与作用》，《中国古都研究》（第18辑），国际华文出版社，2001年。

章,主要围绕辽中京在辽朝中后期的历史地位进行讨论;周峰的《辽南京皇城位置考》[1]与陈福来的《辽金西京研究》[2]则对辽南京和西京进行了考察。由此可见,辽朝的上京与中京是学者们的主要研究对象,笔者认为这是由辽上京和中京在中国北方草原地区中的特殊历史作用和意义决定的。在州城研究方面,关于辽代州城的研究当首推冯永谦先生的成果,他不仅对《辽史·地理志》中上京道、东京道、中京道、南京道及西京道地区失载之州军做了考补[3],为本书"宋辽夏金卷"城市数量统计提供了依据,还对辽代的诸多州城做了调查和探考,其研究成果,如《辽代祺州探考记》《辽代懂州、顺州考》《辽代头下州探索》《辽代原州福州考》《辽代饶州调查记》《辽代边防城考》,等等,[4]是研究辽代城市的重要参考资料。辽代的头下军州作为一种特色分明的州城类型,也得到了广大学者的关注,如刘浦江的《辽朝的头下制度与头下军州》[5]及张志勇的《辽代阜新地区头下军州刍议》[6]等文章,对辽朝头下军州的性质做了探讨。此外,也有关注辽代部分可考的重要州县城镇的文章,如吴凤霞的《辽代显州的建置及其政治、军事地位》[7]、魏耕云的《辽代迁徙后所置渌州故址考》[8]、翎子的《古城丰州》[9]及曹峰的《辽代"丰州"刍议》[10]等。

3. 与城市相关的多层面研究

20世纪中叶以来,中国学术界对辽史的研究取得了很大进展,主要表现为对辽代政治制度、社会经济、人口结构和文化发展的关注与重视,研究成果蔚为壮观,不胜枚举,其中有不少与辽代城市相关。张正明的《契丹史略》一书是一部简明的辽代断代史,作者主要对辽代契丹的社会制度做了初步的探讨,涉及社会、政治、经济、文化与民族关系等各个方面,也涉及了辽代城市。[11]舒焚著《辽史稿》,共九章,内容包括辽代建立以前的社会性质与契丹部落联盟的演变、辽代建立后政治经济及阶级关系的基本情况,多处涉及辽代的城市。[12]杨树森著《辽史简编》,脉络清晰,简单明了,对契丹的兴起和发展,辽代的建立,辽代的政治、经济、文

---

[1] 周峰:《辽南京皇城位置考》,《黑龙江社会科学》,2001年第1期。
[2] 陈福来:《辽金西京研究》,东北师范大学硕士学位论文,2007年。
[3] 冯永谦:《辽史地理志考补——上京道、东京道失载之州军》,《社会科学战线》,1998年第4期;冯永谦:《辽史地理志考补——中京道、南京道、西京道失载之州军》,《北方文物》,1998年第3期。
[4] 冯永谦:《辽代祺州探考记》,《辽宁师范学院学报》,1981年第3期;冯永谦:《辽代懂州、顺州考》,《北方文物》,1985年第2期;冯永谦:《辽代头下州探索》,《北方文物》,1986年第4期;冯永谦:《辽代原州福州考》,《北方文物》,1988年第2期;冯永谦:《辽代饶州调查记》,《东北历史与考古》,1982年第1期;冯永谦:《辽代边防城考》,《辽金史论集》(第五辑),文津出版社,1991年。
[5] 刘浦江:《辽朝的头下制度与头下军州》,《中国史研究》,2000年第3期。
[6] 张志勇:《辽代阜新地区头下军州刍议》,《北方文物》,2005年第4期。
[7] 吴凤霞:《辽代显州的建置及其政治、军事地位》,《内蒙古社会科学》,2011年第2期。
[8] 魏耕云:《辽代迁徙后所置渌州故址考》,《北方文物》,2009年第1期。
[9] 翎子:《古城丰州》,《实践》,2006年第6期。
[10] 曹峰:《辽代"丰州"刍议》,《内蒙古文物考古》,2001年第2期。
[11] 张正明:《契丹史略》,中华书局,1979年。
[12] 舒焚:《辽史稿》,湖北人民出版社,1984年。

化、城市等诸多方面有所论述。① 陈述著《契丹政治史稿》一书，重点叙述了辽代的社会结构、民族构成、统治政策的演变以及汉人地位的提高，并对契丹的历史地位等进行了论述，相关内容也多涉及城市。② 李桂芝所著《辽金简史》，主要从政治、经济、军事、文化与生活习俗和民族关系等方面系统地叙述了辽代的发展演变，突出了北方少数民族所建立的统一政权的特点和历史意义，对城市也有所涉及。③ 2003 年，李锡厚与白滨合著的《辽金西夏史》是一部研究辽、金、西夏史的断代史巨著，其研究范围也包括了一些辽代城市。④ 另外，傅海波等人主编的规模宏大的《剑桥中国辽西夏金元史（907—1368 年）》，重点呈现了中国 10—14 世纪多元文化的构成及其相互影响，详述了在中原文化影响下辽代统治制度的变化，揭示了契丹文化在历史中所起的作用，书中对辽代的社会和经济问题、民族关系问题也都加以讨论。⑤ 漆侠主编的《辽宋西夏金代通史》，对辽代政治、军事、典章制度、社会经济、教育科学、宗教风俗、周边民族与政权以及文物考古史料进行了综合研究，其相当部分的内容与辽代城市有关。⑥ 林荣贵所著《辽朝经营与开发北疆》，将辽代置于整个统一多民族国家的历史进程中进行考察，涉及政治、经济、文化诸方面，诠释了建立局部统一王朝的契丹少数民族政权在我国统一多民族国家发展及对边疆地区管理和经营中所起的作用。⑦ 此外，对契丹古代史的研究，如于宝林所著的《契丹古代史论稿》⑧ 与日本学者爱宕松男所著的《契丹古代史研究》⑨，为本书相关卷次探索辽代建立之前、契丹兴起之时社会形态与发展提供了重要参考。

辽代是契丹少数民族在北方草原地区实现多民族融合的一个重要历史时期，在治国方略上多承袭汉唐之制，又保留了自身的统治特色，因而辽代的各项制度受到学界的广泛关注。武玉环的《辽制研究》一书在吸收前人成果的基础之上，对辽代的政治、经济、文化制度进行了综合研究，认为契丹王朝在社会制度与社会文化方面呈现出华夷同风的社会风貌。⑩ 杨若薇所著的《契丹王朝政治军事制度研究》以辽代的斡鲁朵制度为中心，通过剖析史料，考辨史实，澄清了辽代军政制度方面许多混乱模糊的问题，从而提出这些军政制度为契丹王朝统辖下的中国北方社会提供了发展的新途径。⑪ 白钢主编的《中国政治制度通史·辽金西夏卷》通过对辽代政

---

① 杨树森：《辽史简编》，辽宁人民出版社，1984 年。
② 陈述：《契丹政治史稿》，人民出版社，1986 年。
③ 李桂芝：《辽金简史》，福建人民出版社，1996 年。
④ 李锡厚、白滨：《辽金西夏史》，上海人民出版社，2003 年。
⑤ [德] 傅海波、[英] 崔瑞德编，史卫民译：《剑桥中国辽西夏金元史（907—1368 年）》，中国社会科学出版社，2006 年。
⑥ 漆侠：《辽宋西夏金代通史》，人民出版社，2010 年。
⑦ 林荣贵：《辽朝经营与开发北疆》，中国社会科学出版社，1995 年。
⑧ 于宝林：《契丹古代史论稿》，黄山书社，1998 年。
⑨ [日] 爱宕松男著，邢复礼译：《契丹古代史研究》，内蒙古人民出版社，1988 年。
⑩ 武玉环：《辽制研究》，吉林大学出版社，2001 年。
⑪ 杨若薇：《契丹王朝政治军事制度研究》，中国社会科学出版社，1991 年。

治制度的综合研究,反映了契丹在政治制度方面所进行的尝试的成功与不足之处。[1] 辽代统治者所实行的各项制度与城市的发展和管理有着密切的关联。

辽代亦是契丹社会经济与文化的大发展时期,因而相关研究成果最为丰富。社会经济方面,陈述所著《契丹社会经济史稿》,主要讨论了契丹国家的性质、社会经济结构和阶级结构,为后人研究契丹社会经济奠定了史学基础;[2] 韩茂莉的《辽金农业地理》一书,以农业地理为主要内容,在前人研究的基础上对辽代农业经济的形成和发展做了新的解读,并借鉴了历史地理学的研究手段和成果,尽可能地呈现了辽代农业的空间分布,对探讨辽代社会经济的不平衡发展有很大的借鉴意义。[3] 在社会史研究方面,张国庆的《辽代社会史研究》从社会学的角度对辽代社会历史进行了系统而全面的研究,涉及辽朝疆域环境、生产力状况、民族、人口、社区、社会阶层、社会生活方式、社会问题与调控等多个方面,是多学科的交叉研究成果。[4] 在社会文化方面,朱瑞熙等人的《辽宋西夏金社会生活史》一书是一部全面反映辽宋西夏金时期社会生活的专著,涉及饮食、服饰、居室、交通、婚姻、信仰、文体娱乐等物质生活与精神生活内容,并利用大量文献资料呈现了辽代城市发展与社会变迁的关系;[5] 宋德金、史金波所著《中国风俗通史——辽金西夏卷》则探讨了辽代风俗的基本特征及演变规律;[6] 任崇岳等主编的《中国文化通史——辽西夏金元卷》通过对辽朝文化各方面的研究,旨在反映契丹少数民族文化与中原文化的相互碰撞促进了草原文化与农业文化的结合、补充与吸收。[7] 这些研究成果有助于探讨辽代城市经济与社会发展的状况。

关于辽代城市人口的研究,在改革开放以来也取得了突破性进展,葛剑雄著《中国人口发展史》对中国两千多年间不同时期的人口数量的变化、人口分布的变化以及人口迁移的特点与规律进行了较为深入的研究,其中虽然对辽代人口研究着墨不多,但对其后辽代人口研究提供了重要的思路。[8] 吴松弟著《中国人口史——辽宋金元时期》,依据正史、政书、文集、笔记及地方志,对辽代的户口调查统计制度和能收集到的全部户口数据进行了详细考证,阐述了辽代人口发展的过程和相关因素,对辽代城市人口的变化也有所涉及。[9]

此外,与辽代城市相关的论著还有陈述主编的《辽金史论集》(1—4辑),相关论文涉及辽代政治、军事、制度、社会、经济、民族关系、地理、人物及文物资

---

[1] 白钢:《中国政治制度通史·辽金西夏卷》,社会科学文献出版社,2011年。
[2] 陈述:《契丹社会经济史稿》,生活·读书·新知三联书店,1963年。
[3] 韩茂莉:《辽金农业地理》,社会科学文献出版社,1999年。
[4] 张国庆:《辽代社会史研究》,中国社会科学出版社,2006年。
[5] 朱瑞熙等:《辽宋西夏金社会生活史》,中国社会科学出版社,1998年。
[6] 宋德金、史金波:《中国风俗通史——辽金西夏卷》,上海文艺出版社,2001年。
[7] 任崇岳等:《中国文化通史——辽西夏金元卷》,北京师范大学出版社,2009年。
[8] 葛剑雄:《中国人口发展史》,福建人民出版社,1991年。
[9] 吴松弟:《中国人口史——辽宋金元时期》,复旦大学出版社,2000年。

料等多方面,汇集了20世纪80年代中国辽金史学者的主要研究成果。①《辽史丛考》是与冯家昇、陈述二人并称为"辽史三大家"的傅乐焕所著,共收录论文10篇,包括"宋人使辽语录行程考""宋辽高粱河之战""辽代四时捺钵考"等内容,比较全面地反映了傅先生一生关于辽金史和少数民族史研究的成果。②孙进己等主编的《北方史地资料之四——契丹史论著汇编》,汇集了20世纪80年代契丹史研究的诸多成果,开创了契丹史研究的新阶段。③1995年,辽金西夏史学术研讨会在北京召开,宋德金、景爱等学者根据与会者的意愿,在会议论文的基础之上主编了一部《辽金西夏史研究:纪念陈述先生逝世三周年论文集》。该论文集进一步深入了对处于同一历史时期的少数民族政权的探讨,推动了辽金西夏史的研究发展。④李锡厚的《临潢集》亦收录了先生多年关于辽金史研究的诸多论文,对辽代的政治体制等问题有所涉及。⑤内蒙古钱币学会主编的《辽代货币论文选集》则收录了研究契丹货币经济与文化的研究成果,旨在探寻今内蒙古地区辽代货币流通的规律。⑥

以上学术成果多从制度、社会、经济、人口、文化的角度研究契丹历史发展的方方面面,虽然主体不是立足于考察城市本身,但不可避免地会涉及辽代城市与社会发展,从而为辽代城市史研究奠定了基础,为深入研究辽代城市史提供了重要的参考资料。

(三)西夏城市史研究

长期以来,由于史料的匮乏,西夏史研究一直是中国历史研究领域较为薄弱的部分。历史上的西夏王朝与辽、宋、金等政权长期鼎峙,在中国历史上有着重要地位和作用。然而元朝建立后编修前朝历史,先后编修了辽、宋、金三史,却唯独未能编修西夏史。直到清朝中期才陆续有学者搜集、整理汉文史籍中的西夏史料,撰写部分与西夏史相关的著述。晚清以后,随着西夏文字和西夏文文献的陆续发现,掀起了西夏历史文化研究的热潮。此时研究的兴趣点大多集中在西夏文字本身,当然其中也不乏研究西夏历史的成果。20世纪50年代以后,国内学者不断加强对西夏史的研究,西夏史研究取得越来越多的成果,改革开放以后相关论著更是与日俱增,每年已达上百篇(种)之多,研究领域也非常广泛,涉及西夏政治、经济、对

---

① 陈述主编:《辽金史论集》(第一辑),上海古籍出版社,1987年;《辽金史论集》(第二辑),书目文献出版社,1987年;《辽金史论集》(第三辑),书目文献出版社,1987年;《辽金史论集》(第四辑),书目文献出版社,1989年。
② 傅乐焕:《辽史丛考》,中华书局,1984年。
③ 孙进己、王欣、于宝林等:《北方史地资料之四——契丹史论著汇编》,辽宁省社会科学院历史研究所,1988年。
④ 宋德金、景爱、穆连木等:《辽金西夏史研究:纪念陈述先生逝世三周年论文集》,天津古籍出版社,1997年。
⑤ 李锡厚:《临潢集》,河北大学出版社,2001年。
⑥ 内蒙古钱币学会:《辽代货币论文选集》,内蒙古人民出版社,1990年。

外政策等各个方面。西夏时期的城市发展与社会变迁是西夏历史的重要内容,已有的研究主要集中在对单体城市的研究上,对西夏时期城市发展和社会变迁的整体研究相对滞后。要研究西夏时期城市发展和社会变迁的整体状况,必须从文献中不断发掘相关史料,进行深入分析。如上所述,虽然已有的研究成果缺乏对西夏城市发展的总体分析,但也能从相关研究中反映出西夏城市发展的一些问题。下面,笔者对已有研究成果略加评述。

1. 西夏单体城市研究

学术界对西夏城市研究多以单体城市为主,对西夏城市的整体研究尚未开展,至多有一些对西夏属地行政沿革的梳理,如章巽的《西夏诸州考》,对西夏前后期各州的沿革地理进行了初步梳理;[1] 吴光耀的《西夏疆域之形成与州府建置沿革》一文,考察了西夏各州府的历史沿革,对西夏各州府城市的行政区划进行了分析。[2]

西夏是中国北方少数民族建立的政权,在与辽、宋、金长期对峙中,在其疆域内留下了大量的城市堡寨。有学者对这些以军事功能为主的城址、堡寨进行了一些研究,如吕卓民的《陕北地区宋夏城堡研究》对陕北地区的宋夏城堡进行了详细的考证,并辅以考古资料进行佐证,是关于西夏堡寨研究较为可信的学术成果。[3] 余军《西夏若干城塞地望研究述要》也有涉及对西夏城寨的研究。[4] 监军司作为具有西夏特色的地方行政机构,可以在一定程度上反映某些地区的城市发展状况,学术界已有人对其进行了研究,如鲁人勇的《西夏建军司考》[5]、汤开建的《西夏监军司驻所辨析》[6]、陈炳应的《西夏监军司的数量和驻地考》[7]。近年来,西夏古城考古发掘的不断突破,进一步推动了西夏城市的研究,结合考古资料和传世文献对西夏城市进行研究的论著相继出现,如吴光耀的《西夏威州、韦州地望新探》、白滨的《啰兀筑城考》、前田正名的《西夏与顺宁寨》、周伟洲的《唐代的安乐州和长乐州——兼论西夏时的威州和韦州》等。[8]

都城作为一个国家的政治、经济、军事、文化、交通中心,是一个国家城市的重要代表,因而对都城的研究一直受到关注,学术界对西夏都城的研究成果也相对比西夏其他城市更多。陈育宁、王天顺主编的《西夏地理研究》是关于西夏都城研究的代表作之一,该书第七章"兴庆府地理",对西夏都城兴庆府的地理条件、行

---

[1] 章巽:《西夏诸州考》,《开封师院学报》,1963 年第 1 期。
[2] 吴光耀:《西夏疆域之形成与州府建置沿革》,《武汉大学学报》,1982 年第 1 期。
[3] 吕卓民:《陕北地区宋夏城堡研究》,西北大学西北历史研究室:《西北历史研究》,西北大学出版社,1991 年。
[4] 余军:《西夏若干城塞地望研究述要》,《西北第二民族学院学报》,2000 年第 1 期。
[5] 鲁人勇:《西夏监军司考》,《宁夏社会科学》,2001 年第 1 期。
[6] 汤开建:《西夏监军司驻所辨析》,《西北史地》,1982 年第 3 期。
[7] 陈炳应:《西夏监军司的数量和驻地考》,《西北师院学报》,1986 年第 5 期。
[8] 吴光耀:《西夏威州、韦州地望新探》,《地名知识》,1983 年第 3 期;白滨:《啰兀筑城考》,《宁夏社会科学》,1986 年第 3 期;[日] 前田正名:《西夏与顺宁寨》,《宁夏社会科学》,1987 年第 6 期;周伟洲:《唐代的安乐州和长乐州——兼论西夏时的威州和韦州》,《西北史地》,1987 年第 3 期。

政沿革及城市布局进行了较为详细的考察和分析。① 汪一鸣的《西夏建都兴庆府的地理基础》②，汪一鸣、钟侃的《西夏都城兴庆府的地理基础》③，杜建录的《试论西夏建都兴庆府》④，颜廷真、陈喜波、曹小曙的《略论西夏兴庆府城规划布局对中原风水文化的继承和发展》⑤，杨蕤的《党项三都——兼述党项政权的西迁》⑥，王雅红的《试论兴庆府的城市建设与社会生活》⑦，刘菊湘的《西夏都城迁移的地理因素》⑧、《兴庆府的规模与"人形"布局》⑨，沈平的《兴庆府与金中都之比较》⑩等论文，分别对兴庆府的地理环境、城市建设、社会生活、城市布局等进行了研究。不过由于资料的限制，目前学界对西夏城市的研究还不充分，即使对西夏都城的研究，也有若干方面还可继续深入。

2. 从交通、社会和经济的视角对西夏城市进行的研究

对西夏交通进行研究的学术成果大多较为分散，主要有鲁人勇的《西夏地理志》⑪，该书第五章专门研究了西夏的交通情况，对其通往四邻的交通干线和驿道，以及以各州治城市为中心的地区干道进行了介绍，是研究西夏交通的重要著作；韩茂莉的《宋夏交通道路研究》⑫考证了西夏与宋王朝进行交流的主要交通路线，并分析了其对政权、战争等的影响，其中对交通与城市的关系也有所论述。

对西夏社会发展情况进行全面研究的有吴天墀的《西夏史稿》⑬，该书第四章"西夏的社会形态"，对西夏的社会性质、经济状况、政治制度、宗教文化与社会风俗等各方面进行了全面的研究。作者虽然不直接研究西夏城市，但其成果对认识西夏城市却多有裨益。杜建录的《西夏经济史》⑭从畜牧业、农业、手工业、商业等几个方面对西夏的经济进行了全面剖析，并论述了经济发展与城市发展的互动关系。史金波的《西夏社会》⑮从西夏社会的物质生活和精神生活的各方面研究西夏社会的发展变迁，其中既包括城市社会，也包括农村社会，勾勒出了一幅生动的西夏社会生活图。

---

① 陈育宁、王天顺：《西夏地理研究》，甘肃文化出版社，2002年。
② 汪一鸣：《西夏建都兴庆府的地理基础》，《宁夏史志研究》，1985年第2期。
③ 汪一鸣、钟侃：《西夏都城兴庆府的地理基础》，《西北史地》，1984年第2期。
④ 杜建录：《试论西夏建都兴庆府》，《宁夏大学学报》，1993年第1期。
⑤ 颜廷真、陈喜波、曹小曙：《略论西夏兴庆府城规划布局对中原风水文化的继承和发展》，《地域研究与开发》，2009年第2期。
⑥ 杨蕤：《党项三都——兼述党项政权的西迁》，《宁夏文史》（第16辑），宁夏回族自治区文史研究馆，2000年。
⑦ 王雅红：《试论兴庆府的城市建设与社会生活》，《西北史地》，1994年第1期。
⑧ 刘菊湘：《西夏都城迁移的地理因素》，《宁夏社会科学》，2001年第6期。
⑨ 刘菊湘：《兴庆府的规模与"人形"布局》，《宁夏社会科学》，1997年第5期。
⑩ 沈平：《兴庆府与金中都之比较》，《大同高专学报》，1998年第3期。
⑪ 鲁人勇：《西夏地理志》，宁夏人民教育出版社，2012年。
⑫ 韩茂莉：《宋夏交通道路研究》，《中国历史地理论丛》（第1辑），陕西师范大学，1988年。
⑬ 吴天墀：《西夏史稿》，商务印书馆，2012年。
⑭ 杜建录：《西夏经济史》，中国社会科学出版社，2002年。
⑮ 史金波：《西夏社会》，上海人民出版社，2007年。

（四）金代城市研究

改革开放以前，由于多种原因，金史研究相对其他朝代而言较为冷落。但在20世纪的最后二十年，金史研究受到了前所未有的重视，出现了较多有影响力的学术研究成果。虽然金代城市并非这一时期学者们研究的重点，但学者们在金代通史和专门史的研究中对其有所涉及。此外，对金代遗址的考古发掘取得了若干重大进展，也推动了金代城市的研究。

近年来学界关于金代城市的研究颇多。韩光辉所著《宋辽金元建制城市研究》[1]是近年来专门研究金代城市史中的代表性著作。该书对金代的建制城市进行了详尽研究，进而得出金代已确立了自身城市体系的结论。何一民著《中国城市史纲》《中国城市史》是城市通史类著作，故对金代城市也有所论述。除了这些专著外，近年来还出现了一些很有价值的论文，如陈喜波、韩光辉的《试析金代中都路城市群的发展演变及其空间分布特征》[2]，韩光辉、魏丹、王亚男的《中国北方城市行政管理制度的演变——兼论金代的地方行政区划》[3]，韩光辉、何峰《宋辽金元城市行政建制与区域行政区划体系的演变》[4]，林玉军、韩光辉的《金代镇的若干问题研究》[5]，田萌的《金代山西的镇》[6]等。

对金代单体城市的研究成果主要集中在对"五京"和东北古城址的研究等方面。

目前学界对金代上京的研究论著较多，朱国忱的《金源故都》对金代上京的兴起、演变及相关问题进行了综合性研究。[7] 景爱的《金上京》[8]对金代上京城的建设沿革、规模、建筑结构、行政建置以及社会状况、经济活动、交通水平等做了较为全面、深入的研究。白玉奇主编的《大金国第一都》[9]虽然是一部较为通俗的著作，但其内容不仅仅局限于金上京，还涵盖了金代前期政治、经济和城市等多方面的情况。有关金上京的研究论文数量较多，不用一一枚举，其中有影响者如郭长海的《金源古城皇帝寨考》、王德厚的《金上京城市经济初探》、景爱的《金上京城的水陆交通》等。[10] 关于金中都的研究也较为热门，20世纪20年代奉宽撰《燕京故

---

[1] 韩光辉：《宋辽金元建制城市研究》，北京大学出版社，2011年。
[2] 陈喜波、韩光辉：《试析金代中都路城市群的发展演变及其空间分布特征》，《中国历史地理论丛》，2008年第1期。
[3] 韩光辉、魏丹、王亚男：《中国北方城市行政管理制度的演变——兼论金代的地方行政区划》，《城市发展研究》，2012年第7期。
[4] 韩光辉、何峰：《宋辽金元城市行政建制与区域行政区划体系的演变》，《北京大学学报》，2008年第2期。
[5] 林玉军、韩光辉：《金代镇的若干问题研究》，《中国历史地理论丛》，2009年第2期。
[6] 田萌：《金代山西的镇》，《忻州师范学院学报》，2008年第3期。
[7] 朱国忱：《金源故都》，北方文物杂志社，1991年。
[8] 景爱：《金上京》，生活·读书·新知三联书店，1991年。
[9] 白玉奇：《大金国第一都》，黑龙江人民出版社，1991年。
[10] 郭长海：《金源古城皇帝寨考》，《辽金史论集》（第九辑），中州古籍出版社，1996年；王德厚：《金上京城市经济初探》，《北方文物》，1993年第4期；景爱：《金上京城的水陆交通》，《北方文物》，1988年第4期。

城考》① 是最早研究中都的论著。20 世纪中叶以后，金中都受到更多研究者的关注，相继有周耿的《金中都考核》② 和阎文儒的《金中都》③ 发表，对中都城的位置、范围、城门建置、内城、城内布置等有所涉及。其后王羊的《北京历史上曾称"永安"》④、王岗的《金中都施仁门方位考辨》⑤、孔庆赞的《北宋东京四城制及其对金中都的影响》⑥、赵其昌的《金中都城坊考》⑦，对金中都的宫殿、苑囿展开了研究。吴文涛的《金中都》是第一部对金中都进行全面研究的专著，内容较为丰富，包含了金中都的各个方面。⑧ 关于金中都城市建筑的研究有朱偰的《八百年前的北京伟大建筑——金中都宫殿图考》⑨、于德源的《金中都大内宫殿考》⑩、于光度的《金中都的琼林苑》⑪、王灿炽的《金中都宫苑考略》⑫。关于金南京开封的研究也有一些成果，王曾瑜《金代的开封城》⑬ 认为金代开封的城市格局相对于北宋来说，总体上改动不大，但其繁荣程度也不及北宋。刘春迎《金代汴京（开封）城布局初探》⑭、单远慕《金代的开封》⑮ 则对金开封的布局等方面进行了研究。

关于金代东北城镇的相关论著主要有林秀贞的《东北地区金代城市的类型》⑯，王禹浪、曲守成的《黑龙江地区金代古城初步研究》⑰；另外，李健才的《东北地区金代古城的调查研究》对东北地区已发现的金代古城做了比较系统的调查和研究，并对金东北地区的古城形制特点进行了概述，认为古城形状主要以方形为主，其次是长方形和椭圆形，还有沿河流沿岸或者交通要道而建的不规则状的古城。⑱ 王永祥、王宏北的《黑龙江金代古城述略》简要介绍了黑龙江地区的 108 座金代古城，并分析了古城建筑的性质、分布规律及特点。⑲ 同类成果还有李健才的《金元肇州考》⑳、王景义的《略论金代肇州》㉑、特木儿的《金代旧桓州城址考略》㉒、董

---

① 奉宽：《燕京故城考》，《燕京学报》，1929 年第 5 期。
② 周耿：《金中都考核》，《光明日报》，1953 年 4 月 18 日。
③ 阎文儒：《金中都》，《文物》，1959 年第 9 期。
④ 王羊：《北京历史上曾称"永安"》，《首都博物馆丛刊》（第 2 辑），首都博物馆编印，1983 年。
⑤ 王岗：《金中都施仁门方位考辨》，《北京社会科学》，1991 年第 1 期。
⑥ 孔庆赞：《北宋东京四城制及其对金中都的影响》，《历史研究》，1991 年第 6 期。
⑦ 赵其昌：《金中都城坊考》，《辽金史论集》（第四辑），书目文献出版社，1989 年。
⑧ 吴文涛：《金中都》，北京出版社，1989 年。
⑨ 朱偰：《八百年前的北京伟大建筑——金中都宫殿图考》，《文物参考资料》，1955 年第 7 期。
⑩ 于德源：《金中都大内宫殿考》，《北京文博》，1996 年第 1 期。
⑪ 于光度：《金中都的琼林苑》，《北京社会科学》，1994 年第 4 期。
⑫ 王灿炽：《金中都宫苑考略》，《北京社会科学》，1987 年第 2 期。
⑬ 王曾瑜：《金代的开封城》，《史学月刊》，1989 年第 1 期。
⑭ 刘春迎：《金代汴京（开封）城布局初探》，《史学月刊》，2006 年第 10 期。
⑮ 单远慕：《金代的开封》，《史学月刊》，1981 年第 6 期。
⑯ 林秀贞：《东北地区金代城市的类型》，《中国考古学研究》，文物出版社，1986 年。
⑰ 王禹浪、曲守成：《黑龙江地区金代古城初步研究》，《东北地区史研究》，1988 年第 4 期。
⑱ 李建才：《东北地区金代古城的调查研究》，《辽金史论集》（第九辑），中州古籍出版社，1996 年。
⑲ 王永祥、王宏北：《黑龙江金代古城述略》，《辽海文物学刊》，1998 年第 2 期。
⑳ 李健才：《金元肇州考》，《北方文物》，1986 年第 2 期。
㉑ 王景义：《略论金代肇州》，《北方文物》，1992 年第 1 期。
㉒ 特木儿：《金代旧桓州城址考略》，《内蒙古文物考古》，1999 年第 2 期。

万军的《曷苏馆路治所考》[①] 等。

　　金代考古在中华人民共和国成立后不断取得进展。20 世纪 50 年代，经过考古工作者的努力，学者对金界壕的分布情况和形制有了基本了解，证实了王国维的考证：金界壕东西两端为单线，中间分为内、中、外线以及一些支线。考古工作者还对山西侯马等地进行了探查，发掘了大量戏曲砖雕，这些砖雕有助于金代戏曲史的研究。此外，各地还出土了大量有关金朝官制和地方建置的铜印。1964 年和 1974 年，有关部门先后两次有组织地对上京会宁府古城进行了大规模的考古发掘和考古实测，基本弄清楚了上京故城的规模、基本形制。考古发掘的新进展为研究金代城市提供了重要的资料。改革开放初期，有关部门对金代蒲峪路故城进行了首次发掘，张泰湘、景爱在《黑龙江克东县金代蒲峪路故城发掘》[②] 中对此次发掘的成果做了详细介绍。在文献资料和考古发现的基础上，相关学者们对金代城市进行了新的研究，如赵永军等人的《黑龙江金代考古述论》，王禹浪、刘冠缨的《黑龙江地区金代古城分布述略》等。

　　海外学术界对金代城市史的研究起步较早，沙俄时代，俄罗斯人就开始了汉学研究。此后，1923—1924 年，托尔马乔夫曾两次率领团队考察金上京——白城故址，并成功绘制出金上京的平面图，这也是关于上京最早的一张平面图。20 世纪以来，美、德、法、匈牙利等欧美国家的学者对金史研究颇感兴趣。1978 年，德国福赫伯教授发表了一系列有关金代经济与社会的论文，还做过关于金代经济与财政、金代社会结构的讲演。何炳棣的《金代人口的估计》，对金代不同时期人口的变化情况做了深入研究。傅海波、崔瑞德编的《剑桥中国辽西夏金元史（907—1368 年）》[③]，是一本国外研究金史的重要著作，其中对金代城市也多有涉及。

　　除了直接研究金代城市的论著，与金代有关的通史类著作和专门史论著也对金代城市有所涉及，如杨树森主编的《辽宋夏金元史》[④]、李锡厚、白滨合著的《辽金西夏史》[⑤] 等，都对金代以五京为代表的城市地理、人口结构和经济社会发展情况有所论述。漆侠主编的《辽宋西夏金代通史》对金代户口、社会、经济等有较为详细的论述，对研究金代城市有参考价值。[⑥] 关于金代地方行政制度的研究，有谭其骧的《金代路制考》[⑦]，程妮娜的《试论金初路制》[⑧]、《金代京都制度探析》[⑨] 等，分别考察了金代诸路及相应官员的设置。余蔚的《中国行政区划通史·辽金卷》[⑩]

---

① 董万军：《曷苏馆路治所考》，《北方文物》，1992 年第 1 期。
② 张泰湘、景爱：《黑龙江克东县金代蒲峪路故城发掘》，《考古》，1987 年第 2 期。
③ ［德］傅海波、［英］崔瑞德编，史卫民译：《剑桥中国辽西夏金元史（907—1368 年）》，中国社会科学出版社，2007 年。
④ 杨树森：《辽宋夏金元史》，辽宁教育出版社，1986 年。
⑤ 李锡厚、白滨：《辽金西夏史》，上海人民出版社，2003 年。
⑥ 漆侠：《辽宋西夏金代通史》，人民出版社，2010 年。
⑦ 谭其骧：《金代路制考》，《中国历史地理论丛》（第 1 辑），陕西师范大学，1988 年。
⑧ 程妮娜：《试论金初路制》，《社会科学战线》，1989 年第 1 期。
⑨ 程妮娜：《金代京都制度探析》，《社会科学辑刊》，2000 年第 3 期。
⑩ 余蔚：《中国行政区划通史·辽金卷》，复旦大学出版社，2012 年。

详细叙述了金代的行政区划及其变迁，对各城市行政建置的论述颇多。虽然这些专著和论文大多不是以城市为主要研究对象，但通过对相关制度的研究分析，对城市的行政建置、数量和地位等都有所涉及。

从金代经济史的研究视角对金代城市经济进行研究的成果有以下一些。张博泉所著的《金代经济史略》是首部以金代经济为研究对象的专著，该书对金代社会生产力发展状况的论述较为详尽，其中对金代城市经济的分析甚为详赡。[1] 除此之外，也有研究者对金代社会生产关系进行了研究，如王瑞明的《金代经济发展简况》[2]，对金代经济的发展状况做了系统研究。2011 年，王德朋的《金代商业经济研究》[3] 出版，该书不仅对金代经济发展情况、金代的市场结构进行了研究，还对宋金两国经济的发展状况进行了客观的比较。张博泉的《金代黄河流域农业生产的恢复发展与租佃关系》[4]，主要研究了金代辖区内黄河流域农业生产的发展情况，指出金宋战争对黄河流域的经济造成了严重破坏，但是战争结束后，黄河流域的经济状况迅速得到改善，并逐步超过了战前的水平。关于金代赋役制度的一项重要措施——"通检推排"的研究也取得进展，赵光远相继发表了《试论金世宗对州县民户的通检推排》《金代的通检推排》《再论金代的通检推排》等[5]，对"通检推排"的积极作用进行了充分肯定。另外，刘浦江的《金代通检推排探微》[6]，论述了"通检推排"制度的弊端。在金代地方经济研究方面，孙立梅的《辽金元时期东北地区农业发展的原因》[7]，颇有新意。以上有关金代经济的研究成果，均在不同程度上涉及了金代城市经济的发展及商业税收等问题。

从社会生活史的研究视角对金代城市社会生活进行研究的成果亦不少。宋德金的《金代的社会生活》对金代各个阶层的社会生活进行了较为全面具体的研究，对金代城市社会生活也有所涉及。作者将金代城市社会的变迁放在多元文化融合的视野下来考察，作者认为在女真统治中原时期，女真文化与汉族文化是一个相互影响的过程，民族之间是一个相互融合的过程，这是一个不可逆的历史趋势。[8] 此外还有多种论著涉及金代城市生活，如《中国饮食史·辽金篇》《中国风俗通史·辽金卷》《中国服饰通史·辽金篇》等，赵平春等的《金代服饰：金齐国王墓出土服饰研究》和韩世明的《辽金生活掠影》，陈志华、朱华的《中国服饰史》，均用了较大

---

[1] 张博泉：《金代经济史略》，辽宁人民出版社，1981 年。
[2] 王瑞明：《金代经济发展简况》，《历史教学》，1963 年第 6 期。
[3] 王德朋：《金代商业经济研究》，社会科学文献出版社，2011 年。
[4] 张博泉：《金代黄河流域农业生产的恢复发展与租佃关系》，《吉林大学学报》，1963 年第 4 期。
[5] 赵光远：《试论金世宗对州县民户的通检推排》，《中央民族学院学报》，1981 年第 2 期；赵光远：《金代的通检推排》，《学习与思考》，1982 年第 4 期；赵光远：《再论金代的通检推排》，《辽金史论集》（第 1 辑），书目文献出版社，1987 年。
[6] 刘浦江：《金代通检推排探微》，《中国史研究》，1995 年第 4 期。
[7] 孙立梅：《辽金元时期东北地区农业发展的原因》，《吉林师范大学学报》，2010 年第 2 期。
[8] 宋德金：《金代的社会生活》，陕西人民出版社，1988 年。

篇幅对女真人的社会生活状况进行了研究。① 这些论著有助于了解金代城市社会生活的状况。

从人口史的研究视角对金代城市人口进行研究的成果有以下一些。由葛剑雄主编、吴松弟撰写的《中国人口史·辽宋金元卷》②，是一部关于辽宋金元人口研究的专著，作者在书中对金代城市人口进行了较多的研究。另外还有一些论文也对金代城市人口进行了研究，如高树林的《金代户口问题初探》③、张博泉的《金代的人口与户籍》④等文章，就对金代的户口有较多的研究，认为金代人口有明显增加，甚至超过了辽宋。王育民的《金朝户口问题析疑》一文则认为，金朝户口总量不及辽宋。金代，中国的经济中心南移，南盛北衰的大趋势并未改变。⑤ 另外，刘浦江在《金代户口研究》中也提到，金朝户口实际增长的年份较少，相反，出现负增长和零增长的年份还很多。⑥

总体说来，前人及时贤对辽、夏、金三个政权的城市研究已经做了大量的工作，虽然还不系统、全面，但其开拓性的研究为后继研究奠定了坚实的基础。

五、元明时期城市史研究

元代在中国历史上是一个重要的时期。蒙古人入主中原，改变了中国历史的走向，对中国城市的发展也产生了重要的影响。元代对元大都的经营及行省制度的确立，对中国城市行政体系产生了深远的影响，由此改变了中国地方城市行政等级体系，以省会为中心的区域城市行政体系初步形成。明朝推翻了元朝的统治，但却沿袭了元代的行省制，并在城市经济高度发展的基础上进一步推动了以省会城市为中心，以行省为空间范围的省级区域城市体系的构建。明代城市因商品经济的发展而出现新的繁荣，一批新的地区中心城市崛起，而介于城市与乡村之间的市镇也在明后期随着手工业和商业贸易的发展而得到较大发展。随着城市商品经济的繁荣，市民文化也迅速发展。

改革开放以来，有关元、明城市史的研究取得了较大进展，明代城市研究更是成为热点，成果较为丰硕。

---

① 徐海荣：《中国饮食史·辽金篇》，华夏出版社，1999年；陈高华、徐吉军：《中国风俗通史·辽金卷》，上海文艺出版社，2001年；黄能馥：《中国服饰通史·辽金篇》，宁波出版社，2002年；赵平春等：《金代服饰：金齐国王墓出土服饰研究》，文物出版社，1998年；韩世明：《辽金生活掠影》，沈阳出版社，2002年；陈志华、朱华：《中国服饰史》，中国纺织出版社，2008年。
② 葛剑雄主编，吴松弟著：《中国人口史·辽宋金元卷》，复旦大学出版社，2000年。
③ 高树林：《金代户口问题初探》，《中国史研究》，1986年第2期。
④ 张博泉：《金代的人口与户籍》，《学习与探索》，1989年第2期。
⑤ 王育民：《金朝户口问题析疑》，《中国史研究》，1990年第4期。
⑥ 刘浦江：《金代户口研究》，《中国史研究》，1994年第2期。

(一) 元代城市史研究

晚清民国时期，王国维、陈垣、陈寅恪、韩儒林、翁独健、邵循正等一大批史学名家致力于蒙元史研究，其研究成果大多成为蒙元史的奠基之作，推动了元史研究的发展。中华人民共和国成立后，中国科学院、内蒙古大学、南京大学、内蒙古社会科学院、南开大学、清华大学等相关机构都设立了蒙元史专门研究机构，元史学科建设得到飞速发展，涌现出了蔡美彪、成崇德、陈高华、陈得芝、邱树森、周良霄等一批新的学术主力，蒙元史研究也取得了丰硕的成果，学者们对于元朝的认识也趋于理性和全面，开始重新评估元史。目前学界普遍认为元朝是一个比较开放的朝代，在政治、经济、科技、文化、民族关系等各方面为中华文明的发展做出了独特的贡献。

近三十年来，在新史观的主导下，元史研究领域不断扩大，并向纵深发展。在关注重点和研究方法上都各有特色，各位学者从各自不同的视角提出了新的观点。城市作为文明的载体，能够较好地反映出时代特征，在元朝统治时期，城市政治、城市管理、城市经济、城市文化等方面均出现了新的变化，涌现出了一批新的草原城市、港口城市、交通城市和综合性城市，而这些变化在目前的学术研究中得到了不同程度的体现。

1. 元代城市综合性研究

近二十年来，中国城市史研究受到国内外学界关注，取得了较大进展，尤其对中国不同历史时期城市的研究，取得了很大成就。就断代城市史研究而言，关于先秦城市、汉代城市、明代城市等的研究，都有相关著作出现，但关于元代城市的综合性著作尚未出现，这与元代城市在中国城市史上的重要地位是极不相符的。不过，在目前中国城市通史或断代史的研究中，有涉及元代城市的诸多内容，这为我们开展元代城市研究提供了基础。

何一民的《中国城市史纲》是中国城市通史的奠基作之一，该书从宏观的角度对中国数千年的城市发展史进行了全方位梳理和科学的历史分期，较为全面地展现了各个朝代中国城市的发展轨迹和不同的时代特点，其中对元代城市有专章论述。[1] 戴均良主编的《中国城市发展史》[2] 和宁越敏等编著的《中国城市发展史》[3]，从多学科的角度探讨了中国城市的发展特点和规律，对元代城市也有所论述。傅崇兰主编的《中国城市发展史》从中国城市产生和发展的时间、空间、经济社会变革的动态过程和特点等角度，阐述了中国城市与中华文明的关系，同样对元代城市有所研究。[4] 近年来，薛凤旋的《中国城市及其文明的演变》运用大量中国的文献材

---

[1] 何一民：《中国城市史纲》，四川大学出版社，1994年。
[2] 戴均良：《中国城市发展史》，黑龙江人民出版社，1992年。
[3] 宁越敏：《中国城市发展史》，安徽科技出版社，1994年。
[4] 傅崇兰：《中国城市发展史》，中国社会科学文献出版社，2009年。

料和西方的相关资料及城市发展经验,对城市与文明的演变和互动进行了宏观概述;① 李孝聪的《历史城市地理》则从中国历史城市地理的角度对中国城市的发展做了较为深入的研究。② 以上两部著作均在不同程度上涉及元代城市。海外学者有关中国城市史的著作,在元代城市中,一般较少论述除元大都外的其他城市。③ 总体上看,以上关于中国城市通史的研究虽然都对元代城市有所涉及,但由于受到篇幅或体例的限制,各书对元代城市的研究均较为笼统,大多只从宏观的角度关注到元代城市的某些时代性特点,并未展开系统全面的研究。

目前,学界关于元代断代史研究的成果颇多,其中,韩儒林主编的《元朝史》,内容包括蒙古国的建立与统治,元朝的建立,元朝的社会经济、民族关系、对外关系、社会生活等方面,叙述全面、深入,是蒙元史研究里程碑式的著作。④ 后来,又陆续出版了周良霄的《元代史》⑤、陈得芝主编的《中国通史·元时期》⑥ 等多种断代史著作,各书虽然很少专门论述元代城市的发展变迁,但却是研究元代城市发展不可或缺的参考资料。

2. 元代单体城市及区域城市研究

都城研究历来在城市史研究中地位突出,元朝建立后,统治者长期实行两都巡幸制度,上都和大都两大中心城市在元代占有特殊的地位,有关元代城市史的研究成果也主要集中于都城,以对元大都、元上都的研究最为丰富。其中,陈高华《元大都》一书,对元大都的营建、布局、政治、经济、文化等都有详尽的考述,是元大都研究的集大成之作。⑦ 陈高华、史卫民合著的《元上都》,系统地论述了元上都的行政管理、政治生活、经济生活、宗教生活及城市的布局与兴衰,是目前为止研究元上都最为全面的著作。⑧ 叶新民对元上都也进行了较多的研究,《元上都研究》为其集历年研究之大成的一部著作,其中不乏新的见解。⑨ 由于文献资料的制约,学界对元代的另一都城——中都的研究尚显薄弱,仅有少量考证文章。此外,学术界对都城以外的元代其他城市的关注不够,整体研究较为薄弱,著述甚少,已有成果多为各单体城市通史研究中的一个部分。近年来,仅有韩光辉的《宋辽金元建制城市研究》对元代建制城市进行了较深入的研究。作者认为,元代是统治者对城市实行专门化管理的发轫期,城市拥有明确的行政界限、市域范围和职能完善的城市行政管理机构,建制城市体系初步形成。也正因为如此,这一时期城市的发展

---

① 薛凤旋:《中国城市及其文明的演变》,三联书店(香港)有限公司,2009年。
② 李孝聪:《历史城市地理》,山东教育出版社,2007年。
③ [德]申茨:《幻方——中国古代的城市》,中国建筑工业出版社,2009年;[美]刘易斯·芒福德著,宋俊岭、倪文彦译:《城市发展史——起源、演变和前景》,中国建筑工业出版社,2005年;[美]乔尔·科特金著,王旭等译:《全球城市史》,社会科学文献出版社,2014年。
④ 韩儒林:《元朝史》,人民出版社,1986年。
⑤ 周良霄、顾菊英:《元代史》,上海人民出版社,1993年。
⑥ 陈德芝:《中国通史·元时期》,上海人民出版社,1997年。
⑦ 陈高华:《元大都》,北京出版社,1982年。
⑧ 陈高华、史卫民:《元上都》,吉林教育出版社,1988年。
⑨ 叶新民:《元上都研究》,内蒙古大学出版社,1998年。

得到了显著进步，是中国古代城市飞跃式发展的时期。① 关于元代地方城市的研究，具有代表性的著作为陈彩云的《元代温州研究》，该书对元代温州的政务、经济、教育、宗教、社会等进行了较为系统的梳理，揭示了元代基层统治的若干特征，并对元代士大夫群体、永嘉学派的沉浮、民间信仰等进行了详细的研究。② 此外，毛阳光的《元代宁波的历史文化》一书，通过大量史料的排比论证，研究了元代宁波的政治制度、经济生活与人文风貌，厘清了元代宁波历史文化变迁的脉络。③ 而李大钧、李大宏合著的《元代的大同》一书，研究了元代大同城市的历史地位、经济状况和风俗民情。④

自20世纪90年代以来，关于元代华北地区、江南地区、东北地区、东南地区、西北地区的相关专著不断出现，这些研究均在不同程度上涉及地方城市。郭殿勇的《人·历史·环境——蒙元时期的内蒙古》研究了蒙元时代内蒙古地区城市与区域的发展变迁，并具体研究了元上都、德宁路、应昌路、大宁路、集宁路等城市的兴衰演变。⑤ 瞿大风的《元朝时期的山西地区》从人口变迁、政治治理、军事统治等不同角度，探讨了元代在山西地区统治的时代特征与重要影响。⑥ 张照东的《宋元山东区域经济研究》运用经济学、历史学、地理学等方法，分政区地理演变、城市规模与商业市场、商业贸易发展状况等十二个专题，论述了元代山东经济的实际情况和资源开发状况。⑦ 李治安的《元代华北地区研究：兼论汉人的华夷观念》则对华北地区的行政地理、区域经济、投下分封、社会文化等领域进行了考察，并探讨了元代部分北方汉人华夷正统观念和蒙古化变异等问题。⑧ 此外，孟繁清、默书民等的《蒙元时期环渤海地区社会经济发展研究》也有关于元代区域社会经济发展的专题研究。⑨

元代的财赋主要来自江南，因此政府对江南地区的经营尤为重视，江南地区的地方精英在元代地方秩序的重组过程中扮演着重要的角色。陈国灿和奚建华所著《浙江古代城镇史》一书，对元明清时期的浙江城市与市镇兴衰进行了专题研究；⑩ 范金民所著《江南社会经济研究：宋元卷》一书，对元代江南的市镇、官田、人口、海运的发展变迁进行了全面研究，是研究元代江南区域经济的重要著作；⑪ 潘清所著《元代江南民族重组与文化交融》一书，以元代江南地区蒙古和色目侨寓人

---

① 韩光辉：《宋辽金元建制城市研究》，北京大学出版社，2011年。
② 陈彩云：《元代温州研究》，浙江人民出版社，2011年。
③ 毛阳光：《元代宁波的历史文化》，中国文联出版社，2008年。
④ 李大钧、李大宏：《元代的大同》，山西人民出版社，2007年。
⑤ 郭殿勇：《人·历史·环境——蒙元时期的内蒙古》，内蒙古大学出版社，2007年。
⑥ 瞿大风：《元朝时期的山西地区》，辽宁民族出版社，2006年。
⑦ 张照东：《宋元山东区域经济研究》，齐鲁书社，2006年。
⑧ 李治安：《元代华北地区研究：兼论汉人的华夷观念》，南开大学出版社，2009年。
⑨ 孟繁清、默书民等：《蒙元时期环渤海地区社会经济发展研究》，天津教育出版社，2003年。
⑩ 陈国灿、奚建华：《浙江古代城镇史》，安徽大学出版社，2003年。
⑪ 范金民：《江南社会经济研究：宋元卷》，中国农业出版社，2006年。

户为考察对象，研究了江南地区的社会特征和民族交融现象；[1] 王秀丽的《文明的吸纳与历史的延续：元代东南地区商业研究》一书，从商业交通、主要商品的流通状况、市场体系、商人群体与商业资本等四个方面对元代东南地区的商业进行考察，探讨了东南地区商业经济发展的总体趋势与主要特征。[2]

东北地区历来是中国疆域的重要组成部分，元朝统治者设置了辽阳行省经营东北。薛磊的《元代东北统治研究》从建制沿革、军事镇戍及监察机构等方面，将元代在东北地区的统治划分为三个阶段，厘清了元代的东北统治方略及其演变轨迹，对元代东北边疆史和城市史研究多有裨益。[3]

元朝建立后，通过建立驿站、开展屯田等措施，加强了对西北地区的统治，陈广恩的《元代西北经济开发研究》对元代新疆地区、陕西行省、甘肃行省等地的交通建设、农业、手工业、商业开发等问题进行了深入探讨，认为元代西北地区新民族格局及多元经济的形成，对明清以降直至今天的西北发展都产生了很大影响；[4] 胡小鹏的《元代西北历史与民族研究》，研究了元代对西夏故地及其遗民的统治和甘肃行省的沿革，概括了元代西北地区的历史特点。[5]

关于元代西南及西藏地区的研究成果有以下一些。元政府在云南地区实行一元制下多层次的行政管理，周芳的《元代云南政区设置及相关行政管理研究》就元代在云南的常规行政设置、宣慰司体系的设置、专门管理机构的设置、土官土司的设置以及南部边疆藩属地区的设置等问题进行了系统而深入的研究和探讨；[6] 元代时，西藏被纳入元政府的统一管理中，元政府设置宣政院对其进行管辖，意大利学者伯戴克对元代的西藏地区颇有研究，其《元代西藏史研究》对元政府治理西藏的若干成就进行了深入研究。[7]

元政府重新疏浚了大运河，大运河将腹里、华北、江南地区串联成一体，运河沿线城市得到了巨大的发展。傅崇兰的《中国运河城市发展史》以宏观的视角，将运河及运河沿线城市作为研究对象，从环境、人口、经济、文化等角度考察了通州、天津、德州、临清、济宁、淮安、扬州、苏州、杭州等城市的发展变迁，但受篇幅所限，对元朝城市的论述较少。[8]

3. 元代城市经济研究

中华人民共和国成立后，相关学者加强了对元代经济的研究，有关元代农业、手工业、商业、交通运输业等的研究成果较为丰硕。这些著述虽非城市史专著，但也在不同程度上涉及城市史的相关问题，因而值得关注。

---

[1] 潘清：《元代江南民族重组与文化交融》，凤凰出版社，2006年。
[2] 王秀丽：《文明的吸纳与历史的延续：元代东南地区商业研究》，澳亚周刊出版有限公司，2005年。
[3] 薛磊：《元代东北统治研究》，社会科学文献出版社，2012年。
[4] 陈广恩：《元代西北经济开发研究》，澳亚周刊出版有限公司，2005年。
[5] 胡小鹏：《元代西北历史与民族研究》，甘肃文化出版社，1999年。
[6] 周芳：《元代云南政区设置及相关行政管理研究》，中国社会科学出版社，2009年。
[7] ［意］伯戴克著，张云译：《元代西藏史研究》，云南人民出版社，2002年。
[8] 傅崇兰：《中国运河城市发展史》，四川人民出版社，1985年。

20世纪50年代，李剑农的《宋元明经济史稿》是我国最早涉及元代经济的著作，但相关研究较为简略，也存在较多的争议，如作者认为元代是中国经济发展史上的"逆转时代"，对此，多数学者不能接受。[①] 陈喜忠的《中国元代经济史》也是国内较早研究元代经济发展的专著，具有很强的学术性和开拓性，作者主要对元代的经济发展状况、经济制度和经济管理思想进行了探讨，概述了元代经济的时代特点，作者对元代经济发展史的分期也是符合元代城市发展基本态势的。[②]

陈高华对元代经济研究的成果颇多，影响颇大，《元史研究论稿》汇集了他多年来对元代军户、站户、役法、商贸等方面的研究成果；[③] 他与史卫民合著的《中国经济通史·元代经济卷》是元代经济史研究的集大成之作，对元代的经济管理机构、货币与商品流通、赋役与财政等经济生活的各个领域做了全面系统的论述。[④] 李幹的《元代社会经济史稿》[⑤] 和《元代民族经济史》[⑥]，分门别类地研究了元代农业、手工业、商业、牧业、行业组织、交通运输、对外贸易、财政、货币的发展状况。胡小鹏《中国手工业经济通史·宋元卷》对元代官营手工业、民间手工业、纺织印染业、矿冶业、印刷业、制瓷业、军工业以及制盐、制茶、制糖、酿造等行业进行了专门论述。[⑦] 修晓波的《元代的色目商人》[⑧] 和额斯日格仓等人的《蒙古族商业发展史》[⑨]，从不同角度对元代商业进行了研究。这些经济史专著都不同程度地涉及了元代城市经济的相关问题，很有参考价值。

元代交通的研究也与元代城市史研究息息相关。元朝建立后，为了加强统治和发展经济，构建了四通八达的水陆交通网络，由此推动了新兴城市的出现和原有交通节点城市的繁荣。德山的《元代交通史》运用翔实的史料，研究了元代国内水陆交通和中外交通概况，并论述了交通对政治治理、城市建设、经济发展、文化交流的价值。[⑩] 此外，陈高华、吴泰的《宋元时期的海外贸易》[⑪]、刘迎胜的《丝路文化·海上卷》[⑫]、《丝路文化·草原卷》[⑬]、《海路与陆路：中古时代东西交流研究》[⑭] 等，则从中外关系的视角研究了元朝的海陆交流和相关城市的发展。

---

① 李剑农：《宋元明经济史稿》，生活·读书·新知三联书店，1957年。
② 陈喜忠：《中国元代经济史》，人民出版社，1994年。
③ 陈高华：《元史研究论稿》，中华书局，1991年。
④ 陈高华、史卫民：《中国经济通史·元代经济卷》，经济日报出版社，2000年。
⑤ 李幹：《元代社会经济史稿》，湖北人民出版社，1985年。
⑥ 李幹：《元代民族经济史》，民族出版社，2010年。
⑦ 胡小鹏：《中国手工业经济通史·宋元卷》，福建人民出版社，2004年。
⑧ 修晓波：《元代的色目商人》，广东人民出版社，2013年。
⑨ 额斯日格仓、包·赛吉拉夫著，哈斯木仁、胡格吉勒图、杨晓华译：《蒙古族商业发展史》，辽宁民族出版社，2002年。
⑩ 德山：《元代交通史》，远方出版社，1995年。
⑪ 陈高华、吴泰：《宋元时期的海外贸易》，天津人民出版社，1981年。
⑫ 刘迎胜：《丝路文化·海上卷》，浙江人民出版社，1995年。
⑬ 刘迎胜：《丝路文化·草原卷》，浙江人民出版社，1995年。
⑭ 刘迎胜：《海路与陆路：中古时代东西交流研究》，北京大学出版社，2011年。

4. 元代城市制度研究

元代统治者在治理国家的过程中将蒙古传统"国俗"与中原"汉法"并用，在效仿前朝，沿袭宋、金旧制的同时，又有所创新，其制度多有前朝所不具备的特点，如其所建立的忽里台制、怯薛制、四等人制、两都巡幸制度、投下分封制度、站赤制度等都颇具时代特点。近年来，元代的各项制度成为学者关注的热点，有关元代行政体制、军事制度、监察制度、司法制度等著作相继出版。白钢主编的《中国政治制度通史·元代卷》是一本关于元代政治制度研究的综合性著作，其内容包含元代的皇帝继承制度、中央及地方的行政制度、军事管理制度、投下分封制度、司法制度、监察制度、人事管理制度等。[①] 姚大力对于蒙元制度也颇有研究，其专著《蒙元制度与政治文化》对蒙元的各项制度做了专题研究。[②] 元朝的地方行政体制发生了巨大变化，特别是行省制度确立后，形成了新的地方城市体系，从而促进了大批区域中心城市的发展，对中国城市的发展格局产生了巨大影响，因而有关元代地方行政体制的研究著述颇丰。该领域的成果以张金铣的《元代地方行政制度研究》和李治安的《元代政治制度研究》为代表。前者重点讨论了行省、路府州县等地方行政管理体制的建置、职权和运作方式等问题，但对边疆地区的行政体制涉及较少；[③] 后者则注重将元代国家的组织结构与政权机构的运作程序及政策法令的执行过程进行结合研究，内容翔实，是一部具有科学性与系统性的研究著作。[④] 此外，李治安的《元代分封制度研究》[⑤]，李治安、薛磊的《中国行政区划通史·元代卷》[⑥] 等对元代地方城市行政制度进行了深入研究。另外关于元代怯薛制、军制、刑法制、吏制、监察制等也有大量的专门研究，但多与城市史关系不大。

5. 元代城市社会研究

元代是一个民族大迁徙、民族大融合的时代。元朝的建立，不仅结束了长久以来南北对峙的局面，而且将许多边疆地区纳入中央王朝的管辖之下，边疆地区和中原地区的政治、经济、文化交流进一步密切，出现了多民族融合的新格局。因此，有关元代人口、民族、社会生活的研究一直是元史的研究热点，成绩斐然。葛剑雄主编的《中国人口史》[⑦]，赵文林、谢淑君合著的《中国人口史》[⑧]，袁祖亮主编的《中国人口通史》[⑨]、张善余的《中国人口地理》[⑩]，李莎的《中国人口通史·元代

[①] 白钢：《中国政治制度通史·元代卷》，人民出版社，1996年。
[②] 姚大力：《蒙元制度与政治文化》，北京大学出版社，2011年。
[③] 张金铣：《元代地方行政制度研究》，安徽大学出版社，2001年。
[④] 李治安：《元代政治制度研究》，人民出版社，2003年。
[⑤] 李治安：《元代分封制度研究》（增订本），中华书局，2007年。
[⑥] 李治安、薛磊：《中国行政区划通史·元代卷》，复旦大学出版社，2009年。
[⑦] 葛剑雄：《中国人口史》，复旦大学出版社，2005年。
[⑧] 赵文林、谢淑君：《中国人口史》，人民出版社，1988年。
[⑨] 袁祖亮：《中国人口通史》，人民出版社，2012年。
[⑩] 张善余：《中国人口地理》，科学出版社，2003年。

卷》《元代的社会制度与人口》等著作，较为全面地研究了元代的户口概况、人口分布、人口构成、人口迁移、婚姻家庭、人口素质、人口思想等问题，多层次、多角度地呈现了元代人口史的基本面貌，探讨了元代人口演变的一般规律和历史特点，是元代人口研究的集大成之作。① 元大都是元代的国际性大城市，伴随着经济的繁盛，元大都人口规模迅速膨胀，因而关于大都的人口记载相对较多，受到学者的关注也较多，如韩光辉的《北京历史人口地理》就较为深入地研究了元大都城市人口规模及其演变；② 高寿仙的《北京人口史》也对元代北京人口分布与规模进行了相关论述。③

关于元代社会阶层及婚姻家庭的研究也成果频出。蒙思明的《元代社会阶级制度》是运用马克思主义理论讨论元代社会阶级结构的开拓性著作，作者从经济关系着眼，详细论述了元代的社会阶级、阶层、种族等级结构及其演变情况。④ 王晓清的《元代社会婚姻形态》对元代统治阶层及社会中下层群体的婚姻礼俗制度、婚姻形式、婚律体系等进行了研究，并论述了元代社会的婚姻思想观念以及妇女的社会地位。⑤ 不同的社会群体，其社会地位、生存状态往往存在差异，符海朝的《元代汉人世侯群体研究》就对元代汉人世侯群体的兴起、元代统治者如何对汉人世侯群体进行控制等问题进行了系统研究，并对汉人世侯群体与北方儒士的关系以及汉人世侯群体的夷夏观进行了讨论。⑥ 陈高华的《中国妇女通史·元代卷》则系统研究了元代的女性群体，勾画出了元代妇女的生活图景，并对元代妇女的社会地位做出了评价。⑦

元代少数民族居民大量进入中原地区后，游牧文化与农耕文化互相渗透，城市居民的生活习俗发生了若干变化。有关元代节令、饮食、起居、服饰、婚姻、丧葬、祭祀、娱乐等方面的研究成果较多，如那木吉拉的《中国元代习俗史》⑧、秦新林的《元代社会生活史》⑨、史卫民的《元代社会生活史》⑩，都是研究元代居民社会生活较为全面的著作，其中对城市居民生活有专章叙述。史卫民的《都市中的游牧民：元代城市生活长卷》描述了元代的城市风貌，阐述了少数民族进入城市后的适应过程与生存状态等，其内容以元大都市民生活为主，旁及杭州等较大城市。⑪ 陈高华、史卫民合著的《中国风俗通史·元代卷》则是研究元代社会生活的

---

① 李莎：《中国人口通史·元代卷》，人民出版社，2012年；李莎：《元代的社会制度与人口》，海风出版社，2008年。
② 韩光辉：《北京历史人口地理》，北京大学出版社，1996年。
③ 高寿仙：《北京人口史》，人民大学出版社，2014年。
④ 蒙思明：《元代社会阶级制度》，中华书局，1980年。
⑤ 王晓清：《元代社会婚姻形态》，武汉出版社，2005年。
⑥ 符海朝：《元代汉人世侯群体研究》，河北大学出版社，2007年。
⑦ 陈高华：《中国妇女通史·元代卷》，杭州出版社，2011年。
⑧ 那木吉拉：《中国元代习俗史》，人民出版社，1994年。
⑨ 秦新林：《元代社会生活史》，河南大学出版社，1997年。
⑩ 史卫民：《元代社会生活史》，中国社会科学出版社，1996年。
⑪ 史卫民：《都市中的游牧民：元代城市生活长卷》，湖南人民出版社，2000年。

集大成之作，研究了不同民族、不同阶层居民的衣、食、住、行等物质生活习俗和精神生活风尚，全面展示了元代居民的生活画面，并对元代的风俗观念和风俗政策进行了客观的评价。①

6. 元代城市文化与教育研究

元朝文化具有开放性与多元性的特点，草原游牧文化与农耕文化在冲突中出现互动和交融，多元化成为元代文化的一大特色；元代商业发达，都市经济繁荣，从而推动了市民文化的兴盛，文化由雅到俗，通俗化成为元代文化的另一大特色。涉及元代城市文化研究的代表性著作有《中国元代文学史》②、《中国元代宗教史》③、《中国元代科技史》④、《中国元代艺术史》⑤、《中国元代思想史》⑥、《中国元代教育史》⑦、《元代文化史》⑧等。另外，关于元代科举和教育的研究也有相当多的成果，申万里的《元代教育研究》⑨、余来明主编的《元代的科举与文学》⑩、桂栖鹏的《元代进士研究》⑪、徐梓的《元代书院研究》⑫等皆为有影响的论著。这些论著虽然并非城市史研究专著，但相关内容与城市文化有关。

从总体上看，当前关于元史的研究成果相当丰富，但对元代城市史的研究则较为分散、碎片化。受多方面原因的制约，至今尚无一部全面反映元代城市发展变迁的专著。

（二）明代城市研究

从 20 世纪 70 年代末开始，与明代城市相关的学术成果便不断问世，平均每年发表的论文达数十篇。这些学术成果不同程度地涉及明代城市的方方面面，从单体城市到区域城市，从城市形态、城市建筑到城市经济，均被学者纳入研究范围。另外，对明代城市文化和城市生活的研究也较多。关于明代城市研究的成果，具体来看，可以从以下几个方面来考察。

1. 明代城市综合性研究

韩大成于 2009 年出版的《明代城市研究》⑬为明代城市研究的开山之作。该书详细论述了明代城市的形成、类型和特点，涉及城市管理和城市生活等方面，并

---

① 陈高华、史卫民：《中国风俗通史·元代卷》，上海文艺出版社，2001 年。
② 顾建华：《中国元代文学史》，人民出版社，1994 年。
③ 苏鲁格、宋长红：《中国元代宗教史》，人民出版社，1994 年。
④ 云峰：《中国元代科技史》，人民出版社，1994 年。
⑤ 李福顺：《中国元代艺术史》，人民出版社，1994 年。
⑥ 秦志勇：《中国元代思想史》，人民出版社，1994 年。
⑦ 欧阳周：《中国元代教育史》，人民出版社，1994 年。
⑧ 陈高华等：《元代文化史》，广东教育出版社，2009 年。
⑨ 申万里：《元代教育研究》，武汉大学出版社，2007 年。
⑩ 余来明：《元代科举与文学》，武汉大学出版社，2013 年。
⑪ 桂栖鹏：《元代进士研究》，兰州大学出版社，2001 年。
⑫ 徐梓：《元代书院研究》，社会科学文献出版社，2000 年。
⑬ 韩大成：《明代城市史研究》，人民出版社，2009 年。

对城市发展的动力和阻力进行了分析。该书资料翔实，除了官方史料和民间资料外，还重视对明代文学作品的运用，多角度、多层面地对明代城市进行了分析。该书偏重城市社会史，而对城市空间分布、城市形态和数量变化等缺乏数据统计和分析。陈宝良分别于1996年、2004年出版了《飘摇的传统——明代城市生活长卷》[①]、《明代社会生活史》[②]两部专著，第一部书以明代城市生活为研究对象，以人口流动、城市文化为研究线索，分阶层和群体论述了明代城市社会生活状况，其内容涉及城市生活的各个方面，包罗万象，是较为全面的明代城市生活全书；第二部书在城市的基础上扩大研究范围，包含对明代社会各个阶层生活状态的研究。陈宝良先生的突出贡献在于对明代城市人口进行了阶层划分，并对各个阶层的生活状态进行了深入研究。

2. 明代区域城市研究

有关明代区域城市研究的成果数量不多，范围也未覆盖明朝直辖的地域。明代区域城市的研究主要集中在特色突出的小区域，如边疆、江南等地。贵州地区城市研究的代表性研究成果为钟铁军的《释明代贵州之州卫同城》[③]，该文对明代城市体系的发展做了总体性概述，对不同性质的建制城市和军事城市做了区分，并重点阐释了明代贵州州卫同城的原因。王文成、顾胜华的《区域史视野中的明代云南市镇研究》[④] 一文为明代城镇发展的综合性研究成果，该文详细地总结了明代云南地区城市研究的各类成果。李新贵的《明代陕西城市的空间分布——兼论城市之间的关系及其联系的环境因素》[⑤]详细讨论了陕西地区建制城市和军城的分布及彼此间的关系，并且从历史地理学的角度探讨了自然因素与城市分布的相关性。葛天任的《明代陕西城市平面形态与等级规模探析》[⑥] 主要探讨了陕西省内建制城市、卫所城市的平面形态和等级规模关系，该文注重数据的收集和分析，是城市史量化研究的尝试。薛正昌的《明清时期宁夏镇（府）城与沿黄城市变迁》[⑦] 主要研究宁夏镇城和宁夏黄河沿岸城市的形态和变迁，讨论了黄河改道、朝代变更等因素对宁夏城市布局的影响。

明代区域城市经济研究是明代经济史研究的重点，此类著作成果非常丰富，樊树志、陈学文、任道斌等学者重点研究江南市镇，特别是对杭嘉湖地区的市镇经济进行了深入研究，其系列成果颇引人注目。三位学者的长篇论文《明代江南市镇研究》《明清时期嘉兴地区市镇经济发展》《试论明代杭嘉湖平原市镇的发展》等分别

[①] 陈宝良：《飘摇的传统——明代城市生活长卷》，湖南人民出版社，1996年。
[②] 陈宝良：《明代社会生活史》，中国社会科学出版社，2004年。
[③] 钟铁军：《释明代贵州之州卫同城》，《中国历史地理论丛》，2004年第1期。
[④] 王文成、顾胜华：《区域史视野中的明代云南市镇研究》，《学术探索》，2008年第6期。
[⑤] 李新贵：《明代陕西城市的空间分布——兼论城市之间的关系及其联系的环境因素》，《明代蓟镇文化学术研讨会论文集》，云南人民出版社，2010年。
[⑥] 葛天任：《明代陕西城市平面形态与等级规模探析》，《中国建筑史论汇刊》，中国建筑工业出版社，2011年。
[⑦] 薛正昌：《明清时期宁夏镇（府）城与沿黄城市变迁》，《西夏研究》，2015第1期。

发表在《明史研究论丛》各辑上,这些研究成果对明代中后期江南地区市镇经济进行了深入研究,彰显了这些区域城市在明代经济生活中的重要地位。[①] 该领域的研究成果还有孟彭兴的《明代商品经济的繁荣与市民社会生活的嬗变》、范京民的《明代政治变迁下的南京经济》、卞利的《无徽不成镇——明清时期的徽商与城市发展》等[②],从上文章均从经济史的角度对明代城市经济的发展进行研究,同时将经济史与社会史相融合,以综合的眼光来考察明代的城市。

3. 明代单体城市研究

明代单体城市研究的成果较多,研究的内容也较丰富,包括个案城市研究、不同城市的形态研究、城市规划与建筑研究等,其中对城市形态的探讨成为明代城市史研究的重要领域。就研究对象而言,学者们研究的最多的城市分别为北京、南京和部分地方中心城市。李燮平的《明代北京都城营建丛考》[③]与李宝臣的《北京城市发展史·明代卷》[④],都是研究明代北京城市史的重要专著。罗晓翔的《城市生活的空间结构与城市认同——以明代南京士绅社会为中心》,靳润成、刘露的《明代以来天津城市空间结构演化的主要特点》,贾珺的《三城鼎峙,署宇秩立——明代淮安府城及其主要建筑空间探析》等[⑤],分别为明代相关单体城市研究的重要学术成果。

4. 明代城市建制与建筑研究

从建筑史的角度来研究明代城市的成果比较丰富,专著和论文数量较多。在研究范围上,从明代城市建筑的整体性到个体城市的营建均有所涉及。单士元先生于1937年撰写的《明代建筑大事年表》[⑥],其中第三编对明代各帝任期内的城堡、关隘、卫所修筑情况进行了统计,但由于未使用方志类史料,总体数据不甚准确。郭华瑜的《明代官式建筑大木作》[⑦]重点研究了明代大型木质建筑,论述了木作的建筑技术和特点。孟凡人的《明代宫廷建筑史》[⑧],虽然书名为"明代宫廷建筑",但实际内容却包含明代中央级城市紫禁城、皇城、外城三个部分,论述了南京、北

---

① 樊树志:《明代江南市镇研究》,《明史研究论丛》(第2辑),中国社会科学院历史研究所,1983年;陈学文:《明清时期嘉兴地区市镇经济发展》,《明史研究论丛》(第4辑),中国社会科学院历史研究所,1991年;任道斌:《试论明代杭嘉湖平原市镇的发展》,《明史研究论丛》(第4辑),中国社会科学院历史研究所,1991年。

② 孟彭兴:《明代商品经济的繁荣与市民社会生活的嬗变》,《上海社会科学院学术季刊》,1994年第2期;范京民:《明代政治变迁下的南京经济》,《明史研究》,2005年第0期。卞利:《无徽不成镇——明清时期的徽商与城市发展》,《社会科学》,2011年第1期。

③ 李燮平:《明代北京都城营建丛考》,紫禁城出版社,2006年。

④ 李宝臣:《北京城市发展史·明代卷》,北京燕山出版社,2008年。

⑤ 罗晓翔:《城市生活的空间结构与城市认同——以明代南京士绅社会为中心》,《浙江社会科学》,2010年第7期;靳润成、刘露:《明代以来天津城市空间结构演化的主要特点》,《天津师范大学学报》,2010年第1期;贾珺:《三城鼎峙,署宇秩立——明代淮安府城及其主要建筑空间探析》,《中国建筑史论汇刊》,2011年第0期。

⑥ 单士元:《明代建筑大事年表》,《中国营造学社会刊》,1937年第6卷第4期。

⑦ 郭华瑜:《明代官式建筑大木作》,东南大学出版社,2005年。

⑧ 孟凡人:《明代宫廷建筑史》,紫荆城出版社,2010年。

京、中都的城市规划布局、皇宫建筑格局、皇城建筑风格等。王贵祥的《明代城市与建筑》①重在资料的收集与分析，尤其是对建制城市的距离、形制、内部形态、城市建筑做了非常详细的数据分析，是建筑史研究与城市史研究相结合的突出成果。

5. 明代军事城市研究

明代的军事活动频繁，大量与军事活动相关的边城兴起，因此明代的边城也成为当今学界关注的重点。余同元的《明代九边论述》是较早对明代北部九大军事重镇（又称"九边"）进行研究的成果。该文首先通过资料分析，考证出明代"九边"的具体含义，继而对明初"九边"的设置，明中后期"九边"的演变进行了详尽论述，最后分析了"九边"在明代经济、军事、政治中的作用和影响。②此外，《明代辽东军户制初探——明代辽东档案研究之一、二》《明代辽东镇防御体系之辽阳镇城研究》《明代辽东中层行政管理区划的形成——以辽东苑马寺卿兼职兵备事为线索》《明代榆林筑城设卫时间新考》《明代九边之大同简述》《明代固原镇的关境研究》以及《明代延绥镇、榆林卫辖境考述——兼论河套南部边界的变化》等皆为研究"九边"的重要论著③。以辽东城市为研究对象的代表性成果有周小棣、李向东、黄欢的《负山阻海　地险而要：明代长城防御体系之辽东镇卫所城市》④，该书对辽东的城市防护体系、城市建筑、城市布局，以及单体城市进行了详细分析，为研究明代辽东军事城市的重要著作。

6. 与明代城市相关的其他研究

水利与交通不仅与农业生产密切相关，对城市的发展也至关重要。明代除了陆路交通在元代的基础上有所发展外，水上交通也有较大发展，明代长距离商业贸易的繁荣正得益于贯通东、西、南、北的水陆交通运输网。明代水路交通的重要转变和海外贸易的重大突破，均得益于大型海船的建造。虽然明政府多次颁发海禁令，但地方官员和商民常常突破这一禁令，海上贸易成为明末经济的一大特色。明代海上贸易的发展，促进了一批沿海城市的兴起和发展。学界十分重视这一领域的研

---

① 王贵祥：《明代城市与建筑》，中国建筑工业出版社，2013年。
② 余同元：《明代九边论述》，《安徽师范大学学报》，1989年第2期。
③ 周远廉、谢肇华：《明代辽东军户制初探——明代辽东档案研究之一》，《社会科学辑刊》，1980年第2期；周远廉、谢肇华：《明代辽东军户制初探——明代辽东档案研究之二》，《辽宁大学学报》，1980年第6期；黄欢：《明代辽东镇防御体系之辽阳镇城研究》，《华中建筑》，2008年第4期；陈晓珊：《明代辽东中层行政管理区划的形成——以辽东苑马寺卿兼职兵备事为线索》，《中国历史地理论丛》，2011年第2期；李大海：《明代榆林筑城设卫时间新考》，《北方民族大学学报》，2013年第2期；张志迎：《明代九边之大同简述》，《中国城市经济》，2011年第8期；杨晓刚：《明代固原镇的关境研究》，《宁夏师范学院学报》，2012年第1期；舒时光、刘德英：《明代延绥镇、榆林卫辖境考述——兼论河套南部边界的变化》，《延安大学学报》，2012年第1期。
④ 周小棣、李向东、黄欢：《负山阻海　地险而要：明代长城防御体系之辽东镇卫所城市》，东南大学出版社，2013年。

究，杨培娜的《濒海生计与王朝秩序——明清闽粤沿海地方社会变迁研究》[1]，从海洋社会史的视角，研究了明代沿海地方社会的变迁，详细地论述了沿海地区的社会如何通过长距离的海上贸易使当地社会发生改变，以至于影响晚明沿海社会秩序的变迁。除此之外，李嘎的《关系千万重：明代以降吕梁山东麓三城的洪水灾害与城市水环境》和《明代漕运与天津商业城市的兴起》等论文[2]，也是该领域较有影响力的学术成果。

明代城市史研究的成果较为丰富，涉及面较广，但也存在以下一些不足。

首先，对明代城市进行整体性、综合性研究的成果较少。综观明代城市史综合性研究，只有韩大成《明代城市研究》[3]一部著作。明代城市史研究论著，多以某个主题为重点研究对象，兼论城市的发展变迁，而对于明代城市的分期、发展动力、城市的分布、城市的形态和构成，以及城市数量的增减、规模的变化等，都缺乏深入的系统研究。

其次，研究时段较短，研究区域狭窄。明代始于洪武元年（1368），亡于崇祯十七年（1644），前后共有276年时间。明代不同时期政治、经济、社会和文化等背景的差异，导致城市的面貌发生了巨大变化，而有关明代城市的研究时段却多集中在明代中后期。实际上，明代前期是城市修筑的主要时段，明太祖迁徙富商、开垦荒地、加强军防，明成祖迁都北京、营建两都，仁宣之治时期，平定北部边疆、挞伐鞑靼部落、恢复北方边市贸易等，都与城市的兴建息息相关。但以该时段的城市为考察对象的城市史研究成果较少，更缺乏将明代城市的发展变迁作为一个整体来进行长时段研究，进而考察明代城市发展特点的成果。此外，学界对明代城市的研究在地域上也非常不平衡：对北京、南京、杭州等部分中心城市有较多着墨；大部分普通城市无人问津；一些重要的地区性中心城市（包括省会城市）的研究十分缺乏。不仅如此，从学界对区域城市的研究来看，经济发达的江南地区以及少部分区域城市的研究受到较多关注，而相对落后的西南、西北地区的城市研究却较为薄弱，边疆地区、少数民族地区的城市所受到的关注更少，有关明代蒙古、西域、西藏等地区的城市研究基本上处于空白状态。此外，以全国为研究重点的成果也较少。在单体城市的研究方面，大多集中于都城、省府和经济发达的市镇，对普通城市的研究较少。

第三，缺少对明代城市的纵向研究。明代城市的纵向性研究，体现在两个方向：承上和启下。元朝以游牧民族文化为主体，在国家统治、城市营建和城市管理等方面有其独特的时代特征。明朝则是在推翻了蒙古人的统治后建立的以汉族人为主的君主专制王朝，既传承了汉、唐、宋以来的农耕文明，又受到元代的很大影

---

[1] 杨培娜：《濒海生计与王朝秩序——明清闽粤沿海地方社会变迁研究》，中山大学博士学位论文，2009年。

[2] 李嘎：《关系千万重：明代以降吕梁山东麓三城的洪水灾害与城市水环境》，《史林》，2012年第2期；林纯业：《明代漕运与天津商业城市的兴起》，《天津社会科学》，1984年第5期。

[3] 韩大成：《明代城市研究》，中国人民大学出版社，2009年。

响，元代城市在城市制度、形制、规划等方面对明代城市产生了很大的影响，可以说，明代城市文明是在继承元代历史遗产又区别于元代文明的基础上建立起来的。但遗憾的是，学界有关明代城市与元代城市之间的继承性方面的研究较为薄弱。清朝是兴起于东北的后金少数民族政权，清代城市在继承明代传统的同时，也存有自身的独特印迹。因此，从纵向关系上看，明代城市的发展，与之前的元代和之后的清代都有密切联系，但较少有研究者对此予以关注。

六、清代城市史研究

20世纪是清代城市研究走向繁荣的时期。20世纪初，随着西风东渐的影响和大批留学生的回归，在中国沿海通商口岸城市兴起了创办报纸杂志的热潮，近代新闻媒体如雨后春笋般涌现。一些杂志不断登载有关城市的文章。[①] 特别是20世纪20年代《东方杂志》相继发表了多篇有关清代城市的论文，可以说开启了国内学者研究清代城市的先河。此外，1902年在天津创办的《大公报》也在民国前期登载了不少有关清代城市的文章。地处岭南的广东，深受先进外来文化的影响，也创办了不少报纸杂志，其中有不少文章涉及清代广东城市。1914年开始编纂的《清史稿》在"食货志""地理志"等部分记录了清代城市经济和城市建置沿革等情况。由于民国时期特殊的社会环境，《清史稿》的编纂显得较为粗糙，但它的学术地位和有关城市记录的历史价值却不容否定。由于《清史稿》没有设"城市志"，因此，该书远远不能反映清代中国城市发展的整体风貌。

20世纪三四十年代，一批学者在进行中国社会性质研究的同时，开始着重从手工业、矿业、商业以及租佃、雇佣、民变等视角研究清代生产关系和阶级斗争，在一定程度上涉及了清代城市历史发展的问题，使清代城市研究进入草创阶段。如全汉昇1934年发表了论文《中国庙会之史的考察》[②]，虽然该文并不是直接研究城市，但其研究的内容却与城市有所关联。总的说来，民国时期中国的清代城市史仍依附于其他领域的研究，没有作为独立的研究体系纳入研究者的视阈。

同一时期，西方汉学家开始对清代城市表示出浓厚的研究兴趣。早在1913年，美国学者马士的《中朝制度考》就有大量内容涉及鸦片战争后中国开放口岸城市的情况。从20世纪30年代起，美国学者费正清着手研究中国近代的通商口岸城市。他运用"冲击—反应"模式，深入分析了近代早期通商口岸与社会变迁的历史问题，创建了"西方中心观"指导下的近代中国社会转型的研究框架。马士和费正清的研究具有拓荒性质，引发了西方汉学家研究中国清代城市的热潮。

20世纪六七十年代，随着国内学术界对清史研究的重视，清代城市的政治、经济等状况较多地进入研究专家的视阈。在资料整理方面，中国史学会主编的

---

① 四川大学城市研究所：《〈清史·城市志〉立项报告书》（内部资料），2004年。
② 全汉昇：《中国庙会之史的考察》，《食货》，1934年第1卷第2期。

《中国近代史料丛刊》，包含了鸦片战争、太平天国运动、中法战争、戊戌变法、辛亥革命等十个专题。由于以上重大事件多以城市为中心，因此可以说该丛书记录了清代城市发展的一些真实情况。1954年开始，严中平主编的《中国近代经济史参考资料丛刊》陆续出版，大量与清代城市相关的资料问世。1957年出版的《中国资本主义萌芽问题讨论集》《明清社会经济形态研究》[1]等论著都在一定程度上涉及清代城市经济。1966年，《中国近代经济史统计资料选辑》[2]出版，分为工业、手工业、农业、外贸、铁路、公债、外债等专题，其中有不少涉及清代晚期城市的经济资料，促进了清代后期城市的研究。

20世纪50—70年代，大批马克思主义史学家对清代历史开始进行深入研究，清代城市的相关问题也随之而备受关注。清代城市商业的发展和繁盛被视为中国封建社会晚期向近代资本主义过渡的重要前提条件，晚清城市的一系列重要变革则被看作是中国沦为半殖民地半封建社会的重大表征，相关研究成为热点，但特定的时代背景决定了清代城市史研究在学术上仍处于从属地位，一时难以形成独立发展的学科体系。与之形成鲜明对比的是，在费正清等人研究的基础上，美国学者罗兹·墨菲《上海——现代中国的钥匙》[3]、鲍德威《中国的城市变迁：1890—1949年山东济南的政治和发展》[4]等一系列海外研究清代城市的著作问世，使清代城市研究在海外成为热点，晚清以来的通商口岸城市受到关注。对中国城市史研究影响最深的当属美国学者施坚雅。施氏1965年发表《中国农村的集市贸易和社会结构》，1977年主编《中华帝国晚期的城市》[5]，他充分运用地理学、历史学、社会学、城市学、经济学和人类学等多学科的方法，深入剖析了清代农村市场和城市化、城市的空间和社会结构、城乡关系等问题，提出了著名的集市层级体系理论，显示了在清代城市研究理论方法上的突破。由此观之，在清代城市史研究领域，无论是具体层面的研究，还是理论框架的建构，20世纪70年代以前，国外的研究都远远领先于国内学术界。

20世纪80年代以后，随着改革开放政策的实施，中国城市经济突飞猛进，城市化和城市现代化迅速发展，并取得了一系列巨大的成就。时代的进步，呼唤着人文社会科学工作者进一步加强城市史研究，为现实决策和城市发展提供智力支持。因此，20世纪80年代以来，越来越多的国内学者开始介入晚清和民国时期的城市史研究。他们倾注了大量心血，取得了众多的研究成果，进一步推动清代城市史的研究逐步走向繁荣。三十多年来，经过广大史学研究工作者的辛勤劳动，清代城市

---

[1] 中国人民大学中国历史教研室：《中国资本主义萌芽问题讨论集》，生活·读书·新知三联书店，1957年；中国人民大学中国历史教研室编：《明清社会经济形态研究》，上海人民出版社，1957年。

[2] 严中平等：《中国近代经济史统计资料选辑》，科学出版社，1955年。

[3] [美]罗兹·墨菲著，上海社会科学院历史研究所编译：《上海——现代中国的钥匙》，上海人民出版社，1986年。

[4] [美]鲍德威著，张汉等译：《中国的城市变迁：1890—1949年山东济南的政治和发展》，北京大学出版社，2010年。

[5] [美]施坚雅主编，叶光庭等译，陈桥驿校：《中华帝国晚期的城市》，中华书局，2000年。

史研究取得了巨大的成就,相关论著数以千计,推出了一批具有标志性的高水平著作。清代城市史研究的范围非常广泛,成果甚多,远超其他任何朝代城市史的研究。下面笔者将清代城市史研究的成果进行简单的梳理和分类概括。

(一) 清代单体城市研究

目前学界关于清代单体城市的研究,已取得令人瞩目的成就。据不完全统计,自 20 世纪 80 年代以来,国内出版的与清代单体城市研究相关的专著、资料集、论文集等已超过千部。这些学术成果不仅涉及北京、上海、天津、武汉、重庆等政治、经济中心城市,而且重视中小城市的研究。

与清代城市史相关的单体城市研究成果,首推被列为国家社会科学"七五"重点项目的四部近代城市史著作:张仲礼主编的《近代上海城市研究(1840—1949 年)》[1]、隗瀛涛主编的《近代重庆城市史》[2]、皮明庥主编的《近代武汉城市史》[3]、罗澍伟主编的《近代天津城市史》[4]。这四部城市史专著被认为是截至目前中国在单体城市研究方面具有标志性的高水准著作,其共同的特点是篇幅浩瀚、内容丰富、材料翔实、叙述畅达、观点新颖、历史与现实感俱强。它们都以城市的早期现代化历程为主线,透视城市内部各方面的发展状况,展现城市发展的阶段性波动,总结城市发展的特点,揭示城市发展的规律。各书在具体的研究方法和编撰体例上,又各有特色,形成了一定的范式,分别为国内其他城市在编写近代城市史时所借鉴。此外,还需指出的是,这些著作的作者都很好地运用了历史研究方法,同时又突破了传统史学的研究方式,采用多学科综合研究的方法,运用社会学、经济学、政治学、地理学、人口学等学科的理论和方法,突出重点,分析深入,有说服力,不仅拓宽了中国地方史和中国近代史的研究领域,为城市史研究开辟了蹊径,而且为当代各城市的城市规划、建设、管理以及城市化道路提供了历史借鉴,具有重要的学术价值和现实意义。

在单体城市研究方面,研究上海的专著数量最多,达数十部,其中较早者有唐振常主编的《上海史》[5]、张仲礼主编的《近代上海城市研究(1840—1949 年)》、刘惠吾的《上海近代史》[6] 等。其中,张仲礼主编的《近代上海城市研究(1840—1949 年)》全面、翔实而且有侧重地叙述了有清一代上海的城市成长史以及城市政治、经济、文化、社会等各个方面的变迁过程。熊月之主编的《上海通史》[7] 则系统地对上海城市的发展变迁进行了全面的研究,其中,有关清代的部分占有较大篇

---

[1] 张仲礼:《近代上海城市研究(1840—1949 年)》,上海文艺出版社,2008 年。
[2] 隗瀛涛:《近代重庆城市史》,四川大学出版社,1991 年。
[3] 皮明庥:《近代武汉城市史》,中国社会科学出版社,1993 年。
[4] 罗澍伟:《近代天津城市史》,中国社会科学出版社,1993 年。
[5] 唐振常:《上海史》,上海人民出版社,1989 年。
[6] 刘惠吾:《上海近代史》,华东师范大学出版社,1985 年。
[7] 熊月之:《上海通史》,上海人民出版社,1999 年。

幅。关于清代北京城市的研究也受到重视,曹子西主编的《北京通史》①是大型单体城市通史类著作,该书设有专章,论述清代北京城市的政治、经济、文化、社会等各方面的发展变迁。李淑兰的《北京史稿》②也对清代北京城市的发展和演变有较多的论述。来新夏主编的《天津近代史》③较为清晰地勾勒出清代天津城市的发展、变化。此外,何一民主编的《变革与发展:中国内陆城市成都现代化研究》、史明正的《走向近代化的北京城——城市建设与社会变革》、谢本书主编的《近代昆明城市史》、乐正的《近代上海人社会心态(1860—1910)》、忻平的《从上海发现历史——现代化进程中的上海人及其社会生活》④,皆为较早出版且有一定影响力的单体城市史著作。其后相继有《南通现代化(1895—1938)》《开封城市史》《鞍山城市史》《宝鸡城市史》《自贡城市史》《成都城市史》《拉萨史》《重庆·一个内陆城市的崛起》《包头史稿》⑤等单体城市史专著,这些作品都在不同程度上涉及清代城市的发展。进入21世纪后,有关清代单体城市史研究的论著更是层出不穷,数量甚多,特别是不少硕士、博士学位论文以单体城市为研究对象。笔者在CNKI网站上对1978年至2017年的相关论著进行大数据搜索,如果以"上海"和"清代"为主题词进行检索,则仅有38篇论文,但以"上海"和"近代"为主题词进行检索,则达1028篇论文;以"北京"和"清代"为主题词进行检索,则有200篇论文;以"天津"和"清代"为主题词进行检索,则有176篇论文;以"广州"和"清代"为主题词进行检索,则有105篇论文;以"成都"和"清代"为主题词进行检索,则有37篇论文;以"杭州"和"清代"为主题词进行检索,则有28篇论文;以"苏州"和"清代"为主题词进行检索,则有108篇论文。以上数据统计并不完全,但可以从一个侧面反映出清代单体城市史研究的兴盛。

(二)清代城市综合性研究

隗瀛涛主编的《中国近代不同类型城市综合研究》⑥不仅对近代中国不同类型的城市进行了综合的分类研究,而且指出伴随国内市场的拓展和长途贩运贸易的兴

---

① 曹子西:《北京通史》,中国书店出版社,1994年。
② 李淑兰:《北京史稿》,学苑出版社,1994年。
③ 来新夏:《天津近代史》,南开大学出版社,1987年。
④ 何一民:《变革与发展:中国内陆城市成都现代化研究》,四川大学出版社,2002年;史明正:《走向近代化的北京城——城市建设与社会变革》,北京大学出版社,1995年;谢本书等:《近代昆明城市史》,云南大学出版社,1997年;乐正:《近代上海人社会心态(1860—1910)》,上海人民出版社,1991年;忻平:《从上海发现历史——现代化进程中的上海人及其社会生活》,上海人民出版社,1996年。
⑤ 常宗虎:《南通现代化(1895—1938)》,中国社会科学出版社,1998年;程子良、李清银:《开封城市史》,社会科学文献出版社,1993年;刘景玉、智喜君:《鞍山城市史》,社会科学文献出版社,1994年;《宝鸡城市史》编纂组:《宝鸡城市史》,社会科学文献出版社,1994年;王仁远:《自贡城市史》,社会科学文献出版社,1995年;张学君、张莉红:《成都城市史》,成都出版社,1993年;傅崇兰:《拉萨史》,中国社会科学出版社,1994年;周勇:《重庆·一个内陆城市的崛起》,重庆出版社,1989年;张贵:《包头史稿》,内蒙古大学出版社,1997年。
⑥ 隗瀛涛:《中国近代不同类型城市综合研究》,四川大学出版社,1998年。

起，在明后期到清前期的一段时间里，形成了商业城市网络。顾朝林的《中国城镇体系——历史·现状·展望》①叙述了两次鸦片战争前后清代城市体系的形成和发展过程，总结出清前期虽然城市数量有所增长，但整个城市体系处于相对停滞的阶段，清后期城市功能增强，现代城镇体系初步形成的特征。由何一民主持的国家社科"九五"重点课题的成果《近代中国城市发展与社会性变迁》，将包括晚清城市在内的近代中国城市的发展置于同时期社会变迁的过程中来加以考察，着重探讨了城市的发展所引起的社会变迁，以及社会变迁对城市发展的促进和制约作用。该书以马克思主义理论和方法为指导，在国内外已有研究成果的基础上，拓展了城市史研究领域，运用历史学和社会学等多学科相结合的研究方法，对近代中国城市发展和社会变迁的过程进行了深入的剖析，进而探讨了中国近现代城市发展的动力、规律及近现代城市兴衰的原因、城市发展与社会变迁的关系、城市发展的特点和社会变迁的一般规律。

此外，一些学者开始尝试从整体上勾勒中国城市发展的脉络。其代表作有何一民的《中国城市史纲》《中国城市史》、宁越敏的《中国城市发展史》、戴均良的《中国城市发展史》、顾朝林的《中国城镇体系——历史·现状·展望》等②，这些著作都有专章论述清代城市史。但由于以上成果均为城市通史性著作，研究的深度相对有限。此外，傅崇兰的《中国运河城市发展史》③、曹树基的《中国人口史》（第5卷）④等著作，也在一定程度上涉及清代城市研究。以上著作从不同侧面对清代城市的发展、演变及其规律进行了研究、总结，对于全面认识清代城市的发展过程以及促进清代城市史的研究发挥了重要的作用。

（三）清代市镇研究

目前有关清代前中期的城市研究主要集中在市镇方面，尤其是关于江南市镇与市镇经济的研究成果最为丰富。自20世纪30年代开始，日本、美国以及我国的学者，相继对清代中国市镇的发展、演变展开了研究。20世纪80年代以来，更有后起的中外学者，专门对市镇经济进行了区域性的宏观研究。其研究范围，除江南地区外，还涉及福建、河南、湖北、江西、广东、四川、河北、广西等省区。其中代表性论著首推傅衣凌的《明清时代江南市镇经济的分析》⑤，该文奠定了明清时期江南市镇的研究范式，促进了明清江南市镇研究的逐步兴起。其他有影响的论著有樊树志的《明清江南市镇探微》《市镇与乡村的城市化》、梁淼泰的《明清景德镇城

---

① 顾朝林：《中国城镇体系——历史·现状·展望》，商务印书馆，1992年。
② 何一民：《中国城市史纲》，四川大学出版社，1994年；何一民：《中国城市史》，武汉大学出版社，2012年；宁越敏：《中国城市发展史》，安徽科技出版社，1994年；戴均良：《中国城市发展史》，黑龙江人民出版社，1992年；顾朝林：《中国城镇体系——历史·现状·展望》，商务印书馆，1992年。
③ 傅崇兰：《中国运河城市发展史》，四川人民出版社，1985年。
④ 曹树基：《中国人口史》（第5卷），复旦大学出版社，2005年。
⑤ 傅衣凌：《明清时代江南市镇经济的分析》，《历史教学》，1964年第5期。

市经济研究》、刘石吉的《太平天国乱后的江南市镇的发展（1865—1911）》《明清时代江南地区的专业市镇》《明清时代江南市镇之数量分析》、陈学文的《明清时期杭嘉湖市镇史研究》、罗一星的《明清佛山经济发展与社会变迁》、王兴亚的《明清河南集市庙会会馆》、钟文典的《广西近代圩镇研究》、日本学者森正夫等的《江南三角洲市镇研究》、邓亦兵的《清代前期的市镇》、郭正忠的《城郭·市场·中小城镇》、赵冈的《中国历史上的城镇与市场》①。以上都是以清代市镇为主题的重要论著。龙登高的《江南市场史：十一世纪至十九世纪的变迁》②是一部对江南市镇进行长时段研究的著作，作者认为明清城镇的特点不仅局限于小城镇的兴盛，而且还有建立在区域市场逐渐形成的基础上的城镇等级体系的继续完善和大、中、小城镇在互动基础上的共同发展。包伟民的《江南市镇及其近代命运：1840—1949》③，则把江南农村市镇置于近代大背景下，演绎其发展变迁的过程，作者认为：经济因素在当时社会变迁中起着举足轻重的原动力作用，城市经济整体发展导致城市职能转变、城市功能加强。此外，许多学者也对各地的市镇，尤其是较为典型的著名市镇进行了微观层面的个案研究。

（四）清代区域城市史研究

区域城市史研究是清代城市史研究的重要内容，其特点是把中国按空间分为若干较小的区域，将各研究区域存在着的相互联系、相互影响的自然地理、经济、社会、政治、文化等要素纳入同一个体系之中进行整体性、综合性研究。关于如何对区域城市进行研究，除以上所谈到的"施坚雅模式"外，隗瀛涛教授等提出：区域城市史研究的对象是区域内的城市体系、城市群体；最基本的研究内容至少包括区域内城市体系发育演变的历史、区域城市化的历史道路和发展水平、区域内的城乡关系三个方面；区域范围的划分除了考虑行政的、地理的、经济的具体情况外，还应考虑结合城市史的特点来确定划分标准。④

1. 东北区域城市研究

东北地区是城市史研究的一个重要区域。这一地区在清代既是"龙兴"之地，

---

① 樊树志：《明清江南市镇探微》，复旦大学出版社，1990年；樊树志：《市镇与乡村的城市化》，《学术月刊》，1987年第1期；梁淼泰：《明清景德镇城市经济研究》，江西人民出版社，1991年；刘石吉：《太平天国乱后的江南市镇的发展（1865—1911）》，《食货》，1978年第11期；刘石吉：《明清时代江南地区的专业市镇》，《食货》，1978年第6—8期；刘石吉：《明清时代江南市镇之数量分析》，《思与言》，1978年第2期。陈学文：《明清时期杭嘉湖市镇史研究》，群言出版社，1993年；罗一星：《明清佛山经济发展与社会变迁》，广东人民出版社，1994年；王兴亚：《明清河南集市庙会会馆》，中州古籍出版社，1998年；钟文典：《广西近代圩镇研究》，广西师范大学出版社，1988年；[日]森正夫等编，胡婧译：《江南三角洲市镇研究》，江苏人民出版社，2018年；邓亦兵：《清代前期的市镇》，《中国社会经济史研究》，1997年第3期；郭正忠《城郭·市场·中小城镇》，《中国史研究》，1989年第3期；赵冈：《中国历史上的城镇与市场》，《食货》，1983年第5—6期。

② 龙登高：《江南市场史：十一世纪至十九世纪的变迁》，清华大学出版社，2003年。

③ 包伟民：《江南市镇及其近代命运：1840—1949》，知识出版社，1998年。

④ 隗瀛涛、谢放：《近代中国区域城市研究的初步构想》，《天津社会科学》，1992年第1期。

又是受日、俄等外国资本主义侵略较深的地区，因此关于清代（尤其是晚清）东北地区城市发展的研究是区域城市史研究的一个热点，有相当多的成果问世。

清代东北区域城市研究的代表作为曲晓范的《近代东北城市的历史变迁》①。该书以近代东北城市为研究对象，详细展示了区域城市的建筑空间规划模式、市民社会结构、工商经济活动、文化教育变迁、市政建设与管理等。代表性论文则有何一民的《清代东北地区城市发展与变迁》，何一民、易善连的《近代东北区域城市发展述论》，两文分别对清代东北城市的发展进行了较为系统和深入的研究②。王杉《简析近代东北城市的兴起》、高晓燕《试论东北边疆地区城市发展的特点》《中国东北边疆的城市发展与东北亚区域经济》③，分别对东北城市的特点进行了比较分析。

关于近代东北城市开埠的研究主要有以下一些：王杉《简析近代东北城市的兴起》、王革生《清代东北商埠》、杨天宏《清季东北"自开商埠"述论》、吕秀莲《论近代营口的开埠对东北地区的影响》、吕绍坤《近代大连自由港制度的实施及其对城市经济的影响》等④。以上各文分别论述了清末东北城市的开埠对城市经济、社会变迁所带来的影响以及开埠以后地区城镇体系的变化。何一民、易善连的《近代东北城市殖民地化的进程及特点》⑤就开埠通商对东北城市半殖民地化的影响进行了分析。

从总体上看，有关清代东北区域城市的研究已取得较大成绩，但是其中存在的问题仍不容忽视。问题之一在于普遍将清代前期与清代后期的区域城市分割开来进行研究；问题之二在于将东北地区城市作为一个整体进行研究的成果还不足；问题之三在于将城市早期现代化转型与区域城市关系和城乡关系结合起来进行研究的力度还有待加大。此外，目前有关清代区域城市的研究往往就本区域论本区域，而缺乏与其他区域的比较研究，从而难以突出清代东北作为一个边疆地区与新开发地区城市发展的区域特色。这些问题都亟须学者们做进一步更深层次的探究。

2. 华北区域城市史研究

以清代都城北京为核心的华北地区是清代城市体系最为发达的地区之一，因此关于清代华北区域城市的研究成果较多，特别是以研究华北区域的核心城市北京、天津的研究成果为多。除此之外，关于华北区域城市史的论著也在逐年增多，如王

---

① 曲晓范：《近代东北城市的历史变迁》，东北师范大学出版社，2001年。
② 何一民：《清代东北地区城市发展与变迁》，《四川大学学报》，2010年第1期；何一民、易善连：《近代东北区域城市发展述论》，《史学集刊》，2002年第3期。
③ 王杉：《简析近代东北城市的兴起》，《辽宁大学学报》，2001年第4期；高晓燕：《试论东北边疆地区城市发展的特点》，《学习与探索》，1993年第2期；高晓燕：《中国东北边疆的城市发展与东北亚区域经济》，《龙江社会科学》，1996年第3期。
④ 王革生：《清代东北商埠》，《社会科学辑刊》，1994年第1期；杨天宏：《清季东北"自开商埠"述论》，《长白学刊》，1998年第1期；吕秀莲：《论近代营口的开埠对东北地区的影响》，《吉林师院学报》，1998年第3期；吕绍坤：《近代大连自由港制度的实施及其对城市经济的影响》，《社会科学辑刊》，2004年第3期。
⑤ 何一民、易善连：《近代东北城市殖民地化的进程及特点》，《社会科学辑刊》，2003年第1期。

守中、郭大松合著的《近代山东城市变迁史》[①] 对近代山东城市的发展阶段、特点和动因进行了研究。徐纯性的《河北城市发展史》、罗澍伟的《试析近代华北的区域城市系统》、王玲的《北京与周围城市关系史》、庄维民的《论近代山东沿海城市与内地商业的关系——以烟台、青岛与内地商业的关系为例》[②]，均为该领域较为优秀的学术成果。

关于华北区域城市化与城市早期现代化方面的论著则有胡光明的《清末民初京津冀城市化快速发展的历史探源与启示》《北洋新政与华北城市近代化》、裴赞芬的《近代河北城市化试论》、阎泽的《"中华帝国晚期近代化"语境下的天津早期城市化属性分析》、魏开肇的《论19世纪下半叶和20世纪上半叶的北京现代化进程》、郑忠的《试论影响近代北京城市转型的因素》、张连国的《山东准近代化城市之近代化简论》等文[③]，分别从区域或单体城市的角度对清代后期华北各地城市的早期现代化进行了深入的分析研究。此外，王玉茹、郭锦超的《近代江南市镇和华北市镇的比较研究》，邱国盛的《从戊戌维新看近代北京、上海的城市互动》等文[④]，分别对清代后期华北与江南的城市发展进行了比较研究。

3. 华东区域城市史研究

对清代华东区域城市进行研究的力作，首推张仲礼主编的《东南沿海城市与中国近代化》[⑤]，该书第一次"将东南沿海城市作为一个城市群体来研究"。其姊妹篇为张仲礼等主编的《长江沿江城市与中国近代化》[⑥]，此书分专题研究了近代长江沿岸城市的经济、社会、市政和文化的近代化，着重分析了长江沿岸城市的历史源流，历代战争、政治事件对沿岸城市发展的影响，讨论了开埠通商与沿岸城市发展关系以及这些城市在近代中国的地位等问题。此外熊月之、潘军祥的《论东南沿海城市与中国近代化》，沈祖炜的《东南沿海的城市与中国现代化》等论文[⑦]，都是代表之作。在此基础上，戴鞍钢的《港口·城市·腹地：上海与长江流域经济关系

---

① 王守中、郭大松：《近代山东城市变迁史》，山东教育出版社，2001年。

② 徐性纯：《河北城市发展史》，河北教育出版社，1992年；罗澍伟：《试析近代华北的区域城市系统》，《天津社会科学》，1992年第5期；王玲：《北京与周围城市关系史》，北京燕山出版社，1988年；庄维民：《论近代山东沿海城市与内地商业的关系——以烟台、青岛与内地商业的关系为例》，《中国经济经济史研究》，1987年第2期。

③ 胡光明：《清末民初京津冀城市化快速发展的历史探源与启示》，《华北大学学报》，1997年第1期；胡光明：《北洋新政与华北城市近代化》，《城市史研究》（第6辑）；裴赞芬：《近代河北城市化试论》，《河北师范大学学报》，1998年第4期；阎泽：《"中华帝国晚期近代化"语境下的天津早期城市化属性分析》，《天津成人高等学校联合学报》，2004年第4期；魏开肇：《论19世纪下半叶和20世纪上半叶的北京现代化进程》，《城市问题》，1997年第4期；郑忠：《试论影响近代北京城市转型的因素》，《北京社会科学》，2001年第3期；张连国：《山东准近代化城市之近代化简论》，《东岳论丛》，1995年增刊。

④ 王玉茹、郭锦超：《近代江南市镇和华北市镇的比较研究》，《江苏社会科学》，2002年第3期；邱国盛：《从戊戌维新看近代北京、上海的城市互动》，《北京社会科学》，2003年第4期。

⑤ 张仲礼：《东南沿海城市与中国近代化》，上海人民出版社，1996年。

⑥ 张仲礼等：《长江沿江城市与中国近代化》，上海人民出版社，2002年。

⑦ 熊月之、潘军祥：《论东南沿海城市与中国近代化》，《史林》，1995年第1期；沈祖炜：《东南沿海的城市与中国现代化》，《学术月刊》，1995年第4期。

的历史考察（1843—1913）》[1] 进一步系统地研究了晚清上海与长江流域城市的经济关系，认为长江三角洲在近代以来，一直是与上海关系最紧密的经济腹地，也是全国经济发展最快、城市化程度最高和人口密度最大的地区，又是外国投资最多的区域，是上海城市发展的根基，长江是沟通上海与长江流域经济联系的主要渠道。近年来关于华东区域城市研究的论著不断涌现，茅家琦的《长江下游城市近代化的轨迹》、郑忠的《长江下游非条约口岸城市近代化动力分析》、丁长清的《中国近代沿海城市功能结构的发展及其原因》[2]，分别从不同角度对华东区域城市经济问题做了论述。周新华、王会明的《中国沿海近代城市繁兴的特点及其原因》、郑忠的《试论近代长江下游城市经济功能结构的变迁》[3] 等，也从不同角度对华东城市进行了深入研究。

4. 华南城市史研究

华南城市，包括广东、福建、台湾、海南、香港、澳门诸省（市、区）的重要城镇，清代以来，特别是在中国近代史上，这些城市（镇）占据着重要的位置。清代华南城市史的研究，发端于20世纪初叶，但其研究仅限于叙述、描写或简单介绍，对城市整体或内在性质的研究几无涉及。20世纪80年代以后，研究者们开始从城市史的角度收集相关资料，着手开展研究工作，最初的成果只是一些描述性、介绍性的作品，如《福州百年大事记》《厦门大事记（清朝时期）》《广州百年大事记》（上、下）、《台湾文献史料丛刊》《海口商会的回顾》等[4]。这些资料较为详细地介绍了上述城市明清以来或近百年来在政治、经济、文化诸领域发生的重大事件，为系统研究这些城市提供了宝贵的资料。但这些研究尚属启动阶段，尚未对这些城市进行系统研究，更没有将各城市纳入华南区域城市群中进行深入研究。

进入20世纪90年代，随着中国对外开放力度的不断加大，东南、华南沿海地区城市在国家发展进程中的地位变得越来越重要，不少学者对东南、华南地区城市历史的研究予以充分重视，出现了一批研究东南、华南地区城市史的学术成果，其中主要有张仲礼主编的《东南沿海城市与中国近代化》，李国鼎的《台湾的都市建设与公共事业》，霍启昌的《香港与近代中国》，邓开颂、黄启臣的《澳门港史资料

---

[1] 戴鞍钢：《港口·城市·腹地：上海与长江流域经济关系的历史考察（1843—1913）》，复旦大学出版社，1998年。

[2] 茅家琦：《长江下游城市近代化的轨迹》，《湖北大学学报》，1994年第3期；郑忠：《长江下游非条约口岸城市近代化动力分析》，《南京师范大学学报》，2001年第1期；丁长清：《中国近代沿海城市功能结构的发展及其原因》，《南开大学学报》，1988年第2期。

[3] 周新华、王会明：《中国沿海近代城市繁兴的特点及其原因》，《江苏社会科学》，1994年第2期；郑忠：《试论近代长江下游城市经济功能结构的变迁》，《安徽史学》，2002年第1期。

[4] 中国人民政治协商会议福建省福州市委员会文史资料工作委员会：《福州百年大事记》，《福州文史资料选辑》，1987年第5辑；林荪等：《厦门大事记（清朝时期）》，《厦门文史资料》，1983年第5辑；中国人民政治协商会议广东省广州市委员会文史资料研究委员会：《广州百年大事记》（上、下），《广州文史资料》，1984年第33辑；孔昭明：《台湾文献史料丛刊》，大通书局，1984年；杨家和：《海口商会的回顾》，《海口文史资料》，1987年第4辑。

汇编》等①。虽然这一时期有关东南、华南地区单体城市的研究成果较多，但从区域城市群的角度对东南、华南城市进行整体研究的论著较少。大部分论著都只是对华南或华南某一城市的政治、经济、文化、社会或风俗民情等的研究，而对各城市在清代的发展变迁等方面的系统性研究则略显不足。

5. 西北城市研究

21世纪以前，关于清代西北城市的研究较为薄弱，有限的学术成果多以单体城市研究和通俗读物为主。新疆城市的研究则相对受到重视，发表有多篇论文，如魏长洪的《清代乌鲁木齐城的建置》《伊犁九城的兴衰》、秦川的《从惠远城兴建的军事功能看清代新疆军府制的建立》、陈延琪《试论近代新疆的城镇开发》、张建军《论清代新疆城市的人口规模》②。

21世纪以来，随着西部大开发战略的实施，有关西北城市的研究，特别是对新疆城市的研究逐渐增多。不仅有一批老专家积极倡导，而且有一批史学界新秀也加入研究行列，新疆城市研究取得了可喜进步。何一民等人所著的《20世纪中国西部中等城市与区域发展》③是较早涉及新疆城市研究的专著之一，该书分别对西部各省区的中等城市的发展情况、发展因素、发展模式以及城市体系发展等方面进行了较为细致的论述。另外，何一民的《新疆城市百年巨变：数量与规模》《新疆城市百年巨变：结构与功能》《清代藏新蒙边疆城市发展滞后原因探析》《民族性与边疆性：新疆城市发展的特点》《机遇与挑战：新丝绸之路经济带发展战略与新疆城市的发展》《近代南疆城市规模的变化与制约因素论析》等系列论文④，分别从多个角度对20世纪新疆城市发展问题进行了深入研究，这些论文作为前沿的研究成果，对后续研究具有极强的启发性。近年来，相关高校的博士、硕士学位论文，也有以新疆城市为研究对象的，其中具有代表性的论文如下。黄达远的博士学位论文《隔离下的融合——清代新疆城市发展与社会变迁（1759—1911）》，重点探讨了清代新疆城市的发展机制与城市演进的特征，提出了在人文地理和自然地理环境的双重作用下，新疆城市形成了"树轮状"的发展机制；该文还对新疆不同类型的城市进行了分类研究，并认为在清朝的隔离政策下，新疆城市和民族出现了融合发展

---

① 张仲礼：《东南沿海城市与中国近代化》，上海人民出版社，1996年；李国鼎：《台湾的都市建设与公共事业》，东南大学出版社，1996年；霍启昌：《香港与近代中国》，商务印书馆，1992年；邓开颂、黄启臣：《澳门港史资料汇编》，广东人民出版社，1991年。

② 魏长洪：《清代乌鲁木齐城的建置》，《新疆大学学报》，1982年第1期；魏长洪：《伊犁九城的兴衰》，《新疆社会科学》，1985年第1期；秦川：《从惠远城兴建的军事功能看清代新疆军府制的建立》，《新疆师范大学学学报》，2003年第4期；陈延琪：《试论近代新疆的城镇开发》，《新疆社会经济研究》，1991年第3期；张建军：《论清代新疆城市的人口规模》，《中国历史地理论丛》，1999年第4期。

③ 何一民等：《20世纪中国西部中等城市与区域发展》，巴蜀书社，2005年。

④ 何一民：《新疆城市百年巨变：数量与规模》，《民族学刊》，2014年第1期；《新疆城市百年巨变：结构与功能》，《民族学刊》，2014年第2期；《清代藏新蒙边疆城市发展滞后原因探析》，《民族学刊》，2012年第1期；《民族性与边疆性：新疆城市发展的特点》，《民族学刊》，2015年第2期；《机遇与挑战：新丝绸之路经济带发展战略与新疆城市的发展》，《四川师范大学学报》，2015年第2期；《近代南疆城市规模的变化与制约因素论析》，《四川师范大学学报》，2014年第4期。

的趋势。① 阚耀平的博士学位论文《清代新疆天山北路的人口迁徙》，重点研究了天山北路人口的迁徙，但也对新疆城市进行了一定的研究。② 刘玉皑的博士学位论文《边疆与枢纽：近代新疆城市发展研究（1884—1949）》对清后期新疆建省以来城市的发展进行了研究。③ 另外有多篇博士、硕士学位论文对近代新疆城市发展的相关问题进行了研究，如盛岚对民国时期新疆城镇的发展演变、地域分布、规模等级、城市居民生活及城市早期现代化变迁做了初步梳理④；张鹏以迪化、伊宁和喀什为研究对象，从地理、经济、人口、文化等方面对其进行了个案分析。⑤

近年来，有关清代西北地区的城市史研究取得了一定突破，有所创新，并已超越了过去诸如"史话""史志"类的一般性的描述性研究，进入综合运用城市学、经济学、民族学、宗教学、文化人类学、社会学的理论与方法进行研究的阶段。有关清代河西走廊历史城镇变迁、西北传统城镇的近代化、西北地区城镇与其他地区城镇的比较研究等课题也正在展开。

6. 西南城市研究

近年来，有关清代西南地区城市的研究也取得较大进展，除了单体城市研究取得较大突破外，有关区域城市的研究也引人瞩目。何一民等人合著的《世界屋脊上的城市：西藏城市发展与社会变迁（17世纪中叶至20世纪中叶）》⑥ 一书和与之相关的十余篇论文，较系统地对清代西藏城市进行了研究。另外，何一民撰写的《巴蜀文化通史·城市文化卷》对巴蜀地区的城市进行了系统研究，其中有关清代巴蜀地区的城市研究占有较大篇幅。吴晓亮的《洱海区域古代城市体系研究》⑦ 则对清代洱海区域的城市体系、人口、经济等方面均有所论述。

（五）清代城市研究的成果与问题

近年来，学界对清代城市分层面的研究已进入细致化阶段，如对城市治安管理、人口管理、经济管理、社会管理、市政建设、城市规划、城市形态、空间结构、阶级阶层、社会组织、社会生活、社会问题、文化教育、城市灾害、城市救助等问题的研究。

此外，国家清史工程增设了《清史·城市志》，《清史·城市志》经过十年的努力已经完成编纂，并通过验收。围绕《清史·城市志》的研究，课题组结合人才培养，先后完成了数十个专题研究，如对清代城市空间分布与城市结构的研究，对十

---

① 黄达远：《隔离下的融合——清代新疆城市发展与社会变迁（1759—1911）》，四川大学博士学位论文，2006年。
② 阚耀平：《清代新疆天山北路的人口迁徙》，复旦大学博士学位论文，2003年。
③ 刘玉皑：《边疆与枢纽：近代新疆城市发展研究（1884—1949）》，西北大学博士学位论文，2013年。
④ 盛岚：《民国时期新疆城镇发展研究》，新疆大学硕士学位论文，2007年。
⑤ 张鹏：《民国时期新疆重点城市研究》，新疆大学硕士学位论文，2012年。
⑥ 何一民等：《世界屋脊上的城市：西藏城市发展与社会变迁研究（17世纪中叶至20世纪中叶）》，社会科学文献出版社，2014年。
⑦ 吴晓亮：《洱海区域古代城市体系研究》，云南大学出版社，2004年。

余省区所辖城市进行的分省研究，等等，研究成果达数百万字，目前已经出版或即将出版的专著达十余部。此外，关于西藏、新疆等边疆城市的发展研究也开始受到学界的关注，在一定程度上弥补了清代边疆城市研究的不足。

综上所述，我们可以看出，有关清代城市的研究可谓硕果累累。无论是对清代前中期城市的研究，还是对清代晚期城市的研究；无论是对清代内陆城市的研究，还是对沿海沿江通商城市的研究；无论是对政治中心城市的研究，还是对经济中心城市的研究；无论是对城市空间、功能结构的研究，还是对城市的规划、建设、管理的研究；无论是对清代城市发展的理论探讨，还是对不同类型城市的实证分析，都取得了较多的成果。但是，总结现有研究成果，也不难发现有关清代城市的研究存在着诸多问题与不足。

首先，清代城市的整体性研究较为缺乏。一方面，受长期以来所形成的历史分期的影响，清代历史被人为地划分为清前中期和清后期两个部分，清代城市的研究也因而往往缺乏历史的完整性。研究清前期城市的学者往往将这一时期的城市与明代城市结合起来进行研究，其成果也更多地以"明清"的形式出现，而研究清代后期城市者一般都以1840年为上限，其成果以"近代"的形式居多。即便其研究内容有前伸后延之实，也往往较为简略或语焉不详。因而目前有关清代城市的研究成果很难系统地再现清代城市在某个领域的整体变迁历程。因此，今后的清代城市研究必须打破历史分期的界限，从整个清代的角度出发进行研究。只有这样，才能突破当前清代城市研究的局限。另一方面，当前的清代城市研究成果相对零星、分散，尚无清代城市史专著。在当前的研究中，虽然已不乏如《清代经济史研究》这样的专著和以整个清代为研究时段的论文，以及《明代城市研究》之类的城市断代史性质的著作，但是全面研究清代城市的断代史尚未出现。该类专著的缺乏不仅使读者难以对整个清代城市的基本发展状况有全面的了解，也使现有清代城市的研究难以得到全面的总结，既不利于后来者的学习，也不利于清代城市史研究的全面深入。因此，今后有必要集中力量编写一部清代城市断代史著作，这是当前进一步深化清代城市史研究的迫切需要。

其次，清代城市研究的不平衡性较为明显。从已有研究成果看，清代城市研究的不平衡性主要表现在两个方面：一是时段上的不平衡性，即有关清代前中期城市的研究成果相对较少，而关于清代后期城市的研究成果较多。这种不平衡性的形成既与中国城市史的研究主体主要由原研究中国近代史的学者构成有关，也与清代前中期城市变化相对较小、资料较为分散、可研究内容较少，而后期变化激烈且转型特征明显、资料丰富、可研究内容较多有关。这种研究时段上的不平衡性使目前有关清代前中期城市的研究基础相对薄弱，不利于推动清代城市的整体研究。二是研究空间上的不平衡性。目前的众多研究成果中，不管是关于清代前中期城市的研究成果，还是关于清代后期的城市研究成果，都集中于东部沿海地区，而对于广大西部内陆城市的研究则相对较少，在区域城市研究方面更是如此。这种研究状况的形成与长期以来研究主题的相对片面化有很大关系。就清代前中期而言，这一时期社会的变化主要体现在资本主义的萌芽与商品经济的发展,而这种变化又主要集中在东南沿海地区的城市,广大中西部地区城市的变化相对并不明显,因而关于清代前中期城市的研究相对集中于东南沿海地区。鸦片战争以来外国资本主义的入侵使东部沿海地区的城市,尤其是开埠通商口岸城市的变化最迅速,也最剧烈,广大内陆地区城市的变化相对较小,因而关于清后期城市的研究也集中于东部地区的城市。

此外,从清代城市研究的各个层面来看,不论是关于清代前中期城市的研究还是关于清代后期城市的研究,关于城市政治、经济的论著较多,关于城市文化、城市管理方面的成果则较少,而与城市个性相联系、与城市市民生活相联系的文化形式、文化特质的研究则非常少,并且还停留在经验的层面上,缺乏深入的理论分析。就城市管理而言,目前已有的少数研究成果也主要集中于管理制度、管理机构等相对固化的方面,而对于管理的运作过程、管理的效果评估等的研究则非常少。另外,关于清代城市间的比较研究亦较为缺乏。从清代城市研究已有成果来看,比较研究才刚刚起步,论著甚少。清代社会变革剧烈,城市在类型、现代化模式、经济地理条件等方面具有多样性,因而具有较强的可比性,应加强不同类型城市之间、不同发展模式城市之间、不同地区城市之间的比较研究,此外,还要加强与国外城市的比较研究。

总的说来,清代城市史研究正在围绕城市理论研究、个案城市研究、城市特征研究、区域城市研究、城市社会研究、不同类型城市研究、城市比较研究等方面进一步展开。从研究的对象来说,呈现出单体城市、区域城市与整体城市体系研究相结合的趋势;从研究的内容来说,呈现出传统与现代性相结合的研究趋势;从研究的特征来说,呈现出共性与个性相结合的研究趋势;从研究的方法来说,呈现出社会科学研究方法与自然科学研究方法相结合的趋势;从研究的目的来说,呈现出学术理论研究与城市现代化建设实践相结合的趋势。

七、民国城市史研究

改革开放以前,学界对民国城市史的研究相对较少。改革开放以后,民国城市史研究异军突起,成为城市史研究中最为兴盛的研究领域。不过,在具体研究中,学者往往将民国与晚清结合起来,作为一个整体时段——"近代"来进行研究,并且以城市化和现代化为主线。

民国城市史研究虽然起步晚,但发展较快,取得了令人瞩目的成果,主要体现在以下两方面。

其一,对城市史研究的理论探讨取得突破性进展,初步形成了具有中国特色的中国近代城市史理论框架和研究方法。

西方学术界对中国近代城市史的研究起步较早,20世纪20年代就出现了有关近代中国城市史研究的论著。20世纪60年代以来,西方学术界对中国近代城市史研究已经形成若干理论、研究模式,出版了大量的研究论著,但由于中西文化交流不畅，这些研究成果在20世纪80年代以前翻译成中文的极少，中国学术界对西方近代城市史研究理论和方法较为陌生。20世纪80年代以来，中国学者对城市史研究理论和方法进行了不懈的探索，取得了相当的进展，如对近代城市史研究的目的与意义、近代城市史研究的主要对象、城市化与现代化、现代化与半殖民地化、城市的体系与布局、城市的功能与结构、城乡关系、城市发展动力等理论问题都进行了较为深入的探讨，不少学者还提出了近代中国城市史研究的理论模式，初步形成"结构—功能学派""综合分析学派""社会学派"以及"新城市史学派"等不同的学派。理论研究的多样化，一方面反映了学者们思维的活跃程度，另一方面也对具有中国特色的近代城市史研究理论体系的形成和中国近代城市史研究的深入起到了十分重要的推动作用。

其二，对中国近代城市史研究的重视度不断提高，研究领域不断扩大，学术专著和论文大量出版与发表。

20世纪80年代以来，各界对中国近代城市史研究的重视度不断提高，首先表现在国家哲学社会科学规划领导小组对这一课题的重视，从"七五"规划到"十三五"规划，国家社会科学规划办都将包括民国时期在内的中国近代城市史研究列入国家哲学社会科学重点项目、年度项目及青年项目，对相关的选题优先考虑，先后被评为国家哲学社会科学重点课题、年度课题和青年基金课题的中国近代城市史研究项目达几十个；此外，国家教委和各省的社科基金课题也都将中国近代城市史研究纳入申报范围。在这种学术导向下，越来越多的研究者向中国近代城市史研究领域靠拢，有力地推动了中国近代城市史研究的繁荣。

近代中国城市史研究在20世纪80年代之初兴起，研究者主要围绕少数新兴的大城市展开研究，并着力对这些新兴的大城市从传统到现代的变迁过程进行全方位的考察，力图从整体上揭示各城市的地理、经济、政治、文化等多层次结构状态及其演变过程，并不断拓宽包括民国城市史研究在内的近代中国城市史研究领域，从而将相关研究引向更深的层次。这主要表现在以下几个方面：一是单体城市研究的普遍化和深入化。二是单体城市研究向多层次、多角度、多学科交叉研究的方向深入发展，城市经济、政治、文化、建筑、社会生活、阶级阶层等研究领域都有一些较有分量的成果。三是研究领域向纵深拓展，主要表现为从单体城市研究向区域城市研究和中国城市整体研究拓展，以及近代城市研究与现代城市发展研究相结合的趋势。

（一）中国近代城市史研究理论探索

经过众多学者的不断努力，中国近代城市史研究已取得了相当显著的成果。作为一门新兴学科，中国近代城市史已经形成了自己的研究体系，并初步形成了多元化的具有中国特色的近代城市史研究理论模式和研究方法。

一是对城市现代化与城市化理论的研究。晚清民国时期，是中国城市从农业时代向工业时代转型的重要阶段，因而研究民国城市史不能不涉及现代化和城市化问题。19世纪中叶以来,城市在国家和区域活动中所起的中心作用越来越突出,重大的变革大都发生在城市,无论是经济领域的现代化,还是政治、文化等方面的现代化,都是以城市为中心而展开,从中心城市向一般城市扩展,从城市向农村扩展。因此,研究中国近代城市史的学者都十分重视对城市现代化的研究。可以说,到目前为止,国内学者关于近代中国城市史的研究多以此为主线展开。不少研究者认为近代中国城市史研究有两条相互推动、相互制约的主线,一条是近代城市化过程,一条是城市现代化过程。但在不同类型的城市中,这两条主线应有所侧重,在全国或区域城市体系中,人口在不同城镇的分布、密度有所不同,城镇的等级、层次、空间分布,城镇的社会经济类型、产业布局以及城镇之间的社会、经济联系也有所不同,因而区域城市研究的重点应以城市化为主线。在以某一城市为研究对象而进行单体城市研究时,则可侧重于城市现代化这一主线,重点探讨城区结构功能的现代化过程。同时,他们指出,这两条主线的划分,在一定程度上是为了表述上的方便,实际上这两条主线是同一历史过程。城市化本身就是现代化的一个重要标志,而城市现代化不过是城市化水平提高的反映。[①] 对城市化的研究必然会涉及很多理论问题,因此学者间难免会产生分歧。如关于城市化的内涵,学者们就有不同看法:一种意见认为城市化是指人口居住重心由农村转向城市,因而主张将农村人口向城市迁移作城市化的核心;另一种意见则认为近代城市化不仅是人口城市化的过程,还应包括第二、三产业向城市聚集,城市数量的增加,城市状态在地域内的扩大,城市的生产和生活方式、价值观念的普及和在乡村的传播等更为广泛的内容。历史学研究者对这一问题的思考,与目前人口学、城市学、地理学、经济学、社会学等领域研究者对当代城市化的研究有相互呼应之处,近年来,国内其他学科对城市化的研究在理论上也有很大发展,因此各学科之间可以相互借鉴,取长补短。

二是对半殖民地化与城市发展关系的研究。大多数学者认为中国城市现代化和城市化与殖民地化、半殖民地化是同步进行的。西方发达国家在发生现代化的时候,并没有遇到很大的国际压力和外部干扰因素,它们没有面临沦为殖民地或半殖民地的危险,相反,它们通过血与火的殖民掠夺,完成了资本的原始积累,在其后的国际竞争上占有很大优势。而中国开始进行现代化转型时,西方主要的资本主义国家对中国进行了疯狂的侵略,中国被西方资本主义列强用武力强行拉入世界资本主义体系中,处于边缘和依附地位,所以中国城市的早期现代化从一开始就与殖民地化、半殖民地化同步进行,错综复杂地纠缠在一起。外国资本主义既对中国城市的现代化起了一定的推动作用,同时也对中国城市的现代化起着阻碍作用。这种以西方发达的资本主义国家为中心的国际政治、经济秩序,对中国早期现代化的发展十分不利。19世纪末,世界资本主义从自由竞争阶段进入帝国主义垄断阶段,少数几个大的帝国主义国家将世界瓜分完毕,由它们占主导地位的国际经济、政治秩

[①] 隗瀛涛:《近代重庆城市史·绪论》,四川大学出版社,1991年。

序已经形成，其他国家在国际分工中只能处于边缘和依附地位，成为少数几个帝国主义国家的原料市场和商品、资本输出的市场，为这些国家提供原料和初级产品。国际市场被少数国家的资产阶级所操纵，不平等条约体系成为套在中国身上的铁链，中国成为西方资本主义国家侵略、掠夺的对象。在西方资本主义国家的侵略、掠夺下，中国沦为半殖民地，人民遭受了巨大的灾难，国家丧失了巨额资源和财富，经济结构的转型呈现畸形化，因而中国城市的现代化发展十分缓慢、曲折。这种不平等的关系严重地制约着中国经济的发展，并导致中国与少数资本主义国家之间的严重对立，从而延误了现代化的时间，失去了正常发展现代化的机遇，并进一步加剧了中国城市现代化发展的不平衡性——沿海沿江少数开埠通商城市的现代化进程较快，但绝大多数内地城市的现代化进程缓慢，尤其是西部城市的现代化进程十分缓慢。

租界是近代中国城市中的一种特殊现象，是中国城市殖民地化、半殖民地化的一个重要标志。租界的存在对中国近代城市的发展影响甚巨，但在一个相当长的时间内，国内学术界对租界的研究比较薄弱，并多立足于批判的立场，因而在许多方面不能深入研究。20世纪80年代中期以来，上海、天津、重庆、武汉、北京等地的学者对租界进行了比较深入的研究，取得了丰硕的研究成果。

此外，关于城市现代化和城市化的动力、近代城乡关系等方面的理论研究，也取得了较大的进展。[1]

（二）城市整体史和分层研究

城市作为一个特殊的发展要素聚集空间，是区域的政治、经济、文化中心，是区域发展的重要推动力量。城市自产生以来，始终承担着社会发展变迁"火车头"的作用。同时，城市又是一定区域内的政治、经济和文化中心，城市与区域有着互动制约关系。[2] 因而对城市的研究不能孤立地进行，须将其与区域的发展相联系在一起作为整体来进行，城市发展与社会变迁的互动关系问题开始受到关注。2004年，何一民主编的《近代中国城市发展与社会变迁（1840—1949年）》出版，"揭开了中国城市史研究的新旅程"[3]。该书运用历史学和社会学等多学科相结合的研究方法，以大量历史文献为支撑，在广泛借鉴国内外研究成果的基础上，围绕近代中国城市化与城市现代化进程这一主线，采用宏观与微观相结合、定性分析与定量分析相结合的方法，系统研究了近代中国城市化与城市现代化发展演变对近代中国社会变迁的影响。该书以近代中国城市及其发展动力机制的转变开篇，从宏观层面

---

[1] 隗瀛涛：《近代重庆城市史·绪论》，四川大学出版社，1991年；何一民等：《近代中国城市研究学术讨论会综述》，《近代史研究》，1990年第3期。

[2] 马敏：《探寻近代中国城市演变的历史轨迹——评介〈近代中国城市发展与社会变迁（1840—1949年）〉》，《中华文化论坛》，2006年第1期。

[3] 隗瀛涛：《城市史研究的新旅程——评〈近代中国城市发展与社会变迁（1840—1949年）〉》，《中华文化论坛》，2006年第1期。

展示出城市在近代中国的新发展及其发展的机遇与条件。在此基础之上,该书对近代中国的城市化进程、城市规模等级结构、城市管理体制、社会结构、城乡关系、社会生活、婚姻家庭等问题进行全面系统的分析梳理,从而立体地勾画出近代中国社会的全景式变迁进程和多要素层面。[①] 该书问世以前,近代城市史和社会史研究,极少切入城市发展与社会变迁的互动关系问题,多就城市而谈城市、就社会而言社会,城市与社会有被割裂的倾向。《近代中国城市发展与社会变迁(1840—1949年)》开拓了一个新的研究领域,"在研究的切入点上具有毋庸置疑的创新性"[②]。自此以后,从城市发展与社会变迁的互动关系切入,探讨近代中国城市现代化的轨迹、路径,逐渐成为中国城市史研究的一个热点问题,先后出现了若干有影响的论著,如林星《城市发展与社会变迁:福建城市现代化研究(1843—1949)——以福州、厦门为中心》、聂家华《对外开放与城市社会变迁——以济南为例的研究(1904—1937)》[③]。此外,一批博士、硕士学位论文也对城市发展与社会变迁的互动展开研究,如张河清《湘江沿岸城市发展与社会变迁研究》、孙鸿金《近代沈阳城市发展与社会变迁(1898—1945)》、赖小路《近代四川城市发展与社会变迁》等[④]。但从总体上看,到目前为止,关于近代中国城市发展与社会变迁的互动关系问题的整体研究成果还比较少,在广度和深度方面有待于进一步拓展。2015年,《中华民国专题史·城市化进程研究》一书出版,这是一部最新的民国城市史佳作,对民国时期城市发展、演变有着较为清晰的论述,并将有助于推进民国城市史研究的深入发展。[⑤]

20世纪后期以来,对中国近代城市尤其是民国时期城市进行研究的成果较为丰硕,区域城市史研究和城市微观史研究兴起,相关研究走向精细化。上海市社会科学院历史研究所组织编撰了总计25册的《上海城市社会生活史丛书》。这套丛书以近代上海城市现代化进程为背景,深入研究了城市发展对于近代上海城市社会生活各个层面所产生的影响。诸如上海的公共空间、同乡组织、市政建设、政商关

[①] 何一民:《近代中国城市发展与社会变迁(1840—1949年)》,科学出版社,2004年。
[②] 马敏:《探寻近代中国城市演变的历史轨迹——评介〈近代中国城市发展与社会变迁(1840—1949年)〉》,《中华文化论坛》,2006年第1期。
[③] 林星:《城市发展与社会变迁:福建城市现代化研(1843—1949)——以福州、厦门为中心》,天津古籍出版社,2009年;聂家华:《对外开放与城市社会变迁——以济南为例的研究(1904—1937)》,齐鲁书社,2007年。
[④] 张河清:《湘江沿岸城市发展与社会变迁研究》,四川大学博士学位论文,2007年;孙鸿金:《近代沈阳城市发展与社会变迁(1898—1945)》,东北师范大学博士学位论文,2012年;赖小路:《近代四川城市发展与社会变迁》,四川大学博士学位论文,2014年。
[⑤] 江沛等著:《中华民国专题史·城市化进程研究》,南京大学出版社,2015年。

系、人口构成、衣食住行等，每个专题研究都做得较为精细、深入。① 这样的研究取向的确有助于对历史复杂性、多样性、特殊性的理解，但"特殊"可以反映"一般"而不能代替"一般"，"局部"可以窥视"整体"而不等于"整体"。如果只强调"局部"、突出"微观"而忽视"整体"、弱化"宏观"，不利于认识近代以来中国城市变迁的复杂性。近代以来，中国社会在外部力量的冲击和影响之下逐渐发生了全方位的变化。这种变化并非平行推进，同步进行，而是有着很大的不平衡性，故此，从"微观"的、"碎片"的角度认识近代以来中国社会的变迁，的确有助于深化对近代中国社会变迁复杂性的认识。然而，若就此忽视甚至有意弱化整体的、宏观的研究，是无法对错综复杂的中国近代社会变迁进行规律性的、结构性的总结与认识的。而没有宏观层面规律性的、理论性的认识，微观层面的研究极有可能陷入自说自话、只见树木不见森林的片面状态。"要回答中国是什么的问题，必须从宏观入手。一个整体的中国，绝不是由一块块碎片缀补而成的，它需要宏大的结构作为支撑。"② 史家钱穆曾指出："历史传统本是以往社会的记录，当前社会则是次下历史的张本发生。"③ 也就是说，历史总是前后连续、周而复始的，所谓"人事有代谢，往来成古今"。故此，梁启超百年前就指出历史要"记述人类社会赓续活动之体相，校其总成绩，求得其因果关系，以为现代一般人活动之资鉴者也"，"史家目的，在使国民察知现代之生活与过去、未来之生活息息相关，而因以增加生活之兴味；睹遗产之丰厚，则欢喜而自壮；念先民辛勤未竟之业，则矍然思所以继志述事而不敢自暇逸；观其失败之迹与夫恶因恶果之递嬗，则知耻知惧，察吾遗传性之缺憾而思所以匡矫之"④。换而言之，史学研究的功用不仅仅在于恢复历史的本

---

① 《上海城市社会生活史丛书》是上海市哲学社会科学规划项目，2001 年立项，2008 年开始出版，2011 年出版齐，共 25 册。分别为熊月之：《异质文化交织下的上海都市生活》，上海辞书出版社，2008 年；王敏：《上海报人社会生活（1872—1949）》，上海辞书出版社，2008 年；侯艳兴：《上海女性自杀问题研究（1927—1937）》，上海辞书出版社，2008 年；陈同：《近代社会变迁中的上海律师》，上海辞书出版社，2008 年；汪之成：《近代上海俄国侨民生活》，上海辞书出版社，2008 年；汤水清：《上海粮食计划供应与市民生活（1953—1956）》，上海辞书出版社，2008 年；唐艳香、褚晓琦：《近代上海饭店与菜场》，上海辞书出版社，2008 年；马学强、张秀莉：《出入于中西之间：近代上海买办社会生活》，上海辞书出版社，2009 年；施扣柱：《青春飞扬——近代上海学生生活》，上海辞书出版社，2009 年；阮清华：《上海游民改造研究（1949—1958）》，上海辞书出版社，2009 年；宋钻友：《同乡组织与上海都市生活的适应》，上海辞书出版社，2009 年；白华山：《上海政商互动研究（1927—1937）》，上海辞书出版社，2009 年；陈祖恩：《上海日侨社会生活史（1868—1945）》，上海辞书出版社，2009 年；葛涛：《唱片与近代上海社会生活》，上海辞书出版社，2009 年；瞿骏：《辛亥前后上海城市公共空间研究》，上海辞书出版社，2009 年；张生：《上海居，大不易——近代上海房荒研究》，上海辞书出版社，2009 年；张笑川：《近代上海闸北居民社会生活》，上海辞书出版社，2009 年；叶中强：《上海社会与文人生活（1843—1945）》，上海辞书出版社，2010 年；王健：《上海犹太人社会生活史》，上海辞书出版社，2008 年；马军：《舞厅·市政——上海百年娱乐生活的一页》，上海辞书出版社，2010 年；江文君：《近代上海职员生活史》，上海辞书出版社，2011 年；宋钻友等：《上海工人生活研究（1843—1949）》，上海辞书出版社，2011 年；葛涛、石冬旭：《具像的历史——照相与清末民初上海社会生活》，上海辞书出版社，2011 年；王敏等：《近代上海城市公共空间（1843—1949）》，上海辞书出版社，2011 年；金大陆：《非常与正常——上海"文革"时期的社会生活》，上海辞书出版社，2011 年。
② 王学典、郭震旦：《重建史学的宏大叙事》，《近代史研究》，2012 年第 5 期。
③ 钱穆：《中国历史研究法》，生活·读书·新知三联书店，2004 年，第 52 页。
④ 梁启超：《中国历史研究法》，北京联合出版公司，2014 年，第 7、9 页。

来面目，还在于为当下的经济和社会发展提供理论指导与借鉴。治史者因而可以通过斟酌选题及视角，使自己的研究成果既贴近历史的真实，也有利于历史与现实的沟通。

中国城市史研究自20世纪80年代以来，一直是学术界热切关注的焦点。三十余年的学科发展，以近代中国城市发展演变为主题的城市史学研究，先后完成了从个案研究到整体研究，从纵向梳理到横向比较，从单一学科到多学科审视的历史性跨越。一批颇有学术价值与影响的研究成果相继问世，推动本学科向更高层次提升，向更广阔的研究领域拓展。

其中，近代单体城市研究，是中国大陆启动最早、投入科研资源最多、成果最丰富的城市史研究领域。1986年国家哲学社会科学"七五"重点研究项目——对上海、天津、重庆、武汉四个城市的近代城市史的研究得到立项，其最终成果《近代上海城市研究》《近代重庆城市史》《近代天津城市史》《近代武汉城市史》是新中国成立以来第一批以比较新的理论和方法来研究中国近代城市史的学术专著，篇幅宏大，不仅具有开创意义，而且也是迄今为止代表我国近代单体城市研究水平的权威性著作。以此为起点，单体城市研究全面展开，研究成果不断出现。并且，在研究进程中，除了对北京、成都、开封、洛阳、济南、广州、厦门、南京、苏州等全国性、区域性中心城市展开研究，中小城市也逐渐进入学者的视野，无锡、南通、昆明、沈阳、大连、鞍山、宝鸡、本溪、自贡、长沙、邯郸、包头、拉萨等城市都有相应的专著面世。[①] 这些著作大多以城市经济、政治、社会、文化等为切入点，从宏观视角到微观领域，对研究对象进行了系统、深入的研究，探讨城市发展的路径和规律，讨论城市之间、城乡之间的互动，以期为当代城市的发展与建设提供历史经验。

继单体城市研究展开之后，20世纪90年代初期，学术界的研究视野开始拓展到对群体城市、区域城市和不同类型城市的综合研究，进而拓展到对近代中国城市的整体研究。"八五"期间，在国家哲学社会科学规划办的引导下，不同类型城市的综合研究和区域城市研究得到重视，相关高校和科研单位的研究机构也加大了对此类研究的支持力度，先后完成的重要研究成果有《中国近代不同类型城市综合研究》《东南沿海城市与中国现代化研究》《近代华北城市系统研究》《山东城市史研究》《北京与周围城市关系史》《粤港澳城市互动研究》等。

同时，受海外汉学和后现代主义史学的影响，对城市发展与社会变迁的互动关系问题的研究趋于精细化、微观化。其中的代表性成果是上海社会科学院历史研究所组织编撰的《上海城市社会生活史丛书》（关于此书内容，前文已有介绍，此不再赘述）。此外，上海学界还编译出版了《上海史研究译丛》，翻译了海外知名学者对上海史研究的重要成果，丛书的不同作者以独特的视角、丰富的材料，从社会变迁的角度重新解读近代上海城市的发展，内容涉及上海道台、警察、妓女、工业

[①] 熊月之、张生：《中国城市史研究综述（1986—2006）》，《史林》，2008年第1期。

家、侨民、同乡会、救火会、苏北人等。

1. 城市等级体系与区域城市体系问题研究

城市等级体系和区域城市体系研究是城市历史地理学研究的重要分支之一。从19世纪末开始，城市研究引起了欧美学者的关注。进入20世纪以后，国外学者对城市各领域的研究不断深入，城市研究成为人类社会、历史研究中的重大课题。1933年，德国城市地理学家克里斯塔勒（W. Christaller）对德国南部城镇进行调查后，出版了《德国南部中心地原理》[①] 一书，提出了中心地学说（Central place theory）。这是一种关于大区域范围内城市布局的理论，主要论述一国或一地区内城镇等级、规模、职能间的关系及其空间结构的规律性，借以研究如何在一匀质平原区合理分布不同等级的多级城镇，形成以中心城市为核心，由相应的多级城镇及其市场所构成的网络体系，从而有效地组织区内物质财富的生产与流通，以获取最大经济效益的问题。20世纪70年代，美国学者施坚雅应用克里斯塔勒的中心地理论，将中国划分为九个相对独立的大区，即以北京为中心的华北大区，以西安为中心的西北大区，先以成都后以重庆为中心的长江上游区，以武汉为中心的长江中游区，先以苏州后以上海为中心的长江下游区，以福州为中心的东南沿海区，以广州为中心的岭南区，以及云贵区及满洲（东北区）。各大区又分别划分为八个层次。施氏认为：在1893年时，八个大区（满洲除外）共有6个全国性大城市，20个区域性大城市，63个区域性城市，200个中等城市，669个地区性城市，约2 300个中心性集镇，约8 000个中等性集镇，以及27 000～28 000个一般性集镇。施氏所构建的区域系统中，每个大区都有其核心地区和边缘地区，而所谓"区域"，也可以解释为集中于某个特定大城市中的批发、赊购贸易网络所覆盖的最大范围。[②] 这一模式的优点是照顾到中国各地区经济发展的不平衡性和相对独立性，而不是把整个中国看成是毫无区别的一个整体，而且还使得中国大地上星罗棋布的大小城市有了比较合理的市场机制上的阐述，进而为量化分析奠定了基础。但中国学术界并不完全接受施坚雅对近代中国城市等级和区域城市体系的划分，并纷纷予以回应。如曹树基就指出，施坚雅采纳西方城市地理学家对西方城市的数量归纳方法，划定城市人口数量等级，这一方法本身有其合理性，但是，将这一模型应用于历史时期中国城市人口的分析，存在一个适用与否的问题。规范的做法是，研究者必须应用中国的资料对西方学者所用模型进行证实、证伪和修正，而施坚雅却从未进行这一必要的工作。因此，从某种意义上说，施氏的工作只有假设的意义[③]。姜涛在其《中国近代的城市体系变动》一文中亦指出，施坚雅模式有两个明显的缺点：首先是撤开了行政区，使经济区与行政区完全脱节，而行政区实际上对城市体系的形成具有十分重大的作用；再就是过分迁就了理论而忽视了历史。姜涛还从行政层级控制和外力

[①] [德]克里斯塔勒著，常正文、王兴中等译：《德国南部中心地原理》，商务印书馆，2010年。

[②] [美]施坚雅著，王旭等译：《中国封建社会晚期城市研究——施坚雅模式》，吉林教育出版社，1991年。

[③] 曹树基：《中国移民史》（第五卷），福建人民出版社，1997年。

冲击角度提出，近代中国存在着两个城市体系，一个是传统的以行政等级划分的城市体系，一个是以上海为中心的通商口岸城市体系。[①]

关于中国近代城市等级体系和区域城市体系问题，顾朝林在其《中国城镇体系——历史·现状·展望》一书中提出，鸦片战争以来，中国城市等级体系呈现出由沿海、沿江、内陆逐步降低的趋势，并形成了沿海、沿江两大城市"发展轴"。而且，1900—1949年是中国城市发展速度最快的时期。同时，城市等级体系还表现出"两极化"的特征，即首位城市和小城镇发达，中等城市却很少。[②] 不过，关于民国时期小城镇数量问题，学术界却争论颇多。慈鸿飞根据国民政府内政部统计资料推算，20世纪30年代"中国22个省镇集总数约达62 339个（含近750个县城）"[③]。曹树基认为，由于慈鸿飞对"市""镇"功能的划分不一致，对居民职业构成的界定也存在问题，其结论在事实上势必将许多农村聚落包含在内，因此即便有大量人口居住于这种"集""镇"，也不能说明当时的城市化水平[④]。

除了上述讨论，区域城市体系也颇为学术界关注，并获得一系列成果。如华北区域城市体系的研究，便有罗澍伟《试论近代华北的区域城市系统》[⑤]、庄维民《两种空间：近代华北地区城市系统空间结构的变迁》[⑥]、刘海岩《近代华北交通的演变与区域城市的重构（1680—1937）》[⑦]、张利民《近代华北城市人口发展及其不平衡性》[⑧] 等文。这些研究都指出，随着资本主义经济的发展，现代交通网络的构建，华北区域城市体系在近代尤其是民国时期发生重构，如北京这样的传统行政中心城市在区域城市体系内的地位下降，甚至很多次级行政中心如开封走向衰落，而以天津为代表的新型经济中心、工矿业中心、交通运输中心城市在城市体系内的地位不断上升。林星注意到，随着经济的发展、市场结构的完善、金融网络的建立、交通和通信网络的产生，福建在民国时期形成了以福州和厦门为中心，以经济为标准的城市体系。[⑨] 也就是说，民国时期的福建出现了"双核心"城市体系。

同时，新的研究理论、研究方法不断被应用于民国时期城市等级体系、区域城市体系的研究。如乌敦的博士学位论文《近代绥远地区城镇体系研究》，在研究方法上，便把历史文献方法、GIS与地图学方法、定量与定性相结合的方法以及Excel等技术手段相结合，对绥远地区的城镇体系进行综合研究。[⑩] 而郑忠、胡勇

---

① 姜涛：《中国近代的城市体系》，《近代中国的城市与乡村》，社会科学文献出版社，2006年。
② 顾朝林：《中国城镇体系——历史·现状·展望》，商务印书馆，1992年。
③ 慈鸿飞：《近代中国镇、集发展的数量分析》，《中国社会科学》，1996年第2期。
④ 曹树基：《中国移民史》（第六卷），福建人民出版社，1997年，第587页。
⑤ 罗澍伟：《试论近代华北的区域城市系统》，《天津社会科学》，1992年第12期。
⑥ 庄维民：《两种空间：近代华北地区城市系统空间结构的变迁》，《城市史研究》（第21辑），天津社会科学院出版社，2002年。
⑦ 刘海岩：《近代华北交通的演变与区域城市的重构（1680—1937）》，《城市史研究》（第21辑），天津社会科学院出版社，2002年。
⑧ 张利民：《近代华北城市人口发展及其不平衡性》，《近代史研究》，1998年第1期。
⑨ 林星：《近代福建城市体系的建立及特点》，《中共福建省委党校学报》，2009年第8期。
⑩ 乌敦：《近代绥远地区城镇体系研究》，内蒙古大学博士学位论文，2014年。

军则运用增长极、增长中心理论、极化效应研究区域城市之间的经济关系以及上海对江南城市群的影响。①

此外,边疆地区、民族地区的城市体系、城市发展问题亦越来越为学界重视,代表性成果是何一民教授对西藏、新疆等地区的城市等级、城市体系的开拓性研究成果。在讨论南疆城市的规模和制约因素时,何一民认为,在经济因素和社会因素的作用下,晚清以来南疆城市得到较大发展,新疆城市发展格局发生了很大变化,"虽然新疆的政治、经济、文化中心城市仍然在北疆,但南疆城市的数量开始超过北疆,并形成了以喀什、和阗为中心的南疆西南地区城市体系的雏形和以阿克苏为中心的南疆东北部地区城市体系的雏形"②。并且,何一民还讨论了民国时期制约南疆城市发展的各种因素,并将历史和现实结合起来,高屋建瓴地为当代新疆的城市发展提出一系列有益的对策和建议。而对于民国时期西藏城市等级体系问题,在《西藏城市发展的历史分期与特点》《清代西藏城市体系变迁及其空间特征研究》等前期成果的支撑下,何一民教授指出,民国时期西藏与内地的政治、经济、文化联系日益密切,从而推动了西藏城市的发展,初步形成了以拉萨为区域一级中心城市,以日喀则、昌都、江孜等为二级中心城市,以大、中宗豁为三级中心城市的城市行政等级体系,从而为20世纪下半叶西藏城市的发展奠定了基础。③

2. 城市管理体制问题研究

目前,国内外对民国时期城市行政管理问题的研究,在宏观层面,比较有代表性的著作主要是何一民主编的《近代中国城市发展与社会变迁(1840—1949年)》、赵可的《市政改革与城市发展》以及张利民的《艰难的起步:中国近代城市行政管理机制研究》。在《近代中国城市发展与社会变迁(1840—1949年)》一书中,有专章全面、系统地论述城市管理的现代化趋势,认为中国城市体制是在西方模式楔入和世界城市改革浪潮影响下开启的,并通过在上海、广州等城市的尝试而得以初步确立。该书用了大量笔墨分析了孙科所主导的广州市政改革对民国时期城市管理体制形成的影响,以及南京国民政府时期的《特别市组织法》《市组织法》的内涵、特征及意义,归纳了民国时期城市管理体制确立以后在行政民主化和法制化方面的演进,肯定了民国时期城市管理现代化的趋势。④ 赵可的《市政改革与城市发展》,是国内第一部从制度史和城市史的角度研究近代市政问题的专著。该专著以20世纪二三十年代市政改革运动为主体,故而重点在研究现代城市管理体制在民国时期的演进。作者系统阐述了留学欧美的知识分子在国内宣传与实践市政的史实,考察了市政改革运动在广州、昆明的兴起和推广,介绍了国民政府颁布的《市组织法》

---

① 郑忠:《近代中国区域城市的经济关系——基于对上海与无锡互动的考察》,《江海学刊》,2011年第3期;胡勇军:《极化效应:近代上海崛起对江南城市群的影响》,《江汉学术》,2015年第3期。
② 何一民:《近代南疆城市规模的变化与制约因素论析》,《四川师范大学学报》,2014年第4期。
③ 何一民:《民国时期西藏城市的发展变迁》,《西南民族大学学报》,2013年第2期。
④ 何一民:《近代中国城市发展与社会变迁(1840—1949年)》,科学出版社,2004年,第251-337页。

等法律文献，分析了该类法规在法制化、专门化和科学化等方面的进步，总结了该项运动的得失。① 张利民的《艰难的起步：中国近代城市行政管理机制研究》，则是继赵可《市政改革与城市发展》之后又一部研究现代城市管理体制在中国创建、演变的力作。该书系统地梳理了晚清到民国时期现代城市管理体制创建的艰难历程，并对现代城市管理体制在近代中国的演变过程进行了阶段划分，即启动阶段（清末新政到1914年）、尝试阶段（1914年—1928年）和实施阶段（1928年到全面抗日战争爆发前）。同时张氏结合政治制度的改革和城市的现代化进程，分析了现代城市管理体制创建过程中的多种模式，及其对城市发展的推动作用。在分析大量史实之后，张氏指出：近代创建的城市行政管理机制仅仅是艰难的起步，还停留在一个较低的水平和层次上，是城市现代化和政治制度改革的初期阶段。② 此外，刘君德、汪宇明的《制度与创新——中国城市制度的发展与改革新论》，从行政区划入手，对"市制"的概念和内涵，以及其科学的范畴进行了理论性研究，并系统且简要地叙述了中国市制尤其是民国时期市制的形成过程。③ 其他如戴均良的《中国市制》、靳运成的《中国城市化之路》等著作，也有部分内容涉及民国时期现代城市管理体制的创建、演变问题。

除了宏观研究外，个案研究方面也有许多著作涉及民国时期城市管理体制问题。其中，最具代表性的则是法国学者安克强的《1927—1937年的上海——市政权、地方性和现代化》。该书主要研究了上海特别市政府的法规、机构、职员构成、财政和规划，论述了社会精英与国民党的关系，市政府与中央政府、国民党的关系，以及市政府面对民族危机的态度和在教育、卫生、建设等方面的措施。④ 罗玲则从城市的规划、管理、建筑、市政、商业和社会风尚等方面论述了民国时期南京城市建设的现代化进程，并将南京的近代城市管理分为行政、市政和社会管理三部分，行政管理是指处理日常事务，维持城市正常运转并促进城市发展的城市管理机制，主要是满足城市生产发展的需要；市政管理包括关系城市正常运转所要求的城市交通、供排水、照明、消防等，主要是满足城市生态发展的需要；社会管理包括人口、治安、教育和社会保障管理，主要是满足社会生活的需要。⑤ 此外，史明正的《走向近代化的北京城——城市建设与社会变革》、张海林的《苏州早期城市现代化研究》等著作，也对上述城市管理体制在民国时期的发展情况进行了描述与分析，并对国家力量在现代城市管理体制的创建进程中所起的作用给予积极评价。⑥

---

① 赵可：《市政改革与城市发展》，中国大百科全书出版社，2004年。
② 张利民：《艰难的起步：中国近代城市行政管理机制研究》，天津社会科学院出版社，2008年，第251页。
③ 刘君德、汪宇明：《制度与创新——中国城市制度的发展与改革新论》，东南大学出版社，2000年。
④ ［法］安克强著，张培德等译：《1927—1937年的上海——市政权、地方性和现代化》，上海古籍出版社，2004年。
⑤ 罗玲：《近代南京城市建设研究》，南京大学出版社，1999年，第128页。
⑥ ［美］史明正著，王业龙等译：《走向近代化的北京城——城市建设与社会变革》，北京大学出版社，1995年；张海林：《苏州早期城市现代化研究》，南京大学出版社，1999年。

对于民国时期城市管理体制变迁进行研究的专题论文,在总体论述方面较有代表性成果的主要有美国学者司昆仑的《民国时期的市政发展:历史传承与异域影响》、涂文学的《近代市政改革:影响 20 世纪中国城市发展的历史性变革》、邱红梅的《近代中国市政的发展趋势对传统城市观念的挑战》和《近代中国市制的变迁及其特点》等。其中司昆仑的文章主要从民国时期市政改革运动的起因及其影响着眼,对市政改革与中国城市现代化的成绩进行评估,并对中国民族主义的特质和城市现代性与西方影响之间的关系做了探析。司昆仑的这篇论文被视为中国市政史的"开创性研究"。而涂文学、邱红梅等人的主要观点如下:在西方现代市政观念的影响下,现代城市管理体制逐步建立,不仅使中国城市迈入了早期现代化,还影响了中国的法制进程,促进了中国法制的早期现代化。[①]

就民国时期城市管理体制的现代化特征进行讨论的代表性论文则是何一民的《简论民国时期城市行政民主化与法制化的发展趋势》和赵可的《1928—1936 年城市政府的专门化与科学化趋势》。何一民认为:民国时期不但是现代城市管理体制的确立时期,而且随着现代城市管理体制的建立,城市行政也开始出现民主化和法制化的趋势。他指出,民国时期的城市管理体制"兼有封建专制与资产阶级民主制的某些内容,其中,封建专制因素依然存在,但正在逐步消亡;资本主义民主脉息微弱,但正在缓慢增强。这种此消彼长的变化趋势展示出了近代中国城市行政早期现代化的丰富而生动的内容"[②]。赵可则对南京国民政府十年统治期间城市管理体制的专门化与科学化问题进行了分析,认为:"市级政权对推动中国 20 世纪的城市和社会变革起着决定性的作用。"[③] 此外,涂文学的《集权政治与专家治市:近代中国市政独立的艰难历程——1930 年代汉口个案剖析》一文,通过讨论民国时期市政专家在汉口市政府的工作遭遇,揭示了国民党的集权统治对现代城市专业化管理的束缚,并指出:由于近代市政体制受制于国民党一党专制的集权体制,加之近代中国没有建立起西方式的公务员体制,而且中国城市早期现代化还处于起步阶段,导致近代中国没能建立起真正的由"专家治市"的"良好市政",市政独立也不可能真正实现。[④]

关于西方市政学理论与实践对于民国时期城市管理体制构建的影响,是学术界比较关注的一个课题,研究成果也相对较多。其中赵可的《20 年代我国留美知识分子对市政体制改革的探索》和《留学生与 1920—1930 年代市政学的传入及其人才培养》两篇文章,重点考察了 20 世纪二三十年代的归国留学生怎样将国际先进

---

① 涂文学:《近代市政改革:影响二十世纪中国城市发展的历史性变迁》,《学习与实践》,2009 年第 9 期;邱红梅:《近代中国市政的发展趋势对传统城市观念的挑战》,《咸宁师专学报》,2002 年第 2 期;邱红梅:《近代中国市制的变迁及其特点》,《咸宁学院学报》,2007 年第 5 期。
② 何一民:《简论民国时期城市行政民主化与法制化的发展趋势》,《西南民族学院学报》,2003 年第 1 期。
③ 赵可:《1928—1936 年城市政府的专门化与科学化趋势》,《理论文萃》,2006 年第 6 期。
④ 涂文学:《集权政治与专家治市:近代中国市政独立的艰难历程——1930 年代汉口个案剖析》,《近代史研究》,2009 年第 3 期。

的市政改革思想引入国内并对国内的市政建设产生了哪些重要影响。赵可认为，这些"海归"派对中国近代市政建设无论是市政信息的提供还是市政建设的设计，都做出了重要贡献。[①] 此外，李益彬的《租界与近代中国城市市政早期现代化》，邱红梅的《试述近代西方市政理念的东渐》，杨华的《西方市政学对中国近代市政发展的影响》，王亚男、赵永革的《近代西方"市政建设"思想的引入和对北京发展方向的讨论》，何刚的《民国时期中国新型市政学者的城市规划思想研究》及何刚、陈镜颖的《民国时期市政学者对田园城市理论的引介研究》等文章，或直接探讨西方市政学与中国近代市政发展的关系，或通过近代西方市政理念在租界市政建设中的运用，或介绍霍华德的田园城市理论构想，均从西学东渐的角度研究西方市政理念对中国近代市政建设的影响。

此外，现代城市管理体制在民国时期各地方的实践，也是学术界研究的热点。其中，陈晶晶的《中国市政组织制度的现代化雏形：〈广州市暂行条例〉》、许瑞生的《清末民初广州市市政制度的实践与启示》两篇文章，讨论了现代城市管理体制在民国初期"落户"广州的过程，并通过对《广州市暂行条例》的分析，揭示西方因素对民国时期现代城市管理体制构建的影响。[②] 孙希磊的《民国时期北京城市管理制度与市政建设》一文，叙述了民国初年北京城向近代城市转变过程中市政建设的法律法规及其建设状况。孙氏认为，伴随现代城市管理体制的建立，北京城市管理日益走上法制化的轨道，从而推动了城市的发展。[③] 涂文学的《近代汉口市政改革对租界的效法与超越》则对近代汉口市政改革所经历的仿租界、学租界到超越租界的过程进行了探析，指出近代汉口市政改革能够超越租界，应归功于汉口"独立统一"的市政体制，其所具有的现代化的市政体制架构不仅是市政改革家们将西方最新的市政理念实践于中国市政建设的结果，而且还结束了近百年来的"多头市政"的混乱局面，使汉口市政焕发出现代青春的夺目光彩，成为20世纪30年代中国城市中最耀眼的明珠之一。[④] 另外，熊亚平的《石家庄"市自治"述论（1921—1928)》、胡珀的《论20世纪上半叶收回哈尔滨市政管理权的经过》、贾秀慧的《近代乌鲁木齐的市政文明建设述评》等文章则讨论了近代市政法规在上述城市中的实践问题。

3. 城市人口构成与社会结构问题研究

民国时期，随着西方社会科学和自然科学在我国的传播，人口研究呈现出十分活跃的态势。据统计，"民国年间（1912—1949）各类报刊所发表的各类人口方面的文章约在七百五十余篇"，"刊登各类人口文章的报刊的面分布十分广泛，前后曾

---

① 赵可：《20年代我国留美知识分子对市政体制改革的探索》，《四川大学学报》，1999年第4期；赵可：《留学生与1920—1930年代市政学的传入及其人才培养》，《徐州师范大学学报》，2009年第4期。
② 陈晶晶：《中国市政组织制度的现代化雏形：〈广州市暂行条例〉》，《中山大学研究生学刊》，1999年第4期；许瑞生：《清末民初广州市市政制度的实践与启示》，《城市规划》，2009年第5期。
③ 孙希磊：《民国时期北京城市管理制度与市政建设》，《北京建筑工程学院学报》，2009年第3期。
④ 涂文学：《近代汉口市政改革对租界的效法与超越》，《江汉大学学报》，2009年第4期。

多达二百余种"①。其中，王士达、刘大均、陈长衡、陈达等人对中国近代人口问题进行了许多开创性的研究，并在研究成果中以很大篇幅分析研究了民国时期的城市人口籍贯结构、性别结构、职业结构、婚姻家庭结构、文化教育结构等问题。

中华人民共和国成立以后，由于特殊的政治原因，关于人口问题的研究一度停滞。改革开放以来，人口问题再次成为学术界关注的重点。各种人口史著作相继问世，其中以葛剑雄主编的多卷本《中国人口史》和多卷本《中国移民史》为代表。而与本书研究相关的《中国人口史》（第六卷）对清末至民国时期人口普查与人口统计的过程和数据来源进行了细致的考证、分析和判别，并在此基础上运用人口统计学的方法，对这一时期中国人口的各项主要指标，包括人口数量、性别与年龄结构、婚姻与生育、职业教育与生活水平、人口死亡及死因、人口的分布与迁移以及人口与经济、社会等方面的相互关系等进行了全面的研究。② 此外，姜涛著《中国近代人口史》，对清代、民国时期人口分布、迁移、结构等做了既宏观又深刻的阐述，对相关统计数据进行了整理、辨析、修订，并提出了检验人口数据准确性的方法，厘清了近代中国人口的基本状况。③

在城市人口构成与城市发展、城市社会变迁的关系问题上，佟新的《人口社会学》和林广、张鸿雁的《成功与代价：中外城市化比较新论》具有理论指导意义。在《人口社会学》中，佟新阐述了人口年龄结构的诸多分析层次：人口年龄、人口性别、人口职业、人口的城市化等，并就人口流动与城市发展做了理论概括；还提出了衡量城市人口质量的直接标准和间接标准。④ 在《成功与代价：中外城市化比较新论》一书中，作者用比较和实证的方法，系统地探讨中外城市化过程的成功与代价、经验与教训之后指出，城市人口数量、质量、性别、年龄、职业等因素都和城市命运密切相关。而人口流变必将引起上述诸因素的变化，进而影响城市发展。⑤

除了以上论著外，就近代城市人口构成、人口变迁问题而言，行龙的《人口问题与近代社会》从大量史料中分析归纳出近代中国过剩人口的特征，并揭示了这一特征对人口城市化、城市人口构成的影响。⑥ 张开敏主编的《上海人口迁移研究》、来新夏主编的《天津的人口变迁》，以及周进的博士学位论文《北京人口与城市变迁（1853—1953）》⑦，对于了解民国时期上述城市的人口构成、人口变迁的基本情况，以及人口变动对这些城市发展的影响，具有启发性价值。池子华的《中国近代

---

① 顾鉴塘：《民国时期人口研究探微》，《北京大学学报》，2000年第6期。
② 侯杨方：《中国人口史》（第六卷），复旦大学出版社，2001年。
③ 姜涛：《中国近代人口史》，浙江人民出版社，1993年。
④ 佟新：《人口社会学》，北京大学出版社，2000年。
⑤ 林广、张鸿雁：《成功与代价：中外城市化比较新论》，东南大学出版社，2000年。
⑥ 行龙：《人口问题与近代社会》，人民出版社，1992年。
⑦ 张开敏：《上海人口迁移研究》，上海社会科学院出版社，1989年；来新夏：《天津的人口变迁》，天津古籍出版社，2004年；周进：《北京人口与城市变迁（1853—1953）》，中国社会科学院博士学位论文，2011年。

流民》① 探讨了中国近代流民的发生机制、近代流民的流向以及对中国近代社会的种种影响,有助于了解民国时期城市人口构成的变化及原因。孙艳魁的《苦难的人流——抗战时期的难民》② 一书,通过数据统计分析指出,全面抗战时期人口流动在性别构成方面具有男多女少的特点,在流动类型上则表现出从乡村流向城市、从城市流向城市、从城市流向乡村、从战区流向相邻省区或山区四种类型,这对于理解战争与城市人口构成、人口变迁的关系有借鉴意义。

此外,行龙的《人口因素与中国的近代化》对近代中国社会的人口城市化与工业化进行了研究,认为两者未能同步,以至于城市布局失衡,城市发展规模悬殊。③ 张庆军通过对民国时期城市人口的性别结构、年龄结构、职业结构、婚姻结构的分析,指出民国时期城市人口结构具有明显的"殖民地半殖民地化特征"。④ 李蓓蓓和徐峰采用农业人口与非农业人口在总人口中的比重估算了近代中国的城市化率,并进行了阶段性划分,民国时期则处于人口城市化的初步发展和曲折发展阶段。⑤ 另外,郭大松、贾月臣《民国前期济南的人口与社会问题辨析》、袁熹《近代北京城市人口研究》以及孙伟、钟建安《民国时期的战争与南昌城市人口》等论文,对于理解民国时期人口城市化、人口变迁与城市社会问题的关系、战争对城市人口变迁的影响等问题有重要的参考价值。

人口构成与社会结构有密切关系。人口职业结构发生变化,必然导致社会结构发生变动。关于民国时期城市社会结构的研究,在理论方法上也有一定的进展,张鸿雁在《侵入与接替:城市社会结构变迁新论》中提出,城市社会结构是一定人类群体在人与人之间的生存需求和理性互动竞争中形成的各种联结关系,是一种立体复合网状结构,并阐述了城市社会结构变迁的要素、特点、形式、过程和规律。⑥ 李明伟《清末民初中国城市社会阶层研究》一书,采用社会学分析方法,将清末民初的城市各类群体划分为官僚阶层、买办阶层、企业家阶层、城市知识分子阶层、城市中等市民阶层、下层市民阶层、工人阶层、贫民阶层等八大阶层,探讨了城市各阶层的具象与特征。⑦ 复旦大学历史系等联合编辑的《近代中国资产阶级研究》详尽分析了中国民族资产阶级的起源、构成及阶级特征,对于理解民国时期城市上层社会在城市社会结构中的地位和作用具有启示意义。⑧ 唐力行将社会结构—功能的运行机制作为分析工具,将商人置于上下五千年的历史长时段中加以考察,指出商人群体经过两次群体心理的整合之后,最终在南京国民政府成立以前融注于资产阶级,成为新兴的中国资产阶级的重要组成部分。在这个过程中,传统社会结构日

---

① 池子华:《中国近代流民》(修订版),社会科学文献出版社,2007年。
② 孙艳魁:《苦难的人流——抗战时期的难民》,广西师范大学出版社,1994年。
③ 行龙:《人口因素与中国的近代化》,《上海社会科学院学术季刊》,1991年第4期。
④ 张庆军:《民国时期都市人口结构分析》,《民国档案》,1992年第1期。
⑤ 李蓓蓓、徐峰:《中国近代城市化率及分期研究》,《华东师范大学学报》,2008年第3期。
⑥ 张鸿雁:《侵入与接替:城市社会结构变迁新论》,东南大学出版社,2000年。
⑦ 李明伟:《清末民初中国城市社会阶层研究》,社会科学文献出版社,2005年。
⑧ 复旦大学历史系等:《近代中国资产阶级研究》,复旦大学出版社,1983年。

趋崩溃，新的社会结构开始形成。[①] 胡悦晗《日常生活与阶层的形成——以民国时期上海知识分子为例（1927—1937年）》，通过分析民国时期上海知识分子的职业、收入、消费、休闲方式的差异，解答了在阶层分化日益严重的城市社会里，知识分子自觉意识及关系网络如何形成的问题。[②] 城市下层社会研究近年来颇受海内外学界关注，卢汉超《霓虹灯外——20世纪初日常生活中的上海》[③]、贺萧《危险的愉悦：20世纪上海的娼妓问题与现代性》[④]、池子华《农民工与近代社会变迁》[⑤] 等皆为有影响的论著。此外，王琴从性别与权力等角度，透视了传统城市的性别格局在近代的演变，解读了新女性在近代城市转型中的角色与功能。[⑥]

关于民国时期城市社会结构、社会阶层变迁等问题，成果颇多，主要代表作有许纪霖《近代中国变迁中的社会群体》、邱国盛《论中国近代城市社会结构的演变》、李明伟《清末民初城市社会阶层的嬗变》、朱敏《清末民初城市社会结构变化的探析》、陶鹤山《论中国近代市民群体的产生和发展》、聂家华《对外开放与城市社会结构变迁：以济南为例（1907—1937）》、崔玉婷《抗战以前青岛华人社会阶层分析》、赵英兰等人的《转型社会下近代社会阶层结构的衍变》等文。其中，许纪霖认为，随着工商部门与自由职业的出现和清末军事改革，在20世纪初开始出现了三大新兴精英阶层：知识阶层、工商阶层与军人阶层。他们与传统社会的三大群体——官僚、士绅、农民阶层一起，构成了左右中国现代化格局和走向的动力群体。[⑦] 李明伟和陶鹤山则主要梳理了由工商业资本家、自由职业者、学生和小业主所构成的市民群体的产生和发展过程。[⑧] 邱国盛指出，随着城市资本主义的发展，晚清以来的城市社会结构出现了两个演变趋势，一是旧的封闭结构下的各个阶层的不断解体和新的开放结构下的各个阶层逐渐形成，二是旧的等级职业结构逐渐为新

---

① 唐力行：《商人与中国近世社会》，浙江人民出版社，1993年。
② 胡悦晗：《日常生活与阶层的形成——以民国时期上海知识分子为例（1927—1937年）》，华东师范大学博士学位论文，2012年。
③ 卢汉超的著作对近代上海的乞丐"阶层"进行了系统的考察，通过对近代上海乞丐的概述、人们对乞丐的不同解读、政府在乞丐问题上的政策等问题的深入分析，为了解上海底层市民生活提供了资料。详见卢汉超著、段炼等译：《霓虹灯外——20世纪初日常生活中的上海》，上海古籍出版社，2004年。
④ 贺萧认为妓女中也存在形式上的等级制度，而这恰恰反映了民国城市社会的结构与需求。作者分类统计了各等级妓女的情况，并探讨了娼妓及娼妓问题与上海社会的政治权利关系、商业和经济利益、社会改革、民族意识、社会性别构造等关系，认为娼妓已成为相当核心的中国政治、经济、历史和精神文化的象征符号。[美]贺萧著，韩敏中等译：《危险的愉悦：20世纪上海的娼妓问题与现代性》，江苏人民出版社，2003年。
⑤ 池子华的《农民工与近代社会变迁》分析了近代社会的转型与农民工的伴生、农民的分化与流动、农民工的向心运动、农民工的职业分流等。从来源出发，考察了近代城市下层社会群体的重要组成部分——农民工群体。作者力图通过对以苏南为中心的近代农民工流动现象的考察，揭示中国社会结构变迁的历史轨迹，实现中国民工潮历史与现实研究的对接，具有现实意义和借鉴意义。池子华：《农民工与近代社会变迁》，安徽人民出版社，2006年。
⑥ 王琴：《女性职业与近代城市社会》，中国社会出版社，2010年。
⑦ 许纪霖：《近代中国变迁中的社会群体》，《社会科学研究》，1992年第3期。
⑧ 李明伟：《清末民初城市社会阶层的嬗变》，《社会科学辑刊》，2002年第1期；陶鹤山：《论中国近代市民群的产生和发展》，《东方论坛》，1998年第4期。

的功能职业结构所取代。到了民国时期,城市社会结构的演变达到高潮,最终完成了城市社会结构的转型。[①] 此外,赵英兰等的《转型社会下近代社会阶层结构的衍变》认为中国近代社会处于传统农业社会向近代工业社会过渡的社会转型期,作为社会结构核心的社会阶层结构发生了很大的变化,并表现为其在清朝晚期的裂变和民国时期的异化。在这种裂变与异化中,社会阶层演变呈现出特殊的时代特点。[②] 崔玉婷借助社会分层理论分析了全面抗战以前青岛华人社会各阶层,认为全面抗战前青岛社会阶层结构已具备了现代阶层结构的雏形,主要表现为现代化的阶层位序已确定,城市中层社会已经产生并初具规模,现代社会的流动机制已经出现。[③]

4. 城市社会生活问题研究

民国时期,学术界就比较关注城市社会生活问题的调查研究,不过,当时的视野主要集中于城市下层社会,所以,留下的珍贵文献大都是城市劳工群体、苦力群体的生活"实录"。其中具有代表性的成果主要有杨西孟的《上海工人生活程度的一个研究》、上海市社会局《上海市人力车夫生活状况调查报告书》等[④]。这些经过实地走访而收获的研究报告、调查报告,统计分析了接受调查者的收入和消费情况、消费结构、家庭结构等,为后来者继续研究民国时期的社会生活留下了宝贵的第一手资料。

中华人民共和国成立以后,尤其是20世纪80年代以来,城市社会生活再次引起学术界的重视。随着社会史研究的兴起,与城市社会生活有关的一批学术论著相继问世,如乔志强主编的《中国近代社会史》[⑤] 便有相当篇幅讨论晚清到民国时期城市社会生活变迁的情况及其原因、特征。该书把社会史研究的内容划分为"社会构成""社会生活""社会功能"三大部分,并指出这三个部分是有序的、有因果联系的、逐步深化的,只有全面了解了某一历史时期社会的这三个方面,才算是对这一社会有了完整、深层、有机的认识,从而为进一步深化社会生活史的研究提供理论支持。此后,城市社会生活研究更在日常生活史研究的影响下,呈现出方兴未艾之势。就涉及民国时期城市居民生活变迁的研究成果而言,综论性著作中较重要者有张静如等人的《北洋军阀统治时期中国社会之变迁》和《国民政府统治时期中国社会之变迁》,朱汉国主编的《中国社会通史·民国卷》,周积明、宋德金主编的《中国社会史论》,严昌洪的《20世纪中国社会生活变迁史》,李长莉等人的《中国

---

① 邱国盛:《论中国近代城市社会结构的演变》,《唐都学刊》,2002年第3期。
② 赵英兰等:《转型社会下近代社会阶层结构的衍变》,《南京社会科学》,2013年第1期。
③ 崔玉婷:《抗战以前青岛华人社会阶层分析》,《文史哲》,2003年第1期。
④ 杨西孟:《上海工人生活程度的一个研究》,《国际劳工通讯》,1938年第5卷第4期;上海市社会局:《上海市人力车夫生活状况调查报告书》(一、中、下),《社会半月刊》,1934年第1卷第1、3、4期。
⑤ 乔志强:《中国近代社会史》,人民出版社,1992年。

近代社会生活史》等①。其中，严昌洪的《20世纪中国社会生活变迁史》可谓中国社会史研究的一部力作。作者从探究社会生活及变迁的视角出发，以专题的形式对百年来的服饰潮流、饮食文化、居住条件、交通设施、婚姻礼俗、两性观念、慈幼养老、丧祭制度、岁时节日、娱乐活动、社会保障、社会风俗等进行诠释，其中既有对社会精英乃至宫廷贵族的描述，又有对普通大众生活百态的刻画，并进一步分析其社会变迁规律，从而勾勒出百年来中国社会生活方式由传统向现代的转变、中外风尚由冲突走向交融、生活质量逐步提高的演变趋势和特点。

除了综论性著作以外，以社会风俗、女性、帮会、劳工等为主题切入研究且较有价值的专论性著作也不少，相关研究论文则更是举不胜举。这些论著对民国时期家庭结构及其成员关系、城乡社区、阶级和阶层的分化与发展、人们的生活水平与生活方式、风俗习惯、社会问题、文化教育、社会心理、社会思潮、社会运动等做了探讨，涉及城市居民生活的方方面面，体现了社会史的广阔视野和思路，拓展了历史学的研究领域，为我们更全面地认识历史的丰富内蕴提供了视角和方法，甚至为我们指示了历史学走向新繁荣的方向。其中，忻平的《从上海发现历史——现代化进程中的上海人及其社会生活》②无疑是民国时期城市社会生活研究的开拓之作。该书以1927—1937年的上海为典型案例，以现代化进程为参照系，以社会史为方法，为人们提供了认识20世纪二三十年代现代化运动中的上海的崭新视角。作者还独创性地提出了"全息社会史观"的理论体系，从而突破了传统的单一线性的历史观，从人与社会生活这一历史最基本的元素出发，对以往所忽视的人口、人格、社会结构、整合体系、人际关系及收入、消费、物价、建筑、语言、民俗、衣食住行乃至物化、文化环境等各层面给予历史性的俯瞰与全方位的透视。

进入21世纪以后，城市社会生活史研究更趋繁荣，研究视野、研究方法、切入点表现出多样化的特征。具有代表性的，除了前面提及的上海社会科学院历史研究所组织撰写的《上海城市社会生活史丛书》，当属王迪的《茶馆：成都的公共生活和微观世界（1900—1950）》③。作者首先从题目中限定了研究的时间段，即从1900年至1950年，这一时间段内的中国处于逐步向近代社会转型的过程中，居民的日常生活与文化均发生了重大变化，成都地处中国内陆，以其特有的历史文化底蕴成为代表性城市。茶馆在成都社会中发挥着重要的作用，与居民的日常生活息息相关，茶馆成为反映城市社会文化的一个窗口，在这里可以接触到社会各阶层群体。作者从微观史的角度出发，将西方新文化史和微观史取向应用于中国史的研

---

① 张静如、刘志强：《北洋军阀统治时期中国社会之变迁》，中国人民大学出版社，1992年；张静如、卞杏英：《国民政府统治时期中国社会之变迁》，中国人民大学出版社，1993年；朱汉国：《中国社会通史·民国卷》，山西教育出版社，1997年；周积明、宋德金：《中国社会史论》，湖北教育出版社，2000年；严昌洪：《20世纪中国社会生活变迁史》，人民出版社，2007年；李长莉等：《中国近代社会生活史》，中国社会科学出版社，2015年。

② 忻平：《从上海发现历史——现代化进程中的上海人及其社会生活》，上海人民出版社，1996年。

③ 王迪：《茶馆：成都的公共生活和微观世界（1900—1950）》，社会科学文献出版社，2010年。

究，将城市文化放到茶馆这一"显微镜"下进行观察，成都社会生活的各类变迁在茶馆中均有所体现。《茶馆：成都的公共生活和微观世界（1900—1950）》以其新颖的切入点、不落俗套的史料解读策略、紧跟国际史学潮流的研究方法，深化了民国时期城市社会生活的研究。

关于民国时期城市社会生活研究的成果，值得一提的还有陆汉文的博士学位论文《民国时期城市居民的生活与现代性（1928—1937）》[①]。该文的独特之处在于，作者放弃了通常的叙事史学研究方法，而代之以计量分析，以建构出可以客观、科学地评价民国时期城市社会生活变迁的指标体系，这无疑是一种可贵的尝试。

在专题论文方面，民国时期城市社会生活变迁的研究成果颇为丰富。这里只能举其要者予以概述。民国时期城市市民是影响城市发展的基本群体，其生活状况较早受到研究者关注。比如，慈鸿飞探讨了20世纪二三十年代教师、公务员的家庭生活水平；[②] 陆兴龙、张伟、李小尉考察分析了近代城市工人家庭的消费情况、收入状况；[③] 谯珊考察了近代城市消费生活变迁的原因及特点[④]。休闲娱乐也是民国时期城市社会生活的重要构成部分，而且深受西方休闲娱乐方式的影响，因此，学术界颇注意从此切入考察民国时期城市社会生活的变迁。如扶小兰就考察了电影这种新的娱乐方式对城市市民生活的影响，认为电影极大地影响了近代中国城市人的思想和生活，改变了人们的价值观念、文化心态和生活方式，塑造了城市现代人的性格特征。[⑤] 胡悦晗则引入"集体空间"概念，透过茶社、酒楼与咖啡馆这三个主要的城市休闲消费场所，考察民国时期上海知识群体如何通过休闲生活获得身份认同，建构社会关系网络。人际交往也是城市社会生活的一个重要内容，并且交往方式的变迁，交往圈子的扩大，意味着城市居民社会关系的重建，从而对城市政治、经济、文化生活产生影响，因而颇为学术界重视。如忻平通过分析民国时期上海人交往方式的变化，交往关系的复杂化，揭示了上海人的人格类型和特征，并指出，其"对于上海社会与经济现代化加速发展有重要意义"[⑥]。同时，城市现代公共设施的出现，也会促使市民的生活方式、生活习惯发生变化。如李长莉就在对近代城市公共交通与市民生活关系做了综合性考察后指出，随着近代交通工具的出现，"人们的出行方式商业化程度大增，因而也更趋于平等化、大众化，以往的等级色彩趋于淡化，促进了人们的平等意识"，"为近代公民社会提供了一定的条件"[⑦]。

---

① 陆汉文：《民国时期城市居民的生活与现代性（1928—1937）》，华中师范大学博士学位论文，2002年。
② 慈鸿飞：《二三十年代教师、公务员工资及生活状况考》，《近代史研究》，1994年第3期。
③ 陆兴龙：《民国时期工人的工资及家庭消费状况简析》，《档案与史学》，1995年第1期；张伟：《近代不同城市工人家庭收入分析》，《西南交通大学学报》，2000年第4期；张伟：《1912—1937年北京居民的工资收入与生活状况》，《史学月刊》，2007年第4期。
④ 谯珊：《近代城市消费生活变迁的原因及其特点》，《中华文化论坛》，2001年第2期。
⑤ 扶小兰：《电影与近代中国城市市民生活的变化》，《西南交通大学学报》，2001年第2期。
⑥ 忻平：《上海人人格特征刍议——兼论20—30年代上海人多重复合的人际关系》，《华东师范大学学报》，1996年第3期。
⑦ 李长莉：《近代交通进步的社会文化效应对国人生活的影响》，《学术研究》，2008年第11期。

此外，城市社会不同阶层以及不同区域城市之间消费生活、文化生活方式的差异与冲突，也受到学界关注，代表成果有郎元智的《近代东北城市生活中精英文化与大众文化的冲突与融合》、蒋枝偶的《论民国时期云南消费习惯的变化及影响》。

5. 城市婚姻家庭问题研究

对于民国时期城市婚姻家庭问题的研究，就总体而言，因涉及妇女运动史、社会生活史、思想文化史、观念史等方面的研究，故而相关著作较多，研究成果颇丰。如20世纪二三十年代的多部妇女史专著——陈东原的《中国妇女生活史》、金仲华的《妇女问题》、谈社英的《中国妇女运动通史》等，都对民国时期的城市婚姻家庭问题多有涉及。其中，陈东原对近代城市知识女性突破传统婚姻家庭束缚、争取婚姻自由的状况有较为详细的描述。① 而金仲华则充分利用其在妇女杂志社工作的经历和见闻，对当时妇女问题各方面的状况进行了描述和分析，其重点则落脚于婚姻家庭方面。② 在此，不能不提及李文海、夏明芳所主编的《民国时期社会调查丛编·婚姻家庭卷》。该书所收录的15篇民国时期婚姻家庭问题的社会调查报告，所提供的大量调查问卷、统计分析数据、研究结论，对于深入分析探讨民国时期城市婚姻家庭观念、婚姻家庭生活的变迁，具有珍贵的文献价值。

中华人民共和国成立以后，尤其是20世纪80年代以来，随着妇女史、家庭史、性别史研究的兴起，关于民国时期城市婚姻家庭问题的研究成果更是层出不穷。余华林的《女性的"重塑"——民国城市妇女婚姻问题研究》可视为民国城市婚姻问题领域的代表性著作。该书从性别史的视角出发，从新式婚姻观念入手，探讨了民国时期女性在婚姻生活改造中的作用，揭示出复杂的社会因素对妇女婚姻生活的决定性影响。③ 而城市家庭问题的专著性研究，主要见之于整体家庭史研究著作中，其中的代表作是邓伟志的《近代中国家庭的变革》。该书不但从总体上考察了从太平天国运动到中华人民共和国成立近百年间的家庭变革，而且对民国时期的家庭状况进行了详细研究。④ 郑全红则专门考察了民国时期的家庭史，从社会转型的角度对民国时期的家庭规模、家庭生活等做了详细的论述。⑤ 此外，台湾学者张树栋、李秀领的《中国婚姻家庭的嬗变》，亦有专节对民国时期城市婚姻的缔结与解除、婚姻礼俗、家庭规模、家庭职能、家庭关系特别是夫妻关系的变迁进行了概述分析。⑥

关于民国时期城市婚姻家庭问题的专题论文，比较具有代表性的成果是陈蕴茜的《论民国时期城市家庭制度的变迁》以及陈蕴茜、叶青合撰的《论民国时期城市婚姻的变迁》两文。在前一篇文章中，陈氏从社会变迁的视角探讨传统家庭制度因

---

① 陈东原：《中国妇女生活史》，商务印书馆，1928年。
② 金仲华：《妇女问题》，商务印书馆，1933年。
③ 余华林：《女性的"重塑"——民国城市妇女婚姻问题研究》，商务印书馆，2009年。
④ 邓伟志：《近代中国家庭的变革》，上海人民出版社，1994年。
⑤ 邓全红：《中国家庭史·民国时期》，广东人民出版社，2007年。
⑥ 张树栋、李秀领：《中国婚姻家庭的嬗变》，浙江人民出版社，1990年。

政治变革、经济发展、社会思潮及价值观念的冲击而发生的变化，剖析了民国时期城市家庭制度的功能演化及变迁过程，从而揭示了民国社会深层的变动。① 后一篇同样从社会变迁的视角出发，考察了民国时期婚姻制度的变迁及人们的实际婚姻生活状态，揭示了民国城市社会变迁的复杂性。② 而刘是今等人则讨论了民国时期的城市婚姻观念变迁对家庭结构的影响，并指出民国时期的中国城市是中西文明碰撞最为激烈的地方，传统家庭制度受到空前的冲击，男女平等、婚姻自由的观念逐渐深入人心，城市家庭结构和家庭关系也出现了许多新的变化和新的特点。③ 徐建生的《近代中国婚姻家庭变革思潮述论》及岳庆平的《近代婚姻家庭的变迁》，则讨论了社会思潮、重大历史事件对婚姻家庭变迁的影响，其中涉及民国城市婚姻家庭的变迁。④ 辛太甲则通过分析《大公报》的相关报道，揭示了五四爱国运动时期女性对婚姻家庭的体认，借以考察现实生活中婚姻家庭形态的缓慢变迁。此外，对于民国时期城市婚姻观念、离婚问题、家庭关系、择偶标准、家庭结构与规模等方面的专题研究论文颇多。如王印焕通过描述分析北京、天津两地青年男女争取婚姻自由的实践情况，以及城市青年学生争取自由恋爱所面临的重重困境，揭示出婚姻自由、恋爱自由、社交公开等新婚姻观念的传播与被接受。⑤ 而刘小林《五四时期婚姻观念变革的时代特征》集中讨论了五四时期城市婚姻观念所发生的种种变化，并概括出当时婚姻观念变革具有广泛性、深刻性、冲突性及偏激性等特征。⑥ 方旭红、王国平对民国时期的城市离婚现象进行了统计，并且分析了离婚的原因，最后指出社会变迁是影响婚姻从功能性向情感性转变的关键因素。⑦ 贾秀堂则对20世纪20年代的山西城市和乡村离婚现象进行了综合探讨，并揭示出此种现象的地域特征。艾晶则分析了民国时期女性离婚的社会困境，指出虽然民国时期的城市女性已经获得离婚权利，但复杂的现实环境往往对其能否离婚造成困扰。⑧ 郑全红则从纵向和横向两个方面对民国家庭关系的变化做了探讨，指出民国时期家庭关系处于中国社会由传统向现代的转变过程之中，属于"半平权型"模式。⑨ 张宁等人通过考察民国时期北京婚姻家庭中妇女的地位，揭示城市家庭中横向家庭关系所呈现出的新旧并存、传统与近代相互交融的特征。⑩ 刘志强等人对北洋政府时期下层人民

---

① 陈蕴茜：《论民国时期城市家庭制度的变迁》，《近代史研究》，1997年第2期。
② 陈蕴茜、叶青：《论民国时期城市婚姻的变迁》，《近代史研究》，1998年第6期。
③ 刘是今、刘军：《试论民国时期的城市婚姻与家庭结构》，《广西社会科学》，2003年第3期。
④ 徐建生：《近代中国婚姻家庭变革思潮述论》，《近代史研究》，1991年第3期；岳庆平：《近代婚姻家庭的变迁》，《文史知识》，1994年第5期。
⑤ 王印焕：《试论民国时期京津两市婚姻自由的实施进度》，《北京社会科学》，2006年第6期；王印焕：《试轮民国时期青年恋爱的舆论导向》，《北京科技大学学报》，2007年第1期。
⑥ 刘小林：《五四时期婚姻观念变革的时代特征》，《广西民族学院学报》，1999年第2期。
⑦ 方旭红、王国平：《论二十世纪二三十年代的城市离婚问题》，《江苏社会科学》，2006年第5期。
⑧ 艾晶：《离婚的权力与离婚的难局：民国女性离婚状况的探究》，《新疆社会科学》（汉文版），2006年第6期。
⑨ 郑全红：《论民国时期家庭关系的变化》，《中州学刊》，2008年第6期。
⑩ 张宁、王印焕：《民国时期北京婚姻家庭中妇女的地位》，《北京社会科学》，2008年第6期。

家庭功能及革命动因做了详细的考察，认为当时下层人民家庭无法实现其维护劳动力生存功能，最终导致下层人民对北洋政府的不满，从而走向了革命。① 在婚姻礼仪的变化方面，相关研究成果多集中在集团结婚这一问题上。其中，谢世诚、伍野春等人著文认为，民国时期的集团结婚是多种因素综合作用的结果，并指出：南京国民政府推行的集团结婚仪式虽然取得了一定的成效，但由于其阶级属性和旧风俗的顽固性，导致这一婚俗改革未能彻底进行。② 艾萍则从政府行为的角度考察了民国时期上海的集团结婚现象，指出 20 世纪 30 年代在上海市政府的直接参与下，集团结婚首先在沪出现并逐渐形成规模，政府举办集团结婚具有民间力量所不具备的优势与特点，取得了明显的社会效果。③ 谷秀青也撰文指出，民国时期上海集团结婚的出现及推广，不仅是一场婚礼仪式的变革，更是国民政府对民众日常生活的渗透。④ 此外，谯珊利用潘光旦、陈鹤琴等人当年的社会调查报告，考察了民国时期城市青年择偶标准的变化。⑤ 彭贵珍则讨论了民国城市社会转型中的婚姻纠纷。受西方婚姻家庭观念和婚姻家庭习俗的影响，城市人的婚姻家庭观念，特别是年轻人的婚姻家庭观念发生了重大的变化，与父母在主婚权、婚姻缔结等问题上容易发生纠纷，给社会和家庭带来了一些不稳定因素。⑥

第三节　中国城市史研究存在的问题与展望

一、中国城市史研究存在的问题

中国城市史研究在改革开放以来异军突起，充分显示了蓬勃的学术生命力和强劲的发展势头，但我们也应认识到，整个研究才开始起步。作为一个新兴学科，中国城市史研究仅具雏形，无论在理论体系、研究方法，还是在研究领域上，都还存在若干问题与不足，亟须加以解决，以期在新世纪更上一个台阶。

目前国内学术界在中国城市史研究理论方面取得了丰硕的成果，初步形成了具有中国特色的理论框架，但至今还没有产生某种权威性的理论模式；不少研究者在理论方面还存在若干模糊不清的认识或生搬硬套的情况，如关于城市史的内涵、城

---

① 刘志强、姚玉萍：《对北洋政府时期下层人民家庭功能及革命动因的考察》，《近代史研究》，1991 年第 5 期。
② 谢世诚、伍野春等：《民国时期的集团结婚》，《民国档案》，1996 年第 2 期。
③ 艾萍：《民国时期上海的集团结婚——一种政府行为的考察》，《华东师范大学学报》，2006 年第 6 期。
④ 谷秀青：《集团结婚与国家在场——以民国时期上海的"集团结婚"为中心》，《江苏社会科学》，2007 年第 2 期。
⑤ 谯珊：《民国时期青年学生择偶观考察》，《云南社会科学》，2005 年第 6 期。
⑥ 彭贵珍：《论民国城市社会转型中的婚约纠纷》，《社会科学辑刊》，2006 年第 5 期。

市史的基本线索、城市现代化的内涵、城市的发展动力机制等理论问题都还需要进一步深化；对城市发展分期的标准、城市类型划分的标准、区域城市划分的标准等理论问题的认识也比较混乱；在区域城市史研究领域内，一些学者受国外理论的束缚仍较为明显。

在研究方法上，一些研究者已经注意到研究方法的多样性，力求运用多学科的研究方法，将社会科学的理论、方法与自然科学的理论、方法相结合进行研究，并取得了斐然的成就。但相当一部分研究者对此还未引起高度重视，基本上还是沿用传统的单一的历史研究方法，并满足于对城市发展现状的描述性研究。

在研究领域和选题方面也存在一些问题和不足。目前关于单体城市研究主要集中在少数大中城市，而对于数量不多且彼此间差异巨大的中小城市和小城镇的研究还处于薄弱或空白状态。单体城市研究的热潮严重地制约了区域城市史研究和整体的宏观研究的全面展开。

从城市结构的各层面看，学者们对城市经济方面的研究较多，而对城市文化、城市社会、城市管理的研究相对较少，并多停留在表面的描述性研究上。

一方面，单体城市的研究热潮和城市各层面研究的现状，致使从经济角度研究区域城市史的成果相对较多，而从文化、社会等角度进行区域城市史研究的成果偏少。这种状况的出现与研究难度直接相关，也与理论和方法的贫乏有直接的联系。目前已有学者提出应综合研究区域城市史，从政治、经济、文化、社会等多角度揭示城市之间、城乡之间的联系形式和联系内容。另一方面，加强区域城市的文化和社会研究，也最有可能在学术上创新，因此应引起城市史研究者的高度重视。

目前的区域城市史研究一般停留在对少数区域性中心城市和次中心城市及部分地区性中心城市的发展与相互关系上，而很少研究区域范围内数量众多、功能各异的地区性城市和小城镇，以及不同层级间各城市的互动关系。这样不利于充分发掘区域城市群系统的多层次性特征。另外，学界对直接联系城市和乡村的广大市镇、集市等的研究也不足，这将导致对区域城乡关系的研究缺乏扎实的基础。当前区域城市史研究还面临着如何在单体城市研究的基础上提高、综合的问题，应充分体现"整体性、综合性研究"的优势和特色，避免区域城市史研究成果以单体城市研究成果简单拼凑组合的面目出现这一问题。

另外，中国城市史研究还普遍存在着缺乏整体性视野等问题，从而无法对中国城市进行宏观把握，无力对中国城市发展脉络进行仔细的梳理和研究，以致对一些重要的问题未能真正从整体性、综合性、全面性等角度进行研究，甚至出现以个别城市的研究代替整体城市的研究，以专题概括全部等问题。

从研究的时段看，中国城市史的成果具有"前轻后重"的特点，即对明清及近现代城市的研究成果较为丰富，而对古代城市的研究较少。

总的说来，目前我国的城市史研究，研究个案的多，研究区域史的少；单学科研究的多，跨领域、跨学科研究的少；片段的多，系统的少；微观的多，宏观的少；缺乏长时段和综合性的研究成果。迄今为止，尚无一部从城市产生、成长、空间分布、功能制度、经济与社会发展、建筑形态、文化特征等方面综合系统地研究城市发展史的专著,更没有一部把城市史作为城市学之基础的既有深度又有广度的著作。

21世纪是中国腾飞的世纪。在新的世纪,中国的城市化进入起飞阶段,城市的快速发展,将会对中国城市史研究产生巨大的推动力。

中国城市史研究作为新兴研究领域,具有挑战性。作为一门新兴学科,有着很大的包容性和综合性,涉及社会学、经济学、政治学、人口学、文化人类学、统计学、建筑学、地理学、生态学乃至心理学等社会科学和自然科学的多个学科。它要求研究者必须具备多学科的广博知识和宽阔的理论视野,这就要求研究者需要不断地更新自己的知识,不断地学习和探索。每当开拓出新的研究领域,研究者就会感到乏力。这种挑战性产生了巨大的学术魅力,吸引着越来越多的研究者。因此我们可以预期,在新的世纪,中国城市史研究将会取得更大的成就,出现多元发展的繁荣局面。其学术生长点将主要表现在这样几个方面。

(一)宏观理论的研究将会成为一个热点,呈现突进趋势

中国城市史研究要突破现有水平,取得创新性研究成果,首先必须在理论和方法上创新,要综合运用多学科的理论和方法。科学地运用多学科的理论和方法研究城市发展,是城市史研究深入发展的一个主要方向。近年来有部分研究者尝试运用多学科的研究方法进行城市分析,产生了让人耳目一新的学术成果,其结论也很具有说服力。但从总体来看,在中国城市史研究中多学科的理论和方法的运用还很不够。

这里需要特别强调的一点是,在借鉴其他学科的理论和方法时,必须注意同层引进问题。具体来说,就是在宏观研究方面引进宏观研究的理论和方法,在中观研究方面引进中观研究的理论和方法,在微观研究方面就引进微观研究的理论和方法。

欧美国家较早完成了城市化进程,各国对城市史的研究也进行得较早和较深入,其理论对中国的研究者产生了较大的影响。在新世纪,我们一方面需要广泛地吸取世界各国的学术精华,关注其理论进展;另一方面,我们对国外的理论也不能简单地采取拿来就用的方法,还需要结合中国的国情对这些理论进行检验。欧美各国的城市发展理论主要是建立在对西方城市发展研究的基础之上,有其局限性,并不能成为放之四海而皆准的"普遍真理"。即使是建立在对中国城市研究基础之上的相关理论,也不是完美无缺的。曾经对中国城市史研究产生了较大影响的施坚雅的有关区域城市研究理论,实际上也存在很大的局限性,越来越多的中国学者对此提出质疑。近年来,部分中国学者对中国近代区域城市研究提出了若干理论概念和研究思路,反映出中国学者在研究中国近代区域城市史方面力求突破施坚雅等外国学者过分偏重从经济地理学的角度研究区域城市的思维模式,力求借鉴各种新学科的理论和方法,对中国区域城市进行综合的、整体的、相互联系的研究的新趋向。

对国外的城市理论进行充分的消化,加以辨别,并结合中国的国情予以修正和创新,将会成为一种新的趋势。

城市是人类文明的产物,也是人类文明的载体,从某种意义上讲,一部城市史,也是一部人类文明进步史。因此,研究城市史,不仅是研究一个国家或一个地区城市的兴衰史,而且要提升到人类文明史的高度来思考。文明可以分为物质文明、制度文明和精神文明。人类文明的发展具有连续性和继承性,但同时也具有明显的阶段性。人类文明经历了农业时代、商业时代、工业时代和信息时代等不同的历史发展阶段,因而研究城市史要从人类文明的阶段性特征出发,把握城市史的阶段性规律。不同的历史时期,城市的发展原因、发展动力,城市的功能、结构,城市的地位等都具有明显的差别,因而研究不同发展阶段的城市特征具有重要的意义。

当代学者对中国古代文明的特质已有许多的总结。从城市史的视角来看,中国古代文明可以概括为城市—农耕文明。首先,中国文明的基础虽然在乡村,但城市为乡村的中心,是文明的重心所在,或者可以说是乡村文明的结晶与精华。古代都市一直都与其腹地——农村组成不可脱节的对应关系。[①] 从《水经注》一书可见,中国的都市多分布在沿河流域,是广阔乡村网络的中心点。城市与乡村有着不可分割的同质关系。其次,城市—农耕文明是古代中国文明与其他文明区分的标志。文明"具有边界的文化区域、借鉴和抵制"[②]。在秦汉时期,人们就已经认识到了城市与农耕是中原文明与周边的游牧文明最大的不同。游牧文明正是在不断抵制与借鉴城市—农耕文明中与中原文明融合发展的。与中世纪的西欧文明相比,城市—农耕文明也是中国之所以为中国的独特之处。中世纪的欧洲文明可以概括为城堡—农耕文明,城市是中世纪欧洲文明体制外的产物,由此在一定程度上决定了中西文明不同的发展道路。魏晋南北朝时期,中原的城市—农耕文明受到了来自北方游牧文明与域外佛教文明的冲击。在不同文明的碰撞与交融中,中国城市文明的内涵发生了巨大的变化,从城市形制、制度到人口、经济、风俗等都出现了新的风貌,中华文明的特质也具有新的内涵。通过对这一时期城市文明内涵的研究,对中国文化历史发展规律以及中华文明的独特魅力会有更为深刻的理解。

城市史研究要促进理论建设和理论创新,特别需要大力提倡学术争鸣,要允许不同意见、不同理论的存在,要允许不同的学术声音出现。研究者要有创新意识,应力求在理论上、方法上有所创新。21世纪将会是一个多元的世纪,人们将会变得更加宽容,新一代的研究者将可能在融合中外各种理论的基础上提出新的城市理论和研究方法。为了让新一代学者快速成长,要进一步解放思想,要尽可能地创造一个宽松的学术环境,大力扶持新人,逐步形成一支具有现代观念和现代知识的中国城市史理论研究队伍。

---

① [日] 斯波义信著,布和译:《中国都市史》,北京大学出版社,2013年。
② [法] 费尔南·布罗代尔著,刘北成、周立红译:《论历史》,北京大学出版社,2008年。

（二）进一步加强城市发展的整体性宏观研究和个体的微观研究，以及两者相结合的综合研究

对中国近代城市的宏观研究必须放在全球的城市化与现代化的进程中，要有世界的眼光，有宽广的视野。加强对城市发展的宏观研究，既是城市现代化建设的需要，同时也是学科发展建设的需要。当前，随着城市现代化的广泛开展，迫切需要对城市发展进行宏观研究，探讨城市发展的规律和特点。未来中国的城市发展将进入重要的转折期，许多城市将会因全球性的结构调整而面临严峻的考验，因而对不同类型城市发展周期和发展规律进行研究，开展城市发展的理论探讨，不仅有着重要的学术意义，而且有着现实意义，对城市规划、城市建设、城市经营和城市管理都将起到一定的指导作用，可以使相当一部分城市参考中外城市发展进程中的经验教训，根据城市发展周期和规律进行政策选择和结构调整。

近年来，学界对中国城市史整体的宏观研究已取得了一定的进展，但总的说来研究的面还比较窄，深度还不够，特别是对城市发展规律的探索刚开始起步，很多认识还比较肤浅。十年前皮明庥先生曾提出加强对中国城市系统和城市历史的总体研究，组织力量编成宏编巨制——《中国城市史》，或分别著成《中国古代城市史》《近代城市史》《现代城市史》，还可以相应地编绘《城市历史图册》《城市地理历史》《城市建置和行政管理史》《城市人口史》《城市近代化史》《中国城市化史》等的建议，至今仍具有启发性。加强对城市发展的整体性宏观研究，也包括对区域城市群、城市体系、城市系统的整体性宏观研究，这将成为未来相当长时间内的一种研究趋势。目前虽然出版了部分整体性宏观研究著作，但总的说来，研究的深度仍然不够，因而在适当的时候，应该组织力量编著一部或多部具有权威性的多卷本《中国城市通史》，以及各宏观区域的《城市发展史》。

在深入开展城市发展的宏观研究的同时，必须进一步加强对城市的微观研究。城市的宏观研究应建立在微观研究的基础之上，如果微观研究十分薄弱，就难以为宏观研究提供坚实的基础。因而进一步拓宽城市各层面的微观研究领域，特别是结合更多的学科，加强对城市社会、城市文化的微观研究，成为新世纪中国城市史研究的任务之一。

另外，研究者应从大处着眼，小处着手，将宏观研究和微观研究相结合，此一研究方法有可能在本世纪成为一种新的研究趋势。一些城市史研究者已经在这方面做了相当的努力，并取得了较显著的成果。这种宏观研究和微观研究相结合的研究方法，取其两者的优点，使研究成果既具有宽广的视野和理论的深度，又基础扎实，言之有物，有历史的厚度。

要充分注意跨学科的综合考察。城市史的研究会涉及社会学、政治学、经济学、城市学、建筑学等学科的理论和方法。正如布罗代尔所说，每一位学者在从事

他自己的正规专业、忙于开垦他自己的花园时,也应该努力注意邻人的工作。① 社会生活是统一的,而社会学科的研究往往都有着自己独有的园地,只有打破不同学科的藩篱,才能最大可能地还原统一的社会生活。总之,通过运用比较和跨学科的考察,达到通史写作中对"三通"的要求,即横通、纵通与汇通。所谓"横通"就是在不同国家、不同学科等的比较参考中考察;"纵通"就是在历史时间的长河中把握历史事件与现象的定位,最后达到融会贯通的要求。

(三)城市发展研究的领域将进一步拓展

区域城市研究和城市发展类型研究仍将引起研究者的广泛关注。此外,对众多的中小城市的研究也将随着城市研究领域的不断深入而广泛开展。

在新世纪,城市史研究的领域将进一步拓展,区域城市和城市发展类型将成为研究者广泛关注的对象。中国区域城市研究是当前研究中国城市史的最新趋向。其研究特点是将中国按空间分解为若干个较小的研究单位,将各研究单位之间存在着的相互联系、相互影响的自然地理、经济、社会、政治、文化等要素纳入同一个体系之中进行整体性、综合性研究。区域城市史研究方法的理论前提立足于中国经济社会发展水平不平衡,区域性和地方性变异幅度较大的客观国情。在开展宏观的整体性城市史研究之前,应该细致地剖析不同区域城市在近代的变化、发展,现代化变迁的形式、内容和程度,才有可能准确把握中国城市史的全貌。

区域城市研究遇到的首要问题就是区域的划分。施坚雅关于中国宏观区域的划分方法对中国学者产生了较大影响。但由于施氏理论本身存在若干不足,其区域研究缺乏可操作性,因而越来越多的研究者对施氏所划分的区域提出质疑。施氏主要是以自然地理条件作为划分区域的依据②,然而对中国城市按区域划分的标准是多种多样的,其参照系数可以是经济的、政治的、文化的,也可以自然的、地理的或是民族的,等等。因此早就有中国学者指出,为区域中的一系列城市建立一种综合体系需要有充分的理论准备。③ 也有学者主张对于区域范围的划分问题,除了考虑行政的、地理的、经济的具体情况,确定研究范围,还应结合城市史的特点来确定划分标准。首先要考虑中心城市在城市体系中的作用和影响范围,这可以视为区域城市史研究的范围;其次要考虑城市体系区域范围的动态性,区域城市史研究的区域范围也应根据城市体系的发展演变,采取历史的动态的划分标准。④ 20 世纪 90年代,部分中国学者开始根据中国的国情,综合考虑经济的、地理的、政治的多种因素开展了对部分区域城市的研究,如以一个省区城市作为研究对象,或以城市群为研究对象,或以数省城市作为研究对象,对各城市之间,城市与区域之间的相互联系进行了深入的研究,弥补了以往个案城市研究孤立、静止的缺陷,开拓了城市

---

① [法]费尔南·布罗代尔著,刘北成、周立红译:《论历史》,北京大学出版社,2008年。
② [美]施坚雅等主编,叶光庭等译,陈桥驿校:《中华帝国晚期的城市》,中华书局,2000年。
③ 陈克:《近代中国城市研究:一个朝气蓬勃的新领域》,《天津社会科学》,1992年第2期。
④ 隗瀛涛、谢放:《近代中国区域城市研究的初步构想》,《天津社会科学》,1992年第1期。

史研究的新领域，同时也提升了城市史研究的层次，扩大了研究视野，并突破了施坚雅的区域城市研究模式。

我国的城市类型研究始于20世纪90年代中期，目前虽然取得了一定的进展，获得了部分研究成果，但总的说来还不够深入。因而对各种不同类型城市进行深入研究，如对专业商业城市、专业港口城市、专业工矿城市、综合性多功能城市等进行分类研究，探讨不同类型城市的发展规律和成长周期，将成为一个新的学术生长点和热点。

此外，对众多的中小城市的研究也将随着城市研究领域的不断深入而广泛开展。

（四）进一步加强对城市现代化的研究，拓宽其研究领域

城市现代化既是一个国家或地区现代化的重要组成部分，但它又不等同于一个国家或地区的现代化，研究城市现代化与研究一个国家或地区的现代化不能画等号。城市无论是作为一个地域空间，还是作为社会、经济的有机体，都与农村有着巨大的区别。城市在政治、经济、文化以及其他方面都优于农村，作为现代化先导的科技革命和工业革命都集中在城市，城市成为现代化的发源地。因而研究城市现代化与研究国家或地区现代化在许多内容方面是相重叠的，为了体现城市现代化的特色，要研究最能体现城市现代化内涵的一些重点问题，如城市基础设施现代化、城市建设的现代化、城市管理的现代化、城市人的现代化、城市社会结构和社会生活的现代化等。此外，关于城市现代化与社会变迁的互动性、城市社会生活的变迁、城市社会问题等课题的研究，都应进一步加强。

（五）广泛开展城市史比较研究

中外城市比较研究、中国不同区域和不同类型城市比较研究正方兴未艾，在未来的很长一段时期内将成为一个重要的学术生长点。比较研究需要注意纵向的比较和横向的比较，另外还需要注意城市间的可比性。目前对国内城市间的比较研究正在逐渐形成热点，比如对北京与上海的比较研究、对成都与重庆的比较研究、对东部城市与西部城市的比较研究等都已受到关注。比较有纵向比较和横向比较。纵向比较可见历史变迁，从秦汉到魏晋南北朝七百多年的时间内，城市的发展、变换、兴衰，是这个时期历史变迁的表征与内在动力之一。通过对该历史时期不同阶段的城市文明特点进行比较，才能看到历史变迁的轨迹。横向比较可见不同文明道路的不同性质。中西文明发展道路的不同，与中西城市的不同地位和性质有着重要的关系。厉以宁认为，西欧资本主义的起源都应当从封建社会中体制外权力中心（城市）和体制外异己力量（市民以及由市民分化出来的资产阶级）的形成原因、过程和后果方面去寻找，而为什么不曾出现体制外的权力中心和体制外的异己力量，这

与中国封建社会前期城市的性质有着直接关系。[①]

开展中外城市比较研究不仅具有学术前沿意义,有着创新性和开拓性,同时也具有重要的现实意义,能为未来中国城市发展提供借鉴。因而开展中外城市比较研究将继续成为受关注的课题,但在选题方面要注意拓宽范围。目前中外城市比较研究主要集中在对少数大城市之间进行比较,而对中外城市发展的整体性比较研究还停留在简单的低层次比较水平上,特别是对于近代中外城市发展道路等方面的比较研究还非常薄弱,到目前为止,尚未出现有关的研究专著。近代中西方城市发展总的趋势是现代化和城市化,这种趋势至今仍在延续;但由于历史背景、国际环境以及各国的经济、政治、文化、社会发展的不同,中西城市发展的道路也不相同。此类课题研究之所以少人问津,是因为此类课题除了需要研究者具备基本的语言能力,需要研究者对中外城市的发展状况非常熟悉,还需要研究者有广阔的视野和丰富的知识,要以城市化与城市现代化为楔入点和主线,综合运用历史学、社会学、城市学、经济学、人文地理学、经济地理学等跨学科综合研究方法,对中西方城市近代以来的发展进行比较研究。相信随着中国经济的发展,进一步对外开放,中外之间的文化学术交流增多,这类研究课题在新世纪会结出硕果。

(六)历史与现实相结合的研究趋势

重视历史研究与现实的结合是近年来中国城市史研究者的一个共识,这也是城市研究的魅力之一,有关的城市研究者对此进行了不懈的努力。不同的城市研究者可以从不同的角度寻找与现实的结合点和切入点,但有一点是共同的,那就是城市研究者应该具有很强的时代感、使命感和历史透视感,城市研究者应该站在历史与未来的交汇处,关注与国家社会经济发展紧密联系的那些课题,寻找历史与现实的结合点和切入点。

在当前众多的学科都向城市研究靠拢,学科之间的竞争加剧的背景下,如何发挥历史学在城市研究领域中的优势,是一个值得思考的问题。笔者认为城市学、社会学、经济学、地理学、规划学、建筑学等方面的学者在研究城市时,一般关注的都是现时的城市,较少从历史的角度来研究城市,即使有,也较少进行长时段的综合性研究。与之相反,长时段、综合性研究则是历史学的优势,因而城市史研究者应在充分汲取其他学科理论的基础上,发挥历史学的长时段综合性研究优势。

长期以来,学界以1949年为分界线,将20世纪划分为两个截然不同的历史发展阶段,一般研究中国近代城市史的学人都不研究1949年以后城市的发展,而研究当代城市发展的学人也不研究1949年以前的城市发展,双方之间较少对话,在理论、方法等方面也存在一定的差异,这不利于对中国城市进行整体的认识。新世纪城市的发展迫切要求研究者将历史和现实结合起来,从城市化和现代化的角度对其进行考察。中国城市在20世纪前期和后期的发展实际上是一个连续的过程,是

[①] 厉以宁:《资本主义的起源——比较经济史研究》,商务印书馆,2003年。

城市化、现代化发展的不同阶段，而不是分割为互不相连的两段，这就要求研究者在观念上、理论上、方法上、技术上有所创新，通过长时段的综合性研究，探讨中国城市发展的规律，为当代城市现代化建设提供历史借鉴。如20世纪后期，中国有相当一部分工矿业城市因市场需求的调整、产业结构的变化、资源枯竭等面临衰退的威胁，而这些城市从建立、成长到兴盛，直至衰退，是有规律和周期性的，如果不从长时段进行研究，则难以发现其规律。因此，对20世纪百年间中国城市的发展进行长时段的整体研究是十分必要的，这不仅是一个研究时间段的问题，还是一个新的研究领域的开辟，它必将成为21世纪中国城市史研究的一个新的热点。该研究方向已经被列为四川大学城市研究所人才培养计划和科研计划，希望有更多的研究者共同对此宏大的课题进行探讨。

总的说来，新世纪中国城市史研究将围绕城市理论、个案城市、城市特征、区域城市、城市带和城市群、城市社会、城市的不同类型、城市之间的比较等方面进一步展开。从研究的对象来说，呈现出单体城市、区域城市与整体城市体系相结合的趋势；从研究的内容来说，呈现出传统性与现代性相结合的趋势；从研究的特征来说，呈现出共性与个性相结合的趋势；从研究的方法来说，呈现出社会科学研究方法与自然科学研究方法相结合的趋势；从研究的目的来说，呈现出学术理论研究与城市现代化建设实践相结合的趋势。

要加强中国城市史研究，还需要将中国城市史研究提升到文明发展的高度，提升到中华民族复兴的高度，将历史的研究与中国城市未来的发展相结合。城市是人类文明发展到一定阶段的产物，是文明的标志之一和主要载体。一方面，随着城市的形成，无论是铁器、瓷器的发明和使用，还是文字的创造，以及文明起源中的其他各种要素，诸如政治制度、建筑技术、宗教、艺术等人类文明的一切要素，都聚集到城市之中，城市成为文明发展的重要载体。另一方面，城市又成为文明发展的助推器，推动着人类社会的进步。一部城市史，也是一部人类文明进步史。因此，研究城市史，不仅是研究一个国家或一个地区城市的形成、发展和兴衰，而且要提升到人类文明史的高度。人类文明的发展具有连续性和继承性，同时也具有明显的阶段性，经历了农业时代、商业时代、工业时代和信息时代等不同的历史发展阶段，因而研究城市史要从人类文明的阶段性特征出发，把握城市史的阶段性规律。不同的历史时期，城市的发展原因、动力，城市的功能、结构，城市的地位、作用都具有明显的差别，因而，研究不同发展阶段的城市特征具有重要的意义。

作为华夏文明载体的中国城市形成了自己的发展规律，在中华大地特定的人文地理环境和特定的经济地理环境基础上产生，并在实际上不断延续的中国城市本身也是华夏文明的重要组成部分。

二、对中国城市史研究的展望

除此以外，我们认为，要推进中国城市史的研究，还需要加强对一些具体问题的把握，现分述如下。

（一）注意对城市个性的研究和对城市发展的关节点的把握

中国城市的数量非常多，城市间的个体差异很大，不同区域的城市有着差异，同一区域的城市之间也有着差异，因而在研究中国近代城市发展史时，应对城市发展的道路（模式）或近代化的道路（模式）有一个确切的认识，而且围绕着这一道路（模式）找出它在各方面的特征，并抓住最主要的特征，即该城市的个性。对城市个性的把握，是城市史研究得以深入展开的关键。城市的发展史，往往是该城市的类型特征不断丰富的历史。在这些丰富的城市类型特征中，只有那些恒久地影响城市成长、壮大的特征才能构成该城市的个性。

研究城市个性还要注意对城市发展的关节点的把握。所谓城市发展的关节点就是明显影响城市发展的内因和外因。包括一些重要历史事件，大者如战争，次者如开埠、修路以及某种制度的创立、机构的设置、条约的签订、政策的制定、法规的出台，等等。通过对城市发展的关节点的探析，进而把握城市发展的脉搏，揭示城市发展的规律。

（二）注意将城市的发展放在全球现代化和城市化潮流中来加以考察

中国的现代化和城市化固然有其自己的特殊规律，但也必然受到全球现代化和城市化的一般规律的制约和影响。因而在研究中国近代城市发展时，应注意将所研究的对象放在全球现代化和城市化潮流中来加以考察。

（三）注意城市在全国或区域城市体系、城乡网络中的地位和作用

任何一个城市，不论其规模大小，都会对其腹地内的较次一级的城镇和乡村产生影响。城市越发展，这种影响力就越强，影响范围也越广。在探讨城市本身内部的历史进程时，应将其与该城市在全国或区域城市体系、城乡网络中的地位和作用的发展变化联系起来，这是全面、深刻地揭示该城市发展史的重要一环。

（四）注意与城市发展关系密切的人物的思想、活动和相关重大历史事件的研究

人是城市的主体，城市的任何活动都离不开人，因而城市的发展史在很大程度上就是城市人的生产、生活史，尤其是上层社会人物的言行对城市发展的影响很直接、很大。

城市史研究的深入展开，还要求将在城市发生的重大历史事件纳入城市内在发展规律的角度加以审视。从个别城市或几个相关城市的角度，将其社会内部政治、经济、民众意识等因素结合起来，梳理其相互关系和内在的发展变化，进而理解某些重大历史事件发生的原因、进程及结果，将会丰富城市史研究的内容。

（五）注意图片资料、地图和视频图像在研究中的作用

与城市相关的影像资料、地图资料有时会起到文字所不能起到的作用，往往一幅地图或一张图片能很直观地说明许多问题。因此，在城市史研究中，应通过各种途径，采用各种方法，尽可能收集地图、影像和视频资料，增强对城市历史发展的感性认识。

第二章　社会大分工与第一次城市革命

20世纪以来，人类进入了城市的世纪，全球有一半以上的人口在城市之中居住、工作、生活，城市化正在发展中国家迅猛进行，中国也开始进入城市的高速发展时期，城市在国家和地区中的地位与作用越来越重要，城市作为一定区域的政治、经济、文化中心，引领着区域的发展。不少研究者认为包括中国在内的世界城市正在进行一次新的革命，而这次城市革命将会对人类社会产生巨大的影响。如果说当今的城市正在进行一次革命的话，那么，数千年前城市的产生则无疑是第一次伟大的城市革命。中外学术界关于第一次城市革命有若干研究，但也存在一些薄弱环节。比如，在中国学术界就有不少研究者认为，原始社会后期相继出现三大社会分工，而城市是三大社会分工的产物，不少人对此深信不疑，包括作者本人也长期采纳此一观点。但越来越多的考古发掘表明，城市的出现早于手工业与农业的分工，更早于商业与手工业的分工，因而认为城市是三大社会分工的产物的说法，实际上难以成立。此外，相当一部分的研究者在分析社会分工时，重点强调产业的分工，却忽略了由于城市的产生而出现的城乡分工和脑力劳动与体力劳动的分工，这是继农业与畜牧业分工之后的两次重要的社会大分工，成为推动人类社会前进的重要力量。

第一节　三次社会大分工与早期城市的兴起

关于社会分工有很多定义，一般都认为社会分工是"指人类从事各种劳动的社会划分及其独立化、专业化"，使平均社会劳动时间大大缩短，生产效率显著提高。[①] 近代以来，有关社会分工的理论非常丰富，但这些理论有一个共同点，即都将社会分工作为超越一个经济单位的社会范围的生产分工。在马克思和恩格斯之前即有若干人对社会分工进行探讨，但马克思和恩格斯对社会大分工进行了理论创新，并对社会分工的重要性进行了深刻的阐述，他们认为："分工起初只是性行为方面的分工，后来是由于天赋（例如体力）、需要、偶然性等等才自发地或'自然地'形成的分工。分工只是从物质劳动和精神劳动分离的时候才真正成为分工（与

---

① 夏春玉：《流通概论》，中央广播电视大学出版社，2002年，第24页。

此同时出现的意识形态家、僧侣的最初形式）。"①分工是生产力和社会关系的联结纽带，它兼有生产力和社会关系的双重属性，也即分工具有劳动方面的属性和社会关系方面的属性，"当分工一旦出现之后，任何人都有自己一定的特殊的活动范围，这个范围是强加于他的，他不能超越这个范围"。"这是迄今为止历史发展中的主要因素之一。受分工制约的不同个人的共同活动产生了一种社会力量，即成倍增长的生产力。"②因而"分工是迄今为止历史的主要力量之一"③。恩格斯曾在《家庭、私有制和国家的起源》一书中对社会分工进行了深入研究，他认为在原始社会晚期欧洲东大陆先后出现了三次社会大分工，第一次社会大分工即游牧部落从其余的野蛮人群中分离出来，即畜牧业与农业的分工；第二次社会大分工则为手工业和农业的分离；第三次社会大分工是商业从手工业中分离出来，商人阶级出现。恩格斯是以欧洲历史为基础提出三次社会大分工的，因而他并未明确指出这是人类社会从野蛮进入文明的共同规律。20世纪中叶以后，我国学术界即将恩格斯所提出的三次大分工理论作为人类社会发展的普遍规律，虽然也曾有研究者对三次大分工理论是否适应中国的国情产生过怀疑，但未能得到广泛的认同。

　　按照恩格斯三次社会大分工的理论，第一次社会大分工是在原始社会自然分工的基础上，随着生产力的发展而逐步产生的。一方面是氏族部落内部发生社会分工。分工产生的原因是多方面的，既与人口数量的增长、氏族共同体规模的扩大有关，也与生产力的发展、生产劳动类型的增多有着直接关系，原来因生理差别（如男女差别、老幼年龄差别、体力强弱差别等）而形成的自然分工开始发生变化，并在此基础上出现社会分工。随着氏族向部落联盟发展，这种分工的范围也在不断地扩大。另一方面是不同氏族共同体或部落联盟之间的分工。因自然环境的差异而形成自然地域的分工，如居住在平原地区的氏族主要从事农业，而居住在草原地区的氏族则主要从事畜牧业，居住在湖泊河海之畔的氏族则主要从事渔业。不同自然条件和社会条件下的氏族从事不同的生产活动，而在生产过程中需要进行产品的交换，不同氏族之间的社会分工也由此开始。第二次社会大分工与技术的进步有着密切的联系。恩格斯认为在新石器时代晚期，出现了农业和手工业相分离的人类历史上第二次社会大分工，其中一个重要的标志是铁制工具的使用和生产技术的进步。这一变化促进了农业的发展和劳动生产率的提高，也使手工业向多样化发展，于是手工业开始从农业中分离出来。随着第二次社会大分工的深化，在手工业和农业等产业部门开始出现了专门以交换为目的的商品生产，而商品生产和交换的发展又催生了商人阶层，于是商业从手工业中分离出来，人类历史上的第三次社会大分工开

---

　　①　[德] 马克思、恩格斯：《德意志意识形态》，《马克思恩格斯选集》（第1卷），人民出版社，2012年，第162页。

　　②　[德] 马克思、恩格斯：《德意志意识形态》，《马克思恩格斯选集》（第1卷），人民出版社，2012年，第163页。

　　③　[德] 马克思、恩格斯：《德意志意识形态》，《马克思恩格斯选集》（第1卷），人民出版社，2012年，第179页。

始出现。①

恩格斯有关三次分工的论述主要以欧洲的历史为依据，如果推而广之作为全球共同的现象，则值得思考。

恩格斯认为"有些最先进的部落——雅利安人、闪米特人，也许还有图兰人——其主要的劳动部门起初就是驯养牲畜，只是到后来才又有繁殖和看管牲畜。游牧部落从其余的野蛮人群中分离出来——这是第一次社会大分工"②。但实际上在亚洲的黄河流域和长江流域并不是游牧部落从野蛮人群中分离出来，而是农业部落从其余野蛮人群中分离出来；不是游牧部落的生活资料比其余野蛮人群的多，而是农业部落的生活资料比其余野蛮人群的多。

恩格斯非常强调铁器在欧洲早期历史上的作用，认为"它是在历史上起过革命作用的各种原料中最后的和最重要的一种原料"，并认为铁器的出现是第二次大分工的重要推动力。③ 然而无论是在中国，还是在其他文明发源地，铁器的出现都较晚，如中国是在春秋战国时期才大规模使用铁器工具，然而此一时期中国早已跨入文明的门槛，国家的出现已有上千年，城市数量甚多，功能较为完备，农业、手工业等生产部门也相当发达，手工业不仅已从农业部门中分离出来，而且在手工业内部形成了较为细致的分工。因此，以铁制工具的使用作为第二次大分工的前提，不具有普遍性。

关于三次社会大分工与城市的关系，也值得认真思考。目前在国内学术界占主导地位的三次大分工理论将城市看作是三次大分工的产物，因而从时间顺序和逻辑上讲，城市的出现晚于三次社会大分工。但是，越来越多的考古发掘资料逐渐证明，早在恩格斯所提出的第二次社会大分工之前就已经出现了城市。目前一般认为世界上最早的城市出现在距今6 000多年前（也可能更早）。因而到底是第二、三次社会大分工推动了城市的产生，还是城市的出现促进了第二、三次社会大分工，或者两者互为因果，这个问题值得认真思考。

两河流域是世界历史上最早出现城市的地区。大约在公元前4 300年至公元前3 500年，苏美尔人就在两河流域建立了多个早期城市，如欧贝德、埃利都、乌尔、乌鲁克、捷姆迭特·那色等。这些城市的建立，标志着两河流域南部地区氏族制度的解体和向文明时代的过渡。公元前3 100年至公元前2 800年，两河流域南部已经形成了数十个城邦，即城市国家，主要有埃利都、乌尔、乌鲁克、拉伽什、苏鲁帕克、尼普尔、基什、西帕尔等。这些早期的城邦规模都不大，人口也不多，一般在几千至数万人之间。这些城邦，既包括城市，也包括它的周边地区。因而这些城邦

---

① ［德］恩格斯：《家庭、私有制和国家的起源》，《马克思恩格斯选集》（第4卷），人民出版社，2012年。

② ［德］恩格斯：《家庭、私有制和国家的起源》，《马克思恩格斯选集》（第4卷），人民出版社，2012年，第176页。

③ ［德］恩格斯：《家庭、私有制和国家的起源》，《马克思恩格斯选集》（第4卷），人民出版社，2012年，第179页。

在功能上具有叠加性，既是政治和宗教的中心，也是手工业生产和商品交换的中心。国王掌握着政权，拥有大量的财富，建立了庞大的官吏队伍，控制着国家的对内对外贸易。寺庙在这些城市中发挥着极其重要的作用，寺庙拥有大片土地，控制着一大批工匠，并与国王关系密切，两者相互依赖，相互支持。

埃及也是城市出现较早的地区，埃及早期城市发展很有特点。根据考古发现，埃及很早就出现了城市文明，但不存在城邦国家，而是由许多行省组成的大型国家，每个行省都有自己的城市，有些行省还有多个城市。

印度河谷文明也产生了早期城市，大约在公元前3 000年左右至公元前1 500年，印度河流域出现了一批早期城市。1922年，印度考古学家来到了印度河下游摩亨佐·达罗的土丘边，发现了被尘土埋没、已沉睡几千年的古城遗址，并确定这座古城的时代为公元前2 500年左右。随后考古学家在印度河流域又相继发现了多个早期城市遗址。这些城市具有这样一些特点：一是城市有着统一规划；二是城市具有明显的功能分区，城堡区与住宅区分开。

中国也是世界城市文明的发源地之一。大约距今6 000至4 000年前，中国的黄河流域和长江流域先后出现了一批早期城市。到目前为止，中国境内发现的史前城址已达数十座之多。从建城的时间上看，最早可上溯到仰韶文化晚期，但大部分都是在距今4 000多年前的龙山文化阶段；从地域分布来看，则主要分布于黄河中下游地区、长江中下游地区。黄河流域发现的史前城址主要有河南登封土城岗、淮阳平粮台、郾城郝家台、郑州西山古城和辉县孟庄等5座城址，山东以景阳岗和教场铺为中心的两组共8座龙山时代城址：边线王城址、城子崖城址、丁公城址、田旺城址等。长江流域发现的史前城址主要有上游地区成都平原的新津宝墩古城、郫县古城、都江堰芒城、温江鱼凫村古城、崇州双河村古城，中游地区的城头山古城、石家河城址、走马岭古城、阴湘城、马家垸古城等。其中城头山大溪文化古城址位于湖南澧县西北约12公里处，城墙的地层堆积可分12层，第12层即第一期城墙建造于大溪文化一期，距今6 000年左右，是中国目前所见最早的古城址。20世纪后期以来，考古工作者多次在位于陕北黄土高原北部边缘神木县高家堡镇石峁村进行考察，并发现一处超大型史前石城遗址，面积达420万平方米。2012年，中国考古学会、国家文物局、陕西省文物局、中国社科院考古研究所、国家博物馆等的40余位考古专家对神木县石峁遗址发掘现场进行联合考察后，确认其为我国目前发现的史前时期规模最大的城址，属新石器时代晚期至夏代早期遗存。

目前考古发掘的史前城市具有一些共同的特征。一是这些史前城市大都有出于守卫上的需要而构筑的防御性设施——城墙。二是这些史前城市的功能以政治、军事为主。三是这些早期城市在空间分布上已出现功能分区，即使是中国最早的城头山城址，也是将宫殿、祭坛、墓地、农田、房屋按照一定布局安置在城内。从目前发掘的大量龙山时期的史前遗址来看，这些史前城市的空间布局与规划上都具有一定的规则性。

可见，从世界范围来考察，城市的出现很早，虽晚于第一次社会大分工，却早于手工业从农业中分离出来的第二次大分工,更早于商业的出现所带来的第三次大分工,因而城市并不是第二、三次社会大分工的产物。城市出现晚于第一次大分工这是确切无误的,正是由于农业革命所产生的第一次社会大分工推动农业从采集、渔猎中分离出来,成为独立的产业,才为城市的产生创造了前提条件。但手工业与农业的分工在时间上与城市的出现基本相同,甚至还可能晚于城市的出现。至于商业从手工业中分离出来,则远远晚于城市的出现。越来越多的考古发掘表明,早期城市有着手工业作坊,但并无商业基础设施。从中国来看,直到春秋时期,都还是"工商食官",以官营手工业和商业为主,商人在该时期还没有成为一个独立的阶层,而城市却早已形成了比较完整的形态,城市功能也较为完备。

目前有关社会分工理论都只强调三大产业部门的分工。其实,社会分工并不只是三大产业部门的分工,也不只是三大产业部门劳动者之间的分工。人类社会大分工还包括城乡分工和脑力劳动与体力劳动的分工。早在第一次大分工之后,人类社会就开始孕育城乡分工和脑力劳动与体力劳动分工。城乡分工与脑力劳动与体力劳动分工是人类社会最重要的两大分工,并对人类社会的发展产生了深刻而久远的影响。这两大分工是随着城市的出现而出现的,当人类从无城市社会进入有城市社会,也就开始出现城乡分工,而城乡分工又带动体力劳动与脑力劳动的分工,因而,我们认为人类历史上的第二次大分工并不是手工业从农业中分离出来,而是随着城市的出现导致的城乡分工和脑力劳动与体力劳动的分工,原来所说的第二、三次社会大分工,即手工业从农业中分离出来,商业从手工业中分离出来,实际上是包含在城乡分工之中的。

第二节 城市革命与城乡分工和脑体劳动分工

城市革命产生了城市,由此出现了人类社会的第二次大分工——城乡分工和脑体劳动分工。城乡分工早于手工业从农业中分离出来,城市的出现对人类社会产生了深刻的影响。"城市已经表明了人口、生产工具、资本、享受和需求集中这个事实;而在乡村则是完全相反的情况:隔绝和分散。"[①] "城乡之间的对立是个人屈从于分工、屈从于他被迫从事的某种活动的最鲜明的反映。这种屈从把一部分人变成为受局限的城市动物,把另一部分人变为受局限的乡村动物,并且每天都产生二者的对立。"[②] 随着城乡分离而出现的脑体劳动分工则是社会大分工的质的变化。马克思和恩格斯认为:"分工只是从物质劳动和精神劳动分离的时候才真正成为分工

---

① [德]马克思、恩格斯:《德意志意识形态》,《马克思恩格斯选集》(第1卷),人民出版社,2012年,第184页。
② [德]马克思、恩格斯:《德意志意识形态》,《马克思恩格斯选集》(第1卷),人民出版社,2012年,第185页。

（与此同时出现的意识形态家、僧侣的最初形式）。"① "分工使精神活动和物质活动、享受和劳动、生产和消费由不同的个人来分担这种情况不仅成为可能，而且成为现实。"②

我国的三大分工理论的一个不足之处，就在于它完全忽略了城乡分工和脑体劳动分工，脑力劳动者的劳动和贡献在三大分工理论的框架下被忽略了。人类从野蛮时代进入文明时代，脑力劳动者所起的作用巨大，城乡分工所带来的脑体劳动分工较第一次社会大分工更加广泛和深刻，正是这次社会大分工推动了人类社会从野蛮到文明的巨大进步。

首先，随着城市的产生，城乡分工，出现了专门进行脑力劳动的社会管理者群体。

过去，人们对脑力劳动者的认识存在一定的误区，完全将社会管理阶层排斥在外。城市的产生与阶级的分化和国家的形成有着直接的关系，城市产生后，形成了一个与乡村不同的社会空间，而在这个社会空间中出现了统治者和被统治者。过去，一般都将统治者作为不事劳动的剥削者、压迫者，因而尽管城市中出现了社会分化，但却未将其与社会分工相联系，不承认他们也是脑力劳动者。然而按照今天的新观点，即管理也是生产力来看，早期城市的统治者一方面是统治者、剥削者，另一方面他们也是城市、城邦或国家的管理者。随着城市的产生，原来的氏族部落首领转变为城市、城邦或国家的统治者，从国王到各级官吏，以及保护他们和国家安全的军队官兵，构成了一个越来越庞大的群体，他们不再从事农业劳动或畜牧劳动，即使偶一为之，也是象征性大于实用性。国王和各级官吏主要从事社会管理，而且管理的范围越来越广泛，内容也越来越多，因而这种社会管理本身也是一种脑力劳动。马克思和恩格斯早就论述过："物质劳动和精神劳动的最大一次分工，就是城市和乡村的分离。城乡之间的对立是随着野蛮向文明过渡、部落制度向国家的过渡、地域局限向民族的过渡而开始的，这贯穿着文明的全部历史直至现在。随着城市的出现，必须要有行政机关、警察、赋税等等，一句话，必然要有公共机构，从而要有一般的政治。"③ 在人类早期社会，管理和劳动是混在一起的，无论集体劳动或共同劳动，为节约资源，减少生产成本，都包含着管理。随着村落向城市转型，不仅有对劳动生产的管理，而且需要对社会进行管理，城市内部和外部的不同群体需要分工协作，因而需要有人专门来组织指挥，特别是要从事一些大型公共工程，如筑城和兴修水利等，为了使共同劳动能够协调行动，形成一个有效的劳动过程，需要进行各种协调，并对个体劳动者在时间上做轻重缓急的安排，在空间上做

---

① ［德］马克思、恩格斯：《德意志意识形态》，《马克思恩格斯选集》（第1卷），人民出版社，2012年，第162页。

② ［德］马克思、恩格斯：《德意志意识形态》，《马克思恩格斯选集》（第1卷），人民出版社，2012年，第163页。

③ ［德］马克思、恩格斯：《德意志意识形态》，《马克思恩格斯选集》（第1卷），人民出版社，2012年，第184页。

合理排列，而且还要考虑社会的秩序与稳定，生产与分配等，社会管理变得更加复杂，因此，管理者所付出的脑力劳动也更多。

社会的发展，阶级的分化，使得统治者从生产劳动中分离出来，形成一个独立的社会阶层，社会管理也从单纯的劳动生产管理中分离出来，而此时的社会管理活动演变成一种集知识、经验、天赋和组织能力于一身的高度复杂的社会劳动。城市统治者不仅要对城市进行管理，而且还要对农村进行管理，正是由于出现了高度复合化的社会管理，城市和农村中的不同社会群体才能够协同劳动，共同推动物质文明、精神文明和制度文明的创造和发展，从而构成完整的劳动过程。

由此可见，阶级的分化，统治者和管理阶层的形成是一种社会的进步。统治者的存在对城市和国家的生存和发展至关重要。随着国家和城市的产生，统治者必须要确定发展目标，构建合理的社会组织体系，制定健全的规章制度以及运作机制，才能使城市和国家系统内部单个组成部分在体制的保证和制度的规范下，形成一种合力，由此推动城市、城邦或国家朝着既定的目标统一行动。如果没有统治者，没有社会管理阶层的存在，没有他们所进行的管理活动和制定的各种制度，人类社会将始终处于原始社会状态。

此外，统治者脑力劳动质量的好坏，即社会管理质量的好坏，直接关系到一个城市或国家的生存和发展。从社会管理的角度考察，管理的目的不仅是要保持社会的有序发展，而且还要创造更多的社会财富，供养更多的人口，因而如果是不能创造经济价值和社会价值的管理，就成为无效的管理，而如果要成为有效的管理就必须付出巨大的脑力劳动。由此，我们可以看出为什么几千年来有的城市和国家能够强大，能够征服其他的城市或国家，而其他的城市或国家则被征服或消亡。这其中就明显地体现了不同的统治者的智慧和社会管理水平的高低。管理是人类的一种主观行为，是人们对客观世界的认识付诸实践的活动过程，因而无疑也是一种脑力劳动。管理水平和效益的高低，都受制于管理者的智慧、学识、经验、天赋和与之相关的各种能力，统治者在进行社会管理的同时需要付出巨大的脑力劳动，而这种劳动的投入多少也与城市、国家的管理质量有着直接的关系，这在中外历史上都不乏其例。一个成功的国家管理者往往殚精竭虑，励精图治，耗费巨大精力来管理国家；而失败的国家管理者则多疏于管理，沉于享乐。这充分说明高质量的国家管理和社会管理的重要性，管理到位或管理失误，都会对城市和国家产生巨大影响。

其次，随着城市的产生，社会管理阶层之外的一个数量越来越多的脑力劳动者群体开始形成。

在无城市时代的村落社会，社会成员以血缘为纽带，具有很高的同质性。随着城市的出现，社会成员的构成发生很大的变化，社会成员来自各个地方，血缘已经失去了纽带作用。随着城市的发展，社会成员之间的异质性强化。如果说村落的社会成员之间存在劳动分工的话，那这种分工也较为简单，一般是以自然分工为主，手工业生产依附于农业生产。但随着城市的产生，不仅城市与乡村之间有着不同的社会分工，城市内部的成员之间也出现广泛的社会分工。一方面，城市比旧石器时代的早期营地聚落和新石器时代的村庄聚落都更能有效地组织和动员人力物力,发展分工合作,促进手工业生产和贸易交流;另一方面,统治阶层的形成对各种精神文化产品产生了极大的需求,推动了从事精神文化产品生产的生产者群体的形成。同时,由于社会财富大量向城市聚集,城市有了剩余产品和粮食,可以养活更多的人,从而使一部分人有可能脱离体力劳动而去从事宗教、哲学等脑力劳动。这样城市社会中不仅出现了社会管理者——统治阶层,而且还出现了大批的其他脑力劳动者,如从事艺术创造的群体,包括艺术家、工匠、专职的雕塑家、画家或者印章雕刻家、从事历法和数学的研究者以及祭司等大批不同于村落巫师的宗教人员。这些人员并非不事劳动的寄生者,而是进行脑力劳动的新型劳动者,他们从事着各种脑力劳动,创造出大量的文化产品。与此同时,社会需求的不断增加也促使各个专业部门内部出现越来越细的分工。

城市作为区域的政治、经济和宗教文化中心,具有较强的聚集力和辐射力,同时也可能产生更大的对精神文化产品的需求。特别是统治者在物质财富得到极大满足之后,就开始追求精神财富,对艺术的欣赏和对美的追求,便不再是可有可无。因此,过去在氏族部落时的业余表演开始向专业的表演转变,绘画也不只是劳动之余的涂鸦。城市作为区域的中心所产生的聚焦与辐射效应,也促进了脑力劳动者数量的增加。城市比远古时期的村庄能够吸引和集中各种社会人群和文化因素,并促进其相互之间的交流与融合。正是由于各种精神文化创造活动在城市中的高度聚集,故其创造水平也在城市中不断得到提高。正如戈登·柴尔德所指出的那样:他们雕刻、塑造和描绘人或物,但已不再是过去猎人们古拙的自然主义手法,而是根据概念化和复杂化的风格进行创作,创作的风格在不同的城市各异。他们使此一时期的代数学、几何学和天文学进一步精确化,科学知识的传播,历法学和数学是早期文明的共同特征。[1]

除了脑力劳动从体力劳动中分离出来,形成越来越精细的分工,体力劳动的分工也随着城市的产生而深化,其中一个重要的表现就是那些原来依附于农业的部分手工业者和体力劳动者开始脱离农业生产劳动,从村落进入城市,或者在城市周围从事专门的手工业劳动,因而城市人口还包括数量较大的工匠、运输工人等。戈登·柴尔德也论证了"城市革命的一个后果就是将这些工匠从游动中解脱出来,并在新的社会组织中保护他们的安全"[2]。可以说正是由于城市的产生才促使手工业从农业中分离出来。马克思和恩格斯也认为:早期城市产生后,"财富在迅速增加,但这是个人的财富;织布业、金属加工业以及其他一切日益分离的手工业,显示出生产的日益多样化和生产技术的日益改进。农业现在除了提供谷物、豆科植物和水果以外,也提供植物油和葡萄酒,这些东西人们已经学会了制造。如此多样的活

---

[1] [美]戈登·柴尔德:《城市革命》,《当代国外考古学理论与方法》,三秦出版社,1991年,第9—10页。

[2] [美]戈登·柴尔德:《城市革命》,《当代国外考古学理论与方法》,三秦出版社,1991年,第6页。

动，已经不能由一个人来进行了，于是发生了第二次分工"①。20世纪以来世界各地所发掘的绝大部分早期城市遗址都存在规模不等的手工业作坊和相关的文化遗存，证明早期城市与手工业之间存在着密切的关系。

从以上论述可见，第一次城市革命推动了人类文明的巨大进步，由此产生了新的社会大分工——城乡分工，而城乡分工带来了生产力的进步和剩余产品的增加，使得一部分人完全脱离了体力劳动，专门从事监督生产、管理国家及科学、艺术等活动，由此形成了脑力劳动和体力劳动的分工。而新的社会大分工成为推动社会进步和文明发展的强大动力。

最后需要指出的是，在人类发展史上，并不只是进行了一次城市革命，而是发生过多次城市革命。从革命的广义内涵来讲，城市革命不仅是指在原始社会向文明国家发展进程中城市的形成，使人类从无城市社会变为有城市社会；而且也是指在城市发展过程中城市所产生的深刻质变。随着城市的产生和发展，随着人类社会的变迁，城市还出现了多次革命性的变化。从世界城市史的发展来看，除了新石器时期农业革命导致城市革命，推动了城市的产生外，至少还有两次伟大的"城市革命"。一次是发生在18世纪到20世纪，从欧洲开始的工业革命席卷全球，推动了第二次城市革命，以农业生产为基础的城市向以大工业生产为基础的城市转型，城市规模扩大，数量增加，城市的功能和地位发生了重要的变化。第三次城市革命，是20世纪后期以来发生的城市变革，即由高新技术和信息革命推动的第三次城市革命。这次城市革命正深刻地改变着人类社会的发展，但人类社会向何处发展还未能确定。

如果说由农业革命推动的人类第一次社会大分工主要是解决人类基本生存问题的话，那么由城市革命导致的城乡分工与脑体劳动分工则是为了解决人类的发展问题。

农业的产生对人类社会具有划时代的作用，故而被称为"农业革命"。在农业出现以前，人类的生存主要依赖于采集与渔猎，只能维持最基本的生存，因而居无定所，无法形成大规模的聚落。人类正是在长期的采集活动中，通过观察逐渐熟悉了某些植物的生长规律，开始加以人工培植，于是出现了原始农业。畜牧业由狩猎而来，由于发明了弓箭，以及其他狩猎工具，再加上狩猎经验不断丰富，技术不断提高，人类捕捉到的动物不断增多，有些便被饲养起来，于是出现了畜牧业。原始农业和畜牧业比起采集和狩猎，更能给人类提供可靠的生活资料，并可以节约劳动力，因此农业和畜牧业在不同的地区成为人类的重要生产部门。这样就出现了人类历史上的第一次社会大分工。农业、畜牧业的产生，使人类的经济由旧石器时代以采集、狩猎为基础的攫取性经济转变为以农业、畜牧业为基础的生产性经济。人类从食物的采集者转变为食物的生产者。这一获得食物方式的转变，改变了人与自然

---

① ［德］马克思、恩格斯：《德意志意识形态》，《马克思恩格斯选集》（第21卷），人民出版社，1965年，第194页。

的关系，同时也为城市的产生创造了条件。

城市革命给人类的生产和生活带来巨大的变化，人们至今仍然在努力建设城市，推动城市发展，城市成为人类主要的居住地和生活、工作的空间。城市作为人类文明的产物，一经形成，即成为人类文明的载体，物质文明、精神文明和制度文明都在城市这个载体中得到空前的发展。原始社会的经济结构发生重大的变化，社会结构也开始发生质的变化。城市成为国家或区域的政治、经济和文化的中心。一方面，城市和乡村形成了前所未有的分工，城市统治着乡村，带来政治权力、经济要素和文化财富向城市聚集，也促进了文明的发展；另一方面，城市内部也出现了脑力劳动与体力劳动的分工，从国王到各级官吏，以及为他们服务、保护他们安全的军队等，形成了一个宝塔形的、特殊的社会管理群体，这个群体主要从事着特殊的脑力劳动，而他们的脑力劳动对于社会的进步与发展来说是十分重要的。

较之于村庄，城市对精神文化产品有着更加强烈的需求，需求决定发展，从而刺激着从事各种脑力劳动的群体离开乡村聚集到城市中，专门从事艺术、文学、史学、数学、历学等脑力劳动，他们的劳动价值只有在城市才能得到体现。因而城市除了要解决人类的生存问题外，还要寻找人类的发展之路。几千年，世界上不同地区和国家的人们正是一直沿着这条城市化的道路前行，并继续探寻人类未来的发展方向。

第三章　王权——国家力量与中国古代城市的形成与变迁

中国古代城市的发展与王权——国家力量息息相关，中国古代城市的发展深深打上了王权政治与伦理的烙印，作为国家代表的王权对中国古代城市发展产生了深刻的影响，主要表现在以下四个方面：一是王权是中国古代城市起源的直接动力之一，中国古代城市的建设必须依赖王权所拥有的聚合力，特别是在资金及人力方面；二是以王权为中心的国家权力体系深刻地影响着城市体系及区域城市体系的形成和发展；三是以王权为核心的礼制思想深刻影响着中国古代城市的规划建设，城市成为等级伦理及"王权至上"原则的物质表现形式；四是军事城市作为一种特殊类型的城市，是王权向地方及边疆延伸的物化表现，军事城市的兴衰与王权直接相关。

人类从无城市时代进入城市时代，是一个划时代的革命。[1] 近年来，考古学的发展和大量古城址的发现，为研究早期城市提供了丰富的资料，但关于早期城市的形成，至今仍然是一个有争论的问题。我们在考察早期城市形成时，发现早期城市的形成，无疑是多种力量推动的结果，其中王权是一种不可忽视的重要力量。中国古代王权的形成与早期国家和早期城市的形成具有同步性，城市的形成与王权有着直接的关系，即使在其后几千年的历史演变中，王权也一直对城市产生着重要的影响。古代中国王权是一种"君主极权"，是国家权力的核心，君主的权力没有边界[2]，以王权为核心的国家权力构架、行政建制、思想观念体系都深刻地影响着中国古代社会和城市的发展。特别是在远古时期，在以农业为主的生产力发展相对落后的条件下，王权对国家的建立、城市的形成与发展起着重要的推动作用。社会发展必须要国家权力的集中，只有在集权的国家，才能组织大规模的社会劳动，促进社会生产的发展。[3] 中国古代城市的形成与变迁亦与王权息息相关，中国古代的城市起源、城市建设、城市体系的变迁，都是王权支配下的产物。目前学界从王权与城市变迁这一角度切入进行研究的成果较少。本节拟从中国古代王权与城市起源、城市规划、城市体系变迁及其对古代军事城镇的影响做一概述。

---

[1] 何一民：《第一次"城市革命"与社会大分工》，《甘肃社会科学》，2014年第5期。
[2] 崔向东等：《王权与社会——中国传统政治文化研究》，崇文书局，2005年。
[3] 李玉洁：《中国早期国家性质——中国古代王权与专制主义研究》，河南大学出版社，1999年。

第一节　中国古代王权与早期城市的兴起

学界对城市起源的研究成果颇多,在此不需赘述。总的来说,大部分学者认为社会生产力的发展是城市产生的根本动因,社会生产力的发展促使社会大分工出现,特别是第二次社会大分工(农业与手工业的分离)推动了中国早期城市的产生。但是第二次社会分工与城市起源并非简单的互为因果的关系,中国城市的产生要早于农业与手工业相分离的第二次大分工,从而促进了以城乡分工和脑力劳动与体力劳动为主的第二次社会大分工。① 农业革命后,随着生产力的发展,阶级的分化,人类的居住形式发生根本性的变化,即从无城市时代向城市时代变迁。但是只有分散的社会要素仍然不能形成城市,必须有一种聚合力将分散的社会要素集中起来,城市才得以产生。而王权便是聚合各种社会要素的直接动力,正是王权将农村中各种分散的社会要素聚合起来,并且用"城市"这一种新型的"聚落"形式表现出来,城市便成为王权控制下的一种政治实体。正如刘易斯·芒福德所说:"在城市的聚合过程中,国王把一切新兴力量统统吸引到城市文明的心腹地区来,并置诸宫殿和庙宇的控制之下。"② 具体来说,王权对早期城市兴起的影响主要表现在以下三个方面。

首先,中国早期城市大都是统治者为了政治、军事等目的而修筑。在国家建立的过程中,为了保护以王为首的统治集团的生命和财产安全,加强对所辖居民的统治,需要修筑坚固的城堡,以防御外敌侵略和内部的反抗,即所谓"筑城以卫君"。从目前发现的早期古城来看,基本上都是地方政权的都城,即围绕王权而建立的早期城市,都是以政治功能和军事功能为主。如近年新发现的龙山文化晚期到夏早期的石峁古城,面积约 420 万平方米,是迄今为止所发现的规模最大的早期古城。石峁古城遗址"由'皇城台'、内城、外城 3 部分构成。其中'皇城台'是四周砌筑层阶状护坡的台城;内城以'皇城台'为中心,沿山势砌筑石墙,形成一个封闭的空间;外城则依托内城东南部的墙体修筑一道不规则的弧形石墙,与内城东南墙结合构成相对独立的外城区域"③。有考古学家认为石峁古城极有可能为黄帝时期的都城——昆仑城。我们认为现在还无证据说明石峁古城就是昆仑城,但从它的规划布局和建筑来看,无疑是一座早期的王城。中国早期城市大多数是为了御敌和保护统治者而建,与之相关的记载也较多:"处士东里隗,责禹乱天下,禹退作三城,

---

① 何一民:《第一次"城市革命"与社会大分工》,《甘肃社会科学》,2014 年第 5 期。
② [美] 刘易斯·芒福德著,宋俊岭、倪文彦译:《城市发展史——起源、演变和前景》,中国建筑工业出版社,2005 年,第 37 页。
③ 陕西省考古研究院、榆林市文物考古勘探工作队、神木县文体局:《陕西神木县石峁遗址》,《考古》,2013 年第 7 期。

强者攻，弱者守，敌者占，城郭盖禹始也。"① 《淮南子·原道训》亦载："昔者夏鲧作三仞之城，诸侯背之，海外有狡心。"② 这与"城"的最初含义相符："城，以盛民也。"③ "城也，盛也。盛受国都也。"④

其次，早期城市的修筑离不开王权聚集来的各种资源。早期城市与原始村落相比，规模要大得多，而且多为由"城墙"及内部宫殿等建筑构成的庞大物质实体，城市的规划、建设需要庞大的人力、物力、财力支撑，需要较为细致的社会分工和对资源的统一调配才能够完成，而分散的部落或部族没有能力整合这些资源并进行社会分工，只有依赖王权所拥有的权威和"聚合力"才能实现。王权是在原始社会后期以武力为基础形成的，中国古代社会的一个突出的特点就是"王权支配社会"，"不是经济力量决定着权力分配，而是权力分配决定着社会经济的分配，社会经济的主体是权力分配的产物"⑤。王权—国家力量在经济方面对所属资源拥有最大的支配权力，古人对此高度概括为："溥天之下，莫非王土；率土之滨，莫非王臣。"⑥ "天下一家，何非君土，中外之财，皆陛下府库。"⑦ 由于王在政治、经济、司法上拥有最高权力，其必然可以凝聚巨大的能量。因此，掌握全国最高政治权力的君主只要"灵机一动"，"就可能化作全社会、全民族的统一行动"⑧。正如刘易斯·芒福德所说："社区的各种不同构成因素，在压力之下被动员起来并束缚在一起，统统进入了城市的高大围墙的封闭之中。就连自然界的伟力，现在也开始处于觉醒人类的指挥之下：成千上万的人，在集中统一的指挥下，像一架机器般地行动起来，开凿灌溉渠道、运河，构成城台、宝塔、祭台、庙宇、宫殿、金字塔。"⑨ 城市作为伟大的发明，作为复杂的社会机构和体系，只有在王权的作用下才能建立和发展。

在古代社会生产力较低的历史条件下，建设一座城市需要较长的时间和大量的劳动力，而将分散的劳动力集中起来，并加以合理的分工、调配和使用，需要权威力量和相应的机构来组织，而在当时的条件下，这种权威力量只能来自王权。如石峁古城面积超 400 万平方米，工程量巨大。石峁古城位于"黄土高原与毛乌素沙漠过渡地带，地貌以黄土梁峁、剥蚀山丘、沙漠滩地为主"⑩，筑城所需要的石头不是在城址所在地就能直接获取，而是需要从远处的山上开采并搬运过来，必须集合

---

① 李昉等：《太平御览》卷一九二，中华书局，1985 年，第 926 页。
② 刘安等：《淮南子·原道训》，上海古籍出版社，1989 年，第 7 页。
③ 许慎著，段玉裁注：《说文解字注》，上海古籍出版社，1981 年，第 688 页。
④ 李昉等：《太平御览》卷一九二，中华书局，1985 年，第 926 页。
⑤ 刘泽华：《中国的王权主义》，上海人民出版社，2000 年，第 2 页。
⑥ 《诗经·六月》，《十三经疏》，清嘉庆刊本。
⑦ 刘昫：《旧唐书·归融传》，中华书局，1975 年，第 1020 页。
⑧ 刘泽华等：《专制权力与中国社会》，吉林文史出版社，2005 年，第 18 页。
⑨ ［美］刘易斯·芒福德著，宋俊岭、倪文彦译：《城市发展史——起源、演变和前景》，中国建筑工业出版社，2005 年，第 36—37 页。
⑩ 陕西省考古研究院、榆林市文物考古勘探工作队、神木县文体局：《陕西神木县石峁遗址》，《考古》，2013 年第 7 期。

数量庞大的劳动力才能完成如此巨大的工程。那么，是什么力量才能够从四面八方征集数量庞大的劳动力？当数量庞大的劳动力集中在一起后，如何对他们进行合理的分工和有效的管理？数量庞大的劳动力集中在一起，每天的吃、住、行等需要进行合理的安排，要有完备的后勤保障。这一切都不是组织松散的部落或部落联盟能够完成的，只有以王权为核心的国家力量，建立严密的社会组织系统，并实行层级管理，才能聚集资源并有效地发挥资源集合的作用。

据相关研究，目前中国所发现的早期古城，基本上都是王城、都城。大量历史资料都表明，中国早期城市的兴建，是国家建立和政权统一的政治需求，因而几乎所有的城市建设都是在以王权为核心的国家力量组织下进行的，如周朝时周公便强制调动国内诸侯及臣民来修建都城："周公初基，作新大邑于东国洛。四方民大和会。侯甸男邦，采卫百工，播民和，见士于周"①。春秋战国以后的城市更是王权—国家力量的产物，无论各国都城还是郡县城市，无论是"量地以制邑"，还是"度地以居民"，都是在王权的统一调控下兴建，因而形成了中国古代城市"同源异流"的特点。② 秦统一中国后，王权更是提升到至高无上的地位，几乎所有的城市均是在王权的掌控下规划、修筑的。秦都咸阳于公元前350年为秦孝公所建，其后规模不断扩大。秦始皇在咸阳建立中央集权的多民族国家，并将六国宫殿按原样在咸阳北原重建，故而咸阳成为规模庞大的都城。汉代建立后，长安由一个村落建设成为宏伟的都城，也是帝王意志的产物。汉高祖刘邦和汉惠帝刘盈都曾调集大量的人力、物力来增筑长安城。《类编长安志》载："惠帝元年，增筑之（长安）。正月，发近长安六百里男女一十四万六千人，三十日罢。六月，发徒隶二万人常役。又五年，复发十四万五千人，三十日罢。"③ 秦汉以后，随着国家组织的渐趋完备，以王权为核心的中央集权更加强大，王权—国家力量在城市建设和发展过程中更是发挥着重要的作用。如公元582年，隋文帝以十余万民夫来修建大兴城，直到公元613年才完工，耗时31年。④ 其后修建东都洛阳，动员的人数更多，《隋书·食货志》记载："始建东都，以尚书令杨素为营作大监，每月役丁二百万人。"⑤《大业杂记》记载："初，卫尉卿刘权、秘书丞韦万顷总监筑宫城，一时布兵夫周匝四面，有七十万人。……其内诸殿基及诸墙院，又役十余万人。直东都土工监常役八十万人，其木工、瓦工、金工、石工，又役十万人。"⑥ 从春秋战国，历经秦汉魏晋上千年的战争破坏和大规模的兴建城市，中原地区的森林早已砍伐殆尽，因而隋炀帝修建东都洛阳，所建宫室所需"大木非附近所有，多从豫章（今江西）采来。二千

---

① 《尚书·康诰》，《十三经注疏》，清嘉庆刻本。
② 卢涛、李先逵：《中国古代都城规划中的数理哲学与美学特征》，《城市规划》，2002年第1期。
③ 骆天骧撰，黄永年点校：《类编长安志》，中华书局，1990年，第39页。
④ 刘昫等：《旧唐书·张玄素传》，中华书局，1975年。
⑤ 魏徵等：《隋书·食货志》，中华书局，1973年，第686页。
⑥ 杜宝：《大业杂记》，中华书局，1991年，第1页。

人曳一柱，其下施毂……略计一柱已用数十万功，则余费又过于此"①。如此大规模的运输，除了王权—国家力量外，是难以办到的。明朝历代皇帝好大兴土木，营建都城宫室，耗费巨资，并需要动员大量劳动力。如明成祖修缮北京宫殿，永乐四年（1406）"遣尚书宋礼如四川，侍郎古朴如江西，师逵、金纯如湖广，副都御使刘观如浙江，佥都御史史仲成如山西。……正德时，采木湖广、川、贵，命侍郎刘丙督运……（嘉靖）二十六年，复遣工部侍郎刘伯跃采于川、湖、贵州，湖广一省费至三百三十九万余两。……万历中……采楠杉诸木于湖广、四川、贵州，费银九百三十余万两"②。王权—国家力量不仅可以动员民间力量为建设服劳役，而且还可以调遣军队，让军队参与筑城——不仅是修筑军事城市，而且参与修筑一般治城和相关建筑。如明太祖分封各子，各子到封地后必筑城或修建王府。当时晋王府相曹兴便上书请求在太原古城的基础上修建晋王府，"请以兵民参之"，并说"王府鼓手欲选民间少壮，虑为动扰，宜于太原汉军内充选"，明太祖批复道："兴言筑城之役，宜令民计田每顷出一夫，参以太原、平阳、潞州诸卫军士。"③ 中国古代都城及地方城市的建设，充分说明了由王权主导的国家力量对人力社会资源、物质资源有极强的控制力，并在城市形成与发展过程中发挥重大作用。可以说，在古代如果没有王权—国家力量来统筹和聚集资源，仅仅依靠民间力量，是难以完成数量巨大、规模庞大的城市建设工程的。

最后，在古代，城市的政治行政地位是城市发展速度和城市发展规模的决定性因素之一。在中国早期国家的形成过程中，就建立了等级明确而严格的社会秩序，以等级制度为核心内容的礼制规定着人与人之间的礼法关系，并极力维护统治阶级的利益和统治地位。城市作为区域统治中心，其规模、形制也必然受到礼制的规束，天子之城方九里，公爵之城方七里，侯爵、伯爵之城方五里，子爵之城方三里。先秦礼制对城市规划和建设的外在规范，在秦以后内化为城市的政治行政等级。不同的历史时期，同一城市的行政等级划分或不尽同，但其共同之处在于城市的政治行政地位对城市的发展起着重要的作用，并形成了"政治中心城市优先发展规律"④。城市规模的大小和发展速度的快慢与城市的行政等级地位成正比。在一定区域范围内，行政地位越高的城市发展越快，而行政地位较低的城市发展则相对较慢。比如历代的都城都是在某一历史阶段发展得最快的城市，这是因为都城作为王权的物化所在——皇帝及上层统治者的所在地，统治者可以动员国家力量来修筑都城，聚集人口，聚集商业和手工业。同样，在各地区城市的发展过程中，不同层级的统治者作为王权的代表，可以通过政治、军事等力量来聚合各种资源，进而使不同层级的城市得到不同的发展。可以说，中国古代每一个朝代的都城，都是同时

---

① 刘昫等：《旧唐书·张玄素传》，中华书局，1975年，第2614页。
② 张廷玉：《明史·食货志》，中华书局，1974年，第1996页。
③ 李国祥、杨昶编：《明实录类纂·宗藩贵戚类》，武汉出版社，1995年，第3页。
④ 何一民：《从政治中心优先发展到经济中心优先发展——农业时代到工业时代中国城市发展动力机制的转变》，《西南民族大学学报》，2004年第1期。

代规模最大的城市,也是发展最快的城市。《白虎通》曾记载:"京师者,何谓也?千里之邑号也。京,大也;师,众也。天子所居,故以大众言之。明什倍于诸侯,法日月之经千里。"① 都城作为行政等级最高的城市,其规模远较同时期内其他城市为大。表3-1为历代都城的面积及人口数量的统计表:

表3-1 中国古代较大都城面积及人口数量表

朝 代	都 城	建设年代	面积(平方公里)	人 口
汉 代	长安(内城)	前220年	64.9	30万
北 魏	洛 阳	493年	73.0	100万以上
隋 唐	长 安	583年	84.1	100万以上
隋 唐	洛 阳	605年	45.2	140万左右
元 代	大 都	1267年	49.0	100万以上
明 代	南 京	1366年	43.0	100万以上
明(清)代	北京(内城)	1420年	37.9	100万以上

资料来源:董鉴泓《中国城市建设史》(第三版),中国建筑工业出版社,2004年;何一民《中国城市史纲》,四川大学出版社,1994年。

从表中可以看出,中国古代都城都是规模巨大的城市,人口数量庞大,远超同一时期的各级地方城市。这是因为都城的建立关系国家之大是,为了加强王权及聚合地方资源,历朝历代的君王在定都之后,无不使用国家力量,用强制的方式来聚集社会要素和经济要素,使都城得以快速的发展。如秦王嬴政定都咸阳之后,即运用国家力量,强制性"徙天下豪富于咸阳十二万户"②,而且"每破诸侯,写放其宫室,作之咸阳北阪上,南邻渭,自雍门已东至泾、渭,殿屋复道相属,所得诸侯美人、钟鼓,以次充入之"③。隋炀帝修建东都洛阳,也是运用国家力量来推动洛阳的建设,"将作大将宇文恺营建东京,徙豫州郭下居人以实之"。又"于皂涧营显仁宫,采海内奇禽异兽草木之类,以实园苑。徙天下富豪大贾数万家于东京"④。明朝永乐年间,迁都北京,曾先后两次以国家的力量强制向北京移民。永乐元年(1403)八月,"简直隶、苏州等十郡、浙江等九布政司富民实北京";永乐二年九月丁卯,"徙山西太原、平阳、泽、潞、辽、沁、汾民一万户实北京"⑤。都城建设在历朝历代都是国之大是,这不仅是一个聚落建设的问题,而且与国家政权建设紧密相关。正是由于都城为国家行政等级体系的核心,因而在规模、功能及财富上必须与其行政等级相一致,以突显王权的至高无上,故动员国家力量来建设都城是历

---

① 陈立:《白虎通疏证》,中华书局,1994年,第161页。
② 司马迁:《史记·秦始皇本纪》,中华书局,1982年,第240页。
③ 司马迁:《史记·秦始皇本纪》,中华书局,1982年,第240页。
④ 魏徵等:《隋书·炀帝纪》,中华书局,1973年,第64页。
⑤ 顾炎武著,黄汝成集释:《日知录集释》,岳麓书社,1994年,第1248页。

代王朝的重要任务之一。

中国古代城市自诞生起便具有政治性质，城市是"王权"的物化实体，是"政治权力中心，是统治者加强其政治权力的手段"①。在中国古代的部分时段，曾在个别都城周边出现了"卫星城"，如汉代长安周边就相继建有长陵、安陵、阳陵、茂陵、平陵等县城，汉朝廷迁徙富户到这些陵邑居住，这些陵邑也相继发展成为规模相对较大的卫星城，既可拱卫都城，又便于君主就近控制贵族和地方豪强。汉初，刘邦下令在关中长陵附近设置长陵县邑，将关东两千余名达官贵族及富豪迁徙至此，侍奉长陵。其后，惠帝、景帝相继援引旧例，修筑安陵邑、阳陵邑。武帝元朔二年（前127）夏，"募民徙朔方十万口，又徙郡国豪杰及赀三百万以上于茂陵"②。成帝时"徙郡国豪杰，赀五百万以上五千户于昌陵"③。东晋都城建康周边也建有卫星城，建康"东南四里有东府城，城周三里十九步，是东晋以来宰相办公的地方。城西南冶城附近有西州城，是诸王府和扬州刺史的治所。城南秦淮河南岸是丹阳郡城，城西是石头城"；为了安置人口，晋朝在建康周围先后设置了"琅琊、淮南、广州、高阳、堂邑、南东海、南兰陵、南东平等9个侨郡"④。

总的说来，由于王权的建立和中央集权制的不断强化，形成了以都城为顶端的城市行政等级体系，而城市行政等级体系的构建和完善又对巩固大一统的中央集权起到了十分重要的作用。中国数千年来之所以"有统一之形，而无分裂之势"，其原因固然是多方面的，但与城市行政等级体系的建立，城市成为中央王朝加强统治的层级节点有着密切的关系。无论是在大一统时代，还是在短暂的分裂时期，城市行政层级体系始终都得以保存并发挥作用。这对于政权的巩固和统一多民族国家的建立，都起着至关重要的作用。各级城市的建设与发展，既是王权的体现，又是古代君主加强王权，建立国家治理体系的一种手段。

第二节 中国古代王权与城市规划

早在先秦时期，古代君主为了加强王权以及为其政权寻求合法性，确立了一整套政治制度，而礼制是这套制度的核心。"礼制既是一种天地秩序，又是社会秩序。礼制是天人合一的体现，又是帝王体制的基础和依托"⑤。这套以礼制为核心的制度不仅规范中国古代的社会秩序，而且成为中国古代城市规划建设的基本原则，以礼制为核心的城市规划及建设体现了中国古代森严的等级制度。

中国古代城市的设计规划，大都体现了"象天法地""天人合一""王权至上"

---

① 鲁西奇、马剑：《空间与权力：中国古代城市形态与空间结构》，《江汉论坛》，2009年第4期。
② 班固：《汉书·武帝纪》，中华书局，1962年，第67页。
③ 班固：《汉书·成帝纪》，中华书局，1962年，第318页。
④ 何一民：《中国城市史纲》，四川大学出版社，1994年，第90页。
⑤ 崔向东：《王权与社会——中国传统政治文化研究》，崇文书局，2005年，第2—3页。

等思想。君主往往以"象天法地"原则来寻求其政权合理性,城市规划布局都要求与"天"相通。《类编长安志》记载:"秦始皇二十七年,作长信宫于渭南。通骊山,筑咸阳,端门四达,引渭水贯都,以象天汉,横桥南渡,以法牵牛。"① 汉代以后,"天人合一""君权神授"成为王权合法性的理论基础。

中国古代城市规划及布局大都以礼制为基础,体现等级秩序。周代礼制规定了都城的大小、街道的设置以及宫殿、寺庙、市的具体布局原则。《考工记》记载:"匠人营国,方九里,旁三门,国中九经九纬,经涂九轨,左祖右社,面朝后市,市朝一夫。"② 宗庙作为王权及等级制度的重要象征,在都城建设中占据重要的位置,建城先建庙成为定制:"凡邑,有宗庙先君之主曰都,无曰邑。"③《礼记》中也有记载:"君子将营宫室,宗庙为先,厩库次之,居室为后。"④ 庙宇大都建立在城市的中心位置:"古之王者择天下之中而立国,择国之中而立宫,择宫之中而立庙。"⑤

中国城市自先秦以来一直是国家或区域的统治中心,因而城市的空间格局也反映出政治统治的需求。为了加强中央集权国家对城市的管控和对城市居民的统治,中国古代城市规划布局自汉至宋,逐步形成了与欧洲城市完全不同的坊市制,即将居住区的"坊"和商业区的"市"严格分隔开来,并用围墙将坊和市围合成若干大小不同的封闭空间,晨启暮闭,严格限制城市居民的生产和生活方式。坊市制具有多重功能,其中一个重要功能就是加强以王权为核心的国家力量对城市居民的管理,《类编长安志》载:"畦分棋布,闾巷皆中绳墨。坊有墉,墉有门,逋亡奸伪,无所容足。"⑥ 坊市制的规划原则以礼制为基础,体现严格的等级制度,"朝廷官寺,居民市区,不复相参"⑦。如汉长安"皇城之东尽东郭,东西三坊。皇城之西尽西郭,东西三坊。南北皆十三坊,象一年有闰。……皇城之南,东西四坊,以象四时,南北九坊,取则《周礼》九逵之制"⑧。宋以后,坊市制的封闭状态被打破,但在重要的城市中仍然保留了官民居住区分开的格局,以礼制为核心的城市规划布局原则仍然保留,并一直延续到清代。

以礼制为核心的城市规划布局对城市建制及城市内部建筑产生的直接和间接影响,首先是确立了城市行政等级制度的理论基础,即城市的规模与城市的行政等级有着直接的联系。早在西周时期,相关的制度就明确规定天子、诸侯及卿大夫所在城市在规模方面的差异,天子之城方九里,诸侯以下类推,严禁僭越。《左传》载:

---

① 骆天骧撰,黄永年点校:《类编长安志》,中华书局,1990年,第38页。
② 《周礼注疏》,《十三经注疏》,清嘉庆刻本。
③ 《左传·庄公二十八年》,《十三经注疏》,清嘉庆刻本。
④ 陈澔:《礼记集注·曲礼(下)》,上海古籍出版社,1987年,第18页。
⑤ 许维遹:《吕氏春秋集释·慎势》,中华书局,2007年,第460页。
⑥ 骆天骧撰,黄永年点校:《类编长安志》,中华书局,1990年,第40页。
⑦ 骆天骧撰,黄永年点校:《类编长安志》,中华书局,1990年,第40页。
⑧ 徐松:《唐两京城坊考》,中华书局,1985年,第34页。

"先王之制：大都，不过三国之一；中，五之一；小，九之一。"① 春秋战国时期，周天子王权式微，导致各诸侯王国的城市纷纷逾制，但这种僭越仍然是以王权为中心的，只不过是在突破传统礼制的同时，形成了新的礼制。

其次，礼制对城市公共建筑的建设也产生了直接的影响，如都城中的宫殿数量最多，宫殿的建筑面积最大："（礼）有以大为贵者：宫室之量……此以大为贵也。……有以高为贵者：天子之堂九尺，诸侯七尺，大夫五尺，士三尺。"② 王城、诸侯城中宫殿的门台、宫台的大小也有明确的区别："王宫门阿之制五雉，宫隅之制七雉，城隅之制九雉。……门阿之制，以为都城之制。宫隅之制，以为诸侯之城制。"③ 祭祀建筑数量以多为贵："礼有以多者为贵，天子七庙，诸侯五，大夫三，士一。"④ 天子、王侯及士所居住的厅堂，有明显的等级差别，王城中宫殿厅堂最大，自公侯以下，依次递减。《仪礼释宫增注》中有天子、公侯及士的房屋建筑规模大小的相关记载："天子之堂广九雉……东房、西房、北堂各三雉；公侯七雉……东房、西房、北堂各一雉；士三雉……有室屋房堂。"⑤ 周代制定的王城修建原则，一直沿用至明清时期。自秦始皇建立中央集权之后，历代都城大都以"中轴对称""择中"等思想作为建城原则。而地方上的行政性城市（省城、府城、州城、县城）大都沿用此种布局方式，只不过在形制上更为简单，规模也相对较小，是缩小版的都城，从而形成了具有浓厚政治色彩的行政等级城市体系。礼制对城市规划及建设的最大影响是体现一种文化构建，是王权透过礼制对城市规划及建设的间接作用。

总体来讲，都城作为全国的行政中心，作为王权所在地，其建制要远远超过其他行政性城市。王权所在的行政中心，其政治地位处于城市行政等级体系的顶端，凸显出王权的威严。其他不同层级的城市在形制规划上虽然与都（王）城大体一致，但是在规模、布局以及内部建筑的等级上则要低于都（王）城，以为尊卑之分。一般而言，城市的规模、等级，往往与行政地位的高低成正比。此外，古代君主为了加强王权，在城市的规划及建设中，往往以礼制为依据，将礼制中的"等级伦理""王权至上"等原则渗透到各级行政城市中，各级城市实则为等级伦理体系的物化形式。

第三节　中国古代王权与城市行政等级体系的构建

中国古代中央权力体系的发展可分为两个阶段：先秦时期与秦朝统一全国之后。先秦时期，中国政治制度是以宗法与血缘关系为基础的，天子与诸侯之间的政

---

① 《左传·隐公元年》，《十三经注疏》，清嘉庆刻本。
② 陈澔：《礼记集注·礼器》，上海古籍出版社，2016年，第273—274页。
③ 戴震：《考工记图》，商务印书馆，1955年，第108—109页。
④ 陈澔：《礼记集注·礼器》，上海古籍出版社，2016年，第271页。
⑤ 李如圭：《仪礼释宫增注》，《四库全书》本。

治依附关系较为松散,每个王国具有相对的独立性,且具有"强烈的排他性"[1]。秦朝建立之后,以王权为核心的中央集权体制形成,历代君主为了加强中央集权,不断将权力收归中央,弱化地方权力,与此同时,在地方层级管理的基础上形成了城市行政等级体系。城市作为行政治所与权力中心,其分布必然随着地方权力中心的变化而有所改变。中国城市体系的变迁实际上是王权在地方空间秩序上重新构建的结果。

一、中央集权下的城市行政等级体系

先秦时期,中央集权尚未形成。秦朝统一各国之后,确立起中央集权的君主专制体制,构建了从中央到地方的层级权力体系。这也使得中国古代城市的发展与西方中世纪城市有所不同,中国古代城市没有自治权力,城市是中国以古代君主为核心的国家权力层级体系的结点,统治城市的各级官员都是王权的化身,他们的官帽、权力和薪俸都是王权赐予的,而所有的官员无不以效忠于王权为天然使命,因而在中央集权制度下,城市也自然形成了自上而下的政治统属关系,形成了与中央集权制相适应的城市行政等级体系。

西周实行分封制,先后有几次大的分封,分封之后,各分封王侯纷纷筑城,各地城市迅速发展起来。但是周王确立了严格的等级制度,将社会阶层分为"天子—诸侯—卿大夫—士"四个等级。在周代礼制下,城市的大小、规模随等级降低而递减。王城是唯一的政治核心城市,其他城市则依附于王城,属于政治依附关系,因而周代形成了以都城(王城)为中心,以公、侯、伯、子、男所在城市为次级中心城市的二级城市体系。

秦以后,随着中央集权王朝体系的建立,与中国行政体系变迁大体趋于一致的城市行政等级城市体系也逐渐确立。秦以后中国古代地方行政体系基本上经历了由郡(州)、县二级到省、府、县三级的转变。其间地方行政体制出现了两次较大的变化:一是秦朝郡县制的确立,这无论是对中央集权制的形成,还是城市行政等级体系的形成,都起到了关键作用。秦始皇二十六年(前221),"分天下以为三十六郡"[2],并以郡统县,进而确立了郡、县二级行政体系。郡县制一直沿用到隋朝,隋朝建立后,"改州为郡,依汉制置太守,以司隶、刺史相统治,为郡一百九十,县一千二百五十五";唐朝时,唐高祖"改郡为州,太守为刺史";其后太宗改制,"因山川形便,分天下为十道……凡州府三百五十八,县一千五百五十一"[3]。二是元代行省制的设置,对城市层级体系产生了巨大的影响。元代建立行省制,地方行

---

[1] 刘泽华:《中国的王权主义》,上海人民出版社,2000年,第2—3页。
[2] 司马迁:《史记·秦始皇本纪》,中华书局,1982年,第240页。三十六郡是秦朝建立之初的数量,后又增至48郡县。
[3] 欧阳修、宋祁:《新唐书·地理志》,中华书局,1975年,第960页。

政体系分为"行省、路(府、州)、县"三个等级[①]。行省制度一直沿用至今,对地方行政体系产生了重大影响。随着行省制度的建立,以行省为行政单位,以省会为中心的区域城市行政等级体系形成。秦代到清代,地方各级行政区划单位及机构数量见表3-2:

表3-2 秦、汉、唐、宋、元、明、清代各级行政区划单位数量变化表

时期	一级行政机构	数量	二级行政机构	数量	三级行政机构	数量
秦	郡	48	县城	800~900		
汉	郡	130	县	1 314		
	侯国	241				
隋	郡	190	县	1 255		
唐	道	10	府	358	县	1 551
宋	路	26	府	34	县	1 234
			州	254		
元	行省	13	路	158	县	1 127
			府	33		
			州	359		
明	布政使司	13	府	40	县	1 138
			羁縻府	19	州	193
			直隶州	193	羁縻县	6
			羁縻州	47		
清前中期	行省	18	府	194	县	1 257
			直隶州	65		
清晚期	行省	23	府	220	县	1 382
			直隶厅	60	散厅	85
			直隶州	78	散州	148

具体数据参见谭其骧主编:《宋书地理志汇释》《两唐书地理志汇释》,安徽教育出版社,2002年;宋濂等:《元史·地理志》,中华书局,1976年;张廷玉:《明史·地理志》,中华书局,1974年;赵尔巽:《清史稿·地理志》,中华书局,1976年;《清朝通典》卷34,商务印书馆,1935年;晚清部分参见何一民:《清代城市数量的变化及原因》,《社会科学》,2014年第8期。

从表3-2可知,中国古代历朝的行政层级逐渐增多,只有县级行政机构较为

[①] 其中路、府、州、县四个行政单位的政治地位在不同区域有所不同。据《元史》记载:"大率以路领州、领县,而腹里或有以路领府、府领州、州领县者,其府与州又有不隶路而直隶省者。"宋濂等:《元史》卷五十八,中华书局,1976年,第1347页。其中"腹里"主要指行中书省所辖地方,即山东、山西、河北一带。

稳定，数量变化不大。这是中国古代王权不断强化的结果，王权通过行政层级的设置来有效地控制地方，城市作为各级行政机构所在地，成为中央集权制的权力体系在全国地域空间上的分布节点。城市行政等级体系本质上是以王权为中心的权力体系在城市形制上的一种直接反映。元代以后，出于行政管理的需要，省级行政机构与府级行政机构往往同城，府（州）级行政机构与县级行政机构也会同城。但是总的说来，中国古代的行政等级城市体系大体可分为两类：一是以郡统县的郡、县二级城市体系；二是以省统府、县的省、府、县三级城市体系。中国古代的区域城市体系之所以大都与行政区划一致，其中最根本的原因就在于中国古代王权的不断强化，城市体系深深打上了专制王权的烙印。

二、地方权力的增长与区域城市体系的变迁

中国古代有三次较大的社会动乱时期：春秋战国时期、三国两晋南北朝时期、五代十国时期。这些时期由于王权衰落，地方权力增长，天下一统的政治局面被打破，多个政权并立，单一的城市行政等级体系也被分割成多核心的城市行政等级体系。兹以春秋战国时期、三国两晋南北朝时期为例。

春秋战国时期，周王朝衰微，以"周礼"为准则的城市建制被打破，诸侯国的城市数量增加，城市规模也较前扩大。以王城为核心的二级城市体系也被打破，以较大诸侯国都城为中心的区域城市体系开始形成，其中包括以王城为中心的豫西城市体系，以曲阜、临淄为中心的齐鲁区域城市体系，以邯郸为中心的燕赵城市体系，以郢都为中心的两湖区域城市体系。[①] 先秦诸侯国城市在建制和规模上的突破，反映了中央王权的衰弱与地方权力的增长。先秦区域城市体系的变化是中央与地方权力博弈的直接反映。

三国时期，蜀、吴、魏形成三足鼎立的政治局面。全国统一的行政体系不复存在，以都城为单一中心的区域城市体系被改变，洛阳、成都、建业分别为魏、蜀、吴三国的都城，中国城市体系则分为三个大的区域城市体系，即以洛阳为中心的北方城市体系，以成都为中心的西南城市体系，以建业为中心的南方城市体系。这个时期的区域城市行政等级体系，实际上也是以不同区域的王权为中心进行的等级划分。

五胡十六国时期，中国统一王朝再次解体，中央王权衰落，多个民族政权并立。政治的分裂，对城市行政等级体系产生了重要的影响。公元四世纪至五世纪，北方少数民族先后建立了汉、前赵、成汉、前凉、后赵、前燕、前秦、后燕、后秦、西秦、后凉、南凉、南燕、西凉、北凉、夏、北燕、代、冉魏、西燕等十六个政权。这些政权分别定都长安、成都、姑臧（甘肃武威）、襄国（河北邢台）、长安（西安）、中山（河北定州）、长安（西安）、苑川（甘肃榆中东北）、乐都（属青海）、

---

① 顾朝林：《中国城市地理》，商务印书馆，1999年，第34页。

广固（山东益都）、酒泉（属甘肃）、张掖（属甘肃）、统万城（陕西靖边县北）、龙城（辽宁朝阳）、盛乐（内蒙古和林格尔）、邺（河南安阳北）、长子（山西长治）。每个少数民族政权都建立了自己的地方行政等级体系，因而形成了多个以不同王城为中心的区域城市行政等级体系。

总之，城市作为中国古代行政机构所在地，是中国古代以王权为中心的权力网络的节点，城市行政等级体系的构建与发展实为王权由中央向地方延伸的结果。古代王朝更替及王权的强弱变化，深刻影响着区域城市体系的变化。

第四节 王权与军事城镇的建立与变化

在中国城市体系中，军事型城市是一个特殊的类型。从先秦至清代，历朝统治者为了巩固王权及加强对所辖领土的统治，往往在一些具有战略价值的要冲设置以军事功能为主的城市。军城是中国古代城市的重要类型，也是王权向下延伸的产物。加强王权、巩固国防和强化地方统治是军城设置的重要原因。

春秋战国时期，各国之间战争频发，为了保卫疆土和加强统治，各诸侯国多在战略要冲或边境地区建立一些军事城市，"郡"便是较早出现的军事城镇。这些郡的治所便是以政治、军事功能为主的军城。最初的"郡城"与以政治行政功能为主的县城有所不同，从诸侯对大夫的奖赏上也可以看出郡县之间的地位差别，诸侯对有战功的大夫进行奖赏，"克敌者，上大夫受县，下大夫受郡"[①]。战国后期郡的地位逐步提升，同时叠加了更多的行政、经济功能。

两汉时期，汉王朝在西北和西南边疆修建了数量较多的军事城镇，以适应领土扩张、加强统治的需要。如公元前127年，汉王朝在河套地区修建城池，以巩固汉王朝对该地区的统治。公元前121年，当汉朝军队击退匈奴之后，又迁徙关东贫民72万人到陇西、北地、西河、上郡等地，并在匈奴故地设立武威、张掖、酒泉、敦煌四郡，每郡又下设若干县。这些郡、县城最初也是以军事功能为主。元朔三年（前126），汉王朝"罢西南夷，城朔方城"[②]。这些在西南边疆地区修筑的城市，在初期同样是以军事功能为主。

北魏时期，北魏统治者为了加强对周边少数民族的控制，防范外敌入侵，也在北部边疆设置了若干军镇。"魏世祖破蠕蠕，列置降人于至漠南，东至濡源，西暨五原阴山，竟三千里，分为六镇，今武川、抚冥、怀朔、怀荒、柔玄、御夷也。"[③]魏世祖修筑军城，同样与王权向周边延伸有着直接的关系。唐朝为加强中央集权和维护以王权为核心的国家统治，也在北部边疆修筑了一定数量的军城，"广阿泽在

[①] 《左传·哀公二年》，《十三经注疏》，清嘉庆刻本。
[②] 班固：《汉书·武帝纪》，中华书局，1962年，第172页。
[③] 司马光撰，胡三省注：《资治通鉴》卷一三六"武帝永明二年"条，中华书局，1956年，第4262页。

定、冀、相三州界，土旷人稀，多有寇盗，乃置镇以静之，以（韩）均在冀州，劫盗止息，除大将军、广阿镇大将"①。

明朝在建立的过程中，即开始创建卫所制度。明太祖时，在全国设 136 卫，其中相当一部分的卫所与原有的城市相重叠，这对于加强明王朝的统治起到了十分重要的作用。另外，明王朝还建立了若干以军事功能为主的卫所军城，如沈阳卫（沈阳）、广宁卫、天津卫（天津）、左屯卫（锦州）、威海卫（威海）等军城。随着北方游牧民族对明朝统治威胁的加大，明朝不断加强在北方的军事部署，长城沿线逐渐形成了"九边"，即以辽东、大同、宣府、延绥、宁夏、甘肃、蓟州、太原、固原等九个军事重镇为中心的军事城镇体系，这些军城中一部分，后来成为重要的综合性城市，足见军城对后来城市发展的重大影响。明代"九边"所属城镇或在原有旧城基础上改建，或者重新修筑，如宣府镇东路主要城市有永宁城、保安新城、怀来城、保安旧城、庆州城，为永乐、宣德、景泰年间修筑；南路城市主要有顺圣川西城、川东城、蔚州卫城，则为洪武、天顺年间重修；西路城市有万全右卫城、万全左卫城、怀安城，为洪武、弘治年间重修或修筑②。这些军事城镇也形成了等级体系，以宣府镇为例，镇城规模最大，据其镇志记载，洪武二十七年（1394），谷王所司改造旧城，"高三丈五尺，周围二十四里一百二十五步"，而其下属的路治所永宁城，"高三丈五尺，周围六里十二步"③。明代卫所军城的建设也是明朝中央集权加强的重要表现，明朝廷通过卫所军城的建设来加强疆域防卫和对内部的统治。

清朝中央集权君主专制达到顶峰。清朝是一个少数民族建立的王朝，因而满族贵族十分注重军事控制，从而使军城出现了新的形式，即满城。从清初开始，清廷为了构建满族权威及加强对地方的军事控制，在全国重要城市或在一些军事要冲设置满城。《荆州驻防八旗志·序》就满城对地方社会的控制做了详细的记载："惟我朝以八旗禁旅分驻各直省形胜要冲，无事则抚卫控制，隐然有虎豹在山之势，有事则敌忾同仇，收干城腹心之用。"④ 满城大都建在军事战略要地。如康熙帝认为"荆州为咽喉要害"，故"首命都统巴布尔、前锋统领硕岱，率满洲精骑三千，兼程驰往荆州，以遏其冲"⑤。直到晚清，荆州满城所发挥的军事作用仍然较为明显。咸丰年间，"粤匪跳梁，东南数省大半蹂躏，独我荆州完善，安堵无惊"⑥。除此之外，满城还象征着满族统治者以王权为中心的多民族国家的构建，塑造了满族统治者至高无上的皇权。满城大都位于部分重要城市的重要位置，从而使中国古代城市在空间布局上形成一种较有特色的城市形态——复式城市。满城居民主要为满族人，清王朝将其与汉族人分开居住，以保持满族人在生活和文化方面的独立性。

---

① 李延寿：《北史·韩茂传》，中华书局，1974 年，第 1350 页。
② 曹南、王崇献编次，杨百之校正：《宣府镇志》卷二《城堡》，明正德刻、嘉靖增修本。
③ 曹南、王崇献编次，杨百之校正：《宣府镇志》卷二《城堡》，明正德刻、嘉靖增修本。
④ 希元、祥亨等纂，马协弟等点校：《荆州驻防八旗志》，辽宁大学出版社，1990 年，第 3 页。
⑤ 希元、祥亨等纂，马协弟等点校：《荆州驻防八旗志》，辽宁大学出版社，1990 年，第 3 页。
⑥ 希元、祥亨等纂，马协弟等点校：《荆州驻防八旗志》，辽宁大学出版社，1990 年，第 3 页。

《八旗通志·营建志》载："满城者，均系直省都会或府州重地，驻防者主要为满洲族人，且与驻地附近居民（或回或汉）对比鲜明者。"[1]

中国古代军事城市的设置与王权的强化有着十分密切的关系，尽管不同的军事城市的建造目的有所不同，构筑方式也各异，但都是为了加强王权统治，王权的盛衰对军事城市的盛衰有着直接的影响。

王权—国家力量对中国古代城市的形成与变迁有着重要而深刻的影响。首先，中国古代城市形成的直接动力之一就是王权，或者说早期城市的出现离不开王权的推动。在早期国家建立之初，只有王权才具有足够的权威，能够整合各种资源和力量，从而为早期城市的建立与发展提供物力、人力、财力的支撑。而早期城市正是以王权为中心的统治集团为了保护自己和亲人的人身安全及财产安全而修筑的。其次，王权对于城市规划及建设也产生了极为重要的影响，古代城市都深深地打上了王权专制与王权伦理的烙印，城市规划及建设无不体现等级秩序及封建伦理观念。以王权为中心的"天人感应""天人合一""王权至上"等思想贯穿了几千年间中国古代城市的规划与建设，从而形成了具有中国特色的城市规划与建设的思想。第三，中国古代城市体系的变化也与王权有着密切的关系，主要体现在行政等级对城市发展的影响，由此而形成的政治中心城市优先发展规律，即城市的政治地位的高低影响着城市规模的大小和发展速度的快慢，并在此基础上形成了城市行政等级体系。最后，王权的强化和以王权为中心的国家疆域的扩张促进了军事城市的产生和发展，千百年来军城的兴衰与王权的兴衰紧密相关。

城市既是文明产生的标志，又是文明的载体。正如王国维先生所说："都邑，政治与文化之表征也。"[2] 因而我们可以从城市的变迁中看到中国古代政治文明变迁的某些面相。从政治文明的角度看，城市是中国古代王权的"物化实体"，城市作为行政管理治所，是王权自上而下在空间上的延伸及构建过程。因而城市体系的变化反映出以王权为中心的国家的变化及中央权力与地方权力的消长。

---

[1] 福隆安等：《钦定八旗通志》卷一六〇《营建志》，吉林文史出版社，2002年，第1977页。
[2] 王国维：《殷周制度论》，傅杰主编：《王国维论学集》，中国社会科学出版社，1997年，第1页。

第四章　影响城市分布的因素

城市是人类聚落的一种高级形式。关于城市的起源，学界有多种观点，但无论哪种观点，都与人类文明的进步有着直接的关系。同时，城市作为人类文明的产物和"人类的第二自然界"，也是人类社会进步的特殊动力和文明的载体。城市的本质为聚集，是促成各种聚合过程的巨大容器，这种容器通过自身的封闭形式将各种新兴力量和要素聚拢到一起，强化它们之间的相互作用，从而使总的成就提高到新水平。[1] 诚然，城市对统治权力有很大的依附性，其发展在一定程度上受到人口规模和政治环境的制约，但同时城市对自然条件也有着很大的依赖性，特别是在人类社会早期，城市的建立更是受到自然环境的很大影响。早期城市多选择在气候温和、海拔较低、靠近河流、交通便利、水源充足、土地肥沃、物产丰饶的地区建造。由于城市从形成之初就是统治者的政权中心，各类城市的建置和分布，均与整个地区的山川形势、江河交通、人口规模、经济发展有着密切的联系，如此，便可更好地发挥其作为统治中心的作用。[2] 城市的形成往往经过反复的思考和精心的选择，任何一座城市的出现都不是偶然的，可以说城市的分布具有一定的规律性，并受到包括地理环境、国家政权、经济交通和人口状态等各方面因素的影响。当今世界城市分布的现状，是人类历史长期演变之结果。一定地区在某一时期城市分布的状况，亦是多种因素共同作用的结果。

第一节　地理环境对城市分布的影响

地理者，空间之问题也，历史及百科，莫不根此。在中国的文献中，"地理"二字最早出自《易经·系辞》："仰以观于天文，俯以察于地理。"在古人看来，"地有山、川、原、隰，各有条理，故称理也。"[3] 地理环境，包括地质、气象、水文、生物等自然条件，是人类文明兴起的自然基础，并构成人类生存的物质基石和创造文明的自然前提。对此，西方地理环境决定论者认为："人和动植物的发展一样，

---

[1] ［美］刘易斯·芒福德著，宋俊岭、倪文彦译：《城市发展史——起源、演变和前景》，中国建筑工业出版社，1989年，第26页。

[2] 鲍世行：《跨世纪城市规划师的思考》，中国建筑工业出版社，1990年，第29页。

[3] 《周易正义·系辞》，《十三经注疏》，清嘉庆刻本。

都是受地理环境决定的,人类的体质和心理状态、人口和种族的分布、文化水平的高低、经济的盛衰、国家的命运、社会的前途等等都受到地理环境的支配。"[1] 古希腊先哲亚里士多德曾提出气候决定论,而柏拉图则提出海洋决定论,中国的《管子》《周礼》等著作,对自然地理环境对人类居住和生存的影响也有所论述。人类文明在任何发展阶段都离不开地理环境,而城市作为人类文明的载体,更是对自然地理有着巨大的依赖性,尤其是在人类社会早期阶段,在生产力尚十分落后,科学技术还不发达的时期,地形地貌、气候、水文、动植物资源等自然条件对城市的形成有巨大的影响。自然地理的特殊性不仅会影响城市选址,也对城市规模和发展速度有所制约。自然地理中各要素相互重叠,在很大程度上决定了人口的分布,进而影响城市的分布,甚至在一定程度上决定着某一地区城市的兴衰。

一、城市兴起的自然地理基础

地理环境,作为城市发展的永恒载体,在社会发展的不同阶段,对城市发展进程的作用不尽相同,在特定的条件下甚至会起着决定性的作用,特别是在城市文明兴起之初,自然地理环境对城市产生、发展至关重要。

作为非农业人口的集聚地,城市却因农业生产力的发展、剩余粮食的出现、人口的定居、聚落的形成、阶级的分化、国家的建立等多种因素的共同作用而兴起。需要注意的是,并非世界上每一个地方都有形成城市的条件。城市为什么建在这里,而不是那里?这是有其内在规律的。在影响城市兴起的众多因素中,一个重要的因素就是必须要具备一定的自然地理条件。在人类文明初期和生产力落后的农业时代,自然地理环境对城市的形成和发展起着重要的作用。在自然环境恶劣的地区,人类的生存和发展受到制约,城市的建立和发展就十分困难,如青藏高原西北部地区、新疆两大沙漠的腹心地区、帕米尔高原的荒漠地带等,气候非常恶劣,严重缺水,植物生长都非常困难,人类更是难以生存,因而在这些地区就难以形成聚落和城市。而在那些自然生态条件较好的区域,如印度的恒河流域、巴比伦的两河流域、埃及的尼罗河流域、中国的黄河流域和长江流域等,地势平坦,气候温和,非常适合农业和畜牧业的发展,因而聚集了大量的人口。人们在这些地区从事各种生产活动和社会活动,并在这些地区繁衍,一代接着一代,逐渐形成聚落和城市,城市也由小到大,由少到多。正如地理环境决定论的代表人物泰勒所言:"世界上天赋优厚的地区,可能给人类生活提供了许多不同的可能性;但在大约十分之九的地球陆地上自然发出了清晰的警告:这里太干、太冷、太湿或是太崎岖不平。任何定居者如果不顾这些自然的限制,就一定会遭受灾难。"[2] 泰勒所言并非虚妄之言,

---

[1] 贺善侃:《马克思主义与哲学原理》,东方出版中心,2003年,第181页。
[2] 转引自[美]普雷斯顿·詹姆斯、杰弗雷·马丁著,李旭旦译:《地理学思想史》(增订本),商务印书馆,1989年,第310页。

人类如果不因地制宜,不按照自然界的规律进行生产、生活,就会受到极大惩罚。可见自然地理环境对城市产生和发展的影响是十分重要的。

城市兴起于农业发达之地,而早期农业深受自然地理环境的支配。黑格尔指出:助成民族精神的产生的那种自然的联系就是地理的基础。[1] 他认为,地理环境性质的不同,造成了不同地区在生产活动及生产方式之上的极大区别。一般而言,人类文明的兴起具有共性,但亦有区域差异性,而区域的差异性主要就是区域自然条件的差异所带来的结果。从总体上考察,城市文明正是产生于适宜农业生产的平原,因为这些地区土地肥沃,居民以农业为主,产生了土地所有权和各种法律关系,造就了像中国、印度、巴比伦和埃及这样的文明大帝国[2]。德国地理学家拉采尔也认为,在生产力水平十分低下、盲目的原始力量起支配作用时,人类聚居形式是环境的产物。他以河谷低地为例进行了分析,认为正是这个地区特殊的自然环境,特别有利于耕作和动物驯化,为城市起源提供了条件。农业作为一个自然再生产过程,与地理环境各要素有着不可分割的联系,而各要素并非各自孤立分散地存在着,而是共存于同一地域的系统之内,彼此之间相互联系、相互制约和相互作用。因此,无论是在全球还是在某一地区,其地理环境都具有各自的整体性。

在人类文明的初期,社会生产力水平低下,农业对地理环境具有很强的依赖性,早期农业的劳动生产率是同自然条件相联系的[3],良好的自然条件会产生较高的劳动生产率,有利于农业生产的发展。正如近代著名学者梁启超所言:"文明之初发生,必在得天独厚之地,厚者何?即气候温暖,物产饶足,谋生便易也。"[4] 因此,早期的城市大多建立在水源充足,地形比较适宜耕种的地方。20世纪以来,世界各地的大量考古发掘表明,世界原始农业起源于北纬40°至南纬10°之间,其地理条件大体相似,多属于半干旱的平原或丘陵,而这些地区也是早期城市文明兴起之地。如在中美洲墨西哥的坦马利帕斯地区以及瓦哈卡河谷和特瓦坎谷地的印第安人,早在公元前7 000年已开始种植玉米,并驯养羊驼。[5] 玛雅文明和阿兹特克文明发源于安第斯山脉所形成的墨西哥谷地中,因为安第斯山脉中的高原和谷地的气候"温和湿润,凉爽宜人,比较适合农业定居生活"[6]。适宜的气候条件促使玛雅人发展农业,而农业的发展则改变了玛雅人的生存状态,使他们摆脱了对大自然的单纯依赖,开始从居无定所向定居转变。农业的发展为人口的增加创造了基本条件,从而为人口的聚集和城市的形成奠定了物质基础。同样,在亚洲东部的黄河流域和长江流域,早期人类也于公元前7 500年至公元前5 000年开始了农业革命,种

---

[1] [德]黑格尔著,王造时译:《历史哲学》,生活·读书·新知三联书店,1957年,第123页。
[2] [德]黑格尔著,王造时译:《历史哲学》,生活·读书·新知三联书店,1957年,第145页。
[3] [德]马克思、恩格斯著:《马克思恩格斯全集》(第23卷),人民出版社,2006年,第560页。
[4] 梁启超:《梁启超全集·地理与文明之关系》,北京出版社,1999年,第945页。
[5] 张同铸:《世界农业地理总论》,商务印书馆,2000年,第50—51页。
[6] 郝名玮、徐世澄:《拉丁美洲文明》,中国社会科学出版社,1999年,第14页。

植小麦、水稻，饲养猪、狗、羊等家畜。① 考古发掘亦表明，夏、商、周三个时期所形成的北方城市，大多数分布在相当于今天河南省的中部和北部、山西省的南部、陕西省的关中盆地、河北省的西南部和山东省的西部等地区。这些地区正是当时自然条件最优越的地区，所谓"唐人都河东，殷人都河内，周人都河南"② 即为明证。在长江流域的上游成都平原，近几十年来也相继发现近十座早期古城遗址。而在长江中游则发现了迄今为止中国最早的古城址——城头山古城遗址。另外，在长江下游也发现良渚古城等早期城市。总体来看，中外古代早期城市稠密区都与当时的农业发达区基本吻合。

在原始农业出现以前，早期人类主要依靠采集与渔猎维持最基本的生存，"茹草饮水，采树木之实，食蠃蚘之肉"③，他们受生产方式和气候条件的影响而居无定所，无法形成聚落。农业的产生，使人类从狩猎者和捕鱼者变成农耕者，"穴居而野处"的游荡生活转为定居生活，这对人类社会而言具有划时代的作用，故被称为"农业革命"。农业革命解决了人类的基本生存问题，使人类开始摆脱对大自然的单纯依赖，并从居无定所向半定居和定居等生活方式转变。随着农业生产力的逐渐发展，开始出现剩余粮食和剩余农业劳动力，定居变为普遍的生活状态，氏族内部开始出现分工，农业开始成为城市产生的经济基础和城市发展的必要条件。环境基础论的学者伍利认为："只有在土地和气候有可能并且容易在一个较大的范围内创造剩余产品的地区，城市文明才会产生。"④ 正是因为人类能够进行食物生产，开始定居，有了剩余粮食，城市的成长在经济上才成为可能。"生产剩余无疑是文明的先决条件。缺少了它，一个社会就不能供养不从事粮食生产的专门人员如教士、工匠等。这些人却是文明的创造者。"⑤ 历史上第一批城市都是诞生在农业发达的地区，就是因为农业的发展能为城市提供经济基础。如底格里斯河和幼发拉底河之间的冲积平原，生长着最早的大麦和小麦，能够培育成可食用的农作物，这就使新石器时代的农夫们的劳动产品有了剩余，这是非常关键的因素，两河流域城市文明的起源也正是基于此。同样，黄河流域和长江流域也是发展农业的理想之地，也因此而成为城市的发源地。如考古工作者在长江上游成都平原的古城遗址中相继发现了水稻和黍，这说明，正是南方和北方的两种主要粮食作物在成都平原的生产，推动了成都农业的发展和人口的增长，并由此推动了成都平原早期城市的出现。考古工作者相继在成都平原发现了 8 座距今 4 600—3 700 年之间的宝墩文化时期的古城遗址，而该时期的成都平原之所以会出现数量众多、分布密集的早期古城，其中一个重要的原因就在于农业的大发展。农业的发展不仅促进了人类的定居和人口的聚集，而且还推动了生产力和生产关系的变化，加速了阶级与国家的产

---

① 张同铸：《世界农业地理总论》，商务印书馆，2000 年，第 50—51 页。
② 司马迁：《史纪·货殖列传》，中华书局，1982 年，第 3263 页。
③ 刘安：《淮南子·修务训》，中州古籍出版社，2010 年，第 292 页。
④ 转引自周一星：《城市地理学》，商务印书馆，1995 年，第 72 页。
⑤ 转引自潘明智等：《南洋学会专刊之四 东南亚历史地理译丛》，南洋学会，1989 年，第 38 页。

生；农业生产的发展，使粮食出现剩余，并刺激了人口的再生产，推动劳动结构发生分化，进而导致社会分工，从而使一批专门从事非农业活动的人口聚集在一起，而这些非农业人口则是城市兴起和成长的第二前提。[1] 由此可见，在以农业生产为中心的古代社会，广阔的农业生产腹地对城市的兴起和发展而言，是不可或缺的。对此，沈汝生先生在《中国都市之分布》一文中有专门论述：中国"城市分布以长江上游区最多，黄河下游次之，东南沿海、东北和西南区又次，西北边陲最少。而此种不均衡的分布是由其附庸地的面积和性质决定的。在同一环境下，附庸地面积与都市数目成正比"[2]。此种附庸地便是指城市的经济腹地，因为城市不能孤立地存在，需要一定范围的城市腹地，而其性质包括农业、畜牧业、森林、矿产等。据《中国都市之分布》统计，长江下游地区和四川盆地，农业最盛，森林亦富，两地的腹地面积达1 354 000平方公里；黄河流域次之，农业、畜牧业较发达，矿产均较丰富，腹地面积达1 266 000平方公里。[3]

二、自然地理与城市分布的类型

城市的分布是地理环境各要素综合作用的结果，虽然在不同的历史阶段，各种地理环境要素的影响也有所不同，但一般而言，其影响总是存在的。自然地理对城市分布的影响，往往通过一系列方式表现出来，并呈现出一定的规律性，具体而言，我们可从城市的纬度分布、垂直分布及水平分布等三方面对其进行考察。

（一）地球纬度与城市的分布

世界人口的分布极不均衡，大约三分之二的人口集中在占总面积七分之一的土地上，并集中于北纬20°~40°之间，该地区的人口约占世界总人口一半，而北纬60°以上和南纬40°以上的广阔地区几乎无人居住。城市分布的不均衡性在纬度上也表现得十分明显。据联合国人口活动基金会（UNFPA）发表的《2007年世界人口状况报告》：世界人口数量在前100序位的特大城市，分布在北纬60°至南纬40°之间，其中，分布在北纬30°~45°之间的城市数量最多。[4] 亚洲、欧洲、美洲城市分布集中的纬度带各不相同，亚洲重要城市主要集中在北纬20°~25°和北纬35°~40°之间，欧洲重要城市主要分布在北纬50°~55°之间，美洲重要城市则分布在北纬30°~35°和北纬40°~45°。就中国而言，由于受季风和降水的影响，广阔的亚热带、暖温带地区是世界上著名的农业发达地带，同时也是中国城市分布的集中地区（见表4—1）。相关统计表明，20世纪后期中国亚热带城市的数量几乎占当时全国城市数量的一半。

---

[1] 许学强、周一星、宁越敏：《城市地理学》，高等教育出版社，2009年，第57—58页。
[2] 沈汝生：《中国都市之分布》，《地理学报》，1937年第0期。
[3] 沈汝生：《中国都市之分布》，《地理学报》，1937年第0期。
[4] 龙昱：《城市地理分析》，中国地质大学出版社，2012年，第77页。

表 4-1 中国各气候带的城市分布（1985—1994 年）

		热带	亚热带	暖温带	中温带	寒温带	青藏高原	全国
占全国国土面积（%）（B）		1.60	26.10	18.50	25.90	1.20	26.70	100.00
1985 年	城市数	8.00	168.00	86.00	78.00	—	3.00	344.00
	比重%（A）	2.30	49.10	25.00	22.70	—	0.90	100.00
	U1 值（A/B）	1.44	1.88	1.35	0.88	—	0.03	1.00
1994 年	城市数	14.00	3.20	179.00	122.00	—	5.00	622.00
	比重%（C）	2.25	48.60	28.80	19.60	—	0.08	100.00
	U2 值（C/B）	1.37	1.87	1.54	0.75	—	0.03	1.00

注：暖温带包括河南、河北、山西、辽宁、陕西、北京、天津、山东等省；亚热带包括上海、浙江、福建、江苏、江西、安徽、湖北、湖南及广西、广东大部分地区，贵州和四川省；热带包括海南、广东和云南部分地区，青藏高原区包括青海省和西藏自治区；余为中温带和寒温带。

资料来源：吴传钧《中国经济地理》，科学出版社，1998 年。

（二）海拔高度与城市的垂直分布

从全球来看，几乎所有的城市分布都受地形、地势的影响而呈垂直分布差异，即在不同的海拔高度上，城市的分布状况不同。

由于气温和气压随着海拔高度的上升而降低，海拔较高的地区一般较为寒冷。随着海拔高度的递增，积温递减，故海拔越高越不适宜于人类生存和农作物的生长，也不利于城市的发展，因此城市分布有趋近低平地区的倾向，城市的垂直分布随海拔高度的上升而下降。总体而言，城市总量以及不同规模和等级的城市数量，均表现出明显的"低密高疏"的垂直分异规律。据吴传钧《中国经济地理》的统计，我国城市主要集中分布在海拔高度低于 500 米的东部丘陵、平原地区，平均海拔高度 500～2 000 米的中部低山、中山地区分布较少，西南内陆平均海拔在 2 000 米以上的中山、高山地区分布更少。在中国的三大地理阶梯中，第三阶梯的城市密度系数分别为第二阶梯的 15.4 倍、第一阶梯的 136.0 倍左右，充分表明中国城市（镇）集中分布在海拔高度小于 500 米的丘陵、平原。青藏高原在地理纬度上属于温带亚热带地区，但是由于海拔过高，气候近于寒带，因此，城市数量很少，而且城市规模普遍偏小，主要分布在高原边缘气候稍微温暖湿润的河谷地带。

表 4-2 中国城市垂直分布统计（1994）

地形阶梯 （海拔高度）	第一阶梯 （500 米以下）	第二阶梯 （500—2000 米）	第三阶梯 （2000 米以上）
土地面积占比 （全国 100%）	16.0	47.0	37.0

续表

地形阶梯 （海拔高度）	第一阶梯 （500米以下）	第二阶梯 （500—2000米）	第三阶梯 （2000米以上）
城市数占比 （全国100%）	82.8	15.8	1.4
城市密度	5.175	0.336	0.038

注：此处城市指人口规模大于5万人的城镇。

资料来源：吴传钧《中国经济地理》，科学出版社，1998年。

（三）地表形态与城市的水平分布

地表形态对城市的水平分布产生很大的影响，城市水平分布据此可分为三种类型，即集中式、分散式、线状（带状）式。

所谓集中式，即若干城市集中在一定区域，共同享受该区域的资源，包括优越的气候和地形条件，丰富的水资源等。中国东部以平原和丘陵为主体，间或分布有少量海拔在1 000~2 000米之间的山地，由于地势起伏和缓，且为东亚季风气候，为城市的发展创造了有利的条件，成为中国城市分布的稠密区。例如以渭水下游为中心的三辅地区，因其在地理上的优势，在汉代就形成了一个范围较小的城市稠密区。正如刘敬对刘邦所说的那样："秦地被山带河，四塞以为固，卒然有急，百万之众可具也。因秦之故，资甚美膏腴之地，此所谓天府者也。"[①]

分散式即指城市呈点状分布，一般这种分布特征是由于受到各种条件的限制。有的是由于交通不发达，致使广大地区未能得到很好地开发，一时难以集中发展，但更多的是由于自然地理环境的局限，使城市分布呈分散状态，如绿洲城市、资源城市等。绿洲城市被广袤的沙漠和戈壁分割成为互不相连的块状，水源不能集中，凡有绿洲之处，城市作为农牧经济载体而兴起。此外，由于绿洲之间一般为荒漠阻隔，相距遥远，城市之间缺少连接点和辐射的中间层次，导致城市分布在空间上具有分散性。中国最大的沙漠——塔克拉玛干沙漠位于塔里木盆地内，在塔里木盆地周围分布着若干块绿洲，新疆南部的相当一部分城市就沿着绿洲呈分散状分布。资源型城市则是基于资源开发的需要，依据资源的分布而兴起，因为资源的分布是具有随机性的，各地区的资源富集程度、分布状况不一，因而开发程度也不一。一般说来，我国的资源型城市的出现是在近代，城市的形成往往具有突发性，不少城市的形成并没有历经长时间的准备阶段，城市建设表现出被动性、临时性和不确定性，城市分布也多呈现出分散的特征。

城市的线状（带状）式分布，是指城市之间通过一定的交通线路联系，形成网络线状（带状）式分布特征。中国早期的城市常受自然条件限制而沿着江河、谷地建设和发展，使城市的排列呈线状或带状。以黄河流域的城市为例，黄河流经的大

---

① 司马迁：《史记·刘敬叔孙通列传》，中华书局，1982年，第2716页。

部分地区处于暖温带,降水充足,雨热同期,为农作物生长提供了较为优越的环境。其中,位于黄河上游的黄土高原,土壤质地松软,易于耕种;黄河下游冲积平原多由黄河冲刷沉积而成,土壤肥沃,沿河地区的生态环境相对较好,成为中华文明的发源地。"得水为上"是城市选址的一大原则,在龙山文化时期,黄河流域就产生了若干城市,其中不少城市都是沿着黄河干流或支流而建。随着中华文明的发展,黄河沿岸城市的数量不断增加,规模不断扩大,城市功能亦日趋完善。黄河城市沿岸分布已经成为一个历史选择,从夏商周至秦汉隋唐,以至北宋,众多王朝在黄河沿岸建都,大量城市沿河而建,至农业时代的晚期清代,黄河沿岸城市的数量已达174座。

三、自然力要素的变化对城市分布变迁的影响

清代史地学家顾祖禹曾说:"天下之形势,视乎山川;山川之绌络,关乎都邑。然不考古今,无以见因革之变;不综源委,无以识形势之全。"[①] 古人早就通过观察,发现自然力要素的变化对城市分布有着深刻的影响。一方面,自然力要素的变化对城市的影响,既有空间上的逐渐扩大,也有时间上的不断加深;另一方面,城市又是位于地表的宏观现象,是以自然环境为基础,以人地关系的变化为转移,并随时间的变化和自然力要素的变化而发展变化。自然力各要素是不断变化的,而其变化的具体过程曲折复杂。以斯大林为代表的苏联地理环境决定论的批判者认为:地理环境只能影响到社会的发展——加速或延缓社会发展进程。但是它的影响并不是决定的影响,因为社会的变化和发展比地理环境的变化和发展快得不可比拟。……地理环境的稍微重大一些的变化都需要几百万年。[②] 他们由此得出了地理环境不可能成为社会发展的主要原因的结论。然而,这是用近乎静止的观点看待地理环境、自然要素的变化对人类社会发展的影响,其观点显然具有片面性。如果单纯就自然环境的某些要素而言,可能其变化相当缓慢。但是,自然力的若干要素在一定条件的作用下也有可能在短时期内发生急剧的变化,而这些自然力要素一旦发生突变,城市原来赖以生存的地理基础则会随之改变,进而影响人类生存和分布状况,如黄河的改道、长江的决堤导致沿岸城市毁灭等。因此,地理环境的变迁不仅能促进一个地区城市文明的兴起和发展,也能致使一个地区城市文明的衰弱、迁移乃至消亡。一般来说,在自然力要素对城市分布的影响中,自然环境是作为一个整体对城市产生综合效应的。而从自然力的单项要素来说,气候常常被认为是最主要的因素,此外,依次为地貌、水文及其他自然资源。

---

① 顾祖禹:《读史方舆纪要》,中华书局,2005年,第1页。
② [苏] 斯大林:《论辩证唯物主义与历史唯物主义》,《斯大林文选(1934—1952)》(上册),人民出版社,1962年,第193页。

（一）气候变化对城市兴衰和空间分布变化的影响

"各种自然现象，对于人生之影响最重要者，殆莫过于气候。"[①] 或极地之冰漠，或赤道之密林，皆出于气候，不宜人居。法国启蒙哲学家孟德斯鸠尤其强调气候的特殊性对各民族生理、心理、气质、宗教信仰、政治制度的决定性作用，他认为："气候的权力是世界上最高的权力，气候的权力强于一切权力。"[②] 气候对城市地域分布的影响，可以从气温和雨量两个角度来进行衡量。就气温而言，寒带地区气温过低，积雪常年不化，植物不得生长，几乎没有城市的发展；热带地区气温炎热异常，因而人们大多避开平地而在高地建设城市。辛普尔说："人类产生于热带，而成长于温带。热带有丰盛的物质满足人类的基本要求，因而它像一个保姆，使人类永远是一个儿童，而温带则提供了人类自我发展的可能性。"[③] 黑格尔也曾言："在极热极寒的地带上人类不能做自由的运动；这些地方的酷热和严寒，使得精神不能为它自己建筑一个世界。"[④] 因此，可以说气候温暖是城市兴起的必要条件。北美大陆和亚欧大陆的北部属于寒带地区，常年被冰雪覆盖，气候寒冷，土壤大多为冻土，水流常年封冻，不适合定居和农耕，在近代以前，只存在少数渔猎部落，没有城市存在。《论法的精神》说："气候的王国是一切王国的第一位。……在西伯利亚南部的大鞑靼异常寒冷。土地是无法耕种的，草原可供畜牧，除此之外，便什么也没有了。……东边靠近海洋的地方有四五座城市，因为政治方面的考虑，中国人在接近本国领土的地方建立了几座城市，除此之外，那儿是没有城市的。在整个鞑靼地区的其他地方，唯有布加利、土耳其斯坦及加利逊有数座城市。"[⑤] 近代以来，随着科技的发展，世界百万人口以上的城市的分布也具有从中纬度范围内向低纬度方向缓慢移动的趋势，这些城市分布的平均纬度从20世纪20年代初的44°30′降低到50年代初的36°20′，以及70年代初的34°50′。[⑥]

就雨量而言，不同地区的雨量有很大差异。雨量对人类的生存和发展产生深刻的影响。如沙漠地区气候恶劣，雨量稀少，干燥异常，缺乏水源，人类不能在此地区居住，甚至连很多动物、植物也不可能在沙漠中生存。热带雨林雨量过多，植物生长过于稠密，亦不适合人类居住。所以，在世界范围内，大部分的城市集中在降水量适中、气候温和的温带。早期人类难以征服湿润地区的森林和沼泽，因此，有充足水源的半干旱气候区成为文明古国诞生之地。世界古代四大文明所在地域的纬度最北不超过北纬38°，最南除了古埃及沿着尼罗河谷那一狭长区域延伸到了北纬

[①] 胡焕庸：《自然·地理概论（下）（附图）》，《地理教育》，1936年第1卷第9期。
[②] 参见肖前等：《历史唯物主义原理》，人民出版社，1983年，第58页。
[③] 转引自赵光武：《现代科学的哲学探索》，北京大学出版社，1993年，第323页。
[④] ［德］黑格尔著，王造时译：《历史哲学》，生活·读书·新知三联书店，1957年，第124页。
[⑤] ［法］孟德斯鸠著，彭盛译：《论法的精神》，当代世界出版社，2008年，第133—134页。
[⑥] 许学强、周一星、宁越敏：《城市地理学》，高等教育出版社，2009年，第30—40页。

15°左右外,都没有超过北回归线,基本上位于温带和亚热带地区。① 美国一位经济学家在其论著中写道:"几乎所有第三世界国家都位于热带或亚热带地区,而历史事实是,现代经济增长一切成功的范例几乎都发生在温带国家。这样一种分歧不能简单地归之于巧合,它必然与不同的气候环境直接或间接引起的某些特殊困难有关。"② 美国另一位学者约翰·肯尼思·加尔布雷思在研究农业经济时也指出:"(如果)把赤道南北两三千里宽的地带隔开,就会发现,这一地带内没有一个发达国家……这里生活水平低,人们的寿命短暂。"③

气候的变化深刻地影响着城市分布的变化。气候的变迁可以导致整个生存环境变化,从而间接地影响人类活动,如政权更迭、城市分布等。

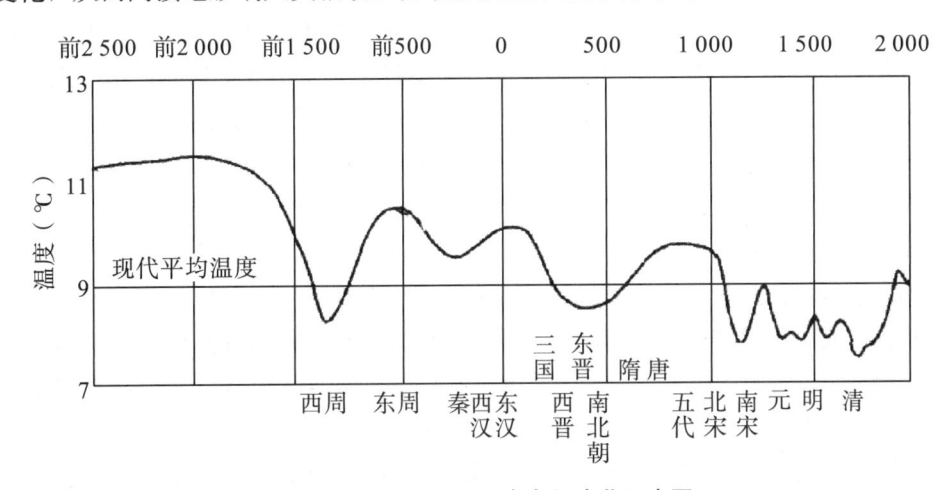

图 4-1 中国近 4 500 年气温变化示意图

资料来源:王会昌《2 000 年来中国北方游牧民族南迁与气候变化》,《地理科学》,1996 年第 3 期。

气候变得寒冷,不适宜人居,则人口会随之迁移,导致城市衰落,城市分布界限内缩。中国历史上有四个较强烈的低温期,即西周、魏晋、两宋和晚明至清,这些低温期均与中国北方少数民族南下以及内战分裂最频繁的时期相对应。因为每当一个寒冷时期到来,北方气候转为干冷,雨量减少,无霜期变短,农作物生产大受制约,产出减少,草原区逐渐荒漠化,农业区逐渐蜕变为畜牧区,农牧交界线南移。中国北部游牧民族所面临的生存压力不断增大,他们不得不将生活区向南方较为温暖湿润的汉族居住区扩展,而这种伴随着暴力的扩展活动,黄河流域的城市文明多次受到严重的破坏。游牧民族的南侵成为导致北方经济中心地位丧失,城市普遍衰落,经济中心城市东移南迁的重要原因,而这些都与气候有着直接或间接的关

---

① 张芝联、刘学荣:《世界历史地图册·世界主要文明发源地和农耕与畜牧的起源图》,中国地图出版社,2002 年,第 13 页。
② 转引自[美] M. P. 托达罗著,于同申等译:《第三世界的经济发展》,中国人民大学出版社,1988 年,第 170 页。
③ 转引自[美] 戴维·S. 兰德斯著,门洪华等译:《国富国穷》,新华出版社,2001 年,第 5 页。

系。《史记》记载：周孝王七年（前903）冬，江、汉俱冻，犬戎东迁灭西周，尽夺"岐、丰之地"[①]，"而居于泾渭之间，侵暴中国"[②]。公元3~5世纪，由于北方自然环境恶化，北方少数民族南迁，"总数达百万之众"[③]。北方少数民族的南迁导致了黄河流域长期的动乱，社会经济遭到严重破坏，关中地区不再是城市密集、高度发达之地。千年古都长安，至西晋末年，几经战乱，已落到"城中户不盈百，墙宇颓毁，蒿棘成林"的地步。[④] 公元11~13世纪，契丹、党项、女真、蒙古等草原民族陆续南侵，不同程度地造成了"中原土旷民贫"[⑤]和北方城市的衰败，北宋灭亡后，宋朝中央政府被游牧民族政权逼至江南地区，最终灭亡。美国地理学家亨廷顿于1903—1906年间在印度北部、中国塔里木盆地等地考察后，出版了《亚洲的脉搏》一书，认为13世纪蒙古人大规模向外扩张是居住地气候干旱和牧场条件日益变坏所致。17世纪的明清小冰期也给中国社会的发展变迁带来了巨大的影响。由于天气异常，不少过去并不太冷的地方也变得十分寒冷。"蒲圻大雪，平地深五六尺，冻毙人畜甚多，河水皆冰。"[⑥] 甚至连气候暖热的广东也是白昼雪下如珠，夜则有如鹅毛。北方更是气候酷寒，旱灾、虫灾频发，晋、陕、豫等北方数省饿殍遍野，人且相食，强者铤而走险，揭竿而起，最后演变成规模浩大的明末农民大起义。农民军推翻了明朝统治，而居住在东北的满族人经过多年的准备，趁机南下，打败了李自成等农民军，攻占了北京，建立了清王朝。明末清初，与气候异常相关的社会动乱演变成长达数十年的战争，导致中国人口锐减，城市被毁[⑦]。可见，气候的异常变更所导致的地理环境变化，对我国北方城市的兴衰和分布有着十分重要的影响。然而，北方城市的衰败导致人口南迁，经济重心不断南移，南方城市因此得到快速发展的机会。因而在一定程度上讲，气候等自然地理因素成为中国南方日益繁盛的重要原因之一。

总体而言，气候的变化在数千年间一直影响着中国城市的空间分布。气候温暖适宜，有利于人类生存，则农业发展，人口聚居，城市成长，城市分布的范围不断扩大，分布也愈加密集。根据孢粉分析和C^{14}年代的测定，我国广大地区，在五六千年以前，气候较今温暖湿润，其时，黄河中下游一带的自然条件非常有利于人类的生存和发展，故我国最初的城市多在这一地区兴起、发展。春秋战国至秦汉时期，中国城市分布北多南少，当时北方有"千丈之城，万家之邑相望"[⑧]的景象，且大都市大多集中于关中平原和中原地区。如韩国宜阳"城方八里，材士十万，粟支数年"[⑨]。中国气候相对的暖湿期包括秦、汉、唐、明。这一时期汉族往往向周

[①] 司马迁：《史记·秦本纪》，中华书局，1982年，第179页。
[②] 司马迁：《史记·匈奴列传》，中华书局，1982年，第2281页。
[③] 谭其骧：《何以黄河在东汉以后会出现一个长期安流的局面》，《学术月刊》，1962年第2期。
[④] 房玄龄等：《晋书·愍帝纪》，中华书局，1974年，第132页。
[⑤] 宋濂等：《元史·刘敏传》，中华书局，1976年，第3610页。
[⑥] 赵尔巽等：《清史稿·灾异志》，中华书局，1977年，第1490页。
[⑦] 何一民：《中国城市史纲》，四川大学出版社，1994年，第222—223页。
[⑧] 何建章：《战国策注释·赵策三》，中华书局，1990年，第709页。
[⑨] 何建章：《战国策注释·东周策》，中华书局，1990年，第5页。

边扩展，一如秦、汉、唐、明四朝国家的边疆经营政策。秦始皇时"斥逐匈奴，收河南地为四十四县。筑长城，因地形，用制险塞"，"渡河，据阳山，逶迤而北"①。汉武帝时北击匈奴，不仅收复河南等故地，还将北界推至河套、阴山以北，同时夺取河西走廊，分置四郡，"东拔秽貉、朝鲜以为郡"②，"自宣、元后，单于称藩臣，西域服从"③。唐代中前期，唐王朝灭东西突厥、高丽，收服吐谷浑、渤海，在这些地区"列置州县"，"号为羁縻"④，大大扩展了城市分布范围。明初"六师屡出，漠北尘清"⑤，北疆保持在蒙古高原南缘一线；东北置奴儿干都司⑥，势力北达黑龙江口和库页岛，西北包括今青海全省和新疆东部⑦。南方的城市历史虽然悠久，但是由于气候等原因，在汉以前，南方城市的数量比北方城市的数量少，且规模小。当北方城市在魏晋时期出现衰落的时候，南方重要的城市开始崛起，建康、江陵、成都、番禺等数十个重要城市都分布在气候较为适宜人类居住的地区，建康成为六朝的政治、经济中心，有28万户，人口达百万余，"贡使商旅，方舟万计"⑧。隋唐时期，中国经济重心进一步向南迁移，特别是南宋以后中原政治中心从北方的汴梁迁至江南的临安，明清之际中国的文化重心完成了从黄河流域向长江以南地区的转移。中国的政治、经济、文化重心的变化和城市空间分布变化，原因固然是多方面的，但气候的作用也不可忽视。

（二）地形地貌的变化对城市兴衰与分布的影响

"地者，政之本也"，"辨于地利，而民可富。"⑨ 土地为城市建设的基础，"城市连同属于它的土地是一个经济整体"⑩。地表形态，包括地貌和土壤，它不但制约着城市的兴起和发展，也通过对城市形态、空间结构和经济发展所产生的影响继而作用于城市的分布。

地貌对城市的影响主要体现在以下三个方面。

首先，城市主要分布于地势平坦的地区，因为平原地带的地貌有利于市域扩大，有利于交通畅达。而在沙漠、戈壁、极地、冰川等地理环境恶劣的区域，人们难以生存，城市也就难以兴建。秦汉时期的关中平原号称"天府"，相关研究表明，关中地区的面积仅占西汉国土的11.4%，而人口竟占了60.6%。⑪司马迁也说：

---

① 司马光：《资治通鉴》卷七"始皇帝三十三年"条，中华书局，1956年，第243页。
② 司马迁：《史记·匈奴列传》，中华书局，1975年，第2913页。
③ 班固：《汉书·西域传》，中华书局，1962年，第3874页。
④ 欧阳修、宋祁：《新唐书·地理志》，中华书局，1975年，第1120页。
⑤ 张廷玉等：《明史·成祖本纪》，中华书局，1974年，第105页。
⑥ 张廷玉等：《明史·兵志》，中华书局，1974年，第2222页。
⑦ 邹逸麟：《中国历史地理概述》，上海教育出版社，2005年，第141—142页。
⑧ 沈约：《宋书·五行志》，中华书局，1974年，第956页。
⑨ 黎翔凤：《管子校注·地员》《侈靡》，中华书局，2004年，第84、646页。
⑩ [德] 马克思、恩格斯：《马克思恩格斯全集》（第46卷），人民出版社，1972年，第481页。
⑪ 葛剑雄：《西汉人口地理》，人民出版社，1986年，第101页。

"故关中之地，于天下三分之一，而人众不过什三，然量其富，什居其六。"① 秦汉时期，长江上游的成都平原地区成为城市密集区。唐宋时期，随着经济重心南移，以吴越江浙和珠江三角洲为中心形成了多个城市密集地区。明清时期的长江中下游平原城市的发展亦是如此。这些城市密集区，都是地形相对平坦的地区，也是农耕文明发达的地区。近代之后，据沈汝生1937年的统计，中国的193个人口在5万以上的城市中，有90个分布于平原区，83个分布于丘陵地区，二者即占当时全国城市的90%。②

其次，两大地貌单元的交界处多成为一些古老城市优先选址的地方。管子曾提出："凡立国都，非于大山之下，必于广川之上。"③ 中国古代若干重要城市一般都依山傍水，紧临平原。在社会生产力尚不发达，抵御外来侵略能力相对较弱的时期，农耕民族在城市选址方面需要充分考虑地形地貌，而依山傍水的两大地貌单元交汇处一般是较理想的城市选址地，一方面可以依山为天然屏障，增加城市的防守能力，另一方面紧临平原或江河，则水源充足，利于农耕。地中海以及欧洲其他地区的许多城镇多兴起于容易防御的地点，这与当时的农民或牧人担心居住地区遭受敌人攻击的考虑有关，他们往往在地势险要的山丘顶部或山脚附近建筑房屋，居住时间长了，这些设防的山丘或山脚下的聚落则逐渐发展为城镇，甚至成为附近农村或独立小城邦的行政和经济中心。例如，雅典和哥林斯簇拥在峭岩脚下，"罗马七丘"曾成为附近平原上农民的避难所。西班牙的城市托莱多被塔古斯河的深峡三面围住，几乎坚不可摧。

最后，相对封闭的地理单元也有利于城市的建立。部分城市充分利用相对稳定的自然条件，形成区域城市体系和地区中心城市。从宏观地理来看，中国地域广阔，"东渐于海，西被于流沙，朔南暨声教，讫于四海"④，但中国内部则被划分为若干相对封闭的地理单元，而相对封闭的地理单元易于形成区域城市体系，如四川盆地、云南洱海地区、青藏高原、西域的南北疆等地区，都在历史时期形成了相对独立的区域城市体系。

土壤对城市分布也具相当的影响力。这首先体现在土壤的肥力上。亚里士多德在提出构建"理想城邦"时，特别强调土地的性质："就土壤的性质说，当然人人愿意在自己境界内可能种植一切庄稼（农产）使大家各得所需，样样都不缺乏，保证全邦高度的自给自足。"⑤《尚书·禹贡》将中国土地按照肥力高低分为九等，黄河中下游地区的雍州、徐州、青州、豫州、冀州、兖州居于前六等。因此，从远古至唐代前期，黄河中下游地区经济一直处于中国经济的中心地位，各种手工业生产基地和经济都会也以这一地区最为集中。西汉时期，全国共有27处经济都会，这

---

① 司马迁：《史记·货殖列传》，中华书局，1982年，第3262页。
② 沈汝生：《中国都市之分布》，《地理学报》，1937年第0期。
③ 黎翔凤：《管子校注·乘马》，中华书局，2004年，第83页。
④ 《尚书·禹贡》，《十三经注疏》，清嘉庆刊本。
⑤ [古希腊]亚里士多德著，吴寿彭译：《政治学》，商务印书馆，1965年，第356页。

一地区就占了 18 处。① 然而位于长江中下游地区的梁州、荆州、扬州等地区，在先秦时期，由于湖沼密布、土质紧密，其耕地被视为下田，分别排在第七、八、九等。春秋战国时期，位于此区的楚国、越国、吴国，其社会发展水平均落后于中原诸国，这不能不说与土壤的质量有着直接的关系。到西汉中期，南方很多地方仍是"地广人稀，饭稻羹鱼，或火耕而水耨"②，经济发展水平与黄河中下游地区相比存在很大的差距，因而城市分布稀疏。唐宋时期，北方土质由优变劣：关中地区土质已经明显下降；黄土高原表土流失严重，土壤养分大量丧失；华北平原由于河水泛滥引起土壤沙化和盐碱化，导致农业经济发展滞后，而农业是古代城市发展的基础，农业的衰落自然也导致了北方城市的逐渐衰落。如我国最早有着"天府"美誉的关中地区，因水土流失、土地沙化，生态环境恶化，而失去了"天府"之称。汉代长安城经三国两晋南北朝时期的破坏，已不可恢复。南方地区分布着许多广阔的平原和肥沃的土壤，如江汉平原、洞庭湖平原、杭嘉湖平原、成都平原、珠江三角洲平原等，因其多为临河傍湖的沼泽水乡，故其土壤中多含腐殖质，成为大片肥土沃壤。在先秦及秦汉时期，这些地区的自然条件相对落后于北方黄河流域地区，但在三国两晋南北朝时期，北方人口的大量南下，带去了先进的农业生产技术，并对这些地区进行精耕细作的开发，从而使这些地区的农业生产发生了很大变化。这一时期，南方人已经摸索出一套改良土壤的办法，可以使土壤很好地长期保持地力，如南宋《陈敷农书》详细记载了使土地越种越肥的方法。南方地区的土壤地力得到很好的开发和利用，原来的荒野变成了良田沃土，成为重要的粮食生产基地，为城市的建立和发展提供了重要条件和经济保障，因而南方城市数量不断增加，分布密度愈大，分布范围愈广。

　　土地沙化导致地貌发生变化，也会影响城市的分布和兴衰。如西域的楼兰古城、大夏的统万城等，都是因生态环境发生了巨大的变化，特别是土地严重沙化，最终被大沙漠埋没，从而使当地的人们为了生存而不得不放弃土地和城池。楼兰古城很早就因生态变迁而消失在沙漠之中；汉代西域数量众多的城邦国家也多因生态环境的变迁而成为废墟。鄂尔多斯高原在汉代生态环境甚佳，人口密集，汉朝曾在此地设置朔方郡、五原郡、云中郡、上郡和西河郡等 22 个郡县和城市。然而由于汉代对该地区过度开发，导致这一地区水土流失，出现沙化现象，这里的城市也逐渐衰落，甚至消失。如汉代上郡的高望县早已埋没在沙漠之中；朔方郡的朔方、渠搜、呼遒、修都，西河郡的大城、增山和虎猛③等，都临近沙漠边缘。公元 413 年，位于鄂尔多斯高原南部的大夏国以统万城为都，此地"临广泽而带清流"④。

---

① 今陕西 3 处，山西 2 处，河南 9 处，河北 2 处，山东 2 处。
② 司马迁：《史记·货殖列传》，中华书局，1982 年，第 3270 页。
③ 谭其骧：《中国历史地图集》（第 2 册），中国地图出版社，1982 年。
④ 《太平御览》卷五百五十五引佚书《三十国春秋》。又《元和郡县志》引此文："未有若斯之美"指"马岭以北，大河以南，未之有也"。"马岭"指甘肃庆阳、环县之间的马岭山。"大河"指包头以南的黄河，即今鄂尔多斯高原。

然而至北魏时期，郦道元在著《水经注》时，发现这一带已只剩下荒漠和沙丘的踪迹，"西出奢延县西南赤沙阜"①。至唐代，"长庆二年十月，夏州大风，飞沙为堆，高及城堞"②。北方农牧交接带的部分城市，随着气候和自然环境的变迁，随着农牧业的更替，其周围自然环境也相应发生变化，逐渐变为沙漠，人类再也无法在这些地区生存和发展。

（三）水文的变化对城市兴衰与分布的影响

1. 水文资源对城市建立与发展的影响巨大

首先，充足的水源是城市形成和发展的必需条件。水为生命之源，"逐水而居"是世界各大文明之共性。城市不仅是人口聚集之所，也是经济实体，因而是一个巨大的耗水体。几乎所有的城市都具有近水性，并对水资源有着强烈的依赖性。其次，河流的交通功能对城市发展也至关重要。江河湖泊除了为城市居民提供生活和生产用水外，还为人们提供便利的水上交通。"沿河设城"便成为古代世界各地的人们进行城址选择时所遵循的一般规律。这是因为早期城市以农业为基础，分布于河流沿岸，便于农业灌溉和向周围地区征集农产品，以满足城市居民的需求。近代德裔美国历史学家威特福格尔认为水源是古代城市文明产生的重要条件，剩余农产品很大程度上是灌溉农业的结果，而灌溉强化了耕作，使大规模的合作成为必要，这不仅有利于人口的集中，还促进了管理体系的形成，这些因素使住宅建设集中化，因而出现了城镇。③ 古代非洲的城市主要分布在尼罗河、尼日尔河和赞比西河流域，这些地区多为河流冲积平原与河谷地带，比较适合发展农业生产，古埃及便有13个王朝的都城建在尼罗河畔。④ 古代中国的大部分城市都分布在江河湖泊之侧，主要的城市基本上都在大江大河流域。此外，还有若干地区充分利用其他类型的水资源来发展农业和推动城市的发展，如河西走廊地区充分利用高山雪水来发展灌溉农业，因此成就了河西四郡城市的繁荣，使这一地区可与中原媲美。

2. 水资源可以左右城市的职能、性质和发展方向

在中国，有若干利用河川水运之便而兴起的港埠城市，如汉口、重庆等；有得益于扇形地末端涌出的丰富优质水源而成为缫丝、纺织业城市者，如明代的松江以及近代江南地区的若干城市。相反，在干旱或沙漠地区，即使有些地方在水源充沛时已兴起城市，但一旦缺水，必将威胁其生存或限制其发展，如前述楼兰古城、统万城，都是因为生态环境变迁，水资源枯竭而为沙漠荒丘所掩埋。

3. 水系的变迁往往也会对城市的兴衰产生巨大的影响

尼罗河对古埃及的城市文明有着重要的意义，古罗马历史学家希罗多德就曾经

---

① 郦道元著，谭属春等点校：《水经注》，岳麓书社，1995年，第34页。
② 欧阳修、宋祁：《新唐书·五行志》，中华书局，1975年，第899页。
③ 威特福格尔观点，参见周一星：《城市地理学》，商务印书馆，1995年，第72—73页。
④ ［美］杰里·本特利、赫伯特·齐格勒、希瑟·斯特里兹著，魏凤莲译：《简明新全球史》，北京大学出版社，2009年，第328页。

说过:"埃及是尼罗河的赠礼。"在这片干燥少雨的北非沙漠地区,如果没有尼罗河,就不会出现城市文明高度发达的埃及古国。但尼罗河地区的地理环境也处于变迁之中,地质考古证明,当欧洲北部为冰原覆盖的更新世冰河期时,从尼罗河到撒哈拉是一片湿润的广阔的草原地带[①],其时河谷蚊虫孳生,没有人烟。冰河期结束后,全球气候开始变暖,公元前5 000年至公元前4 000年起,北非地区气候开始干燥化,逐渐成为人类无法居住的沙漠,而原来潮湿的河谷地带则成了人们理想的家园。于是游牧、狩猎部落纷纷移居到尼罗河狭长河谷地带,依靠这里优越的地理条件,完成向农业定居生活方式的转变,逐渐开创了古埃及早期的城市文明。总之,尼罗河流域地理环境的变迁深深地影响着古埃及城市的分布,它不仅造就了尼罗河地区高度发达的城市文明,还促成了古埃及城市文明沿着狭长河谷密集分布的格局。

然而,河流的泛滥、洪涝、河道变迁等也会给城市带来一些威胁。

首先,在生产力水平较为低下的农业时代,大江大河的泛滥会危及人们生命财产的安全。在历史上,"三年两决口,百年一改道"的黄河,曾随河道的变迁而多次出现严重的水害。据统计,从春秋时期的周定王五年(前602)到1949年中华人民共和国成立的2 500多年间,黄河决口达1 593次,较大的改道达26次,重大改道达6次。[②]《尚书》记载,商朝统治者曾五次迁都,其主要原因可能是逃避洪水。

其次,河流的侵蚀和堆积作用也影响城址的存废。在中世纪,波河三角洲南方不远的海岸城市拉文纳一度成为意大利人口最多、最强大的城市。但是,河流从附近的亚平宁山脉冲刷下来的泥沙和亚德里亚海潮水和波浪带来的泥沙,堵塞了该市的港口,并在城市与海岸之间造出一条四英里宽的地带。拉文纳的贸易因此一蹶不振,它昔日的光荣几乎已被遗忘。又如,长江北岸的黄州城本临江而筑,因江流逐年淤积而形成河滩,故宋代以后该城址已远离长江江岸,不能再现苏东坡"黄州赤壁"诗篇的景致。[③]

最后,湖泊的干涸、填淤,不仅使地表水源大量减少,还使得其对河流的调节作用减弱,从而加剧河流的泛滥,使河岸城市受到威胁。从宋代起,由于黄河多次决堤改道,河水中所挟带泥沙在泛滥区沉淀、淤积,造成北方许多湖泊由深变浅,由大变小,最后淤为平陆,并进一步导致黄淮海平原地貌发生重大变化,不但使城市水源受到影响,同时也面临着决堤的威胁。相反,受自然地理影响,南方湖泊不断增加和扩大,有利于调节用水、防洪排涝,这对于改善南方的水利状况具有重要作用,进而促进了城市的发展。

(四)其他自然资源变化对城市兴衰与分布的影响

其他自然资源,如矿产、生物资源,作为生产原料,是自然界中能为人类利用

---

① 刘文鹏:《古代西亚北非文明》,中国社会科学出版社,1999年,第10页。
② 黄河水利委员会:《人民黄河》,水利电力出版社,1959年,第32页。
③ 李孝聪:《历史城市地理》,山东教育出版社,2007年,第24—25页。

的生产力要素，它们是人类食物、经济收入等的来源，影响着城市的产生和发展的全过程。马克思认为："外界自然条件在经济上可以分为两大类：生活资料的自然富源，例如土壤的肥力，鱼产丰富的水等等；劳动资料的自然富源，如奔腾的瀑布、可以航行的河流、森林、金属、煤炭等等。在文化初期，第一类自然富源具有决定性的意义；在较高的发展阶段，第二类自然资源，具有决定性的意义。"① 在人类文明初期，生产力水平低下，生产工具简陋，科学技术不发达，城市之兴起在很大程度上取决于第一类自然资源的富裕程度；至于第二类自然资源，在人类社会较高发展阶段，也就是在工业革命以后才能发挥较大的作用。无论是早期发展阶段，还是较高发展阶段，自然资源的作用都非常重要，资源丰富之地，成为城市赖以生存和发展的基本资源，若自然资源枯竭，则城市随之衰落。工业革命以来，大量资源型城市的兴起就与第二类资源的广泛开采和利用有着直接的关系；但20世纪中叶以来，资源的过度开采也使资源型城市因资源的短缺而陷入发展困境。

地表生物是分布于地表上的可以满足人类物质和精神需求的各类动植物，如森林、草原、野生动物等。生物资源可以直接作为经济生产的投入品，形成地方特色产业，是反映不同历史时期地理环境状况的一个重要指标。司马迁在《史记》中记述了汉代不同地区的特殊物产："夫山西饶材、竹、谷、纑、旄、玉石；山东多鱼、盐、漆、丝、声色；江南出楠、梓、姜、桂、金、锡、连、丹沙、犀、瑇瑁、珠玑、齿革；龙门、碣石北多马、牛、羊、旃裘、筋角；铜、铁则千里往往山出棋置"，因而不同地方的人们都能充分利用本地资源，"农而食之，虞而出之，工而成之，商而通之"②。唐宋以后，某些特殊的资源成为城市兴起的重要因素之一，如著名的瓷都景德镇就是因当地具有大量造瓷的优质高岭土而得到发展。安徽宣城、四川自贡、云南个旧等地则分别依赖当地丰富的造纸原料、井盐、锡矿等形成特色产业，城市由此获得较大发展。明清时期，各地因矿产而兴起的城市逐渐增多。近代以来，随着现代采掘业的发展，各类资源型城市如煤矿城、石油城、钢铁城等更是大量涌现。

无论从中国还是从全球来看，城市分布不平衡是普遍现象，导致城市分布不平衡的原因很多，其中自然地理环境的因素不可忽略。自然地理环境作为人类生存发展的基础，对于城市的形成、分布和发展起着十分重要的作用。自然地理环境的区域差异，必然会反映到城市地域空间的分布上，使城市在地表上的排列组合出现空间差异和不平衡特征。

1935年，中国学者胡焕庸提出了一条中国人口分布的分界线："今试自黑龙江之瑷珲，向西南作一直线，至云南之腾冲为止，分全国为东南与西北两部：则此东南部之面积，计四百万公里，约占全国总面积之百分之三十六；西北部之面积，计七百万公里，约占全国总面积之百分之六十四。惟人口之分布，则东南部计四万四

---

① ［德］马克思：《资本论》，《马克思恩格斯全集》（第23卷），人民出版社，1972年，第560页。
② 司马迁：《史记·货殖列传》，中华书局，1982年，第3254—3255页。

千万，约占总人口之百分之九十六；西北部之人口，仅一千八百万，约占全国总人口之百分之四。"① 东南和西北两大板块的平均人口密度比为 42.6∶1。这条自黑龙江瑷珲至云南腾冲的直线，后来被称为"胡焕庸线"。在半个世纪后（1987 年），胡焕庸先生再次根据中国政府于 1982 年所进行的人口普查数据，对他此前所提的观点进行验证，得出了基本相同的结论，即东南部地区居住着全国人口的 94.4%；而西北地区的人口仅占全国人口的 5.6%。2000 年，有研究者根据第五次人口普查数据，发现东南、西北两部分的人口比例基本上变化不大，为 94.2% 和 5.8%。由此可见，"胡焕庸线"真实地反映了近百年间中国人口分布的基本规律。"胡焕庸线"提出不久，不少研究者即发现"胡焕庸线"不仅是人口分布的分割线，而且与气象上的降雨线、地貌区域分割线、民族居住分界线、农牧文化分界线等存在某种程度的重合。相关研究表明，"胡焕庸线"之所以存在，与中国气象上的 400 毫米等降水量线有着直接的关系，两者高度重合。"400 毫米等降水量线是半湿润区、半干旱区的界线，是反映荒漠化最敏感的指示器之一，年降水量不足 400 毫米时，土地便向荒漠化发展。此线东南方，以平原、水网、丘陵、喀斯特和丹霞地貌为主，自古以农耕为经济基础，人口稠密；此线西北方，人口密度低，是草原、沙漠、雪域高原的世界，则以畜牧为经济基础，自古是游牧民族的天下。"② 因此，"胡焕庸线"既是中国人口分界线，也是自然地理分界线、民族地理分界线和贫困分界线，中国人口分布格局在几千年的发展过程中还没有发生根本性的改变。但是需要注意的是，中国广大的西部地区，虽然自然条件相对较差，经济相对落后，人口稀疏，但也是文明的发源地之一，如西藏、新疆地区很早就有人类的活动，作为人类文明形成标志之一的城市也出现得较早。因而尽管自然地理环境对城市的兴起与发展有着重要的影响，但并不是在自然地理环境较差的地方就不能产生城市，在人类社会发展进程中，人类的作用也是十分重要的。

第二节 国家政权对城市分布的影响

"国家"作为一个术语，有两种最流行的用法：广义上讲，即指政治上组织起来的并基于一定领土的全体社会成员的共同体，可称之为国家社会或有国家的社会，区别于各种无国家的社会；狭义而言，指居于社会成员之上并与之相对立的一套政治机构，其含义接近"政府"。传统政治学认为国家是由人口、领土和主权三要素构成的，其中主权是国家区别于其他社会集团的特殊属性，是国家的固有权利，而领土和人口是国家不可缺少的特征。由于城市能使个人直接频繁来往，社会组织直接进行联系，故古代城市是国家产生的最重要的前提之一。

---

① 胡焕庸：《地理之科学基础》，钟山书局，1935 年，第 55 页。
② 天苍：《工业文明也无法逾越的"胡焕庸线"》，《黄金时代》，2011 年第 6 期。

一、王权、政权与城市的兴起及分布

早期城市的形成，无疑是多种力量推动的结果，其中王权是一种不可忽视的力量，城市的形成与王权的建立和发展不仅有着直接的关系，而且在其后几千年的历史演变中，王权一直对城市产生着直接或间接的影响。无论中国还是西亚、北非等地区，古代王权的形成与早期国家和早期城市的形成是同步的。古代王权是一种"君主极权，君主的权力没有边界"[1]。王权是国家权力的核心，掌控并管理土地、人口等一切社会资源。以王权为核心的国家权力构架、行政建制、思想观念体系都深刻地影响着古代社会的发展。特别是在远古时期以农业为主的生产力相对不发达的条件下，王权对城市的建立、发展和社会经济的进步，有着重要的推动作用。"社会发展必须要国家权力的集中，只有在集权的国家，才能组织大规模的社会劳动，促进社会生产的发展。"[2] 中国古代城市的变迁亦与王权息息相关，中国古代的城市起源、城市建设、城市体系的变迁都是王权支配下的产物。

农业革命以后，随着生产力的发展，阶级的分化，人类的居住形式发生根本性的变化，即从无城市时代向有城市时代变迁。但是在部落状态下，只有分散的社会要素仍然不能形成城市，必须有一种聚合力将分散的社会要素集中起来，城市才得以产生，而王权便是聚合各种社会要素的直接力量。正是王权的形成，才能够将农村中各种分散的社会要素聚合起来，并且用"城市"这一种新型的"聚落"形式表现出来，因此，城市便成为王权控制下的一种政治实体。具体来说，王权对早期城市兴起和分布的影响主要表现在以下三个方面。

（一）城市起源与王权所在地高度重合

早期城市大都基于以王权为核心的统治者为了实现政治、军事等目的而设立与修筑。从城市兴起的过程来看，城市的形成，关键在于公共权力的集聚和质变——国家的出现。从形而上的层面来解析，城市是同一时期，人类的一种复杂的、先进的组织形式、管理方式和治理体系。不同时期，不同地区，这种组织形式和管理方式可以发生不同的变化，或者具有不同的形态，即权力的空间集聚方式不同。但其相同之处在于，均是权力的集中之地，即城市最本质的特性，在于它是一定区域内某种（或某些）权力（主要是公共权力）的空间集聚之所（点），由此，引起区域内其他各种要素向该处的集聚所形成的聚落。[3] 在国家建立的过程中，为了保护以王权为核心的统治集团的生命和财产安全，加强对所辖居民的统治，需要修筑坚固

---

[1] 崔向东等：《王权与社会——中国传统政治文化研究》，崇文书局，2005年，第2—3页。
[2] 李玉洁：《中国早期国家性质——中国古代王权与专制主义研究》，河南大学出版社，1999年，第530页。
[3] 范今朝：《仁政必自经界始：中国现当代城市化进程中的行政区划改革若干问题研究》，浙江大学出版社，2011年，第25页。

的城堡，以防御外敌侵略和内部的反抗，即所谓"筑城以卫君"。目前发现的早期古城，基本上都是一些地方政权的都城，即围绕王权而建立的早期城市，这些早期城市都是以政治功能和军事功能为主的。而现今为我们所熟知的，与城市发展密切相关的工业和商业因素，在城市刚兴起的几个世纪里，都还只是城市的一种附属产物。在美索不达米亚的文字中根本找不到"商人"这个语汇，直至公元前二世纪，它才出现。[1] 无论是农业集中的远古时期，还是以机器大工业生产为特征的近代，或者在以信息产业、高新技术为特征的第四次工业革命后的今天，各种支持城市发展的因素都在不断发生变化，然而唯一没有变化的就是城市仍为权力的集聚中心。

(二) 早期城市的修筑离不开王权来聚集各种资源

早期城市与原始村落相比，规模要大得多，除一般的住宅外，城墙、宫殿等大型建筑物的修筑，均非力量分散的部落所能完成。城市的规划、建设，不但要有智力的支持，还需要庞大的人力、物力、财力支撑，需要较为细致的社会分工和对资源的统一调配，而分散的部落或部族没有能力整合这些资源并进行社会分工，因此，只有依赖王权所拥有的权威和"聚合力"，才能实现城市的修建。王权是在原始社会后期以武力为基础形成的。古代社会一个突出的特点就是"王权支配社会"，"不是经济力量决定着权力分配，而是权力分配决定着社会经济的分配，社会经济的主体是权力分配的产物"[2]。由于王权是政治、经济、司法方面的最高权力，故其必然可以凝聚巨大的能量。城市作为伟大的发明，作为复杂的社会机构和体系，只有在王权的作用下才能建立和发展。各种社会因子，在王权组织的压力之下，统统进入了城市的高大围墙的封闭之中，被集中到密集的城市地区。刘易斯·芒福德认为，在从分散的村落经济向高度组织化的城市经济进化过程中，最重要的参变因素是国王，或者说，是王权制度。[3] 城市兴起之前，各种不同的社会构成因素，以前只是分散在广大的河谷平原，相互分离、各自为政。在人类文明的第一次大发展中，社会权力向内聚合，国家政权凭借着强大的行政力量，在合适的地方建造城市，并使各种社会要素集中，从而促进城市之兴起。在城市对资源的集中、聚合的过程中，国王占据中心位置，他是城市磁体的磁极，把一切新兴力量统统吸引到城市文明的腹心地区来，并置诸宫廷和庙宇的控制之下。[4] 在古代早期社会生产力较低的历史条件下，建设一座城市需要较长的时间和大量的劳动力，而要将分散的劳动力集中起来，并加以合理的分工、调配和使用，需要权威力量和相应的机构来组

---

[1] [美]刘易斯·芒福德著，宋俊岭、倪文彦译：《城市发展史——起源、演变和前景》，中国建筑工业出版社，1989年，第27页。
[2] 刘泽华：《中国的王权主义》，上海人民出版社，2000年，第2页。
[3] [美]刘易斯·芒福德著，宋俊岭、倪文彦译：《城市发展史——起源、演变和前景》，中国建筑工业出版社，1989年，第27页。
[4] [美]刘易斯·芒福德著，宋俊岭、倪文彦译：《城市发展史——起源、演变和前景》，中国建筑工业出版社，1989年，第27页。

织,而在当时的条件下,这种权威力量只能来自王权。

(三)城市的政治行政地位是城市发展快慢和城市发展规模大小的决定性因素之一

在中国早期国家的形成过程中,就建立了等级明确而严格的社会秩序,以等级为核心的礼制规定了人与人之间的礼法关系,并极力维护统治阶级的利益和统治地位,城市作为统治中心也为礼制所规定。礼制在城市规划和建设中的地位,在秦以后转化为城市的政治行政等级,并形成了"政治中心城市优先发展规律"[1]。城市规模的大小和发展速度的快慢与城市的行政等级地位成正比,在一定区域范围内,行政地位越高的城市发展越快,而行政地位较低的城市发展相对较慢。比如历代的都城,因为是王权物化的象征,故得到优先发展,统治者可以动员国家力量来修筑都城和聚集各种经济要素和社会要素。在地方城市发展过程中,不同层级的官员也可以通过政治、军事等力量来聚合各种资源,进而使不同层级的城市得到不同的发展。

中国古代城市自诞生起便具有政治性质,城市是"王权"的物化实体,是"政治权力中心,是统治者加强其政治权力的手段"[2]。总的说来,由于王权的建立和中央集权制的不断强化,形成了以都城为顶端的城市行政等级体系,而城市行政等级体系的构建和完善又对巩固大一统的中央集权起了十分重要的作用。中国数千年来之所以"有统一之形,而无分裂之势",其原因固然是多方面的,但与城市行政等级体系的建立,城市成为中央王朝加强统治的层级节点有着密切的关系。美洲最初的大城市也是作为帝国的中心繁荣起来的,帝国中心为大规模的城市发展提供了重要的安全保障。在政权的庇护下,公元4世纪到6世纪,中墨西哥的特奥蒂华坎城的人口达到了5.0万~8.5万。南德城市也多兴起于贵族采邑或领地之上。[3] 欧洲中世纪城市法律地位和市场制度的确立则得益于领主的帮助,有的城市甚至是由封建主一手"建"成的;而且诸侯和领主还有意识地实行了一些有助于城市发展的措施。封建领主和城市并不是天生的仇敌。相反,在11—13世纪,城市在某种程度上甚至还巩固了封建制度,使它们的自然经济矛盾暂时得到解决[4]。

---

[1] 何一民:《从政治中心优先发展到经济中心优先发展——农业时代到工业时代中国城市发展动力机制的转变》,《西南民族大学学报》,2004年第1期。

[2] 鲁西奇、马剑:《空间与权力:中国古代城市形态与空间结构》,《江汉论坛》,2009年第4期。

[3] [美]詹姆斯·W.汤普逊著,徐嘉玲译:《中世纪晚期欧洲社会经济史》,商务印书馆,1996年,第125页。

[4] [苏]波梁斯基著,北京大学经济史经济学说史教研室译:《外国经济史(封建主义时代)》,生活·读书·新知三联书店,1958年,第310页。

二、国家政权形态与城市分布

国家形式是国家国体与政体的结合,即国家的阶级本质和政权的组织形式的结合。国体是指社会各阶级在国家中的地位①,历史上的一切国家都是某一特定阶级专政的国家,而其阶级性质决定了该国的阶级性质。国体和政体的关系是内容和形式的关系,国体决定政体。政体,即国家政权形态,是指统治阶级采取何种形式组织自己的政权机关,以代表国家有效地行使国家权力。在国家中占统治地位的阶级,按其统治需要,根据一定原则设立国家政权机构,规定机构间的权力关系和中央与地方之间的关系。城市,作为国家统治的据点,政治权利集聚的中心,政体的组织形式很大程度上决定了城市的分布。古希腊的历史学家希罗多德首开政体划分之先河,在其经典之作《历史》中,首次以国家最高权力掌握在一个人、几个人或多数人手中为标准,把古希腊城邦国家的政体分为君主制、寡头制和民主制三种类型。迄今为止,在世界各国的不同历史时代,国家的管理形式基本上可分为君主制和共和制两大类型。结合谢维扬先生和易建平先生的理论,古代国家政权形态可以分为古初非专制政治、古典非专制政治、古初专制政治和古典专制政治四种。②

欧洲古代初期非专制政治与古典非专制政治属于共和政体的范畴。"共和"源于拉丁文,意为公共事务,现在多指公民共同协作参加国家管理。共和政体指国家最高权力机关和国家元首由选举产生并有一定任期的政体。在该政体下,统治阶级通过选举产生的国家最高权力机关来行使统治权。共和制是政权的组织形式,它在不同的时代具有不同的表现形式,也能适应各种不同阶级国家的需要。古初非专制政治国家起源于原始氏族公社或者部落联盟,受原始社会敬神、平等习俗的影响,王权受限于神权或者城邦公民权,国家政权力量比较弱小,城市规模一般比较小且相对集中在一块狭小的区域。"古代非专制政治是一种全权公民直接参与的政治,它借以发生发展的舞台是小国寡民的环境。"③ 古典非专制政治国家是古初非专制政治国家的一种高级形式。古典城邦在各城邦之间,并无王权意义上的共主,也没有政治官僚机构的上下级隶属关系。因此,城市大小、城墙的厚度也无法律限制,城市发展有很大的独立性和自治性。

上述非专制国家形态,当发展到一定阶段,都会向专制主义,即向君主制转化。作为人类历史上最古老而普遍的政权制度,君主制是以世袭君主(国王、皇帝、大公、苏丹等)为国家元首的政权组织形式。"君主制"一词源出于希腊文,原意为"全部最高的权力",现在指由君主全部或部分地掌握国家权力,并通过设置官僚机构管理国家的政体。在这种管理形式下,主权在君,统治阶级利用其"君

---

① 毛泽东:《毛泽东选集》(第 2 卷),人民出版社,1966 年,第 637 页。
② 易建平:《论古代非专制政治地区发展的差异》,《历史研究》,1998 年第 6 期。
③ 易建平:《部落联盟与酋邦——民主·专制·国家:起源问题比较研究》,社会科学文献出版社,2004 年,第 541 页。

权至上"的地位,来行使自己的统治权。列宁说,君主制并不是形式划一、一成不变的制度,而是非常灵活的、能够适应各阶级的统治关系的制度。① 奴隶制、封建制国家普遍采用君主制的政权组织形式,资本主义国家也有采用这一形式的。古初专制政治国家起源于"部落聚合已经具有一定超血缘联合的性质、规模要比部落联盟大、出现了社会分层和宝塔型权力结构、经济水平也较高"② 的酋邦,具有地广民多、城市规模较大且分布范围较广的特点。当其人口与领土扩展到一定的规模,都会转化为古典专制政治国家,即所谓的帝国。一般来说,古代帝国相较其他国家形态而言,拥有高度组织的中央政府,国家机器比较完备,政权基础也较为牢固,更容易拓展国家的疆域,也更容易扩展城市分布的范围。在古代,所有的大国都采取了专制帝国的国家形态。

上古时期苏美尔人的城邦属于古初非专制政治国家,主要集中在美索不达米亚平原南部底格里斯河与幼发拉底河沿岸地区,主要城邦有十来个,规模都不大,彼此之间的距离也很近。③ 其时美索不达米亚平原经常洪水泛滥,而南部地区的地理环境比北部地区好,受洪水影响较小,农业较发达,人口较集中,随着阶级的分化,出现了若干城邦。诸城邦王权弱小,受到神庙宗教势力支配,没有形成统一强大的中央政权,故出现城邦林立的现象。公元前2360年左右,萨尔贡征服了美索不达米亚诸城邦,建立了第一个世界帝国④,从祭司手中夺取了经济控制权和城市建设的决定权。帝国的建立为规模更大的城市的发展创造了条件,广阔地区的安定刺激了城市生活和商业的扩展。⑤ 之后,美索不达米亚平原先后崛起了古巴比伦、亚述、新巴比伦等帝国,随着"水利技术的提高,加上帝国建立后有条件组织大规模的人力投入到水利工程中去,政治和文化的中心才逐渐向北部转移"⑥,城市分布的范围随着帝国的建立而逐步扩展。

古希腊和罗马是古典非专制政治国家的代表,都建立过强大的奴隶制共和国,都曾向海外大量移民,建立了众多的移民城市,这些城市起初主要分布在地中海沿岸地区,直到强大的帝国建立之后,随着军事力量和政治势力的扩展,才逐渐深入腹地。

中华文明的主体部分——华夏文明诞生于黄河中下游地区,这里很早就形成了比较强大的酋邦,并最终发展成为早期的国家⑦。中国早期的国家——夏、商、周都存在着主权分割现象,王权局限于王畿内,还没有形成强大的帝国政权,属于古初专制国家,其城市分布的范围都不大,并随着王权控制区域的变化而变化。

---

① [苏]列宁:《列宁全集》(第17卷),人民出版社,1960年,第264页。
② 谢维扬:《中国国家形成过程中的酋邦》,《华东师范大学学报》,1987年第5期。
③ 刘文鹏:《古代西亚北非文明》,中国社会科学出版社,1999年,第234页。
④ [美]威廉·兰格:《世界史编年手册(古代和中世纪部分)》,上海三联书店,1981年,第48页。
⑤ [美]乔尔·科特金著,王旭等译:《全球城市史》,社会科学文献出版社,2014年,第17页。
⑥ 马克垚:《世界文明史》,北京大学出版社,2004年,第24页。
⑦ 谢维扬:《中国国家形成过程中的酋邦》,《华东师范大学学报》,1987年第5期。

周代通过推行与宗法制相结合的分封制实现了对地方一定程度的控制。周王为了巩固新征服的广阔疆土，在除王室直接管辖宗周和成周外的其他地区实行分封制，建立了一系列的诸侯国。于是，大量的政治军事性城市作为统治据点在这些地区兴起，掀起了中国历史上第一次筑城高潮，城市分布范围大大扩展。特别是一些"远地殖民"[①]诸侯国的建立，将中原城市的触角延伸到了偏远边疆。但是在周王朝的领域内，还存在着大量的方国，各个城市群落之间是相互割裂的。

春秋伊始，周王室示微，周王朝逐渐沦落为一个松散的诸侯国联合体。周边少数民族政权趁机入侵中原，"南夷与北夷交，中国不绝如线"[②]，许多城市被毁，城市分布范围有所内缩。春秋中叶，诸侯国崛起，五霸迭兴，尊王攘夷，掀起了中国第二次筑城高潮。进入战国时代，七雄争胜，周王朝最终消亡。各新生国家依靠强大的专制政权纷纷向四边拓展疆土，置郡县，修长城。比如赵武灵王"胡服骑射"，向北击败林胡、楼烦，在阴山地区置云中、雁门、代郡；燕昭王击退东胡，却地千余里，在燕北设置上谷、渔阳、右北平、辽西、辽东等五郡。随着统一多民族国家的孕育，中原城市的分布范围不断扩展。

秦灭六国，建立中国历史上第一个统一的多民族专制帝国后，在全国推行郡县制，初步确立了"首都—郡—县城市体系"[③]，并修筑贯通全国的交通干线，加强了各地城市之间的联系。同时，在内陆险要地区拆毁关卡，在边疆地区兴建新的军事据点。城市地域分布和城市的等级隶属关系，使城市成为郡县制统治下的郡县治所所在地，城市（邑）在国家网状的统治形态中表现为"制城邑若体性焉，有首领股肱，至于手拇毛脉，大能掉小，故变而不勤"[④]。城郭的大小，也是根据统治者的需要，距王都近者大，反之则小，所谓"弥近弥大，弥远弥小"[⑤]。这促进了秦代城市的发展，也扩展了其城市分布的范围。据不完全统计，秦代县级以上的建置城市有800~900个，规模较大的有250个左右[⑥]，比战国时期有所增加。秦岭淮河一线以南的城市也较前增多，一些边远地区也因郡县的设置开始出现城市，比如岭南地区新置桂林、南海、象三郡，河套地区增置九原等郡。同时，为了加强中央集权统治，削弱原来列国的富豪势力，秦始皇曾采取了一些措施，如拆除城墙、迁移人口，将分散在各地的富豪12万户迁到首都咸阳，一些过去较为繁华的城市日趋衰落。

秦代以后，虽然出现过几次大分裂时期，但是统一多民族的专制帝国始终是中国的主要国家形态。另外，北方草原游牧民族国家的建立，也对城市的分布产生了极大的影响，如五代时期，漠南漠北契丹族兴起，建立了辽国。随着北方统一政权

---

① 林沄：《关于中国早期国家形式的几个问题》，《吉林大学社会科学学报》，1986年第6期。
② 顾馨、徐明校点：《春秋公羊传·僖公四年》，辽宁教育出版社，2000年，第42页。
③ 何一民：《中国城市史纲》，四川大学出版社，1994年，第33页。
④ 上海师范大学古籍整理组校点：《国语·楚语上》，上海古籍出版社，1978年。
⑤ 吕不韦著，高诱注：《吕氏春秋·慎势》，上海古籍出版社，2014年，第400页。
⑥ 何一民：《中国城市史纲》，四川大学出版社，1994年，第31页。

的建立，北方草原开始出现数量甚多的城市，辽上京道和中京道的城市数量达到120余个，并建立了上京和中京等规模宏大的都城。清朝作为中国最后一个专制帝国，在前中期凭借着强大的中央政权推动了中国古代城市最后的繁荣，并将中国古代城市的分布范围扩展到极致。

三、国家职能与城市分布

国家是从人类社会中分化出来的管理机构①。马克思指出，国家职能既包括执行由一切社会的性质产生的各种公共事务，又包括由政府同人民大众相对立而产生的各种特殊职能②，即为对内职能和对外职能：内部的（主要的）职能是控制多数被剥削者；外部的（非主要的）职能是靠侵略别国领土来扩大本国统治阶级的领土，或者是保护本国的领土不受别国的侵犯。③ 其中对内职能又包括经济管理职能、政治管理职能以及社会管理职能，这与城市分布有着密切的关系。

（一）政治管理职能与城市分布

这一职能首先体现在维护统治阶级的共同利益，巩固统治阶级的政权上。城市的出现，在私有制和阶级社会产生以后，需要用城垣等防御设施来维护统治阶级利益，保护私有财产，正所谓："筑城以卫君，造郭以守民。"④ 有了私有财产，有了政权机构，才会建造城垣，国家政权的出现是城市兴起的重要条件之一，而兴建城市则是国家巩固政权的重要手段之一，统治者通过在要害区域兴建城市来加强对地方的控制，并通过城市范围的扩展将国家权力的触角延伸到边远地区。

首先，中国历史上城市的兴衰与国家政权的兴衰密切相联系，每当一个王朝崛起，都会带来城市的发展，而当一个王朝被另一个王朝以武力取代之时，都会对城市产生巨大的破坏，从而导致城市的衰落，进而影响城市的分布。明末战争所波及地区的城市遭到巨大破坏。清军入关后，战争从北到南，战火燃遍全国，社会经济进一步遭到破坏，耕地荒芜，人口逃亡，工商业萧条，城市毁灭。直隶南部"一望极目，田地荒凉；四顾郊原，社灶烟冷"⑤。山东"地土荒芜，有一户之中，止存一二人，十亩之田，止种一二亩者"⑥。河南"满目榛荒，人丁稀少，几二十年矣"⑦。湖南、两广等地"弥望千里，绝无人烟"⑧。清军对于武力抵抗的城市，都

---

① [苏]列宁：《列宁选集》（第4卷），人民出版社，1960年，第45页。
② [德]马克思、恩格斯：《马克思恩格斯全集》（第25卷），人民出版社，1974年，第432页。
③ [苏]斯大林：《斯大林选集》（下卷），人民出版社，1979年，第468页。
④ 李昉等：《太平御览》卷一九三，中华书局，1960年，第933页。
⑤ 卫周胤：《皇清奏议》卷一《痛陈民苦疏》，文海出版社，1967年。
⑥ 《清实录·世祖章皇帝实录》卷十三"顺治二年正月乙酉"条，中华书局，1985年。
⑦ 李人龙：《皇清奏议》卷四《垦荒宜宽民力疏》，文海出版社，1967年。
⑧ 刘余谟：《垦荒兴屯疏》，《皇朝经世文编》卷三四，沈云龙：《近代中国史料丛刊》，文海出版社，1973年。

给予无情的毁灭,扬州、江阴、建宁、嘉定、昆山、松江、福州、赣州、长沙、桂林、成都等城市都遭到毁灭性破坏,城市人口大减。如清军进攻扬州,遭到史可法所部及市民的英勇抗击,清军攻下扬州后,实行血腥的大屠杀,"全城遭到洗劫,百姓和士兵被杀。鞑靼人怕大量的死尸污染空气造成瘟疫,便把尸体堆在房上,城市烧成灰烬,使这里全部变成废墟"。清军进攻金华,受到守城官兵的抵抗,损失巨大。清军攻陷金华后,"怀着切齿仇恨烧毁、抢劫了城市"。福建建宁也遭到清军的毁灭,清军屠城,"杀了三万人,但还不满足,一把火把这座城市变成了灰烬"①。南昌、长沙、成都等城市也都遭到毁灭性破坏。清军屠杀了南昌居民。长沙"城内城外,尽皆瓦砾,房屋全无"。成都"城郭鞠为荒莽,庐舍荡若丘墟,百里断炊烟,第闻青磷叫月;四郊枯木茂草,唯看白骨崇山"②。成都"城中绝人迹者十五六年,唯见草木充塞,麋鹿纵横,凡市廛里间巷,官民居址,皆不可复识,诸大吏分赴城楼"③。

但是,当清朝政权巩固后,即对城市进行重建,清代城市数量不仅超过明代,而且分布更加广阔,特别是内陆边疆地区城市的修筑,如北疆地区在清初城市数量甚少,而清统治者通过设立城市改变了这一状况。

其次,采取暴力或非暴力手段维护统治秩序也是国家政治管理职能的重要方面。原始社会解体过程中,人类社会需要设立一个机关来保护自己的共同利益免遭内部和外部的侵犯,这种机关就是国家政权。④ 就城市而言,国家管理作用的一个重要方面就体现在城市的军事防御职能和治安管理上。古代城市具有极强的军事防御功能,是国家防御体系的重要组成部分。另外,国家通常还会在边境地区修建许多军事性城市作为抵御外敌入侵的屏障,当外患消除或者外敌成功入侵之后,这些城市一般会被废弃或者慢慢转化为其他功能的城市。

清朝前中期,国力强盛,国家处于疆域扩张期,鲜有外敌入侵,这一时期的边患主要来自北方的沙俄。沙俄从16世纪开始迅速崛起,成为欧洲大国,并逐渐向东扩张,17世纪40年代开始不断侵扰中国东北边疆。这一时期,虽然清军主力入关作战,东北防务空虚,但清政府还是采取了不少措施加强东北边境防务,基本肃清了黑龙江中下游的沙俄势力。在平定三藩之乱后,康熙皇帝开始着手收复被沙俄霸占的黑龙江上游地区。清政府首先"于黑龙江、呼玛尔二处建立木城"⑤,调兵驻戍,积贮粮食,修建船只,筹划屯田,开辟驿路,并"设镇守黑龙江等处将军"⑥,全权管辖黑龙江地区军政,驻守黑龙江(瑷珲),"以求战而能胜,胜而能

---

① [意]卫匡国:《鞑靼战纪》,《鞑靼征服中国史》,中华书局,2008年。
② 佟世雍修,何伟如等纂:康熙《成都府志·序一》,康熙二十五年(1686)抄本。
③ 陈法驾等修,林思进等纂:民国《华阳县志·疆域沿革》,民国二十三年(1934)刻本。
④ [德]马克思、恩格斯:《马克思恩格斯选集》(第4卷),人民出版社,2012年,第249页。
⑤ 《清实录·圣祖仁皇帝实录》"康熙二十一年十二月庚子"条,中华书局1985年影印版,第83页。
⑥ 万福麟监修、张伯英总纂:《黑龙江志稿·地理志·沿革》,黑龙江人民出版社,1992年,第32页。

守"①。之后，清军以黑龙江城为依托，两次取得了对俄战争的胜利，最终迫使沙俄签订条约，承认中国对黑龙江流域和乌苏里江流域广大领土的主权。战争结束后，为了加强东北防务，清政府又相继在墨尔根"筑城设兵"，"建齐齐哈尔城及伯都讷木城"②等，初步建构了黑龙江地区的城市体系。

最后，行政区划制度是国家对城市的政治管理职能的重要体现，这对城市分布有着重要的影响。国家根据政治统治和行政管理的需要，按照一定的原则，将国土划分为若干层次和空间范围的行政区域系统，并在各个不同层次的区域设置相应的各级地方政权机关和行政机关，行使国家权力，实施公众管理，为社会生活、公众交往确立地域空间。③ 地方行政区划的设置和行政中心治所的建立，对于一个地区、国家城市体系的形成与发展产生了深刻的影响。城市群落只有建立在一定行政区划基础之上，才能按照一定的原则组织布局，建构有机联系的分布网络，最后逐渐形成完善的城市行政等级体系。国家产生之后，行政区划制度开始萌芽，并随着国家体制不断地完善而逐渐成熟，对城市分布发展有着一定的促进作用。秦灭六国后，在全国确立了统一的地方行政区划制度——郡县制，这种制度适应了统一的多民族中央集权国家的要求，推动了中国城市行政等级体系的形成。从秦代开始，中国逐渐形成了"以朝廷所在城市为中心，以郡县城市为网络分布状的大一统的首都郡县制城市体系"④。秦以后的行政区划制度，无论是郡国并行、州郡县三级、州县两级，还是道路府制、行省制等，都是在秦代郡县制基础上的演化。元代开创行省制度，省、府、县三级地方行政体制最终确立，中国地方行政区划制度进入了定型期。此外，盟旗制、伯克制和土司制度等具有民族特色的地方行政区划制度推动了城市分布范围向边疆地区的扩展。城市等级体系的基本形成，对当代仍然发挥着重要的作用。

（二）国家社会职能的演变与城市分布

恩格斯曾指出："政治统治到处都是以执行某种社会职能为基础，而且政治统治只有在它执行了它的这种社会职能时才能继续下去。"⑤ 国家的社会职能是指通过经济的或政治的手段，协调统治阶级与同盟阶级之间的关系，广泛调动社会支持因素，扩大阶级统治社会基础的职能。而促进民族融合则是国家社会职能的重要体现。事实上，国家对社会职能的执行总是以维护阶级统治为出发点，因而总是鲜明地体现着国家的阶级属性。

国家疆域的拓展，会促使其城市分布范围扩展，也会带来新的民族融合问题。

---

① 戴逸：《简明清史》，中国人民大学出版社，2006年，第464页。
② 万福麟监修、张伯英总纂：《黑龙江志稿·武备志·兵制》，黑龙江人民出版社，1992年，第1158页。
③ 王恩涌：《中国政治地理》，科学出版社，2004年，第37页。
④ 何一民：《中国城市史纲》，四川大学出版社，1994年，第33页。
⑤ ［德］马克思、恩格斯：《马克思恩格斯全集》（第3卷），人民出版社，1972年，第219页。

为此，国家通常会在新统治区设置一定数量的城市，包括政治军事性据点和经济贸易性市镇，一是为了加强对新统治区的管辖，明确国家主权；二是利用城市强大的经济文化内吸力，以促进民族之间的交流与融合，实现长治久安。

　　清朝建立后，东北地区、蒙古地区、西藏地区和西域地区都相继纳入清朝的版图，其中西域纳入版图最晚，而清政府在控制西域之后，加强了对西域的统治。乾隆二十四年（1751），清廷在平定"回部"叛乱，统一天山南北后，将西域改名为新疆，在伊犁修建惠远城，置伊犁将军，并在全疆建立军府制。清政府为了实现对新疆地区的有效治理，"均照内地兵民，驻扎屯垦"[①]。另在新疆要害之处，"次第建置城邑"[②]，"遍置台站"，"四通八辟"[③]，推动了新疆地区城市的迅速发展。初步在北疆西部建立了以惠远为中心的伊犁九城体系，在北疆东部设置迪化府，下设多个厅州县，形成了天山北麓城市体系；清政府在南疆也大力发展城市，"回疆自乾隆二十四年平定后，建大城八"[④]。大量"屯城"的和行政建置城市的设立，不仅巩固了清王朝在新疆的统治，促进了民族融合，而且推动了城市的发展。

（三）国家经济管理职能与城市的发展

　　经济活动是一切社会活动的基础，因而管理经济活动是国家职能的重要内容。经济的增长和发展既是人民获得基本生活保障和提高生活水平的物质前提，也是统治阶层实施和巩固政治统治的物质基础。国家通过行政手段调节和组织资源，并对社会财富进行分配，以达到促进经济发展的目的。城市的发展促进了跨地区的商品交换，从而形成地方市场，而后发展为国内市场和国际市场。一个国家的主要市场是建立在处于中心的和有利的经济地理位置的特大城市里。[⑤] 国家为避免因不同区域间政治、经济差别过大而导致的不稳定因素，往往会采取一些政治、经济手段来维持区域间的平衡，其中最主要的措施就是在落后地区大力兴建城市，以促进当地的政治、经济、文化发展。比如清初蒙古地区还是属于"无城郭宫室，驾毡帐逐水草而居"的"行国"[⑥]，清廷收服蒙古诸部后，在蒙古地区以将军、大臣驻地为基础，陆续建立了一系列的行政城市[⑦]，还依照蒙古人的习俗在蒙古地区广建寺庙，促进了大量以寺庙为基础的小城镇的发展。清末，清政府又推行"移民实边"政策，全面放垦蒙古地区，加速了蒙古地区的城市化。

[①]《清实录·高宗纯皇帝实录》"乾隆二十七年闰五月上戊辰条"，中华书局1986年影印版，第407页。
[②]《清实录·高宗纯皇帝实录》"乾隆二十五年九月下辛未条"，中华书局1986年影印版，第985页。
[③] 王树枏等：(宣统)《新疆图志·道路一》，文海出版社1965年影印版，第2987页。
[④] 左宗棠：《左宗棠全集·奏稿六》，岳麓书社，2009年，第507页。
[⑤] [苏] 伊利英著，桂力生等译：《城市经济学》，中国建筑工业出版社，1987年，第5页。
[⑥] 林谦：《国地异名录》，《小方壶斋舆地丛钞》（第一帙），杭州古籍书店，1985年，第40页。
[⑦] 姚明辉辑：《蒙古志》卷二《都会》，成文出版社，1968年影印光绪三十三年（1907）刊本，第205—208页。

（四）国家的对外职能与城市分布

国家在发展对外关系的过程中，逐渐形成了自己所特有的对外基本职能。国家对外职能在对城市分布的影响上，主要体现在自卫和交往两个方面。一方面，在特定的历史条件下，如发生外敌大规模入侵，或者对外发动大规模的战争，国家的对外职能则上升为主要职能，以保卫领土完整或扩张领土范围，进而影响城市的分布范围。另一方面，随着国与国之间经济交往的扩大，国家对外联系得到迅速发展。在主要靠对外联系实现自身发展的国家，对外职能在国家的基本职能中所占地位上升得尤为明显，相应地，外贸城市也得到发展。

随着国家领土的不断扩张，城市的范围也不断延伸；反之，由于国家政权的衰弱，大量的城市可能因为失去强大政权的保护而逐渐衰弱，甚至消亡。因此，国家政权的兴衰对于城市分布的变化有着重要的影响。

第三节　人口的变化对城市分布的影响

人是城市的主体，古人称："城以盛民。"《不列颠百科全书》对"City"的解释是："一个相对永久性的、高度组织起来的人口集中的地方。"城市具有人口聚集的特点，因此人口状态必然会对城市的政治、经济、文化等产生重要的影响。

人口状态包括人口分布和人口迁移。人口分布是由人口数量决定的，而人口数量的变化主要源于人口的自然增长和机械增长（人口迁移），这两者成为影响人口分布的基本因素。此外，自然因素与社会因素也都会影响人口的分布。从空间上看，一定区域范围内城市的分布状态是由这个区域的人口分布状态决定的，人口数量的增减在一定程度上会影响城市的兴衰和分布，人口的迁移则能够引起人口分布的变化，进而影响城市的分布。

一、人口分布对城市分布的影响

人口分布是指人口在一定时间内的空间存在形式和分布状况，具有地域性、地带性和分布不平衡性的特征。

城市，作为一定数量人口聚集的产物，人口数量的空间分布决定着城市的分布形态。这主要体现在以下三个方面。

其一，一个地域的人口密度，反映单位面积内人口分布状况，与该地域的城市密度呈正相关。

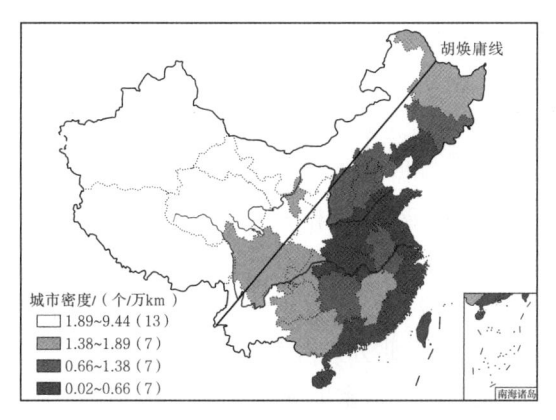

图 4-2 2002 年中国城市密度分布模式

资料来源：国家统计局城市社会经济调查总队《中国城市统计年鉴（2003）》，中国统计出版社，2004 年。

审图号：GS（2020）3718 号。

制图单位：成都地图出版社

在胡焕庸所制中国人口密度图中，将人口密度分为八级[1]，"大抵山地人口，不如平原人口之密；游牧区人口，不如农耕区人口之密。同属于农业社会矣，然旱粮区域，不如稻作区域人口之密；一熟区域，不如二熟、三熟区域人口之密"[2]。前三级地区，即人口密度为 150 人/km² 以上的地区，包括长江三角洲、华北平原、四川盆地以及其他局部平原、丘陵地带，而这些区域均为城市密集分布之地。反之，第六至八级多为西北地区的高山高原、荒漠戈壁，城市数量少且较为分散。据胡焕庸研究，中国人口分布有一条重要分界线，即自黑龙江之瑷珲至云南之腾冲画一条线，可以将全中国分为东南与西北两部，前一地区人口密集，区域人口占全国总人口的96%，后一地区人口稀疏，区域人口仅占全国总人口的 4%，中国城市的分布也呈现出东密西疏的规律，亦大抵与此线相吻合，"其多寡之悬殊，有如此者"[3]。

其二，区域人口数量的波动会影响此区域城市数量的变化。

中国人口除了东西分布不平衡外，在历史上也存在南北分布不平衡的现象。先秦时期，北方人口远超南方人口，在黄河流域集中了数量较多的人口，黄河流域成为城市最密集的地区，中国主要城市也集中在北方。汉代长安之外的五都，除成都是南方城市以外，其余四个城市均为北方城市。从西汉末年至唐代中期，在北方地区经历了几次大动乱和生态变迁之后，中国人口分布出现大的变化，北方之民大量南迁，北方人口占全国人口比重持续下降，南方人口比重增加，南北城市分布也随之发生相应的变化。由于大量人口南迁，魏晋南北朝时期南方的城镇得到了较大发

---

[1] 第一级为 400 人/km²，第二级为 300 人/km²，第三级为 150~250 人/km²，第四级为 100~150 人/km²，第五级为 50~100 人/km²，第六级为 50 人/km²，第七级为 50 人/km² 以下，第八级为 1 人/km²。

[2] 胡焕庸：《地理之科学基础》，钟山书局，1935 年，第 50 页。

[3] 胡焕庸：《地理之科学基础》，钟山书局，1935 年，第 50 页。

展。据不完全统计，这一时期新设县城 220 个，其中四川、湖北、广东三省列前三位，而黄河下游的河南、山东等三省新设县城之总合，仅为广东省的一半。[①] 唐中期以后北方人口再度锐减，到北宋年间，北方人口占全国人口比重已不足 40%，黄河中下游 10 万户以上的府州大量减少；与此同时，南方地区人口增多，长江流域的城市大量兴起，其中包括当时最繁华的扬州和益州，史称"扬一益二"。由此可见，唐代中国城市分布的重心逐渐南移，城市经济的重心也逐渐南移。北宋时，人口密度较大的路（宋代一级行政区域）已基本集中在东南和四川，10 万人口以上的府及城市大约有 40 多个，北方只占 12 个，还不到 30%。[②] 神宗时的宰相王安石曾将北方河北东、西两路的人口密度和南方进行对比，他说："臣所见东南州县，大抵患在户口众而官少，不足以治之。臣尝奉使河北，疑其所置州县太多，如雄、莫二州，相去才二十余里。"[③] 北宋末年，北方人口比重继续下降，一度降至 20% 以下，而南方地区"地狭人众，至不能容"[④]。南方作为经济重心和城市分布重心的地位已经不可动摇。近代以来，随着商业和交通运输业等第三产业的发展，农村大批剩余劳动力被吸引到了城市。现代大工业"在一个狭小的空间内集中巨大的生产设施"[⑤]，大量人口开始向部分城市聚集。20 世纪后期，随着中国改革开放的不断扩大，现代化、城市化进程加快，在东部和南方一些地理条件较好，水陆畅达的沿海、沿湖或沿河地带，出现了一系列特大城市，各种呈集团状、条带状、星座状、通道串珠状的城市群，甚至出现了连绵数百公里的城市密集带。

其三，人口分布的区域性和地带性的不平衡和不稳定，会导致城市分布的不平衡和不稳定。

历史上中国人口的分布具有极大的不平衡性，一是汉族居住区和少数民族居住区的人口分布存在差异，二是汉族居住区内也存在人口分布的南北差异。这两大差异对我国历史上的城市分布有着深远的影响。一方面，历史上中国汉族人口主要居住在东部的平原和丘陵地区，从事种植业，而少数民族则主要居住在西部的高原和山区，从事畜牧业。由于种植业产量比较稳定，可以供养更多的人口，汉族居住区人口数量和密度一般要大于少数民族居住区。[⑥] 由于农耕文明相对游牧文明更为发达，汉族居住区是中国历史上城市文明的主要区域，而少数民族居住区多以游牧文明为主，城市数量较少。因此，在古代中国形成了一条较为明显的城市分布分界线，这条分界线与农牧分界基本重合。随着统一多民族国家的形成，民族间迁徙和融合的加深，边疆地区农业人口逐渐增多，城市化程度有了很大的提高，城市分布界限也逐渐

---

① 徐绍雨：《中国人口分布》，辽宁人民出版社，1987 年，第 27 页。
② 脱脱等：《宋史·地理志》，中华书局，1985 年。
③ 王安石：《看详杂议》，《全宋文》（第 64 册），上海辞书出版社，安徽教育出版社，2006 年，第 59 页。
④ 于慎行：《谷山笔麈·形势》，中华书局，1984 年，第 129 页。
⑤ [德] 马克思、恩格斯：《马克思恩格斯全集》（第 25 卷），人民出版社，2006 年，第 880 页。
⑥ 邹逸麟：《中国历史人文地理》，科学出版社，2001 年，第 139 页。

消失，内地与边疆逐渐连接成一个完整的城市体系。比如辽金时期，大量汉人移垦塞外，城市分布范围扩展到了今内蒙古南部和黑龙江南部；元代组织大量军民移垦西南边疆，在云南新设43个县，占整个元代新设县总数的60%。清代是中国统一多民族国家形成的重要时期，民族迁徙和民族融合达到空前规模，内地民众大量移居边疆。从图4—3可知，清代中后期，边疆地区的人口量占全国人口的比重已经大幅提高，总计从1820年的0.26%增至1911年的1.04%；人口密度也大大增加，其中位列前位的台湾和辽宁已分别达到107.95人/km²和74.21人/km²。而其农业化和城市化程度也随之得到提高，地方行政建置上出现了"边疆内地化"现象。比如，清代共新设县城208个，其中东北、新疆、台湾就占半数以上。[①]

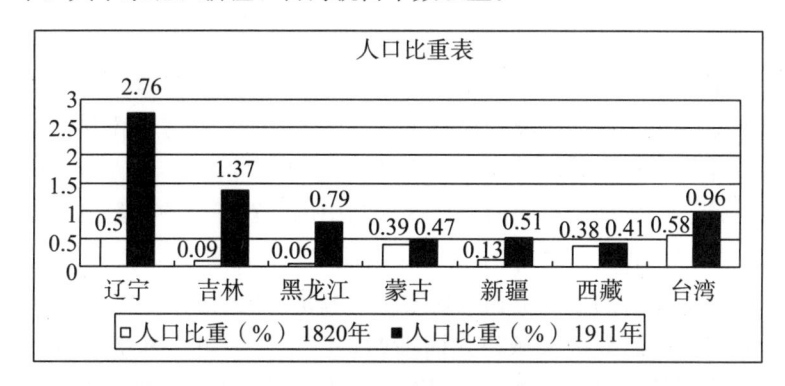

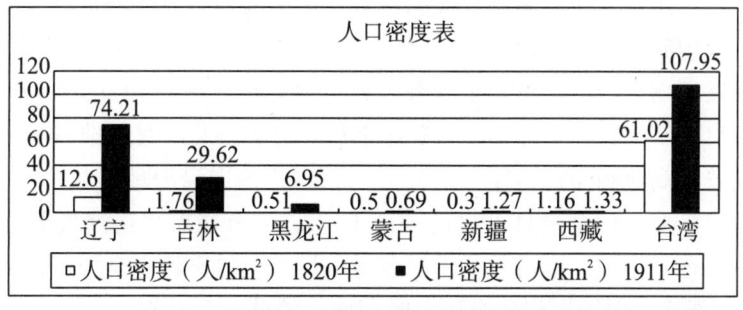

人口比重表

地区	人口比重（%）1820年	人口比重（%）1911年
辽宁	0.5	2.76
吉林	0.09	1.37
黑龙江	0.06	0.79
蒙古	0.39	0.47
新疆	0.13	0.51
西藏	0.38	0.41
台湾	0.58	0.96

人口密度表

地区	人口密度（人/km²）1820年	人口密度（人/km²）1911年
辽宁	12.6	74.21
吉林	1.76	29.62
黑龙江	0.51	6.95
蒙古	0.5	0.69
新疆	0.3	1.27
西藏	1.16	1.33
台湾	61.02	107.95

图4—3 清代中后期边疆地区人口情况变化图

注：图中蒙古包括内外蒙古。赵文林、谢淑君所著书中，只对内蒙古地区的人口进行了统计，故笔者在此处依据《乌里雅苏台志略》和《蒙古民族通史》（第4卷）中的蒙古人口资料对数据进行了修订。

资料来源：赵文林、谢淑君《中国人口史·各省区清代人口统计表》，人民出版社，1988年。

另一方面，汉族最初主要分布在黄河中下游地区，随着秦王朝的统一以及汉王朝的建立和发展，汉族人口逐渐扩展到了长江流域、岭南、河西和燕北一带。在汉族居住区，也一直存在着人口分布的南北差异。西汉末年以前，北方地区所占全国人口比重始终保持在80%以上，这一时期的城市也主要集中在北方地区。以秦代为例，当时全国共有46个郡治，其中33个在秦岭—淮河以北，约占72%，秦

---

① 张善余：《中国人口地理》，科学出版社，2003年，第282—283页。

岭—淮河以南仅有13个。① 《汉书·地理志》记载了西汉末元始二年（2）103郡国总户数为1 235.6 490万户，总人口5 767.1 401万。如以秦岭—淮河为南北界线，北方人口占五分之四弱，南方人口占五分之一强。如以汉武帝时所置14个监察区来划分，户数超过100万、口数超过500万的有司隶和豫、冀、兖、青、徐五州，都在黄河中下游地区，人口总数约占全国的55%。这一地区的面积约占全国的9.06%，但城市数量却占全国总数的38%。② 司马迁在《史记·货殖列传》中对于当时大都会的记载，亦可与此相互印证：当时全国性大都会，除京师长安外凡十八，在今河南省者七，曰温、轵、洛阳、阳翟（颍川）、宛、陈、睢阳；今河北省者二，曰邯郸、燕（蓟）；今山东省者二，曰临淄、陶；今山西省者二，曰杨、平阳；今安徽省者二，曰寿春、合肥；今湖北省者一，曰江陵；今江苏省者一，曰吴；今广东省者一，曰番禺。③ 其中，地处黄淮流域者有14个，占三分之二强；而长江流域只有3个，珠江流域则仅有1个。两宋时期经济重心南移，特别是南宋海上贸易成为中国对外贸易的主渠道，而北方丝绸之路衰落，北人大量南迁至江、浙、湖、湘、闽、广各地。东南沿海地区成为中国的对外门户，经济日益发展，人口不断增加，且"西北流寓之人遍满"④。因此，长江下游的城市和东南沿海的城市发展很快，南北城市的地位也相应地发生了变化。杭州成为"城内外不下数十万户，百十万口"⑤的新型特大城市，而苏州、广州、扬州、泉州、明州（宁波）、钦州、廉州、密州、秀州、温州、江阴军等城市均成为重要的外贸港口城市。清代后期，太平天国起义爆发，长江流域成为主战场，南方人口受到严重损耗，南方与北方的差异逐渐缩小，但仍然是全国人口分布的重心。到1910年，南方12省人口占全国总人口的61.22%，其中有7个省的人口比重和人口密度排名全国前十。近代以来，随着工商业和交通运输业的发展，人口迅速向沿海地区集中。光绪年间，沿海各省人口已经占到全国总人口的60%以上。沿海城市也迅速发展起来，新的城市分布重心逐渐形成。到清末，沿海各省的城市人口已经占全国城市人口总数的49%。⑥ 综上所述，中国古代各个历史时期城市的分布形态都与当时的人口分布形态基本吻合，并且呈现出人口分布和城市分布均向沿海地区集中和向内陆边疆地区扩散的趋势，清代表现得尤为明显。

---

① 林剑鸣：《秦汉史》，上海人民出版社，2003年，第100—104页。
② 周长山：《汉代城市研究》，人民出版社，2001年，第14页。
③ 司马迁：《史记·货殖列传》，中华书局，1982年。
④ 庄季裕：《鸡肋编》，中华书局，1983年，第35页。
⑤ 阙海娟：《梦粱录校注》，巴蜀书社，2015年，第278页。
⑥ 据曹树基《中国人口史·清时期》（复旦大学出版社，2005年）中的人口数据计算得出。

二、人口迁移对城市分布的影响

人口迁移是指人的居住位置在地理空间的移动①，又称人口的机械变动。人口迁移是影响区域和城市人口数量、人口结构和人口分布的基本因素之一，它不仅带来人口空间分布的变化，还会引起职业构成、年龄与性别构成、人口素质和生育状况等一系列的变化，进而对移出（流出）地和移入（流入）地的社会经济生活各个领域，以及该地域的城市分布产生深刻的影响。自有人类社会以来，人口迁移就不断地进行着，并贯穿整个人类历史，而且愈到近代，其频率愈高，规模愈大，移动过程也大大缩短，加速了城市化进程，促进了各个地区之间的交流，并对城市分布产生越来越重要的影响。

人口迁移与城市分布息息相关。人口迁移会引起原有城市分布地区内的人口数量增加或减少，导致城市分布地区范围的扩大或缩小。与此同时，该地区的城市密度也随之发生变化。由此可见，人口迁移必然要影响到人口地理的面貌。

世界历史上一直存在着不同性质、不同规模、不同形式的人口迁移，并因其动机、方向、时间、结果及移动者自身的千差万别而形成众多的类型。根据不同的分类标准可以将人口移动划分为不同的类型，现将人口迁移的原因分述如下。

一是政治军事原因引起的人口迁移。政治中心的空间移动是引发人口迁移的重要因素。我国历史上都城在西安、洛阳、南京、北京等城市之间不断变换，而每一次变换都引发大量人口迁移，直接影响城市的发展以及分布状况。

中国历代统治者为了稳固政权、控制地方和开发边疆，都曾采取行政、军事等手段组织人口迁移到指定地区。秦始皇统一中国后进行的大规模人口迁徙，主要是充实关中和移民戍边。如始皇三十三年（前214）西北逐匈奴，取"新秦中"地，置四十四县，"徙谪，实之初县"②，将城市分布的范围推至鄂尔多斯高原地区。同年平南越，又将大批中原人民徙至桂林、南海、象郡等地，使与"百越杂处"③。汉武帝时期，也多次进行大规模的移民实边，如元朔二年（前127）收复河南地，置朔方、五原郡，募民徙朔方十万口。明末清初，长期的战乱导致四川地区人口锐减，田地荒芜，百里无人烟，甚至连四川的省会成都都曾一度空无人烟。由于人口数量减少，城市数量锐减，清廷曾一次就裁减四川六个县建置。④ 为了重建四川，恢复民力，清廷大力推行"捐资招抚"⑤ 和"募民开垦"⑥ 政策，由此开启了长达百余年的"湖广填四川"的移民运动。从康熙至乾隆的百余年间，南北十余省有上

---

① 张善余：《中国人口地理》，科学出版社，2003年，第353页。
② 司马迁：《史记·秦始皇本纪》，中华书局，1982年，第253页。
③ 班固：《汉书·高帝纪》，中华书局，1962年，第1669页。
④ 《清实录四·圣祖仁皇帝实录》"康熙七年九月丁未条"，中华书局1985年影印本，第372页。
⑤ 《清实录四·圣祖仁皇帝实录》"康熙七年十一月戊午条"，中华书局1985年影印本，第380页。
⑥ 《清实录五·圣祖仁皇帝实录》"康熙二十七年七月丁丑条"，中华书局1985年影印本，第476页。

百万移民进入四川，促进了四川农业经济与城镇体系的恢复与发展。清乾隆二十四年（1759）收复新疆以后，为了加强对新疆地区的统治，清政府曾两度组织大规模的军屯，同时还积极招募平民赴新疆垦田[①]，这些人口迁移措施促进了新疆地区人口的增长、经济的发展和城镇的兴起。清末，为了加强海防，清政府在"厦门、汕头、香港各设招垦局"，"凡应募者与以便宜"，鼓励大陆民众移垦台湾，于是"移民日至，伐木治田"[②]，推动了台湾地区人口的增长、经济的发展和城镇的增多。

表4-3　清初与清末四川、台湾、新疆三地人口与城市数量对比

省　份 ＼ 项　目	清初人口数（人）	清末人口数（人）	清初城市数（个）	清末城市数（个）
四　川	约250万	4 525万	142	186
台　湾	20万—30万	450万	4	21
新　疆	约30万	217万	16	39

注：①清初台湾人口数和城市数为康熙二十三年（1684）的数据。
　　②清初新疆人口数和城市数为乾隆二十五年（1760）的数据。
人口数据来源：曹树基《中国人口史》第5卷（清时期）；城市数据来源：《大清会典》（康熙朝）卷十九、《西陲总统事略》卷二、《清朝续文献通考·舆地考》。

二是一些社会重大变动，比如战争或动乱，引起整个社会的巨大震动，促使人口自发的迁移。军事调动与战事会直接导致军人与随军家属空间位置的变动，而战争还会通过破坏正常的生产生活环境与秩序、威胁人身和财产安全而引发人口迁移。人口迁移方向一般是由动乱严重地区向比较平静的、易于谋生的地区迁移。这种人口迁移常给整个社会造成巨大的震动，往往会在短时期内使城市发生剧变，对各个地区城市分布的影响也特别明显。

在战争破坏及政治动乱的时候，有相当多的人为了避难而离开城市，导致城市人口锐减，城市衰落。中国历史上几次大规模的人口迁移几乎都是由战乱造成的。"永嘉之乱""靖康之难"便引发了中国历史上两次大规模的人口迁移。自永嘉至元嘉年间（307—452），北方南渡的人口约90万人，占当时南朝人口的1/6，相当于北方总人口的1/7，江南地区移民多于本地居民。北宋末年，陆续有近500万人口从北方南下，中原部分地区十室九空。明末清初，长期的战争造成全国人口数量锐减，许多地方荒无人烟，引起了大面积的人口迁移。这次人口迁移，以闽粤客家人向周边赣湘山区、浙南山区、雷州半岛和海南岛、台湾岛迁移的大规模移民运动为代表。大量客家人的移入，促进了当地经济和城镇的恢复与发展。比如，顺治三年（1646），清军与南明军在江西赣州一带激战，清军"屠戮数十万人"[③]，造成赣州

---

① 席裕福、沈师徐：《皇朝政典类纂·田赋》，文海出版社，1982年，第537—599页。
② 连横：《台湾通史·抚垦志》，商务印书馆，2017年，第339—342页。
③ 萧一山：《清代通史》（卷上），商务印书馆，1931年，第311页。

一带"十不存一"①。后来大量"闽广侨户"迁入以赣州为中心的章水、贡水流域，使该地"五方杂处"，"生齿日繁"②，促进了这一带城镇的恢复和发展。

三是自然灾害所导致的人口迁移。中国历史上灾荒频繁，仅清代就有较大的自然灾害1 121次，其中旱灾201次，水灾192次，地震169次，雹灾131次，风灾97次，蝗灾93次，歉饥90次，疫灾74次，霜雪灾74次，平均每年出现自然灾害3.8次。③ 频繁的灾荒对社会和生产力造成巨大的破坏，甚至导致人民流离失所，阻碍了城市的发展。比如，清乾隆五十三年（1788）六月，长江三峡段爆发罕见的洪灾，沿江城镇受到极大的摧残，破坏严重。上游地区因地势较高，受灾较轻，但忠县、丰都、万县等均被淹没。中游地区受灾最为严重，湖北36个县被淹，其中荆州府所领7县有6县被淹，其附郭县江陵因为万城堤决口，城垣倒塌无数，水深丈余，"官舍仓库俱没，兵民淹毙无算"，大水"两月方退"④；枝江"大水入城，深丈余，漂流民舍无数"⑤；宜都"大水临川门，石磴不没者十余级"⑥。武昌、江夏、汉阳、长阳、汉川、罗田等府县受损也十分严重，大量湖北灾民流向周边省份。清光绪初年，华北平原发生了一场特大的自然灾害，史称"丁戊奇荒"。这场灾害主要发生在山西、河南、陕西、直隶、山东等北方五省，并波及陇东、皖北、苏北、川北等地区。连续数年的大旱和多种自然灾害，使这些地区的农业绝收，上千万民众饥寒交迫，"牛马多杀，食鸡、猪、猫、犬殆尽；捕鸠鹊、掘鼠兔；取断烂皮绳、鞋底、废皮浸煮，醯糟曲尘，和为粥；或弃瓜蒂菜须尘土中，亦取以啖；绳头、破布、灰炭，皆强吞嚼"⑦。这种以绳头、破布、灰炭充腹的办法也不能延命，枯骨塞途，饿殍遍野，"一省之内，每日饿毙何止千"⑧。直接死于饥荒和疾病者达千万人以上。此次灾害导致相关省区人口大量减少，同时也引发了人口的大流动，对相关地区城市的发展产生了深远的影响。

四是经济发展不平衡引起的人口迁移。近代以来，人口的快速增长导致一些地区人口过剩，人口压力过大，大量的剩余劳动力自发地向地广人稀、经济比较落后的地区迁移。清代中期，中国的人口出现爆炸性增长，山东、直隶、山西、福建、广东等省人地矛盾十分尖锐，出现了以"闯关东""走西口""下南洋"等三大移民潮为代表的人口流动。东北地区地广人稀，物产丰富，沃野千里。虽然清政府从康熙七年（1668）起就对关东地区实行封禁，严禁汉人流民进入，但大量的关内汉人

---

① 刘翰芳：《赣县志·风俗》，康熙二十三年（1684）刻本。
② 黄德溥等修、褚景昕等纂：《赣县志·地理志·风俗》，同治十一年（1872）刻本，民国二十年（1931）重印本。
③ 邓云特：《中国救荒史》，上海书店，1984年，第9—32页。
④ 倪文蔚、舒惠等：《荆州万城堤志　荆州万城堤续志　荆州万城堤图说》，湖北教育出版社，2017年，第287页。
⑤ 查子庚修、熊文澜等：《枝江县志·杂志·灾异》，同治五年（1866）刊本。
⑥ 崔培元修、龚绍仁纂：《宜都县志·杂记》，同治五年（1866）刊本。
⑦ 饶应祺：《同州府续志·事征录》，光绪七年（1881）刻本。
⑧ 朱寿朋：《光绪朝东华录》，中华书局，1958年，第514页。

（以山东、直隶人为主）还是不顾禁令而"闯关东"，到道光年间，仅奉天一处的人口就比顺治朝增加了108倍以上。① 大量移民到东北地区伐木垦荒，就地起屋，渐成村落，逐渐发展为城镇。最后清政府不得不接受事实，在咸丰十年（1860）后逐渐解除对东北的封禁，更多的移民迁移到此，促进了东北地区的开发和城市的发展。光绪三十三年（1907），清政府正式在东北地区设立奉天、吉林、黑龙江三省，各省下设若干府州县建置。行省和地方建置的确立在一定程度上反映了人口的增加及东北地区城市化的进程。清代中期以后人口迁移的方向大致趋向于边疆地区、内陆山区和东南沿海地区以及海外。大量的人口移垦，带动了这些地区城市的发展，促进了清代城市分布范围的扩大，也逐渐改变了清代城市的分布格局。

第四节　经济的发展对城市分布的影响

经济发展是推动城市兴起和发展的内在动力，也是影响城市分布变迁的重要因素之一。城市的出现被视为人类进入文明时代的标志，柴尔德指出："（都市文明）这段史实，是一段累积财富、改进专门技术、加强劳动专业化和发展商业的史实。"② 城市经济是建立在城市人口频繁的交往以及在城市内部大量经济活动的基础之上的。"日中为市，致天下之民，聚天下之货"③ 是古代城市的真实写照，而经济功能更是近现代城市最主要的功能。

一、产业部门发展与城市之兴起和分布

城市分布不是一个独立的现象和过程，它在很大程度上也受到经济分布的制约，这是因为人不能离开其自身的劳动及劳动生产所创造的物质财富而生存。所以，哪里有生产，哪里就会聚集一定数量的人口，而人口和经济的聚集是形成城镇的重要前提条件。城市数量及其分布的具体形态，直接受到生产技术水平和生产规模的制约。不同的物质生产部门体现着人和自然界进行物质交换的不同侧面，各个物质生产部门的特殊要求，不仅形成生产布局的特殊形式，还可以形成人口和城市布局的特殊形式，如农业布局与乡村居民点布局，工业布局与城市居民点的布局等。交通运输的发展水平与布局形式对人口布局的影响很大，近代产业的不同结构类型导致形成各种不同的居民聚落形式。城市为同一历史时段先进生产力的代表，因而总是和最先进的产业相联系，因为它构成了区域经济发展的基础。在不同的历史发展阶段，社会产业结构变迁对城市分布的影响也有所不同。

---

① 王育民：《中国历史地理概论》（下册），人民教育出版社，1990年，第181页。
② ［英］柴尔德著，周进楷译：《远古文化史》，群联出版社，1954年，第90页。
③ 《周易·系辞》，《十三经注疏》，清嘉庆刻本。

(一) 农业时代社会生产的变迁对城市分布的影响

在农业文明占主导地位的历史阶段,农业无疑是影响城市产生、发展与分布的最主要产业之一。人是城市的主体,城市人的第一要义就是生存,需要从农村和农业中获取生存的生活资料,如粮食、蔬菜、肉类、燃料等,因而城市的形成与分布受到农耕经济地域性和区域发展不平衡性的制约,城市的分布范围沿着农耕经济扩散的方向而扩展,其分布的数量和密度与地区农业经济发展水平呈正相关。

1. 农业生产是城市兴起、发展和分布的重要推动力和影响因素

首先,只有农业生产力得到发展,农业出现了相当数量的剩余粮食,劳动者之间出现了分工,城市才有可能兴起和发展,因此农业的发展和剩余产品的出现是早期城市兴起与发展的基本条件之一。在远古时期,相对于游牧业和渔猎业而言,定居农业是最先进的生产方式,从"采食经济"到"产食经济",是人类历史上具有决定意义的变革。农耕经济的确立,使人类不再单纯依赖自然的赐予,而可以通过再生产来获得生活资料,从而奠定了前所未有的,较为丰富可靠的生存资源基础。农业的发展不仅可以使从事农业生产的人得以生存,而且剩余的粮食等农作物还可以养活从事非农活动的人口,故而城市起源于定居农业区域,为全球的普遍规律。早期城市的居民除了非农业人口,也有相当一部分人从事农业或与之相关的产业,他们或在城内有土地,或在城外有土地,或是两者兼有,他们所生产的农产品除了满足自身的需要,还可以提供给其他人群。农业产生初期,生产技术水平低下,既缺乏先进生产工具,也未使用畜力。由于耕作方式粗放,地力一旦耗竭就要另辟新地,这种迁移农业导致人们经常变更居住地,故聚落分布也经常发生变化。进入铁器时代以后,铁制农具的使用和牛耕的推广促进了农业的大发展,同时也推动了人口的增长和城市的普遍出现。春秋战国时期,黄河流域的农业即因铁器的使用和牛耕的推广而大发展,同期黄河流域出现了一次新的筑城高潮,城市的分布变得相对稳定。

其次,古代农业的发展程度直接影响着城市的分布状态和分布范围。农业发展程度越高,城市分布越密集,反之亦然。因此,我们可以看到一个明显的现象,即城市分布与农业区的分布范围大致相同,并随着农耕区域的变化而变化。因为古代农村的余粮率决定着一个国家城市化的上限和城市人口的分布[1];而城市人口的分布又影响城市的分布,故城市的分布与农村余粮率密切相关,并受到农业经济发展水平的制约。从秦到宋,随着南方地区的开发,耕地面积不断增加,农业生产持续发展,余粮率持续上升,至南宋时达到顶点。而中国城市也在这一时期进入发展高峰期,城市人口占比达到了22%的比重峰值。[2] 南宋以后,由于古代农耕技术已达极限,内地可耕地也基本开发殆尽,同时人口增长率开始提升,余粮率不断下降,

---

[1] 赵冈:《中国城市发展史论集》,新星出版社,2006年,第8页。
[2] 赵冈:《中国城市发展史论集》,新星出版社,2006年,第85页。

至清中叶，内地城市发展陷于停滞。直至晚清，随着近代工商业和交通运输业的发展，城市对区域余粮率的依赖减弱，内地城市的分布才开始向沿海和沿江地区迅速扩展。

2. 工商业的发展程度也对古代城市的兴起与分布有着重要的影响

"《周书》曰：'农不出则乏其食，工不出则乏其事，商不出则三宝绝，虞不出则财匮少。'财匮少而山泽不辟矣。"① 手工业与商业的分工推动了城市的兴起。手工业的分离，一方面是因为随着生产力的提高，剩余农产品可以投入市场满足手工业者的生活需要；另一方面，手工业技术日趋复杂，需要专门熟练的技巧，农民无法兼营，故专门手工业者的出现和存在成为必要。正如柴尔德在《城市革命》中所言："大多数城市居民很可能仍然是农民，并以耕耘城市周围的田地为业。但是所有的城市都一定包容着其他的阶层——他们自己不靠农耕、饲养或者渔猎而谋生，他们是专职的工匠、运输工人、商人、官员和祭师。他们当然全都依靠城市和独立的乡村中的农民生产的剩余粮食而生活，但是他们并不直接通过他们的产品或提供服务换取单个农民的粮食和鱼类而得到口粮。"② 随着社会生产分为农业和手工业这两大主要部门，劳动产品中日益增加的一部分是直接为了交换而生产的，这就把单个生产者之间的交换提升为社会生活的必需。③ 这样，便出现了直接以交换为目的生产，即商品生产；随之而来的是贸易，不仅有部落内部和部落之间的贸易，而且海外贸易也有了④，商品交换也因此发展起来了，专门从事商业活动的商人增多。凡是人口多的地方，譬如交通要道、河流渡口、教堂驻地、城堡附近，慢慢地集聚起许多手工业者和商人。这些地方成为交换的场所，经过一段时期的发展，就成长为工商业城市。⑤

手工业和商业的发展对城市产生了重要的影响，可以说，城市的发展离不开手工业和商业。但手工业和商业的发展也依托于城市，城市的集聚功能也反作用于劳动分工和手工业生产的发展，使城市成为周围地区的商品交换中心，进而促使其商业职能的发挥。战国时期，由于大国兼并小国，"政治重心渐集于数都会"，都会人口大量增加，生活所需亦相应增加，工商业也"因之集中于都会"，于是"都会愈扩大，商工业愈兴盛"，"故为政治重心之都会，遂兼为商工业之重心矣。中国之政治都会，具有商工业都会之性质，盖自战国始也"⑥。秦以后，中国的城市虽然以政治功能为主，但是每个行政中心城市都兼具商业中心功能。

3. 交通运输的发展与城市的兴起和分布也有着密切的关系

远古时期，人们在建造城市时都必须考虑以下三个因素：充足的水源、生活资

---

① 司马迁：《史记·货殖列传》，中华书局，1982年，第3255页。
② 转引自中国历史博物馆考古部编：《当代国外考古学理论与方法》，三秦出版社，1991年，第8页。
③ ［德］马克思、恩格斯：《马克思恩格斯选集》（第4卷），人民出版社，2012年，第182页。
④ ［德］马克思、恩格斯：《马克思恩格斯选集》（第4卷），人民出版社，2012年，第180页。
⑤ ［苏］波梁斯基：《外国经济史》（封建主义时代），生活·读书·新知三联书店，1958年。
⑥ 李剑农：《中国古代经济史稿》（第1卷），武汉大学出版社，2005年，第77页。

源和便利的交通。由于这一时期交通工具极为落后,水路比陆路更适合大宗物资的运输,因此河流不仅为人们提供生产生活所需要的水资源,还为人们提供便捷的水上交通,因此城市的选址对水上交通的通畅性也有充分考虑。一般说来,水陆交汇的枢纽和不易受洪水侵扰的渡口往往成为早期城市的发祥地之一。只有航海技术发展到一定的水平之后,沿海港湾地区才开始出现一些沿海城市。古代交通运输业与商业是紧密相连的,运河的开凿、驿路和航路的开辟,往往会催生一大批交通沿线商贸都会和市镇,而交通线路的变迁则是导致众多沿线商业城市兴衰的主要原因之一。比如,汉代丝绸之路的开辟促进了河西走廊、天山南北丝路沿线商贸城市的兴起,但随着丝绸之路的衰落,丝路沿线城市也逐渐衰落。东汉末年,因北方五条运河的开凿,坐拥水陆两利的邺城取代邯郸而成为河北第一都会,之后更成为四朝古都。[①] 唐以前,广州久为南海诸国番舶所萃,而其他沿海地区的海港城市则较少。到了唐代,随着对外航线的逐渐扩展,泉州、明州、扬州、登州等新兴海港城市迅速崛起。[②]

(二)工业时代社会生产的变迁对城市分布的影响

铁路、公路的兴起,使海洋经济向大陆内部延伸,铁路、公路以及传统道路运输线路沿线及其交叉点,因其交通便捷,节省单位运输成本,也催生了一批新兴的近代城市。比如近代中国的青岛、厦门、汕头都在开埠通商后由小渔村一跃成为大都会,而哈尔滨、蚌埠、石家庄等城市,则因铁路的修建而迅速发展成大城市。随着轮船、铁路的兴起,部分传统交通线路发生变迁,导致这些传统交通路线沿线的商业城市迅速衰落。

二、区域经济发展与城市分布

城市是区域中各种经济社会活动的聚集体,是人类社会生活中人口、权力、文化、财富以及能量、物质、信息等在地球表面聚集的节点。[③] 区域经济的发展对城市分布有着深刻的影响,这主要体现在区域经济发展的不平衡性上。任何一个国家和社会,其内部经济发展的不平衡是必然的。一个国家的地域越广大,地区间的差异性越明显,经济发展不平衡的特点也就愈突出。区域经济的发展是不平衡的,而经济发展的不平衡性会影响到一个国家或地区城市的分布。比如近代欧洲经济发展的不平衡,导致了欧洲城市分布的重心逐渐由地中海沿岸转移到大西洋沿岸。在中国,汉以前的经济重心在北方黄河流域,因而重要城市主要在北方,但由于农牧文明之间的冲突所引发的频繁的战争,导致经济重心不断南移,南方城市数量不断增

---

① 邹逸麟:《中国历史地理概述》,上海教育出版社,2005年,第333页。
② 李剑农:《中国古代经济史稿》(第2卷),武汉大学出版社,2005年,第220—222页。
③ 段汉明:《城市学基础》,陕西科学技术出版社,2000年,第356—357页。

加,城市规模也不断扩大。近代,随着西方资本主义国家强行打开中国的大门,世界资本主义经济从海洋侵入中国,沿海沿江的部分城市被迫开埠通商,近代工业在东部地区兴起,东部地区的经济快速发展,上海等重要的经济中心城市相继涌现,从而进一步改变了中国城市发展和分布格局。

中国幅员辽阔,各地之间的自然经济条件差异很大,从古至今都存在着明显的区域经济发展不平衡性,这深深地影响着中国城市的分布。

黄河中下游地区以崤山、函谷关为界可分为关东和关中两大区域。关东的主体部分为华北平原,其中"三河"(河南、河东、河内)地区是黄河流域农业文明的发祥地①,这里也成为中国上古时期城市文明的中心。关中地区位于东潼关、西散关、南武关、北萧关"四关"之内,开发相对较迟。商末,周朝的先公才开始在岐山一带"贬戎狄之俗,而营筑城郭室屋"②。春秋战国时期,关东地区的农业和城市继续发展,并向东海、燕北一带扩展,"齐带山海,膏壤千里","临淄亦海岱之间一都会也","夫燕亦勃、碣之间一都会也"。③ 关中地区则"因秦之故",得到快速发展,秦惠王时,"田肥美,民殷富,战车万乘,奋击百万,沃野千里"④。关中农业经济的快速发展,推动了城市的兴起,先秦时期关中城市数量增至40余座,西汉时更达到80余座⑤,城市分布也由渭河干流向南北延伸。

长江流域的农业起源很早,特别是长江上游的成都平原,是中国较早发生农业革命的地区之一。从目前的考古材料来看,新石器时代后期,古蜀先民就已经开始进行原始农业生产,虽然当时的农业生产是以旱地粗耕农业为主。据文献记载,蚕丛氏就是一个善于经营粗耕农业并兼营蚕桑业和畜牧业的族群。蒙文通先生认为,岷江上游河谷是古蜀最早开拓的地区,古蜀农业是从岷江上游河谷开始的。⑥ 这一判断已为岷江上游营盘山遗址考古发现所证实。在距今5 000年前,成都平原已经步入农业时代,以旱作农业为主。数百年后,水稻开始在成都平原出现,考古学家在距今4 600—4 300年的桂圆桥二期遗址层中发现了数量较多的水稻硅酸体,水稻的数量与其他农作物相比,占据了绝对的优势,仅发现有零星的黍、粟。⑦ 这说明此一时期成都平原西北部地区已经开始种植水稻。农业的发展为城市的兴起奠定了基础,在距今4 500—2 500年,成都平原相继出现了宝墩古城、高山古城、三星堆古城和成都等若干城市。到战国后期,成都平原已经是"沃野千里,号为陆海","天下谓之天府"⑧。西汉时益州已有8郡、119县。⑨ 长江中游和下游的农业和城

---

① 邹逸麟:《中国历史地理概述》,上海教育出版社,2005年,第241页。
② 司马迁:《史记·周本纪》,中华书局,1982年,第114页。
③ 司马迁:《史记·货殖列传》,中华书局,1982年,第3264—3265页。
④ 何建章注:《战国策·秦一》,中华书局,1990年,第74页。
⑤ 姚士谋、陈振光、朱英明等:《中国城市群》,中国科学技术大学出版社,2006年,第235页。
⑥ 蒙文通:《巴蜀古史论述》,四川人民出版社,1981年,第47—48、75—82页。
⑦ 万娇、雷雨:《桂圆桥遗址与成都平原新石器文化发展脉络》,《文物》,2013年第9期。
⑧ 马骕:《绎史》,中华书局,2002年,第3092页。
⑨ 班固:《汉书·地理志》,中华书局,1962年,第1596—1603页。

市文明兴起很早,早在大溪文化至石家河文化时期,长江中游地区就出现了早期城市,考古工作者在湖南省常德市澧县发现了迄今为止中国最早的古城遗址——城头山古城;良渚文化时期,长江下游就开始出现稻作文化。但从整体上看,商周时期,长江中下游地区的农业发展滞后于黄河流域中下游地区,直至汉代,长江中下游相当一部分地区仍是"地广人稀,饭稻羹鱼,或火耕而水耨"①的农业滞后区,城市数量相对较少。至于南方的岭南和福建地区,直至秦代才零星出现城市,发展速度也较慢。西汉时秦岭、淮河以南仅29郡,还不到全国总数的1/3,而关东地区的郡,就占了全国的半数。东汉时南方城市虽有所发展,但仍远不及北方。三国时,北方曹魏有90郡,东吴仅43郡,西蜀22郡。②两晋南北朝时期,随着"洛京倾覆","中州士女避乱江左者十六七"③,长江、珠江流域的农业、工商业都有了长足的发展。南朝末年,江东一带已是"良畴美柘,畦畎相望"④,蜀地亦"民物殷阜"⑤,荆湖则"湘川之奥,民丰土闲""以田地肥良,可以为军民资实",岭南也变为"卷握之资,富兼十世"之地⑥。大量城市随之兴起,城市数量剧增。而黄河流域却因为长期的战乱,社会生产受到极大的破坏,"苍生殄灭,百不遗一,河洛丘虚,函夏萧条"⑦,城市大面积衰败,而同时期刘宋的州郡数甚至是北魏的两倍多⑧。南北朝后期,北方经济逐步得到恢复和发展,到隋唐时仍为全国的经济重心,"大河南北,人户殷繁,衣食之原,租赋尤广"⑨,这一时期北方的州郡县数也要多于南方。唐中叶以后,随着南方农业经济的发展和北方持续的战乱,全国经济重心逐渐南移,城市分布重心也向南方转移。唐贞观年间,全国十道,南北各半。天宝年间,全国十五道,北七南八。到北宋时,全国二十三路,北八路南十五路。⑩南方城市数量逐渐增加,甚至反超北方。元、明和清前期,从"苏湖熟,天下足"到"湖广熟,天下足",江浙、湖广相继成为全国的粮食基地,再加上江南商品经济的发达,京杭运河漕运的兴起,促进了东南地区市镇的繁荣和城市的兴盛,城市分布开始趋向东部沿江和沿海地区。到了晚清,随着东部沿海和沿江地区近代工商业和交通运输业的发展,这一趋势更加明显。

  总之,区域经济发展的不平衡性对中国城市分布的变化有着重要的影响,是导致古代中国南北城市分布差异明显,近代以后东西城市分布差异逐渐增大的重要因素之一。

---

① 司马迁:《史记·货殖列传》,中华书局,1982年,第3270页。
② 邹逸麟:《中国历史地理概述》,上海教育出版社,2005年,第170—176页。
③ 房玄龄等:《晋书·王导传》,中华书局,1974年,第1746页。
④ 姚思廉:《陈书·宣帝纪》,中华书局,1972年,第82页。
⑤ 沈约:《宋书·陆徽传》,中华书局,1974年,第2262页。
⑥ 萧子显:《南齐书·州郡志》,中华书局,1972年,第287、262页。
⑦ 房玄龄等:《晋书·江统孙楚绰传》,中华书局,1974年,第1545页。
⑧ 刘君德等:《中国政区地理》,科学出版社,1999年,第252页。
⑨ 董皓:《全唐文·谕河南河北租米折留本州诏》,中华书局,1983年,第346页。
⑩ 邹逸麟:《中国历史地理概述》,上海教育出版社,2005年,第183—190页。

第五章 中国古代城市空间分布的变化与特点

中国城市历史悠久，是世界城市的发源地之一。20世纪下半叶以来，考古工作者在我国不同的区域发现了越来越多的早期古城，从而逐渐改变了流行已久的黄河文明中心论。中国城市"满天星"起源说得到越来越多的认同。城市的分布不是一成不变的，而是随着自然环境的变迁，人类社会、政治、军事、经济的变迁而发生改变。目前，学术界有关近代中国城市空间分布的研究成果较多，但缺乏对古代中国城市长时段空间分布变化的考察，尤其是缺乏对我国古代蒙古、新疆、西藏等以畜牧业为主要经济形态地区城市分布的研究。为了深化对古代中国城市空间分布变化的整体认识，本章拟以当代中国的疆域为范围，从先秦至清代分阶段对我国城市空间分布变化进行分析，并力图从整体上把握古代中国城市空间分布变化的特点。

第一节 中国古代城市空间分布的历史分期与变化

城市的发展是分阶段的，因而城市分布的变化也是有阶段性的。但城市的分期如何划分是一个困难的学术问题。中国城市的发展与王朝的更替有着直接的关系，王朝的兴衰与城市的兴衰往往有着直接的关系，因而按照王朝的兴衰来分期具有一定的合理性。由于本节所研究的城市分布空间广阔，时间漫长，因而不能按照每一个王朝来划分历史阶段，只能根据城市分布走向的时空特点，结合王朝更替，大体分为远古至夏商时期、周朝至战国时期、秦汉至魏晋时期、唐宋时期、元明清时期五个阶段。在不同的阶段，城市的地域空间分布变化较大，且呈现出不同的特征。

一、"满天星斗"——远古至夏商时期多元起源的城市空间分布

根据已发掘早期古城的分布来看，中国城市的分布并非只集中在黄河流域，而是遍布东、西、南、北各个区域，因而考古学界多用"满天星斗"来形容中国早期文明的兴起。在远古时期，中国早期城市分布的范围非常广泛，考古学界在内蒙古中南部地区、中原地区、成都平原地区、长江中下游的江汉及太湖流域、黄河下游的山东地区，以及新疆、西藏等多个地区都发现了早期史前城址。根据考古发现，

这些城市可以分为两类：一类是夯筑的土城，主要分布黄河流域与长江流域；一类是石头城，主要分布在河套地区及青藏高原地区。

新疆、辽河地区虽然出现有同期的文化遗址，但迄今还未发现早期古城。黄河上、中、下游地区，长江上、中、下游地区的城址数量较多，是中国早期城址的重要分布区域。内蒙古和西藏都有早期古城。根据考古发现，这些早期城址中以陕西神木石峁古城遗址面积最大，城址面积可达400余万平方米[①]；而以长江中游的澧县城头山古城遗址时间最早，距今6 500年[②]。中原地区的古城主要分布在郑州嵩山周围，城址的面积从几万平方米到200余万平方米不等；海岱地区的古城址面积从2.5万平方米到30余万平方米不等。[③]

大约在公元前21世纪，黄河流域出现了中国最早的国家——夏朝，此一时期，中国各大区域的生产力都有较大的发展，阶级分化，国家形成，由此推动城乡分工和早期城市的出现和发展。随着夏朝的建立，一大批重要城市相继出现，夏朝所建主要城市有高密、阳城、阳翟、晋阳、平阳、安邑、斟鄩、帝丘、钮、穷石、纶、夏邑、原、老丘、西河等。继夏朝之后的商朝，其国家建立和发展的过程也就是城市建立和发展的过程，商汤灭夏，即在亳（河南商丘）建都，其后商朝曾多次迁都，曾"自亳迁于嚣"，后又"自嚣迁于相"，再迁至耿，迁至邢，迁至奄，盘庚则"自奄迁于北蒙，曰殷"，从而为商朝中兴和"武丁盛世"的出现奠定了基础。除了黄河流域的夏商王朝外，中国其他地区也相继出现了若干方国，这些方国开始建立城市。相当部分的方国，规模较小，往往以城为邦，即以一个城市为中心而建立国家。有学者考证，商代的方国共有158个，其中可考的西方方国有60个，主要分布在今河南西部，山西西部、南部，陕西渭河流域及陕西与山西、内蒙古、甘肃的交界处；北方方国有8个，主要分布在今山西北部、河北北部和辽宁西部；东方方国有12个，主要分在今山东除胶东半岛以外的地区，黄河附近及江苏、安徽、河南交界处；南方方国12个，主要分布在河南南部、安徽南部、湖北地区及江西中北部。[④] 由此可见，商代方国的分布以黄河流域为主，长江中下游地区次之。随着方国的建立，大批城市开始出现。实际上，长江上游已经出现了规模甚大的开明国和巴国[⑤]，考古工作者在成都平原已相继发现了8座夏商时期的古城，这些古城分布密集，相距仅二三十公里，考古年代约为距今4 500—3 200年。

除了黄河流域与长江流域之外，西藏、内蒙古等农牧地区也是中国早期城市的诞生地之一。在距今2 000多年前，西藏出现了象雄、藏、罗昂、森波、吉、贡、娘、达、亚松等40个小邦，这些城邦主要分布在自然地理条件较好的今西藏中南

---

① 孙周勇：《陕西神木县石峁遗址》，《考古》，2013年第7期。
② 何介钧：《澧县城头山古城址1997—1998年度发掘简报》，《文物》，1999年第6期。
③ 张玉石：《史前城址与中原地区中国古代文明中心地位的形成》，《华夏考古》，2001年第1期。
④ 宋镇豪：《商代地理与方国》，中国社会科学出版社，2010年，第259页。
⑤ 童恩正：《古代的巴蜀》，《四川大学学报》，1977年第1期。

部林芝、拉萨河、年楚河等地。① 内蒙古地区的文明兴起较早，在距今5 000多年以前，内蒙古地区已经出现了部分农业聚落。但由于全球性气候的变化，该地区的生态环境忽然恶化，气温的大幅下降，自然生态环境退化，原有聚落的居民不得不放弃农业生产，最终退出该区域，致使该区域文化的中断长达200多年。直到距今4 000多年前，该地区才开始出现新的文化，并出现早期古城。近年来，考古工作者在内蒙古中南部的岱海西北岸地区相继发现了多处新石器时期的古城遗址，主要有老虎山遗址、西白玉遗址、板城遗址、大庙坡遗址等，这些古城遗址多选择在地势险要的背山或者临河的高台地上，并建有石墙、寨门等防御性设施，可以说这些古城遗址已经具备了早期城市的雏形。

新疆文明起源很早，近年来考古工作者先后在新疆发现了新石器时代人类活动遗迹，主要有东疆吐鲁番的阿斯塔那遗址，北疆乌鲁木齐柴窝堡遗址，南疆尉犁县辛格尔和罗布卓尔遗址、疏附县乌帕尔遗址等②。但从整体上看，这些遗址规模较小，出土文物有限，仅能表明这些地方曾经是早期人类活动的聚落，这些聚落还不能称之为城市，但现在还不能完全断定此一时期新疆就没有出现早期城址。

综上所述，中国早期城市产生和分布的范围非常广泛，主要在黄河流域、长江流域，另外，内蒙古、西藏地区也有少量早期城市，但福建、广东、广西、云南、贵州等地还未发现有早期古城。古代城市的产生是文明起源的重要标志之一，中国古代城市起源的多元性，反映出中国文明起源的多元性，为中国自古以来"多元一体"的文明发展格局奠定了基础。

二、以黄河流域为重心的城市分布格局——周朝至战国时期城市空间分布的变化

周朝建立后，推行分封制与采邑制，受地缘政治的影响，周统治者在"三河"地区建立了大量城邑，因此，"三河"地区的城市较为集中。司马迁曾说："殷人都河内，周人都河南。夫三河在天下之中，若鼎足，王者所更居也，建国各数百千岁，土地小狭，民人众，都国诸侯所聚会。"③ 西周分封的150个封国主要分布在今河南、山东、陕西、山西等地，其中，河南有50余国，山东有45国，陕西有25国，山西有15国。长江中游地区的城市数量也有所增长，《宗周钟》记载："南或□子，敢舀虐我土。……东尸南尸具见，廿又六邦。"④ "东尸南尸"即所谓的东夷与南夷，共有二十六番邦。可见，西周时期的城市主要分布在黄河流域及长江流

---

① 达仓宗巴·班觉桑布，陈庆英译：《汉藏史集》，西藏人民出版社，1986年，第81页。
② 新疆社会科学院考古所：《新疆柴窝堡湖畔细石器遗存调查报告》，《考古与文物》，1989第2期；新疆楼兰考古队：《楼兰古城址调查与试掘简报》，《文物》，1988年第7期；王博：《新疆乌帕尔细石器遗址调查报告》，《新疆文物》，1987年第3期。
③ 司马迁：《史记·货殖列传》，中华书局，1982年，第3262页。
④ 秦永龙：《西周金文选注·宗周钟》，北京师范大学出版社，1992年，第147页。

域，这大体与西周的疆域范围一致。

春秋战国时期，分封制名存实亡，形成了以各诸侯国为中心的多个权力中心，各诸侯国在各自统治区域内建立城池，城市数量迅速增长。根据张鸿雁的研究，春秋时代35个国有近600个城邑，其中"晋91个，楚88个，鲁69个，郑61个，周50个，齐46个，卫30个，宋25个，莒16个，秦14个，吴10个"①。他认为春秋城邑当在千数以上，分布在今河南伊洛流域及安阳一带的有400余个，山东有300余个，山西有100余个。

相对于黄河流域及长江流域，西部、西北部和西南农牧地区的城市发展相对缓慢。从周朝至战国时期，内蒙古、新疆、西藏等地的生产力发展相对滞后，阶级分化不明显，城乡分工不突出，政治文明的发展程度较低，仍然处于部落联盟时期，从而限制了这些地区城市的发展。公元前6世纪时，西藏地区大约有数十个部落联盟，亦称之为小邦，这些小邦也建有堡寨，与史前堡寨有着历史的内在联系，也可以说是史前堡寨的延续。此一阶段可考的小邦堡寨主要有象雄、藏、罗昂、森波、吉、贡、娘、达、亚松等9个堡寨②，这些堡寨在形制上与早期堡寨有着相似之处，但其功能与早期堡寨已经有所不同，它们不仅有着军事功能，而且行政功能和宗教文化功能也较为突出，从而为西藏城市的形成奠定了基础。此一时期，西域（新疆）已经进入金石并用时期，开始出现早期城市。目前考古发现的新疆早期城市主要有焉不拉古城、盐池乡古城等，不过这些城址面积较小，如盐池乡古城面积为6 400平方米，城址的规模较小；焉不拉古城的面积更小，长60米，宽50米。③内蒙古地区的城市在此一时期也有所发展，北方各诸侯势力不断向北扩张，内蒙古南部地区相继被部分诸侯国占领，行政建置和城市制度也开始在内蒙古地区推行，其范围包括了今内蒙古地区的东部、中部和中南部的广大地区，这些地方相继出现了云中、九原、平刚、延陵等城市。内蒙古地区因"与秦都密迩，故能仿秦制而筑城郭"④。其中可考的城郭，为赵武灵王时所建的云中城，周长8 000米，面积4平方公里，城市规模较大。⑤云中城是内蒙古地区出现的第一座略具规模的城市。云中城不仅具有良好的自然条件，而且具有重要的战略地位，是历代兵家必争之地。有资料记载："燕东有朝鲜、辽东，北有林胡、楼烦，西有云中、九原，南有嘑沱、易水，地方二千余里，带甲数十万，车六百乘，骑六千匹，粟支数年。南有碣石、雁门之饶，北有枣栗之利，民虽不由佃作，而足于枣栗矣。此所谓天府者也。"⑥战国后期，北方的匈奴崛起，不断向南侵扰。从战国时期开始出现的长城，在秦朝连接成为一个整体，因而以农耕为主的民族和以游牧为主的民族开始以长城为界，

---

① 张鸿雁：《春秋战国城市经济发展史论》，辽宁大学出版社，1988年，第119页。
② 石硕：《关于唐以前西藏文明若干问题的探讨》，《西藏艺术研究》，1992年第4期。
③ 黄文弼：《新疆考古发掘报告（1957—1958）》，文物出版社，1983年，第4页。
④ 绥远通志馆：《绥远通志稿·省疆域沿革》，内蒙古人民出版社，2007年，第11页。
⑤ 孙秀川：《云中城与阴山长城始建考辨》，《内蒙古大学学报》，1986年第4期。
⑥ 司马迁：《史记·苏秦列传》，中华书局，1982年，第2243页。

建立各自的社会秩序与经济形态。

西周至战国，黄河流域的国家有较大发展，生产力也有很大提高，因而逐渐成为中国文明的中心地区，其物质文明、制度文明和精神文明远高于周边地区，因而以黄河流域为主的北方地区的城市也因获得国家力量的支持而快速发展，这为黄河流域长期成为中国城市分布的重心奠定了基础。

三、城市分布重心的南移——秦汉至魏晋时期城市的空间分布变化

从秦朝至魏晋南北朝时期，城市的空间分布逐渐由黄河流域向长江流域扩展；同时，随着中央集权向周边游牧地区的扩张，蒙古、新疆地区的城市数量增长，城市分布的地域范围进一步扩大。

秦朝结束了诸侯割据的局面，建立了统一的多民族国家。为了巩固中央集权，秦统治者进行了一系列改革，其中一项重要改革就是确立郡县制这一地方行政体制，初期建郡36个，其中关中地区5郡，山东北部15郡，山东南部13郡，淮汉以南13郡，郡下设县。[①] 秦朝的郡级城市主要分布在黄河流域所属陕西、河南、山东等三个地区。秦统治者为了加强中央集权，不断向边疆地区扩张，在今内蒙古、新疆地区新建了许多军事行政建置城市和军事城镇。秦始皇曾北击匈奴，"自榆中并河以东，属之阴山，以为十四县，城河上为塞"[②]。其中属于今内蒙古地区的有"雁门、代之一隅及云中、九原全部"[③]。伴随着秦军征匈奴、降百越，秦国的疆域不断扩大，郡增至46个。秦军"平取百越，又置闽中、南海、桂林、象郡"[④]。秦军北取阴山以南，置九原郡，其后相继析置东海、恒山、济北、胶东、河内和衡山等郡。秦朝虽然较短，但由于建立了大一统的中央王朝，随着王权向地方扩张，城市的地域分布有所扩大，但仍集中于黄河流域。

汉朝是继秦之后建立的又一个强盛的中央集权国家。据统计，汉平帝时，全国设有103个郡（国），其中70个郡（国）在黄河流域；县级政权有1 578个，其中1 132个县在黄河流域。南方的郡（国）数仅为北方的七分之一。[⑤] 因此，两汉时期北方城市的数量变化远远超过南方。详见表5-1：

[①] 孟昭华、王涵：《中国民政通史》（上卷），中国社会出版社，2006年，第188页。
[②] 司马迁：《史记·秦始皇本纪》，中华书局，1982年，第253页。
[③] 绥远通志馆：《绥远通志稿·省疆域沿革》，内蒙古人民出版社，2007年，第12页。
[④] 房玄龄等：《晋书》，中华书局，1974年，第405页。
[⑤] 邹逸麟：《历史时期黄河流域的环境变迁与城市发展》，《江汉论坛》，2006年第5期。

表 5-1　两汉时期城市数量、密度及城市分布状况表

州　名	西　汉 城市数	城市数/万平方公里	东　汉 城市数	城市数/万平方公里
司隶州	132	8.48	106	6.81
豫　州	125	14.71	99	11.32
冀　州	129	19.97	100	11
兖　州	92	13.81	80	11.6
徐　州	132	15.42	62	7.85
青　州	125	22.48	65	12.37
荆　州	115	2.41	117	2.45
扬　州	93	1.78	92	1.77
益　州	128	1.46	118	1.1
凉　州	115	3.5	98	2.77
并　州	157	5.3	98	3.31
幽　州	180	4.16	90	2.95
交　州	55	1.1	56	1.16
共　计	1 578		1 181	

资料来源：周长山《汉代城市研究》，人民出版社，2001年。

从表 5-1 中可知，西汉时期，司隶州、豫州、兖州等北方数州的城市数量为 1187 个，交州、益州、扬州、荆州等长江流域四州的城市数量为 391 个，长江流域及南方的城市数量仅为北方地区的三分之一。东汉时期，交州、益州、扬州、荆州等长江流域四州的城市数量为 383 个，而北方诸州的城市数量减少至 798 个。从上表中各州的城市数量变化看，交州城市数量一直较少，而青州、并州、幽州、徐州等地的城市数量有较大幅度的减少。从城市分布密度看，豫州、冀州、兖州、徐州、青州的城市分布密度较大，其他州的城市分布密度较小。

西汉前期，汉武帝在今内蒙古南部的农牧交错带地区增设县治，有代郡所属且如县；雁门郡所属沃阳、疆阴两县；定襄郡所属成乐、都武县等 12 县；云中郡所属陶林、武泉等 11 县；五原郡所属九原、固陵等 16 县；朔方郡所属朔方、修都等 8 县；西河郡所属富昌、大成等 6 县；上郡所属白土等 3 县；共设 59 县。[①] 汉代，西域地区的城市也有所发展。据文献记载和考古发掘，西汉时期，在南疆塔里木盆地周围的绿洲上，天山北麓部分地区以及吐鲁番盆地，沿"丝绸之路"兴起了不少"城郭诸国"。汉武帝、昭帝时在渠犁、轮台驻兵屯田，置使者校尉领护。汉宣帝时置西域都护，治乌垒城（今新疆轮台），"置城郭，都护三十六国"。西域的各小国

---

① 绥远通志馆：《绥远通志稿·省疆域沿革》，内蒙古人民出版社，2007年，第14页。

多为城邦国家,大体分布在"自玉门关、阳关以西,葱岭以东,天山以南,昆仑山以北"①。至哀平之际,西域城邦国家又增至50余个。据当代学人研究,这些国家筑有城镇的仅24个,仅占诸国总数的52%左右。②

从先秦至秦汉时期,黄河流域是华夏族的统治中心区域,统治者利用王权加强其统治中心区域的发展,如汉武帝曾强制人口迁移,将大批人口迁移到今山西、河北一带,北方地区的人口数量远远多于南方,政治中心与经济重心都在黄河流域,因而黄河流域成为中国城市的分布重心,但秦汉以后城市开始向周围扩散,南方地区城市开始逐渐增多。

三国两晋南北朝时期,中国的政治格局发生较大变化。此一时期战争频繁,黄淮流域战乱尤多,战争对城市的破坏十分严重,人口大量死亡,经济出现衰退。如《后汉书》所载:"三辅大饥,人相食,城郭皆空,白骨蔽野。"③"山东饥馑,人庶相食,兵所屠灭,城邑丘墟。"④ 与北方战乱频仍相比,南方地区的政治、经济形势相对稳定,吸引了大量北方人口向南迁徙。如晋惠帝元康八年(298),西部地区"流移就谷,相与入汉川者数万家……由是散在益、梁,不可禁止……百姓流亡,中原萧条,千里无人烟"⑤。据相关研究,从永嘉之乱至刘宋时期的170年间,北方人口南迁的数量达90万人,其中今江苏、安徽、湖北、江西、湖南、四川一带,是北方流民的主要迁入地。⑥ 大量外部人口的流入促进了南方地区经济的开发。《宋书》载:江南"地广野丰,民勤本业,一岁或稔,则数郡忘饥。……鱼盐杞梓之利,充仞八方;丝绵布帛之饶,覆衣天下"⑦。随着人口的南迁及南方地区经济的发展,南方城市也出现较快的发展。西晋统一全国后,晋武帝将全国分为十九州⑧,各州的郡、国数量及管辖地域见下表:

表5—2　西晋时期州、郡、县数量统计表

州	治地	郡、国	县城	备注
司州	洛阳	12郡	99	今山西、河南、河北、山东、陕西等地
冀州	信都	11国2郡	83	今河北大部、山东西北部
青州	临淄	4国3郡	37	今山东东部及北部
兖州	廪丘	5国3郡	56	今山东西部、河南东部
徐州	彭城	4国3郡	61	今江苏长江以北、山东东南部及安徽东部

---

① 黄文弼:《黄文弼历史考古论集》,文物出版社,1989年,第23页。
② 周伟洲:《两汉时期新疆的经济开发》,《中国边疆史地研究》,2005年第1期。
③ 范晔:《后汉书·刘玄刘盆子传》,中华书局,1965年,第484页。
④ 范晔:《后汉书·公孙述传》,中华书局,1965年,第535页。
⑤ 房玄龄等:《晋书·李雄载传》,中华书局,1974年,第3022、3023页。
⑥ 高敏:《中国经济通史·魏晋南北朝卷》(上册),经济日报出版社,2007年,第97—98页。
⑦ 郝懿行:《补宋书食货志》,齐鲁书社,2010年,第4316页。
⑧ 杜佑:《通典·州郡》,中华书局,1982年,第907页。

续表

州 治	治 地	郡、国	县城	备 注
豫 州	治 城	4国6郡	86	今河南东南部、安徽西北部、湖北东北、江苏西北
雍 州	长 安	7郡	39	今陕西中部、甘肃东南部、宁夏、青海、四川
荆 州	江 陵	20郡2国	169	今湖北大部、湖南西部、陕西东南
扬 州	建 邺	19郡	173	今浙江、江苏、安徽等地
梁 州	南 郑	7郡	44	今四川中东部、陕西西南部及贵州东北
益 州	成 都	8郡1国	44	今四川中南部及贵州北部
凉 州	姑 臧	8郡	46	今甘肃西部、青海东北端及内蒙古南部
交 州	龙 编	7郡	53	今广东西南部及越南东北部
广 州	番 禺	9郡1国	68	今广东、广西的大部及越南北部
秦 州	冀 县	6郡	24	今甘肃东南部、陕西西南部、四川北部及青海东部
平 州	襄 平	1国4郡	26	今辽宁大部及朝鲜北部
宁 州	滇 池	4郡	45	今云南、贵州西南部、缅甸、越南部分
幽 州	涿 县	2国5郡	34	今河北北部及辽宁西南部
并 州	晋 阳	3国3郡	45	今山西大部

资料来源：何一民《清代城市空间分布研究》，巴蜀书社，2018年。

从表5-2可知，位于长江以南地区的宁州、广州、交州、梁州、益州、扬州等州的郡、国、县的数量为54郡2国427县，荆州、扬州地区的城市数量远较其他州为多，可见长江流域城市的发展较为迅速；北方地区的郡、国、县的数量为82郡36国805县。总体来看，此一时期北方地区的城市数量仍然多于南方地区。

到了南北朝时期，政局变动加剧，战争更加频繁，致使北方地区的人口数量进一步减少。与西晋太康元年（280）时期的人口数量相比，刘宋大明八年（464），约当于今山东地区的人口数量减少56%，约当于今河南地区的人口数量减少82%；与之相反，约当于今江苏、浙江、广东三个地区的人口却出现不同程度的增长，增长比例分别为157%、10%、100%。[①]北方地区人口的南迁，对北方城市的影响重大，而南方相对稳定的政治局势和人口的增多，则促进了南方地区城市的发展。据统计，南方各州县城的数量为扬州80座、南徐州70座、南兖州26座、南豫州43座、江州69座、荆州48座、郢州40座、益州122座、宁州77座、广州144座、交州48座、越州7座，共计744座；北方各州县城的数量为徐州43座、湘州66座、雍州57座、梁州81座、秦州36座、青州47座、冀州50座、司州13座、兖州33座、豫州42座，共计468座。[②]可见，南方地区的县城数量已经超过以黄河

[①] 高敏：《中国经济通史·魏晋南北朝卷》（上册），经济日报出版社，2007年，第128—129页。
[②] 高敏：《中国经济通史·魏晋南北朝卷》（上册），经济日报出版社，2007年，第119—128页。

流域为中心的北方地区，城市分布的重心已经向南方转移。

四、南多北少——唐宋时期城市空间分布的变化

魏晋南北朝时期，北方地区长期处于战乱之中，战争使得黄河流域经济遭到极大的破坏，人口大幅度减少，城市数量也随之而减少，不少城市处于衰落状态。西晋末年，原来繁盛的"长安城中户不盈百，墙宇颓毁，蒿棘成林"[1]。到东晋时，整个河洛地区已经是"河洛丘虚，函夏萧条，井堙木刊，阡陌夷灭"[2]。北方地区的战乱及经济的衰退迫使大量人口南迁，"平江、常、润、湖、杭、明、越，号为士大夫渊薮，天下俊贤，多避地于此"[3]。隋唐时期，南方地区的人口数量增长较快，根据《隋书·地理志》与《新唐书·地理志》的记载，隋朝江南七郡三十一县的人口户数为12 895户，至唐朝江南九州的户口数量为690 444户。[4] 唐开元年间，北方十州[5]的户口数量为640 791户，至元和年间，北方十州的人口数量降至96 895户，而江南十州[6]的户口数量为457 597户，北方人口只是南方人口的五分之一。[7] 北方人口的南迁，促进了南方城市的发展。唐元和年间，十道所属府、州、县的具体数量见表5-3：

表5-3 唐元和年间府、州、县数量统计表

建置\地区	关内	河南	河东	河北	陇右	山南	淮南	江南	剑南	岭南	共计
道	2	1	2	1	2	2		2	1		13
府	27	29	19	29	19	33	12	51	38	73	330
州	135	196	110	174	60	161	53	247	189	314	1 639
县	164	226	131	204	81	196	65	298	229	388	1 982

资料来源：欧阳修、宋祁《新唐书·地理志》，中华书局，1975年。

从表5-3可知，北方地区关内、河南、河东、河北、陇右五道的府、州、县的城市数量为1 604个（包括部分府县同城、州县同城），南方地区山南、淮南、江南、剑南、岭南五道的府、州、县城市的数量为2 347个（包括部分府县同城、州县同城），南方地区的城市数量已经超过北方。其中，剑南、岭南、江南三道的城市数量最多。

---

[1] 房玄龄等：《晋书·孝愍帝纪》，中华书局，1974年，第132页。
[2] 房玄龄等：《晋书·孙楚传》，中华书局，1974年，第1545页。
[3] 李心传：《建炎以来系年要录》，中华书局，1988年，第405页。
[4] 朱偰：《中国运河史料选辑》，中华书局，1962年，第30页。
[5] 北方十州分别是洛州、许州、郑州、滑州、汴州、汝州、宋州、陈州、颍州、怀州。
[6] 江南十州分别是苏州、润州、常州、湖州、杭州、越州、婺州、睦州、宣州、歙州。
[7] 施和金：《中国历史地理研究》，南京师范大学出版社，2000年，第273—274页。

唐末及五代十国时期，长时间的战乱，导致北方地区经济衰退。北方地区的人口也因战乱流入江南地区，"中原士民，扶携南渡，不知其几千万人"[①]。元丰五年（1082），全国人口总数为5 115万，黄河流域人口仅有全国人口的三分之一，而南方各省合占全国人口的三分之二。[②] 根据《宋史·地理志》的相关记载，宋徽宗崇宁年间（1102—1106），北方十州有人口1 694 614人，南方十州有人口2 893 334人，北方人口只有南方人口的一半多。[③] 可见，在北宋时期，中国人口的地理分布重心已经转移到江南地区。人口分布重心的南移促进了南方地区的经济开发，南方地区的城市也得以迅速发展。北宋时期，中国形成了以大城市为中心的区域城市群，包括"以汴京为中心的黄河中游城市群；以永兴、太原、秦州为中心的西北城市群；以临安为中心的江南城市群和以成都、利州为中心的蜀川诸路城市群"[④]。据相关学者统计，北宋时期的二十四路，以南方地区的城市发展最为迅速。北宋神宗时期，全国有1 800个镇，约有1 300个分布在南方地区。[⑤] 可以说，北宋时期，南多北少的城市分布格局已经形成。

唐宋时期，中国西部农牧地区的城市数量也出现一定程度的增长。贞观十四年（640），唐朝在西域交河城（今新疆吐鲁番西雅尔郭勒）设置安西都护府，后将其迁至龟兹（今新疆库车县）。安西都护府初管辖天山以南的龟兹、焉耆（碎叶）、于阗、疏勒四个军镇，后升格为大都护府，管辖范围扩大到天山南北。为了加强对西域的管辖，唐朝先后在西域设置伊州、西州和庭州等，其中，伊州治所在今哈密市附近，"旧领县三，户一千三百三十二，口六千七百七十八。天宝领县二，户二千四百六十七，口一万一百五十七"[⑥]。西州治所在今吐鲁番盆地，"东西八百九十五里，南北四百八十六里"[⑦]，西州比伊州小一些，但却比伊州富庶，耕地面积多，物产富饶，设有前庭（高昌）、柳中、交河、天山、蒲昌五县。庭州自古以游牧为主，下辖金满、轮台等县。随着西域政治环境的稳定及丝绸之路贸易的兴盛，丝绸之路沿线出现了一些国际有名的都会，如北庭城、交河城、高昌城、喀什噶尔城、龟兹城、疏勒城、于阗城、碎叶城、安西城、鄯善城、且末城、莎车城、柳中城、金满城等。此外，为了防御外敌入侵，唐朝在边疆地区新建许多"方镇"，"夫所谓方镇者，节度使之兵也。原其始，起于边将之屯防者。兵之戍边者，大曰军，小曰守捉，曰城，曰镇，而总之者曰道"[⑧]。其中，在今西北地区的有河西道所属赤水、大斗、白亭、豆卢、墨离、建康、宁寇、玉门、伊吾、天山军等十军。北庭道瀚海、清海、静塞等三军；安西道所属保大一军；陇右道所属镇西、天成、振威、安人、绥

---

① 李心传：《建炎以来系年要录》，中华书局，1988年，第1422页。
② 胡崇庆：《胡焕庸人口地理选集》，中国财政经济出版社，1990年，第124页。
③ 施和金：《中国历史地理研究》，南京师范大学出版社，2000年，第274页。
④ 陈国灿、奚建华：《浙江古代城镇史》，安徽大学出版社，2003年，第7页。
⑤ 何一民：《中国城市史纲》，四川大学出版社，1994年，第139-140页。
⑥ 刘昫：《旧唐书·地理志》，中华书局，1997年，第1633页。
⑦ 李吉甫：《元和郡县图志》，中华书局，1985年，第1030页。
⑧ 唐长孺：《唐书兵志笺正》，中华书局，2011年，第36页。

戎、河源、白水、天威、榆林、临洮、莫门、神策、宁边、威胜、金天、武宁、曜武、积石等十八军①。这些军镇的设置促进了西北地区军事城市的发展。

唐宋时期，青藏高原地区的城市也获得快速的发展。7世纪初，松赞干布统一青藏高原，建立吐蕃王朝，并于633年"率左右，渐临布达拉宫，乃于此修建王宫"②。位于拉萨河流域的拉萨开始崛起，成为吐蕃王朝的政治、经济、文化中心。吐蕃"其人或随畜牧而不常厥居，然颇有城郭。其国都城号为逻些城。屋皆平头，高者至数十尺"③。随着吐蕃王朝的对外扩张，西藏地区的城市数量增多，大小城市遍布青藏高原，初步形成了以拉萨为中心的城市体系。

综上所述，从魏晋南北朝时期经济重心开始南移，到唐宋时期进一步发展，宋以后中国城市分布的重心已经转移到南方地区，尤其长江流域的城市数量增长幅度较大。与此同时，中国西北部地区的城市分布也出现较大的发展，天山南北丝绸之路沿线城市带初步形成。青藏高原地区随着吐蕃王朝的建立，城市也有较大发展，特别是出现拉萨等高原城市。

五、趋向平衡——元明清时期中国城市空间分布的变化

元明清时期，中国的疆域范围有所扩大，特别是元朝所辖区域已经远远超过今中国的地理范围，城市的地域分布也随行政区划的扩大而有所扩展。元代初年，行省制度建立，从而开启了以行省为行政区划单元的区域城市行政等级体系。表5-4为元代各行省的行政建制城市的数量及区域分布情况：

表5-4 元代各等级行政建置城市数量统计表

省别	中书省	江浙行省	湖广行省	江西行省	河南行省	四川行省	甘肃行省	陕西行省	岭北行省	辽阳行省	云南行省	合计
治所	大都	杭州	武昌	龙江	汴梁	成都	甘州	奉元	和林	辽阳	中庆	
路	30	30	30	18	12	9	7	4	1	7	37	185
府	3	1	6	0	7	5	0	5	0	1	5	33
州	99	28	30	22	35	36	7	39	0	12	54	362
县	350	143	150	78	182	81	0	88	0	10	47	1 129
小计	482	202	216	118	236	131	14	136	1	30	143	1 709
附郭	4	36	19	15	24	5	0	1	0	2	6	112
合计	1 709-112=1 597											

注：以上统计仅为行政建置数量，而其中有部分府县同城或州县同城，以往对元代城市数量的研究中往往忽视了附郭县，即路县治所同城、府县治所同城、州县治所同城的情况，比如

---

① 欧阳修、宋祁：《新唐书·兵志》，中华书局，1975年，第1328页。
② 萨迦·索南坚赞著，刘立千译：《西藏王统记》，民族出版社，2000年，第26页。
③ 欧阳修、宋祁：《新唐书·吐蕃传》，中华书局，1975年，第5220页。

中书省的易州和易县治所同城，辽阳行省的辽阳路与辽阳县治所同城，河南行省的南阳府与南阳县治所同城等等，这种情况较为普遍，如果简单地将各级行政建置的数量相加来估算元代城市的总量，难免出现重复计算的现象，因此，需要将附郭县的数量减掉。据《元史》记载，元代的附郭县城共有112个，因而将用元代各级行政建置总量1709个减去112个附郭县，即为1597个。

资料来源：宋濂《元史·地理志》，中华书局，1976年。

从表5-4可以看出，元代地区的行政建制城市的数量以中书省最多，河南行省、湖广行省、江浙行省、云南行省、陕西行省、四川行省、江西行省次之，东北的岭北行省、辽阳行省以及西北的甘肃行省数量较少。可见，元代的行政建制城市仍然主要分布在农牧交错带以南、以东的地区，长城以北地区城市数量较少。

清代，是继元代之后疆域最大的一个王朝，清朝建立后为了加强对边疆及内陆省份的管理，在全国相继新增城市140多个，其中广西新增8个、贵州新增24个，云南新增24个，四川新增13个，甘肃新增18个，湖北新增7个，湖南新增7个，陕西新增3个。[①] 从某种意义上说，行省制度使得清代城市的分布趋于平衡。表5-5为雍正时期各行省府、厅、县数量统计表：

表5-5 雍正五年（1727）各等级行政建置城市数量统计表

行 省	府	直隶厅	直隶州	散 厅	散 州	县	合 计
直 隶	9	2	6	—	16	117	150
盛 京	2	—	—	—	3	9	14
山 东	6	—	6	—	9	89	110
山 西	7	1	12	—	7	87	114
河 南	8	—	7	—	4	97	116
陕 西	4	—	10	—	2	69	85
甘 肃	8	3	—	—	10	42	63
湖 北	8	—	—	—	8	52	68
江 苏	7	—	5	—	2	59	73
浙 江	11	—	—	—	1	76	88
安 徽	7	—	7	—	3	50	67
江 西	13	—	—	—	1	77	91
福 建	9	—	1	2	—	61	73
湖 南	7	—	2	2	6	56	73
广 东	10	—	1	—	8	78	97
广 西	10	—	2	1	12	46	71

---

① 何一民：《清代城市数量的变化及原因》，《社会科学》，2014年第8期。

续表

行 省	府	直隶厅	直隶州	散 厅	散 州	县	合 计
四 川	11	—	6	1	16	97	131
云 南	19	1	—	1	31	29	81
贵 州	12	—	—	2	13	30	57
总 计	168	7	65	9	152	1 221	1 622

资料来源：何一民《清代城市的数量及原因》，《社会科学》，2014年第8期。

清代行省数量较元代和明代增多，部分行省的面积较前两代缩小，因而城市数量相对减少，各行省间城市数量的差异亦相应减小。元代中书省的地方行政建置482个，其中有4个附郭城，实有建置城市478个。而元代岭北行省只有1个建置城市，甘肃行省有14个建置城市，由此可见元代行省城市数量差异巨大。清代甘肃的建置城市为63个，与行政建置最多的四川相比，仅只有1倍左右的差距。清代城市的分布除了均衡化外，还有一个特点就是城市向东南沿海地区集中，这成为清代城市分布的重要走向，并奠定了近代中国城市分布的基调。

在元代与清代两个时期，蒙古、新疆、西藏都被纳入统一的行政区划范围之内，边疆地区的城镇数量因政治管辖与军事防御的需要而有所增加。元代西藏形成了以宣政院、乌思藏宣慰司、十三万户为中心的三级管理体制，从而改变了过去西藏混乱的地方行政管理体制。其时，西藏十三万户府所在地，都是战略要地或交通要冲，有的原本就是城市，有的则是人口集中地，因而在元代中后期一般都发展为具有一定规模的城市，因此，十三万户府的设置在一定程度上推动了西藏城市的发展，也使西藏城市行政等级体系初步建立。至元末，据《西藏王臣记》记载，帕竹政权"于卫部地区，关隘之处，建立十三大寨，即贡嘎、扎噶、内邬、沃喀、达孜、桑珠孜、伦珠孜、仁邦等等是也"[1]。这里所指的十三大寨，可能就是十三个宗的所在地。到了清代，西藏地区共有63城，其中以拉萨为中心的前藏地区城市数量较多，共30城[2]；以日喀则为中心的后藏地区有16城；以昌都为中心的康区城市体系，共11城；阿里地区城市数量最少，只有5城[3]。由此可知，清代西藏地区的城市有了较快的发展，城市主要分布雅鲁藏布江沿岸及楚河与雅鲁藏布江交汇处，城市的分布范围扩展到阿里等地区。

元代至清代，西域—新疆地区的城市也有所发展，清乾隆以前，西域的城市主要分布在天山以南地区，天山以北地区的城市数量较少。明朝建立后，明军占领哈密，设立哈密卫，但西域各地仍处在东察合台汗国的统治下，明王朝对西域的管辖

---

[1] 五世达赖喇嘛著，刘立千译：《西藏王臣记》，民族出版社，2000年，第92页。
[2] [日]山县初男著，四川西藏研究会译：《西藏通览》，宣统元年（1909）铅印本，第36页；姚莹：《前藏三十一城考》，《西藏地方志资料集成》（第1集），中国藏学出版社，1999年，第47页。
[3] 何一民：《世界屋脊上的城市：西藏城市发展与社会变迁研究（17世纪中叶至20世纪中叶）》，社会科学文献出版社，2014年，第159—164页。

仅限于新疆东部的哈密。1480年，东察合台汗国，统治南疆喀什噶尔、叶尔羌、于阗、阿克苏、英吉沙、乌什6城。随后，叶尔羌汗国建立，辖区不断扩大，兴盛时包括南疆东北部的焉耆、费尔干纳和东疆的吐鲁番。康熙十年（1671），朝廷在平定噶尔丹叛乱之后，控制了天山南北广大地区，在此设治管辖。此一时期南疆的农耕经济和商业贸易都有一定的发展，由此带动了城市的发展，形成了南疆八城，其中以叶尔羌和喀什噶尔规模较大，如叶尔羌城拥有二十七城村，计三万户，十万余口；喀什噶尔总计大小十城，七村庄，1.6万余户。[1] 清中期，新疆的城市数量较前有较大幅度的增加，有研究者统计，乾隆年间新疆城市数量达38个，其中北疆地区城市达27个，占71.1%，南疆地区有11座，占28.9%[2]，包括南八城（喀什噶尔、英吉沙尔、叶尔羌、和阗、阿克苏、乌什、库车、喀喇沙尔）附近新筑汉城以及东疆哈密、吐鲁番地区的三座城市。实际上东疆吐鲁番地区的城市共有7个，即辟展（今鄯善县城）、吐鲁番城（今吐鲁番市东南）、鲁克沁、色更木（今胜金）、哈喇和卓、托克逊和广安城。乾隆二十四年（1759），清朝收复西域，改名新疆，并加强了对北疆地区的城市建设，相继修筑了伊犁九城，加强了对天山北路以迪化为中心的城市建设，北疆城市有较大发展。

元明清时期，长城沿线及长城以北地区的城市数量有所增长。从元代开始，长城以北地区的城市有哈喇和林、大都、上都、西京、应昌路、亦集乃路、鄂伦苏木古城等，主要分布在今乌兰察布市。明成祖时，政府相继在长城沿线设置"九边"，分别建立了以辽东、大同、宣府、延绥、宁夏、甘肃、蓟州、太原、固原等九个军事重镇为中心的军事城镇体系，其中甘肃、宁夏、大同等军镇所驻城市后来都成为重要的综合性城市。

从上可知，向边疆地区扩张，加强对西部农牧地区的治理是元明清政治、军事的重要特征，这些地区的城市也因疆域的扩展和政权的巩固而得到较快发展。特别是蒙古、新疆、西藏及云贵地区城市数量有了明显的增加。

第二节 中国古代城市空间分布的特征及原因

中国古代城市的空间分布变化是自然地理环境与人文社会的变迁共同作用下的结果。从动态的角度看，中国古代城市在地域空间上经历了自北向南、自西向东的分布过程；从静态的角度看，中国古代城市的空间分布则具有东部地区城市数量多、西部地区城市数量少、沿江河及交通线分布等特征。

---

[1] 蔡家艺：《清代新疆社会经济史纲》，人民出版社，2006年，第42页。
[2] 蔡家艺：《清代新疆社会经济史纲》，人民出版社，2006年，第256页。

一、中国古代城市空间分布的特征

首先，以农牧交错带为界①，东部地区城市数量较多，西部地区城市数量较少，东西部城市发展极不平衡。

从先秦至清代，新疆、西藏等地区的城市数量一直较少。而农牧交错带以东地区的城市一直在迅速发展，到清代，农牧交错带以东各省的县城总数为1 182个。而新疆地区的城市总数仅有38个，西藏地区的城市数量仅有63个。以今西藏、新疆地域面积计算，西藏地区每万平方公里只有0.5个城市，新疆地区每万平方公里只有0.2个城市。该城市密度，即使是与西汉东部各州的城市密度相比都相差甚远。西汉交州的城市密度最低，但每万平方公里的城市数也为1.1个，而城市密度最高的青州，每万平方公里的城市数量为22.48个。从地区间城市化率的差异也可以看出中国古代城市发展的不平衡，边疆地区的城市化率与长江中下游及东部沿海地区的城市化率相比，相差甚远。施坚雅对光绪十九年（1893）中国的城市化率做了一个估算，全国的城市化率为6.0%，长江下游的城市化率为10.6%，云南、贵州的城市化率是4.5%。② 可以看出，长江下游地区的城市化率高于全国平均水平，而且远高于云贵地区。

其次，中国古代城市分布的重心经历了"自北向南""自西向东"的动态分布过程。

从先秦至魏晋时期，中国人口分布的重心与城市分布重心都在黄河流域，如秦朝县城数量为800～900个，大部分县城集中在黄河流域；南朝时期，城市向南分布的趋势已经出现，到南北朝后期长江流域的城市数量已经超过黄河流域。唐宋时期，江南地区的城市数量超过北方地区，城市分布的重心已经转移到江南地区。明清时期，因海运的兴盛及东南沿海地区城市的发展，东部沿海地区的城市数量快速增长，城市分布重心进一步向东部沿海地区扩展。在16世纪，全国有40多座大的工商业城市，其中有14个位于今浙江地区，16个位于大运河沿线，10个位于长江沿线。③ 至清末，全国五分之三的人口集中在长江中下游一带及东南沿海地区。

最后，在中国古代生产力水平较低的情况下，交通对人们的生产生活至关重要。

"较好的交通条件意味着经济距离的缩短——不仅是实际交通成本的降低，还

---

① "农牧交错带"在不同的历史时期，在地域范围上虽有所变化，但是大致与400毫米等降水量线走向一致，其大致从"大兴安岭西麓起，经辽河上游、阴山山脉、鄂尔多斯高原进入甘青高原，后经过青藏高原南部，延伸至青藏高原南部"。农牧交错带两侧的气温、降水等气候要素在中国古代长时期内相对稳定。参见黄健英：《北方农牧交错带变迁对蒙古族经济文化类型的影响》，中央民族大学出版社，2009年，第34页。
② [美]施坚雅著，叶光庭等译：《中华帝国晚期的城市》，中华书局，2000年，第340页。
③ 周执前：《国家与社会：清代前期的城市管理制度与法律管理》，巴蜀书社，2009年，第53页。

可以减少时间的消耗与心理上的障碍。"① 交通便利与否对城市经济的发展影响至深，便利的交通有利于人口的集聚、商品的运输及集散，因此，中国古代城市主要分布在水运条件较好的河流沿岸及陆路交通沿线，特别是水陆交通交汇点更成为重要城市的发展基地。

战国时期的名都大多因交通优势而发展迅速，桑弘羊曾说："燕之涿、蓟，赵之邯郸，魏之温、轵，韩之荥阳，齐之临淄，楚之宛、陈，郑之阳翟，三川之二周，富冠海内，皆为天下名都。非有助之耕其野而田其地者也，居五诸之冲，跨街衢之路也。"② 至秦汉时期，长安、洛阳、邯郸、临淄、宛、成都等城市为区域性的交通中心，这些城市的人口规模与经济规模也相对较大。如宛"西通武关、郧关，东南受汉江淮"③，是河南地区的交通要道。据《汉书·地理志》记载，宛当时有人口 47 547 户④，估算人口有 23 万人，人口规模堪与当时的长安相比。当时的统治者正是基于它们在区域中的经济地位，故在上述五个城市均设有"五均司"。唐代洛阳之所以成为黄河流域重要的经济中心，与其在区域内的交通地位密不可分。如《通典》中所言："关中寓内西偏，天下劳于转输。洛阳宫室正在土中，周、汉以还，多为帝宅、皇舆巡幸之处，则是国都，何必重难迁移，密迩勍寇，择才留镇，以息人勤，自然无虞。"⑤ 商路是陆上交通的重要组成部分，其中丝绸之路是中国古代北方地区的重要交通路线，从长安向西以至新疆地区，沿线有长安、兰州、高昌、叶尔羌、喀什噶尔、英吉沙尔、和阗、阿克苏、乌什、库车、喀喇沙尔等城市。自山西或者张家口进入内蒙古地区的草原丝绸之路沿线也有重要的商业城镇，如张家口、杀虎口、丰镇、托克托、萨拉齐、归化城、库伦、乌里雅苏台等城市⑥。

除了陆路交通外，水路交通对城市的影响也十分巨大。中国早期城市大都诞生于河流沿岸，主要原因在于人类的生存和发展离不开水源，而河流不仅可以为人类提供生活和生产用水，而且还可以提供便捷的水运交通。商品贸易的发展与人口的流动性增强，促进了水运交通的发展，河流的运输功能增强，而水运交通对于城市与外部的联系和物质的交换，则发挥着越来越重要的作用。中国古代的一些重要城市都是依赖江河的运输功能而沿江河分布。春秋吴国都城阖闾城"东有海盐之饶，章山之铜，三江、五湖之利，亦江东一都会也"；楚国都城郢都"西通巫巴，东有云梦之饶"⑦。沿江的水陆交通枢纽城市往往是区域性大城市，是区域经济中心与

---

① ［德］沃尔特·克里斯塔勒著，常正文、王兴中译：《德国南部中心地原理》，商务印书馆，2017 年，第 67 页。
② 王利器：《盐铁论校注·通有》，中华书局，1992 年，第 41 页。
③ 司马迁：《史记·货殖列传》，中华书局，1982 年，第 3269 页。
④ 班固：《汉书·地理志》，中华书局，1962 年，第 1563 页。
⑤ 杜佑：《通典》，中华书局，1988 年，第 4564 页。
⑥ (光绪)《钦定大清会典》卷二十三《户部》；(光绪)《钦定大清会典事例》有关设驿、设铺部分。
⑦ 司马迁：《史记·货殖列传》，中华书局，1982 年，第 3267 页。

交通中心。如清初期的"汉口为九州百货备集之所"①，南方的茶叶、粮食、吴越所产海味、绸缎、云贵所产木耳、生漆，安徽所产茶、盐、油，四川所产粮食、木料、药材，从三峡运来的皮毛，从广州运来的洋货"莫不运此，转运分销"②。清代的大部分重要城市都是沿江、沿海分布，长江沿线城市有成都、重庆、汉口、江宁、芜湖、安庆、镇江、扬州、上海；黄河沿岸城市有兰州、洛阳、郑州、商丘、济南、德州等；京杭运河沿岸城市有通州、天津、德州、临清、聊城、张秋、济宁、韩庄、淮阴、扬州、镇江、常州、无锡、苏州、嘉兴、杭州等；沿海城市有上海、泉州、广州、杭州、温州、庆元、明州、密州、秀州、佛山等。中国南北之间的水路交通因大运河的开通，相互联系在一起，促进了东部沿江、沿海城市的经济发展，中国的沿海、沿江城市带也因此形成。明清时期，中国城市的沿海、沿江分布为近代城市分布格局奠定了基础。

二、中国古代城市空间分布变化特征的形成原因

首先，农业是城市产生和发展的基础，是推动城市化的初始动力，"农业生产力创造农产品的能力，除第一产业从业者自己及其家属所需份额之外，剩余的粮食生产能力就是城市生存的必要前提条件"，因而"只有农业发达，城市的兴起和成长在经济上才成为可能"。③ 中国以农牧交错带为分界线，大体分为自然地理环境差异相对明显的两个地域单位，农牧交错带以东、以南地区为农耕区域，农牧交错带以西的地区则为游牧区域。农耕与游牧两种不同的经济形态使得农耕区域城市发展迅速，城市数量较多，而游牧区域城市发展滞后，城市数量较少。

在不同的历史时期，"农牧交错带"在地域范围上虽有所变化，但是大致与400毫米等降水量线走向一致，从"大兴安岭西麓起，经辽河上游、阴山山脉、鄂尔多斯高原进入甘青高原，后经过青藏高原南部，延伸至青藏高原南部"④。农牧交错带两侧的自然地理环境及生产、生活方式差异明显。农牧交错带以东地区的自然地理环境较为优越，降水较为丰富，而且东部地区平原较多，地势较为平坦，有利于城市的形成及发展；农牧交错带以西、以北的地区自然地理环境较差，内蒙古、新疆、西藏、青海四个地区的气候、地貌条件较差。特别是西藏高原，空气稀薄，气压低，氧气相对不足。"在海拔3 600米时，实际大气压为海平面的2/3，在5 500米高度只相当沿海平原的一半，空气的含氧量，无论是高山或是在平原都是占空气的20.9%。"⑤ 如此高寒、缺氧的高原环境难以适应大量人口的居住，造成

---

① 陶士僙修，刘湘煃纂：《汉阳府志·食货志》，武汉出版社，2014年，第258页。
② 董书城：《中国商品经济史》，安徽教育出版社，1990年，第283页。
③ 于洪俊、宁越敏：《城市地理概论》，安徽科学技术出版社，1983年，第24页。
④ 黄建英：《北方农牧交错带变迁对蒙古族经济文化类型的影响》，中央民族大学出版社，2009年，第34页。
⑤ 刘瑞：《中国人口（西藏分册）》，中国财政经济出版社，1988年，第17页。

了这些地区长时期内人口数量较少。而且在古代，农牧交错带以西、以北地区的温度较低，经常发生冻灾，直接导致人口数量的下降或人口的内迁。如汉朝匈奴所在地"会天大雨雪，一日深丈余，人民畜产冻死，还者不能什一"①。1309年，河套地区寒冷异常，致使"和林贫民北来者众，以钞十万锭济之，仍于大同、隆兴等处籴粮以济，就令屯田"②。可见，农牧交错带以西的自然环境不适宜大量人口的聚集，不适宜农业的大规模开发，限制了城市的发展。与东部地区相比，游牧地区的生产方式并没有发生根本变化，仍是以农牧经济为主，而建立在农牧经济基础之上的民族生活方式也以分散为特征，因而极不利于以集中为本质的城市发展。尽管这些地区有农业存在，但从总体上看仍然远落后于长江、黄河流域，蒙、新、藏地区的农业技术长期处于较为低下的水平，生产方式较为落后。游牧地区落后的农业不能够为城市发展提供更多的剩余粮食和其他生活资料及生产资料，从而制约了城市人口的增加和产业的发展。

此外，蒙、新、藏地区因自然环境的恶化而消失的古代城市也不在少数。在秦汉时期，毛乌素沙漠曾是沃野千里、水草丰美的地方，曾发展过农业，后改为放牧，但是由于过度放牧，环境被破坏，最终成为无人居住的沙漠。西域罗布泊西侧的楼兰国曾有着高度的文明，为西域三十六国中强国之一，但唐初楼兰城已经废弃，成为沙漠中的废墟，其原因虽然至今未解，但应与生态环境的变迁有明显的关系。另外，西域的且末城、位于河西走廊重要农垦区的居延城等被废弃，都与生态环境的破坏和变迁有着密切的关系。③ 中国西北地区被废弃的城市数量相当多，以新疆为例，据统计，南疆地区被废弃的古城遗址数量为66个，东疆地区被遗弃的古城遗址数量为15个，北疆地区被遗弃的古城遗址数量为56个。④

其次，中国古代的城市都为行政中心城市，城市的规模与城市的行政等级地位有着重要联系。古代行政建置城市的设置主要以人口为标准，只有人口数量达到一定的标准，政府才会设置行政机构管辖。《汉书·百官公卿表》中对人口数量与县建置的关系有所表述："县大率方百里，其民稠则减，稀则旷，乡亭亦如此，皆秦制也。"⑤ 因此，中国古代区域人口数量的差异会导致区域城市数量的差异，城市的分布与人口的区域分布大体一致。人口重心的南移是中国古代城市分布重心南移的主要原因。魏晋南北朝时期、唐末五代时期、南宋时期是中国古代人口南迁的三个主要时期，其中在南宋时期，南方地区的人口数量逐渐超过北方地区，南宋也成为南北人口分布重心转移的分界点。表5—6反映了我国古代较大区域内历代人口占总人口比重的变化值：

---

① 班固：《汉书·匈奴传》，中华书局，1962年，第3787页。
② 宋濂等：《元史·武宗本纪》，中华书局，1976年，第496页。
③ 程业勋、杨进：《环境地球物理学概论》，地质出版社，2005年，第357页。
④ 新疆维吾尔自治区地方志编纂委员会：《新疆通志·城乡建设志》，新疆人民出版社，1995年，第75—104页。
⑤ 班固：《汉书·百官公卿表》，中华书局，1962年，第742页。

表 5-6 中国古代较大区域内人口比重的演变（合计数为 100）

区域＼时间（年）	2	140	742	1102	1491	1820
黄河下游	69.7	57.9	43.5	25.7	25.7	23.9
晋、陕	10.7	4.7	16.2	13.4	14.0	8.0
甘、宁	2.4	0.9	2.2	3.4	1.8	3.2
淮南	5.4	7.4	14.2	15.8	23.6	22.7
两广	1.3	4.6	5.2	10.1	10.6	13.4
福建	4.4	13.8	8.5	20.2	19.6	20.4
四川	6.1	10.7	10.1	11.4	4.7	8.4

资料来源：胡焕庸、张善余《中国人口地理》（上册），华东师范大学出版社，1984 年。

从表 5-6 可以看出，从先秦至唐朝，黄河下游的人口比重降至 43.2%，但仍然是全国人口分布的重心区域。从唐代开始，黄河流域人口占全国人口的比重开始下降，淮南地区、两广、两湖、江西地区的人口比重不断提高。到了清代，淮南地区、两广、两湖、江西地区的人口比重与黄河下游地区接近持平。就南北方人口的比重看，北宋时期，淮南地区、两广等江南地区的人口比重为 57.6%，已经超过北方地区。而晋、陕、甘、宁、四川等西南、西北地区的人口增长缓慢，人口比重变化较小。由上可知，从先秦至清代，中国人口分布的重心逐渐由北方转移到江南地区，特别是从宋代开始，经济重心已经转移到南方地区，南方地区的城市得到较快发展，城市分布的重心逐渐转移到江南地区。可以说，中国古代城市的分布走向与人口的流动趋向是一致的。

与东部地区相比，从先秦至清代，内蒙古、新疆、西藏地区的人口数量一直较少。从先秦至清代，内蒙古、新疆、西藏地区的人口数量变化见表 5-7：

表 5-7 中国古代内蒙古、新疆、西藏地区的人口变化状况（单位：万人）

	先秦	秦汉	魏晋	隋唐	宋元	明	清末
西藏	—	10.0	85.0～90.0	386.0	56.0	130.0	94.0
新疆	33.0	37.5	—	—	42.25	33.3	194.5
内蒙古	5.0～10.0	175.0	—	153.3	200.8	179.5	215.0

资料来源：宋乃工《中国人口（内蒙古分册）》，中国财政经济出版社，1987 年；刘瑞《中国人口（西藏分册）》，中国财政经济出版社，1988 年；马绒《西藏的人口与社会》，同心出版社，1996 年；周崇经《中国人口（新疆分册）》，中国财政经济出版社，1990 年。

从表 5-7 可知，内蒙古、新疆、西藏地区的人口数量在历代都一直较少，清末西藏人口较明代有所减少；而新疆人口在清代有较快的增长，内蒙古在元以后人口的变化不大。这三个区域的土地面积虽然辽阔，但人口数量与内地省份相比，却相差甚远。1812 年，中国内地各省中人口较少的贵州和云南两省，其人口也较内蒙古、新疆、西藏地区为多：是年，贵州省人口有5 288 219人，云南省人口数量可达4 828 086人。① 由于人口数量太少，地旷人稀，因而严重制约了内蒙古、新疆、西藏地区城市的发展；另外，这些地区的居民主要从事游牧业，人口流动性较强，也不利于城市的发展。

最后，政治、军事格局的变化是影响中国古代城市分布的重要因素。尽管中国文明起源是多元的，多中心的，但是随着生产力的发展，在同一时期，不同区域所处的社会发展阶段明显不同，特别是以游牧为主的民族地区文明发展程度明显落后于农耕区域，进而造成游牧地区与农耕区域城市发展的不平衡。

城市是由"城墙"及内部宫殿等建筑构成的庞大物质实体，城市的规划、建设需要庞大的人力、物力、财力支撑，需要较为细致的社会分工和对资源的统一调配，而分散的部落或部族没有能力整合这些资源并进行社会分工，只有依赖王权所拥有的权威和"聚合力"才能实现。夏朝建立后，统一的国家政权出现，秦朝建立了中央集权国家，此后历朝历代中央集权不断强化，为城市的建设及发展提供了政治保障。

中国古代城市的分布格局变化也与战争密切相关。从先秦至清代，北方一直是中国古代历朝历代主要的战争区域。北方以汉族为主的农耕民族与游牧民族之间冲突不断，游牧民族经常南下对农耕地区的城市进行劫掠，对城市破坏较大。如魏晋南北朝时期，从220年到580年，新疆经历了曹魏、西晋、前凉、前秦、后凉、西凉、北凉、北魏的统治，以及鲜卑、柔然、突厥等游牧民族政权的管辖。各民族政权混战达3个世纪之久，致使西域许多小国被兼并，社会经济遭到严重破坏。西域大国龟兹在东汉时军队达2万多人，而到了南北朝时则仅剩几千人；疏勒的军队由3万多人减到2 000多人。连年征战，民不聊生，多数城镇陷入衰败境地。② 再如唐末及五代十国时期，长时间的战乱导致北方地区经济的衰退。唐末，节度使薛能所属秦宗权起兵，致使"自关中薄青、齐，南缭荆、鄀，北亘卫、滑，皆虏骇雉伏，至千里无舍烟"③。北方战乱导致人口数量急剧减少，"河南遭巢、儒兵火之后，城邑残破，户不满百"④。北方长期的战乱是中国古代人口分布及经济重心南移的重要原因，进而导致中国古代城市分布由北向南发展，江南地区成为中国古代城市分布的重心。

中国古代城市的空间分布变化过程受自然地理环境与人文地理环境的共同影响。其中，自然地理环境的东西差异是影响中国中东部地区与西部地区城市发展不平衡的决定性因素，自然地理环境的差异造成了农耕与游牧两种不同的经济形态，进而影响了两个地区城市的形成及分布。中国古代中东部地区的城市分布也经历了

---

① 赵文林、谢淑君：《中国人口史》，人民出版社，1988年，第396—479页。
② 新疆维吾尔自治区地方志编纂委员会：《新疆通志·城乡建设志》第52卷，新疆人民出版社，1995年，第4页。
③ 欧阳修、宋祁：《新唐书·秦宗权传》，中华书局，1975年，第6465页。
④ 欧阳修等：《新五代史·张全义传》，中华书局，1974年，第490页。

一个自南而北、自西而东的空间变化过程，这个过程与中国人口分布重心及经济重心的南移、东移有着密切的关系，中国古代城市的空间变化过程实际为人口等经济要素空间变化的过程。从静态角度看，从先秦时期至明清时期，中国城市分布非常广泛，但具有非常明显的东多西少的分布特征，主要集中分布在黄河流域、长江流域、东中部地区及运河沿岸；东北部及西北部地区的城市数量较少，主要是沿商路和水路分布。

绪论
先秦卷

先秦卷

前　言

　　城市是人类伟大的创造之一，是人类文明的产物。在人类刚摆脱蒙昧、野蛮，文明的曙光初照天际的时候，城市就开始出现。随着文明的发展，城市成为文明的载体和温床。城市的发展过程同时也是文明积累、整合和传承的过程。人类所有伟大的文明都是在城市里产生，城市集中了主要的物质文明和精神文明，几乎包罗了人类生活的各种内容。

　　20世纪以来，城市发展更是日新月异，城市化和现代化成为世界各国发展的必然趋势。同时，城市问题层出不穷，城市结构和城市功能的变化，给城市居民带来种种积极或消极的影响，人们不得不进行严肃的思考，如何发展城市已成为一个亟待选择的问题，各种以城市为研究对象的新学科也随之兴起。但是，"要想更深刻地理解城市的现状，我们必须掠过历史的天际线去考察那些依稀可辨的踪迹，去了解城市更远古的结构和更原始的功能。这应成为我们城市研究的首要的任务。但这还不够，我们还要循这些遗迹继续追寻，沿着城市经历的种种曲折和所留下的印痕，通考5000年有文字可考的历史，直到看到正在展现的未来"[①]。先秦时期上自原始社会末期，下至春秋战国，既是中华文明形成发展的初期，也是中国城市孕育与形成的时期。

　　世界文明起源具有多元性，不同的文明一开始就具有不同的特征，中国城市从孕育、生长到初步形成，也与世界其他文明发源地的城市有着明显不同的特征。城市从产生到形成，要经历一个复杂的历史演进过程。原始社会后期，在黄河流域和长江流域相继出现了村庄、聚落和城堡，其中城堡即为城市的雏形。夏朝建立和遍布各地的方国的出现，推动了早期城市的形成与发展。商周时期，随着国家形态的逐渐完善，城市也有所发展，特别是周朝的分封制有力地推动了各级城市的营建。春秋战国时期，奴隶制向封建制过渡，封建经济兴起，群雄并起，周王室式微，制约城市发展的等级制逐渐被打破，各国的都城相继发展成为区域中心城市，不仅政治、经济重心所在的黄河流域城市有较大发展，而且长江流域和其他区域的城市也有较大变化和发展。因而，对中国早期城市起源、早期城市发展的研究可以为厘清中国城市史的发展脉络奠定基础。

[①] [美]刘易斯·芒福德著，宋俊岭、倪文彦译：《城市发展史——起源、演变和前景》，中国建筑工业出版社，1989年，第1页。

近年来，学术界对先秦城市史的研究取得很大进展，特别是随着若干重大考古发掘的推进，越来越多的考古学研究者参与到城市起源研究中，综合运用考古资料和文献资料对城市起源进行研究，在先秦城市史研究方面取得若干重大突破。不过，目前相关研究仍然有一些不足之处。

首先，目前学界大都关注先秦时期断代城市史、区域城市史、单体城市史的研究，而忽略了整体研究，进而不能把握整个先秦时期城市发展的脉络。其次，近年来，学界出现了新的研究成果，特别是考古成果，为先秦城市史的研究提供了新的视角，有助于深化对先秦城市的研究。三是城市是一个综合体，需要进行跨学科研究，但目前较多的研究者则是分别从考古学或历史学角度来研究先秦城市史，而从历史学、考古学、人类学、社会学、地理学等多学科对先秦城市进行跨学科的综合研究相对缺乏。

本卷在研究视角上以先秦时期中国城市为研究对象，长时段、广视野地全面梳理先秦时期中国早期城市发展与变迁过程，再现先秦城市兴起与发展的基本轨迹；并在前人研究的基础上，不仅重点研究黄河流域、长江流域城市的起源与发展，而且还将淮河流域以及同时期今内蒙古、新疆、西藏地区的城市作为研究对象，具体展现先秦时期中国城市起源与发展的多元性特征。另外，在资料运用上，尽可能地将一些最新的考古成果吸纳进来；在研究方法上，将历史文献学、考古学与历史学融合在一起，充分吸纳最新的考古成果，对相关资料的分析采取统计分析法和历史比较法，宏观分析和微观分析相结合，并对先秦时期中国城市兴起与发展状况进行定性和定量分析，从而将先秦城市发展置于历史发展的长河中，对先秦时期城市起源、历史分期、城市数量及规模、城市经济和社会文化加以研究，深化对先秦城市整体发展的认识，考察城市与社会变迁之间的互动关系，展现文明变迁的发展轨迹。

第一章　早期城市的起源与发展

原始社会末期至西周是中国早期城市的形成期，在这个时期，城市经历了一个由聚落、城堡到城市的漫长的发展过程。按照不同时期城市发展的时代背景与发展特征，先秦时期城市发展可以分为史前时期的孕育期、夏商的初步形成期、西周的形成期三个发展阶段。在不同的发展阶段，城市发展的人文环境有明显的不同，城市的发展程度也有所差异。

第一节　中国早期城市的起源

何谓城市？什么样的聚落形态才能称为城市？关于城市的定义与界定，因国家、时代而有别。20世纪以来，历史学、地理学、政治学、经济学、社会学等不同学科的学者都从多个角度，使用不同的标准对城市下过各种各样的定义，但至今尚未达成共识。著名城市史学者刘易斯·芒福德曾说："人类用了5000多年的时间，才对城市的本质和演变过程获得了一个局部的认识，也许要用更长的时间才能完全弄清它那些尚未被认识的潜在特性"[①]。到目前为止，尽管不同学科、不同学者对城市有着各种各样的定义，但要给城市下一个准确且为学界所公认的定义却依然是一个"著名的难题"。因为城市既是一个历史的概念和空间的地理概念，又是一个涉及政治、经济、文化等社会方方面面的综合概念。正因为如此，要对城市作出科学的定义，就必须尽量超越已有的各种学科对城市定义的局限，抽象出城市所具有的最为一般的特征。20世纪下半叶以来，中外学术界对中国城市和文明起源动因、形成的时间做了较多的研究[②]，本章将在前人研究基础上，对中国早期城市、文明的起源动因加以研究，进而分析中国早期城市、文明的起源与发展。

[①] ［美］刘易斯·芒福德著，宋俊岭、倪文彦译：《城市发展史——起源、演变和前景》，中国建筑工业出版社，1989年，第1页。

[②] 具体参见中国社会科学院考古研究所、中国社会科学院古代文明研究中心：《中国文明起源研究要览》，文物出版社，2003年。近代来具有代表性的研究成果有何一民：《第一次"城市革命"与社会大分工》，《甘肃社会科学》，2014年第5期；李月：《城市起源问题新探——从刘易斯·芒福德的观点看》，《史林》，2014年第6期；张艳红：《传播：城市起源的原动力》，《东南传播》，2009年第10期；罗丽：《中国古代城市起源动力及类型》，《延边大学学报》，2007年第2期；李鑫：《经济交换中心与中国早期城市的起源》，《东南文化》，2008年第1期。

一、城市起源的理论认识

城市是人类文明发展到一定阶段的产物，也是文明的载体，探讨城市的起源等问题，必须弄清城市的涵义及城市与文明两者之间的关系。

（一）城市的概念

关于城市的涵义，美国著名的城市理论家刘易斯·芒福德认为，城市是由村庄演化而来。村庄连同周围的田畴园圃，构成了新型聚落。人们渐渐学会了制陶、灌溉、耕作，建成了最初的房舍、圣祠、蓄水池、公共道路、集会场地。人类这一系列技术发明和改造自然的行为就是后来形成城市的一个重要组成部分，它是先于城市进行的，因此，对城市的研究不要局限在城墙范围内的建筑物，而是要从最深的文化层中找到能代表古代城市结构秩序的一些隐隐约约的平面规划。[1] 澳裔英籍考古学家柴尔德认为文明进化与城市发展密切相关，较大规模的聚落和集中的人口是文明不可缺少的特征之一。他将聚落规模、人口规模、大型建筑、剩余产品的出现、阶级的分化、文字的发明、社会组织的出现作为早期城市的特征。这个观点得到学界的普遍认可。德国的许瓦茨则更强调城市的中心性功能，他认为一个充分成长的城市是："一个有固定的大量人口集中在有确定形状的聚落中，而其内部结构的各部分表现出适当的差异，城市生活的发展也达到足够的广度，并且有明显的中央性"。基于此，他认为城市需要有以下五点特征：

（1）有相当多或很多的人口。但同样多的人口，例如二五〇〇〇人的聚落，不一定都是普通城市，可能只是似城聚落，这要看人口以外的地理情况而定。

（2）有确定的形状。可在实地或地图上观察得到；但许多乡村也有确定的形状。

（3）有内部结构。此指中央区或购物区或称商店区或商业区……

（4）有城市生活。乡村生活的维持，大都依赖四周的养生空间，包括陆地（依渔为生的人包括海面）的"土地依存职业"而谋生。反之，城市生活不需自给自足，大都依赖"位置依存职业"而谋生……

（5）中央性及中点影响：城市的机能存在于对远方或附近周地，或服务区域的关系，即中央性或中点影响关系。[2]

在许瓦茨看来，具有"中央性"特点的大型聚落方能是城市，这些聚落与周围

---

[1] [美]刘易斯·芒福德著，宋俊岭、倪文彦译：《城市发展史——起源、演变和前景》，中国建筑工业出版社，1989年，第2、9、12、14页。

[2] 沙学浚：《云五社会科学大辞典（第十一册）·地理学》，台湾商务印书馆，1974年，第159—160页。

的聚落之间往往存在"依附生存"关系，即城市是区域内的政治、经济、文化中心，具有强大的政治、经济、文化功能，与周围的聚落有着密切的互动关系，甚至包括政治的管理、租税的征收、宗教的束缚等。

上文论述主要是基于西方城市起源及发展。关于中国早期城市的特征，学界也做过较多的讨论。张光直曾以商代的城市为研究依据，将"夯土城墙、战车、兵器；宫殿、宗庙与陵寝；祭祀法器（包括青铜器）与祭祀遗迹；手工业作坊；聚落布局在定向与规划上的规则性"作为城市的五大特征。[①] 李先登则强调城市的政治功能，将"城墙与宫殿、宗庙等大型建筑"作为城市的主要物质特征。[②] 有的学者强调城市的经济功能，如郭正忠强调"城郭与市场"是城市的两大特征。[③] 从城市的形态看，有学者认为有"围墙的农村"就是城市。有学者将中国早期城市分为"邑、都、都邑、城邑"等多种类型，还有学者认为城市有"城墉、邦封、国、域、都、邑、宅"等多种类型。[④] 许宏则指出："文明时代所特有的社会组织是国家，而与国家相应的、作为国家的物化形式的聚落形态则是城市。鉴此，似乎可以认为，城市是国家出现、文明时代到来的惟一标志。而金属器、文字、礼仪性建筑等具体的现象，都应是作为论证城市产生的考古学依据，它们总体构成城市的内涵"[⑤]。

城市的形成经历了从早期的城（堡寨、城堡）到城市的过程，在这个过程中，还有介于两者之间的多种城市形态。在不同的阶段，城市的内涵也随之改变，我们应该从城市的发展过程中寻求城市发展较为普遍的特征。依照中国早期城市发展的动因、发展过程及其特征，一般说来，较为完整意义上的城市有以下三方面的重要特点：一是城市具有中心性功能，是区域性的政治、经济、文化中心；二是城市内有象征王权的大型宫殿或者宗庙建筑，城市既是统治者的权力中心，也是统治者的权力节点；三是城市有部分从事非农业活动的人口，并有市场的存在。按照此定义，史前时期的城市只是城市的雏形，城市经济职能较弱，并非真正意义上的城市，是中国早期城市的萌芽。到了周代，随着手工业、商业的发展，城市的经济功能增强，完整意义上的城市才最终形成。

城市的起源并非孤立的，而是与文明的起源、早期国家的形成有着密切的关系。目前，基本达成了一个重要的共识，即除青铜器和文字的发明外，城市的形成也是人类早期文明构成的要素之一。柴尔德曾提出过文明产生的十大标准，分别是"城市类型的大型定居地；宏伟的公共建筑；有税收制度或定期的征贡制度以及资金的集中积蓄；经济包括商品交换有一定程度的发展；专门的工匠已分离出来；文字；科学的萌芽（算术、几何学、天文学）有了某种程度的发展；发达的艺术；特

---

① 张光直：《中国青铜时代》，生活·读书·新知三联书店，1999年，第33页。
② 李先登：《试论中国城市之起源》，《天津师范大学学报》，1986年第5期。
③ 郭正忠：《城郭·市场·中小城镇》，《中国史研究》，1989年第3期。
④ 张鸿雁：《春秋战国城市经济发展史论》，辽宁大学出版社，1988年，第28页。
⑤ 许宏：《先秦城市考古学研究》，北京燕山出版社，2000年，第51—52页。

权阶级的存在；国家"①。柴尔德将"城市类型的大型定居地"以及城内的"大型宫殿建筑"放置在文明构成要素的首位。城市作为文明的构成要素以及形成的标准也得到学界普遍的认可。

关于城市、文明、国家起源的关系问题，恩格斯也曾做过论述："在新的设防城市的周围屹立着高峻的墙壁并非无故：他们的壕沟深陷为氏族制度的墓穴，而他们的城楼已经耸入文明时代了。"② 在他看来，城市的出现使氏族制度瓦解，社会组织由血缘向地缘关系转变，城市也因此成为社会组织核心力量、手工业、宗教、建筑等文明构成要素的集中地，推动人类文明的发展。

城市的发展与早期社会组织的形成有着密切的关系，有学者认为城市、金属器物等物质要素只不过是权力系统、宗教系统和社会组织系统的功能性体现，它们的演变反映了政治组织结构的发展变化水平及其程度，或者说这些物质要素只不过是权力系统、管理体制及宗教传统的物质体现。③ 由此分析，城市、金属器物是在较高的政治组织结构背景下产生的，早期社会组织是文明发展的重要推动力。中国学者夏鼐则根据社会进化论将文明界定为"一个社会已由氏族制度解体而进入有了国家组织的阶级社会的阶段"④，其中城市中有宫殿、手工业、宗教祭祀、文字记载等要素。从这个角度看，国家组织是中国古代文明的本质要素，国家的形成成为文明产生的关键要素。苏联学者列·谢·瓦西里耶夫则认为文明具备两个含义："第一，指已经摆脱了原始状态的发达社会；第二，强调某个发达社会的特殊性，这些特殊性是和只有某个社会所独有的一系列文化特点和特征相联系的（如中国文明、印度文明等）"⑤。瓦西里耶夫主要强调文明发展的个性特征与不同文明发展的差异。笔者则比较赞同瓦西里耶夫的说法，文明的内涵与特征往往因自然环境与人文环境的区域差异而有所不同。不同地区的文明都有其自身的内涵及特点，文明的产生及发展必然有其不同的历史演进轨迹。

国内还有学者认为政治、军事是中国早期城市起源的关键因素，城市是"原始人类同自然斗争的结果和农业产生后人类群团间掠夺战争的产物。它是伴随着农业和定居生活的出现而初现于世的，它的诞生与文明、国家的出现无涉"⑥。或许，此处更加强调早期"城"的防御功能。而有学者则提出了不同的观点，中国早期城市的起源与国家、文明关系密切，城市的出现与早期国家、文明的形成与发展大致是同步的，即"城市、国家、文明、民族的起源、形成和早期发展基本发生在同一

---

① 著名汉学家埃伯哈德在此基础上也提出了类似的观点，认为文明有"分成阶层的社会和国家机构；用牲畜耕作的谷物农业；至少有一个城市类型的中心（有城市建筑等等）；有文字和记载；使用金属"等五个基本特点。参见［苏］列·谢·瓦西里耶夫：《中国文明的起源问题》，文物出版社，1989年，第1页。
② 《马克思恩格斯选集》（第四卷），人民出版社，1972年，第160页。
③ 段渝：《酋邦与国家起源：长江流域文明起源比较研究》，中华书局，2007年，第9页。
④ 夏鼐：《中国文明的起源》，文物出版社，1985年，第81页。
⑤ ［苏］列·谢·瓦西里耶夫：《中国文明的起源问题》，文物出版社，1989年，第1页。
⑥ 许宏：《先秦城市考古学研究》，北京燕山出版社，2000年，第8页。

时间和空间"①。那么，依此观点，城市作为文字、宗教建筑、青铜器等文明要素的承载者，必然与文明经历了相似的形成过程。

社会生产力的发展是城市产生与发展的根本动因，社会生产力的发展促使社会大分工出现，社会大分工推动了早期城市的产生。第一次社会大分工——农业与畜牧业的分工对于城市的兴起作用巨大，从目前已经发掘的早期城市遗址来看，所有的早期城市的出现都晚于第一次大分工。随着农业的发展及阶级分化和国家产生，城市革命出现，由此导致人类社会的第二次社会大分工——城乡分工，进一步推动了城市的兴起与发展。"第一次城市革命促进了人类文明的巨大进步，由此产生了新的社会大分工——城乡分工，而城乡分工带来了生产力的进步和剩余产品的增加，使得一部分人完全摆脱了体力劳动，专门从事监督生产、管理国家，以及从事宗教、科学、艺术等活动，由此形成了脑力劳动和体力劳动的分工。而新的社会大分工成为推动社会进步和文明发展的强大动力。"②中国历史上的第一次"城市革命"发生在原始社会末期，距今5000—4000年前，在黄河流域和长江流域，早期城市陆续出现，标志着文明的曙光已经照耀东方大地。

考古学界也对城市与文明之间的关系做过讨论，他们提出：考古学所能见的文明要素有青铜冶铸业、城市或宫殿、礼仪与宗教中心、文字或符号系统、等（阶）级和国家等；单个的文明要素从无到有的起源是一回事，诸文明要素同时存在而形成了文明社会又是一回事，两者不可混淆；中国古代文明的起源与发展是多元一体化，必须以史前时期各个文化圈的区系类型的研究为基础；考察的时限以新石器时代的中晚期到夏代初期为准，尤以龙山时代为重点。很多学者认为，从考古上的仰韶文化到龙山时代，大概与历史上的五帝时代相当。③ 根据考古发现，以及中国早期文明自身发展的特点，大体上以金属工具的广泛使用、城市的出现、文字的发明、阶级的分化与国家的形成为人类从野蛮时代进入文明时代的重要标志，而在诸种因素中，以主权为核心的国家的形成对于文明起源及形成起着十分重要的作用。

综上所述，城市是人类文明发展到一定阶段的产物，它与文明的起源、国家的形成有着密切的关系。

（二）农业革命与城市起源

中国早期城市、文明的产生与气候变迁有着紧密的关系，气温、降水等气候因素决定了农业的起源与发展，进而决定了人类活动范围的变化。公元前9000年左右，人类逐渐步入新石器时代，人们不再只是简单地从事狩猎和采集活动，而是在长期采集活动中，逐渐了解了农作物的生长规律，并学习和掌握了栽培方法，开始通过农业获得粮食，原始农业随之产生。与此同时，人类也开始驯养犬，从而产生

---

① 毛曦：《先秦巴蜀城市史研究》，人民出版社，2008年，第102页。
② 何一民：《第一次"城市革命"与社会大分工》，《甘肃社会科学》，2014年第5期。
③ 林向：《清江深居集：近三十年来考古文物的研究与札记》，巴蜀书社，2010年，第118—119页。

了原始畜牧业，这就是"农业革命"。人类开始定居，村落随之出现。定居生活与村落的出现为中国早期城市的形成奠定了基础。

定居农业是城市起源与形成的基础性条件，而农业的发展必须要有适宜的气候条件，以及丰富的水资源、肥沃的土壤等自然地理条件。关于自然环境在人类文明起源中的作用，历史学家汤因比曾说："不论种族类型还是地理环境，在这里都不起决定作用，因为所有的种族都以不同方式参加了文明的某个发源地的产生过程，并且这个过程几乎在任何气候条件下都能进行"[①]。汤因比主要强调世界不同区域人类足迹的普遍存在，但是，在人类早期社会生产力水平较低的情况下，自然地理环境在人类文明的起源，包括城市的形成过程中，起着关键作用。这也是早期城市与文明的起源具有多元性与不平衡性特征的关键因素。

中国早期农业之所以在公元前9000年左右出现，是因为当时中国大陆的"大理冰期"刚刚结束。根据考古资料，在距今18000年前至10000年前，中国大陆处于"大理冰期"。冰期结束之后，中国大陆开始进入全新世大暖期，生产方式开始由狩猎向农耕过渡，为中国早期定居农业与畜牧业的发展奠定了基础。

黄河流域有着优越的自然地理环境，定居农业产生较早，是中国早期城市的发源地之一。"距今7000年前，黄河中下游地区的自然地理环境与今天非常相似，非常适合人类居住。在该时期，黄河流域已经存在旱作农业，这与全新世大暖期的气候变化是相一致的"[②]。优越的气候条件促进了该地区农业的产生与发展，根据考古发掘，"裴李岗遗址出土的生产工具有石斧、石铲、石镰、石磨盘、石磨棒和少量的骨器。磁山遗址出土的生产工具有石斧、石铲、石镰、石锛、石凿、石刀、石锤、石球、石磨盘、石磨棒，还有骨刀、骨凿、骨椎、骨镞、骨梭、骨梭针、骨鱼镖、蚌铲、蚌刀、蚌镞、蚌锥等大批骨器和蚌器"[③]。如此多的生产工具说明上述地区存在农业生产活动。

黄河上游的甘肃、青海地区也有定居农业，根据考古发掘，该地区存有大地湾新石器时代文化遗存，该"遗址面积共13700多平方米，共发现新石器时代不同时期的房址240座，墓葬79座，窖穴342个，窑址38座，出土陶、石、骨器等遗物8000余件"[④]。从中挖掘出的石斧、铲、刀和骨锯等生产工具，说明该地区的人们从事农牧业等生产活动。甘肃东部的仰韶文化便是在全新世大暖期形成和发展起来的。考古发现表明，仰韶时期居民生活的地方大多"在阳坡，取光较好；土壤疏松、肥沃，容易获得较好收成；离水源较近，方便生活；地势相对较高"[⑤]。而且

---

① ［英］汤因比：《历史研究》（第一卷），转引自［苏］列·谢·瓦西里耶夫《中国文明的起源问题》，文物出版社，1989年，第3页。
② 王晓岚、何雨等：《距今7000年来河南郑州西山遗址古代人类生存环境》，《古地理学报》，2004年第2期。
③ 孙淼：《夏商史稿》，文物出版社，1994年，第31页。
④ 谢端琚：《甘青地区史前考古》，文物出版社，2002年，第8页。
⑤ 尹申平：《陕西新石器时代居民对环境的选择》，《中国考古学研究论集——纪念夏鼐先生考古五十周年》，三秦出版社，1987年，第165页。

在该时期，农业生产水平有了快速的提高，在许多遗址中发现较大的储粮窖和窖藏粮食；遗址面积及数量较多，而且遗址堆积厚度可达 7 米[①]，说明当时居住时间较长，居住环境较为稳定。此外，晚于仰韶文化的甘肃西部的马家窑文化、齐家文化、卡约文化等文化类型，都发现有房屋、石器等，这说明甘青地区的农业较为普遍，农业经济已经是常态。农业人口的聚集为城市发展提供了人口基础，这也是黄河流域早期城市率先获得发展的重要原因。

长江流域也是中国早期城市起源的另外一个中心。在史前时期，长江流域的自然条件也较好，有利于人类定居与从事农业生产。根据考古发掘，新石器时代的河姆渡遗存发现了石斧、石锛、石凿等生产工具，以及干栏式房屋建筑遗迹，说明该地区已经有了定居生活。遗存中发掘出的稻壳也说明了农业活动的存在。长江上游的巴蜀地区也是史前城址较为集中的地区之一。巴蜀地区有着优越的自然地理条件、丰富的物产与发达的经济，该地区在史前时期便有着发达的农业生产。根据考古发掘，史前农业活动出现较早，如宝墩遗址中出土了大量的石斧、石锛、石凿、锄形石器等农耕工具，此外还有骨质、木质农具。[②] 这说明巴蜀地区发达的农业生产活动促进了巴蜀地区史前城市的形成。

在全新世大暖期，内蒙古、新疆、西藏及东北等地区的气候环境比现在要好一些。距今 8500—3000 年前，中国各地的降水比现在丰富，气温也比现在高一些。例如，东北辽宁地区的气温要比现在高 3℃～5℃，其植被为暖温带的落叶阔叶林植被，其树种以桤和栎为主，其他还有榆、椴、胡桃、枫、杨等，这些植被完全取代了此前的桦木林，表明气候已经转向温暖。[③] 在距今 7200—6000 年前的全新世大暖期鼎盛阶段，北亚热带的北部界限在西安至兖州一线。[④] 在该时期，中国北方、西方的气候环境包括降水、气温，比现在更为优越，"中国北部（包括西北、华北和东北）的农、林、牧、副、渔及水资源利用都是有利的"；而且，在大暖期开始阶段，"西藏班公湖、内蒙古岱海等湖面所指示降水量增加，而且植物带北迁西移"。[⑤] 但是，内蒙古、新疆、西藏等地区的气候条件仍然无法跟黄河、长江流域相比。而且，在距今 3000 年前左右，内蒙古、西藏、新疆等地区的气候发生变化，内蒙古鄂尔多斯地区的生态环境向草原环境发展，随即成为游牧区域，南边与农耕区域相连，形成农牧交错带。农牧交错带并无具体的边界和明确的宽度，并随着时代的变迁而发生一定的变化。古代中国农牧交错带大体上与 400 毫米等降水量线一致，地处半湿润与半干旱地区、农耕区与畜牧业的交接地带。北方农牧交错带

---

① 满志敏：《中国历史时期气候变化研究》，山东教育出版社，2009 年，第 116 页。
② 王毅、江章华等：《中国长江上游文明起源研究的新成果》，《成都文物》，1997 年第 2 期；宋豫秦：《中国文明起源的人地关系简论》，科学出版社，2002 年，第 126-127 页。
③ 中国科学院贵阳地球化学研究所第四纪孢粉组、C~（14）组：《辽宁省南部一万年来自然环境的演变》，《中国科学》，1977 年第 6 期。
④ 满志敏：《中国历史时期气候变化研究》，山东教育出版社，2009 年，第 452 页。
⑤ 施雅风、孔昭宸、王苏民等：《中国全新世大暖期的气候波动与重要事件》，《中国科学》，1992 年第 12 期。

大致从"大兴安岭西麓起,经辽河上游、阴山山脉、鄂尔多斯高原,然后进入甘青高原";而南方游牧交错带则"从甘青高原的南部进入川西北高原,经青藏高原南部,延伸至青藏高原南部"。[①] 这一区域即使有人类活动,也只能从事畜牧业,人口流动较为频繁,难以大量聚集,城市难以形成,城市的发展较为滞后。

总之,农牧交错带的形成为中国古代长期以来政治、经济、文化格局的变化奠定了基调,而且还给中国古代城市的形成及文明的发展带来了巨大的影响:一方面,农牧交错带的城市发展具有"亦农亦牧"的特征;另一方面,农牧交错带成为中国历史上农耕与游牧两种不同文明形式的分界线,该线两侧的城市及文明发展程度和发展速度差异较大。

(三)原始社会的居民聚居点

中国是原始人类的摇篮之一。距今170万年前,在中国这块土地上已出现了早期的猿人——元谋猿人。猿人经过漫长的时期向人类演变。距今70万年至20万年前的北京人已具有较多的现代人特征。劳动是人类区别于猿类的主要标志。原始人类在极其困难的条件下,以艰苦的劳动创造了早期的原始文化,从而使人类社会从愚昧走向文明。

原始人类在漫长的岁月中,依靠采集和渔猎为生,过着穴居或巢居的生活,而且经常迁徙。随着社会生产力的发展,原始农业的出现和发展,先民们开始掌握营造房屋的技术,逐渐形成了固定的原始居民聚居点。

中国是农业历史悠久的国家,大约在18000年前,人们就开始用简陋的工具进行耕垦,但仍以游牧渔猎为主要生活来源,因而他们不能在一定的地域定居下来。到7000年前左右的新石器时期,农业已较为发达,开始从渔牧业中分离出来,农业生产成为人们维持生计的主要手段,定居生活开始成为可能和必然。由于第一次社会大分工,氏族公社的先民们开始聚族而居,修建房屋,形成固定的居民聚居点——村落。从现已发掘的数以千计的新石器时期遗址看,这些固定的居民聚居点具有如下特点。

1. 由成群成片的房屋建筑组合而成

这一时期,人们已普遍建筑房屋。原始居民聚居的房屋建筑都比较密集,成群成片。由于各地气候、地理、材料等不同,各地建筑的房屋也不同。具有代表性的房屋有两种:木骨泥墙半地穴式建筑和干栏式建筑。前者主要分布在黄河中上游,这类建筑从洞穴、竖穴发展而来,并向地面房屋过渡。仰韶文化时期的木骨泥墙半地穴式建筑技术已达到相当高的水平,房屋有大有小,大的建筑面积达150平方米,房屋的柱子排列整齐,木构架和外墙的分工明确。干栏式建筑是长江流域及长江以南地区的一种原始住宅。浙江河姆渡遗址的干栏式建筑即是其代表,这里的干

[①] 黄健英:《北方农牧交错带变迁对蒙古族经济文化类型的影响》,中央民族大学出版社,2009年,第34—35页。

栏式建筑的梁柱间用榫卯接合，地板用楔口拼装，反映当时的人们已掌握了相当成熟的木构技术。河姆渡所发现的建筑遗迹，"主要是排列成行、打入生土的桩木，此外，为散置的梁、柱长木以及长度均为80~100厘米的厚板，绝无高亢地区建筑遗址所见的草筋或红烧土之类。说明此处建筑全系木构。这样看来，打入地下的桩木，应是干阑式建筑的基础部分，厚板为地板，亦即居住面。⑩号排桩中段板桩部分有受压弯折的迹象，结合这一折线的高程和地板中最高一层的位置，推测原来地板比室外地面高出80~100厘米。地板支座以上应为梁柱结构，柱高据59号构件（直径18厘米的长木，两端有小榫，显然是柱）推定约为263厘米。遗址出土有芦席残片，可能是椽木上承托茅茨屋面的席箔，也可能是地板上的席铺遗迹。这种以桩木为基础，其上架设大、小梁（龙骨）承托地板，构成架空的建筑基座，于其上立柱架梁的干阑式木构建筑，是原始巢居的直接继承和发展。至'河姆渡文化'时期，它已成为长江流域水网地区的主要建筑方式"①。

2. 原始居民聚居点大小不等，部分地区的原始居民聚居点范围较大，分布和居住也相对集中

新石器时期的遗址很多，现已发现的达千余处，主要分布在黄河流域和长江流域。在部分地区这些遗址分布较为密集，如甘肃渭河台地沿岸70公里范围内就发现村落遗址69处，最大的遗址达20多万平方米。20世纪80年代以来，浙江省文物考古研究所会同相关市县文管会在宁绍平原做了新石器时代遗址的普查，共发现河姆渡文化类型遗址47处，分布于钱塘江以南的沿海地区和舟山群岛，其中以姚江平原最密集，计有25处。河南浚县大赉店、枋头村等濒临淇水河岸的地方，现在共有15个村落，已发现了11处新石器时期遗址，其稠密程度几乎与现代相差不大。而河南安阳洹河侧畔一个15里长的地段，竟已发现了19处新石器时期遗址。著名的西安半坡村遗址的规模也较大，仅发掘的面积就为南北300米，东西200米。房屋有大有小，大的面积达160平方米左右，两片各有一间，可能是氏族（部落）首长的住室或议事集会场所。墓葬是男子、女子分别葬在一起，说明这里尚实行族外婚。生产工具以石器为主，有石斧、石锛、石铲、石刀等，多磨制得比较精致合用；还有骨器、陶器等。这里已经处于"锄耕农业阶段"。谷物有粟、稻等，用石磨盘、石磨棒以去谷皮。还开始种植白菜、芥菜等。家畜饲养业已出现，主要饲养猪、狗。居民除经营这样的原始农业和饲养业外，还要捕鱼、狩猎、采集果实等以补助生活。

---

① 浙江省文物管理委员会、浙江省博物馆：《河姆渡遗址第一期发掘报告》，《考古学报》，1978年第1期。

3. 开始形成一定的功能分区

这一时期的居民聚居点大都按照一定的生产和生活方式来布局。如半坡村遗址略呈椭圆形，分为三个区域：南面为居住区，居住区内的房屋分布较为密集，共有36座，分为两片，都有一定的布局；北面为墓葬地，有墓葬250多个；东北面为陶器窑场。此外，在居住区外的空地上还有贮存剩余产品的贮物场。仰韶村遗址也是按此布局，东西为墓葬区，西面为居住区。居住区的住房共分为五组，每组都以一栋大房子为核心，各种小房子围绕大房子而呈环形布局。

这些原始的聚居点一般都位于土地肥沃、水源丰富的地段，多在向阳坡上，并靠近河流湖泊。这种选址是为了适应生产和生活的需要。刘易斯·芒福德在考察了西方城市后认为，"在这样回溯城市起源时，我们当然也不应忽视古人类的各种实际生活需要，这些实际需要把一些家庭团体和部落集团在一定季节里聚拢到一个共同的生活环境中来，形成一系列的营地，即使在从事采集或狩猎的经济中也如此。这些需要都发挥了各自的作用；而且远在新石器文化尚未广泛形成农业村庄和城镇的时候，人类大约已经懂得如何为后来这些村庄、城镇选择有利的地点了：流水终年不断的清泉，坚实的高地，交通便利而又有河流或沼泽为保护的地点，濒临江口河湾，有丰富的鱼类、蚌类资源等等——这些因素在许多地区的过渡性中石器经济（mesolithic economy）中都成了重要条件"[①]。

原始社会时期的固定居民点不同于城市，也并不必然发展为城市，但是可以从中寻找到城市的最初形态。城市的本质和最基本的表现在于集中，这些固定居民点即初步具有集中的特性：人口集中，建筑物集中，生产资料、剩余产品集中。人口集中在一小块空间，在这块空间上，固定建筑物相连接，生产资料和剩余产品集中等，由于定居生活的确立和村庄、聚落的出现，对城市的产生起了积极的影响，部分聚居点成为城市的基础，如郑州、安阳、成都等城市均发现有新石器时代的居民聚居点的遗址。这些固定原始居民点的出现，为城市的产生提供了可能。

（四）国家与早期城市的起源

从原始居民聚居点演变为城市，是人类聚落史上的一次质的飞跃，而要实现这个飞跃需要多种条件，也需要一段相当长的时间，其间经历了从初具城市形态的早期古城向比较完备的早期城市发展演变的过程。而这一过程正是中国从原始社会向奴隶社会过渡时期，这一时期相当于考古学上的"龙山文化"时期（公元前3000—前2000年），相当于传说中的黄帝时代，经尧、舜、禹到夏朝前期，历数百年上千年之久。

城市产生的根本原因在于生产力的发展。生产力的发展推动了社会分工和交换的出现，这是城市产生的基本前提条件。金属的冶炼、加工和金属工具的使用，是

[①] [美]刘易斯·芒福德著，宋俊岭、倪文彦译：《城市发展史——起源、演变和前景》，中国建筑工业出版社，1989年，第6页。

人类从蒙昧到文明的一个重要标志,位于黄河流域的炎黄、东夷和苗蛮等部族都有关于冶金的远古传说。甘肃东乡林家遗址出土了一件铜刀,由锡青铜模铸而成,刀身薄厚均匀,短柄长刃,长12.5厘米,是我国目前发现最早的铜器,距今4700多年,它的发现表明我国的先民早在新石器时代晚期就独立创造了冶金技术。冶铜术的普遍兴起是在新石器时代晚期的龙山文化时期。中国古代文献中曾有禹铸九鼎的传说,从近年来的考古发掘看,夏代已能熔铸青铜。河南登封、山西夏县等处出土的铜容器残片和铜镞表明夏代已进入青铜时代。

除了自然地理环境之外,人文环境也是城市形成的关键因素,也是造成不同区域城市形成时间的早晚及发展程度各异的决定性因素。尽管人类大都生活在地势较为平坦及水量丰富的地方,但是,人类的生存还缺乏一些关键性生活材料,还会遇到自然灾害。在生产力水平较低的情况下,如何应对自然灾害,维持人类生产、生活,成为人类要考虑的首要问题,在此情形下,以血缘关系为基础的社会组织逐渐形成。正如柴尔德所说:"冲积的河水流域,虽然食物丰富,但其他经营文明生活的重要原料,却特别缺少。尼罗河流域缺乏供建筑用的木料,易于使用的砂石、矿沙,及具备魔性的石头等。苏末的情形,比这还要坏。唯一土产的木料,就是枣椰树,至于出产供建筑用石的石山,则比埃及的还要远,还要不易到达……因此,在那些大的冲积平原和河边平地上,对于排水、灌溉土地,以及守卫居留地等广大公共工程的需要,就势将把社会组织巩固起来,把经济制度集中起来。"[①] 可见,强有力的社会组织是人类早期维持生存的重要基础,也是人类从事大规模的城市建设、水利工程建设等的基础。

但是,仅有生产力的发展和社会分工还不能直接推动城市的产生。在部落时期,各种社会因子,长期处于相互分离,甚至对立状态,人口分散,社会财富分散,社会发展缓慢。只有分散的社会要素仍然不能形成城市,要将分散的人口和社会财富集中起来,仅靠生产力自然发展,依靠村庄聚落还不能完成,必须要有一种聚合力将分散的社会要素集中起来,要有一种超群体的力量来推动各种社会要素的聚集,城市才得以产生。因而私有制的萌芽,阶级的分化,阶级压迫的出现,就成为城市产生的催化剂,国家和王权也就成为早期城市产生的主导力量。正是王权将农村中各种分散的社会要素聚合起来,并且用"城市"这种新型的"聚落"形式表现出来,城市便成为王权控制下的一种政治实体。正如刘易斯·芒福德所说:"村庄形式礼俗完美但能力有限,因而只有人口数量的增加无论如何也不会使村庄变为城市。这种发展变化须待一种外来挑战将村庄生活急骤扭转,使之脱离以饮食和生育为宗旨的轨道,去追求一种比生存更高的目的"[②]。能够将村庄生活急骤扭转,使之脱离以饮食和生育为宗旨的轨道的外来力量就只有国家。国家是一定范围内的

---

① [英]柴尔德:《远古文化史》,上海文艺出版社,1990年,第132页。
② [美]刘易斯·芒福德著,宋俊岭、倪文彦译:《城市发展史——起源、演变和前景》,中国建筑工业出版社,1989年,第22页。

人群所形成的共同体形式，是一个成长于社会之中而又凌驾于社会之上的、以暴力或合法性为基础的、带有相当抽象性的权力机构。国家政权则是国家的具体化身，它是一种拥有治理一个社会的权力的机构，是一种制度性的权力运作机构，它在实施其规则时垄断着合法的人身强制，并在一定的领土内拥有外部和内部的主权。马克思主义认为：国家就是暴力机器，是一个阶级用来镇压另一个阶级的有组织形式的暴力，是经济上占统治地位的阶级进行阶级统治的政治权力机构。在原始社会末期，随着阶级矛盾的加剧而不可调和，国家也随之产生，因而国家产生后自然就成为奴隶主阶级压迫奴隶阶级和其他一切被支配的阶级的机器。统治阶级正是凭借国家的组织力量、物质力量来占有社会财富，来保护自己的特殊权力。原始社会后期，随着社会生产力的发展，社会分工的扩大，家庭成为独立的生产单位，财产公有制渐趋瓦解，财产私有制产生。随着商品生产和交换关系的扩大，私有制进一步发展，人与人之间的原始的平等关系逐渐消失，贫富分化日趋严重，阶级和阶级压迫也由此产生。原来氏族中大家公认而服从的习惯权力集中到少数部落首领、贵族、奴隶主手中，成为他们的特权；社会财富也集中到这些特权者手中。由于部落之间或联盟之间时常为掠夺彼此而发生战争，同时奴隶也经常自发地反抗，因而为了抵御外族入侵，对内剥削、镇压奴隶，保护奴隶主、贵族的私有财产和人身安全，奴隶主贵族开始建造城郭沟池，从而推动了早期城市的出现。恩格斯指出："用石墙、城楼、雉堞围绕着石造或砖造房屋的城市，已经成为部落或部落联盟的中心"[①]。在我国一些较早的古文献中有着不少关于原始社会后期的部落联盟军事首领筑城的记载，如《淮南子》《轩辕本纪》《黄帝内传》《博物志》《世本》《汉书》等都分别记载有黄帝、神农帝、鲧、禹筑城的情况。虽然这些记载有些牵强附会，但和世界其他国家的城市起源于原始部落联盟阶段的情况基本吻合。在城市形成过程中，无论是中国，还是其他国家，居于国家权力顶端的国王都成为重要的力量，发挥了至关重要的作用。刘易斯·芒福德也根据考古资料肯定了王权制度在城市诞生过程中的重大作用："从分散的村落经济向高度组织化的城市经济进化过程中，最重要的参变因素是国王，或者说，是王权制度。……在城市的集中聚合的过程中，国王占据中心位置，他是城市磁体的磁极，把一切新兴力量统统吸引到城市文明的心腹地区来，并置诸宫庭和庙宇的控制之下。国王有时兴建一些新城，有时则将亘古以来只是一群建筑物的乡村小镇改建为城市，并向这些地方派出行政官去代他管辖；不论在新建的城市或改建的城市中，国王的统治使这些地区的城市，从形式到内容，都发生了决定性的变化。"[②] 从20世纪中国考古所取得的若干重大成果来看，我国原始社会后期出现了为数众多的史前城址，这是阶级分化、国家产生的重要时期。而大溪文化和龙山文化的史前城址即是中国处于孕育状态的早期城市。

---

① 《马克思恩格斯全集》（第21卷），人民出版社，1980年，第186页。
② ［美］刘易斯·芒福德著，宋俊岭、倪文彦译：《城市发展史——起源、演变和前景》，中国建筑工业出版社，1989年，第27页。

大溪文化是中国长江中游地区的新石器时代文化，因巫山县大溪遗址而得名，其分布东起鄂中南，西至川东，南抵洞庭湖北岸，北达汉水中游沿岸，主要集中在长江中游西段的两岸地区。据放射性碳素断代并经校正的年代，为公元前4400—前3300年。20世纪末以来，考古工作者相继在长江中游地区发现了多处大溪文化时期的史前城址，其中最为重要的是城头山古城遗址。龙山文化泛指中国黄河中下游地区约当新石器时代晚期的一类文化遗存。铜石并用时代文化，因首次发现于山东历城龙山镇（今属章丘）而得名，距今4350—3950年。龙山时期，中国南北方相继出现了大量的早期城邦国家，由此推动了早期城市的出现。

据已公布的考古资料，我国迄今发现的史前城址共60余处，主要分布在黄河和长江流域。其代表性城址有：中原地区的河南安阳市后冈，淮阳县平粮台，登封市王城岗，鄢城区郝家台，辉县孟庄；海岱地区的山东章丘县城子崖，寿光市边线王，邹平县丁公，临淄市田旺，滕州市西康留，茌平县教场铺、大尉、乐平铺、尚庄，东阿县王集，阳谷县的景阳岗、王家庄、皇姑冢；巴蜀地区的郫县三道堰，新津县宝墩，温江县鱼凫，都江堰市芒城；江汉地区的湖南澧县城头山，湖北天门市石家河，荆州市阴湘城，荆门市马家垸，石首市走马岭等；河套地区的内蒙古包头市阿善和凉城县老虎山等。除西康留大汶口文化城址、王家庄大汶口文化城址、城头山大溪屈家岭文化城址及长江中游"考古怪圈"中的屈家岭文化城址外，其余均为龙山文化或相当于龙山时代的古城址。这些史前城址的考古年代多在公元前3000—前2000年，相当于原始社会后期到夏初期这段时期。这段时间正是中国原始社会解体，奴隶国家产生和发展的时期，在中国各地出现了大大小小的城邦国家，而城邦国家的出现，推动了城市的形成和发展。

早期城市相比原始村落，规模大得多，而且多是由"城墙"及内部宫殿等建筑构成的庞大物质实体，城市的规划、建设需要庞大的人力、物力、财力支撑，需要较为细致的社会分工和统一调配才能够完成，而分散的部落或部族没有能力整合这些资源并进行社会分工，只有依赖王权所拥有的权威和"聚合力"才能实现。王权是原始社会后期在武力基础上形成的，中国古代社会的一个突出的特点就是"王权支配社会"，"不是经济力量决定着权力分配，而是权力分配决定着社会经济的分配，社会经济的主体是权力分配的产物"[1]。王权——国家力量在经济财政方面对所属资源拥有最大的支配权，古人对此高度概括云："溥天之下，莫非王土；率土之滨，莫非王臣"。"天下一家，何非君土，中外之财，皆陛下府库"[2]。由于王权在政治、经济、司法方面拥有最高权力，必然可以凝聚巨大的能量。因此，"掌握全国最高政治权力的君主只要'灵机一动'，就可能化作全社会、全民族的统一行动"[3]。正如刘易斯·芒福德所说："社区的各种不同构成因素，以前只是分散在广

---

[1] 刘泽华：《王权主义：中国文化的历史定位》，《天津社会科学》，1998年第3期。
[2] 顾炎武：《日知录·财用》，周苏平、陈国庆点注，甘肃民族出版社，1997年，第555页。
[3] 刘泽华等：《专制权力与中国社会》，吉林文史出版社，1988年，第18页。

大的河谷平原，偶而也传及更远的地区，现在却在压力之下被动员起来并束集在一起，统统进入了城市的高大围墙的封闭之中。就连自然界的伟力，现在也开始处于觉醒的人类的指挥之下：成千上万的人，在集中统一的指挥下，象一架机器般地行动起来，开凿灌溉渠道、运河，构筑城台、宝塔、祭坛、庙宇、宫殿、金字塔，其规模之大是以前所不敢设想的"①。因而，城市作为复杂的社会机构和体系，只有在王权的作用下才能建立和发展。

在早期古代社会生产力较低的历史条件下，建设一座城市需要较长的时间和大量的劳动力，而将要分散的劳动力集中起来，并加以合理的分工、调配和使用，都需要权威力量和相应的机构来组织，而在当时的条件下，这种权威力量只能来自王权。例如石峁古城面积超400平方米，工程量巨大。石峁古城位于"黄土高原与毛乌素沙漠过渡地带，地貌以黄土梁峁、剥蚀山丘、沙漠滩地为主"②。那么，是什么力量才能够从四面八方征集数量庞大的劳动力？当数量庞大的劳动力集中在一起后，如何对他们进行合理的分工和有效的管理？数量庞大的劳动力集中在一起，每天的吃、住、行等需要进行合理的安排，要有完备的后勤保障。这一切都不是组织松散的部落或部落联盟能够完成的，只有以王权为核心的国家力量，建立起严密的社会组织系统，并实行层级管理，才能有效地发挥资源集聚的作用。

史前时期的城市发展当然也离不开早期以"氏族首领"为主的国家组织，但是，在此时期，中国并没有形成完整意义上的国家，不过，各地区已经形成"部落国家""酋邦国家""古国""方国"等社会组织形态，已具备早期国家的雏形。黄河流域、长江流域都已经出现许多由氏族发展而来的"邦""方"等社会组织，这种社会组织虽然没有完全摆脱血缘关系，但是已经在向地缘社会逐渐发展。社会组织的首领拥有管理权、公共权力、财产分配权等权力，显然具有"王权"的特征，具有强大的组织调配能力，可组织大型的工程建设，包括城市建设。

在尧、舜、禹时期，以三个氏族领袖为中心的氏族部落活动区域都在黄河流域，他们为了保护以氏族部落为首的统治集团的生命和财产安全，加强对所辖居民的统治，需要修筑坚固的城堡，即所谓"筑城以卫君"。正如今人严文明所说："权贵们不会满足于对本族平民的剥夺，在氏族血缘关系还没有发生根本性变化的情况下，这种剥夺自然还会受到相当程度的限制。于是他们把目标转向外部，为着掠夺资源和他人的财富不惜频繁地发动战争……为了免受战争的惨祸，只好下决心组织大量人力物力来构筑防御工事。于是一大批城址就像雨后春笋一样地拔地而起"③。在史前时期，有关筑城的记载较多："处土东里槐责禹乱天下，禹退作三城，强者

---

① ［美］刘易斯·芒福德著，宋俊岭、倪文彦译：《城市发展史——起源、演变和前景》，中国建筑工业出版社，1989年，第26页。

② 陕西省考古研究院、榆林市文物考古勘探工作队、神木县文体局：《陕西神木县石峁遗址》，《考古》，2013年第7期。

③ 严文明：《农业发生与文明起源》，科学出版社，2000年，第54页。

攻，弱者守，敌者占，城郭自禹始也。"[①]《淮南子·原道训》亦载："昔者夏鲧作三仞之城，诸侯背之，海外有狡心"[②]。这与"城"的最初含义相符合："城，以盛民也。"[③]"城也，盛也。盛受国都也。"[④] 从目前发现的早期古城来看，基本上都是地方政权的都城，即围绕王权而建立的早期城市，这些早期城市都是以政治功能和军事功能为主。

长江流域也有早期国家诞生，有学者将其称之为"酋邦"。"酋邦"是一种地域性组织，已经开始摆脱以"血缘关系"为主的氏族部落形态，是早期国家的一种社会组织形态。长江下游良渚文化遗址的墓葬中出土了大量的玉琮、玉璧[⑤]，这些是"墓主身份的重要标志"，是权力的象征。瑶山遗址中发现有长方形的祭坛，经发掘，这个祭坛的面积约400平方米，是经过精心设计的。[⑥] 祭坛主要用来"祭天礼地"，说明当时聚落中已经出现了阶级分化及大型祭祀活动。谁是主导者？自然是部落首领。但是该地区并无大型的工程建设，说明该地区的社会组织程度还较低。

与长江下游地区相比，长江中游地区的社会组织程度较高，在屈家岭文化、石家河文化时期已经出现了"酋邦"。根据考古发掘，长江中游有石家河、鸡鸣驿古城、城头山等多座史前古城，这些城址的面积较大，工程量较大，必须有统一的组织力量进行调配，组织建设。如石家河古城的城墙"顶宽四五米，高约6米，城墙的用土至少在100万立方米。……假如一人一天平均完成一方土的工作量，那就需要1000人持续劳动将近2年的时间"[⑦]；而且筑城所需要的石头不是城址所在地就能直接获取，需要从远处的山上开采并搬运过来，必须集合数量庞大的劳动力才能完成如此巨大的工程。这说明长江中游地区已经存有发达的社会组织，权力已经较为集中，政治结构已经达到"酋邦社会"的水平。

长江上游地区也在同时期出现了高度发达的社会组织，根据考古发掘，长江上游地区先后发现新津宝墩古城、崇州双河古城和紫竹古城、郫县古城、温江鱼凫古城、大邑盐店古城和高山古城等距今4600—4000年的史前古城。这些史前古城的规模一般都较大，特别是距今4500年左右的宝墩古城为双重城格局，外城面积达288万平方米。双重城墙和庞大的城市建筑的营建，需要大量的人力、物力，这充分表明当时的成都平原已经聚集了数量较多的人口，形成了早期的政权组织，而聚居在城市中的统治者不仅掌握了众多的人口，而且拥有对社会财产的分配、调动等权力。可以说分散的部落力量是无法营建如此规模的城市的。另外，从宝墩古城内部发掘的房屋建筑中也可寻找到阶级分化的痕迹，如宝墩遗址中发掘有数平方千米

---

① 李昉等：《太平御览》，中华书局，1985年，第926页。
② 刘安等：《淮南子·原道训》，上海古籍出版社，1989年，第7页。
③ 许慎著，段玉裁注：《说文解字注》，上海古籍出版社，1981年，第688页。
④ 李昉等：《太平御览》，中华书局，1985年，第926页。
⑤ 王明达：《反山良渚文化墓地初论》，《文物》，1989年第12期。
⑥ 浙江省文物考古研究所：《余杭瑶山良渚文化祭坛遗址发掘简报》，《文物》，1988年第1期。
⑦ 严文明：《求索文明源：严文明自选集》，首都师范大学出版社，2017年，第413页。

的台地,在这些台地上所建房屋为统治者居住,而同时在遗址内发现有半地穴式房屋,则为普通百姓居住,由此反映了严重的阶级分化。①郫县古城还发掘有大型的建筑基址,建筑面积约为550平方米,据研究这些建筑基址应为大型礼仪建筑的基址,反映了城市权力的集中。②总之,长江上游古城群的营建与早期政权的建立有着密切关系,反映了当时的阶级分化与政治组织的发达。

据相关研究,目前中国所发现的百余座早期古城,基本上都是不同国家的王城、都城。大量历史资料表明,中国早期城市的兴建,是国家建立和政权统治的政治需求的产物,几乎所有的城市营建都是在以王权为核心的国家力量的组织下进行的。城市对国家力量的依赖不仅在先秦时期表现明显,如周朝的周公便强制调动国内诸侯及臣民来修建都城:"周公初基作新大邑于东国洛,四方民大和会。侯甸男邦采卫,百工播民和,见士于周"③。春秋战国以后的城市更是王权——国家力量的产物,无论各国都城还是郡县城市,无论是"量地以制邑",还是"度地以居民",都是在王权的统一调控下兴建的,因而形成了中国古代城市"同源异"的特点。④秦以后,随着统一国家的建立,君主专制的中央集权制形成,城市的发展对国家和王权的依赖更加强烈,从而形成了具有中国特色的政治中心城市优先发展的规律。

综上所述,城市是人类文明的产物,它的产生是建立在"农业革命"和第一次社会大分工基础之上的。城市的形成还离不开早期国家的推动,"邦国""酋邦"等早期国家组织为城市建设提供了社会基础。城市产生之后,促进了"城市和乡村形成了前所未有的分工,城市统治着乡村,带来政治权力、经济要素和文化财富向城市聚集"⑤,城市内部的脑力劳动与体力劳动的分工,从国王到各级官吏,成为从事脑力劳动的社会管理群体,促进了城市本身与人类文明的发展。

二、史前城市的兴起与空间分布

中国地域广阔,自然地理环境、人文环境与世界其他早期文明地区不同,因而中国城市的形成过程也与世界其他地区有所不同。即使是在中国内部,不同区域的城市、文明的起源及发展的程度差异也较大,史前各区域城市的起源从某种程度上反映了早期文明起源的历史轨迹。

---

① 江章华、张擎等:《四川新津县宝墩遗址1996年发掘简报》,《考古》,1998年第1期。
② 成都市文物考古工作队、郫县博物馆:《四川省郫县古城遗址调查与试掘》,《文物》,1999年第1期。
③ 《尚书·康诰》,黄怀信注训,齐鲁书社,2002年,第259页。
④ 卢涛、李先逵:《中国古代都城规划中的数理哲学与美学特征》,《城市规划》,2002年第1期。
⑤ 何一民:《第一次"城市革命"与社会大分工》,《甘肃社会科学》,2014年第5期。

（一）史前城市的兴起

在史前时期，城市分布的地域范围较广，考古学工作者在内蒙古中南部地区、中原地区、成都平原地区、长江中下游的江汉及太湖流域、黄河下游的山东地区等多个地区发现了早期史前城址。这些城市可以分为两类：一类是夯筑的土城，主要分布在黄河流域与长江流域；一类是石头城，主要分布在黄河上游的河套地区。[①] 关于史前时期城市的区域分布及数量，参见下表：

表 1-1　中国早期城址的分布区域及数量

地　区	古城遗址	数　量
黄河中上游地区	郑州西山，安阳后冈，辉县孟庄，淮阳平粮台，登封王城岗，新密古城寨，郾城郝家台，襄汾陶寺，神木石峁	9
黄河下游及山东地区	滕州西康留、五莲丹土、章丘城子崖、临淄田旺、邹平丁公、寿光边线王、茌平教场铺、大尉、乐平铺、尚庄、东阿王集、阳谷景阳岗、王家庄、皇姑冢、连云港藤花落、日照两城镇、滕州薛城	17
长江中游地区	澧县城头山、鸡叫城、天门石家河、荆州阴湘城、石首走马岭、公安鸡鸣城、应城门板湾、荆门马家垸	8
长江上游地区	新津宝墩、都江堰芒城、温江鱼凫村、郫县三道堰、崇州双河村和紫竹村	6
长江下游地区	余杭莫角山、昆山赵陵山、武进寺墩遗址、怀宁孙家城遗址	4
内蒙古地区	老虎山、白玉山、板城、大庙坡、阿善、莎木佳、黑麻板、威俊、百草塔、寨子圪旦、寨子塔、寨子上、小沙湾、二里半、后城嘴、马路塔、石擗擗山	17
淮河流域	固镇县垓下古城	1
合　计		62

资料来源：许宏《先秦城市考古研究》，北京燕山出版社，2000 年；马世之《中国史前古城》，湖北教育出版社，2003 年；栾丰实《海岱地区史前考古的新进展》，《山东大学学报》，2006 年第 5 期；王银平《长江中游与四川盆地史前城址比较研究》，《湖北民族学院学报》，2008 年第 2 期；孙周勇等《陕西神木县石峁遗址》，《考古》，2013 年第 7 期；周崇云主编《安徽考古》，安徽文艺出版社，2011 年。

从上表可以得知，中国史前城市主要集中在黄河流域与长江流域，其中，黄河中上游有郑州西山、安阳后冈等 9 个史前城址；黄河下游及山东地区有滕州西康留、阳谷王家庄等 17 个史前城址；长江流域发现澧县城头山等 18 个城址，主要集中在长江中上游的巴蜀地区以及中游的湖北地区，长江下游地区只有 4 个城址；内蒙古地区有老虎山等 17 个城址。上表统计并不完全，部分地区的早期古城遗址可能还有遗漏，如成都平原的大邑高山古城、盐店古城均未列入其中。新疆、西藏地区虽然出现有同期的文化遗址，但迄今还未发现早期城址。

---

① 马世之：《中国史前古城》，湖北教育出版社，2003 年，第 210 页。

除了之前较早的史前城址外,目前学界又新发现了石峁遗址、孙家城遗址与固镇垓下古城三座史前城址。根据考古发掘,石峁古城应是龙山晚期城市,面积可达425万平方米。根据现有的考古成果,该城应是史前时期规模最大的城市。石峁城址"由'皇城台'、内城、外城三部分构成,其中'皇城台'是四周砌筑层阶状护坡的台城;内城以'皇城台'为中心,沿山势砌筑石墙,形成一个封闭的空间;外城则依托内城东南部的墙体修筑一道不规则的弧形石墙,与内城东南墙结合构成相对独立的外城区域"[1]。因城市中有"皇城台"等中心高大的建筑,可谓是王权的象征,以此推测,该城应是史前时期的王城。在该城址中还发现有精美的壁画,这些壁画制作工艺是在石墙上涂抹一层草拌泥,然后在草拌泥上涂上白灰层,再在白灰层上作画。[2] 这是目前中国考古发现的较早的壁画。

孙家城古城与固镇垓下古城是淮河流域的两座史前古城。根据考古发掘,孙家城遗址位于怀宁县的最北端,在大沙河南岸,城址东西长约750米,南北宽约430米,东端宽于北端,近似长圆形。东西南三面用黄土堆砌,一面临大沙河,河面宽100~150米,"最早的城墙系平地起建,整个墙底宽约20多米,最高约4米"[3]。固镇县城址位于今固镇县城东南24公里,"遗址主体平面形状大致呈弧角长方形,南北长,东西短,面积约15万平方米"[4]。两座城址的面积都在20万平方米以上,这在史前城址中已是规模较大的。

在史前时期,由于社会生产力水平较低,尽管人类已经有了进行大规模城市建设的能力,但是这些城市的规模面积仍然较小。从城市规划方面看,城市规划较为随意,城市形态多样,有的城市为方形,有的城市则为椭圆形,城头山甚至为"近圆八角形",城市的形态极为不规则。中国部分史前城址的面积、形态及年代具体见下表:

表1-2 中国部分史前城址的面积、形态及年代

城 址	面积(平方米)	形 态	年 代	今所在地
西山	3.1万	类八角形	距今5300—4800年	郑州西山
王城岗	1万	近方形	距今4405±125年	河南省登封县
平粮台	3.4万	正方形	距今4500年	河南省淮阳县
郝家台	3.2万	长方形	距今4606±121年	河南省郾城县
孟庄	16万	近方形	龙山文化中期	河南省辉县市
后冈	10万		距今4500—4100年	河南省安阳市

---

[1] 陕西省考古研究院、榆林市文物考古勘探工作队、神木县文体局:《陕西神木县石峁遗址》,《考古》,2013年第7期。
[2] 邵安定等:《陕西神木县石峁遗址出土壁画制作材料及工艺研究》,《考古》,2015年第6期。
[3] 朱永春:《安徽建筑》,安徽文艺出版社,2015年,第8页。
[4] 朱永春:《安徽建筑》,安徽文艺出版社,2015年,第9页。

续表

城　址	面积（平方米）	形　态	年　代	今所在地
城子崖	20万	近方形	距今4565±130年	山东省章丘市
边线王	5.7万	复式双城	龙山文化晚期	山东省寿光市
丁公	10万余	圆角方形	龙山文化早期偏晚、中期、晚期和岳石文化晚期	山东省邹平县
田旺	18万	圆角竖长方形	龙山文化中期	山东省淄博市
丹土	23万	椭圆形		山东省五莲县
薛城	2.5万	近方形	龙山文化时期	山东省滕州市
景阳岗	30万	圆角长方形	龙山文化时期	山东省阳谷县
教场铺	40万			山东省茌平县
老虎山	13万	不规则三角形	距今4800—4300年	内蒙古凉城县
西白玉	6.5万	不规则三角形	距今4800—4300年	内蒙古凉城县
板城		呈梯形	距今4800—4300年	内蒙古凉城县
园子沟		未见城垣	距今4800—4300年	内蒙古凉城县
大庙坡		未见城垣	距今4800—4300年	内蒙古凉城县
威俊	2.4万	不规则	距今4800年	内蒙古包头市
阿善	5万	不规则	同上	内蒙古包头市
西园	1.35万	不规则长方形	同上	内蒙古包头市
莎木佳	0.97万	近方形	同上	内蒙古包头市
黑麻板	2万	未见城垣	同上	内蒙古包头市
寨子塔		未见城垣	距今4800—4300年	内蒙古准格尔旗
寨子上		未见城垣	距今4800—4300年	内蒙古准格尔旗
马路塔		未见城垣	距今4800—4300年	内蒙古清水河县
石家河	120万	长方形	屈家岭文化中期，不晚于石家河文化中期	湖北省天门市
马家垸	24万	梯形	屈家岭文化时期、石家河文化早期	湖北省荆门市
阴湘城	20万	圆角长方形	大溪文化时期	湖北省荆州市
走马岭	7.8万	不规则椭圆形	屈家岭文化时期	湖北省石首市
城头山	7.6万	近圆八角形	大溪文化早期、石家河文化中期	湖南省澧县
宝墩	60万	不规则长方形	距今4500年	四川省新津县
芒城	12万	不规则长方形（复式）	龙山文化时期	四川省都江堰市
鱼凫城	32万	不规则多边形	龙山文化时期	四川省温江县
郫县古城	32.5万	长方形	龙山文化时期	四川省郫县

续表

城　址	面积（平方米）	形　态	年　代	今所在地
双河	15万	复式	龙山文化时期	四川省崇州市
莫角山	30余万	略呈方形	良渚文化时期	浙江省余杭市
石峁古城	400万	方形	龙山文化中晚期	陕西省神木县

注：随着考古发掘的不断推进，许宏《先秦城市考古学研究》中的相关数据有所变化，如现边线王城址面积应为5.7万平方米，丁公城址面积应为11万平方米，景阳岗城址面积应为35万平方米。

资料来源：许宏《先秦城市考古学研究》，北京燕山出版社，2000年；高广仁《海岱区先秦考古论集》，科学出版社，2000年；孙周勇等《陕西神木县石峁遗址》，《考古》，2013年第7期。

从上表可知，史前城市的面积大小不一，相差较大，城市面积从几千平方米到几百万平方米不等。值得注意的是，史前城市的分布往往较为集中，如中原地区的古城主要分布在郑州嵩山周围，城址的面积从几万平方米到200余万平方米不等；海岱地区的古城址面积从20余万平方米到30余万平方米不等。[①] 以景阳岗、教场铺城为中心的区域，还存在包括3个、5个大小不等的城址的两个城址群，这些次等城址，面积一般为数万平方米，最小的约3500平方米。[②]

中国史前古城的营建已经较为考究，有的城市在建设过程中还考虑防洪及排水的问题。河南淮阳县平粮台古城的城市防洪及排水系统较为完善，其"南城门的路土下，发现一条现长5m多的陶排水管道，这条管道由三条陶管组成，其断面呈倒'品'字形，每条管道又由许多个陶管扣合而成。陶管一头略粗，一头细，细头有榫口，可以衔接。陶水管为轮制，状如直筒，小口直径为0.23~0.26m，大口直径为0.27~0.33m，每节长0.35~0.45m不等，其上外表拍印篮纹、方格纹、绳纹、弦纹，个别的为素面。每节小口朝南，套入另一节的大口内，如此节节套扣。从整个管道看，北端稍高于南端，宜于向城外排水"[③]。史前城市排水系统建设反映了当时的城市建设具有一定的水平。

史前城市内的建筑物主要以房屋建筑为主，有的城市中还有面积较大的广场。如郑州西山城址仰韶文化晚期城址，城市内外的建筑物主要有房屋、广场、窖穴（灰坑）、墓葬等。其中，房屋是城内建筑物的主体，有200多座，这些房屋经过整体规划，有的房屋"门皆向北，朝向北城门"，有的房屋则"门向西"，有的房屋则"门皆开向东南"。广场位于城西门东侧，"西门内东侧有一座大型夯土建筑基址，略呈扇面状，东西长约14米，南北宽约8米"，在此基址北侧是一个面积达数百平方米的广场。[④]

[①] 张玉石：《史前城址与中原地区中国古代文明中心地位的形成》，《华夏考古》，2001年第1期。
[②] 高广仁：《海岱区先秦考古论集》，科学出版社，2000年，第28页。
[③] 吴庆洲：《中国古代城市防洪研究》，中国建筑工业出版社，1995年，第45页。
[④] 马世之：《中国史前古城》，湖北教育出版社，2003年，第23页。

受生产力水平的限制以及自然灾害的影响，中国史前城址的存在时间较短。城市的消失是政治、军事、自然地理环境等多种因素共同作用的结果，在某个时期，某种因素会发挥主导作用。如西山城址是因祝融族向西迁移而形成，后因华夏集团的东侵而衰落。① 自然灾害也是导致早期城市甚至文明覆灭的重要原因。在距今4000年前后的尧舜时代末期和夏代初期，黄河中下游与长江中下游地区经常发生洪水灾害。如《孟子·滕文公上》记载："当尧之时，天下犹未平，洪水横流，泛滥于天下。草木畅茂，禽兽繁殖，五谷不登，禽兽逼人。兽蹄鸟迹之道，交于中国。"② 在该时期，河南中东部、江苏北部及山东地区龙山文化中断，可能与当时的洪水灾害有着密切关系。如江苏连云港藤花落遗址位于南云台山和北云台山之间的冲积平原上，中间有河流经过，后"处于一种过湿的积水或湿地环境，不适合人类居住，也不适合水稻的生长"③，由此可推断，水生环境的改变致使该遗址彻底毁灭。

总体而言，中国史前城市的发展水平仍然较低，城市的构成要素较为简单，只有城墙、宫殿、房屋、墓葬等建筑实体，城市的形态也极为不规则，是中国早期城市的雏形。

（二）史前城市与"满天星斗"的文明

截至2013年，史前城市共发现62座，这些城市无疑是当时生产力及社会组织发展的产物。可以说，城市是人类文明发展过程的见证者，因此，通过对不同区域史前城市的发展状况研究，可以探寻中国早期文明的起源及形成的轨迹。

如考古学所界定的那样，城市、文字、国家、阶级对立等文明的构成要素都有其自身的发展过程，那么，必须以史前时期各个文化圈的区系类型的研究为基础，方能了解中国早期文明在不同区域的起源过程；而且用考古学文化区系类型学说对中国早期文明的形成进行重新认识，可以"从文化渊源、特征、发展道路的异同等方面进行考古学区系类型的深入探索"，改变过去"夸大中原古文化、贬低周边古文化"的观点。④

在史前时期，不同区域存有不同的文化类型，而文明正是各文化区系相互作用的产物，这些文化区系类型包括山东龙山文化、长江下游的良渚文化、黄河中游的龙山文化、齐家文化、青龙泉三期文化⑤，以及长江上游的宝墩文化、三星堆文化等。这些文化类型中的红铜器物、陶器、夯土建筑、防御技术、祭祀仪式、玉器等都具有相似性，说明这些文化类型是相互影响的。

---

① 韩建业：《西山古城兴废缘由试探》，《中原文物》，1996年第3期。
② 《孟子·滕文公上》，万丽华、蓝旭译注，中华书局，2006年，第111页。
③ 李兰、朱诚等：《连云港藤花落遗址消亡成因研究》，《科学通报》，2008年第1期。
④ 苏秉琦：《中国文明起源新探》，辽宁人民出版社，2009年，第86页。
⑤ 张光直：《中国交互作用圈与文明的形成》，《庆祝苏秉琦考古五十五年论文集》，文物出版社，1989年，第1—19页。

中国早期文化类型的地域范围都较小,且在地域上相对独立,但是都经历了一个不断扩张的过程,并相互影响。到了公元前 4000 年至公元前 3000 年,这些文化类型在地域延伸的过程中,新生了许多文化类型,分为以关中、晋南、豫西为中心的中原,以山东为中心的东方,以环太湖为中心的东南部,以四川盆地为中心的西南部,以鄱阳湖—珠江三角洲为中轴的南方,以燕山南北长城地带为中心的北方等六大区域类型。[①] 由此看,中国早期文明是各个地域文化在相互渗透中逐渐形成的。

除了以文化类型来分析中国早期文明的形成过程,我们还可以从农业考古的角度做相关分析,学界则将全新世大暖期的文化分区分为北方粟黍旱作农业文化区[②];渔猎采集或游牧文化区(东北大兴安岭,中经贺兰山、乌鞘岭,西南到横断山脉这一漫长地带以西以北的地区);南方稻作文化区(北界大致推进到了北纬35°附近的扶风—户县—华县—渑池—洛阳—郑州—兖州—日照一线,较现今偏 2~3 个纬度);东南沿海的渔猎文化区(南岭南侧至福州以南的地区)。[③] 不过,从农业考古的角度看,文化分区的范围较大。这些区域的物质文化特征,包括居民的居住方式、生活方式、出土的器具都有所不同,说明不同的生产方式造就不同的文明类型。

在史前时期,中国早期城市的分布与上文所述"六大考古区系"大致是一致的。考古遗存最为密集的是黄河中下游地区,长江流域也有大量的考古遗存,不过要少于黄河流域。燕辽、内蒙古、青海等地区也有大量的考古遗存,考古遗存的分布范围较大,说明早期中国各区域都有人类活动的足迹。考古遗存的密度说明了地区间定居人口数量以及经济的发展程度,考古遗存密度越大,则说明该地区的人口越密集,经济活动也相对发达。史前城址最为密集的则是黄河中下游地区和长江中上游地区,说明这两个地区的生产力水平较高,农牧业的发展程度也相对较高,是人类定居的集中区域。从城市的分布看,城市主要集中在农牧交错带以南的农耕区域,农牧交错带以北的地区则无城市出现,说明了南北的经济形态差异,进而反映了农耕与游牧两种不同的文明形态。

1. 黄河流域的早期城市

黄河流域是中华文明的重要发源地之一,其城市的产生也较早。20 世纪以来,考古工作者在黄河中下游地区的河南、山东两省先后发现多处龙山时代的夯土城

---

① 辽燕文化区的地域范围包括内蒙古东南部、吉林西南部、辽宁西部、河北东北部以及京津地区。参见费孝通等:《中华民族多元一体格局》,中央民族学院出版社,1989 年;田广林:《中国东北西辽河地区的文明起源》,中华书局,2004 年,第 2 页;苏秉琦:《中国文明起源新探》,辽宁人民出版社,2009 年,第 28—82 页。

② 北方粟黍旱作农业文化区,从绥芬河至宁安镜泊湖南岸,经农安左家山、通辽,沿西拉木伦河北侧向西南延伸,至化德、商都,沿阴山南麓、大青山南麓至包头、乌拉特前旗,向南经东胜以西,鄂托克旗、杭锦旗以东,向西经宁夏固原,沿河西走廊北界至嘉峪关、玉门,再折向东南,沿祁连山北麓,向南经青海湖东岸至贵南、泽库。文化区范围具体参见张兰生、方修琦、任国玉:《全球变化》,高等教育出版社,2000 年,第 286—297 页。

③ 侯林春、彭红霞、张利华:《中国全新世暖期农业考古文化分区及人地关系特征》,《干旱区资源与环境》,2009 年第 9 期。

址。其中，位于河南省境内的主要有登封王城岗、淮阳平粮台、郾城郝家台、辉县孟庄和安阳后冈等处古城址。此外，近年在郑州西山还发现一处仰韶文化晚期的城址。山东地区发现的龙山时代城址主要有章丘城子崖古城、寿光边线王古城、邹平丁公古城、临淄田旺古城、五莲丹土古城、滕州薛城古城、阳谷景阳岗古城等。

郑州西山仰韶文化城址位于河南省郑州市惠济区古荥镇孙庄村，距今5300—4800年，是迄今发现的中原地区最早的史前城址。该城址平面呈类八角形，略近于圆形，最大径180米，面积约34500平方米。城内建筑基址多有奠基坑，已发现窖穴与灰坑2000余座，出土大量各类遗物。城墙系采用方块版筑法，在经过修整的生土基面上逐层逐块夯筑而成；外侧有取土沟环绕城墙。西山城址是黄河流域发现年代最早、建筑技术最为先进的早期城址。该城的建筑方法、建筑形制、结构形式对中国古代城址的建筑产生了深远的影响。

登封王城岗古城和淮阳平粮台古城是龙山文化晚期城址的代表。经碳十四检测，登峰王城岗古城存在的年代距今4500—4000年，淮阳平粮台古城存在的年代距今4300—4100年，相当于夏代的早期，是我国目前发现最早的城址之一。

王城岗古城位于河南省登封市告成镇西北约1公里处的台地上，是一处以豫西龙山文化类型中晚期为主，兼有新石器时代最早期裴李岗文化和相当于夏代的二里头文化及商周文化特征的遗址。1975年，河南省文物考古部门对该遗址进行了大规模的考古工作。考古工作者从这里发掘出两座东西相连的夯土城堡，东城因五渡河西移而被冲毁，只剩下南墙西段，残长约30米，西墙南段残长约65米；西城的夯土城轮廓基本清楚，四面城墙基础多有保存。西城垣略呈正方形，周长约400米。西城的东墙也就是东城的西墙，南墙长约82.4米，西墙长约92米，北墙东段因水冲损，残长约29米，并有城门的遗迹。城中发现有基础槽、夯土建筑和其他遗存，这表明当时的人们已掌握了用斜行夯土来筑城的早期版筑法。城址内还残留有与城墙同期的奠基坑和窖穴等，已发掘的几个奠基坑内共出土7具完整的骨架，这些死者与"奠基"有关。遗址内还出土大量的陶器、石器、骨器等生活用具和生产用具。陶器多砂质与泥质，陶色多灰色，另有棕陶与黑陶。表面多饰有篮纹和方格纹，并有指甲纹和弦纹。另外还发现有早期青铜器遗物。王城岗古城的规模不大，未发现手工业区和商业区，也未发现一般居民住宅遗址，城内主要居住统治阶级的上层人物。这里曾是夏王朝初期活动的中心区域，而王城岗古城的发掘与出土文物表明它与文献记载中的"禹居阳城"相符。

淮阳平粮台古城位于河南淮阳县城东南4公里处的一个高于周围地面3～5米的平台上。城址平面略呈正方形，每面城墙长约185米，总面积约3.4万平方米，城墙用小版筑法分层夯筑而成；南北城墙各辟一门，南门埋设有陶质排水管道。城内有高台建筑，屋墙用土坯垒砌而成，四周还有灰坑、陶窑等遗迹。城内有道路、排水设施、房基、陶窑、墓葬、灰坑等遗存。平粮台古城规模较王城岗古城大，城内的建筑和设施也要先进些，尤其是小版筑法、陶质排水管道、土坯的使用和屋外散水的铺设，都是中国建筑史上的重大进步表现，代表了龙山文化古城建设的最高水平，为城市的进一步发展奠定了基础。平粮台古城遗址距今约 4300 年，是目前考古发现的中国最早的古城址之一。

郝家台龙山古城位于漯河市郾城区孙庄乡石槽赵村东北的台地上。该古城是一座龙山文化中期城址，城址平面呈长方形，南北长 222 米，东西宽 148 米，面积近 3.3 万平方米。现存城墙宽 5 米，高 0.8 米。东城墙中部有一个宽 8.8 米的缺口，也可能与城门有关。东墙、北墙和四个城角保存尚好，南墙和西墙分别被破坏。城内发现有多组房基，为长方形排房，每组 8 间或 6 间不等。另外还发现为数不少的窖穴、瓮棺葬等。该城址年代据碳十四检测并经树轮校正为 4606±121 年，相当于龙山文化中晚期。

孟庄遗址位于河南省辉县市孟庄镇东侧，西北距县城 4 公里，总面积达 25 万平方米。考古工作者在该遗址发现有仰韶文化遗存、龙山城址、二里头城址、商代晚期城址等。龙山城址位于遗址西北部，东城墙保存较好，长约 375 米，正中还发现城门，北墙复原长度 340 米左右，西墙仅残存东半部，长约 330 米，南墙已被平掉，仅存南城河。二里头时期的城址直接叠压在龙山城址之上。殷墟时期遗存主要有城址、灰坑、水井、墓葬等，城墙仅在西墙及东墙处存有商代晚期修补的夯土。龙山、二里头及商代时期三叠层是中原地区的首次发现。遗址内裴李岗、仰韶、龙山、二里头、二里岗、殷墟、西周各期都有人类居住，遗址内还出土有大量各时期的遗物。

后冈遗址是一处新石器时代与青铜时代遗址，位于河南安阳市西北洹水南岸高楼庄的高岗上，面积约 10 万平方米。后冈遗址经过多次考古发掘，发现了仰韶文化、龙山文化、商文化三种文化层位的上下叠压关系。从整个遗址的龙山文化遗存分布情况看，早期聚落限于冈顶附近，中期以后聚落规模不断扩大，晚期扩展至整个遗址。据此可推知围墙的建筑与使用时间约当该遗址的中晚期（距今 4500—4100 年）。

城子崖城址位于章丘市龙山镇东、武原河畔的台地上。城子崖遗址是龙山文化命名地，也是中国史前城址的首次发现。1930—1931 年考古工作者首先在这里发现了著名的龙山文化。1989—1990 年再次进行勘探试掘，确认了该城址由分属于龙山文化、岳石文化和周代的三座城址重叠而成；1930—1931 年发现的"黑陶时期"城址实际上是岳石文化的城址。龙山文化城址平面近方形，其中北垣随地势弯曲而外凸，沿断崖而筑，外壁呈陡壁，内壁呈缓坡，墙外为河流或沼泽。城址东西宽约 455 米，南北最长处 540 米，面积约 20 万平方米。城墙大部分挖有基槽，并经多次修筑。城址已发现南北二门，两门之间有道路连接，城内有较丰富的龙山文化遗存。

边线王遗址位于寿光市孙家集镇边线王村后的台地上，面积 10 万余平方米。东西约 350 米，南北约 500 米。南部为边线王村叠压，中心部分高出周围地面 5 米，为龙山文化遗址，兼有商周时期和汉代遗存。边线王城址是一座有内外两道城墙的大小两重城，被分别称为小城和大城。大、小城平面均呈圆角方形，小城位于大城中部略偏东南处。大城边长240米，面积5.76万平方米；小城边长100米，面积约1万平方米。城墙环绕埠岭修筑，现仅存城墙基槽。大城之东、西、北三面的中部各发现一门；小城之东、北两面各发现一门。

丁公城址位于山东邹平县苑城乡丁公村东侧的高埠上。平面略呈圆角方形，遗址总面积近24万平方米，时代为距今5500—2000年。丁公遗址以龙山文化时期的遗存最为丰富。遗址内发现的龙山文化城址，城墙宽25米左右。城墙以内部分，东西约310米，南北约350米，面积10.5万平方米。城外有宽30~40米的壕沟环绕，最深处低于城内地面3米以上。城墙、壕沟均经多次增筑与清淤。城内发现房屋基址近百座，其中既有面积超过50平方米的大型房屋，也有面积不足10平方米的小屋。此外，还发现墓葬60余座及陶窑、水井等重要遗迹。

20世纪以来，山东发现的早期重要城市遗址还有临淄田旺、五莲丹土、滕州薛城、阳谷景阳岗等古城址。此外，考古工作者还在内蒙古地区发现有龙山时代的城址，均为筑有石砌围墙的石城聚落遗址。这些石城聚落遗址规模都不大，但在空间分布上相对集中，主要分布在凉城岱海周围、包头大青山南麓和准格尔与清水河之间的黄河两岸。[①]

以上这些早期城址大部分为城邦时期的城市遗址，也有少数为夏朝建立后的城市遗址。这些城址与原始居民聚落已经有了明显的区别，一个显著的特征不仅在于这些早期城址比原始居民点规模要大得多，而且具有明显不同的文化内涵，如城址都修筑有城墙，城内修建有大型建筑和较为完善的基础设施，如道路、排水设施、防御设施等。另外，不少古城还有祭祀设施。这些都表明它们是城邦国家的都城所在地，是一定区域内的政治、宗教中心。这些古城已经初步具备城市的基本特征：人口的集中、建筑的集中、权力的集中、财富的集中。目前所发现的古城除河套地区的石城聚落遗址外，多数古城遗址面积都在10万平方米以上，规模大者如古郇古城面积达400多万平方米。这些大型中心聚落和围绕这些中心聚落形成的若干遗址群的出现，实际上是原始农业发展、定居生活方式出现和阶级分化的必然结果。此一时期中国社会出现大分化、大动荡，政治、经济、文化等各领域都发生深刻而巨大的变化，特别是以王权为中心的国家政权的出现成为大型中心聚落以及若干个大型遗址群形成的主要原因，城壕、大型夯土台基、大型建筑、大型祭坛、大型陵墓等耗费人力、物力、工时的大型工程，显然不是分散的小规模的部落所能完成的，只能由有组织的国家政权来组织建筑。"筑城工程包括设计、测量、取土、运土，以至版筑夯实，一系列的过程比挖掘壕沟复杂费事，不但需要相当成熟的行政组织以指挥大批人员，更需有相对的剩余粮食以养活筑城的劳力，所以城墙实标识着资源集中、人力控制和行政组织之复杂化，而且是成正比的。少数人垄断大量生

---

① 田广金：《内蒙古长城地带石城聚落址及相关诸问题》，《纪念城子崖遗址发掘六十周年国际学术讨论会文集》，齐鲁书社，1993年，第119页。

产资源，并且发展出一套组织以驾御人力，是构成国家的重要条件"①。

2. 长江流域的早期城市

长江与黄河同样是中华文明的发源地。近年来随着考古工作的推进，长江流域不断有新的考古发现，这些考古发现证实了长江文明与黄河文明一样历史悠久，也证实了长江流域是中国城市的发源地之一。长江流域不仅有被称为中华第一古城的城头山古城址，而且还有数量众多的早期古城址分布于长江上、中、下游的各个地区。

城头山古城址位于湖南澧县县城西北约 10 公里处的车溪乡南岳村，为大溪文化至石家河文化时期的遗址。大约 6500 年前，大溪文化的先民们即开始在城头山掘壕沟、筑城墙。城头山古城址略呈圆形，城垣外圆直径 340 米，内圆直径 325 米，占地 18.7 公顷。城垣外还发现有围壕，长 1000 多米，宽 10 米，深 3～4 米，比西安市半坡遗址的围壕大得多。考古工作者在城内发掘出大片台基式的房屋建筑基础、设施齐全的陶器作坊、宽阔的城中大路、密集而重叠的氏族墓葬和保存完好的世界上最早的水稻田（距今 6500 年）。城头山古城与早期原始居住点的村落已经有很大的区别，无论从规模、功能还是工程规划、施工来看，它已经是一个大型的中心聚落，属于"城"的范畴。城头山古城址是迄今为止已发现的中国最早的古城址，被评为"中国 20 世纪 100 项考古大发现"之一。

除了城头山古城址外，长江中游地区还发现龙山时代夯土城址共 6 处，较为集中地分布在江汉平原上，即湖北天门石家河遗址、荆门马家垸遗址、荆州阴湘城遗址、石首走马岭遗址、公安鸡鸣城遗址。

石家河遗址位于湖北省天门市石家河镇北，由四十多处遗址构成，分布十分密集，总面积约 8 平方公里。城址坐落于遗址群中心部的东西二河之间，由城垣和环壕组成。城垣平面略呈长方形，南北长约 1200 米，东西宽约 1100 米，东南角有一长约 400 米的缺口。城垣系堆筑而成，外侧有环壕一周，环壕外侧还有人工堆筑起的土台数道。环壕围起的面积达 180 万平方米，城垣内可使用的面积在 120 万平方米左右。城内多处地点的文化堆积连接成片，分别发现有应为建筑遗存的大面积红烧土堆积，墓地，以及集中出土陶塑、红陶杯的地点。城址中部的谭家岭一带居住区面积广大，房址分布密集，个别房址发现土坯，有的墙体厚达数米，可能是较为特殊的建筑。据层位关系和出土遗物分析，该城筑建年代的上限不早于屈家岭文化中期，使用下限不晚于石家河文化中期。②

马家垸遗址位于湖北省荆门市五里镇显灵村，总面积约 24 万平方米。城址平面呈梯形，东西垣分别长约 640 米、740 米，南垣长约 400 米，北垣长约 250 米。

---

① 杜正胜：《中原国家的起源及早期的发展》，见杜正胜《古代社会与国家》，允晨文化实业股份有限公司，1992 年，第 159—167 页。

② 北京大学考古系等：《石家河遗址群调查报告》，《南方民族考古》（第五辑），四川科学技术出版社，1993 年。石河考古队：《湖北天门市邓家湾遗址 1992 年发掘简报》，《文物》，1994 年第 4 期；许宏：《先秦城市考古学研究》，北京燕山出版社，2000 年，第 24 页。

城垣内坡平缓，外坡陡直。其四面各有缺口一处，可能是城门。流经城内的一条古河道连接东西垣上的缺口（城门），此二门或为水门。城外东、北、南三面有壕与西城垣外的古河道相通，形成周壕。城内地势高于城外，东北部为宽平的岗地，文化堆积丰厚。①

阴湘城遗址位于湖北省荆州市荆州区马山镇阳城村的台地上。城址平面呈圆角长方形，东西长约580米，南北残宽约350米，残存面积约20万平方米。城的北部已被湖水侵蚀，东、南、西垣及其外的环壕保存较好。南垣偏东处发现有城门和道路的遗迹。城内文化堆积较厚，发现有屈家岭文化时期较大的分间房屋。城内东部地势较高，有较厚的红烧土堆积，应是当时的主要居住区。在东、西城垣之下内侧均发现有大溪文化时期的壕沟，说明该遗址在大溪文化时期是一处环壕聚落。②

走马岭遗址位于湖北省石首市焦山河乡走马岭村。城址平面呈不规则椭圆形，东西最长处370米，南北最宽处300米，总面积7.8万平方米。东城垣中部和西城垣南北两端分别设有一门，其中西城垣南门似为水门。城垣周围有明显的环壕遗迹。城内发现有分布较广的红烧土建筑堆积，地势较高的东北部应是主要居住区。城垣夯土中包含屈家岭文化早期的陶片，城垣内侧又被属于屈家岭文化晚期的墓葬和灰坑打破，可知该城址的使用年代限于屈家岭文化时期；从城内的文化堆积看，该遗址最后被废弃的时间约在石家河文化中期。③

公安鸡鸣城遗址位于公安县狮子口镇清河村。城址平面呈椭圆形，东西宽400米，南北长500米，面积约15万平方米。城有四门，外有护城河，唯东墙中段不知何时何故断缺。城内中央有高出周围1米，面积约4万平方米的台地，上面发现大量红烧土堆积，当是遗址的主要居住区。④

长江上游以成都平原为中心的地区，亦为中国早期城市的一个重要发源地。20世纪90年代以来，在以成都为中心的成都平原地区，考古工作者相继发现并确认了以新津宝墩古城为代表的史前城址群，包括郫县古城、温江鱼凫古城、都江堰芒城、崇州双河城（下芒城）等在内的系列史前城址群。这对于揭示蜀地社会历史发展的诸多问题，如城市、国家、文明的起源和形成等，无疑有着十分重要的作用。

宝墩古城位于四川新津县城西北约5公里处的龙马乡宝墩村，处于成都平原的西南边缘，习称"龙马古城"。考古发掘已证实该遗址为一座距今约4500年的新石器晚期古城址。1996年，成都市文物考古研究所对宝墩古城遗址进行了试发掘，揭露面积435平方米，发现城址1座，灰坑32个，墓葬5座。⑤ 发现地面有明显的

---

① 湖北省荆门市博物馆：《荆门马家院屈家岭文化城址调查》，《文物》，1997年第7期。张绪球：《屈家岭文化古城的发现和初步研究》，《考古》，1994年第7期；许宏：《先秦城市考古研究》，北京燕山出版社，2000年，第24页。
② 许宏：《先秦城市考古研究》，北京燕山出版社，2000年，第25页。
③ 许宏：《先秦城市考古研究》，北京燕山出版社，2000年，第25页。
④ 贾汉清：《湖北公安鸡鸣城遗址的调查》，《文物》，1998年第6期。
⑤ 江章华等：《成都平原的早期古城址群——宝墩文化初论》，《中华文化论坛》，1997年第4期。

围成长方形的土垣，并基本确认宝墩古城城垣范围及走向，其中以北边和东边土垣保存较好，土垣宽度10～25米，最高处约5米。城垣略呈长方形，北墙、南墙各长约600米，东墙、西墙各长约1000米，城垣周长约3200米，城址面积达60万平方米。城垣构筑方法为"堆筑法"，即边堆土，边拍打或夯打，每次堆筑一层。拍打又分水平、斜面拍打两种。房址的平面可能是方形或者长方形，东西宽4.1米，南北长2.23米，墙为木骨泥墙。灰坑有圆形、椭圆形、长方形、长条形、不规则形等，其中以圆形、椭圆形和长方形居多。灰坑中发现制作陶器的陶土，有的灰坑内有大量的陶片。墓葬均为长方形竖穴土坑墓，其中M4、M6、M7墓坑较小，疑为孩童墓；M3、M8墓坑较大，可能为成人墓。城墙叠压在早期地层之上，筑墙时破坏了早期地层，城址的废弃年代和遗址的废弃年代一致。[1]

2009年11月始，成都文物考古研究所再次组织考古调查队，对宝墩遗址进行了考古调查。此次考古调查采取了较大范围的地面调查、城内钻探、采样分析等，并结合地貌、水文、古地理和古环境进行综合考察，取得很大的进展。经过考古发掘，宝墩古城为双城格局，其面积较前大为扩展，以壕沟外侧边为界，新发掘面积约276万平方米；以外城墙外侧墙基为界，新发掘面积约268万平方米；以外城墙内侧墙基为界，新发掘面积约253万平方米。[2] 外城墙和壕沟的发现使我们对宝墩古城遗址、宝墩文化有了全新的认识。宝墩古城由内、外两重城墙构成，是目前发现的面积最大的具有内外双重城墙的龙山时代城址，大大丰富了宝墩文化的内涵，对探索宝墩文化时期聚落形态、社会结构与社会复杂化程度具有极其重要的研究价值。

宝墩古城规模巨大，可推测出成都平原距今约4500年前已出现高度集中的政治和权力中心。从目前的发现情况来看，宝墩古城面积276万多平方米，与良渚、陶寺古城的规模相当，为探讨城市起源、中华文明的起源、早期国家形成的多元化等问题提供了全新的资料，是对"古文化、古城、古国"的文明演化模式发展规律的最好诠释，也是对中华文明起源"满天星斗"式的拥有多元化中心的支持。[3]

郫县古城位于郫县县城北约8公里处的三道堰镇古城村和梓路村，相传为三国诸葛亮养马的"养马城"。这里属于成都平原的腹心地带。郫县古城遗址城垣是同期成都平原史前城址中保存最好的一处。城址平面呈不规则长梯形，长约620米，宽约490米，面积约30.4万平方米。城垣在地面以上保存的高度还有5.6米。[4] 郫县古城遗址内出土有大量陶器和磨制石器，分属生活用具和生产工具。经过三次发掘，在城垣内发现灰坑35个，灰沟2条，房基13座。在这些房基中，发现有大型房屋建筑基址F5。F5位于遗址的中部，平面呈长方形，与城垣方向大体一致，长

---

[1] 成都市文物考古工作队等：《四川新津县宝墩遗址调查与试掘》，《考古》，1997年第1期；中日联合考古调查队：《四川新津县宝墩遗址1996年发掘简报》，《考古》，1998年第1期。
[2] 成都市文物考古研究所：《成都市新津县宝墩遗址新发现》（内部打印稿），2010年。
[3] 成都市文物考古研究所：《成都市新津县宝墩遗址新发现》（内部打印稿），2010年。
[4] 蒋成、颜劲松：《四川省郫县古城遗址调查与试掘》，《文物》，1999年第1期。

约 51.5 米，宽约 10.7 米，面积约 551 平方米。该建筑的墙体推测为木柱夹竹笆，内外涂抹草泥。据推测，"F5 当不属一般的居址，可能为大型的礼仪性建筑，如举行公共仪式活动的场所"[1]。在城址的西北部，发现了干栏式建筑，这在宝墩文化时期尚属首次。随着考古工作的进展，对于古城城址内的平面布局可形成初步的认识，"即以位于城址中部的大型礼仪性建筑（F5）为中心，在其四周均分布有小型的木骨泥墙建筑或其他小型建筑，应为城址的居住区"[2]。在郫县古城的"建筑遗迹内还有间距大致相等的五堆卵石面台基。这对于研究当时的社会形态、社会性质提供了非常重要的资料"[3]。

都江堰市芒城位于距离都江堰市区南约 12 公里处的青城乡芒城村，地处川西平原的西部边缘，西距青城山支脉的药王山仅 2.4 公里，东去约 1.4 公里有泊江河由北向南流淌。城址平面近似方形，分内外两圈城垣，以内圈保存较好。内圈南北长 300 米，东西宽约 240 米，现存地面部分宽 5~20 米，残高 1~2.2 米。外圈与内圈相距 20 米，城垣保存情况较差，北垣保存 180 米，南垣保存 130 米，残宽 7~15 米，残高 1~2.5 米。推算整个城址面积约 10.5 万平方米。内外城垣间地势较低，似为城壕。共发现灰坑 11 个，灰沟 1 条，房基 4 座。出土遗物以陶器为主，另有一定数量的石器。陶器皆残破，无论是陶系、纹饰、器物群还是器物形态，都比较一致，没有太大变化。因此发掘者认为该遗址延续的时间不长，应属于同一考古学文化的同一时期。遗址的文化内涵与宝墩遗址比较一致。与宝墩遗址略有差异之处在于，该遗址以泥质灰黄陶为主，夹砂褐陶也有所增加。[4] 此外，在都江堰芒城城址还发现了一座竹骨泥墙房址，首次证实了成都平原史前城址中竹骨泥墙的存在。

温江鱼凫古城位于温江县城关北约 5.5 公里处，东南距成都市区 20 公里，西南距岷江 7 公里。遗址习称"鱼凫城"，相传蜀人鱼凫王曾于此建都。鱼凫古城城址建于平原的台地之上，从台地边缘建筑城墙，城内地表高度明显高于城外。遗址现存不连续的低矮城垣，残存四段，城址平面为不规则的多边形，初步推测面积为 32 万平方米。现存的城垣一般高出地面约 2 米，宽约 15~20 米。遗址墙体构筑方式为坡状堆筑，墙体中发现有大量卵石，应为牢固墙体而用。考古工作者通过对鱼凫古城遗址的两次发掘，出土了大量特征明显的陶器和石器，清理出灰坑 155 个、房址 14 座、墓葬 4 座和灰沟 6 条。其中，房屋均为地面建筑，可分为墙体是木骨或竹骨的墙基槽式和干栏式两种，干栏式房屋的布局和建造方式与郫县古城 1998 年清理的同类建筑相似，推测为仓储式建筑的基础部分。根据遗址出土文物和出土

---

[1] 成都市文物考古研究所、郫县博物馆：《四川省郫县古城遗址 1997 年发掘简报》，《文物》，2001 年第 3 期。
[2] 成都市文物考古研究所、郫县博物馆：《四川省郫县古城遗址 1998—1999 年度发掘收获》，《成都考古发现（1999）》，科学出版社，2001 年。
[3] 文物出版社：《新中国考古五十年》，文物出版社，1999 年，第 376 页。
[4] 江章华：《成都平原的史前城址与史前文化》，《寻根》，1997 年第 4 期；孙华：《成都平原的先秦文化》，《苏秉琦与当代中国考古学》，科学出版社，2001 年。

地点分析，城址东南部是当时人们活动的次中心，为生活居住区；城址南部可能是墓地和废弃物的堆放地；城址的中心地区（鱼凫村地界）和现存的东部边缘地点，是人们活动比较频繁的区域。鱼凫古城有可能延续使用时期长，人口也较多，是当时成都平原人们聚居活动的中心之一。[1]

除以上四个具有代表性的古城址外，在蜀地发现的古城址还有崇州双河城址、崇州紫竹城址、大邑盐店城址和高山城址。这一系列的史前城址尽管存在一定的差异，但也表现出一些共同特征：

第一，古城选址与地形密切相关，且均选择在与河流平行的垄岗状台地上建城。从目前已发现的新津宝墩城址、郫县古城城址、温江鱼凫城址、都江堰芒城城址、崇州双河城址、崇州紫竹城址、大邑盐店城址和高山城址的宏观地理位置来看，都处于成都平原范围之内。而从微观地形考察，可以看出这些成都平原史前时期城市的建造对自然地形做了充分的考虑。有研究者依据城邑所处地形的不同，将中国史前城址分为四种类型：缓岗类、台地类、山城类和水城类。[2] 成都平原史前城址基本属于台地类型，且充分利用河流。宝墩遗址距离西河4公里；郫县古城距离青白江3.2公里，距离柏条河2.5公里；鱼凫古城距离江安河2公里；芒城距离泊江河1.4公里；双河城址距离西河5公里；紫竹城址距离西河2公里；盐店城址距离南河支流斜江河仅1公里。在方便利用水源的同时，也使得蜀地早期的城邑能得到尽量大规模的修建。因此，散布在成都平原上的古蜀早期城址，面积都较大。最大的新津宝墩古城遗址面积达276万平方米，郫县古城和温江鱼凫古城遗址的面积均在30万平方米以上，较小的都江堰市芒城与崇州双河古城遗址面积也都在10万平方米以上。这就与依山而建且面积狭小的早期巴地聚落形成了鲜明的对比。

第二，城址形态的多样性特点。从目前考古发现来看，蜀地早期城址有单圈城垣和双圈城垣两种：郫县古城、鱼凫、盐店等城址为单圈城垣；宝墩、芒城、双河、紫竹等城址为双圈城垣。城址平面多为长方形，只有温江鱼凫古城城址为不规则的六边形。城址走向大体与临近的河流走向相一致，郫县古城、都江堰芒城、崇州双河古城等城址中发现有壕沟，大邑盐店城址据报道可能有护城河存在。就目前对城址墙体所做的解剖分析来看，构筑方法都采用的是斜坡堆筑法，只有芒城的墙体建造表现出显著特点，即作为内墙主体的墙心部分修筑得特别好，而内城墙的外皮和外墙基本由小卵石堆筑，较为松散，从而与其他城址墙心堆筑松散而外皮堆筑紧密形成对比。[3]

第三，早期蜀地城市文明已经发展到一个较高的水平。成都平原史前古城遗址均出土了相当数量的陶器和磨制石器等生产、生活用具。此外，郫县古城遗址中还

---

[1] 成都市文物考古研究所：《温江县鱼凫村遗址1999年度发掘》，《成都考古发现（1999）》，科学出版社，2001年。

[2] 张国硕、阴春枝：《我国新石器时代城址综合研究》，《郑州大学学报》，1997年第2期。

[3] 中日联合考古队：《都江堰芒城遗址1998年发掘工作简报》，《成都考古发现（1999）》，科学出版社，2001年。

发现了玉器，崇州双河城址中出土了三孔石钺，这些器物可能属于早期的利器，反映出该地社会发展到了一定的水平，城市文明正在孕育和形成。这些城址中也发现了灰坑、灰沟、墓葬、房址等遗迹。在温江鱼凫城址中还发现有祭祀坑、窑址。在郫县古城和崇州双河城址中发现有大型建筑基址，这些大型建筑有可能就是大型礼仪性建筑，一般采用木骨泥墙的构筑方式。另外，都江堰芒城发现的房屋建筑采用了竹骨泥墙的构筑方式。这些建筑特别是大型建筑基址的发现，表明成都平原史前社会的发展已经达到一个较高的水平。

长江下游地区的沪宁杭地区的自然环境较好，气候温暖多雨，土壤肥沃，在新石器时代晚期也是人类聚居的重要地方之一。在这一地区铜石并用时代所诞生的良渚文化即是长江下游太湖流域的一支重要的古文明，考古学界认为"良渚文化是中华文明的一个源头"。良渚文化发现于1936年，以浙江余杭良渚镇而得名，距今5250—4150年。经过半个多世纪的考古调查和发掘，初步查明遗址分布于太湖地区，以莫角山遗址为核心的良渚文化遗址有50余处，内涵丰富，范围广阔，遗址密集。1994年，考古工作者又在莫角山遗址发现了大型建筑基址。基址呈长方形，东西长约670米，南北宽450米，面积30余万平方米，最高处1.2米，土层厚达10.2米。考古研究者确认该建筑基址是人工堆积的大土台，现可见人工堆筑的三个土墩，呈三足鼎立之势，其工程之浩大，世所罕见。2006年6月至2008年1月，考古工作者又对莫角山遗址进行了深入考察，发掘出了良渚古城。该古城大致以良渚遗址区内的莫角山遗址为中心，南北长1800~1900米，东西宽1500~1700米，总面积290多万平方米。布局略呈圆角长方形，正南北方向。城墙底部普遍铺垫石块作为基础，其上又用较纯净的黄色黏土堆筑而成。不同于良渚一带的灰黑色淤泥，这些黄色黏土明显是人工从外面搬运而来。城墙底部宽40~60米，现存较好地段高约4米。四面城墙的堆筑方式基本一致，从堆筑技术上反映了城墙的整体性。城墙内外均有壕沟，壕沟边缘有叠压着城墙堆土的良渚文化晚期堆积。

此外，在太湖地区已发现多处带有人工堆筑土台的良渚文化遗址，其中最典型的要数江苏省昆山赵陵山遗址和武进寺墩遗址。余杭瑶山遗址所发现的祭坛，平面呈方形，从里向外依次为红土台、灰土围沟和砾石台，外围的边长约20米。

如果说考古遗存在分布上具有普遍性，意味着中国早期文明起源具有多元化特征的话，那么，史前城市便是区分不同区域早期文明起源及形成时间早晚的重要标志。城市是不同于一般居民聚落的高级聚落形态，它的产生必须具备一定的生产力水平、发达的社会分工、强有力的社会组织等条件，史前城市的分布情况，反映了其文明的起源要远远领先于其他地区。上文中所述考古学"六大区系"早期文明的发展程度要远远高于其他地区。而即便都是区域文明的中心，在早期文明的形成时间上还是有所差异。例如，长江流域的巴蜀地区、两湖地区的史前城址数量较多，城市的发展程度毫不逊色于黄河流域城市，但是，文明的发展进程要晚于黄河流域。如巴蜀地区进入青铜时代是在商代[①]，而开始用铁则在战国时期，这可以根据成都羊子山 172 号墓发现的三脚架得知[②]。尽管巴蜀地区在物质文明上要晚于黄河流域，但是政治组织出现较早，即"三代蜀王"时期，第一代蜀王蚕丛的时间大致与夏代相当，可见当时巴蜀地区已有较为完善而稳定的政治组织。这从宝墩古城及其中发现的诸多石器、陶器等考古成果可以得知——没有较完善的政治组织，或者说是王权组织，都城建设等庞大的社会工程是不可能完成的。

3. 西藏、新疆地区的史前文化遗存

除了以上所述史前文化遗存之外，西藏、新疆地区的史前文化遗存也较为丰富。与黄河流域、长江流域相比，西藏、新疆等边疆地区的文明发展程度较低，且发展缓慢。在全新世大暖期，西藏地区的气候比现在温暖、湿润，早在四五千年前，西藏地区便出现原始农业，这种农业类型与黄土高原的相似。以目前对卡若文化的考古成果看，该地区主要种植水稻与青稞，农作区域主要分布在雅鲁藏布江中部流域。[③] 这也是西藏地区人类较早的活动区域。随着社会分工的扩大，西藏地区出现了邦国，具体分布见下表：

表 1-3　西藏地区早期邦国一览表

邦　国	所在地
象雄	在今阿里地区。据苯教传说，其都城为琼隆银堡，即今阿里札达县内的琼隆。
藏	在娘若切卡，娘若即今年楚河流域。
罗昂	在娘若香波。
森波	在岩波，即今拉萨河以北的彭波，朗日论赞时更名。
吉	在吉若，可能在今拉萨河流域。
亚松	在松，即后来的苏毗，在今唐古拉山南北一带。
达	在达，在今林芝市。
娘	在娘，在今林芝市尼洋河流域。
贡	在贡，在今林芝市。

资料来源：何一民、赖小路《西藏早期文明与聚落、城市的形成》，《天府新论》，2013 年第 1 期。

根据考古发现，西藏地区内部不同的文化类型，其文明构成要素的特征也有所差异。如史前西藏地区的昌都卡若文化、林芝文化和拉萨曲贡文化在文化类属上便有所不同：林芝文化与曲贡文化属于同一类型，它们的文化遗物与宗教观念类似，而卡若文化要早于林芝文化与曲贡文化。这三种文化系统的特点分别为：分布于西藏北部的细石器文化系统（工艺传统沿袭我国华北细石器工艺传统，同时也具有一

---

① 段渝：《政治结构与文化模式——巴蜀古代文明研究》，学林出版社，1999 年，第 10 页。
② 四川省文物管理委员会：《成都羊子山第 172 号墓发掘报告》，《考古学报》，1956 年第 4 期。
③ 沈志忠：《青藏高原史前农业起源与发展研究》，《中国农史》，2011 年第 3 期。

定的地方特性）；分布于西藏东部的昌都卡若文化系统（打制石器、细石器、磨制石器和陶器并存；独特的建筑遗物；石器加工工艺具有自身的特点；出现"禁忌食鱼"观念）；主要分布于藏东南、腹心地带的林芝—曲贡文化系统（以打制石器为主，不见细石器；陶器制作方面，林芝文化不够发达，但曲贡文化比林芝文化、卡若文化都要发达，尤以其泥质磨光黑皮陶最具特色；无"禁忌食鱼"观念）。[①] 这说明，即使在较小的区域范围内，文明构成要素的发展程度也因自然环境与人文环境的差异而有所不同。

目前，新疆地区缺乏农业考古的资料。从新疆地区的墓葬考古来看，孔雀河古墓沟墓葬的 6412±117 年、4730±135 年和 2175±115 年明显超早或偏晚，巴里坤奎苏遗址的 2690±125 年亦稍偏晚外，其余大多数数据均在距今 4000—3000 年亦即公元前 2000—前 1000 年范围之内。[②] 新疆地区的文明发展滞后于其他地区。从考古发掘的陶器来看，新疆地区的文明发展程度要远远滞后于内陆地区。新疆托克逊地区的陶器的年代确定为公元前 500—前 200 年[③]，而东部地区陶器的出现要远远早于这个时间。不过，也有学者认为新疆地区存在彩陶，吐鲁番盆地是新疆彩陶文化的中心，说明新疆也是早期文明的发源地之一。[④] 目前学界还没有提出明确的证据，说明史前时期中原地区与西域之间存在文化互动，但也不能排除两个区域之间的文化互动。我们也可以大胆地推断，史前时期的新疆地区可能是一个相对独立完整的文化类型，与其他地区的文化类型并存。

此外，早期区域文明并不是相互独立的，它们在发展过程中相互渗透，相互影响，逐渐实现区域融合。早期文明起源与发展有不同的模式，有原生型，还有次生型和续生型。[⑤] 就文明生成方式而言，中国古代文明起源的方式有裂变、撞击、融合三种。其中，裂变是由一种文化形态裂变为两种不同的文化类型，如由仰韶文化裂变而成的半坡、庙底沟两种类型；撞击是指两种不同的文化类型相撞而产生的文化类型，如仰韶文化与红山文化后类型碰撞产生的"农牧交错带"特殊文化类型；融合主要指不同文化类型之间的融合，如大汶口文化的背壶、良渚文化的俎刀都是文化融合的产物[⑥]，陕西邠县下孟村遗址半坡文化和庙底沟文化的典型器物共存，江苏高邮龙虬庄的墓葬有典型的半坡文化史家类型的彩陶和葫芦瓶，等等。[⑦] 这种现象在不同文化类型的边界表现得尤为明显，说明在史前时期不同文化区域的人口流动、迁徙已经较为频繁，不同文化类型逐渐融合。

总之，中国早期城市、文明起源具有多元化特征，可用"满天星斗"来形容

---

① 达扎、玉珍：《论西藏农业文明的起源》，《西藏研究》，1992 年第 2 期。
② 陈戈：《新疆考古论文集（上）》，商务印书馆，2017 年，第 200 页。
③ ［瑞典］贝格曼著，王安洪译：《新疆考古记》，新疆人民出版社，1997 年，第 10 页。
④ ［瑞典］贝格曼著，王安洪译：《新疆考古记》，新疆人民出版社，1997 年，第 21 页。
⑤ 严文明：《农业发生与文明起源》，科学出版社，2000 年，第 56 页。
⑥ 苏秉琦：《中国文明起源新探》，辽宁人民出版社，2009 年，第 104 页。
⑦ 卜工：《文明起源的中国模式》，科学出版社，2007 年，第 147 页。

中国早期城市与文明的形成过程。但是，我们也应看到早期城市分布的不平衡性，这种不平衡性奠定了中国古代城市，甚至文明发展演变的基调，对中国古代区域社会的发展影响至深。

第二节　夏商时期的城市发展

夏、商时期是我国奴隶制社会形成和发展时期，新的社会制度确立，国家机构趋于完善。农业生产有了进一步发展，并成为当时社会最重要的经济部门；农业生产的发展推动了手工业的发展，手工业类型增多，技术进步，尤其是青铜制造业技术取得了空前的飞跃式发展；商业也开始兴盛，商品交换的发展催生了商人阶层。在社会政治经济发展的背景下，城市也得到发展，城市作为统治者的权力中心，政治中心功能被放大，统治阶级皆居住在筑有坚固城墙、挖掘有壕沟的城市中。与此同时，城市的经济集聚功能开始出现，城市逐渐成为具有政治、军事、经济功能的综合性中心。比较完整意义上的城市初步形成，并为后世城市的发展打下了坚实的基础。

一、夏代城市的发展

夏朝是中国史书记载的第一个世袭王朝，存在的时间大约在公元前 21—前 16 世纪，历经十七王。夏朝的建立与大禹治水有着密切的关系。《孟子·滕文公下》记载："当尧之时，水逆行，泛滥于中国，蛇龙居之，民无所定，下者为巢，上者为营窟。《书》曰：'洚水警余。'洚水者，洪水也。使禹治之。禹掘地而注之海，驱蛇龙而放之菹，水由地中行，江、淮、河、汉是也。险阻既远，鸟兽之害人者消，然后人得平土而居之。"① 经过大禹治水之后，黄河流域的水患消除，成为人类重要的聚集地。这也为夏朝的建立奠定了基础。历史上关于夏代社会经济发展情况的记载较少，且多模糊不清，有关夏朝都城的记载极少。夏朝都城"居易无固"，时常迁徙。学术界对于夏朝的疆域有过较多的讨论，但受限于文献与考古资料，对其空间范围的认识仍然较为模糊。目前，学界比较认同的是，夏族兴起于伊河与洛河之间。《逸周书·度邑》记载："自雒汭延于伊汭，居阳无固，其有夏之居"②。《战国策》也有相似的记载："夫夏桀之国，左天门之阴，而右天溪之阳，庐、睪在其北，伊、洛出其南。"③ 另据考古资料，夏朝的疆域大致属于史前时期的"豫西文化类型"，范围包括"豫西的中岳嵩山为中心及其周围的伊河、洛河流域和颍河

---

① 《孟子·滕文公下》，万丽华、蓝旭译注，中华书局，2006 年，第 137 页。
② 张闻玉译注：《逸周书全译》，贵州人民出版社，2000 年，第 179 页。
③ 《战国策·魏一》，齐鲁书社，2005 年，第 244 页。

与汝河上游的洛阳市、巩义市、偃师市、伊川县、新安县、孟津县、登封市、禹州市、汝州市、新密市等"①。

夏朝最初定都阳城，后多次迁都，"先后从阳城（今河南郑州登封东）迁至阳翟（今河南禹州）、帝丘（今河南濮阳西南）、安邑（今山西夏县西北）、斟鄩（今河南洛阳偃师西）、原（今河南济源西北）、老丘（今河南开封东北）、西河（今河南安阳东南）、朝歌（今河南淇县）"。② 夏朝所建其他城市还有高密、晋阳、平阳、钼、穷石、纶等。不过，大多数城市只有相关记载，并无考古资料证实。目前可考的城市有阳城、平粮台城址、二里头遗址等。

王城岗遗址位于登封告成镇西北颍河与五渡河交汇处的台地上。不少学者认为王城岗是夏鲧时的都城，因在"嵩山之阳与阳城山附近"，故称阳城。后用夏商周断代工程的夏代纪年推算，王城岗属"龙山文化第三期，在夏的纪年范围之内"，故为"禹都阳城"。③ 根据考古发掘，该城由东西两座小城构成，东城绝大部分已损毁，西城平面基本呈正方形，面积近8000平方米，发现多处夯土基址遗存，对其同期灰坑的木炭进行碳十四检测，绝对年代距今约4000±65年，属于龙山文化中、晚期城址。④ 城市内发掘的二里头文化遗存有灰坑、墓葬、房基及陶器、石器、牙器、骨器等。⑤ 可见，城市的构成要素仍然较为简单。

20世纪以来，有关夏代的地下考古工作不断推进，虽然目前还在继续探索中，但已经取得了若干重要的成果。考古工作者经过多年的调查和发掘，在河南西部和山西南部等地，发现了一种介于河南龙山文化和郑州二里岗早商文化之间的文化遗存，以河南洛阳偃师二里头遗址的内涵较为典型，称为"二里头文化"。而河南偃师二里头古城遗址的考古发掘和研究，则揭开了夏代城市发展的神秘面纱。

二里头遗址位于河南省偃师市二里头村，地处伊、洛二水之间，距离洛阳市约18公里，东西长约2.5公里，南北宽约1.5公里，遗址现存总面积达300万平方米。⑥ 距今3850—3550年，相当于我国历史上的夏、商时期。⑦ 包含的文化遗存上自距今5000年左右的仰韶文化和龙山文化，下至东周、东汉时期。新中国成立后，考古学者曾对这一遗址进行了40多次发掘。考古发掘和研究情况表明，这里是公元前2000多年中国乃至东亚地区最大的聚落，它拥有目前所知中国最早的宫殿建筑群、最早的青铜礼器群及青铜冶铸作坊，是迄今为止可确认的中国最早的王国都城遗址。

---

① 中国先秦史学会、洛阳市第二文物工作队：《夏文化研究论集》，中华书局，1996年，第5页。
② 何一民：《中国城市史》，武汉大学出版社，2012年，第66页。
③ 马世之：《登封王城岗城址与禹都阳城》，《中原文物》，2008年第2期。
④ 詹子庆：《夏史与夏代文明》，上海科学技术文献出版社，2007年，第67页。
⑤ 北京大学考古文博学院、河南省文物考古研究所：《河南登封市王城岗2002、2004年发掘简报》，《考古》，2006年第9期。
⑥ 井中伟、王立新：《夏商周考古学》，科学出版社，2013年，第25页。
⑦ 近有学者提出二里头为"早商都邑"，参见许宏：《关于二里头为早商都邑的假说》，《南方文物》2015年第3期。

考古工作者在二里头遗址进行了多次大规模的发掘，发现了宫殿遗址、作坊遗址、陶窑、窖穴、水井、墓葬等。根据这些发现，他们断定这里不是一般的古城，而是早期都城的遗址。[①]

二里头遗址已经有明显的功能分区，可分为遗址中心区、一般居住活动区、墓葬与其他手工业遗迹三个功能不同的区域。其中，宫殿区的面积可达12万平方米，这些宫殿建筑位于遗址中间，共有30余块大小不同的夯土建筑基址，形制分方形和长方形两种，大的长度约360米，小的长、宽20~50米不等。这些宫殿建筑经过整体规划，建筑整齐，主次分明，布局严谨。[②] 铸铜作坊区在遗址的东部、东南部与中部，面积为1万平方米。一般居住活动区主要为半地穴式房基，以及随葬品以陶器为主的小型墓葬。墓葬区发掘墓葬40余座。手工业遗迹主要有陶窑、制骨作坊、石器作坊。

二里头古城与王城岗古城、平粮台古城等早期史前城市相比，有了新的发展，主要表现在二里头古城出现了过去所没有的宫殿建筑。宫城遗址位于二里头遗址中东部，平面略呈长方形，东西宽近300米，南北长360~370米，面积达10.8万平方米。四周有墙，墙宽2米，残高0.1~0.75米。墙外有环城道路，宽10~20米。宫城内发现两组排列有序的宫殿建筑群，分别以一号宫殿、二号宫殿为核心，并有明确的中轴线。一号宫殿基址面积达1万平方米，正殿居基址中北部，四周有回廊；正殿之南为庭院，过庭院为面阔八间的大门。2003年，考古工作者在二里头遗址的二号宫殿基址下面发掘出一座时代更早、规模更大、结构更为复杂的大型建筑基址——三号宫殿建筑基址，它早于一号宫殿基址百年左右，是迄今发现的我国最早的宫殿建筑基址。二里头宫城距今已有3600多年，这是迄今发现的我国最早的宫城，可视为以后历代宫城的祖源。二里头宫殿遗址的建筑特点为坐北朝南、封闭式布局、高台基、木架结构等，这些建筑样式都为以后的宫殿所沿用，可以说其开创了中国古代宫殿建筑之先河。宫殿建筑的出现标志着国家和阶级社会的出现，二里头古城已具有国都的规模，结合文献资料来看，它当为夏朝的王都之一，即夏都斟鄩。

二里头古城的规模较王城岗古城、平粮台古城的规模大，内部结构也比较复杂，除宫殿遗址外，还发现有一般的居民住宅和铸铜、制玉、制石、制骨、制陶等手工业作坊，以及窖穴、水井和大量的遗物。这表明二里头古城的居住者除统治阶级上层外，还有一般的平民和工匠。另外，从这些遗物可以看到当时的手工业已有一定发展，尤其是大量青铜器的出土，表明当时的生产力已发展到一个新的水平，进入青铜时代。二里头遗址的发掘表明在夏代中后期中国城市已经有了质的发展，可以说中国城市在此一时期已经形成了较为完备的形态，具备城市的基本特征。

[①] 中国科学院考古研究所二里头工作队：《河南偃师二里头早商宫殿遗址发掘简报》，《考古》1974年第4期；赵芝荃、郑光：《河南偃师二里头2号宫殿遗址》，《考古》，1983年第3期。

[②] 宋镇豪：《夏商社会生活史》，中国社会科学出版社，1994年，第37页。

根据考古发掘，宫殿建筑是二里头文化遗址的主体。遗址表明这是一个完整的宫室单位，全组建筑是由一周廊庑环绕成一个庭院，院内有一座大型殿堂。全组的基址是经过普遍垫土夯筑的，整组建筑是建造在一个低矮而广大的土台之上。① 宫殿整体略呈方形，仅东北部凹进一块，东西长约 108 米，南北宽约 100 米。② 正殿坐北朝南，与南部大门和东、西两塾遥相对应，中部是一块约 5000 平方米的庭院。③ 殿堂的面积不算小，东、西长 30.4 米，南北宽 11.4 米。④ 殿堂的建筑结构是木架为骨，草泥为皮，上面可能是四面坡的屋顶，周围有小挑檐柱，支撑屋顶的出檐。根据估算，这个殿堂的用土量最少有 20000 立方米。如果再加上挖基、筑墙、垫石、盖房等工序，其所需的劳动量是相当可观的，当以数十万乃至百万计。⑤ 可见，当时的建筑技术已达到一定的水平。

　　二号宫殿的主体宫室面积相当大，其平面呈长方形，东西约 58 米，南北约 72.8 米。⑥ 周围有辅助建筑，整体布局虽略显松散，但仍不失为有机组合的宏大的宫室建筑群体，占地面积足有 8 万平方米。⑦ 两个宫殿基址都与纬度相平行，便于采光，规划较为科学。此外，二号宫殿下面有作为地下水道的陶水管。⑧ 城市内部大型宫殿建筑的出现，说明城市的政治功能比以前更加突出。

　　近年来，又有新的考古成果丰富了我们对二里头遗址的认识。2010 年，中国社会科学院考古队对二里头遗址宫殿区进行勘探时，发现了一处大型"坑状"遗迹，面积约 2200 平方米。通过勘探，发现陶片铺垫的活动面、以猪为祭品的祭祀遗迹、经过夯打并火烧的房址及灶，坑内出土了大量的陶片、陶深腹罐、陶鼎、陶器盖、陶盆、陶缸、骨器等物品。⑨ 这说明该处曾有重要的祭祀活动。坑壁的土层颜色与宫殿深坑的夯土颜色相似，说明这应是宫殿建筑用土的来源地。

　　与史前城市相比，夏朝城市内部也已经开始出现功能分区，特别是手工业作坊的存在，说明夏朝城市经济功能的增强。此外，城市内发现了一般的居民住宅，铸铜、制玉、制石、制骨、制陶等手工业作坊，以及窖穴、水井和大量的遗物，说明二里头古城的居住者除统治阶级上层外，还有一般的平民和工匠。这说明夏朝城市内的人口构成也有很大变化，城市社会结构发生改变。

---

① 杨鸿勋：《建筑考古学论文集》，文物出版社，1987 年，第 71 页。
② 中国科学院考古研究所二里头工作队：《河南偃师二里头早商宫殿遗址发掘简报》，《考古》，1974 年第 4 期。
③ 胡留元、冯卓慧：《夏商西周法制史》，商务印书馆，2006 年，第 139 页。
④ 许宏、陈国梁、赵海涛：《二里头遗址聚落形态的初步考察》，《考古》，2004 年第 11 期。
⑤ 北京大学历史系考古教研室商周组：《商周考古》，文物出版社，1979 年，第 28 页。
⑥ 中国社会科学院考古研究所二里头工作队：《河南偃师二里头二号宫殿遗址》，《考古》，1983 年第 3 期。
⑦ 赵芝荃：《二里头遗址与偃师商城》，《考古与文物》，1989 年第 2 期；郑光：《二里头遗址勘探发掘取得新进展》，《中国文物报》，1992 年 10 月 18 日。
⑧ 晁福林：《夏商西周的社会变迁》，北京师范大学出版社，1996 年，第 58 页。
⑨ 中国社会科学院考古研究所二里头工作队：《河南偃师市二里头遗址宫殿区 1 号巨型坑的勘探与发掘》，《考古》，2015 年第 12 期。

二、商代城市的发展

公元前 1600 年左右，商汤率诸方国发动灭夏战争，双方军队在鸣条之野展开决战，夏军大败，夏朝由此灭亡，商汤建立了中国历史上第二个奴隶制国家商朝。商朝的发展经历了三个大的阶段：先商、早商、晚商。前后相传十七世、三十一王，延续六百余年。在这六百年间，商朝的国家制度和经济文化有了很大进步，城市也因之而发展，城市数量增加，城市规模和结构也有所变化。

关于商朝的疆域范围，学界有"北方说""东方说""西方说"三种说法。[1]《淮南子》记载："纣之地，左东海，右流沙，前交阯，后幽都"[2]。由此可知，商纣时期的疆域东到海边，南抵五岭，西达今甘肃，北至辽宁地区。但是，目前并无考古资料证明商朝的疆域如此之大。同夏朝一样，商朝也曾多次迁都，我们可以根据商代迁都的大致地域范围来判断商朝的疆域。商汤灭夏后，即在亳（今河南商丘）建都，后"自亳迁于嚣"，后又"自嚣迁于相"，再迁至耿、邢，迁至奄。盘庚则"自奄迁于北蒙，曰殷"。《史记·殷本纪》也有记载："帝中丁迁于隞"[3]。亳、嚣、相、耿、邢、奄、殷、朝歌等都城大致在今河南北部、河北南部及山东西部[4]，由此可知，今山东、河南、陕西、河北等地是商代疆域的中心区域。商代建立之后，建立了比夏朝更为强大的国家机器，社会经济也有所发展，这些都促进了商代城市的发展。

关于商代城市的历史文献记载较少，特别是除都城之外的方国城市，资料更是少见。只有通过考古资料，方能了解商代城市的具体发展情形。根据目前取得的考古成果，商朝城市有遗址可考的主要有偃师商城、郑州商城、安阳殷墟、小双桥城址，方国城市有湖北盘龙城、四川广汉三星堆遗址等。

关于郑州商城、偃师商城、安阳殷墟三座都城的年代判定及其性质，文献中并无明确记载。安阳殷墟的建立时间大致在公元前 14 世纪，属于晚商时期的城市，学界争论较少。而郑州商城与偃师商城的形制，学界尚有争论，有研究者认为偃师商城为商代前期都城西亳。[5] 根据郑州商城与偃师商城的考古成果，两座都城的规模不同，郑州商城的规模要比偃师商城的规模大，文化内涵也相对丰富。如郑州商城内发现大面积宫殿建筑基址，而且发现铸铜、制骨、制陶手工业作坊遗址和窖藏铜器，出土的遗物亦有一批铜器，还有金器、玉器、象牙器、原始瓷器等。[6] 特别

---

[1] 晁福林：《夏商西周的社会变迁》，北京师范大学出版社，1996 年，第 60 页。
[2] 刘安：《淮南子·泰族训》，许慎注，上海古籍出版社，2016 年，第 518 页。
[3] 司马迁：《史记·殷本纪》，线装书局，2006 年，第 10 页。
[4] 李学勤：《殷代地理简论》，科学出版社，1959 年，第 95—96 页。
[5] 张国硕：《郑州商城与偃师商城并为亳都说》，《考古与文物》，1996 年第 1 期；李绍连：《郑州商城与偃师商城双为"亳"》，《中州学刊》，1994 年第 2 期。
[6] 陈旭：《夏商考古》，文物出版社，2001 年，第 155 页。

是郑州商城出土了数量较多的大型青铜器,而青铜器作为礼器,代表着政治地位的高低,证明郑州商城的规格要高于偃师商城。而偃师商城的规模比郑州商城小,规格并不高,表明两者所处的历史地位是不同的,主次关系明显,由此判断,偃师商城可能是作为郑州商城的陪都。有的学者则根据偃师商城内宫殿建筑的建造时间来判定城市建设的时间,偃师商城的始建年代应与五号宫殿下层基址的建筑年代相当,即早于南关外遗址中层,大致与二里头文化四期年代相当。① 根据两个城市的地层关系及出土文物的年代考订,郑州商城早于偃师商城,但是二者都属于二里岗期城址。②

郑州商城亦为商代前期王邑,或主张是汤时亳都。从整体布局看,郑州商城是一座拥有宫城、内城和外郭城的规模庞大的城址③,属于"重城"格局,类似的城市布局在春秋战国时期较为普遍。根据考古发掘,郑州商城的平面近长方形,城垣周长约6960米,其中,东城墙长约1700米,南城墙长约1700米,西城墙长约1870米,北城墙长约1690米。在四周城墙上,发现大小不等的缺口11处。④ 根据最新的研究成果,有学者在仔细分析郑州商城遗址中的11处缺口,并与后来的城市演变以及同时代偃师商城门口规制比对后,认为郑州商城是"六门三街"的分布格局。⑤

从郑州商城墙体的外部形态及考古发掘看,郑州商城的城墙已经采用夯筑技术。郑州商城城墙的建筑结构,横剖面呈梯形,墙体有"主城墙"和"护城坡"之分,其中主城墙的夯层呈水平分布,护城坡的夯层则向两侧倾斜。城墙采用版筑法建筑,在"主城墙"和"护城坡"接缝的壁面上留有清晰的木板痕迹,其中以东城墙的木板痕迹最为清晰。在东城墙下部的墙体上,内外两侧均保留有垂直的版筑壁面,高约3.5米,板宽0.15~0.3米,长2.5~3.3米。南城墙保留的版筑痕迹高1.5米,每块木板痕迹长约3米,宽0.16~0.19米。在主城墙建筑之前挖有基槽。⑥ 由此可见筑城的水平较史前简单地以石筑城有了极大的提高。

从城市布局来看,城内建筑大都由宫殿、祭祀建筑、墓葬、居民房屋等构成。郑州商城的城市布局大都以宫殿为中心,内部大型宫殿为上层统治集团的宫室,用于处理政事及居住,如《墨子·明鬼下》所载:"昔者虞夏商周三代之圣王,其始建国营都,曰必择国之正坛,置以为宗庙;必择木之修茂者,立以为菆位"⑦。在郑州商城内,中部偏东和东北部一带,先后发现了二十多处商代夯土建筑基址,有的夯土基址面上,还保存有柱子洞和圆形柱础,表明这里是商代宫殿遗址区。⑧ 宫室区的范围约45万平方米,为城区总面积的约14.2%。城外周围分布有许多聚居

---

① 陈旭:《夏商考古》,文物出版社,2001年,第149页。
② 陈旭:《关于偃师商城和郑州商城的年代问题》,《郑州大学学报》,1985年第4期。
③ 袁广阔、曾晓敏:《论郑州商城内城和外郭城的关系》,《考古》,2004年第3期。
④ 陈旭:《夏商考古》,文物出版社,2001年,第79页。
⑤ 张立东、杨子彦:《郑州商城城门探寻》,《江汉考古》,2015年第4期。
⑥ 陈旭:《夏商考古》,文物出版社,2001年,第81页。
⑦ 吴毓江撰,孙启治点校:《墨子校柱·明鬼下》,中华书局,2006年,第340页。
⑧ 河南省博物馆、郑州市博物馆:《郑州商代城址试掘简报》,《文物》,1977年第1期。

点，作坊主要置于南北城郊。① 根据考古发现，郑州的商代宫殿与湖北黄陂盘龙城的商代宫殿，"在建筑结构和建筑形式上是一样的，甚至连方向都是一致的，均为北偏东20度左右"②。由此可知，两地的商代城市在规划建设方面具有相似性。城内的宫殿布局大都在城市的正北或者偏东北方向，成为之后历朝历代城市发展的宫殿布局范本。

郑州商城城址中部偏南地区则是形制较小的房屋基址，为平民居住区；城郊则是手工业作坊遗址，墓葬群也分布在城外。③ 城市居民以族氏或者家族为单位居住在一起，这些居住区与工业作坊区、城墙等相邻。④

郑州商城是一座由内外城构成的"复式城市"，其中外城是围绕内城，依照地势而设计建造的，防御性质十分明显；而内城保护的是宫殿，因此规划得比较规整。

与夏朝都城相比，郑州商城的面积要大得多，其城址周长近7公里，面积约317万平方米，为偃师商城的1.67倍。⑤ 按照学界对城市人口的估算标准，郑州商城有16000户左右，人口数量则有80000人之多。可见商代城市的规模比夏代城市的规模大。

值得注意的是，城内的建筑已经体现出明显的等级差异。殷墟内的住宅就分为地面式住宅、半地穴式住宅、深入地下的穴居三个等级，其中，地面式住宅为套间，面积可达30平方米，半地穴式住宅的面积只有15平方米，而地下穴居仅能容身而已。⑥ 这也说明城市是阶级分化的产物，城市建设及布局已经出现了明显的等级差异。

小双桥遗址位于河南省郑州市西北20公里处的石佛乡小双桥村及其西南部。该遗址发现于1989年，1990年开始进行了系统的调查和发掘，并于1995—2000年进行了数次再调查、复查及大规模的发掘。遗址总面积达144万平方米左右，是近年来新发现的一处重要的商代前期遗址。在遗址的中心区，已揭露出数处大规模的夯土墙、大型高台夯土建筑基址、宫殿建筑基址、小型房基、大型祭祀场、祭祀坑、奠基坑、灰沟、与青铜冶铸有关的遗存等文化遗迹及大批质料各异、种类繁多的文化遗物。夯土基址附近的壕沟内曾发现一件大型青铜建筑饰件，显示出超凡的规格。出土文化遗物十分丰富，除陶器外，还有青铜器、玉石器、原始瓷器、骨角牙蚌器、海贝、金箔、卜骨等；还发现有大量的孔雀石、铜渣。其中尤以朱书文字引人注目。朱书文字主要发现于小型陶缸表面，也有位于大型陶缸口沿、腹壁者，系用朱砂书写，其形状、结构与殷墟甲骨文一脉相承，是迄今发现的商代最早的书写文字。小双桥城址的规模仅次于郑州商城和偃师商城，而且城址的结构与郑州商

---

① 宋镇豪：《夏商社会生活史》，中国社会科学出版社，1994年，第113页。
② 杨育彬：《郑州商城初探》，河南人民出版社，1985年，第53页。
③ 河南省文化局文物工作队第一队：《郑州商代遗址的发掘》，《考古学报》，1957年第1期。
④ 宋镇豪：《夏商社会生活史》，中国社会科学出版社，1994年，第48页。
⑤ 宋镇豪：《夏商社会生活史》，中国社会科学出版社，1994年，第48页。
⑥ 宋镇豪：《夏商社会生活史》，中国社会科学出版社，1994年，第55页。

城夯土建筑相近，特别是还发现有宫殿建筑上使用的青铜饰件，这些情况说明夯土基址当是统治者生活和进行政治活动的宫殿和宗庙建筑基址。宗庙建筑是判定一个城市是否为都城的重要标志之一。《左传》："凡邑，有宗庙先君之主曰都，无曰邑。"① 表明宫殿、宗庙建筑是都邑的重要标志。据此推断，小双桥遗址应该是晚商时期的都城。小双桥遗址分布面积大，堆积时间较短，但文化内涵丰富而重要，具有都邑遗址的规模和性质。因其地处文献记载的商王仲丁的王都范围内，在建城时间上与郑州商城的衰落年代相当而早于安阳殷墟，虽然还不能确定其性质，但它作为商代中前期的一座重要城市则是确切无疑的。

偃师商城的建城时间晚于郑州商城，二者同属于二里岗文化二期，位于今洛河旁边，建在洛河北岸稍稍隆起的高地上，城墙宽厚坚实，有相当的御洪作用。西城墙总长度为 1710 米，宽度一般为 17~24 米，但穿塔庄村的一段，墙基宽近 40 米；北城墙总长度为 1240 米，宽度一般为 16~19 米，最宽处达 28 米；东城墙合计现存长度为 1640 米，宽度一般为 20~25 米。② 城墙的墙体如此之宽厚，可以看出偃师商城在布局与设计方面比较注重军事防御功能。

从外部形态及内部布局看，偃师商城城址平面呈不规整纵长方形，城门间有大道相通，纵横交错，形成棋盘式城区道路网络。"城市南部集中分布着 10 多处大型夯土建筑基址群，面积达 30 万平方米。其中 3 处有城墙围绕，形成了 3 座小城。其中，内城南部最大的是宫城，边长 200 米，近方形。"③ 近年来，考古工作者对偃师商城的三号宫殿基址进行了勘探，三号宫殿呈"回"字形，基址的东西长 104 米，南北宽度中部为 80.5 米，东西两端为 72 米，总面积近 8000 平方米，由主殿、东配殿、台阶、西配殿、东庑、西北庑、西庑、南庑以及门塾、排水道、庭院构成。④ 由此可知，这些宫殿建筑已是由廊庑、配殿、主殿构成的四合院。

除了宫殿建筑之外，城内的其他主要建筑为手工业作坊与居住区。其中，手工业作坊主要分布在城内的中部与北部，而平民房屋主要分为四种类型：地上单间建筑，面积在 10 平方米左右；多间地面起建房屋，面积在 20~30 平方米左右；半地穴式建筑，面积在 10 平方米左右；坐落于大坑中，墙体下部夯筑，面积不足 10 平方米。⑤ 城市内的平民房屋分为四个不同的等级，说明不同居民的社会地位差异较为明显，社会分层也日益明显。

偃师商城的排水系统较为完善，在宫城之内，每座宫殿另有小规模的排水系统，如四号宫殿之南数米，即有一条小型地下排水暗沟，西高东低，坡度明显。水

---

① 《左传·庄公二十八年》，王守谦、金秀珍、王凤春译注：《左传全译》，贵州人民出版社，1990 年，第 165 页。
② 吴庆洲：《中国古代城市防洪研究》，中国建筑工业出版社，1995 年，第 51 页。
③ 许宏：《先秦城市考古学研究》，北京燕山出版社，2000 年，第 55 页。
④ 中国社会科学院考古研究所河南第二工作队：《河南偃师商城宫城第三号宫殿建筑基址发掘简报》，《考古》，2015 年第 12 期。
⑤ 中国社会科学院考古研究所洛阳汉魏故城工作队：《偃师商城的初步勘探和发掘》，《考古》，1984 年第 6 期。

沟下面铺砌一层较薄的片状大石块，合缝铺平，然后在水沟两侧叠石砌壁，最后在沟壁上面加盖较大石块，形成方腔水道，外宽、高均为1米左右，堵严漏缝，封土填平。水沟内壁宽约30厘米，高约47厘米。该排水沟西通中部大型宫殿，东到宫城东墙之外，是宫城的排水干沟。[①]

河南安阳殷墟位于河南省安阳市西北郊，以小屯村为中心，包括周围的十多个村庄，沿今洹河两岸分布。经前后半个世纪的考古发掘，已探明该遗址范围约东西长6公里，南北宽4公里，成带状连片分布，面积达24平方公里以上。殷墟现存有宫殿宗庙区、王陵区和众多族邑聚落遗址、家族墓地群、甲骨窖穴、铸铜作坊、制玉作坊、制骨作坊等遗迹。殷墟作为商朝都城，从盘庚到帝辛（纣）在此建都达273年，是中国历史上第一个有文献可考并为甲骨文和考古发掘所证实的古代都城遗址，距今已有3300多年的历史。据文献记载，该城规模相当大，文化遗存相当多，城市的中心是商王朝的宫殿宗庙区，这时的宫殿已由单体建筑发展为有主从之分的宫殿建筑群。王宫分为三区，北区是王室居住区；中区规模较大，布局较整齐，是宗庙和统治者处理政务的区域；南区是祭祀区。三区的宫殿建筑大体上分布在中轴线上，初步形成后来中国封建时代宫城所常采用的"前殿后寝"格局和纵深的对称布局方法。王宫周围有防御设施。其外部环绕着密集的居民住房、手工业作坊和一般奴隶主贵族及平民的墓葬。洹河北岸殷墟王陵遗址与宫殿宗庙遗址隔河相对，是商王的陵地和祭祀场所，也是中国目前已知最早的完整的王陵墓葬群，面积达11.3公顷。王陵遗址共发现12座王陵大墓和2500多座祭祀坑。但殷墟未发现城墙。

殷墟不仅是商朝的政治、军事中心，也是经济中心，手工业较发达，主要有青铜铸造业、制陶业、制骨器业、纺织业、酿造业，以及木、石、玉、漆器等制造业。各种手工业作坊数量多、规模大，其中冶铜遗址面积达1万平方米以上，出土陶范3000多块。各种手工业作坊按工种分区，分别隶属于商王室、贵族及奴隶主。殷墟的手工业技术较前有很大发展，尤其是青铜业，著名的后母戊鼎，造型美观，纹饰精巧，是工艺水平极高的杰作，代表了商代青铜业的发展水平。另外，从《尚书》等有关商代的文献记载和出土的大量玉、贝等货币来看，殷墟可能已存在固定的集市。

商代的城市与夏代城市相比有较大发展，主要表现在以下几方面：

（1）城市数量增多，并出现了规模较大的城市；城市的分布更加广泛，不仅在中原地区出现了规模较大、文明程度较高的城市，而且在长江上、中游地区也开始出现发展水平较高的大型城市。商代不少城市是由"邑"发展而来，故而城市往往称为"邑"，而"邑"的等级差别往往是以人口数量为标准的，文献中多有"十室之邑""三十家为邑""邑人三百户""千室之邑"等记载。按照商代城邑的属性，可以分为"王邑、诸侯臣属邑、畿内邑、鄙地群邑"等多种类型。

[①] 吴庆洲：《中国古代城市防洪研究》，中国建筑工业出版社，1995年，第52页。

（2）大型宫殿建筑群是城市中的主要建筑，宫殿建筑的形制高大，布局多为封闭式，这表明城市的政治功能进一步强化。

（3）城市建筑技术有较大提高，不仅筑城技术有较大提高，而且城市基础设施建设水平也有很大提高，在所发掘的商城中都发现了规划严整的道路，以及水井、排水管道等遗迹。

（4）城市经济、文化都较前有较大发展，在所发掘的商城中发现了数量甚多、规模宏大的铸铜和制骨作坊，成千上万的生产工具、兵器、手工艺品以及甲骨文字等历史文物也相继出土。

（5）阶级分化和贫富分化更加明显，在商代城市中发现有大型商王陵墓，中小型奴隶主、平民的住所、墓葬，奴隶住的地穴，其待遇差别巨大。

三、夏商时期的方国城市

根据文献记载，在夏、商王朝的疆域外，还有若干方国，或称为诸侯国。《周礼正义》记载："夏末既衰，狄夷内侵，诸侯相并，土地减，国数少。殷汤承之，更制中国方三千里之界，亦分为九州，而建此千七百七十三国焉。"[1] 可见当时的方国数量之多。有的文献记载的方国数量更多，《吕氏春秋》记载："当禹之时，天下万国。至于汤而三千余国"[2]。《史记·周本纪》记商代末年随周武王伐纣的诸侯有"八百"[3]。这些方国的国土面积较小，往往以城为邦，即以一个城市为中心而建立国家。虽然至今还不能准确地知道当时究竟有多少个国家，但据殷墟甲骨刻辞所记商代实际存在的方国可以印证上古曾经存在过的国家，至少也是数以百计。[4] 也有研究者认为，可实证的方国数量多达370多个。[5]

远古时期以及夏商西周时期的政治扩张，一般不以直接占领土地为目的，而在于使对方俯首称臣。[6] 如《诗经·商颂·玄鸟》所说"邦畿千里，维民所止，肇域彼四海"[7]。商王朝的王畿不过千里，而几乎四海之内都是商王朝的臣属和附庸，或使其纳贡服役，如《诗经·商颂·殷武》所说："昔有成汤，自彼氐羌，莫敢不来享，莫敢不来王，曰商是常"[8]。由此看来，商朝与周围方国之间只是松散的联邦，政治上的依附关系并不紧密。

随着方国的建立，大批城市开始出现，长江上游在已经出现了规模甚大的蜀国

---

[1] 孙诒让：《周礼正义》卷十九《地官·大司徒》，中华书局，2015年，第883页。
[2] 《吕氏春秋·用民》，冀昀主编，线装书局，2007年，第463页。
[3] 司马迁：《史记·周本纪》，线装书局，2006年，第15页。
[4] 赵诚：《甲骨文与商代文化》，辽宁人民出版社，2000年，第1页。
[5] 李雪山：《商代分封制度研究》，中国社会科学出版社，2004年，第5页。
[6] 段渝：《酋邦与国家起源：长江流域文明起源比较研究》，中华书局，2007年，第31页。
[7] 《诗经·商颂·玄鸟》，梁锡锋注说，河南大学出版社，2008年，第386页。
[8] 《诗经·商颂·殷武》，梁锡锋注说，河南大学出版社，2008年，第389页。

和巴国。① 黄河流域亦是如此。周也是商代时期黄河中上游的重要方国,起源于"岐山以南,渭水以北"②。《史记·周本纪》记载:"乃与私属遂去豳,度漆、沮,逾梁山,止于岐下。豳人举国扶老携弱,尽复归古公于岐下。及他旁国闻古公仁,亦多归之。于是古公乃贬戎狄之俗,而营筑城郭室屋,而邑别居之。作五官有司。"③ 据统计,可考的商代方国共有 158 个,其中,可考的西方方国有 60 个,北方方国有 8 个,东方方国有 12 个,南方方国有 12 个。④

在方国时代,方国即城,因而商代的方国数量大致可以反映出商代城市的数量及地域分布状况。从方国的地域分布看,夏商时期的方国主要分布在今长江以北的北方地区,南方地区仅有安徽、江西等部分地区。其中又以黄河中上游地区最多,黄河流域是夏商时期方国城市的主要分布地域。而今广东、广西、云南、贵州及新疆、西藏地区因缺乏考古资料,是否有方国城市的存在尚有待于考证。

关于方国城市的考古资料较少,广汉三星堆遗址与黄陂盘龙城的考古资料较多且较为翔实。另外,垣曲商城、东下冯遗址、城子山山城遗址、李家崖古城遗址等有零星资料。广汉三星堆遗址的面积最大,达 3.5 平方公里,而城址面积较小的城子山面积仅 6800 平方米。由此可知,除了三星堆之外,其他城市的面积与史前城市相差无几,城市面积依然较小,说明这些城市仍是史前城市的延续,并无质的飞跃。

商朝的疆域范围大于夏朝,北到辽宁,南到湖北,西到陕西,东到滨海。与商朝同期而在其统治范围之外的若干方国也先后在各地建立了一些城市,其中黄陂盘龙城和广汉三星堆古城是方国都邑遗址的代表。

黄陂盘龙城遗址位于湖北省武汉市黄陂区叶店乡杨家湾盘龙湖畔,南临府河,北靠盘龙湖畔,修建于水滨的小山丘上,平面略呈方形,南北长 290 米,东西宽 260 米,周长 1100 米,面积约 7.54 万平方米。整个遗址由夯土城址及其周围的若干一般遗址组成,总面积约 1 平方公里。城垣四面中部各有一缺口,可能是城门。城外挖有护城壕。城内东北部地势高,地面上分布有宫殿基址群。这些基址分为上下两层,上层宫殿基址均营建在大型夯土台基之上。此外,在基址的西侧还发现由相互连接的陶质水管构成的排水设施。在城南的王家嘴、城北的杨家湾、城西的楼子湾和城东的李家嘴等地,都发现有商代的文化堆积,但不见大型建筑基址,当为一般居民区和手工业区。黄陂盘龙城遗址文化堆积的时代,上限相当于二里头文化晚期,下限相当于殷墟早期。城址兴建年代约在公元前 15 世纪前后,属于商代前期,距今约 3500 年。

盘龙城的地势东高西低,东北部高地较平坦。根据考古发掘,城内有三座宫殿,整个宫殿台基长 100 米,宽 60 米,面积约 6000 平方米。从已发掘的两座宫殿

---

① 童恩正:《古代的巴蜀》,《四川大学学报》,1977 年第 1 期。
② 尹盛平:《西周史征》,陕西师范大学出版社,2004 年,第 32 页。
③ 司马迁:《史记·周本纪》,线装书局,2006 年,第 12 页。
④ 宋镇豪:《商代地理与方国》,中国社会科学出版社,2010 年,第 259 页。

遗址来看，前面的宫殿为朝会、庆典、祭祀的地方；中间的宫殿是处理军政事务的地方，相当于现在的办公室、小会议室和客厅；后面的宫殿，亦即还未发掘的北面的一座，估计为起居室，相当于现在的卧室、餐厅、厨房、卫生间。[①] 整个宫殿的规格较高，由此可推断，这个宫殿可能是方国的侯伯或军政大员的居住之处。盘龙城是商代长江流域一个重要的方国都城，三面环水，宫城更是建在一个半岛上，四面环水，军事上具有得天独厚的防御条件，易守难攻，可谓"南扼长江，西控汉水的咽喉之地。商王室的'南霸天'或曰戈侯，坐镇盘龙城，就控制了江汉平原，乃至江南的洞庭、鄱阳两湖地区"[②]。关于盘龙城的建城年代的断定，1999年，中国社会科学院考古研究所实验室对盘龙城护城河木桩标本和商代淤泥层木炭标本进行碳十四检测，前者为公元前1745±125年（树轮校正），后者为前1995±95年（树轮校正）。也就是说，在距今3600年前后，即商朝早期，甚至夏朝末年，盘龙城就开始兴建。盘龙城出土的青铜器的铸造年代，大致与郑州二里岗商代中期青铜器一致，由此判定，夏代晚期，盘龙城已经出现了中原青铜文化。[③] 因此，盘龙城的建城年代不晚于距今3500年。关于其性质，有研究者从器物、建筑技术等角度分析，普遍认为盘龙城不过是商人南下建立的次等级据点。从盘龙城文化与商文化的互动关系看，区域间的文化互动与交流是十分常见的，这不仅仅是政治上的控制与被控制，而是一种以政治互动为基础的文化融合。

三星堆遗址位于四川省成都平原北部的沱江冲积扇上，西出广汉市城西约7公里的南兴镇和三星镇境内，北临沱江支流湔江（俗称鸭子河），总面积达12平方公里。分布范围为两镇七村七十二社，是一处由数十个文化点构成的若干个大遗址的分部区域所组成的大型遗址群。三星堆古城规模宏大，平面呈北边略窄、南边略宽的梯形，城垣东、西长度均在1800米以上，南城墙长2000米左右，城址面积达3.5平方公里。[④] 城垣外侧发现有宽达二三十米的壕沟，这些壕沟与北面的鸭子河相贯通，与城墙一起屏蔽着这座古城。城的中央有马牧河穿过，将城分为北、南两部分。北部的中央及其西北部有多座高起的土丘，通过其中一座土丘的发掘，得知土丘上曾有规模很大的土木建筑，这些土丘实际上都是宫殿建筑的基址。在宫殿区东北发现了青铜冶炼的遗存，如青铜器残块、铜炼渣、孔雀石等，并有玉石器半成品出土，可以推测这一地区是手工业作坊区。三星堆遗址文化堆积丰富，根据其文化特征可大致将其分为四期：第一期相当于新石器时代晚期，与中原的龙山文化时期相当，测定的年代在距今4740—4070年；第二期相当于夏代及商代前期，测定的年代在距今4070—3600年；第三期相当于商代的中晚期，测定的年代在距今

---

① 李贤浈：《大冶铜与中华青铜文化》，中国广播电视出版社，2004年，第40—41页。
② 李贤浈：《大冶铜与中华青铜文化》，中国广播电视出版社，2004年，第44页。
③ 盛伟：《盘龙城遗址废弃的年代下限及相关问题》，《江汉考古》，2011年第3期；徐少华：《从盘龙城遗址看商文化在长江中游地区的发展》，《江汉考古》，2003年第1期。
④ 陈德安、魏学峰、李伟纲：《三星堆——长江上游文明中心探索》，四川人民出版社，1998年，第1页。

3600—3200年；第四期大致在商末周初，测定的年代在距今3200—2875年。三星堆遗址文化前后历时约2000年。① 三星堆一、二期遗址呈现的文化面貌是以成都平原为中心的地方性文化，与同时期四川周邻地区其他考古学文化有着明显的区别，标志着蜀地早期城市文明的初步形成；三、四期遗址则标志着蜀地早期城市文明的初步发展。就中国古代文明而言，城市、青铜冶炼和礼制建筑是文明形成的最主要的因素。在三星堆遗址中，城市、青铜器、大型礼仪中心等多个文明要素不仅已经同时、集中地出现，而且还发展到相当高的水平，标志着长江上游城市文明已然形成。三星堆古城已经属于完整意义上的城市，主要表现为以下几点：

（1）三星堆古城规模较大，建设了由墙体高大的城墙、壕沟等构成的坚固的防御建筑体系。

（2）三星堆古城建成区不仅面积大，而且功能分区明显。

（3）三星堆古城作为蜀国的政治中心，其建成区除了古城内的大型建筑群外，在古城外部还发现有数量较多的居民生活和从事生产活动的遗址。

三星堆遗址中大量青铜器和礼器的出土，以及大型礼仪性建筑和宗教性建筑遗迹的发现，无不说明三星堆文化时期蜀地已经出现国家的形态，城市已经形成，社会进入文明发展阶段。"相当于中原的夏商之际，在东亚'两河流域'之间的沃野上，以四川盆地为中心的华阳之地的天府之国——成都平原，孕育又一个古代文明中心，那就是三星堆（包括十二桥类型），或称为古蜀文明。称它为文明中心，因为它是这片广袤的西南土地上，众多具备建立国家条件的青铜文化中的佼佼者，影响着许多发展水平不齐的文化综合体，并以它为核心，形成了一个文化区。"② 如果说宝墩古城等遗址所处的时期尚是古蜀文明的孕育时期，那么在宝墩文化基础上发展而来的规模宏大的三星堆古城和高度发达的青铜文化，则显示出古蜀王国在这个时期已进入文明社会，形成了具有浓厚地方色彩的，可以同殷商中原文明和西亚文明以及世界上其他青铜文明相媲美的文明形态。

除黄陂盘龙城遗址、广汉三星堆遗址外，20世纪后期以来，考古工作者还发现了多处商代城址，如焦作府城、垣曲商城、夏县东下冯古城等。

焦作府城遗址位于河南省焦作市西南郊10公里处的府城村西北部的台地上。城址平面呈方形，周长约1200米，西城墙和北城墙保存较好，长度约为300米，地面暴露的部分高为2~3米，分层明显。目前已经发现的遗迹有城址、宫殿基址、房基、灰坑等。在城址中部发现4处宫殿基址遗址，其中一号宫殿基址位于城址北部，平面为长方形，南北长70米，东西宽50米，分为南北两个院落，由南殿、正殿、北殿与东回廊、西回廊构成一个封闭性的组群建筑，这种建筑结构在商代考古中是首次发现。经考证，焦作府城遗址是一处商代早期军事重镇。

垣曲商城位于垣曲县古城镇境内，黄河北岸的高台地上，三面河流环绕，一面

---

① 赵殿增：《三星堆考古发现与巴蜀古史研究》，《四川文物》，1992年第1期。
② 林向：《童心求真集——林向考古文物选集》，科学出版社，2010年，第278页。

背倚山岭,与举世瞩目的仰韶文化发现地——渑池县仰韶村仅一河之隔。垣曲商城是以层层夯土修筑的四面城垣围成的方形城堡,平面略呈梯形,东西长约350米,南北宽约400米,周长1470米,总面积13万平方米。西、南两面墙均修筑了双道夹墙,为全国已发现的商城中所罕见。西墙外有护城壕1条,全长446米。城内中部偏东为宫殿区,发现了大型夯土台基6座。规模最大的二号台基平面近长方形,东西长约50米,南北宽约20米,面积1000平方米。西城墙门道以东有一条宽12.6米的主干道向城内东南方向延伸,直通宫殿区。城内东南角为一般居住区,文化层堆积较厚,房址、窖穴、沟壕、墓葬、陶窑等遗迹十分丰富。在居住区以西,即城址南半部发现了数座保存较好的陶窑,这一区域有可能是陶器作坊区。城内的文化堆积以二里岗时期遗存最为丰富,普遍存在。

东下冯遗址位于中国山西省夏县,是夏商时期二里头文化东下冯类型的典型遗址,总面积约25万平方米。遗址内发现有灰坑、房屋、墓葬、水井、沟槽、陶窑等遗迹,出土物包括陶器、骨器、蚌器、铜器、石器、卜骨等。此外,还发现有二里岗时期的城址,城址南部呈曲尺状,城墙保存较好,城外还环有护城壕。

夏商时期,各方国的城市手工业也有一定的发展,只不过在经济规模或发展程度上有所区别。青铜铸造业仍是这些方国城市手工业的支柱,如黄陂盘龙城考古发掘的青铜器数量达159件[①]。这些方国城市中的青铜手工业丝毫不逊于商代都城青铜铸造业的技术水平,如三星堆的青铜铸造技术达到当时的最高水平。

除了长江、黄河流域之外,在史前时期未曾出现早期城市的一些地区,此时也开始有城市出现。燕辽地区在兴隆洼文化和红山文化时代,只有一些环壕聚落。到了夏商时期,环壕聚落已经具备城市的雏形。这些城市由城壕、城墙、城门、角台和马面等要素构成。这些城市的城墙有土筑与石筑两种,与中原地区的大型夯筑的城墙相比,还比较原始。其中,石城一般建在高山丘陵地区或者较高的台地上,而土城则分布在地势较为平坦的地区。根据考古发掘,夏家店下层文化城邑在占地规模上可以分为大、中、小三个等级,大型城址可达5万~10万平方米,中型城址在2万~4万平方米,1万~2万平方米的为小型城址。从夯土筑城技术看,则不见于红山诸文化,由此推断,夏家店下层文化的夯土城邑,应与土坯砌墙、三袋足陶器等文化因素一样,都属于在中原龙山文化影响下出现的新的人文地理景观。[②] 城市发展的滞后也就意味着燕辽地区文明的形成也相对滞后于中原地区。

总之,夏商时期城市分布较广,方国遗存遍布山东、江苏、山西、湖北、湖南、安徽、江西、陕西、四川、北京等地,蒙古、西藏地区也有少量早期城市。不过,这些城市都是石头城,以军事防御性质为主,只是城市的雏形。此外,在该时期,福建、广东、广西、云南、贵州等地区还未发现早期古城。而且,各地发现的殷商时期的方国遗存,它们的文化面貌尽管在某些方面也表现出一定的地方特点,

---

① 湖北省博物馆:《盘龙城商代二里冈期的青铜器》,《文物》,1976年第2期。
② 田广林:《中国东北西辽河地区的文明起源》,中华书局,2004年,第161-162页。

但在很多主要的方面和殷商文化几乎是完全相同的。① 殷商文化与周边方国之间的文明是一种共存的关系,而且发展程度相当,这也说明了地域文明之间不断融合,逐渐走向"同质"的文化共同体。

第三节 西周时期的城市发展

公元前11世纪,周武王灭商,建立周王朝。周王朝采取了许多措施来巩固政权,并对周边的一些国家分封了诸侯国。经过一系列战争,周王朝的疆域不断扩大。周王朝在加强统治的过程中,建立了比较完备的国家机器,对域内实行有效的统治。与夏商时期相比,西周是一个制度变革剧烈的时代,分封制与井田制等制度的推行,对当时的政治、经济格局产生了深刻的影响。城市作为政治、经济、文化的重要载体,亦深受制度变革的影响。西周时期的城市发展也就呈现出与以往城市发展不同的特征。

一、社会变革与城市发展

西周的疆域要比夏商两朝的疆域广。夏商两朝的疆域大都限于北方地区,南方"不过及于淮汉一带,所谓汉上诸姬"②,西周的疆域则包括周邦与万邦,诸如齐、鲁、晋、卫一类的诸侯庶邦③,其统治范围南到巴、濮、邓、楚,北到肃慎、燕、亳,东边到达滨海,西边直抵甘、青,覆盖了长江、黄河流域和今天的东北、华北的大部。《诗经》:"江汉汤汤,武夫洸洸。经营四方,告成于王。四方既平,王国庶定。时靡有争,王心载宁。江汉之浒,王命召虎:式辟四方,彻我疆土。匪疚匪棘,王国来极。于疆于理,至于南海。"④ "南海"即南方的少数民族地区,可知周代的疆域可达南方的少数民族居住区域。

西周时期,社会经济较商代又有较大发展。由于大量使用青铜工具,生产技术也有较大发展,生产力水平有较大提高。特别是在西周末年,铁制工具已经出现,考古学家在西周晚期的墓葬中发现了人工冶制的铁器,说明至少在西周晚期,人们已经掌握了人工冶铁技术。农业生产方面,农民在耕作、灌溉、施肥、选种和除虫等方面已经具备相当的技术知识,农作物的产量也有所提高。手工行业也有很大发展。西周的青铜工艺在商代基础上进一步发展,除王室控制的青铜作坊外,诸侯国也有自己的青铜作坊。青铜产品的数量更多,用途更广,几乎涉及社会生活的各个方面。青铜业的发展推动了其他行业的发展。文字的使用也更广泛,除了在甲骨上

---

① 中国社会科学院考古研究所:《新中国的考古发现和研究》,文物出版社,1984年,第244页。
② 许倬云:《西周史》,联经出版事业公司,1984年,第140页。
③ 赵伯雄:《周代国家形态研究》,湖南教育出版社,1990年,第22页。
④ 《诗经·大雅·江汉》,梁锡锋注说,河南大学出版社,2008年,第350页。

契刻文字外，在大量青铜器上也铸刻铭文，记录了当时社会生活中发生的许多事件。最多的一件青铜器上铸刻有499个字，不啻当时的一篇文献。纺织、冶金、建筑、天文、地理等科学技术也有不少新进展。这些成就促使人们的生产、生活都发生变化。

经济的发展为城市的发展准备了基础条件，周代城市较商代有进一步的发展。推动周代城市发展的原因是多方面的，主要与周朝的政治制度有着直接关系。周朝的政治制度的基本形式是"封诸侯，建蕃卫"，也称"分土封侯"制。周王把国都附近的地区划为王畿，由王室直接统辖；王畿以外的广大地区划分封给诸侯，各建邦国。《荀子》记载，"立七十一国"，"周之子孙，苟不狂惑者，莫不为天下之显诸侯"[1]。主要的封国有管、蔡、郕、霍、鲁、卫、毛、聃、郜、雍、曹、滕、毕、原、酆、郇、邢、晋、应、韩、凡、蒋、邢、茅、胙、祭等。此外，原来与周并列的各方国也因臣服于周，得到周王朝的承认而成为诸侯。各国诸侯在分封后，为防御外敌入侵和保护民众生命财产安全，均把建城作为立国的一项根本方略，从而推动了周代城市的发展。

与夏、商时期相比，周朝建立了较为完善的政治制度。其中，分封制是周朝建立之后推行的一项重要的政治举措，即"封诸侯、建蕃卫"，它对诸侯的控制具有一定的法律约束和行政建置上的保证措施。《左传》记载："昔武王克商，成王定之，选建明德，以蕃屏周。"[2]《周礼》也记载："惟王建国，辨方正位，体国经野，设官分职，以为民极。"[3] 由此可知，周天子分封诸侯是为了更有效地控制地方，如周王朝分封申、吕两个诸侯国是为了扼制南楚北侵。《左传》："楚围宋之役，师还，子重请取于申、吕以为赏田，王许之。申公巫臣曰：'不可。此申、吕所以邑也，是以为赋，以御北方。若取之，是无申、吕也。晋、郑必至于汉。'王乃止。"[4]

分封之后，西周都城附近的区域被划为王畿，由周天子直接控制；王畿之外的地方则分封给各诸侯，由各诸侯建立邦国。由此可知，两者在分封的地域与对象上都有所区别：在王畿之内分封卿大夫，在王畿之外则分封亲戚、功臣为诸侯国，两者在性质及所拥有的权利与义务有着明显的不同。[5]

关于分封诸侯国及其数量，《荀子》记载："（周公）兼制天下，立七十一国，姬姓独居五十三人。"[6]《左传》记载："昔周公吊二叔之不咸，故封建亲戚以蕃屏周。管、蔡、郕、霍、鲁、卫、毛、聃、郜、雍、曹、滕、毕、原、酆、郇，文之

---

[1] 《荀子·儒效》，中华书局，1983年，第90页。
[2] 《左传·定公四年》，王守谦、金秀珍、王凤春译注：《左传全译》，贵州人民出版社，1990年，第1420页。
[3] 《周礼·秋官司寇》，崔高维校点，辽宁教育出版社，1997年，第62页。
[4] 《左传·成公七年》，王守谦、金秀珍、王凤春译注：《左传全译》，贵州人民出版社，1990年，第641页。
[5] 吕文郁：《周代的采邑制度》（增订版），社会科学文献出版社，2006年，第11—19页。
[6] 《荀子·儒效》，中华书局，1983年，第78页。

昭也。邢、晋、应、韩，武之穆也。凡、蒋、邢、茅、胙、祭，周公之胤也。"①《汉书》记载："周爵五等，而土三等：公、侯百里，伯七十里，子、男五十里。不满为附庸，盖千八百国。而太昊、黄帝之后，唐、虞侯伯犹存，帝王图籍相踵而可知。周室既衰，礼乐征伐自诸侯出，转相吞灭，数百年间，列国耗尽。至春秋时，尚有数十国"②。《后汉书》记载："制五等之封，凡千七百七十三国，又减汤时千三百矣。"③文献记载的诸侯国数量虽不一致，但是可以看出当时的诸侯国数量较多。

表 1-4 周代的主要诸侯国兴亡表

国 名	存在时间	灭于何国	国 名	存在时间	灭于何国
卫	前 11 世纪—前 209	秦	西周	前 440（?）—前 256	秦
齐	前 11 世纪—前 221	秦	东周	前 367—前 249	秦
晋	前 11 世纪—前 369	韩、赵、魏	东虢	?—前 767	郑
燕	前 11 世纪—前 222	秦	北虢	—前 655	晋
鲁	前 11 世纪—前 256	楚	韩	前 403—前 230	秦
宋	前 11 世纪—前 286	齐	赵	前 403—前 222	秦
蔡	前 11 世纪—前 447	楚	魏	前 403—前 225	秦
陈	前 11 世纪—前 479	楚	芮	?—前 640	秦
许	前 11 世纪—前 400（?）	楚（一说魏）	滕	?—前 300（?）	宋
邢	前 11 世纪—前 635	卫	息	?—前 680	楚
曹	前 11 世纪—前 487	宋	莒	?—前 431	楚
杞	前 11 世纪—前 445	楚	邓	?—前 678	楚
楚	?—前 223	秦	黄	?—前 648	楚
徐	?—前 512 后	吴、楚	邾（邹）	?—前 281 后	楚
吴	?—前 473	越	郑	前 806—前 375	韩
越	?—前 306（?）	楚	中山	?—前 296	赵

资料来源：方诗铭《中国历史纪年表》，上海辞书出版社，1980 年。

三河地区为西周统治的中心区域，西周统治者在三河地区建立大量诸侯国，以巩固统治。因此，"三河地区"的诸侯国较为集中，如司马迁所说："昔唐人都河东，殷人都河内，周人都河南。夫三河在天下之中，若鼎足，王者所更居也，建国

---

① 《左传·僖公二十四年》，王守谦、金秀珍、王凤春译注：《左传全译》，贵州人民出版社，1990 年，第 305 页。
② 班固：《汉书·地理志》，中华书局，1962 年，第 1542 页。
③ 范晔：《后汉书》所附《续汉书·郡国志》注引《帝王世纪》，中华书局《二十四史》点校本，1965 年，第 3387 页。

各数百千岁,土地小狭,民人众,都国诸侯所聚会"①。较大的诸侯国有齐、鲁、宋、卫、晋、燕等国,这些诸侯国主要分布在黄河及淮河流域。据今人统计,西周分封的150个诸侯国中,主要分布在河南、山东、陕西、山西等地,其中,河南有50余国,山东有45国,陕西有25国,山西有15国。除了黄河流域之外,长江中游地区的邦国数量也较多。可见,西周时期的城市主要分布在黄河流域及长江流域,这大体与西周的疆域范围相一致。

除了在王畿之外分封诸侯,周天子还在王畿之内实行采邑制。采邑制的主要实施对象是周王朝的卿大夫,采邑的规模与所分封对象的爵位相关:爵位越高,采邑面积越大;反之,则越小。西周时期,采邑数量较多,《礼记·王制》记载:"天子之县内,方百里之国九,七十里之国二十有一,五十里之国六十有三,凡九十三国"②。

表1-5 西周时期的采邑数量统计表

采邑	都城	今所在地	采邑	都城	今所在地
西虢	上阳城	河南省陕县	蔡	蔡城	不可考
东虢	荥阳、氾水？	不可考	康	康城	河南许昌禹县
周	太王故城	陕西省岐山县	毛	毛城	陕西省扶风
召	太王故城南	陕西省岐山县	毕	毕原	陕西省西安市
单	不可考	陕西省眉县	鄷	丰邑	陕西省户县
温	温邑	河南省温县	南	南邑	陕西省眉县
檀	檀	河南省济源县	成	成邑	陕西省岐山县
荣	不可考	河南省巩县	郇	郇原	山西省临猗县
管	管城	河南省郑州市	霍	古霍城	河南省临汝县
原	原邑	山西省沁水县	虞	虞城	山西省平陆县
芮	北芮城	陕西省大荔县	应	应城	河南省鲁山县
邢	邢城	河南省沁阳市	胙	胙城	河南省延津县
凡	凡城	河南省辉县	滑	费城	河南省缑氏镇
祭	祭亭（城）	河南省郑州市	尹	尹城	河南省新安县
甘	甘城	陕西省户县	邢	邢城？	陕西省宝鸡市
秦	赵城	甘肃省天水市、礼县	樊	樊城	河南省济源县
郑	新郑（迁）？	陕西省华县	杨	杨邑	不可考

注：表中的采邑规模较小，有的采邑或无城市的设置，采邑主大都在都城中居住。只有爵位较高的采邑主的采邑有城市设置，而且大多数采邑城市不可考。

资料来源：吕文郁《周代的采邑制度》（增订版），社会科学文献出版社，2006年。

西周王朝分封的地域范围主要在今河南省、陕西省、山西省等地，其中又以陕

---

① 司马迁：《史记·货殖列传》，线装书局，2006年，第540页。
② 《礼记·王制》，崔高维校点，辽宁教育出版社，2000年，第40页。

西省、河南省最为集中。《周礼》规定了当时的建城标准："其公邑,自二百以出至五百里,皆有焉。家邑,大夫采地,在稍地三百里;小都,卿之采地,在县地四百里;大都,三公王子弟,在畺地五百里。"① 按此标准,三公、王子弟封地五百里,可建造一个较大的城市;卿的封地面积为四百里,可建造一个小都;而大夫以下,封地不足以建造城市。

西周的分封制包括"封土与建国"两部分,封土主要是指分封土地,而"建国"则主要指建城。诸侯国在分封之后,在封国内建立多个军事据点,包括营筑自己的政治统治中心,大量修筑城邑,由此推动了周代城市数量的增加,促成了中国历史上的第一次筑城高潮。根据今人的统计,考古发现与文献记载的都邑在各省的具体分布见下表:

表1-6 考古发现与文献记载的都邑分布对照表

	河南	山东	山西	河北	安徽	湖北	湖南	江苏	陕西	四川	江西	浙江	辽宁	共计
考古发现	99	39	23	10	9	13	14	7	4		1	1	1	221
文献记载	130		42	15	16	12		9	8	2	1	2		237

资料来源:李鑫《商周城市形态的演变》,中国社会科学出版社,2012年。

由上表可知,商周时期的城市数量以黄河流域的河南、山东、山西等地区最多,其次为长江中下游的湖北、湖南、安徽等地区,而长江下游、东北地区则较少。

除了城市数量增长之外,西周时期的城市规划建设与夏、商时期有着明显的不同。夏商时期的城市建设无制度可依。到了周代,城市的建设已经有了规范的营造之法。《周礼》便记载了"建国""营国"之法:"匠人建国,水地以县,置槷以县,视以景。为规,识日出之景,与日入之景,昼参诸日中之景,夜考之极星,以正朝夕。"② 利用悬挂的准绳及日晷来建造城市,说明该时期的建城方法更加科学,建造水平也更高。

周朝建立之后,制定了都城的建造标准,特别是诸侯国的都城,大都建立在一定数量的封土及人口基础之上。《周礼》记载:"乃经土地而井牧其田野。九夫为井,四井为邑,四邑为丘,四丘为甸,四甸为县,四县为都。以任地事而令贡赋。"③ 其中所讲的"邑"应该为居民聚落,而不是城市。由此可知,都城的标准为"四县",即要有四个县以上的土地与人口规模才能建造都城。

《周礼》依据畿内与畿外分封等级的不同,规定了不同级别的城市不同的建造标准。分封制度下,疆域内的封土、人口及城市建设都有严格的等级差异,不同等级的城市发展也有明显的不同。王畿之内则分公卿、大夫以采邑,其等级也依其官

---

① 孙诒让:《周礼正义·地官司徒第二》,中华书局,2013年,第668页。
② 《周礼·冬官考工记》,崔高维校点,辽宁教育出版社,1997年,第85页。
③ 《周礼·地官司徒》,崔高维校点,辽宁教育出版社,1997年,第20页。

职职阶。《周礼》规定："凡建邦国，以土圭土其地而制其域。诸公之地，封疆方五百里，其食者半；诸侯之地，封疆方四百里，其食者三之一；诸伯之地，封疆方三百里，其食者三之一；诸子之地，封疆方二百里，其食者四之一；诸男之地，封疆方百里，其食者四之一。凡造都鄙，制其地域而封沟之，以其室数制之。"① 周天子按照不同的等级，分封土地与人民，分为公、侯、伯、子、男五个等级，其中公五百里、侯四百里、伯三百里、子二百里、男百里，这五个等级的都城建造及城内建筑的规格都与其身份地位密切相关。周王朝的"封邦建国"制决定诸侯国只建一座都城，都城大小以国之级别定之：王城方九里，公七里，侯五里，男三里。城市道路、建筑物等也因城邑等级而定。因而，行政等级行政体系自周朝开始有了制度基础并为后世城市的发展奠定了基础。

人口规模的大小也是西周时期城市等级的表现之一。西周时期城市的人口规模差别较大，相比于较大的都城，邑的规模较小，如1954年出土的"宜侯夨簋"记载当时有三十五个邑，可考的耕作人口是"千又五十夫"及"庶人六百又六夫"，合计一千六百多人，每邑平均不过五十人。而《论语》"十室之邑，必有忠信"，若以一室八口计算，一邑也只有八十口，与上文所得估计相去不远。② 上述文中的"邑"不过是居民聚落而已。《左传》记载："凡邑，有宗庙先君之主曰都，无曰邑。邑曰筑，都曰城。"③ 这在城市考古学中也得到印证，宫殿及宗庙建筑已经作为城市是否为都城的重要标准，这也是学界已达成的共识。而较大的"邑"称为城市，有的大邑因为城市中建有宗庙，时人亦称之为"宗邑"。④ 与邑相比，都城有城墙作为防御工事，有封建宗法制下象征宗法地位与权威的宗庙，而且规模相对较大。《战国策》记载："古者，四海之内分为万国。城虽大，无过三百丈者；人虽众，无过三千家者。"⑤ 按照每家五口人计算，都城人口在一万五千人左右。

《周礼》还规定了城市内部的布局。《周礼·考工记》："匠人营国，方九里，旁三门。国中九经九纬，经涂九轨。左祖右社，面朝后市，市朝一夫。"⑥ 根据《周礼》对城市布局的规定，学界给出了西周都邑的理想模式，如下图所示：

---

① 《周礼·地官司徒》，崔高维校点，辽宁教育出版社，1997年，第18页。
② 许倬云：《许倬云自选集》，上海教育出版社，2002年，第70页。
③ 《左传·庄公二十八年》，王守谦、金秀珍、王凤春译注：《左传全译》，贵州人民出版社，1990年，第165页。
④ 赵伯雄：《周代国家形态研究》，湖南教育出版社，1990年，第202页。
⑤ 何建章注释：《战国策注释》卷二十《赵策三·赵惠文王三十年章》，中华书局，1990年，第709页。
⑥ 《周礼·冬官考工记》，崔高维校点，辽宁教育出版社，1997年，第85页。

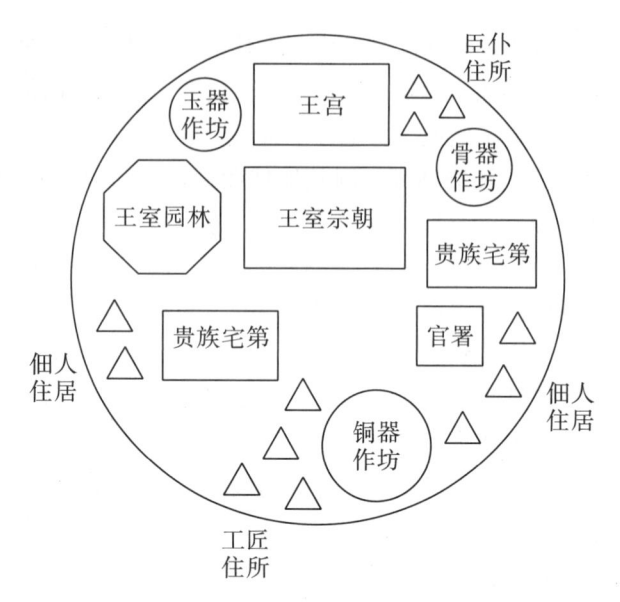

图 1-1 周代都邑的理想模式示意图

资料来源：陈平原、王德威、陈学超《西安：都市想象与文化记忆》，北京大学出版社，2009年。

上图为今人所作西周都城的复原图，是按照"周礼"对都城的布局而作。但是此图并未将"九经九纬"的道路布局展现出来，按照《考工记》的记载，周代王城的外部形态与内部布局是极为规整的，强调方向与位置的尊卑，在城中央立宫，而后便以此为中心，礼制等级秩序由内向外扩展，并在宫城的南北轴线上依次布置朝寝、庙社、官署、市场。除了周王朝都城，其他诸侯国的都城建造也依照此法。《周礼》："量人掌建国之法。以分国为九州，营国城郭，营后宫，量市朝道巷门渠。造都邑，亦如之。"[①] 只不过诸侯国都城的规模要小于周朝的都城。

总之，周朝初期的大规模分封促使该时期城市数量增长，城市的地域分布有所扩大。长江中下游地区的城市数量增长快速。在夏商时期，今浙江、江苏等地还未出现城市，到了西周，周天子将子侄分封到吴越地区，促使这些地区出现较大规模的诸侯国都城。尽管如此，西周城市仍集中分布在今河南地区，只是今河北、山东、湖南、湖北等地的城市数量有所增长。这些诸侯国都城的建设遵循"周礼"，都城规模、形态等都有相关的规定，因而西周时期的城市发展打上了礼制的烙印。

二、西周都城的营建与发展

周朝统治者十分重视城市建设，特别是都城建设，将城市建设作为巩固统治的一项重要措施，这也是周朝城市发展的一个直接原因。周朝建立之前，周人就比较重视城市营建，早在公亶父时就已经将城市建设作为立国之本，建立了早期的都城

---

① 《周礼·夏官司马》，崔高维校点，辽宁教育出版社，1997年，第53页。

岐邑。其后，随着周国政治、经济的发展，周人的政治中心也曾多次发生变迁，从而推动了周朝的城市发展。

周人自公刘居于豳（今陕西旬邑西），传九世到公亶父（太王）。因受戎、狄逼迫，公亶父率众越过漆水、沮水和梁山，到达岐山（今陕西岐山东北）以南的周原（今陕西岐山、扶风间），"营筑城郭室屋，而邑别居之"，是为岐邑。周原地处关中平原西部，土地肥沃，气候温和，四季分明，是人类繁衍生息的理想之地，《诗经》中有"周原膴膴，堇荼如饴"的诗句赞美周原。岐邑成为公亶父至周文王前期的都邑。公亶父、王季、文王三代在这里励精图治，周族国力日强，成为殷商之外的西方强国。直到文王攻灭崇国，在该地建成新都丰京，文王才从岐邑迁至丰。《诗·大雅·文王有声》载：文王"既伐于崇，作邑于丰"。据文献记载，文王迁丰后，将岐邑辖境分封给周、召二公作为采邑。西周末年，西戎入侵，对周原进行大规模的破坏，岐邑遂成废墟，废弃不用。

周原是西周故都，建城之初的目的是抵御狄人，如《尚书大传》所载：

> 狄人将攻太王亶甫。召耆老而问焉，曰："狄人何欲？"耆老对曰："欲得菽粟财货。"太王亶甫曰："与之。"每与，狄人至不止。太王亶甫属耆老而问之，曰："狄人又何欲乎？"耆老对曰："又欲君土地。"太王亶甫曰："与之。"耆老曰："君不为社稷乎？"太王亶甫曰："社稷所以为民也。不可以所为民亡民也。"耆老对曰："君纵不为社稷，不为宗庙乎？"太王亶甫曰："宗庙，吾私也。不可以私害民。"遂杖策而去，逾梁山，邑岐山。周人奔而从之者三千乘，一止而成三千户之邑。[①]

关于周原城所在地，学界多有争论，有"美阳县西北""美阳县水中乡""岐阳镇（今岐阳村）""岐山箭括岭"等多种说法。然考古材料证实，周原在今岐山县京当乡、扶风县法门乡和黄堆乡三个地区的交界范围内。西至岐山县祝家庄岐阳堡，东至扶风县黄堆乡的樊村，北至岐山脚下，南至扶风县法门乡的康家、庄李村。位于今法门乡所在地法门寺西北七公里处。[②]

根据考古发现，周原的宫殿建筑遗址分布在岐山凤雏和扶风召陈两处，是由庭堂、室、塾、厢房和回廊等构成的台式建筑遗存。基址南北长45.2米，东西宽32.5米，面积1469平方米。中庭的后面有6间殿堂，是建筑主体，每间房屋各宽3米，进深6米，四周回廊环绕。殿堂后面是后庭，分为东西两个小庭，各为63平方米，有过廊和前后建筑相连。基址最里面为5间后室，面宽23米，进深3米。多数学者认为这组建筑是周原的宗庙，也有研究者在分析"东西厢""台门""龟室"的基础上，认为这种建筑并非宗庙，而是"生活居住之所"。[③] 这种四合院建筑在商代便已经出现，不过，该时期的宫殿建筑由前庭、中庭、后室等构成，前后

[①] 皮锡瑞：《尚书大传疏证·周传·略说》，中华书局，2015年，第315页。
[②] 陈全方：《周原与周文化》，上海人民出版社，1988年，第13页、第17页。
[③] 郭明：《周原凤雏家族建筑"宗庙"说质疑》，《中国国家博物馆馆刊》，2013年第11期。

布置更加紧凑,建筑规模也比之前大。城市建设的排水系统也较为完善,在宫殿建筑基址中发现"两处排水管道,用陶质水管套接或用卵石砌成"①。《孟子》记载:"国人之东徙奔走而从之者三千乘,一止而成三千户之邑。"② 由此可推断周原的户口数为三千户,按照一家五口计算,则城市的人口规模当在一万五千人左右。

  镐京亦为西周早期都城,位于丰水西岸,起初称为丰京,后因武王将其迁往丰水东岸,称镐京。考古发掘表明,丰、镐二京实际上是一个都城的两个区域,组合在一起成为周国的政治、宗教中心。丰京在沣河以西,镐京则在沣河以东,两城隔河相望。根据考古调查及发掘,丰镐遗址的总面积可达 10 平方公里。丰京遗址有十余座西周时期的大中型夯土建筑基址,面积多数在 100 平方米左右,其中面积最大的可达 1800 平方米。另在镐京遗址发现有 11 处西周时期的夯土建筑基址座,其中面积最大的 5 号宫殿基址的面积可达 3300 多平方米。③

  由于镐京为都城,严格按照"周礼"而建,因而依照礼制大致可以推算得出镐京的规模及城内布局。镐京方九里,每边各有三门,城内纵横各有九条街道,祖庙在王宫的左侧,社坛在王宫的右侧,前面是朝堂,后面为街市。根据考古发掘,城市中宫殿的布局也以主体建筑居中,两端对称布局,符合"周礼"的城市布局。至西周末年,由于戎人入侵,周平王被迫东迁洛邑,丰、镐二京遂被毁弃,渐成废墟。

  洛邑是西周的另外一座都城。营建洛邑是武王时期早已拟定的,《史记·周本纪》记载:"成王长,周公反政成王,北面就群臣之位。成王在丰,使召公复营洛邑,如武王之意。"④ 关于营建洛邑的动机,《尚书·召诰》也有记载:"今天其命哲,命吉凶,命历年。知今我初服,宅新邑,肆惟王其疾敬德。"⑤ 洛邑于周成王五年三月开始大规模动工兴建,建成后,成王亲政初年称之为"成周"。当时"晋魏舒合诸侯之大夫于狄泉,将以城成周。……城三旬而毕,乃归诸侯之戍"⑥。至春秋,成周又叫"王城"。

  洛邑的规模与镐京相差不多,《逸周书·作雒》记载:"周公敬念于后,曰:'予畏周室不延,俾中天下。'及将致政,乃作大邑成周于土中。城方千七百二十丈,郛方七十里,南系于雒水,此(北)因于郏山,以为天下之大凑。制郊甸,方六百里,因西土为方千里,分以百县。"⑦ "城"为"王城",周长一千七百二十丈;"郛"为"郭",周长七十里。根据考古发掘,洛邑平面为不十分规则的方形,面积为 3320 米×2890 米,如果以米折合周代尺度,与"方九里"的记载大致相近。

---

  ① 何一民:《中国城市史》,武汉大学出版社,2012 年,第 81 页。
  ② 焦循:《孟子正义》(上),中华书局,1987 年,第 165 页。
  ③ 何一民:《中国城市史》,武汉大学出版社,2012 年,第 83 页。
  ④ 司马迁:《史记·周本纪》,线装书局,2006 年,第 14 页。
  ⑤ 《尚书·召诰》,冀昀主编,线装书局,2007 年,第 181 页。
  ⑥ 《左传·定公元年》,王守谦、金秀珍、王凤春译注:《左传全译》,贵州人民出版社,1990 年,第 1411—1412 页。
  ⑦ 张闻玉译注:《逸周书全译》,贵州人民出版社,2000 年,第 193 页。

"城址大体呈正方形，每面三门，共十二门。每门有三个门道，道宽二十步。王宫位城中央，左祖右社，面朝后市。"① 城市布局与镐京相似，而且符合礼制。

与夏商时期的偃师二里头、郑州商城等都城相比，西周都城规模更大，丰镐遗址的面积可达 10 平方公里。城市规划以"周礼"为蓝本，是西周城市发展的重要特征，城市建设与"礼制"结合起来，城市也因此具有深厚的政治色彩。

三、西周诸侯国城市的发展

周王朝在各诸侯分封之地建造都城，地方诸侯国城市得到发展。西周时期的诸侯国主要分布在黄河流域、淮河流域、长江流域，其中又以黄河流域最为集中。这些众多的诸侯国与方国部落也都会修建不同规模的城邑。

黄河中下游的山东地区是西周诸侯的重要分布区域，分布着鲁国、齐国等较大的诸侯国。这些诸侯国的都城规模较大，城市建设也较为完善。以鲁国都城为例。鲁国故城位于今山东省曲阜县城及其外围的洙水和泗水之间，于西周晚期形成。根据考古发掘，曲阜故城城址略呈长方形，四周有城壕围绕，东西最长处为 3.7 公里，南北最宽处为 2.7 公里。宫殿位于城址的中部和中南部的周公庙高地。该处有 9 个大型的建筑基址，其东、西、北三面发现有夯土墙基，也证实这是宫城所在地。鲁国故城共有城门 11 座，东、西、北三面各有城门三座，南墙二座，各门都与城内的大道相通，门道宽 7~15 米。② 就城市布局来说，鲁国故城的宫城位于郭城中心，重要的建筑物和街道多按中轴线位置来规划，反映了传统的周代礼制。此外，鲁国都城的宫殿区的外围发现有铸铜、冶铁、制陶、制骨等手工业作坊遗址。鲁国故城的北部和西部，发现五六处墓地，发掘了 100 余座西周东周墓葬。③ 可见城市手工业，特别是铸铜业较为发达。

淮河流域是西周时期诸侯国的集中分布区域，有嬴姓的江、黄、养三国，姜姓的许、申、吕三国，姬姓的息、蒋、赖、蔡、蓼、应、沈、道、顿九国，己姓的番国，妫姓的陈国，隗姓的弦国，姞姓的项国，柏姓的柏国，祁姓的房国等。除姬姓部族之外，这里也汇集了古老的柏皇氏、炎帝、少昊、祝融、尧、舜等古老部族的后裔。④ 西周诸侯国都城比较突出的特点是有明显的军事功能，这些诸侯国城大都建有壕沟。如蔡国故城，"城邑大都位于近山平原，又接近水道，筑城可扼守御敌。雄踞蔡县芦冈坡，四周有壕沟，东西有汝、洪二水"⑤。再如申国都城谢城是淮河流域一座规模较大的都城，其遗址就在今罗山县西北与平桥区邻近的高店乡。高店

---

① 李洁萍：《中国古代都城概况》，黑龙江人民出版社，1981 年，第 15 页。
② 张之恒、周裕兴：《夏商周考古》，南京大学出版社，1995 年，第 306 页。
③ 张之恒、周裕兴：《夏商周考古》，南京大学出版社，1995 年，第 306 页。
④ 金荣权：《周代淮河上游诸侯国研究》，河南大学出版社，2012 年，第 2 页。
⑤ 人文杂志编辑部：《西周史研究》，人文杂志编辑部，1984 年，第 90 页。

古城址"城墙外有 3 米护坡，护坡外是宽约 20 米的围壕"①。根据考古发现，淮河流域较大的诸侯国都城的形态、规模及地望参见下表：

表 1-7　西周时期淮河流域诸侯国城市概况

城　市	外部形态	周长（米）	面积（平方米）	城墙高	今所在地
蔡国上蔡故城	长方形	10490	?	4~11 米	上蔡县芦岗乡
蒋国期思故城	长方形	4400	85 万	残墙高 2~3 米	淮滨县期思镇
息国故城	?	2532	35.5 万	24.5 米	河南省息县
顿国故城	正方形	2000	25 万	?	商水县平店乡
申国谢城	六边形	1980	26 万	?	信阳罗山县
黄国故城	方形	6720	20.9 万	?	信阳潢川县
江国故城	方形	5400	240	?	正阳县与息县交界处

注："?"表示没有考古资料。
资料来源：金荣权《周代淮河上游诸侯国研究》，河南大学出版社，2012 年。

　　由上表可知，淮河流域诸侯国较大城市的规模可达 85 万平方米，但是其他城市规模大都在 20 万~35 万平方米。城市形态各异，并非严格依照镐京等都城的布局原则进行建设。从考古材料看，这些诸侯国都城的城市手工业都有所发展，如黄国故城城内北面偏南处的宫殿遗址出土有陶鼎腿、陶鬲腿、铜箭头等。"其南 200 米处，出土有铜块、炉渣等，似铜作坊遗址"。② 黄国古城内发现一处夯土台基，平面呈方形，残高 2~3 米，面积约 13000 平方米，地表散存较多的板瓦、筒瓦、瓦当及陶器残片，并有铜镞、蚁鼻钱出土。③ 在城址不断出土的器物中，春秋战国时期的青铜器 27 件。④

　　金沙遗址位于今成都市西二环路和西三环路之间，遗址内地势起伏较小，西北高，东南低，相对高差不到 5 米。⑤ 遗址的东南面是绵延数公里的十二桥商周遗址群⑥，东北约 8 公里处为羊子山土台遗址⑦，往北约 38 公里处是广汉三星堆遗址。从 1995 年开始，金沙遗址群陆续发掘。考古工作者初步断定金沙遗址群分布面积约 3 平方公里，是一处大型的商周时期古蜀文化中心遗址，是古蜀国继三星堆古城后的又一都邑所在。

　　金沙遗址出现大型建筑区。金沙遗址的"三合花园"遗址，面积达 2000 平方

---

① 金荣权：《周代淮河上游诸侯国研究》，河南大学出版社，2012 年，第 96 页。
② 信阳地区地方史志编纂委员会：《信阳地区志》，生活·读书·新知三联出版社，1992 年，第 790 页。
③ 金荣权：《周代淮河上游诸侯国研究》，河南大学出版社，2012 年，第 125 页。
④ 金荣权：《周代淮河上游诸侯国研究》，河南大学出版社，2012 年，第 96 页。
⑤ 宋治民：《六十年来蜀文化研究的重大收获》，《四川文物》，2009 年第 4 期。
⑥ 孙华：《成都十二桥遗址群分期初论》，《四川考古论文集》，文物出版社，1996 年，第 123-144 页。
⑦ 四川省文物管理委员会：《成都羊子山土台清理简报》，《考古学报》，1997 年第 4 期。

米以上，共发现房址17座，窑址17座，另有300余个灰坑，13座墓葬等。其中开口于5A层下的5座房址，均为大型排房建筑，长度在20米以上；最大的一座F6宽近8米，长度在54.8米以上，至少有5个开间，面积在430平方米以上。房屋的修建相当考究，均是四周挖有基槽的木（竹）骨泥墙式建筑。① 这种房屋的修筑方法是先在地上挖出房屋的基槽，然后把小圆木或小圆竹按一定距离竖立在基槽内形成墙体，再里外抹上草拌泥，用火烘烤后就形成了墙面。它的基槽宽约0.5米，槽内大小柱洞排列规整，小柱洞较密集，大柱洞间隔1.4~1.5米。"5座房址的布局有规律，可能为一组建筑"②。考古研究者认为这种成组的大型排房建筑不是一般平民所能拥有的，只有古蜀国最高统治阶层才有能力组织人力、物力来修建。同时，这些大型房屋建筑也不是普通人所能够使用的，很可能是宫殿区。在遗址的中部，有面积约1万平方米的人工卵石设施，由两部分组成：一是用卵石和红烧土铺成的活动面；二是用卵石砌成的沟状遗迹，间距约2米，已暴露的长度为150余米，由西北向东南呈弧形环绕。从整个遗址布局来看，人工卵石设施的西北是宫殿区，东南是祭祀区，西南是墓地，其在遗址中的位置十分重要。其上没有发现建筑遗迹，很可能是一处大型公共活动场所。③

金沙遗址布局合理，结构规整，各区域功能分明。就现有的考古资料，初步推测今"三合花园"一带应当是金沙遗址的宫殿区。"梅苑"东北部出土了玉器、铜器、金器、卜甲等重要文物700余件，主要分布在约1000平方米的范围内，此外还出土了大量的象牙、陶器。该区有三个极为重要的遗迹现象：一是象牙堆积坑，坑内堆积有大量象牙，伴出有玉器和铜器；二是面积约300平方米的石璧、石璋半成品分布区；三是成片的野猪獠牙、鹿角、美石、象牙集中分布区，面积约300平方米。这三处遗迹与出土金器、铜器、玉石器的地点均有各自的分布区，互不相连。也就是说，"梅苑"东北部具有一定的布局结构和功能分区，这种功能分区很像作坊的形式，而如果长期在一个区域内的不同地点使用某些固定的器物举行特定的宗教祭祀活动，也会产生这种情况。这可能与宗教仪式有关，可以推测这是宗教礼仪区。"兰苑"发掘面积达12800平方米，发现有大量的房屋建筑遗迹和红烧土、成排的窖穴、400余个灰坑、80余座墓葬、1座陶窑等遗迹现象，出土了数以万计的陶器、陶片和少量的玉石器、铜器、金器等。该地是居住生活区和一小片墓地。"体育公园"发掘面积为162平方米，发现有房屋建筑遗迹、红烧土和15座墓葬。15座墓葬集中分布在81平方米的范围内，初步认定这批墓葬多数为二次葬。其中3座墓葬有随葬品，出土了大量玉石器和陶器。该区域原来可能是居住生活区，废弃后成为墓地。

金沙遗址建有大型祭祀礼仪中心。金沙遗址的东南部，面积约22000平方米，

---

① 成都文物考古研究所：《金沙：21世纪中国考古新发现》，五洲传播出版社，2005年，第10页。
② 朱章义、张擎、王方：《成都金沙遗址的发现、发掘与意义》，《四川文物》，2002年第2期。
③ 朱章义、张擎、王方：《成都金沙遗址的发现、发掘与意义》，《四川文物》，2002年第2期。

出土了 5000 余件金器、铜器、玉器、石器、卜甲、骨器、漆器等珍贵文物，以及数以千计的象牙和野猪獠牙、鹿角等礼仪性用品，还发现了与祭祀活动有关的遗迹 26 处。其祭祀区规模之宏大，出土珍贵文物数量之多，祭祀方式之独特，均为全国所罕见。[①] 这些器物很多是出自地层，也有一些出自坑内，这里极有可能是一处大型的祭祀活动场所。祭祀用的象牙，堆放密集，极有规律。有的象牙还被整齐地切割过，其上还有人工刻画的图案。祭祀用的野猪獠牙和鹿角，堆放面积近 500 平方米，獠牙无一例外地选择野猪的下犬齿。在獠牙与鹿角中间还有一些玉器、美石、象牙、犀牛下颌骨等。祭祀用的玉器和铜器，数量多。祭祀用的石器，倾斜摆放，层层叠压，成片分布。祭祀用的卜甲均为龟腹甲，上有密集的灼痕。诸多迹象表明金沙已经出现了大型祭祀礼仪中心。

考古工作者根据目前已发掘的遗址判断，金沙遗址群的面积甚大，分布面积在 3 平方公里以上；遗址内部有一定的布局结构，每一文化堆积区内部也有一定的布局结构；另外，出土了大量的礼仪性用器，发现了一些与宗教有关的特殊遗迹现象。这些都是一般的聚落所无法相比的，可以推测它是继三星堆后一处大型的新的古蜀文明中心，可能是商代晚期至西周时期古蜀国的都城。

琉璃河古城遗址是兴起于北方的燕国都城，位于北京市西南房山区琉璃河乡。遗址东西横距 3.5 公里，南北纵距 1.5 公里。为商周时期的重要遗址，由古城址、墓葬区、居住区三部分构成。古城址位于遗址中部，地面尚存北城墙和东西城墙的北半部，北墙长 829 米，东西墙北段尚存约 300 米，建城年代约在西周初期。墓葬区位于城东南部，以黄土坡村最为集中，墓分大、中、小三型，皆为长方形竖穴土坑，中小型墓有熟土二层台，大型墓多有两条墓道。随葬品，小型墓以陶器为主，中型墓以青铜器为主，大型墓多被盗。陶器组合为鬲、簋、罐。不少青铜器上铸刻铭文，出土的堇鼎和伯矩鬲是极为珍贵的青铜礼器精品。近年出土刻有"成周"文字的甲骨，为确定燕都城址年代提供了有力的证据。居住区位于城内及遗址西部，有房屋、窖穴、灰坑、水井等遗迹。

除了以上考古发掘的遗址外，另有部分诸侯国的都城自西周以来，一直都在持续发展，作为国都长达数百年，并在春秋战国时期成为重要的城市。如卫国都城朝歌（今河南汲县北），原为商纣王的行都，武王灭商后，三分其地，朝歌作为卫国城都达 400 余年。齐国都城营丘（今山东临淄），作为齐国都城长达 800 余年。因其城东临淄河，后被齐献公更名为临淄。鲁国都城奄（今山东曲阜），作为鲁国都城长达 900 余年，是周王朝各诸侯国中沿用时间最长的都城之一。宋国都城商丘（今河南商丘市），原是商部族的聚居地、商朝最早的建都地。周成王三年，周公平定武庚叛乱后，成王封殷商后裔微子启于商丘，称宋国。周赧王二十九年（前 286 年），齐、楚、魏灭宋而三分其地，商丘属魏。晋国都城唐（今山西翼城），位于今山西省境西南的中条、太岳两山之间，东临沁水，西接曲沃，北与浮山、襄汾毗

---

① 施劲松：《金沙遗址祭祀区出土遗物研究》，《考古学报》，2011 年第 2 期。

邻，南与绛县、垣曲相连。

除黄河流域、淮河流域和长江流域之外，西藏、内蒙古等农牧地区也是中国早期城市的诞生地之一。在距今两千多年前，西藏出现了象雄、藏、罗昂、森波、吉、贡、娘、达、亚松等 40 个小邦[①]，这些城邦主要分布在自然地理条件较好的今西藏中南部的林芝、拉萨河、年楚河等地。内蒙古地区属于夏家店下层文化时期的石筑山城的数量较多，今赤峰英金河、阴河流域就达 43 座。这些城市的外部形态多样，城址的面积不等，有方形、圆形、椭圆形、三角形等，有的筑有二道城，有的在临陡壁深壑一面不再另筑城墙。面积小者数千平方米，大者达 10 万平方米，城内石筑房屋基址也达 600 座以上，但多数城址的面积为 1~2 万平方米。[②] 城址的面积较小，城市的发展程度远不能与各诸侯国都城相比。

除了诸侯国的城市之外，周朝王畿内的城邑分布应是比较密集的。《逸周书·作雒》记载，洛邑建成后，"制郊甸，方六百里，国（因）西土为方千里，分以百县。县有四郡，郡有四鄙。大县立城方王城三之一，小县立城方王城九之一"[③]。可知，洛邑建成之后，在洛邑的周围又建了许多县城，其规模是都城的九分之一和三分之一。不过，目前还无准确的考古资料证实这些县城的存在。

总之，西周分封制的实施，推动了西周城市的发展，城市数量快速增长，城市的地域分布扩大，城市建设技术也已经相对成熟，城市的发展已经达到一定的水平。与史前时期至夏商时期的城市相比，西周时期的城市更加成熟，有其自身的发展特征。首先，西周城市的发展与制度变革密切相关，城市是分封制度下的产物，城市作为地方诸侯或者卿大夫的权力中心，已经深深打上了王权的烙印；而且城市作为权力中心，与分封者的地位密切相关，因等级的差异而逐渐形成行政等级城市。其次，城市的规划、建设必须要符合"周礼"的规定。这也是周代城市发展与之前城市发展最大的不同之处。城市的规划，包括城市的规模、城墙的厚度、城市内部的布局、城内宗庙建筑的大小等，都要遵从"周礼"，以示等级差别。

小　结

远古至夏、商、周时期是先秦城市发展的三个阶段。从史前至西周时期，城市发展主要表现为以下三个变化：

首先，城市的数量增多，城市规模扩大，城市的地域分布有所扩展。在史前至夏商时期，城市主要集中在黄河中下游和长江中上游地区。到了西周时期，随着分封制的推行，城市已经扩展至长江下游的吴越地区，北方的燕辽地区。但是，西周城市的发展具有很大的区域差异与地区不平衡性。城市仍然集中在黄河流域与长江

---

① 达仓宗巴·班觉桑布著，陈庆英译：《汉藏史集》，西藏人民出版社，1986 年，第 81 页。
② 徐光冀：《赤峰英金河、阴河流域石城遗址》，《中国考古学研究——夏鼐先生考古五十年纪念论文集》，文物出版社，1986 年，第 82—93 页。
③ 张闻玉译注：《逸周书全译》，贵州人民出版社，2000 年，第 193 页。

流域，其他地区的城市数量仍然较少，边疆如西藏地区也出现早期城邦国家，出现石头城。从城市的发展程度来看，除了都城规模较大之外，一些小的诸侯国的都城规模仍与史前和夏商时期的城市规模相当。

其次，从史前至西周时期，政治制度对城市的影响越来越深刻，特别是西周时期的分封制度，是当时城市发展的重要推动因素，不但体现在地方城市数量上，城市的建设、规模也必须符合"周礼"的规定。可以说，"王权——国家力量"是西周时期城市发展的重要推动因素。

最后，从史前至西周，城市功能逐渐多样化。在史前时期，城市只是以政治功能和军事防御功能为主的"城"，到了西周时期，城市已经具备政治、经济、文化等多种功能。但是，不同区域的城市功能有所不同，如当时内蒙古地区的城市仍然是军事性质，主要用作军事防御。

第二章　春秋战国时期城市的发展

公元前781年，周幽王即位。周幽王贪婪腐败，不问政事，重用"为人佞巧，善谀好利"的虢石父专权，引起国人强烈不满。又因宠幸妃子褒姒，废黜申后及太子宜臼，立褒姒为后，其子伯服为太子，并加害太子宜臼，致使申侯、缯侯和犬戎各部联合攻击宗周。公元前771年，周幽王被犬戎兵杀死于骊山之下，西周灭亡。第二年，周平王即位，将都城东迁至洛邑（今河南洛阳），东周开始。平王东迁之后，在成周建国，只有"晋郑焉（是）依"，周王室大权旁落，从此堕于诸侯卵翼之下。其后诸侯纷争加剧，中国历史进入了列国征战的春秋战国时期。大国争霸，经济发展，文化繁荣，为全国性统一创造了条件。

春秋战国时期是中国古代史上重要的社会转型时期，政治制度、社会经济、社会结构、社会性质都发生了重要变化。各种新的社会因素萌发并成长起来，铁器的发明与使用，促使社会生产力快速发展，社会生产关系也因此发生较大改变，脑力劳动与体力劳动进一步分开，城乡分工进一步细化，城市中出现了许多新的政治、经济、文化元素。在社会急剧变革的历史条件下，城市得到较大发展，城市数量增多，城市人口增加，城市规模扩大，城市性质也发生变化。尤其是城市商业和手工业的繁荣，使不少城市在政治功能基础上又叠加了新的经济功能，经济性都会开始出现。中国农业时代比较完整意义上的城市在这一时期完全形成。

第一节　春秋战国时期的社会转型与城市发展

春秋战国时期，社会生产力出现大发展，铁器的广泛使用促进了农业、手工业和商业的进步，人口也有较大的增加，各诸侯国的政治、军事和经济实力也随之增强。周天子在平王东迁后只保留了"共主"的名义，逐渐失去对各诸侯国的控制能力，最终为秦所灭。春秋战国时期，军事和经济实力较强的大国之间明争暗斗，发动战争，开疆扩土，并不断修筑城池，城市数量增多，城市建设突破了"周礼"的限制，城市规模扩大，中国历史上出现了第二次筑城高峰。

一、城市发展的社会经济动因

（一）社会生产力的发展推动城市的发展

春秋战国时期，社会经济出现长足发展，一个最突出的标志就是中国从青铜时代向铁器时代转化。

首先，春秋战国时期青铜冶铸技术承袭商周，并取得重大进步，一个显著的变化就是从原先较为单一的范铸技术转变为综合运用浑铸、铸接、失蜡、铸焊（锡焊、铜焊）法，红铜镶嵌、错金银等多种新工艺，代表性产品有曾侯乙墓大型编钟群和青铜尊、盘等。就制作方法来说，分铸法有了很大的发展，成为主流。分铸法是指青铜器物的主体与其附件（如耳、足、柱等）分开铸造，或一件青铜器物整体经先后两次以上铸造而成的一种铸造工艺。它是针对整体造型较为复杂，某些构件不能联体制范的器物，或为减少整体制范块数和浇铸时范块错位所采取的一种制作方法。分铸法有利于铸造复杂的大型器物，从而推动了分工合作和技术进步，较大地提高了生产效率。春秋时期青铜铸造在器型、纹饰方面有不少新的变化，突破了商周的传统格局，如考古出土的春秋晚期新郑彝器不仅种类繁多，有鼎、簋、鬲、尊、壶、罍、舟、洗、盘、匜、钟、镈等，而且造型新颖，装饰纹样精巧别致，如莲鹤方壶的底部作双兽欲奔的花座，盖上层层莲瓣中立一展翅欲飞之鹤，设计独具匠心。战国时期在青铜铸造方面更是发展了印模、叠铸等批量生产技术，不少器物壁薄轻巧，质朴无华，更为实用。随着生产的发展和经验的积累，这一时期有关青铜冶铸已经从生产实践上升到理论总结。《周礼·考工记》详细记载了官营手工业各工种规范和制造工艺，以及一系列生产管理和营建制度，保留了先秦时期大量的手工业生产技术、工艺美术资料。《荀子·强国》总结出优质铸件的四大工艺要素为"刑范正、金锡美、工冶巧、火齐得"。《吕氏春秋·别类》提出了"金柔锡柔，合二柔则为刚"的理论。

其次，春秋时期的冶铁术在冶铜术高度发达的基础上逐步发展起来。铁在中国的发现和使用始于商代。1972年，考古工作者在河北省藁城县岗上镇台西村商代遗址中挖掘出一件铁刃铜钺，据考证这是国内外发现的最早的铁器，其材料可能来自陨铁；此外，在该遗址中还发现了铁矿渣，这也是世界上发现的最早的铁矿渣。但是，由于陨铁来源稀少，不可能对社会生产产生重要作用。近年来，考古工作者在西周末期的一些遗址中也发现有少量铁制工具，这表明铁器已经开始小范围地运用于农业生产。

春秋中晚期至战国时期，中国的冶铁业已经相当发达，生铁冶铸术、块炼铁渗碳法、铸铁柔化技术和金属范等重大技术发明的出现，使冶铁铸造工艺发生了革命性变化，铁器生产的效率提高，规模不断扩大，产品种类增多。湖南长沙出土有春秋时期的钢剑，江苏六合程桥春秋晚期墓葬出土有铁条和铁块。经现代技术检验，铁条由块炼铁锻打成形，铁块则由白口铁铸成，这说明熟铁和生铁在我国大体上出现于同一历史时期。春秋时期，尽管农业生产工具仍以木器、骨器、石器为主，但青铜逐渐已经开始被利用来制造农具，铁质农具最晚在春秋后期已经出现。[①] 战国时期铁器普遍使用于农业、手工业和日常生活中。春秋晚期的铁器多是小件的刀、锥、臿、削等工具、农具。到了战国时期，随着生产关系的变革，冶铁业迅速发展起来。工匠们已能娴熟地使用铸铁柔化技术，将脆硬的白口铸铁坯件，经可锻化退火处理，变成黑心韧性铸铁铸件，如洛阳铁铲、长沙铁臿等，其质量比白口铸铁和灰口铸铁都要好。战国时期各国频繁的军事行动，也促进了炼钢技术的发展。块炼铁渗碳法是这一时期钢铁技术的另一项重大成就。对河北易县燕下都遗址所出铁兵器进行的现代技术检验证实，戟、剑等兵器是用块炼铁经渗碳后锻打而成，有的还经高温淬火，得到质地坚硬的马氏体，再锻造出目前所知我国最早的淬火钢剑。过去一般都认为战国炼铁技术以楚国和吴越地区为最先进，燕下都钢剑、钢戟的发现，证明炼钢术在北方地区也有较高水平。

由于冶铁业的发展，铁矿开采也有较大发展，《管子·地数》载："出铜之山四百六十七山，出铁之山三千六百九十山。"管子所言矿山之数未必准确，但战国时期铁产量高于铜产量，铁用途广于铜用途，则是事实。如临淄东周冶铁遗址面积达十数万平方米。战国中期以后，随着生产规模的扩大和对铁器需求量的增长，各诸侯国已普遍用铁范大批铸造农具、手工工具和车具。铁器的使用已遍及当时的七国疆域，农具有犁、锄、臿、铲、镰等，手工工具有斧、凿、锥、削等。铁器取代铜、石、木、蚌器成为主要的生产工具，标志着社会生产力有了划时代的发展。这也是战国经济繁荣、学术百家争鸣的兴盛局面的物质基础。

铁器不仅在中原各国普及推广，而且西南、西北、两广等地区也开始使用。冶铁业的兴起，为社会生产力大发展提供了新的推动力并引起社会各方面的深刻变化。"铁使更大面积的农田耕作，开垦广阔的森林地区成为可能"，从而使农业生产力提高，生产关系改变，一家一户的小农经济逐渐取代商周时的集体耕作，由此推动了整个社会经济结构的变化。铁工具的推广，"给手工业工人提供了一种极其坚固和锐利的非石头或当时所知道的其他金属所能抵挡的工具"。[②] 由此引起其他手工业部门工艺上的变革，推动了手工业的发展，手工业规模扩大，效率提高。

春秋战国时期，铁器的广泛使用，促进了社会分工的深化与社会经济的发展，进而促使人类社会开始由青铜时代进入铁器时代，社会生产力也因此获得快速发展，社会生产关系与政治格局发生变化，主要表现在以下三个方面：

首先，春秋战国时期，铁器的使用促进了农业生产的发展。一是农具的不断改进，特别是铁器的使用和牛耕的推广。在铁犁牛耕出现之前，翻地要靠人力，即所谓"耦耕"。牛耕的效率要比耦耕高很多，从而使耕地面积和农业产量大幅增长。

---

① 赵世超：《周代国野制度研究》，陕西人民出版社，1991年，第179—186页。
② 《马克思恩格斯全集》（第21卷），人民出版社，1980年，第186页。

二是农业技术的进步,精耕细作技术普遍推广。铁工具的使用和牛耕的推广,为农业生产实现精耕细作准备了条件。战国时期,耕作技术的进步,主要体现为"深耕易耨"①。深耕、施肥、粪种、一年再获,是战国时期农业技术进步的表现。三是水利灌溉的发达,春秋战国时期各国都能兴修较大规模的水利工程,如魏文侯时邺县令西门豹曾兴"引漳水溉邺";魏惠王时修建的鸿沟,是中国古代最早的沟通黄河和淮河的人工运河;而举世闻名的都江堰水利工程,既免除了岷江泛滥的水灾,又便利了航运和灌溉,使成都平原成为"水旱从人,不知饥馑"的天府之国。四是土地私有制的确立,调动了农民的生产积极性。农业的发展推动了私田的开发和私有土地的出现,改变了夏、商、西周时期"集体劳作"的生产形式,生产关系发生变化。春秋时期周王室衰微,周王失去对土地的最高支配权,贵族争田夺田现象经常发生。同时,许多旧贵族随着战争动荡丧失权势和土地,而有些人却因军功得到大量赐田,社会上土地占有情况发生显著变化。井田制在这种混乱局面下逐渐丧失生命力,"各诸侯国逐渐发现单靠公田已无法保证其所需的财源和兵源,为了从私田上获得税收,同时也是为了使流失到私田上的劳动者重新纳入国家的控制下,不得不打破公田、私田的界限,一律按亩征税"②,租佃制度作为新的生产关系形式由此产生。从"相地而衰征"到"初税亩",再到"初租禾",原有的赋税制度逐渐瓦解。土地私有制的一个重要表现就是土地买卖的出现,由此推动了土地兼并的盛行。秦国"用商鞅之法,改帝王之制,除井田,民得卖买,富者田连仟佰,贫者亡立锥之地"③。土地制度的变革推动了地主阶级的兴起和他们发展农业生产的积极性。五是各诸侯国统治者充分认识到农业生产与国家的富强有着直接的关系,并加以大力推广。如管子所言:"错国于不倾之地者,授有德也;积于不涸之仓者,务五谷也;藏于不竭之府者,养桑麻育六畜也……故授有德则国安,务五谷则食足,养桑麻育六畜则民富"。"凡有地牧民者,务在四时,守在仓廪","仓廪实则知礼节,衣食足则知荣辱"。④各诸侯国为了富国强兵,多急耕战之赏,开阡陌,劝耕桑,播百谷,以足衣食。

其次,社会生产力的发展还促进了不同社会阶层之间的流动,进而改变了原有的城市社会结构。随着社会生产力的发展,原来束缚于公田上的劳动者纷纷逃亡,成为自耕农,一些贵族则趁机扩大私有土地而成为封建地主的前身,一些贵族沦落社会底层,以致出现许多无封土、无爵禄的大夫,而处于统治集团下层的士破产后成为游谈之士。此外,由于私有制的发展,私有工商业获得巨大发展,"工商食官"制度也被打破,一些商人及手工业者的地位有所提升。⑤大批商人和手工业者聚集到城市中从事非农业的专业化劳动,商品集市兴起,交通进一步发展。社会阶层的

---

① 焦循:《孟子正义》卷二《梁惠王章句上》,中华书局,1987年,第66页。
② 张星久、祝马鑫:《新编中国政治制度史》,武汉大学出版社,1993年,第52页。
③ 《汉书·食货志》,中华书局,1962年,第1137页。
④ 姜涛:《管子新注·牧民第一》,齐鲁书社,2004年,第1—4页。
⑤ 张星久、祝马鑫:《新编中国政治制度史》,武汉大学出版社,1993年,第53页。

流动促使城市内部人口构成发生变化，进一步促进了商业、手工业等城市经济的发展，为城市的兴起奠定了物质基础。在这种背景下，新兴的经济型城市开始不断出现，原有的政治、军事型城市不仅规模增大，而且不断地叠加经济功能和文化功能。生产力的发展，特别是铁器的使用促使不同区域的经济地位发生变化，而经济地位的变化又进一步改变了原有的政治格局。如春秋时期较为落后的吴越地区因铁器的使用而获得巨大发展，开始向北称霸。[1] 为了获取更多的政治与经济利益，各诸侯国间战争不断，如《战国策》所载，"取其地，足以广国也；得其财，足以富民；缮兵不伤众，而彼已服矣"，"蜀既属，秦益强富厚，轻诸侯"。[2] 拥有地方土地与税收的领主与周天子之间的关系也因此发生变化。

第三，城市作为庞大的物质实体，其建设需要较高的建筑技术与建筑工具的支撑，而社会生产力的进步，为城市建设奠定了基础。铁制生产工具的出现为城市的建设奠定了技术基础。战国时期的城市规模比以前扩大，高台建筑更为发达，并出现了砖和彩画。《周礼·考工记》记载了春秋战国之际的城市建设规划情形，如王城规划思想以及版筑、道路、门墙和主要宫室内部的标准尺度，记录了一些工程测量的技术。[3] 春秋战国时期手工工艺的发展也为城市建设提供了建筑材料。如制陶技术的进步，为城市建设提供了排水管道等建筑材料。春秋战国时期，制陶技术已经有了相当大的进步，该时期的陶窑"扩大窑室容量（直径达 1.3 米），火膛加深，支火道和窑箅孔眼加多，火力大而布热匀，再加封窑严实与最后阶段采取灌水方法，使陶坯中的铁质还原，制成比红陶、褐陶硬度更大的灰陶与黑而光亮的蛋壳陶"。[4] 这种制陶技术为后来建筑用陶质材料——瓦、砖、井筒和排水沟管的出现奠定了基础。

总之，社会生产力的发展是春秋战国时期城市发展的根本动因，周天子与诸侯国之间的关系反映了当时社会生产关系的变化。而城市的发展直接受政治、军事格局变化的影响。

（二）诸侯国的政治变革对城市发展的影响

春秋时期，周天子直接拥有的军事力量越来越少，因而驾驭诸侯的权力日益丧失，以至天子不再为天下共主，诸侯国崛起，礼崩乐坏的局面开始出现。少数诸侯强国不仅在经济和军事实力方面超过了周王室，在政治上也逐渐取代了周王室的地位，从而出现了"礼乐征伐自诸侯出"的现象。"晚世益甚，万乘之国七，千乘之国五，敌侔争权，盖为战国。贪饕无耻，竞进无厌。国异政教，各自制断，上无天子，下无方伯，力功争强，胜者为右，兵革不休，诈伪并起。"[5]

---

[1] 李亚农：《西周与东周》，上海人民出版社，1956年，第29页。
[2] 刘向：《战国策·秦一》，齐鲁书社，2005年，第32—33页。
[3] 刘敦桢：《中国古代建筑史》，中国建筑工业出版社，1980年，第2页。
[4] 刘敦桢：《中国古代建筑史》，中国建筑工业出版社，1980年，第27页。
[5] 刘向：《战国策书录》，见叶楚伧主编，吴契宁编注《两汉散文选》，正中书局，1936年，第122页。

为了在争霸战争中占据有利地位，各诸侯国纷纷进行变法改革，变革社会制度，采取一系列发展经济的措施，从而为城市的发展奠定了坚实的物质基础。齐太公时期，鉴于齐地"少五谷而人民寡"，便"因其俗，简其礼，通商工之业，便鱼盐之利，而人民多归齐，齐为大国"[①]。"工商立国"等经济政策的实施又推动了齐国城市经济的发展，齐国都城临淄的人口数量、商业发展程度可谓当时之翘楚。齐国宰相管仲曾大力推行政治改革，如"叁其国而伍其鄙""上计制度""相地而衰征"等，这些政策对齐国城市的发展有着深刻的影响。如"叁其国而伍其鄙"所确立的"国都、鄙野"制度，形成了城市内部按照职业布局的特征，体现了不同社会阶层社会地位的差异性。

楚国是长江流域的强国，楚国城市的发展与其改革密切相关。为了对外称霸，楚国努力发展本国实力，采取了"重商"政策。其疆域广大，有着广阔的贸易市场。楚国的疆域分为东楚、西楚、南楚三个部分，东楚即"彭城以东，东海、吴、广陵"；西楚即"淮北沛、陈、汝南、南郡"；南楚即"衡山、九江、江南、豫章、长沙"等地。[②] 此外，楚国地处长江中游，有长江便利的水运，以及连接水运的以郢都、宛丘、寿春等为中心的陆路交通网，如此便利的交通，以及广阔的市场，促进了楚国商业的发展。而商业又集中在城市中，楚国的宛丘、寿春等城市都是当时著名的商业中心。

不单是齐国、楚国如此，秦国、韩国、燕国等国也纷纷进行变法改革，到了战国时期，形成了"七雄争霸"的政治格局。《史记》记载："孝公元年，河山以东强国六，与齐威、楚宣、魏惠、燕悼、韩哀、赵成侯并。淮、泗之间小国十余。楚、魏与秦接界。魏筑长城，自郑滨洛以北，有上郡。楚自汉中，南有巴、黔中。"[③] 各诸侯国的城市或是各国的政治中心、军事据点，或是其商业中心，商业贸易较为繁荣，如临淄、宜阳、濮阳、大梁、蓟、咸阳、郢、定陶、宛、寿春、吴、雍、栎邑、天水、谭、安阳、薛、涿、温、安邑、荥阳、郑等。

（三）水陆交通的发展也为城市的兴起创造了条件

春秋战国时期，各国为了进行战争和发展经济的需要，都十分重视修路开渠，发展水陆交通运输。中原各国之间陆路纵横相连，西自秦，东至齐，北达燕，南抵楚，西南到巴蜀，东南至吴越，都有陆路相通。战国时期，各主要国家都建立起了以各国都城为中心向外辐射的交通道路网络。战国七雄都有相当广阔的疆域，经过多年的建设，逐步形成了以各国都城为中心向外辐射的交通道路网络，从而改变了西周和春秋初期以周王都城为中心的道路格局。各国之间的道路交通也有较大发展。中原地区的陆路交通有了很大发展，在魏、赵、齐等国之间有着许多交错的大

---

① 司马迁：《史记·齐太公世家》，线装书局，2006年，第143页。
② 司马迁：《史记·货殖列传》，线装书局，2006年，第541页。
③ 司马迁：《史记·秦本纪》，线装书局，2006年，第26页。

道，当时称为"午道"①。从成皋沿黄河到函谷关，有一条交通大道，时人通称"成皋之路"②。在秦与蜀之间很早就有道路相连，战国后期秦人和蜀人都对秦道和蜀道进行过大规模的扩修，修筑了从汉中越过七盘岭进入蜀地的一条通道，叫作"石牛道"③。在楚国，从南阳东出伏牛山隘口，有一条通向中原的大道，叫作"夏路"④。重要的道路都以重要的城市为终点和节点，因而随着道路数量的增加和里程的延长，重要城市之间的人口、经济、文化方面的联系更加密切，这反过来又使道路交通有新的发展。如曹赵陶丘号称"天下之中"，"诸侯四通，货物所交易也"。赵邯郸处于"北通燕涿，南有郑卫"的交通要冲。魏大梁"诸侯四通，条达辐凑"。齐临淄扼守中原通往山东的交通咽喉。各国之间主要城市之间都有大道相通，交通极为方便。"从郑至梁，不过百里；从陈至梁，二百余里。马驰人趋，不待倦而至梁。"⑤

战国时期交通道路新格局的形成，不仅有利于行军作战，更重要的是有利于人口和经济要素的流动，这成为推动战国时期城市规模扩大和功能改变的一个重要原因。交通运输的发展，推动了经济的发展，也使城市之间、地区之间的经济、文化交往加强，城市也随之而繁荣。战国时期各国经济都会的先后兴起与政治都会的参差并立，都与交通道路的发展有着直接的关系。政治中心城市经济功能的增强和经济都会的兴起，又进一步推动了道路交通的发展。

各诸侯国也较为重视发展水路交通，不仅利用天然河道，而且还开凿运河，发展交通。如吴国开凿邗沟，连接江淮，通粮运兵；魏国开凿鸿沟，初步形成黄淮平原运河水系；秦灭蜀国后，兴修都江堰，一个重要原因就是为了发展成都平原的水路交通。特别是南方诸国，如位于长江流域的巴、蜀、楚、吴、越等国，多江河湖泊，如岷江、长江、汉水、湘水、资水、沅水，以及太湖、鄱阳湖、洞庭湖等，水道纵横，四通八达，很早就开始使用舟船，水上运输十分便利，战国时期水路交通也有较大发展。特别重要的是，由于开凿了邗沟和鸿沟等南北向运河，使南北水上交通有了大的发展，并为隋以后大运河的开凿奠定了基础。

随着道路交通的发展，与之相联系的"逆旅"和"驿传"也得到较大发展。逆旅在西周时期主要是为各级官员服务，方便官员行旅，所谓"十里有庐，庐有饮食；三十里有宿，宿有路室，路室有委；五十里有市，市有候馆，候馆有积"⑥。然一般行人则不可享受此待遇。战国时期，随着商业的发达和都市的发展，以营利为目的的逆旅——旅店开始出现。《庄子·山木》篇云"阳子之宋，宿于逆旅"，"逆旅"亦即旅店。秦国商鞅变法时即将逆旅行业纳入官府的监管之下，规定客舍必须先验明客人身份方可接待。

---

① 刘向：《战国策·赵二》，齐鲁书社，2005年，第203页。
② 刘向：《战国策·秦三》，齐鲁书社，2005年，第56页。
③ 常璩：《华阳国志·蜀志》，重庆出版社，2008年，第312页。
④ 马王堆汉墓帛书整理小组：《战国纵横家书——马王堆汉墓帛书》，文物出版社，1976年，第106页。
⑤ 刘向：《战国策·魏一》，齐鲁书社，2005年，第247页。
⑥ 《周礼》，岳麓书社，1989年，第36—37页。

驿传之制始于春秋战国时期，是诸侯国设置的一种供使臣出巡、官吏往来和传递诏令、文书等用的交通组织。邦国传速，使者必定持以旌节。①《韩非子·难势》云："夫良马固车，五十里而一置，使中手御之，追速致远，可以及也，而千里可日致也"②。"五十里而一置"，五十里大约是一日之程，这种常设的驿站，一般以此为度。驰驿虽是官吏贵族的特权，但是有了驿传之设，对当时交通的发展、路线的固定也会起到一定积极的作用，也有利于商旅往来。

（四）统治阶级的通商惠工政策也是促进城市发展的一个重要原因

春秋战国时期，各国的统治者为增强国力，满足政治、军事及自己奢侈生活的需要，都在不同程度上对原来的抑商政策做了调整，放宽了对民间手工业和商业的限制，因而民间手工业作坊增多，规模扩大，大批自由手工业者向城市聚集；商品集市在城市进一步繁荣，经商谋生的人越来越多，并出现了一批自筹资金进行经商活动的大商人。其中一些大商人因拥有财富而"金玉其车，交错其服"，"志气高扬，结驷联骑"，在诸侯国的各大城市之间进行各种经济活动；一些大商人随着财富的增加，甚至开始参与各种政治活动，如管仲、吕不韦皆从商人转身为大政治家，对战国政治产生了深刻的影响。由于工商业的发展，各国都采取了若干推动经济发展的政策，从而促进了一批工商业城市的兴起。据相关研究，在春秋中晚期至战国，楚国在今湖北境内兴建的具有工业性质的城市，已达 20 多座。其中分布在今鄂北的有鄢、邓、邔、西陵，分布在鄂东的有以东周时期大悟吕王城遗址、云梦楚王城遗址、孝感百灵王城遗址、黄陂作京城遗址、黄州邾城遗址、大冶鄂王城遗址为标志的城邑，分布在鄂西的有上庸、房陵、夷陵，分布在鄂中的有以郢都、夏首、滶阳、新市、州邑、屠陵和沮漳河流域的季家湖古城遗址、糜城遗址、麦城遗址、磨元城遗址等为标志的城邑。从这些城邑的规模和分布情况看，春秋战国时期今湖北境内已经出现了以城镇为主体的商业路网格局。尤其是江陵楚郢都，高峰期人口数可达 30 万。这就反映出当时中小城市的户数是十分可观的。③ 桓谭在《新论》中描述了郢都的市场繁荣景象："楚之郢都，车毂击，民肩摩，市路相排突，号为朝衣鲜而暮衣弊。"由此可见，楚国郢都是一个商业繁荣、人才荟萃的中心，其繁华程度居同时期各大城市前列。同时，也可见楚国工商业的发展与国家的通商惠工政策有着直接的关系。

春秋战国时期，中国在政治上虽然是诸侯割据，四分五裂，诸侯之间的战争频繁，但是除了少数战争外，大部分战争的规模都不大，波及的范围也不广，因而造成的危害不大。另外，各国统治者都十分重视发展生产，安定社会。这些都有利于城市的发展。

---

① 《周礼》，岳麓书社，1989 年，第 112 页。
② 《韩子浅解·难势》，中华书局，2009 年，第 393 页。
③ 刘玉堂、袁纯富：《楚国交通研究》，湖北教育出版社，2012 年，第 116 页。

二、春秋战国时期的城市建设

周代的采邑制为春秋战国时期城市的发展奠定了基础。采邑制直接推动了诸侯国的城市建设,这些城市直接由诸侯国统治者的子孙继承。《礼记·礼运》记载:"诸侯有国以处其子孙,大夫有采邑以处其子孙,是谓制度。"[1] 不过,各诸侯国修筑城池的规模、形制和数量要受到周王制礼法下的城邑等级制的限制。《左传·隐公元年》载郑大夫祭仲之言曰:"都城过百雉,国之害也。先王之制:大都,不过三国之一;中,五之一;小,九之一。今京不度,非制也。"杜预注曰:"方丈曰堵,三堵曰雉。一雉之墙,长三丈,高一丈。侯伯之城,方五里,径三百雉,故其大都不得过百雉。"因此西周时期的城市规模普遍偏小。

春秋战国时期,以宗法制与井田制为中心的政治、经济制度逐渐失去效用,建立在此基础上的等级制开始崩坏,"上下相冒,国异政,家殊俗,耆欲不制,僭差亡极"[2]。各诸侯国扩建旧城或营建新城不再受原有的周王朝礼法的限制,而是按照自己的需要,自行决定城市的数量和规模。春秋中期各诸侯国旧城增修扩充和新城建造蔚然成风。以前诸侯国只能建一个都城,且只限于"三里之城,五里之廓"的规模,而到了春秋时期,不少诸侯国建有十余甚至数十城。此外,诸侯国的都城规模都有很大扩展,兴建于春秋时期的韩国都城新郑、秦国都城雍城、鲁国都城奄的面积都在10平方公里以上,超过了东周王城的规模。修筑于战国时期的赵都邯郸、齐都临淄、楚都寿春、秦都咸阳、燕之下都的面积都已达20~30平方公里。故《战国策》称:"古者,四海之内,分为万国。城虽大,无过三百丈者;人虽众,无过三千家者。……今千丈之城,万家之邑相望也"[3]。另外,在宗法制度瓦解的情形下,自宗族分离出去另立大宗的宗族成员可以自设宗庙,建造城邑,导致城市数量进一步增加。春秋后期,各诸侯国内部也都发生剧烈的社会变革,随着卿大夫崛起,部分卿大夫在采邑内逾制筑城,发展自己的政治、军事势力,由此使春秋时期的城市建设进一步突破了原来的城邑等级制。如鲁之公族季孙、叔孙、孟孙"三桓"各自在封邑筑城,发展势力,最终形成"公室卑,三桓强","三分公室""四分公室"的局面。到了春秋晚期,卿大夫在采邑筑城已成为普遍现象。

春秋战国时期,兼并战争较为频繁,城市作为各诸侯国的军事据点与政治中心,自然是各诸侯争夺的对象。如齐国管仲在实施睦邻政策之后,"复归鲁侵地"[4],归还以前侵占的鲁国的棠、潜二邑,卫国的台、原、姑与漆里四邑,燕国的柴夫、吠狗二邑。后又"归燕之十城"[5]。

---

[1] 《礼记·礼运》,崔高维校点,辽宁教育出版社,2000年,第77页。
[2] 班固:《汉书》卷九十一《货殖传第六十一》,中华书局,1960年,第3682页。
[3] 刘向:《战国策·赵三》,齐鲁书社,2005年,第213页。
[4] 司马迁:《史记·齐太公世家》,线装书局,2006年,第149页。
[5] 司马迁:《史记·齐太公世家》,线装书局,2006年,第308页。

为了在对外战争中取得优势,筑城成为春秋时期各诸侯国对外扩张的首要考量因素。《吴越春秋·阖闾内传》记载:"阖闾谓子胥曰:'寡人欲强国霸王,何由而可?'……子胥良久对曰:'臣闻治国之道,安君理民是其上者。'阖闾曰:'安君治民,其术奈何?'子胥曰:'凡欲安君治民,兴霸成王,从近制远者,必先立城郭,设守备,实仓廪,治兵库。斯则其术也。'"[1]《左传》记载:"大叔完聚,缮甲兵,具卒乘,将袭郑。"[2] 其中"完聚"即为修治城郭,聚集百姓。

春秋中期以后,开始出现筑城高峰。由于城市建设的工程浩大,城市建设并非一蹴而就,而是分为多期工程。《左传》记载,隐公元年鲁"城郎",九年又"城郎";庄公二十九年鲁"城诸及防";文公十二年又"城诸及郓";襄公十三年又"城防"。[3] 而且,各诸侯国增筑的军事城市数量较为客观,这些城市"大多平面呈方形,少数为不规则形,面积多为1平方公里或更小,具有突出的军事防御功能,有些城址内还发现夯土基址和手工业作坊遗址"[4]。这些城址可细分为郡县城和军事城市。

春秋战国时期,各诸侯国纷纷构筑新的城市,城市数量迅速增多。据《左传》,鲁国先后增筑了中丘、祝丘、中城、郿、费、郚、平阳、成郛、郓、武城、小谷、毗、邿瑕、西郛以及莒父等19座城市。[5] 在西周时期,中山国不过有几座城市而已,到了春秋战国,中山国有左人、中人、昔阳、顾、棘蒲、灵寿、房子、鄗、宁葭、曲阳、丹丘、石邑、封龙、东垣、扶柳、苦陉等16座城市。这些城市只不过是史籍中明确提及的。有可考地望的城市还有宋子、上博、下博、望都、下曲阳、新处、封斯、权等。[6]

关于春秋时期城市数量的历史记载和考古发掘资料相对较少,因而相关统计有较大出入。据顾栋高统计,春秋时期城邑的数量为386个。[7] 另据张鸿雁统计,春秋时期35个国家有近600个城邑,其中晋91个,楚88个,鲁69个,郑61个,周50个,齐46个,卫30个,宋25个,莒16个,秦14个,吴10个等。[8] 许宏根据考古发掘资料统计,春秋战国时期有遗址可考的城址有420余处,其中主要分布在黄河流域及以北地区,其中河南135座,山东44座,陕西16座,山西30座,河北86座,北京3座,天津1座,内蒙古11座,安徽28座,湖北19座,湖南22座,江苏7座,江西3座,浙江3座,福建1座。[9] 近年来又有新的考古发现,因

---

[1] 张觉译注:《吴越春秋译注》,上海三联书店,2000年,第3—4页。
[2] 《左传·隐公元年》,王守谦、金秀珍、王凤春译注:《左传全译》,贵州人民出版社,1990年,第5页。
[3] 葛志毅:《周代分封制度研究》,黑龙江人民出版社,2005年,第2版,第287页。
[4] 赵丛苍、郭妍利:《两周考古》,文物出版社,2004年,第176页。
[5] 贺业钜:《中国古代城市规划史论丛》,中国建筑工业出版社,1986年,第57页。
[6] 曹迎春:《中山国经济研究》,中华书局,2012年,第25页。
[7] 顾栋高:《春秋大事表·春秋列国都邑表》,中华书局,1993年,第703—887页。
[8] 张鸿雁:《春秋战国城市经济发展史论》,辽宁大学出版社,1988年,第121页。
[9] 许宏:《先秦城市考古学研究》,北京燕山出版社,2000年,第146—160页。

而该时期城市数量当比以上统计有所增加。

春秋战国时期，中国城邑主要分布在地势较为平坦、水资源较为丰富的黄河流域、淮河流域及长江流域。黄河流域因为社会经济相对发达，是主要诸侯国集中的区域，因而城市获得快速发展，城市密度远较其他区域大。

先秦文献中关于春秋战国时期城市面积及人口的记载较多，如《孟子·公孙丑下》："天时不如地利，地利不如人和。三里之城，七里之郭，环而攻之而不胜。夫环而攻之，必有得天时者矣；然而不胜者，是天时不如地利也。"[①]《战国策·齐策》也记载当时齐国安平君所到即墨为"三里之城，五里之郭"[②]。可见，"三里之城，五里之郭"和"三里之城，七里之郭"是当时两种比较普遍的城市规制。

根据考古发掘资料，春秋战国时期的城市大致可以分为天子之城、诸侯国都城、较大的大夫封邑与一般封邑、小国都城以及郡县城等。其中，一般诸侯国的都城、较大诸侯国的别都，城市数量有100余座，城市面积一般在1~10平方公里；较小的诸侯国或者附庸国的都城及军事城堡，面积一般在100万平方米以下，这样的城市有200余座。[③] 经考古发掘的春秋战国时期的都城遗址有洛阳东周王城、赵邯郸故城、魏安邑故城、侯马晋国故城、新郑郑韩故城、曲阜鲁国故城、临淄齐国故城、易县燕下都、凤翔秦雍城、楚纪南故城等。这些城市遗址都有面积可考，详见下表。

表2-1 春秋战国时期部分城市统计表

城 址	建城时间	面积（平方公里）	今所在地
洛阳东周王城	前770年	9.2	河南洛阳
赵邯郸故城	前581年	18.8	河北邯郸
魏安邑故城	前562年	15.1	山西夏县
侯马晋国故城	前585年	40	山西侯马
新郑郑韩故城	前765年	22.5	河南郑州
曲阜鲁国故城	前949年	10	山东曲阜
临淄齐国故城	前859年	20	山东临淄
易县燕下都	战国中晚期	30	河北易县
凤翔秦雍城	前677年	10	陕西凤翔
楚纪南故城	不可考	16	湖北荆州
楚都寿春城	前241年	26	安徽寿县
秦栎阳故城	前383年	2.32	陕西西安

---

① 《孟子·公孙丑下》，万丽华、蓝旭译注，中华书局，2006年，第76页。
② 刘向：《战国策·齐六》，齐鲁书社，2005年，第141页。
③ 许宏：《先秦城市考古学研究》，北京燕山出版社，2000年，第108—109、116页。

续表

城　址	建城时间	面积（平方公里）	今所在地
秦咸阳城	前350年	48.24	陕西咸阳
中山国灵寿城	前380年	18	河北平山
申国都城谢城	不可考	30.25	河南信阳

注：表中侯马晋国故城由六个古城组成，因部分古城的数据缺乏，表中的古城面积是六个古城占地面积的总和。

资料来源：许宏《先秦城市考古学研究》，北京燕山出版社，2000年；李福顺、刘晓路《中国春秋战国艺术史》，人民出版社，1994年；河南省地方志编纂委员会《河南省志·文物志》，河南人民出版社，1993年；刘敦桢《中国古代建筑史》，中国建筑工业出版社，1980年；中国社会科学院考古研究所《新中国的考古发现和研究》，文物出版社，1984年。

　　从上表可知，春秋战国时期诸侯国的都城面积都有较大的扩展，不同诸侯国的都城面积有较大差异。秦国在发展初期所建的都城很小，秦故都栎阳的面积仅2.32平方公里，而当秦国强大以后，所建都城咸阳的面积增至48.24平方公里，较栎阳扩大20.79倍。齐国是西周最重要的诸侯国之一。春秋时期，齐国发展为富甲一方、兵强马壮、疆域广阔的大国。战国时期成为七雄之一，都城临淄人口多达数十万，城市面积达20平方公里，经济繁荣。司马迁在《史记》中形容其曰："临菑之涂，车毂击，人肩摩，连衽成帷，举袂成幕，挥汗成雨"[①]。与之相比，周天子所在的东周王城的规模却因王权的衰落而规模偏小，仅有9.2平方公里，仅与普通诸侯国的都城规模相当。从上可见，春秋战国时期城市规模比夏、商、西周时期有较大的扩展，城市的规模与诸侯国的军事实力、经济发展水平和人口数量成正相关关系。

　　据今人研究，春秋战国时期，面积较大的诸侯国别都及一般诸侯国都城，城市共有100座[②]；"较小诸侯国或者附庸国的都城，多为军事性质"，有201座[③]。这些较小诸侯国的城市规模一般都较小，如山东邹城的邾国故城和滕州薛国故城范围最广，周长分别为9200米和10600米，平面呈不规则方形；而山西芮城的毕万城、闻喜的清原城，河南舞阳的东不羹城、鄢陵的古鄢城、偃师的滑国故城，陕西华阴的阴晋城，河北磁县的讲武城等，平面多作方形，少数为不规则形，周长4~5公里或更小，墙宽都是10米左右。[④] 根据相关统计，春秋战国时期大小不同的城市在今天各省份的分布，具体见下表：

[①] 司马迁：《史记·苏秦列传》，线装书局，2006年，第306页。
[②] 许宏：《先秦城市考古学研究》，北京燕山出版社，2000年，第108—109页。
[③] 许宏：《先秦城市考古学研究》，北京燕山出版社，2000年，第116页。
[④] 中国社会科学院考古研究所：《新中国的考古发现和研究》，文物出版社，1984年，第278页。

表 2-2 春秋战国时期城市在今天各省份分布情况表

地区	城址总数（个）		保存完整的城址（个）		城址面积（平方公里）							
					≥10		1—10		0.25—1		≤0.25	
	春秋	战国	春秋	战国	春秋	战国	春秋	战国	春秋	战国	春秋	战国
辽宁	1	5	1	3				1				2
河北	10	88	6	60		2	2	12	1	10	3	35
山西	23	30	13	18	1	2	6	8	4	5	2	3
陕西	4	16	2	12	1	2		2		4	1	4
河南	99	146	77	111	3	3	32	44	21	35	21	29
山东	39	44	31	36	3	3	15	18	7	7	6	8
安徽	9	29	9	24		1	5	9	1	6	3	8
湖北	13	19	8	15	1		2	4	1	3	4	7
湖南	14	22	12	17					2	3	10	14
江西	1	3	1	1							1	1
江苏	7	7	5	4			2		1	2	2	2
浙江	1	3	1	3					1	1		1
北京		3		3				1				2
天津		1		1						1		
内蒙古		11		8				1		1		6
吉林		1		1								1
共计	221	428	166	316	9	14	64	100	39	78	53	123

资料来源：李鑫《商周城市形态的演变》，中国社会科学出版社，2012年。

从上表可知，春秋战国时期，不同区域的城市数量都有大幅的增长，城市规模也有很大的扩展。城市数量增加较多的地区首推今河南地区，而面积大于10平方公里的城市则主要集中在今河南、山东、河北、陕西、山西、湖北等地，其他地区很少有面积大于10平方公里的城市，这与主要的诸侯国集中在这些地区有着直接的关系。大多数城市的面积在0.25~10平方公里之间，特别到战国时期，随着大国对小国的兼并战争的频繁发生，郡县制的推行，经济的发展，大量小城市如雨后春笋般涌现。

城市的发展，除了考察城市面积的大小外，城市人口也是重要标准之一。但在先秦史籍中并无有关城市人口的准确数字，只有一些零散的记载。《管子·宙合》有"万家之都"的记载。战国时期的临淄城是北方较大的商业都市，如《战国策》所载："临淄之中七万户。臣窃度之，下户三男子，三七二十一万"[1]。"今千丈之

---

[1] 刘向：《战国策·齐一》，齐鲁书社，2005年，第100页。

城,万家之邑相望也"①。虽然该文献并未明确记载当时有多少城市人口达万户,但反映了一个重要的事实,即战国时期城市人口规模普遍较前有较大扩展,"千丈之城、万家之邑"已经不是个别现象。《墨子·杂守》篇记载:"凡不守者有五:城大人少,一不守也;城小人众,二不守也……率万家而城方三里。"②方三里,即长和宽都是三里。周代的长度一尺约合今 0.23 米,一里为 1800 尺,方三里约合今 1.56 平方公里,属于战国时期除都城外一般城邑中较大者。如果每户按 5 口计算,则"万家之邑"人口可达 5 万人。③ 有研究者按照学界通用的城市人口计算方法,即采用 290 平方米/户和学界常用的 5～6 人/户的指数来计算,春秋战国时期主要诸侯国的都城人口分别为:秦都雍城约 18.2～21.8 万人,栎阳约 6.9～8.3 万人,楚都纪南城约 27.6～33.1 万人,寿春约 44.8～53.8 万人,中山灵寿约 24.1～28.9 万人,邯郸赵故城约 32.8～39.3 万人,临淄齐故城约 34.5～41.4 万人,魏都安邑约 22.4～26.9 万人,曲阜鲁故城约 17.2～20.7 万人,新郑郑韩故城约 23.7～28.5 万人,东周王城约 15.8～19.1 万人。④ 由此得知,春秋战国时期的主要诸侯国都城人口增长较为迅速,要远比西周时期的人口规模大。这样大的人口规模,即使置于农业时代晚期的清代,也是规模较大的城市。

除了都城以外,一般县级城市的人口规模相对较小。据文献记载,不少县级行政区划内的人口多在万户左右,因而县城的人口则仅占区域人口的几分之一。春秋战国时期,不少县的人口在万户左右。《战国策》记载:"破赵则封二子者各万家之县一"⑤。故而有的诸侯国明确规定,县级行政单位"万户以上为令","减万户为长"。⑥ 县域人口约万户,则县域内的城市人口远低于此数。

总之,春秋战国时期,分封制的瓦解为城市的发展提供了契机,无论是城市数量还是城市规模,都有所增长,出现了中国历史上第二次城市发展的高峰期。

三、郡县的设置与城市的发展

春秋战国时期,一种新的地方行政制度——郡县制开始出现。这种新的地方行政制度的建立和普遍实施,对于城市的兴起与发展也起了相当大的推动作用。春秋时期,随着诸侯国的强大和周天子权威的丧失,宗法制不断遭到破坏,各国为了争夺土地与人口,不断发动兼并战争,越来越多的弱国、小国在战争中消失,一些军事力量强大的诸侯国的疆域不断扩大。强大的诸侯国如何处置被兼并国的土地和城市?原有的分封制显然已不适应加强君主集权制的需要,郡县制便在此背景下产

---

① 刘向:《战国策·赵三》,齐鲁书社,2005 年,第 213 页。
② 《墨子·杂守》,苏凤捷、程梅花注说,河南大学出版社,2008 年,第 482—483 页。
③ 曹迎春:《中山国经济研究》,中华书局,2012 年,第 27 页。
④ 蒋刚:《东周时期主要列国都城人口问题研究》,《文物春秋》,2002 年第 6 期。
⑤ 刘向:《战国策·赵一》,齐鲁书社,2005 年,第 186 页。
⑥ 顾德融、朱顺龙:《春秋史》,上海人民出版社,2003 年,第 282 页。

生，郡、县城市也就成为地方基层管理的行政中心。

西周时期盛行分封制，周天子分封诸侯，诸侯则在自己管辖的范围内将土地分封给卿大夫作为世禄的田邑，也叫"采地""封地""食邑"。受到这种赏赐的人必须效忠国君，并承担进贡和在战时提供兵员的义务；而他们对采邑中的百姓有管辖权，并课征租税。采邑为世袭，由嫡长子继承。采邑大小视爵位等级而定。春秋战国时期，诸侯国国君的地位日益上升，权力加强，卿大夫对采邑的管辖权与国君的权力往往发生冲突，采邑制不利于加强王权，因而郡县制作为一种新的地方管理制度逐渐兴起，并最终取代采邑制。

春秋初期，一些诸侯国不再将那些新获得的土地封授卿大夫作为采邑，而是由国君派官吏直接管理土地和人民。楚、秦、晋等国率先在新兼并的地方设立县和郡，作为新的地方行政建置，使之成为国君直接管辖的地区。起初"县"以军事功能为主，后来其职能逐渐扩展至民政方面。郡县制与分封制最大的不同是，郡县是直接隶属于国君的地方行政区域，郡守、县令和县长由国君直接任免，不得世袭。县在西周时便已经出现。"县"字的本义是"悬"，《说文解字·県部》注说："县，系也。"故周代的王畿称"天子之县"，意为系于天子，即天子直接管辖的土地。[①]《周礼·秋官·县士》郑玄注云："都县，野之地，其邑非王子弟公卿大夫之采地，则皆公邑也，谓之县。"[②]《逸周书·作雒》记载："制郊甸，方六百里，因西土为方千里，分以百县。县有四郡，郡有四鄙。大县立城方王城三之一，小县立城方王城九之一。都鄙不过百室，以便野事。"[③] 县城的规模一般是王城的九分之一或者三分之一，而县大于郡，郡多未设城。由此可见，西周时期，王畿之内的土地分采邑和公邑两类，采邑是公卿大夫的私邑，公邑则由王室派出的官吏直接管理，故公邑亦称县。春秋中期以后，楚国率先改权国为权县，各诸侯国相率效仿，纷纷在所灭之国设县，后来则在国内也开始减少采邑封地，改设县制，县逐渐成为地方行政组织。春秋末期，有的诸侯国又在新得到的边远地区设置另一类地方行政建置——郡。不少郡的面积虽然比县大，但是由于偏僻荒凉，地广人稀，地位却比县低。进入战国后，郡所辖的地区逐渐繁荣，人口增多，于是有的国家在郡下分设数县，于是逐渐形成了郡县两级地方行政组织，郡统辖县。至此，郡县制开始形成。郡的长官称"守"，县的长官称"令"，小县则称"长"，均由国君任免。郡县制使各诸侯国形成了中央—郡—县—乡的一套比较完整、系统的行政管理机构，对实行君主集权统治起到了重要的支撑作用。战国时期，郡县制虽然形成并得到很大的发展，但由于各国分立，执行情况不尽相同。直到秦统一中国后，为了加强中央集权，才健全了郡县制，进而在全国推广。郡县制有利于国君对边远地区的统治，使国君能有效地加强中央集权，有利于政治的安定和经济的发展。

---

① 吕文郁：《春秋战国文化史》，东方出版中心，2007年，第27页。
② 中华文化通志编委会：《中华文化通志 第1典 历代文化沿革·春秋战国文化志》，上海人民出版社，2010年，第25页。
③ 张闻玉译注：《逸周书全译》，贵州人民出版社，2000年，第193页。

郡县制的推广，对于城市的营建和发展起了十分重要的作用。置县方式有灭国置县或者采邑置县两种方式。① 随着郡县制的设立，郡、县长官治所也开始筑城，其时设郡县之处必有城，城市之邑多为县，故史书上往往"城"与"县"互称。其中有相当一部分的郡县级城市，是一些小国都城被大国吞并后直接改建为郡、县治所。这样开始出现了与西周时期的国都和采邑性质不同的新的城市类型——地方行政建置城市。《史记·秦本纪》记载："（武公）十年，伐邽、冀戎，初县之。十一年，初县杜、郑，灭小虢。"② 这是秦国设县的最早记载。秦国在其后的兼并战争中多在所获地区设置郡县。秦孝公十二年，"作为咸阳，筑冀阙，秦徙都之。并诸小乡聚，集为大县，县一令，四十一县"③。秦惠王十二年，"王与梁王会临晋。庶长疾攻赵，虏赵将庄。张仪相楚。十三年，庶长章击楚于丹阳，虏其将屈匄，斩首八万；又攻楚汉中，取地六百里，置汉中郡。"④ 秦庄襄王六年，"秦灭东西周，置三川郡。七年，秦拔赵榆次三十七城，秦置大原郡。九年，秦王政初即位。十年，赵使廉颇将攻繁阳，拔之。……十二年，赵使李牧攻燕，拔武遂、方城。……秦拔魏二十城，置东郡。十九年，秦拔赵之邺九城。赵悼襄王卒。二十三年，太子丹质于秦，亡归燕。二十五年，秦虏灭韩王安，置颖川郡。"⑤ 其他诸侯国亦是如此，《史记·乐毅列传》记载：乐毅为燕攻齐，"下齐七十余城，皆为郡县以属燕，唯独莒、即墨未服"⑥。由此可知，齐国有七十多个城市。楚国攻陷郑国之后，亦在其境内设县，《左传·宣公十二年》："若惠顾前好，徼福于厉、宣、桓、武，不泯其社稷，使改事君，夷于九县，君之惠也"⑦。可知楚国在攻陷郑国后在其境内设置了九县。魏国在攻取各国城市之后，也设县管辖，《史记·秦本纪》："（秦惠王）八年，魏纳河西地。九年，渡河，取汾阴、皮氏。与魏王会应。围焦，降之。十年，张仪相秦。魏纳上郡十五县。十一年，县义渠。归魏焦、曲沃。义渠君为臣。更名少梁，曰夏阳。"⑧ 楚国也是设立郡县较早的国家。西周灭亡之后，楚国不断对外扩张，自西周末年至战国晚期五百三十余年间，先后灭了六十一国，这些被灭的国家的都城和采邑也就逐渐演变成为郡、县城市。起初，这些新设的县的职能大都以军事功能为主，县尹则为一县之军队统帅，而且部分县尹还是由贵族担任。⑨ 到了战国时期，随着郡县制的普遍实施，以军事功能为主的郡县制开始不断叠加经济功能和社会功能，如当时对县政考核的"上计制度"，重点是以土地开垦、种植面积、人口增长、税收等为主要内容。城市也由单纯的军事性质城市向政治职能城市转变。这

---

① 辛田：《春秋战国时期社会转型研究》，陕西人民出版社，2006年，第140页。
② 司马迁：《史记·秦本纪》，线装书局，2006年，第22页。
③ 司马迁：《史记·秦本纪》，线装书局，2006年，第26页。
④ 司马迁：《史记·秦本纪》，线装书局，2006年，第27页。
⑤ 司马迁：《史记·燕召公世家》，线装书局，2006年，第158页。
⑥ 司马迁：《史记·乐毅列传》，线装书局，2006年，第349页。
⑦ 王守谦、金秀珍、王凤春译注：《左传全译》，贵州人民出版社，1990年，第522页。
⑧ 司马迁：《史记·秦本纪》，线装书局，2006年，第26页。
⑨ 杨宽：《杨宽古史论文选集》，上海人民出版社，2003年，第90页。

些郡、县等行政单位都以城市为据点，因而郡、县城市大量兴起。

郡县制度的推行，是分封制瓦解，君主集权制不断强化的产物，也是春秋战国从战乱纷争不断走向统一的产物。郡县制的推行，使当时各国出现与国都和采邑不同性质的新的城市类型——地方行政建置城市，特别是随着战国时期政治体制的变革，形成于西周的城邑等级制已经完全解体，新的城市行政等级制逐渐形成，从而为秦统一中国后所建立的都城——郡、县城市行政等级制的确立奠定了基础。

春秋战国时期，重要的诸侯国纷纷建立郡县制，并逐渐形成郡、县两级制的地方组织，加强对基层社会的管理。郡在建制上高于县。如上文所述，这些郡县都是以"城"为中心的，都是在兼并战争中的城市基础上设立的，因此，我们可以根据战国时期的郡县数量来统计该时期郡、县城市的数量。公元前451年，韩、魏两国最先设郡，韩国设上党郡，魏国设河西郡、上郡。到公元前279年，韩国有上党郡、三川郡二郡，赵国有代郡、云中郡、雁门郡三郡，魏国有大宋郡、方与郡、上蔡郡三郡，燕国有上谷郡、渔阳郡、右北平郡、辽西郡、辽东郡五郡，楚国有南阳郡、江东郡、巫郡三郡，秦国则有上郡、蜀郡、巴郡、汉中郡、河东郡、陇西郡、黔中郡七郡。[①] 根据相关统计，战国七雄时期，七国所设县的数量变化见下表：

表2-3 齐、楚、燕、韩、赵、魏、秦国所设县的数量变化表

	齐	楚	燕	韩	赵	魏	秦	总 计
公元前479年	2	16	0	2	8	1	6	35
公元前403年	3	19		5	13	6	13	59
公元前359年	3	20		6	14	13	19	75
公元前256年	10	21	7	12	19	13	97	179
公元前226年	10	22	1	0	2	16	169	220
公元前222年	16	0	0	0	0	0	241	257

资料来源：周振鹤主编《中国行政区划通史·总论、先秦卷》，复旦大学出版社，2009年。

从上表可知，公元前479年，当时的县城数量只有35个。到秦国统一六国前夕，县城数量已经达到263个。这些城市在秦国统一全国之后，逐渐成为秦朝的地方行政机构的治所。这些城市性质也由各国的都城或者军事性质城市向统一行政体制下的行政城市——郡县制城市转变。

第二节 春秋战国时期不同区域城市的发展

在夏、商、西周时期，由于社会生产力及制度的限制，城市的数量较少，城市

[①] 周振鹤：《中国行政区划通史·总论、先秦卷》，复旦大学出版社，2009年，第586—588页。

发展程度较低,城市之间的关系较为薄弱,未能形成统一的城市体系。到了春秋战国时期,地方政治格局的变化极大地改变了地方城市的行政等级;而且随着城市经济职能的增强,城市之间的经济关系更加密切。不过,该时期的城市仍然主要集中分布在黄河流域、长江流域,燕辽地区及今内蒙古、西藏、新疆地区的城市也有所发展。

一、黄河流域城市的发展

黄河流域是中国早期文明的发源地之一,文明发展程度远高于其他地区,城市发展程度也较高,具体表现为城市数量较多,城市分布的密度较大,城市规模较大,城市经济和文化发展水平较高。春秋战国时期,主要的诸侯国集中在黄河流域。随着这些诸侯国势力的强大,黄河流域的城市也获得较快发展。黄河流域的城市主要分布于黄河中下游以及渭河、汾河、伊洛河流域,而黄河上游及洹水流域尚无城市分布;黄河中游及汾河流域城市数量呈减少趋势,而黄河下游及伊洛河流域城市数量出现不断增加的趋势。

(一)以临淄、曲阜为中心的黄河下游城市

齐国与鲁国皆地处黄河下游,其地理范围大致是今山东全部及河北省的部分地区。该地区地理环境较为优越,水资源较为丰富,土壤肥沃,非常适宜发展农业。周朝建立初期,封伯禽于鲁。后鲁炀公定都曲阜,大力发展本国经济。经济的开发促进了该地区社会的发展,并为城市的发展奠定了基础。

春秋战国时期,齐国、鲁国成为该地区两个实力最雄厚的诸侯国,两国的城市数量较之前增长许多。有关鲁国城市的记载散见于《左传》《史记》《越绝书》《春秋》《元和郡县图志》等文献。根据相关资料,鲁国的大小城市数量可达61个,主要分布在今济宁、临沂、泰安、潍坊等地。[1] 曲阜是鲁国的都城,其城市规模较大,城市面积达10平方公里,城门数量多达11个,可见该城的规制已经远远超出了"周礼"的规定。[2] 这是春秋战国时期礼崩乐坏的直接表现。其时鲁国的重要城市还有单父、薛、兰陵、费等。

关于齐国城市的数量,目前学界讨论得较少。不过,在春秋晚期至战国初期,为了方便对所辖区域的行政管理,齐国曾施行"五都制"。据今人考证,齐国的"五都"分别为临淄、高唐、平陆、博、邯殿。除临淄为都城外,其他四城皆为陪都,以军事功能为主。[3] 齐国都城临淄城位于今淄博市临淄区齐都镇北,临淄城的

---

[1] 高介华、刘玉堂:《楚国的城市与建筑》,湖北教育出版社,1996年,第197—199页。
[2] 许宏:《先秦城市考古学研究》,北京燕山出版社,2000年,第95—96页。
[3] 潘明娟:《先秦多都并存制度研究》,陕西师范大学2009年博士学位论文。值得注意的是,周振鹤曾将齐国的上述陪都归为县制,具体参见周振鹤:《中国行政区划通史·总论、先秦卷》,复旦大学出版社,2009年,第612页。

面积达 20 平方公里，比鲁国都城曲阜大一倍，是当时黄河下游山东地区最重要的政治、经济、文化中心。除了这些都城与陪都之外，在战国时期，齐国还设置了若干县，这些县级城市主要有安平、即墨、阿、狐氏、蒙、聊城、高唐等。[1]

除了齐国、鲁国两个分封的诸侯国之外，春秋时期齐鲁地区还有许多小的诸侯国。不过，这些诸侯国的都城面积普遍较小。如周文王之子错叔绣受封于滕城——今山东滕州西南部；薛城也是当时的诸侯国，其名一直沿用至今。这些诸侯国后被楚国等消灭，其都城也就下降为一般性城市。除了这些诸侯国的都城之外，该地区经调查或发掘的古城遗址还有邹城、纪城、归城、曲成城、郑城、向城、阿城、卞城等，这些城市的规模较小，属于一般性城镇或者军事城镇。

（二）以邯郸、郑、大梁为中心的黄河中游地区城市

韩、赵、魏是战国时期中原地区的三大诸侯国，其地原为晋国卿大夫封邑，后因晋国势力衰弱，三家分晋土而立国。其中，魏国的疆域北至今山西中部，东至今河北，南至今山东、江苏、安徽、河南交界处，西至今陕西境内；韩国的疆域主要包括今山西东南的上党地区和今河南中部的伊洛地区；赵国的疆域包括今山西中部、北部、东南部和河北西南部，以及今陕西东北部与内蒙古部分地区。[2]

韩国多次迁都，先后营建有平阳、郑、阳翟、宜阳四个都城。其中，平阳是韩国的早期都城，郑城是春秋战国时期韩国的都城。韩武子时定都平阳，即今临汾地区。关于古城的具体情形，目前尚不可考。郑城是韩国的都城之一，位于今河南新郑。根据考古发掘，郑城分为东城、西城两个部分，西城北垣长约 2400 米，其他城墙尚未发现。西城中有长方形小城，东西长约 500 米，南北宽约 320 米。东城长约 1800 米。[3] 由此看来，郑城的城市规模远小于其他诸侯国的城市规模，但与礼制大致相符。韩武子时，韩国迁都宜阳。该城地处今河南宜阳西，"城方八里，材士十万，粟支数年"[4]。可见，宜阳城的规模较大，经济较为发达。公元前 408 年，韩国又迁都阳翟。该城平面呈长方形，周长 6.7 公里。[5] 由于该城后来得以重修，战国时期的城市内部布局尚不清楚。

邯郸城为战国时期赵国都城。公元前 386 年，赵敬王定都于此。根据考古发掘，邯郸城由大小两座城组成，小城又由东、西、北三座城组成，总面积约为 1.9

---

[1] 周振鹤：《中国行政区划通史·总论、先秦卷》，复旦大学出版社，2009 年，第 586 页。
[2] 李元庆：《三晋古文化源流》，山西古籍出版社，1997 年，第 14、20、24 页。
[3] 河南省博物馆新郑工作站、新郑县文化馆：《河南新郑郑韩故城的钻探和试掘》，《文物资料丛刊》，第 3 辑，文物出版社，1980 年，第 56 页；李德保：《在新郑韩故城内发现宫城遗址》，《中原文物》，1978 年第 2 期。
[4] 《战国策·东周》，齐鲁书社，2005 年，第 2 页。
[5] 邬学德、刘炎：《河南古代建筑史》，中州古籍出版社，2001 年，第 68 页。

平方公里。① 邯郸"亦漳、河之间一都会也。北通燕、涿，南有郑、卫"②，交通十分方便，手工业、商业也较为发达，是北方地区重要的经济都会。考古学家在该城遗址发掘出了规模较大的手工业区，其中炼铁、铸铜、制陶作坊分布较广。

安邑、大梁是魏国的都城。安邑是春秋晚期魏国的都城，面积可达 13 平方公里，其城市规模与当时较大诸侯国的都城基本相当。魏惠王六年，魏国将都城从安邑迁至大梁（今开封市西北）。大梁是当时最大的城市之一。大梁在秦以后经过多次的战争破坏与重修，其战国时期的城市遗址已难以复原旧貌。《史记》曾记载大梁城为"七仞之城"，有城门 12 座，至今考古遗址仍然能见"夷门"与"高门"两座城门。有研究者推测大梁城的规模达 20 多平方公里，东西约 6 公里，南北约 4～6 公里。③ 大梁城"北据燕赵，南通江淮，水陆都会，形势富饶"。城内车马来往，日夜不休，极为繁盛，与齐之临淄、赵之邯郸、秦之咸阳和楚之郢都同为当时著名的大都会。

经调查或考古发掘，这一地区春秋战国时期的城址还有山西太原晋阳城、万荣庙前城、闻喜大马古城、襄汾赵康城、洪洞杨城，河南淮阳陈城、杞县杞城、淇县卫城、辉县共城、潢川黄城、鄢陵鄢城、濮阳戚城、信阳城阳城、固始潘城、禹州阳翟城、禹州西北康城、登封旧城、荥阳东虢城、延津胙城、济源西北原城、济源南轵城、沁阳邘城、温县西苏城、温县东邢城、新乡鄘城、嵩县陆浑城、偃师费（滑）城、巩县巩城、新密东郐城、新密东南密城、新郑东北宛城、宜阳西宜阳城、扶沟曲洧城、汝州南梁城、舞阳东不羹城、襄城西不羹城、舞阳北胡城、许昌许城、西峡白羽城、淅川"龙城"、项城南顿城、鹿邑厉城、舞钢柏城、遂平房城、确山道城、正阳江城、平舆沈城、光山弦城、息县西南息城、息县东北赖城、淮滨蒋城、南阳申城、唐河谢城、西峡西上都城，陕西华阴岳镇古城、华县骞家窑古城、丹凤商邑、韩城少梁城等。④ 可见，该地区的城市数量甚多。

（三）以咸阳为中心的关中地区城市

关中地区地处黄河中游，地势较为平坦，土壤肥沃，物产丰富，有着黄河与洛河等丰富的水资源，农业较为发达，适宜人类生存，因而成为中国早期的文明起源地之一。从史前至夏商时期，关中地区的城市相继兴起。周朝建立后，关中地区成为当时北方的统治中心，周天子分封各路诸侯，并在关中地区普遍营建城市。春秋战国时期，关中地区为秦国所有。

春秋战国时期，秦国的政治中心屡次迁徙，先后建有多座都城，早期的都城有秦城（今陕西宝鸡东，一说在今甘肃清水）、西犬丘城（今甘肃天水西南）、平阳城

---

① 河北省文物管理处、邯郸市文物保管所：《赵都邯郸故城调查报告》，《考古学集刊》，第 4 辑，中国社会科学出版社，1984 年。
② 司马迁：《史记·货殖列传》，线装书局，2006 年，第 540 页。
③ 葛奇峰：《战国魏大梁城平面布局新探》，《中原文物》，2012 年第 4 期。
④ 曲英杰：《古代城市》，文物出版社，2003 年，第 97—98 页。

（今陕西宝鸡东南）等。秦德公元年（前677年），迁都雍城（今陕西凤翔）。秦献公二年（前383年），迁都栎阳（今陕西临潼东北）。商鞅变法后，秦国日益强大，出于战略需要，便在关中地区营建咸阳，作为新的都城。公元前221年，秦统一全国，建立了以咸阳为中心的疆域广阔的大秦帝国。

根据考古发掘，雍城位于关中平原的渭河北岸，东西长3480米，南北宽3130米，总面积为10平方公里。① 另外，东周王城位于今河南洛阳涧河和洛河交汇地带。经考古发掘，该城址呈正方形，北城墙长度为2890米。② 这两座都城内都有宏大的宫殿建筑，手工业作坊面积也较大，出土了许多手工业产品。从城市职能、城市规模看，这两座城市毫无疑问是关中地区的重要中心城市。

栎阳也是战国晚期秦国的都城。其城址位于今陕西临潼阎良区。根据考古发掘，该城址平面呈长方形，东西长约2500米，南北宽约1600米。③ 该城后来成为咸阳的门户，政治、军事地位十分重要。咸阳是秦孝公时期秦国新建的都城，其后为秦都达140余年。该城规模宏大，东西长约7200米，南北宽约6700米。④

秦国在精心营建都城之外，还着力建设了若干规模不等的城市，特别是一些县级城市。秦国是最早设县的诸侯国之一。根据今人的统计，公元前280年，秦国先后设有朐衍、广衍、肤施、蔺、离石、蒲子、兹氏、定阳、皮氏、籍姑、庞、夏阳、合阳、安邑、垣、武遂、宜阳、蒲坂、临晋、洛阴、宁秦、陕、卢氏、频阳、重泉、武城、郑、下邽、栎阳、高陵、蓝田、鄠、雍、虢、邦、冀、狄道、祁、梗阳等70多个县。⑤ 这些县级城市主要分布在泾水、洛水、黄河、生水、区水、辱水沿岸，分属于上郡、河东郡、陇西郡等。由此可知，秦国在大一统前，已经形成了都城—郡—县——般城邑的多层次城市体系。

二、长江流域城市的发展

长江流域也是中华文明的发源地之一，长江上游的巴蜀地区、长江中游的江汉平原地区以及长江下游地区很早就形成了早期的城市。春秋战国时期，长江流域的城市得到较大的发展，形成了三个城市密集区：一是以长江上游的古蜀国和巴国为主，沿岷江流域和嘉陵江流域分布的城市密集区；二是长江中游以楚国为主的城市密集区；三是长江下游以吴国、越国为主的城市密集区。其时，长江流域诸国纷纷在所辖区域营建城市，发展生产，因而在长江上、中、下游形成了相对集中的城市密集区。

---

① 徐锡台、孙德润：《秦都雍城遗址勘察》，《考古》，1963年第8期；卜云彤、王兆麟：《秦都雍城的重大考古发现》，《瞭望》，1986年第27期。
② 许宏：《先秦城市考古学研究》，北京燕山出版社，2000年，第90—91页。
③ 中国社会科学院考古研究所栎阳发掘队：《秦汉栎阳城遗址的勘探和试掘》，《考古学报》，1985年第3期。
④ 刘庆柱：《论秦咸阳城布局形制及其相关问题》，《文博》，1990年第5期。
⑤ 周振鹤：《中国行政区划通史·总论、先秦卷》，复旦大学出版社，2009年，第574页。需要说明的是，此时的秦国疆域已经包含巴蜀地区，包括汉中郡、巴郡、蜀郡等，此处未列出，将在后文详论。

（一）以成都、江州为中心的巴蜀城市

古巴蜀地区的地理范围大致与今四川、重庆的地理范围相当，此外还包括今陕西汉中地区。巴蜀之地群山环抱，自古凭借剑阁、三峡之险，形成了较为完整的地理单位，区域内自然环境优良，气候温和，水资源丰富，农业发达，人口众多，很早就出现了城市，物质文明高度发达。

春秋战国时期，巴蜀地区的城市发展大致分为两个阶段。第一个阶段是开明王朝时期。巴蜀地区主要有蜀国和巴国两个大的诸侯国，其中，蜀国疆域广阔，国力强盛，先后营建有成都、广都、新都、郫邑、葭萌、南安、严道等多个重要城市。成都位于成都平原的核心地带，各水陆交通线的枢纽位置，因而成为当时西南地区规模最大的城市。巴国的都城多次迁移。巴国先后建有江州、垫江、平都、枳、阆中等城市，其中，江州、枳和阆中都曾作为巴国的都城。[1]

周慎靓王五年（前316年）秦国利用巴、蜀两国之间的不和，派大军经金牛道，翻越崇山峻岭，直入巴蜀之地，一举吞并了巴、蜀两国，将巴蜀地区纳入秦国的统治之下，并建立了郡县制。《华阳国志·巴志》记载："周显王时，楚国衰弱。秦惠文王与巴、蜀为好。蜀王弟苴侯私亲于巴。巴蜀世战争。周慎（靓）王五年，蜀王伐苴侯，苴侯奔巴，巴为求救于秦。秦惠文王遣张仪、司马错救苴、巴，遂伐蜀，灭之。仪贪巴、苴之富，因取巴，执王以归，置巴、蜀及汉中郡，分其地为三十一县。"[2] 根据相关学者的考证，秦并巴蜀后，分设巴郡和蜀郡，巴郡下设十二县，蜀郡下设十九县[3]，与《华阳国志》的记载相符。

表 2-4 巴蜀地区可考郡、县城市

蜀郡郡、县城市		巴郡郡、县城市	
县城	今所属地区	郡、县城	今所属地区
成都	今成都少城	巴郡郡城	阆中城
郫县	郫县北五十步	枳县	重庆涪陵市城区
临邛县	邛崃县临邛镇	垫江县	重庆合川市南津街
广都县	原蜀国旧城	鱼复县	重庆奉节县东
繁县	青白江	朐忍县	重庆云阳县
武阳县	彭山县	阆中县	阆中县
南安县	乐山市	宕渠县	四川省渠县
僰道县	宜宾市	湔氐县	松潘县北

---

[1] 毛曦：《先秦巴蜀城市史研究》，人民出版社，2008年，第208—240页。
[2] 常璩注，刘琳校注：《华阳国志新校注》卷一《巴志》，四川大学出版社，2015年，第12页。
[3] 罗开玉：《四川通史》，四川大学出版社，1993年，第2册，第5—14页。

续表

蜀郡郡、县城市		巴郡郡、县城市	
江阳县	四川省泸州市	严道县	荥经县
符县	四川省合江县	葭萌县	广元市
新都县	新都和金堂		

资料来源：毛曦《先秦巴蜀城市史研究》，人民出版社，2008年。

战国时期巴郡和蜀郡所设立的郡、县城市虽然有相关文献记载，但多数都很简略，而通过考古发掘资料等所能印证的城市很少。目前，有文献明确记载城市规模等的仅有成都、严道两城。据文献记载，成都城池，周回十二里，高七丈。① 成都城区分为大城和少城，内部布局也较为明确：大城是郡治所在，有行政区、军队驻扎区、仓储区和居住区等；少城则是市场区及手工业作坊区。县城可考的仅有严道县城。该城初建于战国时期，由主城与子城两部分构成。主城平面呈正方形，东西长400米，南北宽375米；子城在主城之北，东西长约300米，南北宽200~270米。② 江州为巴国都城，秦灭巴国后置巴郡，以江州为郡治。

总之，至战国晚期，巴蜀地区大致形成了以成都、江州为中心的郡、县二级城市体系。

（二）以郢都、寿春为中心的长江中游地区城市

春秋战国时期，楚国的疆域大致在长江中游地区。楚人在此兴建都城，并多次迁都。楚国最初定都丹阳，后又迁都郢（纪南城），战国晚期又迁都寿春。这些都城的规模相对较大。根据今人的统计，春秋时期，楚国先后营建城市125座，其中文献记载的有108处，考古发现的有17座；战国时期，文献记载的城市有142座，考古发现的城市有9座。③ 这些城市大致分为都城、县城、邑三个层级。

楚国都城郢、寿春的城市规模远远大于县级城市与一般城邑。郢都位于今荆州古城北约5公里处的纪山之南，故后人又称之为纪南城。根据考古发现，该城城址平面略呈长方形，北垣长3547米，东垣长3706米，西垣长3751米，面积约16平方公里。④ 寿春城位于今安徽寿县，城市面积约26.35平方公里。⑤ 其时，楚国的一般县城和邑城的规模都较小，如湖北宜昌城东楚皇城的面积约2.2平方公里⑥，

---

① 常璩注，刘琳校注：《华阳国志新校注》卷三《蜀志》，四川大学出版社，2015年，第108页。
② 赵殿增等：《严道古城的考古发现与研究》，《中国考古学会第五次年会论文集1985》，文物出版社，1988年，第61页。
③ 高介华、刘玉堂：《楚国的城市与建筑》，湖北教育出版社，1996年，第170-171、188页。
④ 湖北省博物馆：《楚都纪南城的勘查与发掘》，《考古学报》，1982年第3、4期。
⑤ 丁邦钧：《楚都寿春城考古调查综述》，《东南文化》，1987年第1期；《寿春城考古的主要收获》，《东南文化》，1991年第2期。
⑥ 湖北省文物管理委员会：《湖北宜城"楚皇城"遗址调查》，《考古》，1965年第8期；楚皇城考古发掘队：《湖北宜城楚皇城勘查简报》，《考古》，1980年第2期。

云梦楚城的面积为 1.9 平方公里①，东门头城址的面积为 0.21 平方公里②，湖南汨罗市罗国古城的面积为 0.236 平方公里③，湖南沅陵县东窑头城址的面积仅 0.11 平方公里④。郢都、寿春城的面积明显大于其他城市，说明都城与地方城市之间存在明显的等级差。

楚国的县级城市的布局已经有了较为明确的职能分工，这在考古发掘的部分城市遗址中有明显的表现。楚国各地区中心城市的职能参见下表：

表 2—6　楚国地方城邑群及城市职能简表

职能分工	中　心	城市职能	所属区域
手工业生产城邑区	郢都	手工业城邑	郢都周边区域
农业经济城邑区	期思城	农业城邑	期思、江汉平原、长沙
矿冶城邑区	鄂邑	矿冶城邑	湖北大冶周边地区
军事工业区	宛城、邓城	军事工业城邑	楚长城附近
商业城邑区	陈、蔡故地	商业城邑	淮南、鄂渚等地区
军事城邑区	许、叶故地	军事城邑	淮北、泗上、汉中、巫郡地区

资料来源：高介华、刘玉堂《楚国的城市与建筑》，湖北教育出版社，1996 年。

从上表可知，楚国城市群是由六个不同区域的中心城市构成的，它们的职能各异：郢都为手工业城市；期思城为农业城市；鄂邑处在铜矿资源丰富地区，因资源优势而成为冶金城市；宛城、邓城地处楚长城附近，为及时补充楚国军队的武器装备，成为重要的军事工业基地；地处淮南的陈、蔡故地城邑为商业城邑；许、叶故地及淮北、泗上、汉中、巫郡等地为边防地区，故建设军事城邑。

除了上述规模较大的城市之外，楚国所辖区域内还有湖北大冶鄂王城、大冶草王嘴城、大悟吕王城、黄陂作京城、孝感草店坊城、黄冈禹王城、襄樊邓城、阳新大箕铺城，湖南桃源采菱城、石门古城堤城、临澧申鸣城、平江安定古城、岳阳罗子国城、长沙楚城、临澧宋玉城、辰溪五城、常德索县故城、保靖四方城、慈利白公城，安徽寿县苍陵城、南陵牯牛山水城等。上述城市主要分布在今湖北、湖南、安徽地区，多为一般性地方城市，规模普遍较小。

---

① 湖北省文物考古研究所、孝感地区博物馆、云梦县博物馆：《92 云梦楚王城发掘简报》，《文物》，1994 年第 4 期。
② 孟华平：《三峡库区东门头遗址考古获丰硕成果》，《中国文物报》，1998 年 4 月 7 日。
③ 湖南省文物管理委员会：《湖南湘阴古罗城的调查及试掘》，《考古通讯》，1958 年第 2 期；岳阳市文物工作队：《湖南汨罗罗国城遗址的调查与探掘》，《江汉考古》，1996 年第 1 期。
④ 胡建军：《湖南黔中故地发现战国古城址》，《中国文物报》，1992 年 8 月 16 日。

（三）以吴越地区为中心的长江下游地区城市

吴越地区大致位于今长江下游的江浙一带，其地理范围可扩展至整个东南地区。[1] 该区域的文明兴起较早，位于今杭州市西北的良渚古城遗址总面积达290万平方米，堪称新石器时代晚期规模最大的城市之一。但在商周时期，长江下游地区的社会发展程度整体较低，城市数量较少。春秋战国时期，吴国、越国等国家的建立与发展，促进了该地区的开发，城市也由此发展起来。根据考古发现，春秋时期吴越地区的城址有无锡阖闾城、苏州吴城（太伯城）、武进淹城等。

吴城（太伯城）是吴越地区较早建立的城市，《吴郡志》记载："太伯城，周三里二百步，外郭三百余里，在西北隅，名曰故吴，又曰吴城，在今梅里平墟。"[2] 太伯城的内城面积较小，周长只有三里余，依"周礼"之制，该城不过是伯城而已。这与《史记·吴太伯世家》所载相符："吴太伯，太伯弟仲雍，皆周太王之子，而王季历之兄也。季历贤，而有圣子昌，太王欲立季历以及昌，于是太伯、仲雍二人乃奔荆蛮，文身断发，示不可用，以避季历。季历果立，是为王季，而昌为文王。太伯之奔荆蛮，自号句吴。荆蛮义之，从而归之千余家，立为吴太伯。"[3] 该城建于周代，是周朝分封制的产物，一直延续到春秋时期。

阖闾城，吴国的都城。吴王阖闾曾问事于伍子胥，请教富国强兵的方略，《吴郡志》载："阖闾举伍子胥于耕野，以为行人。以客礼事之，与谋国政。问子胥曰：'寡人欲强国霸王，何由而事济？'……子胥曰：'凡欲安君治民，兴霸成王，从近制远，必先立城郭，设守备，实仓廪，治兵库，斯则其术也。'阖闾曰：'善夫！'筑城郭，立仓库，因地制宜。"[4] 吴王为了强国称霸，始筑阖闾城。其时中原诸国早已突破"周礼"的束缚，因而吴王所营建的阖闾城规模宏大，据《吴郡志》，该城"周回四十七里，陆门八，以象天之八风。水门八，以法地之八卦。筑小城，周十里。门之名，皆伍子胥所制"[5]。

江苏武进淹城是春秋晚期营建的城市，也是长江下游保存最为完整的古城之一。根据考古发掘，该城市的形制较为特殊，城市外形呈椭圆形，为"三城三河"形制，三城同为春秋时期所筑，都有护城河。[6]

除上述几个较大的城市之外，吴国的城市还有吴越城、居东城、离城、糜湖城、欐溪城、巫欐城、娄北武城、齐乡城、鸠兹、艾、延陵、卑梁、朱方、邗城、藁皋、余暨、胡城、长城、石城等。这些城市主要分布在今江苏境内，部分城市则

---

[1] 吴春明、林果：《闽越国都城考古研究》，厦门大学出版社，1998年，第29页。
[2] 范成大：《吴郡志》卷一《沿革》，江苏古籍出版社，1999年，第20页。
[3] 司马迁：《史记·吴太伯世家》，线装书局，2006年，第139页。
[4] 范成大：《吴郡志》卷二《城郭》，江苏古籍出版社，1999年，第20页。
[5] 范成大：《吴郡志》卷一《城郭》，江苏古籍出版社，1999年，第20—21页。
[6] 陈颂华：《江南古国遗址——淹城》，《文史》，1993年第3期；阮仪三：《江南地区的战国古城——淹城》，《旧城新录》，同济大学出版社，1988年，第35—37页；南京博物院、淹城博物馆：《淹城遗址保护利用总体规划（1996—2010年）》，《东南文化》，1996年第4期。

分布在今安徽境内。

除吴国之外，越国的城市数量在春秋时期也有较大的增加，《越绝书》记载的越国的城市有鸿城、干城、山阴城、山阴大城、会稽山上城、麋湖西城、复城、摇城、武里南城、阳城里、北阳里、会稽山北城、苦竹城、固陵等。此外，《史记》还记载有故越城。不过，越国的城市大部分已不可考，仅少数分布在今浙江境内的城市，城址还可考。①

综上所述，春秋战国时期，长江流域的城市获得较快的发展，城市经历了一个从点到面的发展过程，区域城市行政等级体系开始初步形成。这些城市行政等级体系主要依托于诸侯国城市行政等级体系的构建，随着秦国统一全国，这些城市开始纳入全国统一的城市行政等级体系之中。

三、燕辽地区城市的发展

燕国是战国七雄之一，其地域范围西起今河北省北部，东至辽河流域，包括今北京市、天津市、河北省北部、辽宁省以及内蒙古东部等广大地区。②燕国也是周代分封的诸侯国之一，在该地区同时受封的还有中山国等多个诸侯国，只是这些小国后来相继为燕国或其诸侯国兼并。燕国的自然地理条件优越，物产丰富。"燕东有朝鲜、辽东，北有林胡、楼烦，西有云中、九原，南有呼沱、易水，地方二千余里，带甲数十万，车六百乘，骑六千匹，粟支数年。南有碣石、雁门之饶，北有枣栗之利，民虽不佃作而足于枣栗矣。此所谓天府者也。"③

春秋战国时期，燕国多次迁都。燕地为燕国始封地。燕桓公时迁都于临易城，燕庄公时再迁都于蓟城，燕文公时迁都于易城，燕王喜再次迁都于辽阳。④燕下都——易城是战国晚期燕国的都城，位于今河北省易县东南部。根据考古发掘，燕下都周长约50里，总面积30余平方公里⑤，为战国时期最大的诸侯国都城之一。蓟城曾是燕上都，《水经注》载："昔周武王封尧后于蓟，今城内西北隅有蓟丘，因丘以名邑也。犹鲁之曲阜，齐之营丘矣。"⑥蓟城地处华北平原交通要道，"南通齐、赵，东北边胡。……北邻乌桓、夫馀，东绾秽貉、朝鲜、真番之利"，是"勃、碣之间一都会也"⑦，成为春秋战国时期北方的商业中心。辽阳城在兴建之初，是辽东郡的行政中心，原称为襄平城。由于历代对辽阳城多有修筑，已经无法了解战国时期辽阳城的规模、布局。

---

① 高介华、刘玉堂：《楚国的城市与建筑》，湖北教育出版社，1996年，第196—197页。
② 王彩梅：《燕国简史》，紫禁城出版社，2001年，第1页。
③ 司马迁：《史记·苏秦列传》，线装书局，2006年，第304页。
④ 薛兰霞、杨玉生：《论燕国的五座都城》，《河北大学学报》，2011年第1期。
⑤ 傅振伦：《燕下都发掘品的初步整理与研究》，《考古通讯》，1955年第4期。
⑥ 郦道元：《水经注》卷十三《漯水》，岳麓书社，1995年，第206页。
⑦ 司马迁：《史记·货殖列传》，线装书局，2006年，第541页。

燕国为了防御北方游牧部落和秦、赵等国的入侵，相继在燕国北方修筑北长城，分别为赤北长城、赤南长城，长达千余里；并在易水城西南修筑易水长城，长五百余里。《史记》记载："燕有贤将秦开，为质于胡，胡甚信之。归而袭破走东胡，东胡却千余里。与荆轲刺秦王秦舞阳者，开之孙也。燕亦筑长城，自造阳至襄平，置上谷、渔阳、右北平、辽西、辽东郡以拒胡。"① 根据今人考证，上述四郡，最迟设立于公元前 279 年②。这些郡城规模要远小于都城，因设置于长城附近，其职能以军事防御为主。

除了上述郡城，燕辽地区还有许多规模较小的一般性城邑，如北京房山区窦店古城、蔡家庄古城、长沟古城，天津静海西钓台古城、宝坻秦城，河北内邱柏人城、磁县白阳城、讲武城，涉县固镇城，武安午汲古城，唐县北城子古城、洪城，平泉三家古城、承德头沟古城、东山嘴城、闹包山古城，围场县大兴永东台子古城、小拨古城、掌子古城、棋盘山古城、小锥山古城，隆化鲍家营古城、二道营子古城、下河西古城，丰宁松木沟古城、四岔口古城、东营子古城、四角城、临城柏畅城，内蒙古宁城黑城、和林格尔上古城子古城、凉城双古城、敖汉新惠古城，辽宁建平达拉甲古城、葫芦岛邰集屯古城、凌源安杖子古城、大连牧羊城，吉林奈曼旗沙巴营子古城、西土城子古城等。③ 这些城邑规模较小，部分为燕国的县治。

此外，北方还有一个重要的国家——中山国，其城市在春秋战国时期也颇有影响力。中山国于公元前 507 年由鲜虞人所建，初以中山城（今河北唐县境内）为都，其后迁都至顾城（今河北定州市境内）。公元前 407 年，魏国灭中山国。公元前 381 年前后，中山桓公率鲜虞余众复国，并将都城迁至灵寿城。中山国一度为北方强国，灵寿城也成为北方地区重要的中心城市。灵寿城位于河北省平山县三汲乡，建城时间在公元前 380 年左右。该城周长约 17000 米，城区面积约 18 平方公里，周边还有小城拱卫。④ 据考古发掘，灵寿城内除规模宏大的宫殿建筑群外，还有规模较大的手工业区和商业区，其"市肆"东西长 750 米，南北宽 450 米。中山国除了都城之外，还修筑有曲逆、中人、顾、苦陉、封龙、房子、石邑、番吾、南行唐等城邑。⑤

四、蒙古、新疆、西藏及其他地区城市的发展

春秋战国时期，相对于黄河流域及长江流域，处于干旱区与半干旱区分界线西北和西南的今内蒙古、新疆、西藏等农牧地区发展相对缓慢。生态脆弱的自然地理

---

① 司马迁：《史记·匈奴列传》，线装书局，2006 年，第 455—456 页。
② 周振鹤：《中国行政区划通史·总论、先秦卷》，复旦大学出版社，2009 年，第 587 页。
③ 曲英杰：《古代城市》，文物出版社，2003 年，第 83 页；阎忠：《从考古资料看战国时期燕国经济的发展》，《辽海文物学刊》1995 年第 2 期。
④ 河北省文物研究所：《河北省平山三汲乡古城调查与墓葬发掘》，《考古学集刊》（第 5 集），中国社会科学出版社，1987 年；曹迎春：《中山国灵寿城人口问题初探》，《文物春秋》，2010 年第 2 期。
⑤ 周振鹤：《中国行政区划通史·总论、先秦卷》，复旦大学出版社，2009 年，第 558 页。

环境，使这些地区的生产力发展相对滞后，阶级分化不明显，城乡分工不明确，文明发展程度较低，人口较少，大部分地区仍然处于部落联盟时期，从而限制了这些地区城市的发展。

公元前6世纪，西藏地区有数十个部落联盟，亦称之"小邦"。这些"小邦"也建立有堡寨，这些堡寨与史前堡寨有着历史的内在联系，也可以说是史前堡寨的延续。这一阶段可考的有象雄、藏、罗昂、森波、吉、贡、娘、达、亚松等9个堡寨。① 这些堡寨在形制上与史前堡寨有着相似之处，但其功能与史前堡寨相比已经有所不同，不仅有军事功能，其行政功能和宗教文化功能也较前突出，从而为西藏城市的形成奠定了基础。

春秋战国时期，西域（新疆）已经进入金石并用时期，开始出现早期城市。目前考古发现的新疆早期城市主要有焉不拉村古城、盐池乡古城等。不过，这些城址面积较小，城市发展相对滞后。根据考古发掘，盐池乡古城面积为6400平方米，规模较小；焉不拉村古城的面积更小，长60米，宽50米。②

内蒙古地区的城市在这一时期也有所发展，一方面是黄河以北各诸侯国势力增强，不断向北扩张，今内蒙古南部地区相继被诸侯国占领，行政建置和城市制度也开始在这里推行。其范围包括今内蒙古地区的东部、中部和中南部的广大地区，相继营建了云中、九原、平刚、延陵等城市。因内蒙古地区"与秦都密迩，故能仿秦制而筑城郭"③。其中可考之城郭为赵武灵王时所建云中城，周长近7200米，城区面积达4平方公里，城市规模已经超过若干诸侯国的都城。④ 云中城是在今内蒙古地区已发现的第一座略具规模的城市，具有重要的战略地位，是此后历代中央王朝均十分重视的战略要地。

战国后期，北方草原地区的游牧部落匈奴崛起，他们为了获取更多的生存资料，不断向南侵扰，对北方各诸侯国造成很大威胁，因而北方多个诸侯国开始修筑长城，以抵御游牧部落的侵扰。秦统一中国后，始将各国所修筑的长城连成一个整体，此后以农耕为主的民族和以游牧为主的民族开始以长城为界，建立各自的社会秩序与经济形态，而长城沿线的军事城市则屡兴屡衰，屡衰屡兴。

小 结

春秋战国时期，周天子权力衰微，地方权力增强，为各诸侯国的城市发展提供了重要的契机，从而导致中国历史上第二次筑城高潮。此次筑高潮不仅在时间上长达数百年，而且在空间分布上也十分广泛，城市数量前所未有的增加，城市规模更

---

① 石硕：《关于唐以前西藏文明若干问题的探讨》，《西藏艺术研究》，1992年第4期。
② 黄文弼：《新疆考古发掘报告（1957——1958）中国田野考古报告集考古学专刊（丁种第二十五号）》，文物出版社，1983年，第1页，第9页。
③ 绥远通志馆：《绥远通志稿》，内蒙古人民出版社，2007年，第一册，第11页。
④ 张红星：《托克托县云中城相关问题初探》，《内蒙古文物考古》，2004年第2期。

是远超夏商周时期，分别形成了以黄河流域和长江流域为中心的多个城市密集区。在今内蒙古、新疆、西藏地区，早期城市也相继出现。就城市的分布而言，以黄河中游地区的密度最大，其次为齐鲁地区、长江上游和中游地区。与夏商周时期的城市相比，春秋战国时期城市发展的推动力、城市分布出现了新的特点：

首先，春秋战国时期的城市发展是西周分封制瓦解的产物。分封制瓦解之后，地方诸侯势力发展，不断扩大城市规模，增加城市数量，促进了地方城市的发展。这直接反映了"礼乐征伐自天子出"到"礼乐征伐自诸侯出"的政治格局的变化。

其次，郡县城市的出现，是春秋战国时期城市与夏商周城市的最大不同点。郡县城市起初只是各诸侯国在兼并战争中占领的地区设置，其后逐渐扩展至其他区域。郡县城市最初是以军事功能为主，后逐渐叠加行政管理功能、经济功能等，从而为秦统一中国后在全国范围内建立多层级的地方郡县城市体系奠定了基础。

第三，春秋战国时期，城市发展受到"春秋五霸"与"战国七雄"等政治格局演变的影响，形成了以各诸侯国都城为中心的区域城市行政等级体系。这些区域城市行政等级体系以政治联系为主，经济联系和文化联系相对薄弱，并未形成相应的互动机制。

第三章　先秦时期城市的选址和城市形态

先秦时期的城市发展大体经历了史前时期、夏商时期、西周时期、春秋战国时期四个阶段。在每个阶段，城市的构成要素、城市的外部形态及内部空间布局都有所不同，呈现出不同的特征。从纵向看，城市的构成要素日益增多，城市的空间形制与布局也日益复杂。从横向看，不同区域的城市在形制上也呈现出不同的特征，说明不同地区城市发展程度有所差异。

第一节　先秦时期的城市选址

城市的形成与发展与其所处地域的自然环境与人文环境密切相关，其中，自然环境是城市发展的基础，人文环境是城市形成的决定性因素。城市地理学用"地域选定"这个概念来解释城市形成与发展所需要的某些要素，即"地域选定要素"。"在城市地域选定的因素之中，在考虑自然条件的同时，也必须强调社会和经济的条件。……城市是不能孤立地建立和发展的，环绕城市的广大的腹地与城市之间的相互关系"[1]。此外，城市选址与城市建设也会随着社会生产力的发展及政治、军事格局的变化而有所变化。

一、自然地理环境与城市选址

自然地理环境影响人类的生存环境，进而影响城市的形成与分布。早期国家的强盛与对外扩张必须占据有利的自然地理环境，如《淮南子》记载："禹凿龙门，辟伊阙，决江浚河，东注之海，因水之流也。后稷垦草发菑，粪土树谷，使五种各得其宜，因地之势也。汤武革车三百乘，甲卒三千人，讨暴乱，制夏商，因民之欲也。故能因则无敌于天下矣。"[2] 不难看出，尧、舜、禹都能"因地之势"，而其所在之地，河流密布，利于发展农业生产。

城市的选址亦是如此，气候环境、水资源、地形等自然地理条件都是城市选址

---

[1]　[日]山鹿诚次：《城市地理学》，湖北教育出版社，1986年，第18页。
[2]　刘安：《淮南子·泰族训》，中州古籍出版社，2010年，第308页。

的基础性条件。总的说来,人类都希望居住在温度适宜的地区,因而"大部分的城市集中在温带,相反,在极其寒冷地带、雨水稀少的沙漠地带、热带地区,则城市很少,甚至完全没有城市的发展。这是由于温带地区适宜于人类的活动,有利于城市的产业、交通、文化等的发展"①。管子总结了都城选址的基本原则:"凡立国都,非于大山之下,必于广川之上。高毋近旱而水用足,下毋近水而沟防省。因天材,就地利,故城郭不必中规矩,道路不必中准绳。"② 这是古人对城市选址的科学总结。按其原则,营建都城要考虑多种因素,地势平坦、水资源丰富的地方往往成为首选。管子十分强调立国建都应与自然环境相契合:"圣人之处国者,必于不倾之地,而择地形之肥饶者。乡山,左右经水若泽。内为落渠之写,因大川而注焉。"③ 总而言之,城市的建设要综合考虑水资源、地形和土壤的肥沃程度等。

首先,城市作为人口的集中地,必然对水资源要求极高。丰富的水资源可以为城市居民提供足够的生活用水和生产用水,而且河流还具有运输功能,这就使临河建城成为中国早期城市选址的重要原则。《管子·水地》:"水者,地之血气,如筋脉之通流者也。故曰:水,具材也。"④ 将水比喻为血脉,足见管子对水的重视。鉴于河流的供水与运输功能,早期的都城大都临河而建。如齐国临淄城城东濒于淄水,其西侧又濒于系水(泥河)。鲁国都城曲阜位于洙、泗二水之间。燕国的下都在今河北省易县东南,北易水和中易水之间。⑤ 巴蜀地区的城市主要分布在长江上游干流以及支流沿岸,尤以长江重要支流岷江、嘉陵江沿岸城市数量较为集中。江州作为川东地区的中心城市,位于嘉陵江与长江的交汇处。成都也地处岷江支流之畔。综上可见先秦城市对河流及水资源的依赖。

其次,地势平坦与土壤肥沃,对城市的发展至关重要。平坦的地势可以提供便利的交通条件,而平原(冲积平原)、盆地等地方的土壤相对肥沃,是农业发展的基础。农业的发展水平与区域人口的数量有着直接关系,剩余农产品的多少对于城市规模的大小也有着十分重要的作用,只有当农业达到一定发展水平,可以为非农人口提供更多的粮食和生活用品时,才能为城市人口的大量集中提供经济基础。《管子·牧民》认为:"凡有地牧民者,务在四时,守在仓廪。国多财则远者来,地辟举则民留处"⑥ 只有发达的农业才能聚集人口。《管子·乘马》也记载:"地者政之本也,是故可以正政也。地不平均和调,则政不可正也。政不正则事不可理也。"⑦ 故管子说:"地之守在城,城之守在兵,兵之守在人,人之守在粟。故地不辟则城不固。"⑧ 土地是否肥沃对城市发展至关重要。

---

① [日]山鹿诚次:《城市地理学》,湖北教育出版社,1986年,第23页。
② 《管子·乘马》,北京燕山出版社,1995年,第47页。
③ 《管子·度地》,北京燕山出版社,1995年,第382页。
④ 《管子·水地》,北京燕山出版社,1995年,第297页。
⑤ 《河北易县燕下都故城勘察和试掘》,《考古学报》,1965年第1期。
⑥ 《管子·牧民》,北京燕山出版社,1995年,第19页。
⑦ 《管子·乘马》,北京燕山出版社,1995年,第48页。
⑧ 《管子·权修》,北京燕山出版社,1995年,第33—34页。

农业作为城市发展的重要经济基础,城市选址无不考虑有利于农业发展的自然环境。《管子·小匡》记载:"相地而衰其政,则民不移矣。"[1]《商君书·徕民》记载:"地方百里者,山陵处什一,薮泽处什一,溪谷、流水处什一,都邑、蹊道处什一,恶田处什二,良田处什四,以此食作夫五万。其山陵、薮泽、溪谷可以给其材,都邑、蹊道足以处其民,先王制土分民之律也。"[2] 人类维持生存必须基于一定面积的土地,而不同时代一定面积的土地所能承载的人口是不同的。在生产力比较低下的先秦时期,百里之内的土地只能承载五万人口,因而要建立规模更大的城市需要更加广阔的经济腹地。

先秦时期,生产力水平较低,人类的生存与发展受自然环境的限制较大,故自然环境往往是先秦城市选址必须考虑的首要因素。从先秦时期的城市分布看,城市主要集中在平原、河谷、盆地,而且大都沿河建设。当时的关中地区、黄河中下游经济区、江淮经济区、四川成都平原经济区等四大经济区,是中国早期城市分布的几个主要地域,城市的数量、规模及发展程度远远超过其他地区。

二、政治、军事和经济因素与城市选址

除了自然因素之外,社会因素和人文因素对城市选址的影响也至关重要。中国早期都城的营建都与政治、经济、军事等方面因素有着密切的关系。在古代中国,择中、形胜、因地制宜等思想是城市选址的重要原则。其中,"择中"即选择"天下之中"而立国,就是基于政治格局、军事因素等进行城市选址。

中国早期城市的营建无不与阶级的分化、国家的出现有密切的关系,城市建设必须依赖王权所拥有的聚合力,而作为统治者,营建都城要充分考虑如何加强统治和对其治下子民的管辖,故"择中"是中国古代都城选址的重要原则。特别是在先秦时期,交通工具落后,路况极差,如果想要对全国做更好的统治,必须将都城建在一定区域的中心,只有这样,才能形成"四方辐辏"的政治、军事中心,有利于人心归附,形成较强的向心力和凝聚力,从而发挥中央政权对周边地区的统治和控制作用。[3] 如周朝早期建都就充分考察了豳地的山川形势、土质水源,并丈量土地、测量方位等,"乃与私属遂去豳,度漆、沮,逾梁山,止于岐下"[4],最终将都城建在北依岐山,南临渭河,沟河交错,土地肥沃的周原。[5]《吕氏春秋·慎势》对于"择中"原则有所分析:"古之王者,择天下之中而立国,择国之中而立宫,择宫之中而立庙。"[6] 周代还产生了"求地中"的方法,《周礼》记载:"以土圭之

---

[1] 《管子·小匡》,北京燕山出版社,1995年,第182页。
[2] 《商君书·徕民》,上海人民出版社,1974年,第48页。
[3] 王军、朱瑾:《先秦城市选址与规划思想研究》,《建筑师》,2004年第1期。
[4] 司马迁:《史记·周本纪》,线装书局,2006年,第12页。
[5] 赵安启、王宏涛:《史记与中国古代建筑文化》,陕西人民教育出版社,2000年,第245页。
[6] 《吕氏春秋·慎势》,冀昀主编,线装书局,2007年,第396页。

法测土深，正日景，以求地中。日南则景短，多暑；日北则景长，多寒；日东则景夕，多风；日西则景朝，多阴。日至之景，尺有五寸，谓之地中，天地之所合也，四时之所交也，风雨之所会也，阴阳之所和也。然则百物阜安，乃建王国焉。"① 由此土圭求地中之法可知，王者立国于天下之中的本意，并非以之象征王者地位的尊崇，而是在古人的想象中，"地中"是地理条件、自然环境最优越的地方。②

周朝之所以定都洛邑，也是因洛邑所处的地理位置。关于洛阳在当时的政治地位，周武王早就有所认识，他说："南望三涂，北望岳鄙，顾詹有河，粤詹洛、伊，毋远天室。"③ 三涂山在伊水上游，岳鄙指近太行山的邑，洛邑南北有山，中间有河，伊、洛之阳还有广阔的原野。到了春秋时期，周景王也曾说："我自夏以后稷、魏、骀、芮、岐、毕，吾西土也。及武王克商，蒲姑、商奄，吾东土也。巴、濮、楚、邓，吾南土也。肃慎、燕、亳，吾北土也。"④ 鉴于洛邑在全国政治格局中的中心地位，"成王在丰，使召公复营洛邑，如武王之意。周公复卜申视，卒营筑，居九鼎焉。曰：'此天下之中，四方入贡道里均。'"⑤ 由"四方入贡道里均"可知，洛邑地处天下之中，定都洛邑是为了更好地控制各地诸侯。

防御功能是先秦城市的主要功能之一，如何凭借地势也就成为城市选址的主要考量因素之一。如包头和岱海两大石城群都位于向阳的山麓之上，地势较高，可高出地面数十米，北靠大山，南面河流。凉城大庙坡西南方的园子沟遗址亦是如此，该遗址三面环山，依靠山脊作为军事防御的屏障；而且为了防御敌人偷袭，直接在山坡上建造房屋。⑥ 春秋战国时期，雍城城外也是依靠纸坊河、雍水河等自然河流设置军事屏障，还开掘人工城壕补充水源。⑦

除了政治、军事要素之外，经济要素也是城市形成和发展的基础，城市在建设之初要考虑粮食生产、自然资源等经济要素能否满足城市人口的需要。农业是推动城市发展的初始动力，"农业生产力创造农产品的能力，除第一产业从业者自己及其家属所需份额之外，剩余的粮食生产能力就是城市生产的要前提条件"，因而"只有农业发达，城市的兴起和成长在经济上才成为可能"。⑧ 城市的建设必须建立在一定的土地与人口基础之上，如《管子·乘马》所载："上地方八十里，万室之国一，千室之都四。中地方百里，万室之国一，千室之都四。下地方百二十里，万室之国一，千室之都四。"⑨ 管子提出根据土地等级作出规划，土地肥沃，耕地产

---

① 《周礼·地官司徒》，崔高维校点，辽宁教育出版社，1997年，第18页。
② 葛志毅：《周代分封制度研究》，黑龙江人民出版社，2005年，第288页。
③ 司马迁：《史记·周本纪》，线装书局，2006年，第14页。
④ 《左传·昭公九年》，王守谦、金秀珍、王凤春译注：《左传全译》，贵州人民出版社，1990年，第1193—1194页。
⑤ 司马迁：《史记·周本纪》，线装书局，2006年，第14页。
⑥ 任式楠：《任式楠文集》，上海辞书出版社，2005年，第358页。
⑦ 田亚岐：《秦都雍城布局研究》，《考古与文物》，2013年第5期。
⑧ 于洪俊、宁越敏：《城市地理概论》，安徽科学技术出版社，1983年，第24页。
⑨ 《管子·乘马》，北京燕山出版社，1995年，第55页。

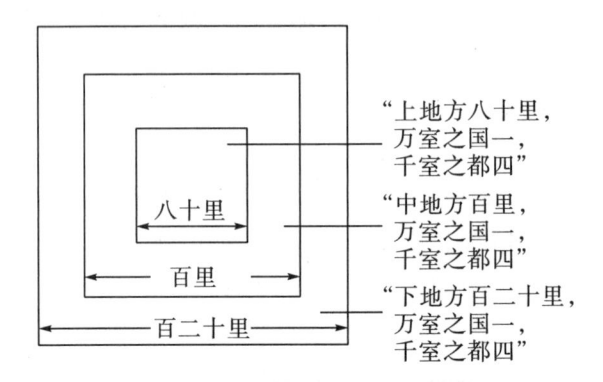

量高，可供养较多的城市人口，故城市分布密度大；反之，则城市分布密度小。①都城的建造需要考虑城市与其所处腹地的承受力。

图 3-1 《管子·乘马》所载土地与都邑数量比例关系示意图

农牧交错带以东、以南地区为农耕区域，农牧交错带以西的地区则为游牧区域。农耕区域的人们主要从事定居农业，人口数量增长较快，在国家力量的作用下较容易形成城市，因而该区域的城市数量较多，规模也较大；而游牧区域以分散的游牧业为主，城市发展滞后，城市数量较少，规模也较小。从先秦时期就形成的这种城市分布格局虽然不断发生变化，但是两千多年来，农牧分界线以东、以南地区的城市数量多，规模大，而以西、以北地区的城市数量少、规模小的格局却始终未曾改变，一直延续至今。

城市的发展，特别是以手工业、商业为主的城市经济的发展，需要丰富的自然资源。春秋战国时期，随着生产力的发展，手工业与农业进一步分离，商业与手工业分离，黄河流域与长江流域地区出现了一批工商业城市。这些工商业城市大都地处资源丰富之地，如楚国郢与齐国临淄之所以成为春秋战国时期最为发达的商业城市之一，与该地区丰富的自然资源有关。春秋战国时期，楚国的郢都就有"云梦之饶"之誉，而齐国的临淄因"齐带山海，膏壤千里，宜桑麻，人民多文采布帛鱼盐"②。蓟是燕辽地区的经济中心，它的发展也离不开当地渔、盐、枣、栗等丰富的自然资源。《汉书·地理志》："上谷至辽东，地广民希，数被胡寇。俗与赵、代相类。有渔盐枣栗之饶。"③

春秋战国时期的秦国之所以强大，与其地丰富的自然资源也有着密切的关系。东方朔曾说："夫南山，天下之阻也，南有江淮，北有河渭。其地从汧陇以东，商雒以西，厥壤肥饶。……此所谓天下陆海之地，秦之所以虏西戎兼山东者也。其山出玉石，金、银、铜、铁，豫章、檀、柘，异类之物，不可胜原，此百工所取给，万民所卬足也。又有秔稻梨栗桑麻竹箭之饶，土宜姜芋，水多蛙鱼，贫者得以人给

---

① 贺业钜：《中国古代城市规划史论丛》，中国建筑工业出版社，1986年，第63页。
② 司马迁：《史记·货殖列传》，线装书局，2006年，第541页。
③ 《汉书详节》，上海古籍出版社，2007年，第123页。

家足，无饥寒之忧。故酆镐之间号为土膏，其贾亩一金。"① 巴蜀地区亦是如此，"其地东接于巴，南接于越，北与秦分，西奄峨嶓。……其宝则有璧玉、金、银、珠、碧、铜、铁、铅、锡、赭、垩、锦、绣、罽、牦、犀、象、毡、毭、丹黄、空青、桑、漆、麻纻之饶，滇、獠、賨、僰僮仆六百之富。……其山林泽渔，园囿瓜果，四节代熟，靡不有焉。"② 上述资源是关中、巴蜀等地区之所以形成咸阳、长安、成都等重要城市的基础。

先秦时期，中国进入金属时代，青铜铸造业的发展促进了社会生产力的巨大进步，青铜铸造业也成为该时期最主要的手工业部门之一。由于青铜铸造需要大量铜原料，故商周时期较大的城市多分布在矿产资源较为丰富的地区。如五里城周围便发现有21处遗址，这些遗址为居住与生产性遗址。其中，11处为生产性遗址，说明该处曾有大规模的采矿与冶炼。同时期的鄂王城已发现的45处遗址中，有新石器时代遗址5处，商代遗址1处，周代晚期遗址16处，遗址中大都出土铜炼渣。③

总之，在先秦时期，由于生产力整体水平较低，人类的生存与发展受自然界的影响和制约较大，因而人们在选择城址时，都要充分考虑自然地理环境因素，尽量在适宜人类生产、生活的地方营建城市，因而中国早期城市大都分布在平原、盆地及河口三角洲。而为了便于对所辖地区进行统治，各国对都城的选址大都遵循"择中"原则。此外，城市的建设需要以人口与资源为基础，因此人口较为密集、资源较为丰富地区的城市较多，密度较大，规模较大；反之，则城市数量较少，密度较小，规模较小。

第二节　先秦时期的城市规划与城市形态

城市规划与城市形态的内涵较为复杂，城市形态含义较广，今人将其定义为由"结构（要素的空间布置）、形状（城市外部的空间轮廓）和相互关系（要素之间的相互作用和组织）所组成的一个空间系统"④。本书根据不同时期城市形态的特征，将先秦城市的城市发展分为史前时期、夏商时期、西周时期、春秋战国时期四个不同的阶段，对每个阶段城市形态的变化及其影响因素做相关分析，并从时间与空间上对不同阶段的城市规划建设、城市形态做一次贯通性考察。

---

① 班固：《汉书·东方朔传》，中华书局，1962年，第2849页。
② 常璩著，刘琳校注：《华阳国志新注》卷三《蜀志》，四川大学出版社，2015年，第97页。
③ 湖北省文物考古研究所：《大冶五里界：春秋城址与周围遗址考古报告》，科学出版社，2006年，第237页。
④ 武进：《中国城市形态：结构、特征及其演变》，江苏科学技术出版社，1990年，第6页。

一、史前时期城市的形态

中国史前城市大都有夯土修筑或者石砌的城墙。除了城墙之外，城市的构成要素还有护城河、夯土基台、窖穴、房屋等。从城市的外部形态看，史前城市形态具有多样化的特点，有的城市呈圆角长方形、方形，有的城市则呈不规则椭圆形、圆形，城子崖城址还呈"凸"字多边形。由此可见，这些早期城市更多的是根据地形地貌来确定外部形态。从城市规模看，不同区域的早期城市规模差异较大，从几万平方米到几十万平方米不等，最大的石峁古城面积达400万平方米。

表3-1 史前时期城址的规模及外部形态

城　址	周长（米）	面积（平方米）	外部形态	城门数（个）	是否有护城河
郑州西山仰韶文化城址	300	3万	圆形		有
淮阳平粮台城址	740	5万	正方形	2	有
登封王城岗遗址	368	8500	近方形		有
城子崖遗址	1920	20万	近"凸"字形	2	有
丁公城址		10.8万	圆角方形		
边线王城址	960	5.7万	方形	3	
田旺龙山文化城址		15万	竖长方形		
五莲丹土遗址		25万	椭圆形		
景阳岗龙山文化城址		35万	扁椭圆形	3	
茌平教场铺城址	2920	40万	圆角长方形		有
石家河城址	4600	120万	圆角长方形		有
澧县城头山城址	1000	7.6万	圆形	4	有
鸡叫城城址	1800	20万	圆角长方形		有
阴湘城城址		12万	大圆角方形		
走马岭古城遗址	1200	7.8万	椭圆形	5	有
马家垸城址	2000	24万	梯形	4	有
宝墩古城遗址		288万	长方形		
鱼凫城遗址		32万	不规则多边形		
郫县古城	2300	32万	不规则长方形		
芒城	1500	12万	不规则长方形		
温县徐堡龙山古城遗址		20万	圆角长方形		
西金城遗址		25.8万	圆角长方形		有

续表

城　址	周长（米）	面积（平方米）	外部形态	城门数（个）	是否有护城河
濮阳戚城遗址		14.4 万	方形		有
蒲城店遗址		4.1 万			
郝家台遗址		3.3 万	长方形		
后冈遗址		10 万	不规则椭圆形		
石峁古城		400 万			

注：表中的空格表示没有相关数据。

资料来源：任式楠《任式楠文集》，上海辞书出版社，2005 年；马世之《中原早期城址研究》，《中原文化研究》，2013 年第 2 期。

从上表可以看出，史前城市的规模普遍较小，如西山城址的周长只有 300 米；但是，也有规模较大的城市，如石家河城址的周长达 4600 米，石峁古城的面积则达 400 万平方米。史前城市的城垣多为一重城墙，平面多呈方形或长方形，城门数量多为 1~2 个，不超过 5 个；但是，也有的城市为重城格局，如宝墩古城。有的城市有护城河，有的则无法考证。

值得注意的是，随着考古发掘的进一步发展，新的研究成果不断出现，新的观点也在不断形成。如 20 世纪末考古工作者在成都平原发掘的宝墩古城面积达 60 万平方米，将长江上游城市文明的起源提前了两千多年；其后，考古工作者进一步发现，在已经发现的宝墩古城外围还有规模更大的城墙，城址总面积达 288 万平方米，从而改写了长江上游城市营建历史。另外，位于山东省茌平县乐平铺镇教场铺村的龙山文化城址，从 1995 年到 2000 年，由中国社会科学院考古研究所山东队、山东省考古研究所和聊城市文物局进行了四次发掘，发现了城墙基址，确定了城市形态。根据考古发现，教场铺城市的修建是"华夏"与"东夷"两大文化类型交流的产物，夯土分布呈环形，判断可为城墙。城址平面为东西略长、南北稍窄的椭圆形，并非之前确定的圆形。就规模而言，也比之前考古发现的大。新挖掘城址东西长约 230 米，南北宽约 180 米，面积近 5 万平方米。[1] 该遗址的发现对于早期国家的建立和"华夏"与"东夷"两大社会集团的关系的研究有着重要的意义。

早期史前城市的建筑方法较为简单，一般是先挖筑基槽，也有的直接从平地起建。而城墙多采用堆筑法或者夯筑法。平粮台、城子崖采用了较先进的小版筑与堆筑结合的技术，"从夯窝痕迹观察，有单个卵石和集束木棍两种。墙体一般是外壁较陡直，内侧面较斜缓"[2]。城墙与城墙的结合处往往采用弧形或者圆形，如连云港的藤花落古城的内城与外城的转角都为弧形，"城墙每个转角不做直角，全部弧

---

[1] 中国社会科学院考古研究所山东队、山东省考古研究所、聊城市文物局：《山东茌平教场铺遗址龙山文化城墙的发现与发掘》，《考古》，2005 年第 1 期。

[2] 任式楠：《任式楠文集》，上海辞书出版社，2005 年，第 348 页。

形，从平面上看十分圆润","内城平面城墙的四角，不做方角，仍做弧状"。①

早期城市的城墙大都是为了御敌和防范野兽侵扰而建，因而大部分史前城址周围都有人工开挖的护城壕沟，如有水存蓄则可成为护城河，以便加强土城的防御功能。城市内部建有完善的排水系统，如平粮台建有专门的排水系统，排水管道一般为陶制，一般设置在城门两边门卫房屋的门道下面②，这些排水系统与环壕连在一起，较为科学合理。

从外部形态看，史前时期已经出现"重城"。位于今江苏连云港的藤花落古城便是重城。该城由"内城"与"外城"两部分构成，其中内城为方形，外城为长方形，外城外有护城河。③城内有三处高台基，台基之上有大型回廊式建筑。城中有主要道路，也有次要道路。外城南北长 435 米，东西宽 325 米，墙体宽度 21～25 米，城墙残高 1～2 米，面积 14000 平方米。内城筑有城墙，城外有道路、哨所等。内城平面城墙的四角不做方角，仍做弧状，南北长 209 米，东西宽 200 米，城周 806 米，墙体宽 14 米，残高 1～2 米，面积 40000 平方米。内城南城门与外城南城门在一条中轴线上。④

边线王城也是"重城"，由大城与小城嵌套而成。大城是龙山文化晚期的城址，小城的建成时间或与大城同，或略早于大城，由此可推断，大城应该是在小城之外再建而成。根据考古发掘，小城位于大城中部稍偏东南，边长 240 余米，面积 5.7 万平方米，东、西、北三墙正中各有一门址。⑤此外，在大城基槽内发现多处完整的人、狗、猪骨架及陶器等，推测其应该是在大城建筑之前的祭祀遗址。

登封王城岗遗址也是"双城"的城市布局，东西两个城连接在一起，为同一时期的城址。西城内发现有建筑基址，较大的房屋建筑基址面积可达 150 平方米左右。同时，在建筑基址的范围内，还发现了 13 个夯土坑，埋有成年人和儿童的骨架，说明这是墓葬区，或者是祭祀区。从祭祀活动遗迹及较大的房屋建筑基址看，西城应该是宗庙建筑，说明当时已经出现阶级分化，社会构成多样化。⑥大城内还发现龙山文化晚期的祭祀坑和玉石琮、白陶器等⑦，说明城市内有一些手工业活动。

"双圈城"是史前城市中出现的一种特殊的城墙形态，它与"复式"城市不同：双圈城的两层城墙之间相隔较近。如都江堰市芒城存内、外两圈残墙，其中"外圈城墙南北长 360 米、东西宽约 340 米，面积约 12 万平方米；内圈南北约 290 米、

---

① 林留根、周锦屏、高伟、刘厚学：《藤花落遗址聚落考古取得重大收获》，《中国文物报》，2000 年 6 月 25 日。
② 任式楠：《任式楠文集》，上海辞书出版社，2005 年，第 348 页。
③ 林留根、周锦屏、高伟、刘原学：《藤花落遗址聚落考古取得重大收获》，《中国文物报》，2000 年 6 月 25 日。
④ 林留根、周锦屏、高伟、刘原学：《藤花落遗址聚落考古取得重大收获》，《中国文物报》，2000 年 6 月 25 日。
⑤ 杜在忠：《边线王龙山文化城堡的发现及其意义》，《中国文物报》，1988 年 7 月 15 日。
⑥ 钱耀鹏：《中原龙山城址的聚落考古学研究》，《中原文物》，2001 年第 1 期。
⑦ 杨肇清：《略论登封王城岗遗址大城与小城的关系及其性质》，《中原文物》，2005 年第 2 期。

东西约 270 米，面积 7.8 万平方米"。崇州双河古城也由内、外两圈城垣组成，"内外圈间距约 15 米，总面积约 15 万平方米"。① 不过，对于为何会形成双圈城，尚无从考证。

从城市内部的布局看，在某些史前城址中，夯土基台已经是城市中的核心建筑，如鲁西阳谷景阳岗城址中部并存大小两个利用原自然沙丘经部分加工而成的台址，面积分别为 9 万和 1 万余平方米。两台址都经多次修建，原当有大型建筑。小台址夯土中发现人头骨；在台缘处有的坑底发现完整羊、牛骨架和龙山陶器。② 某些城市中还发现有手工业作坊区。以西山城址为例，根据考古发现，西山城址主要由房址、窖穴、墓葬群等构成，在城址中发现 2000 多座窖穴，"窖穴多是口小底大的袋状坑，壁底经过精细修整，有的坑壁上掏有壁龛。……从大型袋状坑多分布于城址西北部来看，这类储物窖穴应该集中在聚落内部的地势高亢区"③。从考古发现的窖穴来看，某些史前城市已经具备经济功能，这些灰坑便是手工业作坊区。如此多的窖穴，足以说明西山城可能是当时的经济中心。

史前时期城市已经存在简单的功能分区。如仰韶文化晚期的西山城址平面近似圆形，城墙外绕以环壕。城门发现北、西各一处，均偏离中心位置。正对北门内侧发现南北向道路一条。西门内东侧有一座大型夯土建筑基址，平面呈扇形，周围有数座房基环绕，其北侧是一个面积达数百平方米的广场。储物窖穴集中分布于城址西北部地势高亢处，城内北部和城外西部各有一处氏族公共墓地。④ 居住区、广场、墓葬区各在一处，说明功能分区已经出现。

总之，史前时期城市以军事防御为主，城市外部形态及内部空间布局较为随性，城址内已经出现了一些夯筑基址及台地；城市功能分区不明显，尽管在某些城市中发现了手工业区，但是城市的经济功能仍不明显。

二、夏商时期的城市结构和形态

从夏朝开始，国家建立，国王的权力日益集中，这在城市规划建设上有着明显的体现，如城市的规模比之前增长，城市的构成要素也有所增加，城市的功能分区逐渐形成。

二里头遗址是夏代的典型城址，主要由宫殿区、祭祀活动区、贵族聚居区、铸铜作坊区、一般生活区等五个功能区构成。已经形成了以宫殿为中心的城市布局。宫城周围有四条大路垂直相交，与宫殿基址方向一致，体现了城市建设中的方正格

---

① 《成都史前城址发掘又获重大成果》，《中国文物报》，1997 年 1 月 19 日。
② 山东省文物考古研究所、聊城地区文化局文物研究室：《山东阳谷县景阳岗龙山文化城址调查与试掘》，《考古》，1997 年第 5 期。
③ 张玉石、杨肇清：《新石器时代考古获重大发现——郑州西山仰韶时代晚期遗址面世》，《中国文物报》，1995 年 9 月 10 日。
④ 张玉石、赵新平、乔梁：《郑州西山仰韶时代城址的发掘》，《文物》，1999 年第 7 期。

局。宫城的东南部是贵族居住区,考古发掘出30余处夯土基址。① 宫城东部、南部为手工业作坊遗址,有青铜铸造业、骨器等手工业作坊,宫殿南部还有绿松石的加工作坊。② 一般居民区则位于宫城的西部、西北部地区。祭祀活动区也位于该地区。该地区有大量的半地穴式建筑。③ 从二里头遗址的城市建设及城市布局看,宫殿区位于城市的中心区域,其他功能区大都围绕宫殿区展开,显示了王权在夏朝的中心地位。城市中手工业作坊围绕宫城而建设,所生产的手工业产品主要供应王室、贵族等统治者。

与二里头古城遗址相比,偃师商城的规划建设有了一定的发展。偃师商城的平面呈菜刀形,北部宽大,南部比较狭窄。宫殿区及其他大型建筑主要集中于城市的南半部,实则偏于一隅。城市共有五个城门,东边有两个城门,西边有两个城门,北边有一个城门。偃师商城内大体上可分为宫城、居住、作坊、仓廪和宿卫营房等功能区。城市中心是一处周长达800余米的正方形台基遗址,宫城的位置恰好位于城内正中略偏南,府库位于城西南隅,铸铜作坊则安置于城外东北部。尤其体现城市布局的主要建筑,诸如城门、大型水道、主体宫殿建筑等,大都采用左右对称方式布局。④

就偃师商城的整体布局而言,宫城是整个城市的核心区,是贵族居住区和衙署所在地,已掘出大量的建筑基址;宫城的北部是平民和手工业者工作与生活区,保留了大量的中小型房址、窖穴、水井、灰坑和手工业遗址。值得注意的是,偃师商城的宫殿区、两个府库实际为城市内部的三个小城,宫城的长宽各200米,宫城之内有5座宫殿基址。城址西南墙还有一座方形小城,南部被毁,仅存北半部,外有墙围,内有东西长方形排房基址3排,每排16座,为府库。宫城东北面的方形小城位于小城城墙与大城城墙之间,保存完整,内有长方形基址5排,每排15座或者16座,形制与2号方形小城略有区别。⑤

与夏代都城的形态不同,商代都城的建设及布局发生了明显的变化,主要体现在以下几个方面:

第一,城市规划建设时将宫殿建筑置于城市的中心位置,以凸显王权的中心地位。城市的其他功能分区也是围绕宫殿建筑展开,包括道路的规划。但是,这个中心并非城市的绝对中心,只是相对位置。如殷墟的宫殿建筑位于城址的东北部,宫殿的建筑形态多样,有长方形、正方形、凸形、凹形、条形等多种形态。⑥

---

① 中国科学院考古研究所二里头工作队:《河南偃师二里头遗址三、八区发掘简报》,《考古》,1975年第5期。
② 梁宏刚、孙淑云:《二里头遗址出土铜器研究综述》,《中原文物》,2004年第1期。
③ 许宏、陈国梁、赵海涛:《二里头遗址聚落形态的初步考察》,《考古》,2004年第11期。
④ 中国社会科学院考古研究所河南第二工作队:《偃师商城第Ⅱ号建筑群遗址发掘简报》,《考古》,1995年第11期。
⑤ 中国社会科学院考古研究所洛阳汉魏故城工作队:《偃师商城的初步勘探和发掘》,《考古》,1984年第6期。
⑥ 杨宽:《中国古代都城制度史研究》,上海古籍出版社,1993年,第23页。

第二，城市功能区进一步细化。城市居民区大都经过规划，一般居住区与贵族居住区分开，在城市中处于不同位置；居住房屋的等级区分较为明显，平民居住在半地穴式的房屋中，贵族大都居住在宫殿建筑中。根据考古发现，郑州商城外边的制骨作坊便发现有14座半地穴式小型房址。殷墟周围也有小型房屋，有的建在地面上，有的则是半地穴式的，形状不一，小的直径只有2米左右，大的则有7米以上，可能是一般贫民及奴隶居住区域。[①] 商代城市内部的居民区仍然保留史前时期居民的住宅风格，如东下冯遗址，居住址都是窑洞式，窑洞掏挖在断崖或沟壁的旁边[②]，而建筑基址都是圆形的台基，高出当时地面30~50厘米，直径一般为8.5~10米，台基中心有大柱洞，周围有二三十个小洞。建筑群的排列，前后有序，左右成行，间隔均为5米，十分规整。[③] 可见，城市内部的居住区的布局也有所规划。

第三，手工业作坊已经成为城市空间的重要组成部分，每个城市中都有较大的铸铜手工业作坊，反映了商代城市经济的发展。郑州商城的冶铜作坊位于城市北边200米处，再向北200米处则是制骨作坊；城址的南墙以南500米处是冶铜作坊；西边1300米处则是制陶作坊。

第四，尽管商代已经建立了强大的王权，但是在城市规划、城市建设方面，仍然未能形成统一的城市规划制度。在商代，城市中往往有墓葬区，每个城市中墓葬区的位置不尽相同。如郑州商城四周便有墓葬区，盘龙城的东、北、西边都有墓葬区，殷墟所处洹河北岸有王陵区与贵族墓地及排葬坑。[④] 这反映了城市建设中的随意性。

除了中央王朝的都城之外，方国城市的规划建设较史前城市也有所变化。从城市规模来看，方国城市的规模仍然较小，但也有较大的方国城市，如三星堆古城、盘龙古城等方国城市规模都较大，毫不逊色于同期的中央王朝的都城。

方国城市大多数也是都城，因而其城市也是由宫殿建筑、手工业区、居住区等要素构成。这些城市是在史前城市的基础上发展而来的，有着较为明显的史前城市建设风格。如大师姑城或为某个方国的国都，"大师姑夏城南北长600多米，东西宽近1000米，是个横长方形，继承了新密古城寨、登封王城岗等古城的形制。但是这个横长方形西部较窄……因为宫殿区要建在城西高地上而有意识缩小了城圈。"[⑤] 城市内部"既有形制巨大的宫殿建筑和大型墓葬"，又有"铸造铜器、制陶、制骨、制玉和石器的作坊，还出土了相当数量的青铜器和玉器"[⑥]。可见，这些方国城市经济有了一定的发展。

盘龙古城也是商代的方国都城，是长江流域规模较大的城市之一。根据考古发掘，盘龙古城内东高西低，东北部高地较平坦。盘龙古城的宫殿区位于城市的东北

---

① 杨宽：《中国古代都城制度史研究》，上海古籍出版社，1993年，第25页。
② 杨宽：《中国古代都城制度史研究》，上海古籍出版社，1993年，第16页。
③ 东下冯考古队：《山西夏县东下冯遗址东区、中区发掘简报》，《考古》，1980年第2期。
④ 杨宽：《中国古代都城制度史研究》，上海古籍出版社，1993年，第23页。
⑤ 郝红星、李惠萍、王文华：《陨落的夏代城市：大师姑城址发掘记》，《大众考古》，2014年第10期。
⑥ 王文华、陈万卿、丁兰坡：《河南荥阳大师姑夏代城址的发掘与研究》，《文物》，2004年第11期。

部，城内有三座宫殿，整个宫殿台基长100米，宽60米，面积约6000平方米。盘龙古城东北部的高台上有大型的建筑群，其建筑方法是先往地下挖坑，再筑起台基，然后向上立柱建屋。目前已经发现宫殿基址三座，前后平行，方向同城墙一致。后面一座，外有回廊，四周有台阶，平列有四室，中间二室较大，前后有门，左右二室较小，只有前面有门。①

从已发掘的宫殿来看，三座宫殿分别为："前面的一座，亦即南面的一座为朝会、庆典、祭祀的地方，相当于现在的大礼堂；中间的一座是处理军政事务的地方，相当于现在的办公室、小会议室和客厅；后面的一座，亦即还未发掘的北面的一座，估计为起居室，相当于现在的卧室、餐厅、厨房、卫生间"②。可以看出，盘龙城整个宫殿的规格较高，可能是方国的侯伯或统治一方的军政大员的居处。

三星堆古城是古蜀鱼凫王时期的重要都城，遗址面积可达15平方公里，古城面积为3.5平方公里。城内分为宫殿区、宗教祭祀区、生活区、生产区等四个功能区。宫殿建筑基址是三星堆遗址的主体。根据考古发掘，三星堆古城有着规模较大的建筑，不少建筑基址面积可达200平方米，甚至还发现有建筑面积可达400平方米的大型宗庙建筑。③城市内部的布局以宫殿为中心，形成一条中轴线，宫殿区与手工业作坊沿中轴线分布，两侧则分布着居住区与宗庙区。④大型宗庙建筑的存在是三星堆古城与其他地区城市在构成要素及城市布局上不同的地方，说明三星堆古城的宗教文化氛围浓厚。这从祭祀遗址中也可以得到印证。在三星堆古城内南部偏西方向，发现两个大型祭祀坑，其中一号祭祀坑出土器物400余件，二号祭祀坑出土器物达1100多件。⑤如此数量众多的祭祀用品，说明当时祭祀活动的盛行。

总之，夏商时期的城市规划与建设已经形成了以宫殿为中心的对称分布格局，其他所有的功能分区都必须围绕宫城展开。城市内建筑基址的规模要比史前城市的大。宫殿建筑已经成为城市建筑的主体，城市建筑开始出现明显的等级性。经济空间在城市中开始出现，大规模的手工业作坊的存在，反映了城市经济功能的增强。

三、西周时期城市的形态

西周时期，随着王权的进一步加强，王权政治因素在城市规划与城市建设中起着决定性作用。无论是周王朝的城市规划与建设，还是方国城市的规划与建设，以及城市内部的布局，无不遵循"周礼"。

"周礼"是我国古代城市规划思想的重要体现，它规定了不同行政等级城市的

---

① 杨鸿勋：《从盘龙城商代宫殿遗址谈中国宫廷建筑发展的几个问题》，《文物》，1976年第2期。
② 李贤浚：《大冶铜与中华青铜文化》，中国广播电视出版社，2004年，第41页。
③ 陈德安、魏学峰、李伟纲：《三星堆——长江上游文明中心探索》，四川人民出版社，1998年，第20—21页。
④ 段渝：《巴蜀古代城市的起源、结构和网络体系》，《历史研究》，1993年第1期。
⑤ 陈显丹：《广汉三星堆遗址一、二号坑的时代性质的再讨论》，《四川文物》，1997年第4期。

规模。《逸周书》记载:"乃作大邑成周于土中。城方千七百二十丈,郛方七十里,南系于洛水,北因于郏山,以为天下之大凑。制郊甸方六百里,国(因)西土为方千里。分以百县,县有四郡,郡有四鄙。大县城方王城三之一。小县立城,方王城九之一。郡鄙不遇百室,以便野事。"① 由此可知,都城的周长为一千七百二十丈,那么,大县城的周长为五百七十余丈,小县城的周长只有一百九十余丈。《周礼·考工记》还规定了城市内部的基本布局:"匠人营国,方九里,旁三门。国中九经九纬,经涂九轨。左祖右社,面朝后市"②。

《周礼》对都城的布局做了详细的规划:"九经九纬","左祖右社,面朝后市"。"以宫的南北中轴线作为全城规划主轴线;象征政权的三朝,依次布列在这条轴线上。通过主轴线的控制,把祖、社等统一起来,构成一个以宫城为核心的中心区——宫廷区,成为全城规划结构的主体"③。城市的其他组成部分,则按照各自的功能和规划要求,分别布置在主体的周围。《考工记》中所载"左祖右社"和"面朝后市"等规定对后世影响很大,成为中国古代社会都城规划的基本模式。此外,《周礼》不但规定了当时王城外部的基本布局,城市内的其他构成要素也有明显的等级色彩,等级制度贯穿于城市规划的每一个环节。城市建设在规模、外部形态、房屋大小都有其明确规定,贵族、平民之间的房屋建筑差别也较为明显。④

除了西周都城之外,各诸侯国的都城也是依照"周礼"规划建设的。《左传》记载:"都城过百雉,国之害也。先王之制,大都不过参国之一,中五之一,小九之一。"⑤ 都邑不过"百雉",此"百雉"为诸侯国都城的三分之一,是诸侯国都城当为三百雉,一雉长三丈,即方九百丈,一百八十丈为一里,则为方五里,约合今3.2平方公里。而卿大夫的都邑大者方三百丈,次为一百八十丈或一百丈,都在方二里以下,总面积不足一平方公里。地方诸侯国的都城规模大都与此制相契合。以曲阜鲁国故城为例,城垣周长11771米,其中,南垣长3250米,北垣长3560米,东垣长2531米,西垣长2430米。⑥ 鲁国故城的城市规模大致与"周礼"所规定的诸侯国的都城规模一致,可推断这是西周晚期的曲阜城。地方都城及地方城市建设在遵循"礼制"的同时,还与当地的自然环境相契合。如鲁国故城,由于受到濒临洙河的地理条件的限制,城市的西、北两面以洙河作为护城河,故城垣亦随河流构筑,其外部形态基本上呈长方形,除南垣稍直外,其他三面城垣中部都略向外凸出。⑦

西周时期,鲁国都城曲阜的城市布局较为典型。与西周王城不同,鲁国故城并

---

① 《逸周书·作雒解》,辽宁教育出版社,1997年,第40—41页。
② 张道一注译:《考工记注译》,陕西人民美术出版社,2004年,第127页。
③ 贺业钜:《中国古代城市规划史论丛》,中国建筑工业出版社,1986年,第10页。
④ 汪德华:《中国古代城市规划文化思想》,中国城市出版社,1997年,第54页。
⑤ 《左传·隐公元年》,王守谦、金秀春、王凤春译注:《左传全译》,贵州人民出版社,1990年,第3页。
⑥ 山东省文物考古研究所、山东省博物馆、济宁地区文物组、曲阜县文管会:《曲阜鲁国故城》,齐鲁书社,1982年,第4页。
⑦ 山东省文物考古研究所、山东省博物馆、济宁地区文物组、曲阜县文管会:《曲阜鲁国故城》,齐鲁书社,1982年,第5页。

没有采取城郭制。从曲阜故城的城门设置和城内道路的布局看，城市的重心在西部和中北部，城市的结构是坐西朝东。城市平面大致呈长方形，东西最长处 3.7 公里，南北最宽处 2.7 公里。① 西、北两边利用洙水作护城河，东、南两边有城壕和洙水连接。

鲁国故城的布局，是以宫城为中心，宫城中轴线为主轴线。宫城位于大城中央微偏东处，大城环套宫城布置。宫城的南北中轴线，便是全城规划结构的主轴线。市居宫北，基本上也位于规划主轴线上。而居住区、手工作坊，环列在宫城的东、西、北三面，西面还有墓葬区。这三者虽各自成区，却是交错部署的。② 宫城南无居住及作坊遗址，更无墓葬。这个城南重要地带应是与宫城直接相关的建筑区，可能为宗庙、社稷及官署等区。根据考古发现，曲阜城内周公庙一带高地，有"夯土建筑基址。规模颇大，建筑遗迹亦密集。这块高地近方形，东西长约 550 米，南北宽约 500 米"③。由此推断，此应是鲁国故城的宫殿区。

与夏商时期相比，西周时期的城市布局主要以"礼制"为范本，城市的规划、建设体现了明显的等级性，也是周朝"分封制""等级制度"在城市建设方面的体现。西周时期都城的外部形态也有所变化，一类是"城郭制"出现，即"大城套小城"；另一类是两个或者多个城市并存。

与商代相比，西周城市在规划、建设等方面有了一些新的变化。

第一，在城市构成要素上发生了一定的变化，一个突出的特征就是都城必须有宗庙建筑，而宗庙建筑通常位于王宫附近。《左传》："凡邑，有宗庙先君之主曰都，无曰邑。"④ 这一时期，除天子所居住的王城外，诸侯的治所也成为各国的都城，各诸侯国的都城也相继建立宗庙，因而宗庙建筑成为周代各国都城与地方城市在构成要素上相区别的一个重要标志。此外，无论是都城还是地方城市，内部空间构成要素都出现明确的功能分区。各国都城普遍都是由宫殿区、手工业作坊区、居住区、墓葬区等要素构成。如西周早期的琉璃河城址是燕国的都城遗址，其基本构成要素即为城墙、宫殿区、祭祀区、居住区和手工业作坊区等。其中，宫殿区位于城市的中部偏北，祭祀区则位于宫殿区西南部，居住区与手工业作坊在城墙内外均有发现，墓葬区与城址紧邻，有"西周时期的墓葬 300 多座，车马坑近 20 座"⑤。其时各国都城的构成要素基本相同。

第二，从周王朝到各诸侯国，城市布局大都依照"周礼"而建。西周王城的规划布局较为严格地依从礼制，其城市功能分区是围绕宫廷区依次布局，体现了严格的等级秩序。"就全盘规划结构的各个组成部分的功能论，王城分区明确，布局也

---

① 张之恒、周裕兴：《夏商周考古》，南京大学出版社，1995 年，第 306 页。
② 贺业钜：《中国古代城市规划史论丛》，中国建筑工业出版社，1986 年，第 45 页。
③ 贺业钜：《中国古代城市规划史论丛》，中国建筑工业出版社，1986 年，第 41 页。
④ 《左传·庄公二十八年》，王守谦、金秀春、王凤春译注：《左传全译》，贵州人民出版社，1990 年，第 165 页。
⑤ 许宏：《先秦城市考古学研究》，北京燕山出版社，2000 年，第 69 页。

很严谨。在城的规划主轴线中心位置上设置宫廷区，此区之北为市场区。工商业者居住近市，王室、卿、大夫府第所在的'国宅区'则近宫，而一般居民闾里则分处于城之四隅，手工业作坊区置于外廓"[1]。这种布局形式不仅对诸侯国都城产生了重要的影响，而且对后世的都城建设影响深远。

第三，"市场"在城市布局中有了规制并占据了一定的比例，"市场"已经成为城市布局的重要组成部分。西周时期，明确规定王都的布局为"前朝后市"，"市"在宫殿之北；诸侯国的都城布局亦仿此制。这说明，西周时期的商业、手工业，特别是官营手工业已经成为城市中的重要角色，经济要素在城市内部格局中的比例有所提升。

四、春秋战国时期城市的形态

春秋战国时期，各国出于国家安全的需要推动了新一轮筑城高潮，其时城市数量大增，新修筑的城市普遍修筑有高大的城墙，而无论是城墙的规模，还是城市的外部形制，都突破了"周礼"的限制。"城郭制"便是在此背景下产生的，它开启了新的城市形态。早期"重城"的居住者仍然是以统治者为主，较少有平民。而"城郭制"则有所区别，"筑城以卫君，造郭以守民"，城主要居住统治者，而城之外的郭，则以平民为主。"郭"的修筑起初是用来"驻屯大军"的，以军事防御功能为主；或用以"迁徙贵族"，如殷商时期的贵族迁至都城后，则造郭以居。春秋战国时期，城市居民不断增多，"郭"的居民开始以平民为主。各诸侯国的都城，多是由两层以上的城垣所环绕的封闭的城堡，即所谓"筑城卫君""造郭卫民"，"城"与"郭"的区别不仅在于使用性质上，而且郭较城大，环绕于城的外围。

（一）"礼乐崩坏"与城市形制的变化

西周时期，各诸侯国的城市规模大都超出了礼制范围。按照周制，地方诸侯及卿大夫所建的都城规模仅为周朝都城的三分之一，或五分之一，或九分之一。到了战国时期，各诸侯纷纷扩建城市，《左传》记载："都城过百雉，国之害也。先王之制，大国不过参国之一，中五之一，小九之一。今京不度，非制也，君将不堪。"[2] 说明当时鲁国的都城规模已经超过了周朝都城。根据今人研究，当时各诸侯国都城的面积在 10~30 平方公里，许多都城规模要大于周朝都城，说明当时城建违制现象已具有普遍性。

西周时期，在"周礼"的约束下，各诸侯国城门的数量、城墙的厚度都遵循一定的规定。而春秋战国时期各诸侯国已经不再受此约束，所营建城市的城门数量已经远远超出了"周礼"的规制。《左传》记载："夏，士蔿城绛，以深其宫。"[3] 说明当

---

[1] 贺业钜：《中国古代城市规划史论丛》，中国建筑工业出版社，1986年，第10页。
[2] 《左传·隐公元年》，王守谦、金秀珍、王凤春译注：《左传全译》，贵州人民出版社，1990年，第3页。
[3] 《左传·庄公二十六年》，王守谦、金秀珍、王凤春译注：《左传全译》，贵州人民出版社，1990年，第159页。

时鲁国不断增筑新的城市,而且新修建南门的高度和士君整修绛城的高度已违制。

与周代相比,春秋战国时期的城市建设普遍突破了原有的规制,这在城市形态方面表现得尤为突出。关于城郭兴建的目的与作用,管子曾说:"大城不可以不完,郭周不可以外通,里域不可以横通,闾闬不可以毋阖,宫垣关闭不可以不修。故大城不完,则乱贼之人谋;郭周外通,则奸遁逾越者作;里域横通,则攘夺窃盗者不止;闾闬无阖,外内交通,则男女无别;宫垣不备,关闭不固,虽有良货,不能守也。"① 管子从军事防御及城市内部管理的角度出发,认为"郭"可以御敌,"里"可以维护治安。

春秋中期之后,诸侯国都城的建设已经普遍采用城郭模式,如《管子》:"内为之城,城外为之郭,郭外为之土阆:地高则沟之,下则堤之。"② 从其功能看,外郭的建筑多是伴随着旧城的改造与扩建而进行的。郭城主要出于军事防御功能而建;小城是国君和贵族居住与处理政事之所。内、外城的功用,正如《吴越春秋》所说:"鲧筑城以卫君,造郭以居人。此城郭之始也"③。郭城主要是居民的居住区。"内城外郭"的布局成为春秋战国时期都城建设的范本。各诸侯国城市的外部形态大致分为五种,具体参见下表:

表 3-2 春秋战国时期各诸侯国城市外部形态

城市形态	城市典型类型	城市数量	主要特征	实例
复合型		3个以上	由三个以上城区并排,其中一个为王城,其他为手工业或商业集中区	邯郸城
双城		2个	由两个城区或东西并置,或大小相连,其中一城为王城	燕下都、临淄、新郑
群组型		4个以上	由四个以上城区组成,以王城为中心分散布置	侯马故城
单城		1个	只有一个城圈,没有内外城郭之分	东周王城、纪南城、曲阜城、荆州城
嵌套型		2个	由大、小两城组成,小城为王城,大城为郭	夏县禹王城、淹城

资料来源:马世之《关于春秋战国城市的探讨》,《考古与文物》,1981年第4期。

与西周相比,春秋战国时期的城市内部构成要素发生了较大变化,如城门数量增多,市场与手工业作坊的面积扩大。这在城市内部的空间布局上表现得较为明显。城市空间大致可以分为居住空间、生产空间、市场空间等几种类型。

---

① 《管子·八观》,北京燕山出版社,1995年,第113页。
② 《管子·度地》,北京燕山出版社,1995年,第383页。
③ 赵晔:《吴越春秋辑校汇考》,中华书局,2019年,第265页。

春秋战国时期城市中各个阶层的居住空间是分开的，城市内的居住空间往往是以职业为划分基础，城市居民大致分为士、农、工、商四个不同的社会阶层。如齐国临淄城内划分为二十一乡，《管子》："制国以为二十一乡：商工之乡六，士农之乡十五"①。不同的阶层居住在不同的区域，如管子所说："士农工商四民者，国之石民也，不可使杂处，杂处则其言咙，其事乱。是故圣王之处士必于闲燕，处农必就田野，处工必就官府，处商必就市井。"②对于他们在城市中的位置，管子说："凡仕者近宫，不仕与耕者近门，工贾近市。"③可见，士阶层大都居住在宫殿附近，从事农业的人居住在城门附近，从事工商业的人则居住在市场附近。

春秋战国时期，随着城市经济的发展，手工业作坊、商铺已经成为城市空间的重要组成部分。战国时期，各都城之中出现封闭结构的市区。"市区作方形或长方形，四面有围墙，每面中间设门，称为'市门'，中间有'十'字街连通四面'市门'。"④《国语》记载："处工，就官府；处商，就市井"⑤。说明市场是商人汇聚之地。《韩非子》也有"市"的记载："庞恭与太子质于邯郸，谓魏王曰：'今一人言市有虎，王信之乎？'曰：'不信。''二人言市有虎，王信之乎？'曰：'不信。''三人言市有虎，王信之乎？'王曰：'寡人信之。'庞恭曰：'夫市之无虎也明矣，然而三人言而成虎。'"⑥文中的"市"就是邯郸的集市。秦国都城雍城也设有"市"，《史记》："（商鞅）乃立三丈之木于国都市南门，募民有能徙置北门者予十金"⑦。这也得到考古资料的印证，雍城内的市场平面作长方形，东西宽180米，南北长160米，四面围墙基址厚1.5~2米。四面围墙都有市门，已发掘的西门，南北长21米，东西宽14米，入口处有大型空心砖作为踏步。门上有四坡式的屋顶。⑧市场等经济要素在城市空间所占比例的增大，说明了城市经济功能的增强。

（二）城市空间形制的个案分析

春秋战国时期，城市的建设大都遵循"城郭"制度，即城市大都由"小城"与"大城（郭城）"两部分组成。按照城市的内部布局，春秋战国时期的诸侯国都城可以分为"双城城市"（两城并列）、"复合式城市"（由三个及以上小城市组成）、"单城"（只有一个城市构成）等多种不同的形态。在不同的外部形态下，城市的功能分区不同，城市布局也就呈现出不同的特征。

1. 双城城市——以齐国临淄城、燕下都为例

"双城"即大城与小城，或者是东城与西城两个城并列，两个城的功能截然不

---

① 《管子·小匡》，北京燕山出版社，1995年，第179页。
② 《管子·大匡》，北京燕山出版社，1995年，第180页。
③ 《管子·大匡》，北京燕山出版社，1995年，第168页。
④ 杨宽：《中国古代都城制度史研究》，上海古籍出版社，1993年，第223页。
⑤ 《国语·齐语》，鲍思陶点校，齐鲁书社，2005年，第109-110页。
⑥ 韩非：《韩非子·内储说上》，中国文史出版社，2003年，第117页。
⑦ 司马迁：《史记·商君列传》，线装书局，2006年，第302页。
⑧ 杨宽：《中国古代都城制度史研究》，上海古籍出版社，1993年，第265页。

同，小城为宫殿区域，大城为郭城，是平民居住区域。与其他城市的布局形态不同的是，大城与小城相互连接在一起，但又相对独立。

（1）齐国临淄城

齐国地处山东中部，有得天独厚的自然条件。周初，周天子封姜太公于齐，兴建临淄城作为国都。姜太公为使"人民多归齐"，充分利用区位优势，"通商工之业，便鱼盐之利"。到了战国时期，临淄城得以增扩，城内居民达七万户。[①] 随着商业与城市文化的发展，临淄城内学仕区、商业娱乐区、工业区形成一定规模。临淄的稷门附近，集中了大批学士，设学宫，规模很大。[②] 从西周到战国，临淄城长期保持繁盛之势，成为海岱地区的重要都会。

临淄是西周时期齐国的都城。与鲁国都城不同，临淄为复式城市。临淄"故城包括大城和小城两部分。小城在大城的西南隅，其东北部伸进大城的西南隅，两城衔接。大城南北近九华里，东西七华里余。小城南北四华里，东西近三华里。两城总面积达60余平方华里"[③]。大城是官吏、平民、商人等居住的都城，小城是国君居住的宫城。

根据考古发掘，齐国故城位于今临淄县城西部和北部，东、西两面是辽阔的原野，南面为丘陵山地。齐国都城在建城市时经过科学的规划，城市中建有完善的排水系统。根据考古勘探，临淄小城的排水系统在西北部。自桓公台东南方起，经桓公台的东部和北部，通西墙下的排水口，流入泥河。大城西部最大的排水系统，是由一条南北和东西河道组成的。南面河道，在小城东北角外，和小城东墙、北墙的护城壕相接，顺南高北低地形，流水直通大城北墙西部的排水口，注入墙外城壕。[④]

从城市内部布局看，临淄城墙全部夯筑而成，四周不很规整，有的呈直线，有的沿河岸筑成蜿蜒曲折的城墙。墙基一般宽20～30米。城内发现道路10条，城门11座。城市由大城和小城两部分组成，其中，大城为平民活动的地方，小城是宫殿区，有规模宏大的宫殿、宗庙、官署、官吏的住宅等。

除宫殿之外，小城内还有一处大型的建筑基址——桓公台，位于小城的西北方向。根据考古勘探，桓公台略呈不规则长方形，南北长约86米，东西宽约70米，高约14米。东、北、西三面陡峭，南坡稍缓。[⑤]

临淄是当时重要的工商业都会，手工业、商业在城市空间布局中占据重要的地位。手工业作坊在小城与大城内都有分布，小城内的手工业作坊位于小城的西南角，有冶铁遗址一处，炼铜遗址一处，铸钱遗址一处。这些手工业作坊仅在宫殿附近，是官营手工业，为贵族统治者服务。大城内的手工业作坊主要位于大城的东北

[①] 曲英杰：《齐国故都临淄》，山东文艺出版社，2004年，第1页。
[②] 汪德华：《中国古代城市规划文化思想》，中国城市出版社，1997年，第69页。
[③] 南京大学历史系考古专业：《战国秦汉考古》，南京大学出版社，1981年，第52页。
[④] 曲英杰：《齐国故都临淄》，山东文艺出版社，2004年，第22—26页。
[⑤] 曲英杰：《齐国故都临淄》，山东文艺出版社，2004年，第5页。

部及中部，有冶铁遗址四处，炼铜遗址一处，铸钱遗址两处，制骨作坊一处。① 需要注意的是，由于春秋战国时期私营手工业的发展，这些手工业作坊相当一部分是民间工商业。② 这说明私有工商业在城市中开始出现与发展。

与其他城市不同的是，临淄城还有专门的文化空间。齐国桓公时，在临淄城的西南门"稷门"的西侧建立了稷下学宫，天下之士会于稷门之下，最为繁盛的时候，稷下学宫聚集了千余学士。③ 临淄成为各诸侯国学术文化交流的中心。稷下学士有道家、法家、兵家、阴阳家、儒家、纵横家、政治家和经济学家等。名人学者在稷下学宫相互辩论，著书立说，反映了战国时期"百家争鸣"的特点，促进了先秦时期学术文化的交流。

（2）燕下都

与齐国临淄城一样，燕下都也是双城的典型代表。燕下都位于河北省易县，是战国时期城址中面积最大的一座。根据考古发掘，燕下都平面呈长方形，由内、外二城构成，全城东西约8公里，南北约4公里。东城平面略呈方形，东西约4.5公里，南北约4公里，夯土城墙基宽约40米。其东、北、西三面各发现一座城门，南垣以中易水为天然城壕，东、西垣外侧人工河道为城壕，距北垣1000米的北易水也发挥着城壕的作用。④

内城是燕下都的主体，宫殿基址主要分布在东城东侧。根据考古发掘，内城有三十多处夯土台，一般高6~7米，最高达20米，多利用天然土台筑成。⑤ 武阳台是整个宫殿区的中心，其周围有三个宫殿建筑群，排列有序，整个宫殿区形成高下错落的空间构图。此外，在武阳台以北的轴线上，依次有望景台、张公台、老姆台诸夯土台基，是主要的宫殿区。其中，武阳台最高大，东西约140米，南北约110米，高约11米；望景台东西约8米，南北约4米，残高3.5米。张公台长、宽各约40米，高约3米；老姆台在北垣外，是第二大台基，南北约110米，东西约90米，高约12米。⑥

围绕着宫殿区又有许多手工业作坊，有铸铁三处，制兵器二处，铸钱一处，制陶、制骨各一处。市民分居在东城的西南、中、东和东北部。⑦

与齐国临淄城的城市布局不同的是，燕下都内城西北部分布着墓葬区。燕下都内城西北部，隔墙以北为虚粮冢墓区，13个高大的封土堆南北分成4排。隔墙以南为九女台墓区，10个封土南北分成3排。从九女台16号墓发掘出土器物看，合乎王制，是贵族的墓葬区。⑧ 燕下都的外城是附属城郭，根据考古发掘，城郭内的

---

① 南京大学历史系考古专业：《战国秦汉考古》，南京大学出版社，1981年，第52页。
② 贺业钜：《中国古代城市规划史论丛》，中国建筑工业出版社，1986年，第66页。
③ 于孔宝：《稷下学宫与百家争鸣》，山东文艺出版社，2004年，第8页。
④ 南京大学历史系考古专业：《战国秦汉考古》，南京大学出版社，1981年，第2-3页。
⑤ 董鉴泓：《中国古代城市建设》，中国建筑工业出版社，1988年，第7页。
⑥ 河北省文化局文物工作队：《河北省易县燕下都故城勘察和试掘》，《考古学报》，1965年第1期。
⑦ 南京大学历史系考古专业：《战国秦汉考古》，南京大学出版社，1981年，第54页。
⑧ 刘德彪、吴磬军：《燕下都瓦当研究》，河北大学出版社，2004年，第5页。

建筑遗存较为简单，只有少数墓葬和两处战国时期的居住遗址。①

2. 复合式城市——以邯郸故城为例

邯郸故城位于河北省南部，太行山麓的沁河冲积扇上，是春秋战国时期赵国的都城。战国时期的邯郸故城由"大北城""东城""西城"三部分组成，三城呈"品"字形，构成了"复合型"城市。②

西城近方形，东西长 1392 米，南北长 1416 米。西城共有城门 8 座：西垣 2 座；北垣 2 座（其中一座与北城共用）；东垣 2 座（其中一座暂定，与东城共用）；南垣 2 座。遗址内有大小夯土台 5 个，地下基址 7 处，古道路 1 条，古井 1 口。城中规模最大的夯土台——龙台，台基东西 264 米，南北 196 米，残高 17 米。③ 西城的布局结构是以龙台为中心，其北边的两个大夯土台为中轴线，中轴线周围存有多个大型夯土建筑基址。就其布局来看，西城是王城的主要城堡，"龙台"是城堡的主要宫殿建筑基址。

东城平面呈不规则长方形，东西最宽处 925 米，南北最长处 1442 米。在城中偏北有南北对峙的两大夯土台，其规模仅次于"龙台"，在北的称"北将台"，在南的称"南将台"。在这两个夯土台之间及"南将台"以南有夯土台及五处地下建筑遗址，构成以南北将台为中心的南北中轴线建筑群。

大北城于春秋时期开始兴建，战国时期获得发展。大北城平面呈不规则长方形，东西最宽处为 3240 米，南北最长处为 4880 米。城内发现"冶铁作坊遗址 3 处、铸铜作坊遗址 1 处、制陶作坊遗址 5 处、制骨作坊遗址 1 处、石器作坊遗址 1 处，大都集中分布在中部偏东一带"④。可见，大北城是邯郸城的手工业作坊区与一般平民的居住区。

需要特别注意的是，春秋战国时期，社会生产力的发展，促使社会生产关系发生变化，出现了许多脱离于官方的手工业者。从考古发掘来看，邯郸故城的城址内有大量的铸铜、冶铁、制陶、制骨等手工业作坊。这些手工业作坊不只分布在宫城之内，还有许多分布在郭城内。因郭城是平民的居住区域，故这些手工业作坊应为私人所有。⑤

总之，邯郸故城是由三个相对独立的小城构成的，其中，东、西二城主要为宫殿区，规划布局都是以较大的宫殿建筑为中心展开；而大北城则是主要的居民区、手工业作坊区，城市功能分区明显。

3. 单城——以曲阜鲁国故城、楚国纪南城为例

同上述几个都城不同，部分城市并没有按照"城郭"布局方式进行规划，而是只有一个单体的城市，曲阜鲁国故城、楚国纪南城便是此类城市的代表。

---

① 河北省文化局文物工作队：《河北省易县燕下都故城勘察和试掘》，《考古学报》，1965 年第 1 期。
② 中国社会科学院考古研究所：《新中国的考古发现和研究》，文物出版社，1984 年，第 276 页。
③ 马金南：《邯郸名胜古迹》，国际文化出版公司，2009 年，第 38 页。
④ 许宏：《先秦城市考古学研究》，北京燕山出版社，2000 年，第 100 页。
⑤ 徐良高：《死城之谜：中国古代都城考古》，四川人民出版社，2004 年，第 69 页。

（1）曲阜鲁国故城

曲阜鲁国故城位于洙水与泗水之间，始建于西周时期。根据考古发掘，鲁国故城的平面呈近椭圆形，东西长3.5公里，南北宽2.5公里。目前已发现东中门、东南门、东北门、北东门、北中门、北西门、西北门、西中门、西南门、南西门、南东门等十一座城门。其中，东、西、北面城墙各有三座城门，南面有两座城门，每个城门都与城内的大道相通。同西周王城一样，鲁国故城内的道路整齐划一，东西向五条，南北向五条，将主干道与城内的大型建筑物连接起来。[①]

与其他城市相比，鲁国故城的布局大致遵循"周礼"，与西周时期诸侯国的规制一致。鲁国故城为单体城市，由宫殿建筑、手工业作坊、平民居住区、墓葬区四部分构成，功能分区比较明显。

表3-3 鲁国故城的空间构成要素及空间布局

功能分区	文化遗址	周长（米）	面积（平方米）	城内位置
大型建筑基址	周公庙建筑群基址	2100	27.5万	鲁城中部偏东
	周公庙东夯土基址	480	1.28万	鲁城中部偏东南
	周公庙北夯土基址	600	2.24万	鲁城中部偏东南
	古城村夯土建筑基址	290	0.5万	鲁城东部偏南
	舞雩台	470	1.38万	鲁城东门正南
手工业作坊遗址	北关冶铁遗址	1140	5.4万	鲁城北部
	立新联中冶铁遗址	900	5万	鲁城北部
	盛国寺冶铜遗址	1200	8.7万	鲁城北部
	药圃冶铜遗址	540	1.4万	鲁城西北部
	林前村西北制骨作坊	1700	15万	鲁城西北部
	御碑楼制骨遗址	520	1.2万	鲁城西北部
	橡胶厂制陶遗址	1600	16万	鲁城西部
	弹簧厂制陶遗址	900	4.5万	鲁城西北部
	南张羊制陶遗址	600	2.25万	鲁城东北城外
居民居住区	鲁西北角居住址	1300	10万	城西北角西垣北门内
	林前村西居住址	1040	6.4万	鲁城西北
	地毯厂北居住址	1060	5.2万	鲁城西北
	盛国寺居住址	2600	36万	鲁城北中部
	盛国寺东居住址	2600	36万	鲁城东北部
	鲁城东北角居住址	600	2.25万	鲁城东北角内
	坊上居住址	1000	6.25万	鲁城西部
	北关村居住址	880	4.75万	鲁城西部
	斗鸡台居住址	1000	6.25万	鲁城西部
	颜林居住址	1200	3.2万	鲁城东部
	古城村西居住址	1500	12.5万	鲁城东部偏南

---

① 山东省文物考古研究所、山东省博物馆、济宁地区文物组、曲阜县文管会：《曲阜鲁国故城》，齐鲁书社，1982年，第7—9页。

续表

功能分区	文化遗址	周长（米）	面积（平方米）	城内位置
墓地	望父台墓地	5400	180万	鲁城西部
	药圃墓地	520	0.34万	鲁城西部
	县城西北角墓地			鲁城西南部
	斗鸡台墓地			鲁城西南部

资料来源：山东省文物考古研究所、山东省博物馆、济宁地区文物组、曲阜县文管会编《曲阜鲁国故城》，齐鲁书社，1982年。

从上表可知，鲁国故城的空间构成要素主要包括宫殿建筑、手工业作坊区、居民居住区及墓葬区四个部分。其中，宫殿建筑主要分布在城市的中部、东部及北部，手工业作坊主要分布在城市的北部、西北部，居民居住区主要分布在城市的东、西、北三面，墓葬区则主要分布在城市的西部、西南部。

总体来看，鲁国故城的城市布局是与"周礼"相一致的，周公台是整个城市的中心，而铸铜、冶铁、制陶、制骨等手工业作坊和居住区则以周公台为中心分布。[①] 城市贵族及平民主要集中在城市的东、北、西三面，城市的南部则人口稀少。而且，有的居住区与手工业作坊区的位置是重合的，如盛国寺既有手工业作坊，又有居住区，说明这些居民大都为手工业者。

（2）楚国纪南城

楚国是春秋战国时期疆域广大、经济发达、文化繁荣的国家。公元前689年，楚文王始都郢。楚国在郢建都达四百年之久，郢都可谓长江中游地区的繁华之都。

郢都（纪南城）作为楚国的都城，城市建设经过较好的规划，墙体较厚。就城市布局来说，郢都的布局同鲁国故城一样，同为单体城市。根据考古发掘，纪南城遗址，东西4.5公里，南北3.5公里。城垣高出地面4~5米，北墙高至7米以上，城墙上部的宽度，或为14米，或为12米，临近城门的地方则缩至10米，夯土层厚约10米。[②] 纪南城的城内"总面积约达16平方公里。楚本子国，按营国旧制，子男之城不过方三里，而实际规模却为旧制的七倍多"[③]。纪南城外有护城壕环绕，城门已发现五座（北垣、东垣、南垣各一，西垣二），又有南、北两座水门。城门有三个门道，中门道比两侧的宽一倍。南垣西段古河道上的水门则用四排木柱构筑，也有三个门道，以便河水和船只通过。此外，纪南城的城墙与其他都城不同的是，城墙的四个角都有向内或者向外的拐角。

---

① 中国社会科学院考古研究所：《新中国的考古发现和研究》，文物出版社，1984年，第271页。
② 李福顺、刘晓路：《中国春秋战国艺术史》，人民出版社，1994年，第135页。
③ 贺业钜：《中国古代城市规划史论丛》，中国建筑工业出版社，1986年，第58页。

表 3—4　楚都纪南城城垣拐角统计表

位　置	拐角数	拐角形状	夹　角	保存情况
西南角	2	向内拐	南 113°、北 156°	较好
东北角	2	向内拐	南 138°、北 137°	破坏较严重
东南角	1	向内拐	99°	破坏较严重
西北角	2	向内拐	南 151°、北 125°	
南垣转折处	4	东南、西南向内 东北、西北向外	东南 93°、西南 89° 东北 95°、西北 89°	西北角破坏较严重，其他较好

资料来源：郭德维《楚都纪南城复原研究》，文物出版社，1999年。

纪南城与其他都城还有一个不同之处就是，纪南城还有保存较好的烽火台。烽火台位于南垣突出部位的西南角。"此处城垣比城外农田高出 6 米，而烽火台又要比城垣高出 5~6 米，其底部近似长方圆角形，南北稍长，径约 100 米，东西稍窄，径约 80 米，顶部台面径约 50~60 米，台面不很平整"①。可见，军事防御仍然是城市的重要功能。

纪南城的城市空间构成可以分为城内与城外两个部分，城内主要有宫殿区、贵族居住区、平民居住区、市场、手工业作坊区（制陶制瓦、冶炼铸造、日用装饰）、墓葬区；城外主要有卫戍设施、农民聚落、手工业作坊区、祠庙祭祀、墓葬区。② 这也是纪南城与其他都城空间格局的不同之处。

宫殿建筑群主要集中在城市的东北部与东南部，其中，东北部有 15 座，东南部有 12 座，西南部有 6 座，西北部有 2 座。③ 中南部的宫殿数量最多，也较为集中，可能为楚国贵族的活动区域。

手工业作坊遗址有的分布在宫城附近，主要为贵族统治者服务，这是官营手工业。私有工商业作坊则主要位于城市的中北、东北区域。随着私营工商业的发展，"市"已经成为城市空间的重要组成部分，楚庄王时便有"蒲胥之市"④。按照"面朝后市"的规制，市应该在楚国宫城的后面，即城市的北部。城市的西北主要是平民居住区。

城郊也是城市空间的重要组成部分。纪南城的城郊有着十分丰富的考古遗存。城南垣发掘出了大型的夯土建筑台基，台基周围散落着大量的乐器。这些夯土台基的用途尚不可知。城南垣与东垣还分布有手工业作坊遗址。⑤

---

① 郭德维：《楚都纪南城复原研究》，文物出版社，1999年，第 52 页。
② 高介华、刘玉堂：《楚国的城市与建筑》，湖北教育出版社，1996年，第 123 页。
③ 郭德维：《楚都纪南城复原研究》，文物出版社，1999年，第 57 页。
④ 《左传·宣公十四年》，王守谦、金秀珍、王凤春译注：《左传全译》，贵州人民出版社，1990年，第 562 页。
⑤ 郭德维：《楚都纪南城复原研究》，文物出版社，1999年，第 58 页。

总之，鲁国故城与楚国纪南城的城市空间格局大致遵循周朝礼制，但是规模远远超过规制。从手工业作坊、市场等经济要素的增加可以得知，城市的经济职能增强。

4. 组团式城市——以山西侯马故城为例

侯马故城是晋国晚期都城。之所以称之为组团式城址，是因其由六座古城构成的，其中白店、台神、牛村、平望四座古城连接一起，其他两座古城则单独成城，呈王古城在其东，马庄古城在其东北。从建成时间来看，白店古城为春秋早期，其他五座古城为春秋中晚期。根据考古发掘，六座古城的形状、周长、面积见下表：

表3-5 山西侯马古城的形状、周长、面积统计表

古 城	周长（米）	面积（平方米）	形 状
白 店	4880~6280	147.4~243.6万	方形
台 神	4000	100万	长方形
牛 村	5500	181.5万	不规则梯形
平 望	3850	92.25万	方形
呈 王	1600	15.75万	方形
马 庄	2200	15.5万	方形

资料来源：许宏《先秦城市考古学研究》，北京燕山出版社，2000年。

白店、台神、牛村、平望四城的规模相对较大，呈王、马庄两城的规模较小。除了牛村古城的形状为不规则梯形之外，其他古城都为方形或者长方形。

从考古发掘来看，这些古城内部主要以大型的宫殿建筑为主，手工业作坊、墓葬等城市构成要素都分布在城市郊区。以牛村古城为例，经勘探可知其城墙系夯土筑成，墙基残宽4~8米，残高0.5~1米，城外有6米宽、3~4米深的护城壕。城内有大型高台建筑废墟，城外南郊有范围较广的居民住址和青铜器、骨器、陶器等手工业作坊遗址7处。南郊距城2公里处有春秋战国的墓葬。[1]

春秋战国时期，各诸侯国城市工商业发展较快，手工业较为发达。根据考古发掘，侯马遗址内的手工业作坊面积较大，大型铜器作坊遗址面积可达3000平方米，仅各种铸造青铜器的陶范就出土了万余块。从陶范分辨，知其所铸铜器有礼器、兵器、车马器和镜等，同时还发现4座炼铜炉址。[2]

祭祀建筑与墓葬群位于牛村古城郊区。根据考古发掘，牛村古城的祭祀建筑遗址由主体建筑和垣墙基址组成。基址东西长39米，南北宽38米，总面积为1482平方米。[3] 基址南部发现祭祀坑59座，证实这是晋国宫室的祭祀之地。

---

[1] 侯马市考古发掘委员会：《侯马牛村古城南东周遗址发掘简报》，《考古》，1962年第2期。
[2] 山西省文管会侯马工作站：《1959年侯马"牛村古城"南东周遗址发掘简报》，《文物》，1960年第Z1期。
[3] 徐良高：《死城之谜：中国古代都城考古》，四川人民出版社，2004年，第80页。

总之，侯马故城的各个小城之间的功能既有明显不同，又联系紧密。侯马故城之所以由多座古城组成，据今人推测，可能是晋国国君权势较弱、诸侯势力较强的缘故，各卿大夫或者诸侯建造小城，加强军事防御。

5. 其他类型城市的城市空间形制

除了各诸侯国都城之外，春秋战国时期，还有小国都城和普通城邑，山东、河北、河南、山西、陕西等省做过调查的不下三四十座。这些城邑大都是卿大夫的封邑，都有其自身的特征，城市规模相对较小，城市功能以军事防御为主，城市规划较为随意。

地方较小诸侯国的都城建设主要强调军事防御。以申国都城为例，春秋战国时期的申国都城位于信阳市平桥区北30公里处的长台关苏楼村，城址由南城和北城两部分组成，南城东墙长500米，西墙长325米，南墙长524米，北墙长530米，周长约1.9公里。南城西半部是一片高台基，城墙外有壕沟痕迹。北城东墙长640米，北墙长770米，西墙在南城西墙的基础上向北延长422米，南墙在南城北墙的基础上向东延长406米。扩建后内城周长3.1公里。外城，南墙在内城南墙的基础上向东延伸1万余米至淮河岸边，北墙在内城北墙的基础上向东延伸1万余米至太子城，周长约22公里。① 由此可知，这些较小诸侯国的都城规模较小，符合方三里之制，应为大夫的采邑。

江苏武进淹城的面积更小。根据考古发掘，淹城东西长850米，南北宽750米，总面积约60万平方米。城有内、中、外三重城墙，均用泥土堆筑而成。城最高处约10米，一般高3米，城垣底部宽30米左右。内城呈方形，周长不足500米。中城呈方形，周长约1500米。外城呈椭圆形，周长约2500米。外城郭周长3500米，三城均有护城河。城内外发现不少土墩墓，出土有独木舟、青铜器、原始青瓷、陶器等各种文物120余件。② 由此可知，淹城的规模与史前城市规模相近，甚至比有的史前城市小。

邾城和薛城是山东地区的两座都城，周长分别为9200米和10600米，平面呈不规则方形。其他如山西芮城的毕万城、闻喜的清原城和洪洞古城，河南舞阳的东不羹城、鄢陵的鄢城和偃师的滑城，陕西华阴的阴晋城，河北磁县的讲武城，平面多作方形，少数呈不规则形，周长4~5公里或更小，墙宽都在10米左右。③

此外，归城故城、中山灵寿故城、仇由故城是比较公认的非华夏族的北方城市。其平面形状，除仇由故城外，都是圆形的。而华夏族的城市除了晋国的城邑阴晋城外，平面没有近乎圆形的。④

宫殿建筑在城市内的布局也是不同的。有的地方宫殿偏于城市一隅，但是位置并不像夏商时期那样，宫城大都位于城市的东北部。如楚国的"古鄢陵城的宫城在

---

① 河南省地方史志编纂委员会：《河南省志·文物志》，河南人民出版社，1993年，第130—131页。
② 顾德融、朱顺龙：《春秋史》，上海人民出版社，2003年，第247—248页。
③ 中国社会科学院考古研究所：《新中国的考古发现和研究》，文物出版社，1984年，第278页。
④ 陈力：《东周秦汉时期城市发展研究》，三秦出版社，2010年，第97页。

城内东北部，蓼城的宫城在外廓城的西南部，季家湖古城的宫城在城内东北部，云梦楚王城的宫城在外廓的西侧"①。

总之，春秋战国时期的城市建设大都遵循礼制，但是城市的形态不一。城市拥有城墙已成为定式，并有城郭之分，内之为城，城外为郭。城市形态大多已不规整，体现了"因天材、就地利""城郭不必规矩"的思想。郭是一般平民居住的地方。居住区域的严格划分，充分体现了专制主义下严格的等级制度。

小 结

先秦时期的城市规划与城市形态有一个渐变的过程，在不同的时期，城市构成要素、城市规模、城市的外部形态与内部布局都有所不同。即使在同一时期，不同地区的城市形态也有所不同。

第一，城市的构成要素日益复杂，城市规模不断扩大，城市的建设水平不断提高。从城市的构成要素看，在史前时期，城市只有城墙以及城市内部的夯筑台地和少量的房屋基址。从夏商时期开始，城市中已经出现规模较大的宗庙建筑，并出现了手工业作坊、半地穴式房屋建筑等构成要素。从西周开始，大型的宫殿与宗庙建筑成为城市构成要素的主体。市场在该时期开始出现，并在春秋战国时期发展到鼎盛。从城市规模来看，史前城市除了石峁、良渚、宝墩、陶寺、石家河等少数几座古城之外，大部分城市的规模只有几千平方米至几万平方米。夏商时期的城市规模虽然较史前时期有所增长，但仍然普遍较小，特别是方国城市，基本与史前城市一样，无多大变化。从西周开始，城市的规模得到较快的增长，尤其到了春秋战国时期，礼乐崩坏，地方诸侯国城市数量增长，城市规模扩大，都城的规模都在几平方公里甚至几十平方公里。从城市建设水平看，史前城市建设较为简单，城墙较矮，多数城市并无地下排水系统。从夏商时期开始，城市中普遍具有地下排水系统，城市中的道路规划较为合理，城市中都建有高大宫殿建筑，显示了当时较高的城市建设水平。

第二，城市的外部形态及城市内部的空间布局发生了较大的变化，这也是政治、经济、文化等诸要素综合作用的结果。在史前时期，因城市要素构成简单，且无统一的行政制度的约束，城市的规划大都考虑自然环境，因地制宜，城市外部形态极不规则，具有多样性，城市内部布局较为随意。夏商时期的城市形态并无多大变化，但已经出现了简单的功能分区，开始形成以宫殿为中心的城市布局。从西周开始，"周礼"规定了以"宫殿"为中心的布局结构，形成"前庙后市"的布局，并成中轴线对称布局的城市空间布局，内部功能分区比较明显。城郭制的出现是春秋战国时期城市形态的重要变化，"内城外郭"已经成为该时期都城的普遍形态。有的城市则呈现"群组型"的布局，各个小城之间的功能明显不同。市场成为城市

---

① 高介华、刘玉堂：《楚国的城市与建筑》，湖北教育出版社，1996年，第206页。

空间的重要组成部分。

第三，城市建设、城市形态、城市布局体现了"王权至上"原则。无论是史前城市，还是夏商周城市，城市的布局中心都是"大型的宫殿建筑"与"宗庙建筑"，宫城仍是都城规划的主体部分，主体宫殿一般居于城市的中心位置，以凸显王权的中心地位。"周礼"对城市的形态及城市布局，乃至城墙的高度和城邑门数都做了严格的规定，反映了西周时期王权在地域上的延伸。

第四，从史前到周代，随着城市手工业、商业的发展，经济空间经历了一个从无到有的过程，手工业区、商业区成为城市空间的重要构成要素。文化空间的出现，如"稷下学宫"，反映了周代末期"百家争鸣"的文化格局。

第四章　先秦时期城市经济的发展

先秦时期，人类从石器时代进入青铜器时代，再到铁器时代。在这三个不同的阶段，社会生产力发展程度差异较大。城市是各种经济要素汇聚之所，因此，对不同阶段与城市经济发展相关的政治、经济背景及城市手工业、商业等具体发展情况做相关分析，并对不同时期城市经济发展的特点进行总结，能够比较准确地把握先秦时期城市经济发展的脉络。

第一节　城市手工业的发展

城市作为人口聚集地，居民的日常生产与生活离不开手工业和商业的发展。从第二次社会大分工开始，手工业逐渐从农业中脱离出来，成为独立的经济部门。先秦时期，在不同的发展阶段，城市中的手工业种类、手工业产品数量及生产技术差异明显。青铜制造业、陶器制造业是夏商周时期两个最重要的手工业部门。到了春秋战国时期，冶铁业出现，成为新的手工业形式。

一、史前至夏商时期城市手工业的发展

从史前至夏商时期，是中国手工业发展的起步阶段。在远古时期，中国仍处于新石器时代，手工业产品仍然以石器、陶器为主。到了商代，青铜铸造业发展起来，成为城市经济中的重要部门。但是，总体上说，该时期手工业的生产技术较低，生产门类较少，手工产品的数量也较少。

（一）青铜制造业的兴起与发展

公元前 2000 年，中国开始步入青铜时期，历经夏、商、西周和春秋时期，到战国时期进入铁器时代，历时约 15 个世纪。其中，远古至夏代是青铜时代的起始阶段，西周时期则达到鼎盛。

1. 史前至夏商时期城市青铜铸造业

人类从石器时代进入金属器时代，是从野蛮时代进入文明时代的重要标志之一。在距今四五千年前，亚洲东部的部分地区就开始出现用铜铸造器物的生产活

动。《史记》："黄帝作宝鼎三，象天地人也。"①《吕氏春秋》："黄帝又命伶伦与荣将铸十二钟，以和五音"②。从考古发掘的青铜器来看，青铜器出现的时间与文献记载大体相合，如平粮台城址中便发现"铜炼渣"。③ 王城岗城址内也发现青铜器的残片，这些青铜器残片的胎质很薄，厚薄比较均匀，由此可推断，这是用合范法铸造的青铜容器。④ 可见青铜业已达到一定的水平。

到了夏朝，青铜器制造业已经成为独立的手工业部门。《周礼·考工记》："夏后氏上匠"⑤。说明当时已经有专门从事手工业的人。不过，该时期的青铜冶铸技术还比较原始，生产规模较小，生产数量较少，而且大都为红铜器。考古发掘也证明了这一点，二里头遗址中发掘的青铜冶铸作坊，出土的青铜器种类较少。⑥

表4-1　二里头遗址出土中的青铜器种类及数量

种　类	器具及数量
容器	爵13件、斝3件、鼎1件
兵器	钺1件、戈2件、刀36件、镞16枚
乐器	铃5件
装饰品	兽面纹版饰3件、圆形牌饰3件、泡1件
工具	锥5件、凿7件、锛2件、锯1件、纺轮1件
渔具	鱼钩3件

资料来源：廉海平、谭德睿、郑光《二里头遗址铸铜技术研究》，《考古学报》，2011年第4期。

从上表可知，二里头时期的青铜器主要分为容器、兵器、乐器、装饰品、工具、渔具等几类，青铜器数量极少，主要应用于日常生产生活及军事。夏代的铸造技术也较为简单，从二里头文化遗址中发现的铸造青铜器的陶范、坩埚和铜渣来看，铜器胎壁较薄，表面无装饰纹样，较为简单、粗糙。从熔铸技术看，二里头类型的遗址中所出土的不少铜器，以及炼铜遗址中出土的铜渣、陶范和坩埚片的成分平均含铜91.85%，锡5.55%，铅1.19%。后有研究者对发掘出的青铜器进行定量分析，铜爵含铜92%、锡7%，铜锛含铜98%、锡1%。⑦ 其铅、锡含量偏低，

---

① 司马迁：《史记·孝武本纪》，线装书局，2006年，第73页。
② 《吕氏春秋·古乐》，线装书局，2007年，第102页。
③ 曹桂岑：《论龙山文化古城的社会性质》，《中国考古学会第五次年会论文集1985》，文物出版社，1988年。
④ 李先登：《王城岗遗址出土的铜器残片及其它》，《文物》，1984年第11期。
⑤ 《周礼·冬官考工记》，崔高维校点，辽宁教育出版社，1997年，第78页。
⑥ 中国社会科学院考古研究所：《偃师二里头1959年—1978年考古发掘报告》，中国大百科全书出版社，1999年，第81、171、270页。
⑦ 中国科学院考古研究所二里头工作队：《河南偃师二里头遗址三、八区发掘简报》，《考古》，1975年第5期。

反映了冶炼工艺的原始性。不过,青铜器的出现,标志着从夏代开始,中国进入文明时代。

与史前时期相比,国家的形成是手工业发展的重要推动力。一方面,国家统治者和上层社会对祭祀用品和高级生活用品的需求量不断增加,刺激了城市手工业的发展;另一方面,国家形成之后,可以凭借王权来组织大规模的生产活动。不过,由于青铜器的造价较高,早期青铜器一般不用于生产,而是用于武器与礼器。[①]

2. 商代青铜铸造业的发展

与夏代相比,商代青铜器分布的地域范围较广,青铜器的数量多,种类齐全。根据考古发掘,青铜器广泛分布在黄河流域、长江流域,具体到省份,山东、湖北、四川、河南、安徽、陕西、江西等地出土的青铜器数量较多。铸造青铜器需要的主要原料是铜矿石和锡矿石,这两类物资主要出产在南方,通过水陆交通工具的长途运输,运抵商都和各方国的青铜作坊。由此,我们可以想象商代的交通运输业也发展到相当高的程度。下表为商代青铜矿产的地域分布表。

表 4-2 古文献中记载的我国铜矿产地地域分布表

省 份	县 数	省 份	县 数	省 份	县 数
河 南	7	湖 北	8	山 东	3
山 西	12	湖 南	17	辽 宁	12
陕 西	2	江 西	1	吉 林	3
甘 肃	3	江 苏	3	四 川	7
新 疆	10	浙 江	1	云 南	13
青 海	1	广 东	2	贵 州	5
福 建	2	广 西	2		

资料来源:杨升南、马季凡《商代经济与科技》,中国社会科学出版社,2010 年。

从上表可知,今云南、新疆、湖南、湖北、山西、河南等地的铜矿数量较多,也就为这些地区的青铜铸造业的发展提供了丰富的矿产资源。因此,上述各地出土的青铜器数量较为丰富。近年来,大量商代的青铜器被发掘。其中,青铜礼器的数量达数千件之多,其他青铜器诸如车马器、工具、兵器的数量达上万件。[②]

到了商代,青铜制造业已经成为城市的重要经济支柱。安阳殷墟、郑州商城、湖北盘龙城、辉县琉璃阁的青铜器较为集中,数量也较为客观。根据考古发掘,偃师商城内发现十多座陶窑,大都分布在偃师商城内北部,并在大城东北部发现铜炼

[①] 许倬云:《西周史》,联经出版事业公司,1984 年,第 31 页。
[②] 张之恒:《中国考古通论》,南京大学出版社,2009 年,第 298 页。

渣与直径 0.3 米左右的红烧土浅坑。① 该青铜冶炼遗址中存有大量的"木炭、陶范碎块、铜炼渣、红烧土浅坑、青铜溶液的器物残片"②。这些都是与青铜铸造有关的遗迹。

商代都城中都发掘有面积较大的青铜铸造作坊，有的青铜作坊面积达数万平方米，甚至十余万平方米，出土的青铜器种类多、数量大。1995 年，郑州商城铸铜遗存被发掘，一处面积为 1050 平方米，另外一处面积为 275 平方米。③ 殷墟的铸铜作坊面积可达 1 万平方米④，遗存中有炼炉壁残块、炼渣、陶范、陶缸残片、红烧土块、炭屑、孔雀石块等，其中，孔雀石块出土不少，大小有数百块，而陶缸残片上有的粘有铜锈，估计是铜液残迹。⑤ 偃师商城二里头遗址的晚期文化地层中发现的青铜器总数是 34 件，其中工具有铜锛 1 件，凿 2 件，刀 5 件，锥 2 件，鱼钩 2 件，铜条 1 件；兵器有铜钺 1 件，戈 2 件，镞 5 件；容器有铜爵 7 件；乐器有铜铃 1 件；装饰品有泡形铜饰 1 件，圆形铜器 2 件，镶嵌绿松石圆铜饰 1 件，兽面花纹铜饰 1 件。⑥ 可见青铜器的类型多样。根据考古发掘，殷墟妇好墓中发现铜制的礼器 210 件、乐器 5 件、兵器 134 件、工具 41 件、生活用具 11 件、马器 111 件、艺术品 4 件、杂器 50 件。⑦

商代青铜器以日常生活用品为主，容器占了较大的比例。这在城市考古中得到了印证，在郑州、荥阳、新郑、密县、登封、偃师、灵宝、辉县、武陟、郾城、临汝、项城等地商代古城中，都发掘有鼎、鬲、斝、爵、觚、尊、盘等郑州二里岗期商代青铜容器。⑧ 这说明在商代，青铜器不只是用于礼器，还被用作日常生活器具，足见青铜铸造业的发达。

除了商朝都城的青铜铸造业之外，一些方国都城的青铜铸造业也较为发达。青铜铸造业是这些方国城市手工业的支柱，其工艺水平丝毫不逊于商朝都城青铜铸造业的工艺水平。如湖北黄陂盘龙城考古发掘的青铜器数量达 159 件以上。⑨ 四川广汉三星堆遗址中的铜器数量较多，城内的祭祀坑中出土青铜器物件达 913 件⑩，包括礼器、神树、饰件等，其中尊最多，罍次之，瓿和盘都仅有 1 件，没有中原铜器中最常见的炊器、食器和饮器，这是其组合上的显著特点。缺少饮器应是长江流域

---

① 中国社会科学院考古研究所河南第二工作队：《河南偃师商城东北隅发掘简报》，《考古》，1998 年第 6 期。
② 杨锡璋、高炜：《中国考古学·夏商卷》，中国社会科学出版社，2003 年，第 216 页。
③ 廖永民：《郑州市发现的一处商代居住与铸造铜器遗址简介》，《文物参考资料》，1957 年第 6 期；杨育彬：《从郑州新发现的商代窖藏青铜器谈起》，《中原文物》，1983 年第 3 期。
④ 田久川：《中国考古发现》，辽海出版社，2012 年，第 114 页。
⑤ 陈旭：《郑州小双桥商代遗址即隞都说》，《中原文物》，1997 年第 2 期。
⑥ 陈旭：《夏商文化论集》，科学出版社，2000 年，第 171 页。
⑦ 杨锡璋：《1987 年夏安阳郭家庄东南殷墓的发掘》，《考古》，1988 年第 10 期；《殷墟发掘一商代贵族墓》，《中国文物报》，1991 年 1 月 20 日。
⑧ 杨育彬等：《近几年来在郑州新发现的商代青铜器》，《中原文物》，1981 年第 2 期。
⑨ 湖北省博物馆：《盘龙城商代二里冈期的青铜器》，《文物》，1976 年第 2 期。
⑩ 宋治民：《蜀文化》，文物出版社，2008 年，第 184 页。

青铜器的一个共同点；而器物组合如此简单，并以尊和罍为主，这一特点又使三星堆铜器群有别于长江流域的其他铜器群。① 由此可见，古蜀地区青铜手工业已经相当发达。

商代青铜铸造业与夏代的青铜铸造业相比，有了较大的进步，主要表现在以下几方面：

首先，青铜铸造业已经发展为商代城市中最重要的手工业之一，青铜器的种类和用途多样，反映了商代青铜铸造业的发达。商代的青铜器有容器、兵器、乐器、车马器、工具及生活用具、装饰品与艺术品等种类。其中，容器有方鼎、圆鼎、鬲、簋、甗、爵、斝、盉、尊、卣、壶、方彝、觯、觥、盘、瓿、缶等；兵器有钺、戈、矛、刀、镞、胄、镕等；乐器主要为铙和铃；车马器有马衔、马镳、节约、各类兽形饰、铜泡、轭、策、辖、轨、辕端饰、踵饰等；工具及生活用具有各式刀、削、斧、锛、凿、锥、锯、钻、铲、鱼钩、镜、杖首、匕、勺、角形器、器座、器柄等；装饰品与艺术品主要有铜人面具、牛头面具、尺形器、铜牛、铜虎等；另外还有建筑构件，以及功用不详、不易归类的弓形器、钩形器、器座、管状器、小铜钩、钻形器、棒槌形器等。② 由此可见，商代青铜制造业较夏代有很大进步，生产水平更高，规模更大。

其次，商代的青铜制造技术与夏代的青铜制造技术相比也有很大发展，并趋向成熟，主要表现为青铜冶铸技术的突破性发展。相关科学工作者对商代青铜工具的化学分析表明，发掘出的一件铜锛含铜91.66%、锡7.03%、铅1.23%，两件铜爵中，一件含铜92%、锡7%，另一件含铜91.89%、锡2.62%、铅2.34%。③ 由此可知，这些铜器大都由铜、锡、铅三种成分构成，且比例较为科学，足以说明商代青铜冶铸技术达到了一定的水平。

此外，商代的青铜铸造已经使用陶模制范，这也是商代铸铜技术的重要体现。从郑州商城和安阳殷墟铸铜遗址出土的陶模呈红色或红褐色、灰色，显然是经过焙烧。在试铸青铜器时，制好模，雕刻好纹饰，待其阴干后，都曾对陶模加以焙烧。④ 郑州商城内还发现大量铸造青铜器的陶范，其中主要是镬、铲、斧、刀、凿、锥等生产工具范，兵器范只有少量的镞、戈等，而方鼎、圆鼎、鬲、斝、爵、甗、尊等容器范也占相当比例。⑤ 表明该时期的青铜器虽然仍大多用于祭祀，但也开始广泛应用于日常生活。

另外，商代铸铜技术的提高还体现为铜器铸造过程中的分工协作。分工是社会进步的重要表现，晚商时期，巨型青铜器的数量逐渐增多，其制造过程中需要更多的人力及良好的分工协作。如殷墟出土的著名的后母戊大方鼎，"高1.37米，重

---

① 施劲松：《长江流域青铜器研究》，文物出版社，2003年，第215页。
② 杨锡璋、高炜：《中国考古学·夏商卷》，中国社会科学出版社，2003年，第379页。
③ 安志敏：《中国早期铜器的几个问题》，《考古学报》，1981年第3期。
④ 华觉明：《中国冶铸史论集》，文物出版社，1986年，第71页。
⑤ 杨育彬：《郑州商城初探》，河南人民出版社，1985年，第26页。

875公斤，如果按每个坩埚熔铜12.7公斤计算，铸司（后）母戊鼎需要七八十个坩埚同时并熔。按照每个坩埚燃炭、观火色、运料、运铜液等工作需要三四人操作来计，铸造司（后）母戊鼎时，至少需要三百人同时操作"[1]。在当时生产力水平较低的情况下，能铸造如此大的青铜器，不仅反映了铸铜技术的发达，也反映了较高的分工协作程度。

总之，夏商时期，城市手工业已经发展起来，特别是青铜冶铸是当时最先进的科学技术，它是社会生产力发展水平的标志。就生产技术而言，商代的青铜铸造技术较为纯熟，已经达到了较高的水平，而且为后世所沿用。

（二）制陶业的发展

与铸铜技术相比，陶器制造工艺出现较早。根据考古发掘，早在江西万年仙人洞、广西桂林甑皮岩便出土过陶器，这些陶器的年代断定为公元前七八千年。[2] 在其后的漫长岁月中，制陶工艺不断发展，到商代，制陶业更是发展为独立的手工行业。陶器用品已经普及化，无论贵族还是平民，都普遍使用陶器，陶器已经成为日常生活用品。

在中国早期城址中发掘出大量的陶器。如王城岗西城内的西南部存有椭圆形的袋状灰坑，坑内出土物较丰富，工具有石铲、石斧、石刀和纺轮等，陶器有侈口折沿方格纹的鼎、甑、罐、澄滤器、碗、钵、豆、圈足盘、盆、罨和小口高领瓮等。陶色以黑色为主，灰色次之，也有少量呈棕红色。[3] 史前时期的陶器样式多样，种类繁多。如日照两城镇遗址中发掘出的陶器以黑陶为主，磨光黑陶占较大比例，乌黑光亮、胎薄质坚的蛋壳陶工艺水平最高；还有少量红陶、黄陶、白陶，多制成陶鬶。[4] 这些器物造型精美，多为三足器、平底器。

陶器制造业在夏代已经成为最主要的手工业行业之一，陶器种类繁多，有用作炊具的鼎、鬲、折沿深腹罐等，用作食器、容器的三足盘、深腹盆、平底盆、擂钵等，还有一些酒器，如瓠、爵等。关于制陶手工业，先秦文献中多有记载，如《史记·龟策列传》记载："桀为瓦室"[5]。说明夏代已经有瓦。瓦是陶器的一种，可见在夏代，陶器已经有了一定的发展。根据考古发掘，二里头遗址出土的陶器达三十种以上，说明夏代的制陶业比以往有更大的发展。此外，二里头遗址中还发掘有较多的陶水管，直径达三四十厘米，长在半米以上。[6] 这些陶水管普遍用于城市建设。

在二里头遗址还发现有一些专门将石灰石烧制成石灰的窑址，附近还有存储石

---

[1] 戴扬本：《中国经济史话》，中国国际广播出版社，2010年，第28页。
[2] 中国社会科学院考古研究所：《中国考古学中碳十四年代数据集1965—1981》，文物出版社，1983年，第60、107、108页。
[3] 李先登：《王城岗遗址出土的铜器残片及其它》，《文物》，1984年第11期。
[4] 南京博物院：《日照两城镇陶器》，文物出版社，1985年，第7页。
[5] 司马迁：《史记·龟策列传》，线装书局，2006年，第533页。
[6] 杨锡璋、高炜：《中国考古学·夏商卷》，中国社会科学出版社，2003年，第119页。

灰的窑穴。窑是直壁圆筒形的，直径在1米左右。在下部有火膛，那是燃料燃烧的地方，一侧开有火门，中间是窑箅，厚0.05米，箅上布满了圆孔。窑的顶部应该是圆形的。由于久经火烧，火膛和窑箅都变成红褐色及青灰色。① 从这种窑的形制和结构来看，分布在窑箅上的密密麻麻的圆孔，使陶器的烧成率有所提高，比龙山文化时期有了进步。但是，二里头遗址尚未发现比较集中的陶窑群，而是陶窑散见于遗址的多个地点。东下冯遗址的陶窑遗址则较为集中，发现了五座陶窑，由窑室、窑箅和火膛等组成。窑室以圆形为主，也有方形的。② 从窑址情况看，制陶业可能已从农业中分离出来，有了专业的陶工和专门的制陶作坊。

与夏代相比，商代的制陶业有更大的进步，主要表现为作坊规模大，陶器种类多，制陶业内部已有一定分工。安阳殷墟共发掘出陶片二十余万片，经过勘别，有彩陶、红陶、黑陶、白陶、灰陶、硬陶与釉陶等七种不同类型的陶器，其中以灰陶为主。③ 从纹饰来看，有蕉叶纹、云雷纹等，南方则流行几何形图案。偃师商城的东北部发现有10座陶窑，皆为竖穴窑，直径一般为1~1.5米。原地表以上用草拌泥垒筑的窑室多已坍塌，仅残存与地表大致持平的窑箅以及火膛、火门、窑柱和火门外的操作坑等。④

郑州商城的陶器制造业也较为发达，陶器是郑州商城内出土数量最多的器物。根据考古发掘，郑州商城内发现陶窑14座，以烧制泥质陶为主，其中以盆、甑最多。⑤ 这些陶器有炊器、饮器（酒器）、盛器、生产工具、雕塑艺术品和乐器等。其中，陶容器有鬲、鼎、甑、甗、罐、斝、爵、觚、杯、豆、簋、盆、壶、大口尊、小口尊、盂、罍、澄滤器、瓮、钵、缸等二十多种。⑥ 这些陶器多为日常生活用品。从陶质上看，有泥质的和夹砂的；从陶色上看，有灰陶、红陶、黑陶和白陶；从制法上看，有轮制的、模制的、轮模合制的和手制的；从器形上看，有平底器、圆底器、三足器、圈足器和器盖等。

陶器除了作为日常生活用品之外，还应用于城市建设。建筑用陶大都为排水管道。建筑用陶在城市考古中发现较多，如在殷墟商城内便发现陶制排水管道，该管道长33厘米，一端口径为17.5厘米，另外一端口径为15厘米，壁厚1.6厘米。⑦ 1972年，安阳殷墟又发现陶制排水管，共有17个，每节长42厘米，直径为21.3厘米，管道壁厚1.3厘米。⑧

从商朝中期开始，除了生产硬陶外，还开始生产一种表面涂有一层石灰釉的釉陶，这种釉陶便是青瓷的前身。考古工作者在郑州商代遗址发现有"原始青瓷，均

---

① 李民：《夏代文化》，中华书局，1980年，第12页。
② 东下冯考古队：《山西夏县东下冯遗址东区、中区发掘简报》，《考古》，1980年第2期。
③ 李济：《殷墟陶器研究》，上海人民出版社，2007年，第5页。
④ 杨锡璋、高炜：《中国考古学·夏商卷》，中国社会科学出版社，2003年，第119页。
⑤ 张之恒：《中国考古通论》，南京大学出版社，2009年，第298页。
⑥ 杨育彬：《郑州商城初探》，河南人民出版社，1985年，第34页。
⑦ 中国社会科学院考古研究所：《殷墟发掘报告（1958—1961）》，文物出版社，1987年，第23页。
⑧ 中国科学院考古研究所安阳发掘队：《殷墟出土的陶水管和石磬》，《考古》，1976年第1期。

为瓷土作胎,其胎质以灰白色为主,兼有少量的灰褐色。器表饰釉,釉色分青绿、豆绿和黄绿,装饰底纹有篮纹、方格纹、八字纹、弦纹等"①。也有学者提出该时期的瓷器为"半瓷半陶"②。釉陶的出现,标志着古代制陶业开始出现转折点。

(三) 其他城市手工业的发展

除了青铜铸造与陶器制造两大手工业门类之外,从史前城市时期至夏商时期,还有许多原始的手工业门类,如石器加工、骨器加工、玉器加工、纺织、漆器加工等。其中,石器加工、骨器加工、玉器加工等手工业较为发达。

在新石器时代,生产工具就有石斧、石刀、石镰和蚌镰、蚌刀等。石器、骨器是重要的生产及生活用具。到了商代,这些石制的生产工具仍在沿用。因此,石器加工是该时期重要的手工业门类。垣曲商城内便发现有除陶器、青铜器之外的大量石器、骨器。③ 商代方国的手工业也较为发达。如巴蜀地区的三星堆文化是典型的蜀文化,三星堆文化遗存包括城址、台坛、居址、墓葬、祭祀坑,出土了大量的铜器、玉石器、象牙器、骨器、漆器、陶器等。④

商代青铜工具的出现和广泛应用,推动了骨器制造业的快速发展,在数量、质量、类别上都发生了巨大的变化。现已发掘的商代城市遗址中大都存有制骨作坊。郑州商城的北部存有骨器作坊,其中的一个骨器作坊便出土1000余件骨器成品和四肢骨。郑州商城东南二里岗的商代制骨作坊除出土相当多的骨制成品外,还出土"带有锯痕或残留的废骨料,总共有32918块"⑤。安阳殷墟中骨器与制骨原料更多,有5000件。⑥ 在骨器制造材料上,大致上是用牛、羊、猪、鹿、狗和马等动物骨骼,主要取它们的四肢骨、肋骨和肩胛骨,头骨等用的很少,有些地方还用人骨作骨料。⑦

玉器加工业早在大汶口文化时期就逐渐形成并发展起来,在龙山文化和良渚文化中开始兴盛。夏代二里头遗址中发现有大量的玉器,品类主要包括刀、璋、钺、戚、圭、戈、柄形饰等,其他还有铃舌、镞、铲、凿、环、镯、纺轮、坠饰等。此外,绿松石制品中的坠饰、串珠和镶嵌物等,也属于制玉手工业产品。⑧ 在二里头遗址的一座墓葬中发现了绿松石龙形器,放置于墓主人骨架之上,龙头朝西北,尾向东南,很可能是被斜放于墓主右臂之上而呈拥揽状。全器由2000余片各种形状的绿松石片组合而成,每片绿松石的大小仅有0.2~0.9厘米,厚度仅0.1厘米左右。绿松石龙为巨头,蜷尾,龙身起伏错落有致,色彩绚丽。距绿松石龙尾端3.6

---

① 张巍:《郑州商城研究》,河南人民出版社,2006年,第8页。
② 安金槐:《谈谈郑州商代瓷器的几个问题》,《文物》,1960年第Z1期。
③ 卫斯:《平陆县前庄商代遗址出土文物》,《文物世界》,1992年第1期。
④ 杨锡璋、高炜:《中国考古学·夏商卷》,中国社会科学出版社,2003年,第491—508页。
⑤ 河南省文化局文物工作队:《郑州二里冈》,科学出版社,1959年版,第35页。
⑥ 田久川:《中国考古发现》,辽海出版社,2012年,第115页。
⑦ 虞禺:《商代的骨器制造》,《文物参考资料》,1958年第10期。
⑧ 杨锡璋、高炜:《中国考古学·夏商卷》,中国社会科学出版社,2003年,第115页。

厘米处发现1件绿松石条形饰,与龙体近于垂直。①

玉器制造也是商代较为发达的手工业部门。郑州出土的玉器有璋、戈、璜、柄形饰和小件玉质装饰品。黄陂盘龙城、藁城台西、北京平谷刘家河的商代墓葬中也出土过同类玉器。就出土的玉器数量而言,安阳殷墟玉器数量较多,其中妇好墓出土的玉器达七百余件,数量之多、制作之精,均属前所未见。墓中出土的玉器,计有琮、璧、瑗、璜、环、玦、圭、斧、钺、戈、矛、刀、戚、锛、凿、铲、镰和臼、杵、盘、簋、勺、匕等,大多是礼器或与礼制有关的器具。② 在郑州商城也出土了玉簪、玉璜、玉玑、玉戈、玉璋、玉铲、玛瑙块、玉柄形器和玉饰等玉器。从玉器的颜色看,有白色的、淡黄色的、青色的及墨绿色的,光亮晶莹。③ 可见,当时的玉器多用于装饰品或者用于日常生活。

骨器制造业也是商代城市手工业的重要组成部分。根据考古发现,商城遗址的城北郊存有磨制骨器的手工业作坊。④ 纺织业也是该时期重要的手工业门类。从1960年到1995年,二里头遗址中发掘有麻布、包裹的纺织品、铜铃上的纺织品。⑤

此外,夏王朝在中原地区发展的同时,北方和南方地区的氏族部落也在自己的区域里发展生产,在经济上取得了较大的进步。如内蒙古地区的夏家店文化、黄河上游的齐家文化、海岱地区的岳石文化等,它们的经济较龙山文化时期有了明显的发展,农业和制陶业出现较大的变化,而且都或先或后地发明了青铜器铸造技术。与中原地区相比,这些地区的手工业的发展较为滞后。如在夏家店下层文化出土的手工业产品主要是骨器、陶器、石器,还有一些铜器和金器。最重要的是在辽宁北票康家屯发现的一座城址,城址内发现房基和墓葬⑥。但是目前考古发掘未能发现手工业作坊遗址,说明城市的经济职能较弱。

总之,从夏、商城市手工业生产的发展来看,制陶、制石、制骨等传统手工业已经完全从农业中分离出来,生产的多样化、专业化使得社会产品空前丰富。特别是到了商代,手工业十分发达,成为一个独立经济部门。手工业不但门类多,而且在同一个手工业部门内还出现更为细致的分工。

二、西周时期的城市手工业

西周时期的丰镐、洛邑、周原和北京琉璃河遗址中都发现有大量的手工业作坊。从考古发掘的手工业作坊遗迹可以发现,该时期的手工业分工更加精细。据

---

① 中国社会科学院考古研究所二里头工作队:《河南偃师市二里头遗址中心区的考古新发现》,《考古》,2005年第7期。
② 中国社会科学院考古研究所:《新中国的考古发现和研究》,文物出版社,1984年,第326—327页。
③ 杨育彬:《郑州商城初探》,河南人民出版社,1985年,第39页。
④ 河南省文物研究所郑州工作站:《近年来郑州商代遗址发掘收获》,《中原文物》,1984年第1期。
⑤ 杨锡璋、高炜:《中国考古学·夏商卷》,中国社会科学出版社,2003年,第120页。
⑥ 陈旭:《夏商考古》,文物出版社,2001年,第15页。

《周礼》，其时的手工业有"攻木之工七，攻金之工六，攻皮之工五，设色之工五，刮摩之工五，抟埴之工二"①，共计六类三十个工种，可见分工之细致。

（一）城市青铜铸造业的发展

西周早期的青铜铸造业直接承袭了商代的铸铜工艺，从考古发现的铜器的总量来看，已远远超过了商代晚期，这说明西周早期的青铜铸造业相比商代晚期已有了一定程度的发展，主要表现为青铜器的地域分布较广、出土的青铜器数量增加、青铜铸造专业分工出现及发展、青铜铸造技术发展等。

西周城市手工业的发展得益于贵族对青铜器的需求量的增大。西周时期，青铜是重要的礼器，多用于祭祀，或者用于代表诸侯国、卿大夫的身份地位。如青铜编钟便是各种祭祀、军事及宴宾享朋的场合中不可缺少的礼器。虽然它是乐器，却"乐在宗庙之中"②。再如鼎也是衡量身份的重要标志，士三鼎，大夫五鼎，卿大夫七鼎，天子九鼎。九鼎、七鼎称为"大牢"。③ 大牢即天子、诸侯的用鼎规格。

西周时期，镐京的手工业作坊掌握在贵族手中，由百工、工正等人管理工奴进行生产，而生产的产品主要供贵族、奴隶主享用。④ 武王克商，分鲁公以殷民六族，分康叔以殷民七族，在这十三族中，至少有九族为手工业氏族。这些手工业氏族，转化为周人的手工业奴隶，为周王室的制造业服务。⑤

丰镐遗址发掘出了制陶作坊遗址和大型夯土基址。在斗门镇则发现西周窖穴、灰坑和大批窖藏青铜器，铸铜遗址在庞家沟贵族墓地南邻灌河西岸的第二台地上，时代约当西周初年至西周中期。⑥ 遗址中发掘出了一批陶范，其中有花纹范，推断是铸造礼器的作坊遗址。⑦

东都洛邑也发掘有大量的青铜器铸造遗址，在该城的第二台地上发现有西周初期至西周中期的大型铸铜作坊遗址。⑧ 铸铜作坊遗址是一个不规则的大坑，其中发现了大量的碎陶范，可辨出器形的有觚的外范。在湟河西岸的西周早期铸铜遗址中出土了大量的礼器陶范。⑨ 这应该是西周初年最主要的铸造作坊区。在洛阳北窑村发现的西周早期铸铜作坊，总面积约达28万平方米，并发掘出陶范窑7座，出土有炼铜炉的残壁、铜渣以及大量的木炭、红烧土块、陶范泥块等，此外还有数十件铜质和骨质的制范工具。⑩ 从这些制陶工具中，可以看出器形的有爵、鼎、簋、

---

① 《周礼·冬官考工记》，崔高维校点，辽宁教育出版社，1997年，第77页。
② 《礼记·乐记》，崔高维校点，辽宁教育出版社，2000年，第134页。
③ 田久川：《中国考古发现》，辽海出版社，2012年，第123页。
④ 李洁萍：《中国古代都城概况》，黑龙江人民出版社，1981年，第13页。
⑤ 郭宝钧：《中国青铜器时代》，生活·读书·新知三联书店，1963年，第45页。
⑥ 叶万松等：《洛阳北窑西周遗址陶器的分期研究》，《考古》，1985年第9期。
⑦ 北京大学历史系考古教研室商周组：《商周考古》，文物出版社，1979年，第169页。
⑧ 叶万松等：《洛阳北窑西周遗址陶器的分期研究》，《考古》，1985年第9期。
⑨ 北京大学历史系考古教研室商周组：《商周考古》，文物出版社，1979年，第169页。
⑩ 洛阳市文物工作队：《1975—1979年洛阳北窑西周铸铜遗址的发掘》，《考古》，1983年第5期。

觚、罍、尊、卣和戈、镞、斧等。各种复杂的青铜器需要用复合范来浇铸，复合范各块之间的衔接处，巧妙地采用了子母榫扣合。[1]

除了西周都城有大规模铸铜遗址之外，周边方国城市中也发现了大规模的铸铜作坊及大量的青铜器。虢国上阳城是西周时期姬姓封国的都城，该都城也发掘了大规模的青铜铸造作坊。[2] 曲阜鲁国故城内发现冶铜遗址两处，一处东西约350米，南北约250米；另一处南北约200米，东西约70米。在这两处遗址内，发现了铜硫渣、红烧土、陶范。其中一处与居住区混在一起，说明大量手工业工人的存在。[3] 金沙遗址的宫殿区所在地"梅苑"东北部出土了"玉器、铜器、金器、卜甲等重要文物700余件……此外还出土了大量的象牙、陶器"[4]。

与夏商时期相比，西周时期的青铜器有以下几个特点：

第一，西周城市的铸铜作坊面积要比夏商时期大得多。洛邑的铸铜作坊面积可达28万平方米，堪比史前小型城市。

第二，青铜铭文代表了较高的青铜铸造技术。1976年，在岐山凤雏村、扶风召陈村发掘铸铜、制陶、制骨等手工业作坊，出土铜器103件，其中铸有铭文的74件。最重要的是史墙盘，有铭文284字。在这些青铜器中，又数杨家村窖藏中的27件铜器保存完好，器体较大，全部有铭文，字数累计在4000字左右。

第三，西周时期的青铜器除了作为礼器、武器之外，还作为生活用品，这说明青铜器的使用较为普遍。1976年12月，在扶风县法门公社庄白大队白家生产队村南和村西北，发现西周青铜器窖藏两处，其中村南窖内出土青铜器108件，有盘、釜、觚、尊、卣、觚、觯、斗、爵、方彝、壶、鬲、豆、编钟、铃等器物二十余种。据不完全统计，近五十年来，该地先后出土周代铜鼎、簋、壶、尊、盘等珍贵文物达300余件。[5] 其中，许多青铜器都是日常生活用品。

第四，与夏商时期相比，西周时期的青铜器铸造技术有了极大的提高，并出现了专业分工。西周时期，铸铜模具可以翻制多个陶范。1961年沣西张家坡窖藏出土青铜器53件，同类器物往往成组成对，大多数是四个一组，无论是形制、花纹、铭文还是大小都相同。[6] 这说明陶范的多次使用。

西周时期的青铜铸造技术已经较为纯熟，青铜冶炼时的合金配比较为科学。《周礼》："金有六齐：六分其金而锡居一，谓之钟鼎之齐；五分其金而锡居一，谓之斧斤之齐；四分其金而锡居一，谓之戈戟之齐；参分其金而锡居一，谓之大刃之齐；五分其金而锡居二，谓之削杀矢之齐；金锡半，谓之鉴燧之齐。"[7] 由此可分

---

[1] 容镕：《中国上古时期科学技术史话》，中国环境科学出版社，1990年，第165—166页。
[2] 李家窑遗址考古发掘队：《三门峡发现虢都上阳城》，《中国文物报》，2001年1月10日。
[3] 山东省文物考古研究所：《曲阜鲁国故城》，齐鲁书社，1982年，第17页。
[4] 何一民：《中国城市史》，武汉大学出版社，2012年，第86页。
[5] 史言：《扶风庄白大队出土的一批西周铜器》，《文物》，1972年第6期。
[6] 段小强、杜斗城：《考古学通论》，兰州大学出版社，2007年，第164页。
[7] 《周礼·冬官考工记》，崔高维校点，辽宁教育出版社，1997年，第80页。

析出青铜器的铜锡比例：钟鼎之剂为七比一；斧斤之剂为六比一；戈戟之剂为五比一；大刃之剂为四比一；削杀矢之剂为七比二；鉴燧之剂为三比一。相关专家对600多件青铜器进行定量分析，发现从商代晚期直到春秋战国时期，钟鼎类器物中锡的平均含量在14%～16%[①]，这种合金配比相当稳定，较为科学。

周代青铜铸造技术的进步还体现在熔炉、陶范等制造工具的改良上。夏商时期，只能制作深腹炉缸，排渣和浇注极不方便。到了西周时期，炉型得以改变，熔炉分为直径0.3～0.6米的小型炉、直径0.9～1.1米的中型炉和直径1.6～1.7米的大型炉三种，中型炉和大型炉均较夏商为大。西周的小型炉选用圆底瓮为炉壳，但打掉口部后的深度较商代为浅，为制作更科学的两节炉或三节炉创造了结构上的条件。制作成较浅的炉缸，有利于熔后排渣和以炉缸为包的浇注。[②] 熔炉的改进促进了西周青铜铸造业的发展。

西周时期的青铜铸造业已经使用了焊接技术。如虢国墓出土铜器的壶耳套环，是在壶身铸成后焊接上去的。这种焊接技术，突出地反映了当时青铜铸造业的水平。此外，西周青铜礼器向中型、大型发展，纹饰更加精美。[③]

（二）城市制陶业的发展

西周时期，陶器在人们的日常生活中普遍使用，因而陶器制造业是重要的手工业生产部门之一。西周初年，部分城市中已经出现了专门的陶器作坊。在制陶技术上，早期多采用轮模合制，中晚期普遍采用快轮法，产品趋向规格化。[④]

西周时期，长江流域城市的制陶业、青铜制造业和玉器制造业的成就比较显著。以制陶业为例，硬陶在长江中下游地区继续发展，数量增加，质量有了明显提高。成都十二桥遗址便出土了许多陶器，这些陶器以夹砂褐陶为主，有尖底盏、尖底杯、器座、鸟头勺把等。纹饰以素面为主，另有鸟纹、菱形回字纹等。[⑤]

北方城市的陶器制造业也较为发达。曲阜鲁国故城内发现了三处陶器作坊，其中故城西北部的一处西周早期的陶器作坊遗址，南北约300米，东西约150米，遗址内有陶窑、陶片、红烧土等；故城东北部还发现了一处西周中、晚期的陶器作坊遗址，遗址内有陶窑、陶片等，面积约150平方米。[⑥]

西周时期的陶器主要以泥质灰陶与夹砂陶为主。到了西周后期，泥质灰陶已经消失。在器型上，西周后期出现了新的器物——陶盂。不同地区的陶器品种与形

[①] 晁福林：《夏商西周的社会变迁》，北京师范大学出版社，1996年，第197页。
[②] 李京华：《中原古代冶金技术研究（第二集）》，中州古籍出版社，2003年，第82页。
[③] 李京华：《中原古代冶金技术研究（第二集）》，中州古籍出版社，2003年，第85页。
[④] 张之恒：《中国考古学通论》，南京大学出版社，1991年，第209页。
[⑤] 四川省文物管理委员会、四川省文物考古研究所、成都市博物馆：《成都十二桥商代建筑遗址第一期发掘简报》，《文物》，1987年第12期。
[⑥] 山东省文物考古研究所、山东省博物馆、济宁地区文物组、曲阜县文管会：《曲阜鲁国故城》，齐鲁书社，1982年，第18页。

制，基本上已趋于一致，以袋状足、圈足和平底为主要特征。①

（三）其他手工业的发展

除了青铜器、陶器等手工业门类之外，骨器加工、玉器加工也是西周时期城市手工业的重要门类。

骨器加工是沿袭夏商的传统手工业门类。骨器作坊在都城遗址中多有发掘，如周原遗址中便发现制作骨器、玉石器等的多处手工业作坊。从遗址的灰坑中发掘出了大量废骨料和骨料，以及半成品等。半成品中绝大部分是骨笄，而制作骨笄选用的骨料主要是兽类的四肢骨，先截去两端的关节，然后剖成细长的骨条，再加削锉，雕琢，最后还要磨光。②

西周时期的车辆制造技术有了较大发展。在今洛阳、长安、北京等地的西周时期墓葬遗址中都发掘出随葬的车马坑。"当时的车，包括辕、衡、轭、轴、舆等部分，采用坚实木料和铜制配件制成。车舆呈圆角长方形，车舆之门在后部。每辆车一般用两马或四马，马头有当卢、兽面、铜泡、衔等铜饰。"③

丝织业也是西周时期重要的手工业部门。在新石器时代晚期的浙江吴兴钱山漾遗址中就出土了一批丝麻织物。到商代后期，我国的蚕丝业已达到较高的水平，丝织物已有普通的平纹组织、畦纹的平纹组织和文绮三种织法，其中文绮需要简单的提花机。西周的纺织业是在商代的基础上发展起来的，现已发现不少纺织品遗物和遗痕。如在沣西遗址中，发现了大量的陶纺轮和少量的石、骨纺轮，以及骨、角、铜制的锥、针之类的缝纫工具。④ 西周时期是丝绸由初级阶段进入发展阶段，丝织品种开始向多样化发展的时代，"当时中厚型的品种有绢、帛；厚型的织物有锦、缣；绉织物有縠；绞织物有纱、罗；暗花织物有绮、绫；超薄型织物有纨、纱；多彩纹织物有锦；工艺深加工织物有绩、绣等"⑤。丝绸品种和深加工技艺的发展，不仅丰富了人们的物质生活，而且形成了以丝绸文化为主体的中华服饰文明，对中国文学、绘画、雕塑等产生了深远的影响。

与青铜礼器一样，周代建立了一套比较完整的维护奴隶主统治的等级制度。玉制品是礼制的物质表现之一，正如《周礼》所说："以玉作六器，以礼天地四方：以苍璧礼天，以黄琮礼地，以青圭礼东方，以赤璋礼南方，以白琥礼西方，以玄璜礼北方。皆有牲币，各放其器之色。"⑥ 玉制也是日常生活中的重要物品之一，贵族对玉器的需求量很大，因而玉器加工成为城市手工业的重要组成部分。丰镐遗址

---

① 冯先铭等：《中国陶瓷史》，文物出版社，1982年，第69页。
② 陕西周原考古队：《扶风召陈西周建筑群基址发掘简报》，《文物》，1981年第3期。
③ 晁福林：《夏商西周的社会变迁》，北京师范大学出版社，1996年，第198页。
④ 杜斗城、段小强：《考古学通论》，兰州大学出版社，2007年，第165页。
⑤ 黄能馥、陈娟娟：《中国丝绸科技艺术七千年：历代织绣珍品研究》，纺织工业出版社，2002年，第12页。
⑥ 《周礼·春官宗伯》，崔高维校点，辽宁教育出版社，1997年，第35页。

中发掘有大量的玉器，有琮、璧、圭、戚、钺、刀、觿、柄形饰、璜、玦、锛、环、笄、鱼、鸟、虎、鹿、牛、兔、组佩饰、珠、坠等，数量约千件。① 周原附近的手工业作坊及贵族墓葬中发现了大批的玉器，总数可达千件，其中在今强家村西周墓葬中便发现有戈、刀、圭、柄形器、玦、兽面、珠及佩饰等玉石器550多件。② 虢国上阳城发现西周晚期贵州墓地，随葬的玉器就出土800多件（套）。③ 所出土玉器种类齐全，包括许多动物形象玉雕，并且一些玉器上刻写或墨书文字，为不可多得的珍品。儿国也是西周的一个方国，国君𢀖伯及其妻井姬的墓地发掘了大量的玉器，有玉戈、圭、璜、玦、管、柄形饰、鹿、牛、虎、蚕、兔、鱼、蝉、凤鸟、项链等，多达1300余件。④

西周时期的多个城市遗址中还发现琉璃制品。陕西虢国墓地发现琉璃器多件，其中菱形珠44粒，小圆珠2粒，管4支；山东曲阜故城47号墓中发现琉璃珠3颗；山西曲沃天马遗址中也发现绿色料珠若干。⑤

总之，西周时期的城市经济发展较为迅速，是青铜时期的鼎盛期。但是，需要说明的是，西周时期的城市考古仅局限于丰镐、周原、北京琉璃河等城址中，并未对其他方国城市手工业做相关的考察，因而不能窥探西周城市手工业发展的全貌。就西周城市手工业发展的总体趋势而言，该时期的城市手工业获得快速的发展，生产技术也有所进步，为春秋战国时期城市手工业的发展奠定了基础。

三、春秋战国时期城市手工业的发展

春秋战国时期，随着生产力的发展和社会分工的进一步扩大，政治制度的变革，经济格局发生变化，"工商食官"的局面被打破，私人工商业兴起，工商业出现了向城市聚集的趋势，城市经济日益繁荣，社会对手工业产品的需求量增加，刺激了手工业的发展，青铜器、陶器等手工业产品的生产更加普遍，生产规模不断扩大。冶铁技术的出现，使冶铁业成为城市手工业的新门类，中国由此步入铁器时代。这不仅改变了城市的性质，也改变了城市的结构，城市社会由此发生了很大的变化，城市文化也由此取得长足的进步。

（一）社会生产力的发展、制度变革与城市经济的发展

生产力的发展是春秋战国时期城市经济发展的根本动因。生产力的发展致使生产关系发生改变，为社会变革奠定了经济基础，而社会变革又成为城市经济发展的重要原因。西周时期，各地的城市受"礼制"的约束和生产力发展水平的制约，城

---

① 何宏波：《先秦玉礼研究》，线装书局，2007年，第204页。
② 周原扶风文管所：《陕西扶风强家一号西周墓》，《文博》，1987年第4期。
③ 江涛等：《上村岭虢国墓地M2006的清理》，《文物》，1995年第1期。
④ 宝鸡茹家庄西周墓葬发掘队：《陕西省宝鸡市茹家庄西周墓发掘简报》，《文物》，1976年第4期。
⑤ 陈振中：《先秦手工业史》，福建人民出版社，1983年，第714页。

市规模普遍较小，城市手工业的数量相对较少。

春秋战国时期，制度变革与"重商政策"推动了城市经济的发展。春秋战国时期，分封制与井田制瓦解，各诸侯为了对外扩张，纷纷加强自身的发展，青铜铸造业等手工业因此获得较快的发展。主要表现为手工业行业增多，分工进一步细化。

春秋战国时期，由于铁工具的使用，手工业得到迅速发展，铁器已经成为农业、手工业的主要生产工具。从种类来看，出土的农具有镰、锄、铲、耙、犁等；手工业工具有斧、锛、刀、杖、锤、凿、钻等；兵器有剑、戟、矛、刀、匕首、镞、弩机、胄等；其余如鼎、釜等生活用具和颈锁、脚镣、车具、钉子等。都与人们的生产生活息息相关。

春秋战国时期，出于富兵强国的需要，各诸侯国改变政策，逐渐重视工商业的发展。如《左传》记载，卫文公"务材训农，通商惠工"①，楚国"商农工贾，不败其业"②。《国语》也记载，晋文以"轻关易道，通商宽农。懋穑劝分，省用足财。利器明德，以厚民性"③。

春秋战国时期，城市数量增多，城市人口规模和空间规模都不断扩大，城市成为一个不断扩大的消费市场。尤其是城市中聚居着统治阶级，他们为了满足奢侈生活的需要，以及增强国力，必须发展经济，由此推动了城市手工业的发展，特别是官府手工业发展较快。官府手工业的工匠称百工，作坊称肆，所谓"百工居肆，以成其事"④。春秋之前的工商业都掌握在官府手中，其发展受到官府的限制，手工业生产也主要为统治者和上层贵族服务。到了春秋战国时期，由于社会经济的发展，传统礼制受到冲击。政治制度的变化也为城市经济的发展提供了条件，在官府手工业之外，开始出现民营手工业作坊，产生了独立的手工业者，如邯郸郭纵、梁之孔氏、赵之卓氏皆以冶铁成业。不少独立手工业者的生产技术世代相传，具有丰富而独具特色的制作经验。

春秋战国时期，城市手工业的发展，主要表现为：手工业门类增多，规模不断扩大；分工更细；技术的进步和地区性特产的形成；等等。主要的手工业门类除了铸铜业、漆器业、木器业、制陶业、纺织业以外，冶铁业、制盐业、车船制造业、铸钱业、矿冶业、纺织业、砖瓦制造业、武器制造业等也得到普遍发展。这些手工业除了少量散布于山林旷野之中外，大部分集中在城市及近郊。随着手工业的发展，手工业作坊的规模不断扩大。如燕下都的手工业作坊集中于东城，规模大的有铸铁、制骨、冶铜、铸钱及兵器制作等作坊，其中三处铸铁作坊总面积达26万平方米，兵器作坊面积达14万平方米。郑城的手工业作坊集中在东城，分布着铸铁、

---

① 《左传·闵公二年》，王守谦、金秀珍、王凤春译注：《左传全译》，贵州人民出版社，1990年，第193页。
② 《左传·宣公十二年》，王守谦、金秀珍、王凤春译注：《左传全译》，贵州人民出版社，1990年，第525页。
③ 《国语·晋语》，鲍思陶点校，齐鲁书社，2005年，第181页。
④ 《论语·子张》，《论语集注考证》，商务印书馆，1937年。

铸铜、制陶、制骨及玉器制作等手工业作坊，其中铸铜作坊有10万多平方米，铸铁作坊有4万多平方米，制骨作坊有7000多平方米。齐都临淄是著名的工商业大城市，大城的北半部集中了冶铁、铸铁、制骨及兵器制造等大型手工业作坊，约占大城总面积的一半；小城宫殿区以南也分布着部分手工业作坊。

从已发掘的春秋战国时期遗址看，手工业作坊成为城市的重要组成部分，手工业成为城市的主要生产部门。在燕、韩、魏、赵、楚等国都城中都发现规模较大的铁器作坊。战国铁器有生产工具（铁农具和手工业工具）、兵器、生活用品及杂器等几大类。常见的生产工具有铧、锄、铲、耒耜、斧、砍刀等；兵器有剑、戟、戈、矛、镞、刀等；生活用品有鼎、釜、镜、鱼钩、环、锁、钩、灯等。①

（二）城市青铜铸造业的发展

春秋战国时期，铜、铁等矿产的大规模开发，为铸铜、冶铁业的发展提供了资源基础。根据《山海经·五藏山经》，有明确地点的产铁的山共有37处，分布于今陕西、山西、河南和湖北省，即秦、魏、赵、韩、楚等国统治地区，其中分布于韩、楚、秦三国统治地区的较多。考古调查表明，有冶铁遗迹和铁器出土的遗址遍布全国20余省、200余处，铁器的分布地点遍及黄河流域和长江流域，辽宁、吉林、新疆等地区也有发现。春秋战国时期的开矿技术已经较为纯熟。从湖北大冶铜绿山发现的战国铜矿井遗址来看，当时已有效地采取竖井、斜井、斜巷、平巷相结合的开拓方式，创造了分层充填的上行采矿方法。在通风方面，创造了利用井口高低不同所产生的气压差，形成自然风流；并采用关闭已废弃巷道的办法来控制风流，使流向采掘的方向，保证风流能达最深的工作面。在排水方面，把水引向井下积水坑，再用辘轳吊挂水桶提升出地面。② 开矿技术与冶铁技术的进步为城市手工业的发展奠定了基础。

春秋战国时期，各诸侯国的青铜铸造业获得快速发展，主要表现为青铜器生产的地域分布更加广泛，青铜器的数量有较大的增加。通过考古发掘，各地都发现了大量的青铜器及青铜铸造遗址，如安徽寿县蔡侯墓、河北平山中山王墓、湖北随县曾侯乙墓、河南信阳长台关和南阳淅川下寺楚墓等。就用途而言，青铜器主要分为礼器、兵器、生产生活器具三类。特别是兵器，由于该时期战争较为频繁，兵器是各诸侯国手工业产品门类的重要构成部分，而兵器作坊往往由国君直接控制。如燕下都便发现大量的铜戈，铜戈上还刻有铭文。再如秦国的兵器作坊主要分布在栎阳、咸阳二都城及上郡、蜀郡、陇西郡、河东郡四郡。③ 青铜器已成为日常生活用品，主要产品有礼器、乐器、兵器、车具、马饰、货币、生活用具及少量农具。这一时期的青铜器造型灵巧精美，纹饰工细复杂，线条流畅多变，铸造工艺精湛，并发明

---

① 戴均良：《中国城市发展史》，黑龙江人民出版社，1992年，第65页。
② 铜绿山考古发掘队：《湖北铜绿山春秋战国古矿井遗址发掘简报》，《文物》，1975年第2期。
③ 查瑞珍：《战国秦汉考古》，南京大学出版社，1990年，第50页。

了失蜡法、鎏金、金银错、针刻等新工艺技术，产生了许多工艺水平很高的青铜器。湖北随县战国曾侯乙墓出土的编钟，即为这一时期青铜铸造技术的代表性作品。

出于军事及日常生产生活的需要，各诸侯国的手工业获得快速发展。根据考古发掘，一些诸侯国城市中的手工作坊面积较大，数量较为客观。各诸侯国都城大都是著名的手工业中心。如灵寿城遗址的四、五号基址分别为陶器作坊遗址与铜器、铁器作坊遗址，其中四号基址面积为东西200米、南北200余米。五号遗址面积较大，南北960米、东西580米。① 作坊的规模较大，足见当时手工业之发达。再如曲阜鲁国故城中的冶铜作坊的面积较大，有盛国寺冶铜遗址与药圃冶铜遗址两处，盛国寺冶铜遗址范围东西约350米，南北约250米，地势略高于周围，地面上散布有少量的红烧土和铜硫渣。② 各诸侯国都城的手工业作坊遗址中都发现有青铜铸造作坊，如临淄城的手工业作坊遗址主要分布在大城的西部，其中有冶铁遗址6处，炼铜遗址2处，铸钱遗址2处，制骨作坊1处。③

战国时期，各诸侯都城中都发现有规模较大的铸铜遗址，如山西侯马、河南新郑铸铜遗址。

侯马是晋国晚期都城，经过考古发掘，侯马都城内的铸铜作坊遗址达3000平方米，并发掘了4座呈圆形的残炼炉，大批的陶范、铜锭、铅锭和生产工具。其中，陶范的数量多达3万余块，主要有礼乐器、兵器、工具、车马器、杂器（镜、带钩）、货币等，可辨认出器形的1000块。④ 许多陶范上有平雕和浮雕状的装饰，平雕的纹饰有饕餮纹、夔纹、蟠虺纹、蟠螭纹、云雷纹、绳纹、贝纹等，反映出较高的青铜铸造技术。侯马晋都新田城址群的浍河岸边也发现了大规模的手工业作坊，其铸铜遗址面积在5万平方米以上，其规模之大、出土陶范数量之多、制范工艺水平之高在已发现的各地同类遗址中都是较为罕见的。此外，还分布着制陶（含建筑用瓦）作坊遗址2处、制骨作坊遗址3处、石圭作坊遗址1处。⑤

郑韩故城的手工业作坊面积可达10万平方米，出土的青铜器多为生产工具，部分为"币范和印制铜兵器铭文的石模，表明该作坊也铸造兵器和铜质货币"⑥。

春秋战国时期，各诸侯国的青铜铸造业得到了不同程度的发展，青铜器种类多样，数量可观。还有一些小的诸侯国也发掘有青铜器，如江国、黄国、申国、樊国及曹、莒、费、郝、郭、邾、滕等地。

春秋战国时期，楚国是长江中游地区重要的手工业中心。楚国之所以能成为南方的手工业中心，与其掌握丰富的铜矿资源有关。在今铜绿山地区发现有大型的铜

---

① 曹迎春：《中山国经济研究》，中华书局，2012年，第40页。
② 山东省文物考古研究所、山东省博物馆、济宁地区文物组、曲阜县文管会：《曲阜鲁国故城》，齐鲁书社，1982年，第17页。
③ 张光明：《齐文化丛书·10：资料汇编·考古卷》，齐鲁书社，1997年；第27页。
④ 《山西侯马东周遗址发现大批陶范》，《文物》，1960年Z1期合刊。
⑤ 田建文：《"新田模式"——侯马晋国都城遗址研究》，《山西省考古学会论文集（二）》，山西人民出版社，1994年。
⑥ 许宏：《先秦城市考古学研究》，北京燕山出版社，2000年，第93页。

矿，古矿区范围南北长约两公里，东西宽约一公里。铜矿遗址中发掘出炼铜后弃置的炉渣约有 40 万吨，估计古代提炼的红铜达 4 万吨之多。[①] 可见当时炼铜规模之大。楚国在春秋时期铸造了大量的青铜礼器、乐器，春秋中晚期时所铸铜器已显示出楚国铜器自身的特色。如河南淅川下寺的令尹子庚墓中出土的列鼎、编钟、铜禁等大型铜器达 150 余件，估计总重量在两吨上下。[②]

位于长江上游的四川广汉三星堆遗址也发现大规模的手工业作坊。根据考古发掘，三星堆的手工业作坊主要分布在城垣两侧，在城内居住台地的周围发现大量的玉石礼器和青铜器，特别是在三星堆外南侧先后发现的 1 号、2 号祭祀坑，出土了上千件青铜器，多为大型立人像、人头像等塑像群及神树神兽、礼器等，还有金杖。[③] 由此可以推断，三星堆的青铜器仍然主要用于祭祀与礼器，具有浓厚的宗教色彩。

从春秋战国时期出土的青铜器看，青铜器的铸造技术也有了快速的发展。时人已经认识到铜、锡合金的原理。《吕氏春秋》记载："金柔锡柔，合两柔则为刚……白所以为坚也，黄所以为牣也，黄白杂则坚且韧，良剑也。"[④]

青铜器作为文明发展的重要物质表现形式，各国青铜器的发展也代表了各地区的文明发展程度。从考古发掘中可以发现，不同诸侯国的手工业发展程度有所差异。但是，也应该注意，不同地区的青铜器具有一些共同特征，说明各诸侯国之间的文化交流较为频繁，中国早期文明逐渐融合。

（三）城市冶铁业的发展

冶铁业的出现是春秋战国时期社会生产力进步的最重要的表现之一，冶铁业也成为当时最发达和最重要的手工业部门。其时中国的冶铁设备和技术都领先于世界，生铁冶铸术、铸铁柔化术、渗碳钢三项重大技术发明，揭开了世界冶金史新的一页，也对其后的中国历史产生了深远的影响。其时的工匠们发明了用"高温液体还原法"冶铸铁（生铁），将出炉的液态铁直接铸成器，从而提高了生产效率，降低了生产成本，为铁器大规模生产和普及创造了条件。为了克服生铁铸件易断裂的弱点，又发明了柔化热处理技术，延长了铁器使用寿命。部分地区还发明了用固体还原法冶炼出块渗碳钢，其硬度和韧性都超过了铁，对于农具、手工业具、兵器质量的提高有重要意义。其时铁器铸造工艺已达到相当高的程度，许多铁器不仅构造复杂，而且制作精美。冶炼技术的进步还表现为铁器的种类和数量不断增多。二十世纪以来，从该时期的若干遗址中发掘出大量的铁器，生产工具类有犁、铧、铲、镢、锸、凹字形锄、镰刀、锤、锛、六角锄、削、斧、凿、钩、钻以及各种金属复合范；兵器类有戈、矛、

---

① 夏鼐、殷玮璋：《湖北铜绿山古铜矿》，《考古学报》，1982 年第 1 期。
② 顾铁符：《夕阳刍稿·历史考古述论汇编》，紫禁城出版社，1988 年，第 119 页。
③ 陈德安、陈显丹：《广汉三星堆遗址一号祭祀坑发掘简报》，《文物》，1987 年第 10 期；四川省文物管理委员会等：《广汉三星堆遗址二号祭祀坑发掘简报》，《文物》，1989 年第 5 期。
④ 《吕氏春秋·别类》，线装书局，2007 年，第 616 页。

剑、刀、戟、铁盔等。此外，还发现部分铁制生活用具，如信阳长台关战国中期楚墓出土有3件错金银铁带钩，洛邑出土有机械零件铁车轴等。

西周晚期，我国就已经有冶铁技术。河南省三门峡市虢国墓中出土有西周晚期的铁器共4件：铁刃铜戈1件，铁农具3件。[①] 经过实验分析，确认为人工冶铁制品。但是，西周时期铸造的铁器较为简单，出土的数量也较少，技术仍然不够成熟。到了春秋晚期，铸铁冶炼技术逐渐走向成熟。特别是钢铁柔化处理技术的发明，成为该时期冶铁业发展的重要推动力。考古发掘证明春秋时期已经有用钢铁柔化技术处理过的铁器。这些铁器有用"块炼法"制造的，更有把铸铁件经过加热退火柔化处理而成为展性铸铁的。[②] 在燕下都发掘的铁锄、铁剑、铁戟便经过柔化技术处理。[③] 此外，鼓风方法的革新也是冶铁技术提高的关键。在该时期，冶铁鼓风炉的发明，加速了冶炼铸铁（生铁）的技术的出现，该发明要比当时世界其他地区早得多。

冶铁技术的进步促进了春秋战国时期城市冶铁业的发展。春秋战国时期周王都及地方诸侯国城市中大都有冶铁作坊。这些冶铁作坊遗址面积较大，从中发掘的铁器数量也较为可观。在河北磁县下潘汪遗址、平山县中山国遗址、邯郸赵王城遗址、山东滕州薛城遗址、临淄齐国故城、临潼秦都栎阳城遗址、商水县扶苏故城遗址等都发现有战国时期的冶铁遗址。

春秋战国时期，以黄河流域为中心的北方地区是诸侯国的集中分布区域，各诸侯国的都城自然成为区域性经济中心。这些城市的冶铁业都较为发达。韩国新郑故城便发现有官营冶铁手工业作坊遗址，在遗址内发掘出镁、铸、刀等陶质内外范。在韩国阳城发现了熔铁炉底、炉壁及炉衬的残块，陶制和泥制鼓风管的残片，木炭屑，以及铸造锄、钁、斧、铲、镰、削、刀、箭杆、矛、带钩等的陶范。[④] 这应该是以铸造农业生产工具为主的手工业作坊。

鲁国曲阜、齐国临淄是春秋战国时期两个重要的手工业城市。鲁国故城内发掘出两处冶铁作坊遗址，其中今曲阜城北关的冶铁作坊遗址东西约450米，南北约120米，存有铁块、铁渣、硫渣、红烧土和炭灰；另外一处冶铁作坊遗址保存完好，东西约250米，南北约200米。[⑤] 两个冶铁作坊的总面积近10万平方米，足见冶铁业的规模之大。齐国临淄也是春秋战国时期北方地区的重要经济中心。根据考古发掘，临淄故城内最大的一处冶铁作坊面积有40多万平方米。[⑥] 齐国临淄之所以成为当时较大的商业城市，与其发达的手工业密切相关。

由于冶铁业的发展和工艺技术的改进，金属铁的性能也得以提高，铁也因此越

[①] 《虢国墓地发掘又获重大发现》，《中国文物报》，1992年2月2日。
[②] 李众：《中国封建社会前期钢铁冶炼技术发展的探讨》，《考古学报》，1975年第2期。
[③] 查瑞珍：《战国秦汉考古》，南京大学出版社，1990年，第30页。
[④] 杨宽：《战国史》，上海人民出版社，2003年，第55页。
[⑤] 山东省文物考古研究所、山东省博物馆、济宁地区文物组、曲阜县文管会：《曲阜鲁国故城》，齐鲁书社，1982年，第17页。
[⑥] 杨宽：《战国史》，上海人民出版社，2003年，第55页。

来越多地被用于兵器生产。燕下都也是一个重要冶铁地点,遗址内发现冶铁作坊三处,其中两处的面积为9万平方米,另外一处的面积为17万平方米,总面积达26万平方米。① 燕下都故城前后11次发掘出土的铁器达700余件。其中21号遗址出土铁器420件,生产工具、兵器、车具都有。② 出土的铁器以兵器为主,有胄、剑、矛、戟、刀、匕首等6种52件,铜铁合制的弩机和镞20件;铜兵器只有剑和戈各1件;铁锄和铁镘有5件。③

楚国是长江流域的铁器生产中心。根据考古发掘,该地区的铁器已经应用于日常生产生活及军事活动。

表4-3 楚国都城宛发掘的铁器种类与数量

工 具																
凹字形锄	六角形锄	铲(臿)	斧	锛(斤)	刮刀	削	刀	锤	夯锤	凿	锉	钻	锤	耙	镰	合计
74	4	2	23	17	6	45	40	6	10	10	2	1	1	2	1	244

兵 器									
剑	戈	戈鐏	戟	矛	矛柄	匕首	镞铤	剑鞘	合计
43	1	1	4	2	1	1	44	1	98

日常生活用品及其他										
鼎	铁足铜鼎	环	带钩	夹子	钩形器	码子	圆形器	片	条钉	其他	合计
2	9	2	4	3	2	5	1	12	9	13	62

资料来源:高至喜《楚文化的南渐》,湖北教育出版社,1996年。

从上表可知,铁器种类大致分为工具、兵器及日常生活用品三类。

楚国宛城是长江流域重要的冶铁中心,也是春秋战国时期重要的手工业中心。

值得注意的是,春秋战国时期的铁器制造业往往由政府控制,这从考古发掘的冶铁遗址的位置便可以得知。该时期的冶铁遗址大都分布在宫殿区周围,燕国易下都的西北部的宫殿区发现有铁器作坊遗址2处,兵器和骨器作坊遗址各1处。④ 秦都咸阳的手工业生产也是如此。今聂家沟与胡家沟附近存有大面积的制造砖瓦、陶器的手工业作坊区,这些作坊位于宫殿区附近,所产铁器、陶器和砖瓦主要为宫廷专用。⑤

铁器制造业是春秋战国时期新的手工业形式。铁器的广泛使用,使中国进入铁

---

① 河北省文化局文物工作队:《河北易县燕下都故城勘察和试掘》,《考古学报》,1965年第1期。
② 陈振中:《青铜生产工具与中国奴隶制社会经济》,中国社会科学出版社,1992年,第442页。
③ 中国社会科学院考古研究所:《新中国的考古发现和研究》,文物出版社,1984年,第333页。
④ 陈振中:《先秦手工业史》,福建人民出版社,2009年,第788页。
⑤ 陕西省社会科学院考古研究所渭水队:《秦都咸阳故城遗址的调查和试掘》,《考古》,1962年第6期;秦都咸阳考古工作站:《秦都咸阳第一号宫殿建筑遗址简报》,《文物》,1976年第11期;咸阳市文管会等:《秦都咸阳第三号宫殿建筑遗址发掘简报》,《考古与文物》,1980年第2期;秦都咸阳考古工作站:《秦都咸阳宫第二号建筑遗址发掘简报》,《考古与文物》,1986年第4期;秦都咸阳考古工作站:《秦都咸阳古窑址调查与试掘简报》,《考古与文物》,1986年第3期。

器时代。铁器的使用不但极大地促进了社会生产力的发展,还逐渐改变了社会生产关系,进而深刻地影响到了政治、经济格局。农业的发展主要得益于铁器的使用。农业的发展为城市提供了大量的粮食,可以使城市人口尤其是一批非生产性人口独立存在,也使手工业者、商人专心从事专门劳动,手工业、商业的发展又促进了城市的发展。

(四) 其他城市手工业的发展

春秋战国时期,除了铸铜、冶铁之外,其他手工业门类也有所发展。陶器制造、骨器加工、玉器加工、漆器加工、纺织业等在当时的社会生产中占据重要的地位。

陶器制造仍然是春秋战国时期重要的手工业部门,陶器在日常生活中较为普遍。今河南洛阳、山西侯马、河南新郑、河南上蔡、山东曲阜、河北易县、浙江绍兴和萧山等地都发现了春秋战国时期的陶器作坊遗址。以山西侯马晋国遗址为例,城市内的陶器作坊遗址,"在半平方公里内窑群密集,最密处77平方米范围内就有六座窑……窑室有圆筒形和椭圆筒形两种。11号窑室呈椭圆形,直径1.6~2米,残高1.35米,底径1米,火门朝西,门内有躔台,两边有立柱"[①]。有的窑后壁保存有烟囱。牛村古城的窑群,在窑中发现了炉条。以炉条代替窑箅,有利于生产力的提高。侯马窑室的改进,反映了春秋时窑的结构相比西周有了进步。[②] 这一时期已大规模地进行陶器生产。洛阳东周城址中发现有"专门烧造冶铁用坩埚的窑址。城内西北部战国时代的制陶窑场面积最大,内涵丰富"[③]。在今洛阳中州路发现的战国中期陶窑,面积比西周时期大得多。西周时期的陶窑面积一般不过二三万平方米,而春秋战国时期的陶窑面积可达10万平方米。与西周时期相比,该时期的制陶业内部已经出现较为细致的分工。根据考古发掘,"陶窑及其附近出土的器物类型相当集中,说明某一种窑,只烧一种或数种产品,不同式样的陶窑是为了烧制不同的器类而建造的"[④]。

春秋战国时期的部分墓葬中常出土有陶器,一般以鼎、豆、壶、敦、盒等器型为主。不同时期的陶器有着不同的纹饰,三晋地区的陶器多暗纹、绳纹,也有少量的彩绘;齐楚地区的陶器以素面为主;秦地的陶器则以篮纹、绳纹、方格纹为主;燕地的陶器则刻划有狩猎纹、鸟兽纹等。除了作为生活、生产用品外,陶器的使用也扩展到建筑材料,此一时期遗址中开始出现陶空心砖、陶井圈、陶排水管等。[⑤]

骨、玉、石器的作坊遗址在周、郑、鲁、齐、燕、晋等国故城遗址中屡有发现。洛阳东周王城西北角发现各类玉、石器半成品和废品8000多件,足见春秋战

[①] 《侯马晋国陶窑遗址勘探与发掘》,《考古与文物》,1989年第3期。
[②] 山西省文管会侯马工作站:《侯马东周时代烧陶窑址发掘记要》,《文物》,1959年第6期;
[③] 许宏:《先秦城市考古学研究》,北京燕山出版社,2000年,第91页。
[④] 查瑞珍:《战国秦汉考古》,南京大学出版社,1990年,第56页。
[⑤] 南京大学历史系考古专业:《战国秦汉考古》,南京大学出版社,1981年,第45页。

国时玉、石器作坊规模之大。骨器加工业是春秋战国时期郑韩故城重要的手工业部门，作坊遗址分布在城市北部，制骨作坊遗址的面积约2万平方米，出土有骨锥、骨匕、骨镞、骨贝等骨器成品、半成品，还有废骨料和磨制骨器的砺石。① 从作坊遗址面积来看，远远小于铸铜与冶铁作坊，这也说明当时骨器加工业的衰落。而由于文明发展程度的地区差异，邦国城市发展较为缓慢，城市仍然以政治、军事功能为主，手工业发展稍显滞后。这些城市的手工业仍然是以传统的石器、骨器加工为主。如陕西省清涧县李家崖城址中只存有陶、石、骨器和卜骨等。② 而青铜铸造业只不过是刚刚开始。这说明社会生产力发展的地区差异性。

我国的纺织业历史悠久，春秋战国时期出现了较大的发展。足踏织机已普遍用于家庭纺织生产。纺织业中以丝织业发展最快。由于各国统治者的生活日趋奢侈，对丝织品的需求不断增长，对丝织品的质量要求也不断提高，因而推动了丝织业的发展。丝织品的种类有锦、绢、罗、纱、绣等，各品种的织法均复杂多样。从江陵马山砖厂一号战国墓中出土了保存完好的丝织衣物，有锦袍、禅衣、夹衾、锦衾、禅裙、锦褥等，色彩纹样各异，纹样从商周时期的单纯对称发展为动物、花草、歌舞人物、几何纹等，流畅飘逸，婉转多变。③ 丝帛是统治阶级的主要衣着原料，普通百姓穿的则是麻织成的布衣。《盐铁论》："古者庶人耋老而后衣丝，其余则麻枲而已，故命曰布衣。"④ 黄河流域的周、晋、齐、鲁、秦、郑、卫、曹和长江中下游的楚、吴、越等国都普遍种桑养蚕，为这些地区纺织业的发展提供了原料。

春秋时期的齐国已经能织出温纯美丽、色泽鲜洁、晶莹如冰的精美的丝织品，并且由齐地传到诸侯各国，使天下之人所穿的衣服"皆仰齐地"。临淄郎家庄一号墓便发掘出春秋时期齐国的丝织品和麻织品。共发现五种丝织品，其中有绢，平纹组织，每平方厘米有经丝76根，纬丝36根。此外，在铜器等器物和填土中也发现了腐朽的绢纹。该墓还发现有锦，标本为二重组织，每平方厘米约经丝56×2根，纬丝32根。⑤ 纺织技术已经达到较高的水平。

漆器业在春秋战国时期空前的繁荣。从已出土的春秋战国时期的漆器看，主要的器物有盘、盒、妆奁、羽觞、弓、戟、瑟、棺椁、环、壶、樽、勺、匕、瓶等。漆器的制作讲究，工序复杂，造型轻巧精致，纹饰美观，色彩鲜艳。战国曾侯乙墓出土有漆器200余件，其中仿铜漆木豆盖盒最为精美，刻有蟠龙纹浮雕，以墨漆为底，朱漆绘龙纹、网格纹、菱形纹，色泽鲜艳，装饰华丽。战国中晚期，还出现了在漆器上加金属附件的工艺，使漆器更加华美。2000年，考古工作者在成都商业

---

① 河南省博物馆新郑工作站等：《河南新郑郑韩故城的钻探和试掘》，《文物资料丛刊》第3辑，文物出版社，1980年；河南省文物研究所：《郑韩故城制骨遗址的发掘》，《华夏考古》，1990年第2期；河南省文物研究所：《郑韩故城内战国时期地下冷藏室遗迹发掘简报》，《华夏考古》，1991年第2期；河南省文物研究所：《河南新郑郑韩故城制陶作坊遗迹发掘简报》，《华夏考古》，1991年第3期。
② 张映文等：《陕西清涧县李家崖古城址发掘简报》，《考古与文物》，1988年第1期。
③ 彭浩：《湖北江陵马山砖厂一号墓出土大批战国时期丝织品》，《文物》，1982年第10期。
④ 桓宽：《盐铁论·散不足》，上海人民出版社，1974年，第66页。
⑤ 李玉洁：《齐国史》，新华出版社，2007年，第238页。

街发现了大型船棺墓葬群,出土了数量较多的漆器,主要有几、案、俎、豆、盒、簋、梳、篦等生活用器,以及鼓、竽、编钟架等乐器。① 这些漆器反映了墓主人的高贵身份,应是开明王朝的王室成员。另外,这些漆器的纹饰大多为蟠螭纹和龙纹,与春秋时期中原青铜器的蟠螭纹和红铜镶嵌的龙纹风格相似,但也有区别,蟠螭纹周围或蟠螭纹与龙纹之间,有连续的圆圈纹构成的虚拟线条,既达到了间隔纹样的效果,又不显得生硬死板,可见蜀地的漆器纹饰既受到中原青铜器物纹饰的影响,又有所创新,反映了蜀文化的开放性和创新性。

春秋战国时期,除了以上的手工业行业外,其他如车船制造业、玉器加工业等手工业的技术均有较大发展。由于铁制工具的使用,木工的技艺也达到新的水平,斧、锯、锥、凿、钻、锛等基本工具发展得比较齐全,画线则用墨斗。鲁国的能匠公输班是木器工匠的杰出代表,被尊为木匠的鼻祖。

总之,先秦时期的手工业发展大致经历了石器时代、青铜时代、铁器时代三个时期,城市手工业在这三个不同的发展阶段也呈现出不同的特点。就分期而言,史前时期是石器时代,夏、商、周为青铜时代,春秋战国则进入铁器时代。就手工业门类而言,青铜铸造业、冶铁业是影响该时期社会发展的两大手工业支柱。此外,个体手工业的出现及发展也是春秋战国手工业发展的重要表现之一。在西周时期,"工商官营",手工业的发展掌控在官府。到了战国时期,私营手工业发展,逐渐成为手工业的重要组成部分。

春秋战国时期,一些重要手工业城市形成,地区性名特产品出现,如临淄是冶铁业、纺织业中心,邯郸和宛城是铁器制造业中心。各地还出现了一些全国著名的名特产品,如吴国的剑,韩国的弓弩,临淄的丝织品,成都的锦、竹器,燕国的淬火钢剑,楚国的铁剑、铜器、镜、漆器,郑之刀,宋之斤,鲁之削……这些名特产品的出现,一方面表明手工业的发展,另一方面也表明商品流通的扩大。

第二节 城市商业贸易的发展

商业贸易是社会生产力发展的结果,是社会分工不断细化的产物。在远古时期,早期商业活动已经出现。不过,在这一时期,只是简单的物物交换。到了夏商时期,货币出现,真正意义上的商业贸易产生。周朝建立后,商业贸易开始繁盛起来。春秋战国时期,农业、手工业发展,城市人口增加,对商品的需求量剧增,商业活跃,城市成为商品的集散地、主要交易场所和区域性商业中心。

---

① 江章华、颜劲松:《成都商业街船棺出土漆器及相关问题探讨》,《四川文物》,2003年第6期。

一、史前至夏商时期早期的城市商业

商业产生的前提是剩余产品的存在,而社会生产力发展推动下的社会大分工是商业产生的基础条件。其中,第一次人类社会的大分工——畜牧业与农业的分工为商业的发展奠定了基础。正如恩格斯所说:"在野蛮时代中级阶段,我们看到游牧民族已有牲畜作为财产,这种财产,到了成为相当数量的畜群的时候,就可以经常提供超出自身消费的若干余剩;同时,我们也看到了游牧民族和没有畜群的落后部落之间的分工,从而看到了两个并列的不同的生产阶段,从而也就是看到了进行经常交换的条件。"[①] 以城乡分工和脑体劳动分工为主要内容的第二次社会大分工出现之后,手工业也相继从农业中分离出来,并向城市聚集。手工业为商品贸易提供了更多的产品,而且社会分工的细化,促使从事不同产业的人们互相交换产品。此外,由于各氏族部落具有不同的经济特点,基于生产与生活的需要,他们也会进行物物交换,从而使商业贸易的地域范围进一步扩大。

关于中国早期的商业活动,史籍中多有记载。《周易注》记载神农氏时期,"日中为市,致天下之民,聚天下之货,交易而退,各得其所"[②]。《淮南子》记载黄帝时"道不拾遗,市不预贾,城郭不关,邑无盗贼,鄙旅之人相让以财"[③]。尧之治天下也,"水处者渔,山处者木,谷处者牧,陆处者农。地宜其事,事宜其械,械宜其用,用宜其人。泽皋织网,陵阪耕田,得以所有易所无,以所工易所拙"[④]。这些历史文献反映了史前时期由于生产力和社会分工的发展,开始出现商品交换活动。

大禹时代,长途的商业贸易随着洪水的治理、交通的发展开始出现,冀州已经成为当时的商业中心之一。"禹既平水土,奏庶艰食鲜食,即以懋迁有无化居为训,足见大禹治水之后,即以通商为要图。洪水既平,交通便利,因之各地商业一时勃兴,而当时帝都在冀州,则冀州为商业之中心,八州之商旅,无不以冀州为归宿,故禹既平水,即将其疆域区分为九州,而定其入贡之道路。冀州三面距河,故是时各州之贡道,皆以连河为至。"[⑤] 各地之间已经出现了较为频繁的物资流动,而这种物资流动及商业贸易与政治中心的建立有着密切的关系,在"入贡"活动的推动下,各地的产品也开始向商品转化。

夏商时期社会生产力进一步发展,统治阶级和上层社会对日常生活用品的需求日益增加,推动了商业活动的发展,城市商业活动逐渐兴起。《孟子》:"古之为市

---

① [德]恩格斯:《家庭、私有制和国家的起源》,《马克思恩格斯选集》,人民出版社,1995年,第4卷,第161页。
② 《周易注·系辞下》,中华书局,2011年,第363页。
③ 刘安:《淮南鸿烈集解》卷六《览冥训》,中华书局,2013年,第207页。
④ 刘安:《淮南鸿烈集解》卷十一《齐俗训》,中华书局,2013年,第352页。
⑤ 王孝通:《中国商业史》,团结出版社,2007年,第14页。

也，以其所有易其所无者，有司者治之也。"① 《盐铁论》："古者，千室之邑，百乘之家，陶冶工商，四民之求足以相更。故农民不离畦亩，而足乎田器；工人不斩伐而足乎陶冶，不耕田而足乎粟米。"② 其时，城市居民的日常生活与工商业的发展有着密切的关系。

有资料可考的商业活动开始于商代。商代的商品交易范围较之前有所扩大，殷墟出土文物中出现许多处中原的商都所不生产的东西："有渤海沿岸出产的土鲸鱼骨、鲟鱼骨、咸水贝、绿松石；有长江下游生产的水稻、硬陶、彩陶；有南方出产的象骨、龟甲；有新疆出产的玉石；还有商族人所处的黄河流域出产较少或不出产的铜、锡（制造青铜器的原料）等矿藏"③。可见区域之间已经存在长距离的商品交换活动。

商代商业贸易的发达是建立在交通得到一定程度发展的基础之上。商代初步形成了以都城为中心的交通网络。有研究者分析甲骨文资料和商代遗址的分布之后，提出商代在今中国范围内有六条交通干道：东南方向是通往徐淮地区的大道；第二条是东北行，是通往今卢龙及其更远的辽宁朝阳等地的交通干道，可能经过今邯郸、邢台、石家庄、藁城、北京等地；第三条是通往今湖北、湖南、江西等地的交通干道；第四条则是向西通往周等方国的干道，即"武王征商所走的路线，沿渭水而东出陕西入河南，在孟津渡河，东北到淇县（即朝歌）到安阳"；第五条道路"通往渤海之滨的古蒲姑（可能在今山东益都地区）的道路"；第六条道路"逾太行，通往旨方、西北土方等方国"。④ 商代交通网络的构建，促进了区域之间的商业贸易。关于这一时期因交通的发展促进了商业发展的设想，可从考古发掘中得到相关文物的印证，如殷墟出土中的物品中有来自沿海地区的土鲸鱼骨、鲟鱼骨、绿松石，长江下游出产的水稻、硬陶、釉陶等，还有南方的象骨、龟甲，以及新疆的玉石等。由此可知，殷商都城的商品交易范围非常广泛，其商贸活动甚至远至今新疆地区，足见当时商业贸易的发展。大致说来，商代商业贸易范围，"东到海滨，东南达现在的浙江，西南到今天的四川，南到现在的安徽、湖北一带，西北到达今日的陕甘地区，东北到古营州"⑤。

货币的出现也是商代商品经济发展的重要标志和重要推动力，也是该时期城市商业发展的重要表现。夏代，贝类货币已经出现。《盐铁论》："夏后以玄贝，周人以紫石，后世或金钱刀布。"⑥ 可见，夏代已有了以贝为主的货币。商代，贝作为货币计量单位普遍使用。考古工作者在多个商代遗址中发现有作为货币的贝，如二

---

① 《孟子·公孙丑》，万丽华、蓝旭译注，中华书局，2006年，第92页。
② 桓宽：《盐铁论·水旱》，上海人民出版社，1974年，第80页。
③ 余鑫炎：《中国商业史》，中国商业出版社，1987年，第17页。
④ 孙亚冰、林欢：《商代地理与方国》，中国社会科学出版社，2010年，第202—203页。
⑤ 李浚源、任乃文：《中国商业史》，中央广播电视大学出版社，1985年，第9页。
⑥ 桓宽：《盐铁论·错币》，上海人民出版社，1974年，第10页。

里头遗址中出土了12枚贝,还发现了仿海贝式样制成的小巧耐用的骨贝和石贝。① 安阳殷墟发掘的83座墓葬中都有贝,其中有3座墓葬中发现有铜贝。② 货币的出现促进了商品经济的发展。

商朝都城已经出现了作为商品交易场所的"市"。商后期的都城殷,被称为"大邑商",都邑内设有"市",市内有各种各样的"肆"。《尚书·说命》就有"其心愧耻,若挞于市"的记载。③《尚书·酒诰》记载,殷朝居民要"纯其艺黍稷,奔走事厥考厥长。肇牵车牛,远服贾,用孝养厥父母"④。《史记·殷本纪》也记载:"益收狗马奇物,充仞宫室……多取野兽蜚鸟置其中"⑤。说明商朝已经有较多的商业活动。商朝设置了专门管理市场的官员,以加强对市场的管理:"九夷、八狄、七戎、六蛮,为四海。四海之货,皆与中土交易。故是时关政讥而不征,以来远物;入市之物,廪而不税,以恤商艰。市有市官,于天子巡守之时,使纳市价,以观民之好恶。"⑥ 这就是当时的"关市之政",设官员对市场物价、市场的商品种类及税收等进行规范与管理。

总之,社会分工的进一步发展,推动了城市商业的发展。不过,该时期的商业贸易仍处于原始阶段,并未出现较大的商业中心城市。而且该时期的手工业、商业等经济活动掌握在王室贵族的手中,私人手工业、商业还没有出现,城市商业的发展也因此受到限制。

二、西周时期城市商业的发展

与夏商时期相比,西周时期的城市商业获得更进一步的发展,具体表现在市场已经成为城市空间的组成部分,城市的经济功能增强;政府对市场的管理机制更加成熟;城市之间的经济互动增强。

(一)"工商食官"与城市商业的发展

从周代开始,统治者比较重视商业的发展,各诸侯国也积极推行相关措施,发展商业。周文王时遇到大灾荒,曾运用商业政策来解决困难,《逸周书》记载:"游旅旁生忻通,津济道宿,所至如归。币租轻,乃作母以行其子。易资,贵贱以均,游旅使无滞。无粥熟,无室市。权内外以立均,无蚤莫。间次均行,均行众从。积而勿□,以罚助均,无使之穷。平均无乏,利民不淫。"⑦ 这些鼓励商业发展的政

---

① 中国科学院考古研究所洛阳发掘队:《河南偃师二里头遗址发掘简报》,《考古》,1965年第5期。
② 田久川著、卞孝萱主编:《中国考古发现》,辽海出版社,2012年,第115页。
③ 《尚书·说命下》,线装书局,2007年,第108页。
④ 《尚书·酒诰》,线装书局,2007年,第169页。
⑤ 司马迁:《史记·殷本纪》,线装书局,2006年,第11页。
⑥ 王孝通:《中国商业小史》,商务印书馆,1930年,第10页。
⑦ 《逸周书·大匡》,张闻玉译注:《逸周书全译》,贵州人民出版社,2000年,第61页。

策,有利于当时商业的发展。

西周时期的统治者,大都采取了惠商政策,鼓励商业的发展。《礼记·月令》:"是月也,易关市,来商旅,纳货贿,以便民事。"其目的在于"四方来集,远乡皆至,则财不匮,上无乏用,百事乃遂"。①

西周时期,土地和手工业的生产资料都归政府控制,贵族日常生活所需大都由下层社会朝贡获得,或者由贵族控制下层居民组织生产。可以说,所有生产、出售、贩运、交换活动,都由官府控制和管理,即所谓的"工商食官"。正如《国语·晋语》所云:"公食贡,大夫食邑,士食田,庶人食力,工商食官"②。

而经商已经成为一种风气,正如《史记·苏秦列传》所载:"周人之俗,治产业,力工商,逐什二以为务。"③

除了周朝之外,各诸侯国经商之风也较为盛行。《史记·货殖列传》记载,"邹、鲁滨洙、泗,犹有周公遗风……及其衰,好贾趋利,甚于周人。"④ 各诸侯国的统治者为了加快本国经济发展,鼓励国人从商。如晋国在争霸中迅速脱颖而出,与其积极的商业政策相关,正所谓"通商政策,为开疆扩土之政策矣"⑤。西周时期城市商业的发展还表现在各诸侯国之间经济交流的加强。这也得益于该时期交通业的发展。西周时期形成了以镐京和洛邑为中心,通向各诸侯国的四通八达的交通网。除了平常的商业贸易之外,周王朝对各国诸侯的赏赐,也通过条条大道输送到各诸侯国。

西周中期以后,不少奴隶主贵族或者由自由民上升为奴隶主的工商业者开始直接经营商业。尽管政府对商业的发展有一定的限制,但总体来说,这些政策还是促进了西周商业的发展。

(二)西周时期的市场及市场管理

周代在城市规划建设过程中大都将市列入其中,市场成为城市规划中不可或缺的一部分。《周礼》:"匠人营国,方九里,旁三门。国中九经九纬,经涂九轨。左祖右社,面朝后市"⑥。王城的中心为王宫,市设在王宫北面。不仅周王都城内设有市,诸侯国的都城布局亦是如此。"市场"的出现是西周城市经济发展的重要标志。

周朝统治者设立了专门的职官来管理市场的交易,《周礼》详细记载了管理市场的官职,有司市、载师、闾师、胥师、廛人、贾师、司虣、司稽、质人、泉府等。

---

① 《礼记·月令》,崔高维校点,辽宁教育出版社,2000年,第57页。
② 《国语·晋语》,鲍思陶点校,齐鲁书社,2005年,182页。
③ 司马迁:《史记·苏秦列传》,线装书局,2006年,第304页。
④ 司马迁:《史记·货殖列传》,线装书局,2006年,第541页。
⑤ 王孝通:《中国商业史》,商务印书馆,1998年,第34页。
⑥ 《周礼·考工记》,崔高维校点,辽宁教育出版社,1997年,第85页。

表 4-4 西周时期的职官、职能

司市	市之治教、政刑、量度、禁令	贾师	管理市场物价
载师	出租市场地皮	司虣	维持市场秩序
廛师	管理入市货物	司稽	检查服饰、物品是否合乎规格
胥师	管理货物真伪的辨别和分区	质人	负责买卖成交的验证和制发契券
廛人	负责对违反禁令、破坏交易秩序者进行罚款和征收税收	泉府	管理税务收入,用以调节供求,处理赊欠事务

从上表可见,西周已形成市场交易制度并设职官管理,各职官分工明确,各司其职。各诸侯国也都设有专门的官员来管理市场,如鲁有"贾正",宋、郑、卫有"褚师",齐有"市椽"。此外,在临时性的市场上,也设有市守管理市场,评定物价。①

西周时期,还特别注意度量衡的管理。《周官》六典,典度量之官有内宰、质人、合方式、大行诸职,市中成买,必以量度,而守护市门之胥,亦执鞭度以巡于所治之前,其注重于度量权衡者至矣。②

除了设置专门的市场管理机构外,政府对市场规模的大小、开市时间、参加对象也都有较为严格的规定。《周礼》:"大市日昃而市,百族为主;朝市朝时而市,商贾为主;夕市夕时而市,贩夫贩妇为主。"③ 其时,市场一天可进行三次交易,朝市以各地大商贾之间的交易为主,日中大市以一般消费者为主,夕市则以小商小贩经营的剩余农产品或手工制品为主。

与夏商两朝相比,周代的商品种类增多,内容较为丰富。《礼记》有对市场销售物品的规定:

> 圭璧金璋,不粥于市。命服命车,不粥于市……用器不中度,不粥于市。兵车不中度,不粥于市。布帛精粗不中数,幅广狭不中量,不粥于市。奸色乱正色,不粥于市。锦文珠玉成器,不粥于市。衣服饮食,不粥于市。五谷不时,果实未熟,不粥于市。木不中伐,不粥于市。禽兽鱼鳖不中杀,不粥于市。④

在市场内,所有商品都按不同的种类和价格高低划分区域,排列成"肆"。管理者还注意到生态环境的保护,注意到不能竭泽而渔,规定了未到收获期的五谷、未成熟的水果、未到砍伐期的树木、未到捕杀阶段的禽兽鱼鳖皆不准上市交易。对于准予出售的物品也有规定,如用器、车辆的尺寸、布帛精粗幅度和商品颜色等等。用器、车辆的尺寸和商品的颜色要按照等级严格区分,不能混淆。布帛同时充

---

① 余鑫炎:《中国商业史》,中国商业出版社,1987年,第30页。
② 王孝通:《中国商业史》,团结出版社,2007年,第22页。
③ 《周礼·地官司徒》,崔高维校点,辽宁教育出版社,1997年,第25页。
④ 《礼记·王制》,崔高维校点,辽宁教育出版社,2000年,第46页。

当货币，故精粗程度必须合乎标准。锦文珠玉的成品一般人不能享用，禁止自由买卖。可见，当时的商品买卖是在政府的严格控制下进行的。

总之，西周时期商业的发展对城市的发展有着重要的影响。首先，城市商业的发展促进了城市经济功能的增强，商业已经成为城市经济的重要组成部分。由于商业贸易的发展，各诸侯国的都城成为区域性的商业中心。其次，西周时期，城市商业的发展突出表现在城市中固定市场的出现。市场的出现改变了城市原有的空间布局，市场成为城市居民日常生活与娱乐的场所。第三，商业的发展改变了城市社会结构。在商人出现之前，城市中只有部分贵族统治者、手工业者、农民等。随着商业的发展，商人出现，士、农、工、商四个社会阶层基本形成。规范的市场管理制度也随之出现。这些都是之前的城市商业所未有的，是商品经济发展的一大进步。

三、春秋战国时期的城市商业

城市的发展与商业有密切的关系，商品生产与商品交换的发展促进了城市的发展，而城市的发展又为商业的繁荣创造了条件。城市的重要特点是人口和生产的集聚性。工业生产所需要的生产资料和产品不能是自给自足的，必须通过商品的交换来实现再生产过程。[1] 春秋战国时期商业的发展与社会生产力的发展密切相关，铁器的使用极大地提高了社会生产力。农业、手工业也获得了较快的发展，丰富的农产品与手工业产品为商品交换提供了丰富的资源。此外，各诸侯国为了争取霸业，采取了一系列发展经济的政策，鼓励商业是重要的政策之一。

（一）社会生产力的发展与各诸侯国的商业政策

生产力的发展与社会技术的进步为商业发展奠定了物质基础。春秋时期的商品经济之所以获得快速发展，其中一个重要的原因就是铁制农具的广泛使用。铁器的出现是重要的生产技术性变革。铁制农具不但促进了农业的极大发展，还促进了城市手工业的极大发展。特别是到了战国时期，铁农具的大量制造和广泛使用，为农业生产提供了更廉价的坚固而锐利的工具。此外，铁制工具的出现，也为手工业生产提供了有利的条件。有研究表明，楚国的青铜铸造业，漆、木、竹业、玻璃业、纺织业等手工业都因冶铁业的发展而得到空前迅速的发展。[2] 相当多的农副产品和手工业产品进入市场销售，商品交换随之发达。

制度变革与各诸侯国宽松的商业政策为城市商业发展提供了政治环境。春秋时期，井田制与宗法制的瓦解，"工商食官"制度的瓦解，交通建设的发展，各诸侯国的货币改革等一系列政策，促进了城市的发展。宗法制与井田制的瓦解，促进了区域间的人口流动。当井田制遭到破坏之后，部分农民开始转向私营商业，出现劳

---

[1] 徐惠蓉：《城市经济发展论》，中国商业出版社，1997年，第14页。
[2] 高至喜：《楚文化的南渐》，湖北教育出版社，1996年，第319页。

动力转移现象。不仅如此,"士农工商"四民社会阶层之间的界限被打破,他们之间的流动逐渐增加。

农业和手工业生产的发展,促使生产关系发生变革,私有制产生,并出现个体经营的农工商业。在生产资料私有不断扩大的前提下,独立的个体经济的存在促使"部分经济作物为手工业生产提供原料,也有部分产品投入流通过程,扩大了生产规模和交换领域。商品日益增加,交换日益兴盛,工商业有了进一步的发展"①。社会生产分工的扩大,使得单一的官营工商业生产在数量和质量上均不足以适应客观经济形势的要求,西周时的以官府经营为主体的手工业和远方贩运贸易不得不发生变化。②此外,出于政治、军事、经济需要,各诸侯国之间的物资交流日益频繁,私营工商业因此得到较大发展,独立的手工业者和私营商贾大量出现。私营工商业者改变了与奴隶为伍的社会地位,成为国家的"四民"之一,即"古者有四民,有士民,有商民,有农民,有工民"③。私营工商业相比官营工商业,是社会经济中更加活跃的经济因素。私营工商业的发展,使工商业、货币经济达到当时生产力发展所能达到的较高水平,并构成战国城市发展的直接原因之一。④

春秋战国时期,城市商业获得较快的发展,这主要得益于各诸侯国对商业的重视与社会流动性的增强。许多士人往往因失去与氏族之间的关系而没有生计,不得不从商。"范蠡既雪会稽之耻,乃喟然而叹曰:'计然之策七,越用其五而得意。既已施于国,吾欲用之家。'乃乘扁舟浮于江湖……之陶为朱公。朱公以为陶天下之中,诸侯四通,货物所交易也。……十九年之中三致千金。……后年衰老而听子孙,子孙修业而息之,遂至巨万。故言富者皆称陶朱公。"⑤从中也可以看出,商人流动性较强。

尽管政治分裂的局面会影响区域间商品的流通,但是各诸侯国在争霸中仍然十分重视各国之间的经济交流。如春秋时期的"葵丘会盟"所定的五条盟约中有"无曲防、无遏籴"⑥。这些条约意在加强各国之间的商品贸易,防止因战争而妨碍各国之间商业贸易的发展。

各诸侯国为了生存不得不调整政策,大力发展经济。齐国之所以成为当时较为富有的诸侯国,与其经商的传统及对商业的重视有关。"太公劝其女功,极技巧,通鱼盐,则人物归之,繦至而辐凑。故齐冠带衣履天下,海岱之间敛袂而往朝焉。"⑦齐国鼓励民间工商业的发展,并且制定相关管理制度。如齐桓公曾在管仲协助下"设轻重九府",来管理官方与民间手工业者。齐国都城临淄也因此较为繁

---

① 马开樑:《春秋战国经济史》,云南大学出版社,2003年,第97页。
② 张鸿雁:《春秋战国城市经济发展史论》,辽宁大学出版社,1988年,第174页。
③ 《春秋谷梁传·成公元年》,顾馨、徐明校点,辽宁教育出版社,1997年,第75页。
④ 张鸿雁:《春秋战国城市经济发展史论》,辽宁大学出版社,1988年,第247页。
⑤ 司马迁:《史记·货殖列传》,线装书局,2006年,第539—540页。
⑥ 《孟子·告子下》,赵清文译注,华夏出版社,2017年,第278页。
⑦ 司马迁:《史记·货殖列传》,线装书局,2006年,第539页。

华,"临菑之中七万户……不下户三男子,三七二十一万……临菑甚富而实,其民无不吹竽鼓瑟,弹琴击筑,斗鸡走狗,六博蹋鞠者。临菑之涂,车毂击,人肩摩"①。春秋战国时期,齐国的统治者十分重视商业的发展,并任用贾人出身的管仲为相,管仲鼓励发展鱼盐生产,并采取了统制市场、稳定物价、打击投机商的措施,促进了商业的发展。在商业方面,管仲采取了比较自由的政策,鼓励外来商人到齐国做买卖,为齐国输入兽皮、骨、筋、角、竹箭、羽毛、象齿、皮革等物资,并在齐都"为诸侯之商贾立客舍",供给饮食,使"天下之商贾归齐若流水"。②

楚国为推动商业发展,积极推行币制改革。《史记》记载:"庄王以为币轻,更以小为大,百姓不便,皆去其业。市令言之相曰:'市乱,民莫安其处,次行不定。'相曰:'如此几何顷乎?'市令曰:'三月顷。'相曰:'罢,吾今令之复矣。'后五日,朝,相言之王曰:'前日更币,以为轻。今市令来言曰"市乱,民莫安其处,次行之不定"。臣请遂令复如故。'王许之,下令三日而市复如故。"③ 币制改革有利于商品流通。此外,楚国扼东西南北交通之要冲,境内水网密布,阡陌纵横,便利的交通条件有利于商业的发展。楚国境内良好的货物集散口岸与交易市场,都处于交通便捷之处。④

郑国也采取了宽松的商业政策,与商人共同开发郑国经济。王叔郑桓公受封郑国后曾与封给他的商人订立盟约,尊重商人的权利。《左传》记载:"昔我先君桓公,与商人皆出自周,庸次比耦以艾杀此地,斩之蓬蒿藜藋而共处之。世有盟誓,以相信也,曰:'尔无我叛,我无强贾,毋或匄夺。尔有利市宝贿,我勿与知。'恃此质誓,故能相保,以至于今。"⑤ 大意是为只要商人不背叛,郑国统治者不能强买和掠夺商人的货物。值得注意的是,这类工商业者并不完全是"在官之工",并非在官府周围居住的都是"官营手工业者"。根据考古发现,有的城市宫殿区周围有很多规模较小的手工业作坊遗址,这些很可能是个体手工业者,也可称之为工肆之人。

随着商业贸易的进一步发展,自由商人的数量增长迅速,从商观念得到了较大的改变。当时已经形成了"天下熙熙,皆为利来;天下攘攘,皆为利往"的商业繁荣景象。而且,就农业、商业、手工业从业者的地位来说,可谓"用贫求富,农不如工,工不如商",足见当时商业发展之盛况。

各国宽松的商业政策促进了地区间的物资交流,各诸侯国的商业也获得快速发展。正如《墨子》中所描述的那样:"商人之四方,市贾倍蓰,虽有关梁之难,盗贼之危,必为之。"⑥ 各诸侯国城市的商业发展不亚于东周王城。鲁国在春秋时

---

① 司马迁:《史记·苏秦列传》,线装书局,2006年,第306页。
② 《管子·轻重乙》,北京燕山出版社,1995年,第543页。
③ 司马迁:《史记·循吏列传》,线装书局,2006年,第498页。
④ 刘玉堂、张硕:《楚市商贾:楚国的商业与货币》,湖北教育出版社,2001年,第69页。
⑤ 《左传·昭公二十六年》,王守谦、金秀珍、王凤春译注:《左传全译》,贵州人民出版社,1990年,第1356页。
⑥ 《墨子·贵义》,苏凤捷、程梅花注说,河南大学出版社,2008年,第364页。

"好贾趋利，甚于周人"；宋国"稼穑之民少，商旅之民多"。说明鲁国、宋国有很多人经营商业。卫国的商业也相当繁盛，有名的商业中心定陶就曾属于卫国。西方的秦国，南方的楚国，东南的吴国、越国，在这一时期商业都有了一定程度的发展。大致说来，春秋早中期商业的发展以黄河流域的大国城市为主，春秋晚期至战国时期，商业贸易扩展到长江流域。长江上游的成都成为南方丝绸之路的起点，并与北方中原地区有着密切的商业贸易往来；长江中游的楚国和下游的吴、越地区的商业也因经济的发展和政策的改变而出现较大发展。

（二）春秋战国时期城市商业的发展

春秋战国时期，社会生产力的发展及各诸侯所采取的商业政策，促进了城市商业的发展。一方面，各诸侯的城市商业获得快速发展，特别是各国的都城成为区域性商业中心；另外一方面，随着各诸侯城市间经济的互动，形成了区域市场，甚至是全国市场。

1. 区域性商业都会的出现

春秋战国时期，商业都市最初大都是各国的政治中心，后因国家采取了一系列经济政策，促进了商业的发展，其经济职能也逐渐增强。燕国的涿、蓟，赵国的邯郸，魏国的温、轵，韩国的荥阳，楚国的宛、陈，富冠海内，都是当时重要的经济中心。

楚国在战国时期成为大国，其都城郢都也成为诸侯国中屈指可数的大都会。楚国郢都面积达 16 平方公里，城周 15 公里多，七座城门各有三个门道，城内夯土台基有 84 座之多，可见城市规模之大。郢都的人口密集，商业也较为繁盛，与长江上游和下游等地区有着十分密切的经济、文化交往，成为长江中游的经济中心。《史记·货殖列传》："江陵故郢都，西通巫、巴，东有云梦之饶。"[1] 除郢都外，宛城、陈城等也成为当时重要的商业都会。宛城位于今河南南阳市，经济发达，商业兴盛。《史记·货殖列传》："南阳西通武关、郧关，东南受汉、江、淮。宛亦一都会也。俗好杂事，业多贾。"[2] 陈城即今淮阳县，农业发达，且因地近齐、鲁、吴、越等国，又富渔盐之利，成为连接南北的重要商业中心。《史记·货殖列传》："陈在楚夏之交，通渔盐之货，其民多贾。"[3]

寿春为战国时期东南地区的第一大都城，地处交通要道，是区域性的商业中心。"彼寿阳者，南引荆汝之利，东连三吴之富；北接梁、宋，平涂不过七日；西接陈、许，水陆不出千里。外有江湖之阻，内保淮、肥之固。龙泉之陂，良畴万顷，舒、六之贡，利尽蛮越，金石皮革之具萃焉，苞木箭竹之族生焉，山湖薮泽之隈，水旱之所不害，土产草滋之实，荒年之所取给。"[4]

---

[1] 司马迁：《史记·货殖列传》，线装书局，2006 年，第 541 页。
[2] 司马迁：《史记·货殖列传》，线装书局，2006 年，第 541 页。
[3] 司马迁：《史记·货殖列传》，线装书局，2006 年，第 541 页。
[4] 乐史：《太平寰宇记》卷十百二十九，中华书局，2011 年，第 2542-2543 页。

2. 市场及市场管理

春秋战国时期，商业发展与城市发展是相互作用的。商业的发展既是城市发展的表现形式之一，也是城市规模发展的重要推动力。城市之所以称为城市，即城市中须有市场的存在。《管子·乘马》："聚者有市，无市则民乏。""市者货之准也。是故百货贱则百利不得，百利不得则百事治，百事治则百用节矣。"① 说明时人已认识到商业的作用，及市场在人们日常生活中的作用。

相关文献对"市"多有记载，《左传·昭公三年》："景公欲更晏子之宅，曰：'子之宅近市，湫隘嚣尘，不可以居，请更诸爽垲者。'辞曰：'君之先臣容焉，臣不足以嗣之，于臣侈矣。且小人近市，朝夕得所求，小人之利也。'"②《左传·庄公二十八年》提及郑国的"逵市"③，即郑国郭城大路上的市场。楚国也有"蒲胥之市"，《左传·宣公十四年》："楚子闻之，投袂而起。屦及于窒皇，剑及于寝门之外，车及于蒲胥之市。"④ 除了都城中设"市"之外，地方县邑也有"市"。《战国纵横家书》说："梁（梁）之东地。尚方五百余里，而与梁（梁），千丈之城，万家之邑，大县十七，小县有市者卅有余"⑤。可见不少县城有市场，县邑城市的商业也获得了发展。

除文献记载外，现代城市考古工作者也在相关遗址中发掘出市场遗址，如秦都雍城城北垣内发现市场遗址，平面呈长方形，东西长180米，南北长160米，面积近3万平方米。⑥ 秦都咸阳渭河以南地区新建有"市场"。⑦ 灵寿城"市肆"遗址内，出土成摞堆放的陶碗，而且都是尚未使用过的，有研究者认为这些陶碗"为待售之商品"⑧，此处应为市场。战国时期，这种日用陶器多为私人作坊生产，有学者统计秦都咸阳遗址出土的陶器绝大部分为私营产品，其中民营制陶业的陶器占97%以上。⑨ 可见私人手工业与商业在战国时期已经得到较大发展。

市场作为城市商业贸易的重要场所，与人们日常生活息息相关。市场提供了人们日常生活所需的物品。《左传·昭公三年》："齐旧四量，豆、区、釜、钟。四升为豆，各自其四，以登于釜，釜十则钟。陈氏三量，皆登一焉，钟乃大矣。以家量贷，而以公量收之。山木如市，弗加于山。鱼盐蜃蛤，弗加于海……国之诸市，屦贱踊贵。"⑩ "国之诸市"，说明齐国国都临淄有多个市场，市场内商品丰富，有海货、山货……种类多样。

---

① 《管子·乘马》，北京燕山出版社，1995年，第49—50页。
② 王守谦、金秀珍、王凤春译注：《左传全译》，贵州人民出版社，1990年，第1123页。
③ 王守谦、金秀珍、王凤春译注：《左传全译》，贵州人民出版社，1990年，第165页。
④ 王守谦、金秀珍、王凤春译注：《左传全译》，贵州人民出版社，1990年，第562页。
⑤ 马王堆汉墓帛书整理小组：《战国纵横家书》，文物出版社，1976年，第115页。
⑥ 侯强：《秦雍都城市规划探析》，《城市研究》，1996年第2期。
⑦ 雷依群、徐卫民：《秦都咸阳与秦文化研究》，陕西人民教育出版社，2003年，第66页。
⑧ 曹迎春：《中山国经济研究》，中华书局，2012年，第169页。
⑨ 刘庆柱、李毓芳：《秦都咸阳遗址陶文丛考》，《文物考古论集——咸阳市文物考古研究所成立十周年纪念》，三秦出版社，2000年，第13页。
⑩ 王守谦、金秀珍、王凤春译注：《左传全译》，贵州人民出版社，1990年，第1120—1121页。

春秋战国时期，各诸侯国在重视商业发展的同时，也比较注重城市的管理。楚国采用的是西周时的市场管理办法，《周礼》记载："司市掌市之治教、政刑、量度、政令"①。齐国管仲"设轻重九府，则桓公以霸，九合诸侯，一匡天下……是以齐富强至于威、宣也"②。

3. 自由商人的出现与社会构成的变化

随着政治、经济格局变化及社会生产力的发展，"工商食官"的局面被打破，私人工商业者开始出现。《管子·乘马》："士，闲见、博学、意察，而不为君臣者，与功而不与分焉。贾，知贾之贵贱，日至于市，而不为官贾者，与功而不与分焉。工，治容貌功能，日至于市，而不为官工者，与功而不与分焉。……是故非诚贾不得食于贾，非诚工不得食于工，非诚农不得食于农，非信士不得立于朝。"③ 私人工商业者的出现，是春秋战国时期工商业发展的重要特点。

自由商人阶层的出现是与当时的政治、经济格局密切相关的。随着商业的发展，商人的地位得到提高。《左传·哀公二年》记载："克敌者，上大夫受县，下大夫受郡，士田十万，庶人工商遂"④。商人如有战功，也是可以为官的。这些都为工商业的发展奠定了基础，提高了私有工商业者发展的积极性。战国时期，"工商食官"政策被打破，进一步刺激了私有工商业的发展，一些官府控制的工商业也逐渐交由商人经营。

4. 货币演变与城市商业的发展

货币的发展是商业发展的主要表现之一，货币的发展说明商品交换的频繁，区域间的商业贸易互动良好。春秋战国时期，随着商品经济和商业的进一步发展，铜铸货币广泛流行。《史记·平准书》："农工商交易之路通，而龟贝金钱刀布之币兴焉。"⑤ 春秋时期的货币分为四个系统，即晋国的布币系统，楚国的贝币系统，周、秦的圆钱系统，齐、燕、赵等国的刀币系统。⑥ 晋国城址曾发现十二枚大型耸肩尖足空首布，而且发现有炼炉残迹和坩埚碎片，以及大量的空首布内范，表明这些空首布大概是在当地铸造的。⑦ 这些铸币出土于春秋晚期的地层，是目前所知根据考古发掘判定的年代最早的布币。燕下都也曾发现铸造"明刀"的遗址，发掘面积约8000平方米，另存有土炼铜渣、焦渣、红烧土和残刀范等。⑧

齐国的货币流通区域也比较广大，与齐刀有关的货币遗迹大量发现于齐国的主要交通路线附近的区域，首先是今济南、东平陵、临淄、益都、牟平、荣成一线，其二是昌邑、招远、黄县一线，其三是即墨、青岛、日照一线，其四是黄县、莱

---

① 《周礼·地官司徒》，崔高维校点，辽宁教育出版社，1997年，第25页。
② 司马迁：《史记·货殖列传》，线装书局，2006年，第539页。
③ 《管子·乘马》，北京燕山出版社，1995年，第52页。
④ 王守谦、金秀珍、王凤春译注：《左传全译》，贵州人民出版社，1990年，第1492页。
⑤ 司马迁：《史记·平准书》，线装书局，2006年，第138页。
⑥ 李玉洁：《齐国史》，新华出版社，2007年，第242页。
⑦ 中国社会科学院考古研究所：《新中国的考古发现和研究》，文物出版社，1984年，第317页。
⑧ 黄景略：《燕下都城址调查报告》，《考古》，1962年第1期。

阳、即墨及青岛市北郊一线。齐国货币的地域分布范围大致说明以齐国为中心的区域内部之间经济交流的增强。

秦国主要使用半两钱。今人陈隆文认为半两钱主要集中分布在关中地区秦人的主要活动区里，关中以外的地区罕有发现，出土半两钱主要发现于秦国主要城市遗迹及其周围。[1]

在战国后期，各诸侯国大都将圆币作为统一的货币，圆币的出现及发展说明地区间的经济互动增强。如楚国可能是春秋战国时期唯一使用黄金、白银铸造货币的国家。其铜币流行的范围，已达今山东、安徽、江苏、湖南、河南以及陕西等广大地区。[2]

目前在春秋战国城市遗址考古中所发现的货币数量并不多，仅中山国灵寿城发现的刀币数量较多，1967年出土1000多斤刀币，1974年出土窖藏刀币800多斤，1980年又发现了1501枚刀币。[3] 数量较多的货币出土，说明该国的商品经济较为发达。

总之，春秋战国时期，"工商食官"等制度被打破，加之频繁的兼并战争，各诸侯国之间的商品、货币和人口等经济要素、社会要素的流动较为频繁，为春秋战国时期城市经济的发展提供了重要的条件。春秋战国时期的城市发展多受到交通业发展的推动，位于交通枢纽的城市或者被选为列国中心都邑，或者为商人会聚之所，成为有名的商业都会，如秦之咸阳，魏之大梁，赵之邯郸，燕之涿、蓟，韩之荥阳，齐之临淄，周之洛邑，郑之阳翟，楚之郢、宛、寿春，宋之陶、睢阳，卫之濮阳，越之吴等。由于不同地区生产条件与生产资源的不同，各诸侯国的城市形成了自身的特色产业和产品。如临淄是当时的冶铁业、纺织业中心，邯郸和宛城是铁器制造业中心；吴国的剑，韩国的弓弩，齐国的丝织品，巴蜀的锦、竹器，燕国的淬火钢剑，楚国的铁剑、铜镜、漆器，郑之刀，宋之斤，鲁之削……都是当时的名特产品。具有地标性的名特产品的出现表明手工业的发展，也表明商品流通渠道的扩大。

第三节　城市农牧业的发展

先秦时期，农牧业在城市经济中占有重要的地位。个体生产能够成为家庭、个人生存的条件，租佃关系的出现，这在城市产生的初期，无疑也为一部分城市居民提供了谋生手段，农业的生产形态所构成的生活方式，有着一股强大的力量往城市里涌进。西周以来的乡遂制度到春秋以后，仍以其顽强的变异的形式，使"耕者"

---

[1] 陈力：《东周秦汉时期城市发展研究》，三秦出版社，2010年，第108页。
[2] 刘玉堂、张硕：《楚市商贾：楚国的商业与货币》，湖北教育出版社，2001年，第70页。
[3] 曹迎春：《中山国经济研究》，中华书局，2012年，第167页。

能够在城市里生活。① 因此，关注城市农牧业十分重要。

一、史前至西周时期的城市农牧业

虽然城市是非农业人口聚集的空间，但城市的发展离不开农业的发展，农业是城市发展的前提与后续支撑条件。而城市腹地的大小对于城市规模影响巨大，城市发展需要相应的腹地经济来支撑。《管子·八观》："凡田野万家之众，可食之地，方五十里，可以为足矣。万家以下，则就山泽可矣；万家以上，则去山泽可矣。"② 管子曾就城市规模与腹地范围之间的关系作有如下论述：

> 上地方八十里，万室之国一，千室之都四。中地方百里，万室之国一，千室之都四。下地方百二十里，万室之国一，千室之都四。以上地方八十里，与下地方百二十里，通于中地方百里。③

> 百乘之国，中而立市，东西南北度五十里。……百乘为耕田万顷，为户万户，为开口十万人……千乘之国，中而立市，东西南北度百五十余里。……千乘为耕田十万顷，为户十万户，为开口百万人……万乘之国，中而立市，东西南北度五百里。……万乘为耕田百万顷，为户百万户，为开口千万人……④

在农业时代，城市经济与农村经济有着密切的联系，城市中也居住有相当数量的以农业生产为主的居民，因而出现了城市农业，而与乡村农业并存。如郑州商城考古发掘出数量较多的农业生产工具，如石斧、蚌刀、石刀、骨铲等。⑤ 此外，在郑州商城东北角还发现有牛、羊、猪、马、狗等不少家畜骨骼。⑥ 由此可知，商代城市内有农业和畜牧业存在。

周代实行井田制与分封制，将城市与乡村紧密联系起来，形成一个相互联系的共同体。城市网络的构建实际上即为宗族关系网络的构建，通过这一纽带，"乡下聚落中生产的农业产品会被源源不断地输送到中心都邑，供西周贵族们在那里享用。当然，王室本身也在乡下拥有多数的聚落田产，其收入供中心都邑的王室成员享用"⑦。周代统治者已认识到农业的重要性，十分重视农业的发展。《国语》记载："夫民之大事在农。上帝之粢盛于是乎出，民之蕃庶于是乎生，事之供给于是乎在，和协辑睦于是乎兴，财用蕃殖于是乎始，敦庬纯固于是乎成"⑧。此外，从城市考古看，周代城市的畜牧业也较为发达。"1976年试掘的周原遗址云塘制骨作

---

① 张鸿雁：《春秋战国城市经济发展史论》，辽宁大学出版社，1988年，第456页。
② 《管子·八观》，北京燕山出版社，1995年，第115—117页。
③ 《管子·乘马》，北京燕山出版社，1995年，第55页。
④ 《管子·揆度》，北京燕山出版社，1995年，第513页。
⑤ 河南省文物研究所郑州工作站：《近年来郑州商代遗址发掘收获》，《中原文物》，1984年第1期。
⑥ 河南省博物馆、郑州市博物馆：《郑州商代城遗址发掘报告》，文物出版社，1977年，第18页。
⑦ 陈平原、王德威、陈学超：《西安：都市想象与文化记忆》，北京大学出版社，2009年，第14页。
⑧ 《国语·周语上》，鲍思陶点校，齐鲁书社，2005年，第7—8页。

坊，虽然发掘面积只有两百平方米，但是出土的废弃骨料就有两万多斤，主要是牛骨，还有马、羊、猪、狗和骆驼等骨骼。仅21号灰坑就出土废弃骨料八千多斤，其中包含一千三百头牛、二十一匹马骨。"① 从这些骨料的数量可以得知当时的牲畜数量较多，畜牧业较为发达。

从史前至夏商时期，城市产生之后，城乡之间出现分工和分离，但是城市作为人口聚集的中心，对粮食的需要量较大，而当时的商业贸易及长途运输不能满足城市人口的需要，特别是城市当中还有许多军队，还有依附于贵族统治者的手工业者、商人，对粮食的需求量也较大。因此，农业的发展对城市至关重要，城市中的许多居民在近郊及附近的农耕区域从事农业生产。这也反映了城市具有依附于乡村的原始性特征。

二、春秋战国时期的城市农牧业

与商周时期相比，春秋战国城市经济具有原始性特征，即农业经济对城市经济的渗透表现得较为明显。② 城市主要是农产品集散地，城市居民以耕田为主。《周礼》记载："载师掌任土之法，以物地事，授地职，而待其政令。以廛里任国中之地，以场圃任园地，以宅田、士田、贾田任近郊之地，以官田、牛田、赏田、牧田任远郊之地，以公邑之田任甸地，以家邑之田任稍地，以小都之田任县地，以大都之田任疆地。"③ 可以看出，这一时期不少城市内部还有大量田地。

在先秦史籍中也多有与农民相关的记载。春秋战国时期，"国人"虽然居住在国中（城中），但不少人是"三时务农而一时讲武"④，农业生产是其生产活动的主要内容。《孟子·滕文公上》"国中什一使自赋"，即国人向国家交纳收获物十分之一的赋税。《礼记·少仪》载："问士之子长幼，长，则曰能耕矣；幼，则曰能负薪，未能负薪。"⑤ 吕思勉先生解释说："士则战士，平时肆力于耕耘，有事则执干戈以卫社稷者也。"⑥ 因此，春秋战国时期城市中仍然有不少从事农耕生产的居民。他们中既有以士为主的居民，亦兵亦农；也有以农为主的居民，是军队士兵的主要来源之一。近年来，通过考古发掘，发现春秋战国时期不少城市内都有不少的空地，上面没有建筑遗址，应是以农耕为主的土地。这说明当时的城区内有农业生产活动，其城市经济属于农业和工商业相结合的混合经济。城区内居住有相当数量的以农业生产活动为主的居民，即所谓"庶人"。这些"庶人"与居住在乡村的农民

---

① 尹盛平：《西周史征》，陕西师范大学出版社，2004年，第33页。
② 张鸿雁：《春秋战国城市经济的原始性——农业经济对城市经济的渗透》，《辽宁大学学报》，1986年第2期。
③ 《周礼·地官司徒》，崔高维校点，辽宁教育出版社，1997年，第23页。
④ 《国语·周语上》，鲍思陶点校，齐鲁书社，2005年，第10页。
⑤ 《礼记·少仪》，崔高维校点，辽宁教育出版社，2000年，第118页。
⑥ 吕思勉：《先秦史》，北京理工大学出版社，2016年，第298页。

有所区别①，这表明春秋战国时期城市居民的构成包括士、农、工、商等多个社会阶层。

战国时期，城市或城郊园艺业有所发展，各种类型的园圃业相继出现。《周礼》记载："颁职事十有二于邦国、都鄙，使以登万民：一曰稼穑，二曰树艺……"②园圃业已经从粮食种植业中分离出来，并依托城市或城郊而发展，主要为城市中的统治者和上层社会服务。《史记》记载，赵良劝商君曰："何不归十五都，灌园于鄙"③。其时园圃业已成为城市及近郊居民的谋生之道。④ 园圃业的发展，意味着商品经济对战国时期城市及郊区农业经济的渗透，从一个侧面展现了战国城市经济发展的多种形式。

春秋战国时期，城市农牧业的发展，不仅为城市发展奠定了基础，而且对城市社会结构产生了重要的影响。从事农耕生产的士和农是城市人口的重要组成部分，甚至在部分城市中占有较大比例，这也是先秦时期城市发展的重要特征之一。

小 结

先秦城市经济经历了由石器时代（史前）到青铜时代（夏商周），再到铁器时代（春秋战国）的发展过程。青铜铸造业的出现标志着人类社会从石器时代进入金属时代，开始脱离野蛮时代而进入文明时代；铁器的发明与使用则使社会生产力发生革命性变化，促进了社会生产的跨越式发展，也推动了农业、手工业和商业的发展。

城市经济的发展既是社会生产力发展的产物，又是社会生产力发展的集中体现。先秦时期城市经济的发展与社会大分工密切相关。农业与畜牧业的分工，成为早期城市生产的重要前提。史前时期的早期城市经济十分薄弱，从现已发掘的早期城市遗址来看，并无较大的手工业作坊。夏商之后，随着国家的建立与城市规模的扩大，手工业与农业分离，手工业开始在部分地区成为独立的经济部门，并向城市集中，青铜铸造业、陶器加工业、骨器加工业的分工日趋细致，技术不断提高，生产水平也有较大发展。从商代开始，商业开始在部分地区和城市出现，商业与农业、手工业的分离又促使城市商业的兴起与发展。

城市经济的发展与政治格局、社会变革息息相关。一方面，先秦时期城市经济的发展，特别是城市手工业和商业的发展都经历了一种由官营手工业到官营、私营手工业并存的转变，而这种转变与政治变革有着直接的关系，并促进了社会经济的发展。春秋战国之前，城市工商业主要控制在统治者手中，"工商食官"，并为统治者和社会上层所用。春秋战国时期，政治变革，礼崩乐坏，诸侯称霸，"工商食官"

---

① 顾德融、朱顺龙：《春秋史》，上海人民出版社，2003年，第344页。
② 《周礼·地官司徒》，崔高维校点，辽宁教育出版社，1997年，第19页。
③ 司马迁：《史记·商君列传》，线装书局，2006年，第303页。
④ 邵鸿：《商品经济与战国社会变迁》，江西人民出版社，1995年，第74页。

的格局被打破，私营工商业出现，部分工商业者拥有巨资，并参与政治活动，其社会地位提高。另一方面，城市经济的发展受政治格局的影响较大。这在春秋战国时期城市经济的发展上表现得较为明显。出于兼并战争及争霸的需要，各国纷纷进行政治、经济变革，鼓励工商业的发展，这为春秋战国时期城市经济的繁荣提供了有利的政治条件。

  先秦时期，城市经济的发展极为不平衡。一方面，黄河流域、长江流域的城市经济获得快速的发展，尤其是黄河流域城市经济发展较快，著名的大都有齐国之临淄、魏国之大梁、秦国之咸阳、楚国之郢都，此外陶、下都、濮阳、郑、荥阳、睢阳、彭城、陈、寿春、蓟、温、轵、阳翟、宛、雍、栎阳、姑苏、成都等皆为当时著名的工商业城市。这些城市的经济职能不断增强，由此推动城市功能的完善。但是，今江苏、福建、云南、贵州、广西、新疆、内蒙古、西藏、黑龙江等地区的城市数量较少，规模较小，城市经济功能普遍较弱，对区域的聚集力和辐射力还相当薄弱。另一方面，城市在区域内部的发展也不平衡。各诸侯国的都城因为是统治中心，一般都率先获得发展机遇，而区域内的边缘城市的功能多不完善，不少城市仍是以军事功能为主，经济职能较弱，城市之间经济发展程度差异较大。

第五章　先秦时期的城市社会与城市文化

先秦时期，城市作为区域性的政治、经济、文化中心，更能反映当时社会发展变化的轨迹。在该时期，由于城市经济的不断发展，社会分工进一步细化，人口的职业构成也随之发生改变，城市的社会结构也经历了一个不断发展的过程。此外，由于政治格局的变迁，制度变化又对城市社会产生了深刻的影响。下文拟从城市的人口数量、城市社会阶层划分、城市居民的日常生活、城市管理、城市文化等方面做相关考察，进而考察先秦时期不同政治、经济背景下城市社会与城市文化所呈现的不同特点。

第一节　先秦时期城市社会结构的变化

先秦时期，随着城市的不断发展，城市人口数量也在不断增长。随着社会分工的不断细化，城市的人口构成也日趋多元化。政治制度与经济结构的变化促使社会结构也发生变化，社会分层更加细化，社会各阶层之间的流动较为频繁。

一、城市人口数量及其构成的变化

随着社会生产力水平的发展，社会生产关系也随之发生变化，城市的人口构成也随之改变。人口构成的变化是生产关系发生变化的直接产物，也是生产关系的最直接的体现。

（一）史前至夏商时期城市人口数量及构成的变化

1. 城市人口数量

先秦文献中缺乏对城市人口的准确记载，即使有相关人口记载，也大都为比较笼统的"万家""百家"等概数，较为模糊。学界多根据古代城市的用地面积、城市发展实际情况，采用每户占地150～160平方米，每户人口数量为4～5人，并以此为标准来估算城市人口数量。根据现有的考古成果，史前城市的城址面积大多可估算出来。因此，按照以上的计算方法，根据城市遗址的面积，可以得到一个对史前城市人口数量的粗略估算。

表 5-1 中国史前城址的面积及相应的人口数量

城 址	面积（平方米）	人口数量（人）	城 址	面积（平方米）	人口数量（人）
西 山	3.1万	800~1000	石家河	120万	30968~38710
王城岗	1万	258~323	马家垸	24万	6194~7740
平粮台	3.4万	877~1097	阴湘城	20万	5161~6450
郝家台	3.2万	826~1030	走马岭	7.8万	2013~2515
孟 庄	16万	4129~5160	城头山	7.6万	1961~2450
后 冈	10万	2581~3225	宝 墩	60万	15484~19355
城子崖	20万	5161~6450	芒 城	12万	3097~3720
边线王	10万余	2581~3225	鱼凫城	32万	8258~10325
丁 公	10万余	2581~3225	古 城	32.5万	8387~10485
田 旺	18万	4645~5805	双 河	15万	3871~4840
丹 土	23万	5935~7445	莫角山	30余万	7742~9675
薛 城	2.5万	645~805	石 峁	400万	103225~129030
景阳岗	30万	7742~9675	威 俊	5万	1209~1615
教场铺	40万	10323~12905	阿 善	5万	1209~1615
老虎山	13万	3355~4195	西 园	约1.35万	348~435
白玉山	6.5万	1677~2095	莎木佳	约9700	250~313
黑麻板	2万	516~645			

注：本表按每户155平方米和每户4~5人来计算。

资料来源：许宏《先秦城市考古学研究》，北京燕山出版社，2000年；马世之《中国史前城址》，湖北教育出版社，2003年；孙周勇等《陕西神木县石峁遗址》，《考古》，2013年第7期。

按：宝墩古城的面积，后经发掘，确认为288万平方米，因而其人口数量应为74322~92903人。

从上表可知，史前城市的人口数量相差较大，有的城市人口不过几百人，有的城市人口则达10万余人，多数城市的人口在1万人以下。需要特别说明的是，陕西神木石峁古城是大型聚落的集合体，故人口远较其他城市为多。

与史前城市相比，夏朝都城的人口有较快增长。"桀之时，女乐三万人，端噪晨乐闻于三衢"[①]。如果该史料可信的话，那么夏王桀的宫中仅女乐便有三万人，还未算其他的如侍从、军队的数量，可见当时夏朝都城的人口数量之多。商朝都城的人口规模也较大。据今人估算，偃师二里头遗址的人口数量在5.5万以上，郑州商城的人口数量在8万人以上，安阳洹北商城的人口数量在10万人以上，安阳殷墟的人口

[①] 《管子·轻重甲》，北京燕山出版社，1995年，第519页。

数量也在 10 万人以上。① 下表是宋镇豪先生对夏商时期城邑的人口数量的估算表：

表 5-2　夏商城邑的人口估算统计表

城　址	面积（平方米）	户数（户）	人口总数（人）
淮阳平粮台	3.4 万	210	1050
安阳后冈	3.3 万	180	900
郾城郝家台	1.9 万	110	550
登封王城岗	1 万	60	300
辉县孟庄	约 16 万	1000	5000
章丘城子崖	约 20 万	1200	6000
邹平丁公	约 10 万	620	3100
寿光边线王村	4.4 万	270	1350
章丘城子崖（中层）	约 17 万	1000	5000
凉城老虎山	4.3 万	250	1250
包头阿善	1.7 万	110	550
赤峰迟家营	约 10 万	600	3000
敖汉大甸子	约 6 万	310	1550
赤峰三座店	约 3.8 万	230	1150
赤峰当铺地	约 3.5 万	210	1050
尹家店	约 3.3 万	200	1000
赤峰新店西家营子	约 2.5 万	150	750
赤峰东八家	约 2.2 万	130	650
赤峰新店	约 1 万	60	300
赤峰西山根	约 1 万	60	300
敖汉城子山	0.68 万	40	200
赤峰上机房营子	约 0.4 万	25	125
澧县城头山	约 5.7 万	350	1750
阜新平顶山	约 5 万	300	1500
天门石家河	约 10 万	620	3100
山东临淄田旺	约 15 万	900	4500
石首走马岭	约 11 万	680	3400

注：表中户数的密度指数为 160 平方米 1 户，人口总数按照每户 5 人计算。
资料来源：宋镇豪《夏商社会生活史》，中国社会科学出版社，1994 年。

---

① 宋镇豪：《夏商社会生活史》（上），中国社会科学出版社，1994 年，第 198 页。

从上表可知，夏商时期，除少数城邑人口在数万外，大多数城邑的人口数量在几百人至几千人之间。与史前城市相比，夏商时期的大部分城市的人口规模并无多大变化。

2. 城市人口构成的变化

城市考古发掘报告中缺乏史前时期有关城市居民结构的资料，但是通过城址内的建筑物、考古发掘的古器物大致能分析出该时期城市人口构成。

史前时期，黄河流域的城市居多，目前发现的早期城市遗址中也是以黄河流域的数量最多。有研究者从这些史前城址不同区域的居住条件的差异性分析出城市居民的构成。如有研究者认为，辉县孟庄城址的中心是规模较大的中心聚落，为贵族聚居区；而周边的聚落规模较小，则为平民居住区域。[1] 平粮台城址中的建筑明显分为两种不同的风格，一是平地起建，应为平民居住；一是高台建筑，应为部落首领居住。可见该时期阶级分化已然出现，大致分为部落首领与一般平民两个阶级。王城岗遗址中的阶级分化也比较明显，城内的居民主要为统治阶级，城外则是一般民众。在王城岗遗址的墓葬坑中发现了埋活人的现象，成人、儿童都有，这种活人殉葬的形式是阶级分化的明显表现，被埋者大多为奴隶。另外，考古工作者在城内还发现了宫殿或宗庙一类的礼仪性建筑。[2] 祭祀活动的存在说明城市是贵族及相关人员的居住地。此外，在城内还发现了手工业区，由此可知，城市内有手工业者的存在。

长江流域史前城市的人口构成也趋向多元化。以宝墩遗址为例，宝墩城址中的"鼓墩子"发掘有大量的房屋基槽和柱洞，经研究认为，这些房屋都位于城址中的大型台地上，应为贵族居住区。然而，城址内的墓葬中"无随葬品"，说明墓主人的身份地位较低，显然存在着等级差异。[3] 农民也是宝墩城市居民的重要组成部分，根据考古发掘，宝墩遗址中有小型的磨制石器，有斧、锛、凿、穿孔石刀和铲等，其中以斧、锛、凿的数量最多、最具代表性，刀和铲少见。[4] 这也说明农业作为城市发展的物质基础仍然是当时城市居民的重要经济活动之一，半耕半农的武士和农民自然是城市居民的重要组成部分。

从上文可知，史前城市中已经存在等级制度，社会阶级分化，分别形成了统治者和被统治者。如果按照职业划分的话，城市中有王室及其家属，另有贵族、手工业者、农民等，不过该时期的社会分层并不是十分明显，大致可以分为贵族、平民两个阶层，另外还有一定数量的奴隶。

夏商时期，随着国家的形成和政治制度的建立，城市中的人口构成及社会阶层发生较大变化。同史前时期一样，由于政治制度尚不完善，政治机构仍保留原始社会部族的痕迹。同时，随着阶级分化及脑力劳动与体力劳动的分工，人口构成趋向

---

[1] 钱耀鹏：《中原龙山城址的聚落考古学研究》，《中原文物》，2001年第1期。
[2] 许宏：《先秦城市考古学研究》，北京燕山出版社，2000年，第34页。
[3] 马世之：《中国史前古城》，湖北教育出版社，2003年，第115页。
[4] 中日联合考古调查队：《四川新津县宝墩遗址1996年发掘简报》，《考古》，1998年第1期。

多元化。根据文献记载，城市居民大致分为贵族统治阶级、平民、奴隶三个阶层。其中，贵族作为统治者，同时作为官吏，对国家及城市进行管理。许多子姓和异姓部族的贵族往往同时又是商王朝的职官，卜辞记载的许多职官的私名常常又是族名和地名。[①] 平民阶层主要指"众"和"众人"，还有卜辞所载的从事手工业生产的"百工"。[②] 在商代的平民墓葬中，凡是随葬有手工业生产工具者，其他的随葬品也都比较丰富。这反映了商代手工业者在经济上比一般平民富有，社会地位应当不是卑贱的。[③] 奴隶阶层则主要包括"王臣、子口臣、牛臣"，从事农业与畜牧业活动，也有的从事翻地或饲养牲畜之类的活动。商代奴隶阶层中最为低下的有"仆"，主要从事农业与征伐。"宦"是家臣，即私兵，亦即后来的"雇农、雇工的先驱"，也是城市人口的重要组成部分。

夏商时期，城市中出现了专门为统治者服务的"乐人""百工""臣"等社会群体，从事宗教祭祀活动的人数也不断增多，这些社会群体的出现反映了社会分工的进一步细化。

总之，从史前时期至夏商时期，除了夏、商的都城和部分方国的都外，大部分城市的人口规模并未有多大增长。不过，由于国家的出现，城市的人口构成逐渐多元化，特别是在夏商时期，依附于贵族统治者的手工业者、商人的出现，使得该时期的社会结构发生变化。除都城之外的其他区域的城市发展程度仍然较低，并未脱离城市的原始性特征，人口构成及社会结构也就相对简单。

(二) 西周至春秋战国时期的城市人口数量及人口构成变化

1. 城市人口数量的变化

与夏商时期相比，周代的城市人口增长较快。由于该时期的城市考古资料有限，因而不能对该时期城市的全貌做相关的考察，只能对少数城市的人口做一个估算。

关于先秦时期的人口数量，并无准确的文献记载，零星的文献中对舜、禹时期至西周时期的人口总数变化做了总结。《帝王世纪》记载：

> 及禹平水土，还为九州，今禹贡是也。是以其时……民口千三百五十五万三千九百二十三人。至于涂山之会，诸侯承唐虞之盛，执玉帛亦有万国。……及夏之衰，弃稷弗务。有穷之乱，少康中兴，乃复禹迹。孔甲之至桀行暴，诸侯相兼。逮汤受命，其能存者三千余国，方于涂山，十损其七。民离毒政，将亦如之。殷因于夏，六百余载，其间损益，书策不好，无以考之。又遭纣乱，至周克商，制五等之封，凡千七百七十三国，又减汤时千三百矣。民众之损，将亦如之。及周公相成王，致治刑错，民口千三百七十一万四千九百二十三

[①] 晁福林：《夏商西周的社会变迁》，北京师范大学出版社，1996年，第20页。
[②] 杨升南、马季凡：《商代经济与科技》，中国社会科学出版社，2010年，第444页。
[③] 晁福林：《夏商西周的社会变迁》，北京师范大学出版社，1996年，第319—320页。

人，多禹十六万一千人，周之极盛也。①

从上文可以得知，从禹夏到西周，尽管人口数量有所增减，但是总人口大致维持在一千多万。不过，以上仅是对总人口的记述，并无城市人口的记载。《战国策》："且古者，四海之内，分为万国。城虽大，无过三百丈者；人虽众，无过三千家者。……今千丈之城，万家之邑相望也"②。按此记载，所谓古者即夏商时期，一般城市的人口规模约3000家，按照每家4~5人估算，城市人口一般在12000~15000人。不过，从已发掘的夏商时期的城市遗址来看，超过三百丈的城市不在少数，因而还是有人口规模较大的城市。

春秋战国时期，随着诸侯国的强大，城市空间远超周礼规制，部分诸侯国的都城更是发展为规模宏大的城市，如楚国的都城郢都。

临淄也是当时较大的诸侯国都城之一，人口规模较大。齐国"制国以为二十一乡"，"二千家为一乡。二十一乡，凡四万二千家"。③ 按照每家4~5人计算，则临淄城的人口在20万人左右。

表5—3 战国时期各诸侯国都城人口数量统计表

都 城	人口（万）	都 城	人口（万）
雍城	18.2~21.8	栎阳	6.9~8.3
纪南城	27.6~33.1	寿春	44.8~53.8
灵寿	24.1~28.9	邯郸	32.8~39.3
临淄	34.5~41.4	安邑	22.4~26.9
曲阜	17.2~20.7	郑韩故城	23.7~28.5
东周王城	15.8~19.1	咸阳	46.6~54.3

注：该人口数量是采用"290平方米/户与5~6人/户"的标准计算的。
资料来源：蒋刚《东周时期主要列国都城人口研究》，《文物春秋》，2002年第6期。

根据相关研究，战国时期的部分重要都城人口规模大都在十余万至五十余万之间，由此可见，此一时期的城市规模远比夏商周时期的城市规模大，尤其是各诸侯国都城都得到较大的发展。

2. 城市人口构成变化

西周建立后，政治制度得到完善，分封制与井田制确立，对当时的社会生产关系产生了较大的影响，而社会分工的细化促使城市的人口构成发生较大变化。到了春秋战国时期，政治、军事格局的变化，特别是"工商食官"制度被打破之后，社会各阶层的流动性增强，社会结构也随之发生变化。

周代社会阶层的划分与西周时期的分封制等社会制度密切相关。西周建立之

---

① 皇甫谧：《帝王世纪》，中华书局，1985年，第48—49页。
② 刘向：《战国策·赵三》，齐鲁书社，2005年，第213页。
③ 《国语·齐语》，鲍思陶点校，齐鲁书社，2005年，第111页。

后，对城乡关系进行明确的划分，所谓"国有都鄙，古之制也"①。此处的"国"即是都城，是统治者居住与处理政事之所。此外，依附于统治者的工商业者和部分农民亦居住其中。"鄙"则是乡村地区，主要为平民居住区域。

西周时期，城市中的统治者分为四个等级，即天子、诸侯、卿大夫、士。《左传·桓公二年》记载："天子建国，诸侯立家，卿置侧室，大夫有贰宗，士有隶子弟"②。城市中除了贵族之外，还有所谓的"国人"，多指国都内以及郊区拥有一定数量的土地，而且具有一定影响力的人。《国语》记载："厉王虐，国人谤王。邵公告曰……王不听，于是国人莫敢出言，三年，乃流王于彘。"③

除了贵族之外，城市中还有从事各行各业的平民。《左传·桓公二年》记载："士有隶子弟，庶人、工、商各有分亲，皆有等衰。"④ 由此可知，士阶层以下，有从事工商业者、庶人等阶层。《左传·襄公十四年》记载："庶人、工、商、皂、隶、牧、圉皆有亲暱，以相辅佐也。"⑤ 在上述阶层中，除了奴隶和陷入囹圄之人，其他各阶层的地位大致相同，无较大差别。

除了按照社会等级制度进行社会阶层的划分之外，还可以按照职业进行分级，《周礼》中记载了当时的九种职业：

  以九职任万民：一曰三农，生九谷。二曰园圃，毓草木。三曰虞衡，作山泽之材。四曰薮牧，养蕃鸟兽。五曰百工，饬化八材。六曰商贾，阜通货贿。七曰嫔妇，化治丝枲。八曰臣妾，聚敛疏材。九曰闲民，无常职，转移执事。⑥

由上文可知，《周礼》对居民的职业及其职能做了明确的划分，城市居民的职业结构可以大致分为士、农、工、商、闲民、臣妾、嫔妇等多种类型。士、农、工、商这几种职业的地位有一定差别，但这种差别也在发生变化，逐渐在缩小。《国语·晋语》载："公食贡，大夫食邑，士食田，庶人食力，工商食官，皂隶食职，官宰食加。"⑦ 贵族统治者接受供奉，大夫与士依靠其采邑，平民要靠劳动来生活，工商则依赖官家。由此可知，工商及家臣大都非自由人，无独立的人格，为附属于官家的生产者。

春秋时期，四民人数增加，就如何加强对四民的管理，齐桓公曾求教于管子："处士、农、工、商若何？"管子对曰："昔圣王之处士也，使就闲燕；处工，就官府；处商，就市井；处农，就田野。"⑧ 管子强调对四民的管理，需要按照职业分

---

① 《国语·楚语上》，鲍思陶点校，齐鲁书社，2005年，第268页。
② 王守谦、金秀珍、王凤春译注：《左传全译》，贵州人民出版社，1990年，第65页。
③ 《国语·周语上》，鲍思陶点校，齐鲁书社，2005年，第5页。
④ 王守谦、金秀珍、王凤春译注：《左传全译》，贵州人民出版社，1990年，第65页。
⑤ 王守谦、金秀珍、王凤春译注：《左传全译》，贵州人民出版社，1990年，第857页。
⑥ 《周礼·天官冢宰》，崔高维校点，辽宁教育出版社，1997年，第3页。
⑦ 《国语·晋语》，鲍思陶点校，齐鲁书社，2005年，第182页。
⑧ 《国语·齐语》，鲍思陶点校，齐鲁书社，2005年，第109—110页。

别对待,农民则让其居住在田野之中,其他职业者则生活在城市之中。士阶层与统治者关系较为紧密,而工商业者大都在政府的控制之下。

春秋战国时期,分封制衰落,原有的等级秩序失去约束力,社会流动性增强,不同类型、不同阶层的人出现频繁的横向流动和纵向流动。《论语》记载:"大师挚适齐,亚饭干适楚,三饭缭适蔡,四饭缺适秦,鼓方叔入于河,播鼗武入于汉,少师阳、击磬襄入于海。"[①] 亚饭、三饭等都是当时的乐师,他们在不同城市之间频繁流动,成为当时"礼乐崩坏"的直接反映。宗法制的衰败使得"许多贵族地位下降,落泊街头,沦为庶人;而许多庶民,甚至有些奴婢的地位都在各种机遇,尤其是私学的有限发展中上升,如以勇敢赢得军功,用智慧换取官职,或在工商业经济中大显身手等"[②]。

春秋战国时期出现了选士、贡士制度,新的选举制度的出现和推行,加快了社会各阶层的横向流动和纵向流动。

除了选拔制度之外,各诸侯国对人才的重视也是加快社会各阶层流动的重要原因。各诸侯国为了在争霸战争中取得优势,积极吸纳各类人才,"士"阶层便是在这样的背景下产生的。"士"是春秋战国时期新出现的社会阶层,是相对独立的阶层。他们虽然不直接从政,但却关注国家大事,力求参与政治活动。

春秋战国时期,士在各国的政治舞台上扮演着重要的角色。《论衡》:"六国之时,贤才之臣,入楚楚重,出齐齐轻,为赵赵完,畔魏魏伤。"[③]《墨子》:"入国而不存其士,则亡国矣。见贤而不急,则缓其君矣。非贤无急,非士无与虑国。缓贤忘士,而能以其国存者,未曾有也。"[④] 养士之风盛行,推动了士阶层的发展。

士阶层的发展还与当时分裂的政治格局密切相关。各国为了增强自身的实力,盛行养士之风,从而为士阶层的兴起和发展提供了政治条件,士阶层迅速兴起。由于士阶层适处于贵族与庶人之间,是上下流动的汇合之所,士的人数随之大增。[⑤]《史记》记载:"孟尝君名文,姓田氏……在薛,招致诸侯宾客及亡人有罪者,皆归孟尝君。孟尝君舍业厚遇之,以故倾天下之士。食客数千人,无贵贱一与文等。"[⑥] "春申君者,楚人也……春申君既相楚,是时齐有孟尝君,赵有平原君,魏有信陵君,方争下士,招致宾客,以相倾夺,辅国持权。……春申君客三千余人,其上客皆蹑珠履以见赵使……"[⑦] 孟尝君与春申君的食客均达三千人之多,皆以士为主,可见当时养士之风的盛行。

由于各国实行开放政策,因而"士人"的流动性较强,可以较为方便地跨国活

[①] 《论语》,杨伯峻、李逢彬注释,岳麓书社,2000年,第179页。
[②] 辛田:《春秋战国时期社会转型研究》,陕西人民出版社,2006年,第75页。
[③] 王充:《论衡·效力》,岳麓书社,1991年,第205页。
[④] 《墨子·亲士》,苏凤捷、程梅花注说,河南大学出版社,2008年,第86页。
[⑤] 余英时:《士与中国文化》,上海人民出版社,1987年,第12页。
[⑥] 司马迁:《史记·孟尝君列传》,线装书局,2006年,第328页。
[⑦] 司马迁:《史记·春申君列传》,线装书局,2006年,第339-340页。

动。"自孔子卒后，七十子之徒散游诸侯，大者为师傅卿相，小者友教士大夫，或隐而不见。故子路居卫，子张居陈，澹台子羽居楚，子夏居西河，子贡终于齐。如田子方、段干木、吴起、禽滑釐之属，皆受业于子夏之伦，为王者师。"① 从孔子弟子的流动便可知该时期士人流动之频繁。

"士"作为春秋战国时新出现的社会阶层，大都在各诸侯国的都城或重要城市谋生，不少人成为各诸侯的谋士幕僚，因而他们逐渐在城市文化教育、艺术等多个领域扮演着重要的角色，创造了春秋战国时期灿烂的文化。

农业是春秋战国时期城市发展的重要推动力，因而仍然有部分城市居民从事农业和园艺生产。当时所谓的"庶人"就有不少是从事农业生产的城市居民。《左传》："其庶人力于农穑。"② 说明庶人是从事农业生产的。

西周时期，手工业与商业虽然都有较大发展，分工较为细致，但皆掌握在官府手中。到了春秋战国时期，"工商食官"制度被打破，逐渐出现了私有工商业者，并成为城市中兴的阶层。《荀子·儒效》记载："工匠之子莫不继事，而都国之民安习其服。"③ 这些手工业者的后代都是要继承先辈的事业。

随着商品经济的较快发展，各诸侯国纷纷出现了拥资巨万的大商人，正如管仲所说："万乘之国有万金之贾，千乘之国有千金之贾"④。而且新兴起的商人都是自由商人，而非政府控制下的所谓"工商食官"之商人。自由商人阶层的兴起既是经济发展的产物，又是时代政治的产物，他们也能积极地参与时势政治。如春秋战国时期著名的大商人范蠡，号称陶朱公，经商"十九年之中三致千金"，其子孙积财"至巨万"。⑤ 这些商人成为促进城市商业发展的重要力量，他们的出现则是城市商业发展的重要表现。春秋战国时期，城市商人的地位有了进一步的提高，韩非曾说："虽上有天子诸侯之势尊，而下有倚顿、陶朱、卜祝之富"⑥。

春秋战国时期，随着商人数量的增多，他们在城市居民中所占比重增大，成为城市居民的重要组成部分。据《国语·齐语》和《管子·小匡》等文献，齐桓公任用管仲进行改革时，把国都（临淄）划分为二十一乡，其中，士农之乡十五，工商之乡六："处工必就官府，处商必就市井"；"市立三乡，工立三族"。"市立三乡"，就是将商人聚居的市分设三乡。按照当时五家为轨，十轨为里，四里为连，十连为乡的乡里组织系统，三乡当有一百二十个里，共六千商户集中居住于临淄的市区。⑦ 足见当时临淄的商人数量之多。

春秋战国时期，城市居民中除了上述阶层之外，还有一定数量的奴隶，即所谓

---

① 司马迁：《史记·儒林列传》，线装书局，2006年，第503页。
② 《左传·襄公九年》，王守谦、金秀珍、王凤春译注：《左传全译》，贵州人民出版社，1990年，第801页。
③ 《荀子·儒效》，王学典编译，中国纺织出版社，2007年，第104页。
④ 《管子·国蓄》，北京燕山出版社，1995年，第470页。
⑤ 司马迁：《史记·货殖列传》，线装书局，2006年，第541页。
⑥ 《韩非子·解老》，高华平、王齐洲、张三夕译注，中华书局，2010年，第194页。
⑦ 顾德融、朱顺龙：《春秋史》，上海人民出版社，2003年，第250页。

"臣妾"。"臣妾"即奴仆，臣为男仆，妾为女仆。奴隶的主要来源为战俘。《小盂鼎》记载，周康王时发动伐鬼方的战争，"孚（俘）人万三千八十一人"[1]。战争中所得的奴隶，主要分配给不同层次的贵族，为其服务。

西周至春秋战国时期，城市居民中军人也是其重要组成部分。周朝的宿卫军有"西六师""殷八师""成周八师"。这些军队也是驻扎在城市，而且数量较多，在周代城市人口中占据相当的比例。其他诸侯国亦是如此。

大致说来，西周至春秋战国时期，城市中的社会阶层主要包括贵族、工商业者、士、奴隶、军人等。这些社会阶层大都依附于贵族统治者，如士阶层多依附或寄生于贵族。此外，由于社会变革，私人手工业、自由商人开始出现，社会各阶层之间的流动较为频繁。

总之，春秋战国时期，随着生产力的迅速发展，原来的生产关系逐渐解体，"井田制"和"工商食官"制度全面瓦解，个体农民、私人手工业者、自由商人陆续出现，私有工商业者、自由商人成为城市社会中的新兴阶层。

二、城市居民的日常生活

人类从原始社会时期的居无定处到定居生活，经历了一个漫长的历史过程。在这个过程中，人类积累了丰富的生产和生活经验。随着人类社会的发展，人们的衣、食、住、行等方面都发生了很大的变化。城市是人类社会发展到一定阶段的高级聚落形态，城市居民日常生活的变化能深刻地反映时代的变迁。现有文献中，与先秦时期城市居民日常生活相关的记载较少，不过结合考古资料，也可以对不同时期居民的衣、食、住、行等做相关考察。

（一）居民的居住与出行

在人们的日常生活中，居住方式的变化是重要的一个方面。从原始时期的野外生存到穴居，再到乡村聚落，以至城市聚落，可以说，人类对居住环境的选择，实为早期人类居舍和城邑发展的变迁史。城市聚落是作为人类社会的高级聚落，而城市内部居民的阶级地位的差异决定了他们的居住方式的不同。

1. 城市居民居住环境的变迁

远古时期，人们大都居住在半地穴式的建筑物中。"古者人之始生，未有宫室之时，因陵丘堀穴而处焉"[2]。"舜作室，筑墙茨屋，辟地树谷，令民皆知去岩穴，各有家室。"[3] 我们从考古资料中得知，在不同的区域，人类居民房屋的外部形态各不相同。以黄河流域为中心的仰韶文化区域大都为窑洞式居宅，也称为窟式房

---

[1] 王国维：《古史新证》，清华大学出版社，1994年，第181页。
[2] 《墨子·节用中》，苏凤捷、程梅花注说，河南大学出版社，2008年，第184页。
[3] 《淮南子·修务训》，杨有礼注说，河南大学出版社，2010年，第626页。

屋。如甘肃镇原常山遗址发掘出的房屋是一种由门道、门洞、住室、顶盖四部分构成的地穴式住宅。门道和门洞是在黄土中挖成，住室呈袋状，打破地表，口小底大，再立柱敷设草泥顶，外观似一扁圆形土丘。① 长江流域居民的房屋大都为干栏式建筑，即在湿地上栽桩安柱，再在其上架大小地梁，铺上木板，再在上面立柱架梁，盖屋顶，以苇席之类为墙，筑成与地面架空的木构房屋。② 住宅逐渐由地下转到地上，但是居住方式仍然较为简单。

半地穴式的居住环境，在夏季会比较潮湿，人们希望可以到地面上居住。《墨子·节用》记载："（穴）冬可以辟风寒，逮夏，下润湿，上熏蒸，恐伤民之气，于是作为宫室而利。"③ 地面建筑，特别是高台之上的建筑逐渐成为人类新的居宅。随着城市的形成，城市建筑的类型向多样化、大型化发展。由于聚居在城市中的大都是王室及贵族等，也有部分手工业者和城市平民，因而城市内的房屋建筑也体现出明显的等级差别。根据考古发掘，普通居民的房屋仍然是浅地穴式房屋。如长江中游的城头山址是中国史前最早的城市，城址中房屋为长方形半地下建筑，小型房屋则为圆形、椭圆形和圆角形半地穴式，多为6～8平方米左右。④ 再如学界较少关注的安徽固镇垓下城址，也发掘出半地穴式建筑，"排房由5间连间房屋和1间独立的附属性房屋组成，各间房屋均为长方形，五连间房屋共长约16米，每间房屋面阔2至3米不等，进深约4.45米，房屋间设有隔墙，隔墙宽度16～32厘米。仅有3间房屋残存有墙壁，高度20～45厘米"⑤。这些房屋空间不大，墙壁较薄，从里边发掘的器物也较简单，反映了城市居民居住条件的简陋。

在史前城市中，有的居民房屋已经在地上建设。如陶寺城址中的大多数房屋，平面作圆角方形，室内地面涂草泥土，经压实处理后，多数再涂一层白灰面，并用白灰涂墙裙；少数经火焙烧呈暗红色，或烧后再涂白灰面。室内中部每见柱洞和灶，而且在室内墙壁上发现窑洞或小龛。⑥ 这些地面房屋的居住者地位往往较高。这在安阳后冈城址中的房屋建筑中得到证实。安阳后冈城址中发掘的房屋多为地面建筑，墙壁用黄色黏土、土坯或木棍夹杂黄泥筑成。居住面上抹白灰防潮。在一些房址的居住面上发现成层的树枝、植物茎根痕迹，有的上面还覆盖有草泥。……居住面上整齐地铺放一层木板，木板表面经过加工，板面整齐。⑦ 由于该时期普通居民的房屋大都为半地穴式，地面建筑及木板都说明房屋主人的地位比普通居民高，或为贵族。史前城址中的房屋建设充分运用木材、石灰等建筑材料，也显示了一定

---

① 张孝光：《陇东镇原常山遗址14号房子的复原》，《考古》，1983年第5期。
② 宋镇豪：《夏商社会生活史》（上），中国社会科学出版社，1994年，第45页。
③ 《墨子·节用中》，苏凤捷、程梅花注说，河南大学出版社，2008年，第184页。
④ 蒋迎春：《考古学家在京论证确认：城头山为中国已知时代最早古城址》，《中国文物报》，1997年8月10日。
⑤ 陆勤毅等：《安徽通史·先秦卷》，安徽人民出版社，2011年，第70～71页。
⑥ 中国社会科学院考古研究所山西工作队、山西省临汾地区文化局：《陶寺遗址1983—1984年Ⅲ区居住址发掘的主要收获》，《考古》，1986年第9期。
⑦ 马世之：《中国史前古城》，湖北教育出版社，2003年，第25页。

的技术水平。

从夏朝开始，随着阶级日益分化，城市中的居住方式也日益分化。城市中出现了较大规模的宫殿建筑，由贵族居住。夏朝偃师二里头遗址中两座宫殿建筑基址的面积可达 14000 平方米，由"殿堂、廊庑、大门和庭院"等建筑组成，而且正殿中铺有鹅卵石，建筑风格也较为考究；二号宫殿基址中廊庑下还有陶管和石板砌成的排水管道。① 可见，贵族的居住环境要比普通居民的居住环境好得多。

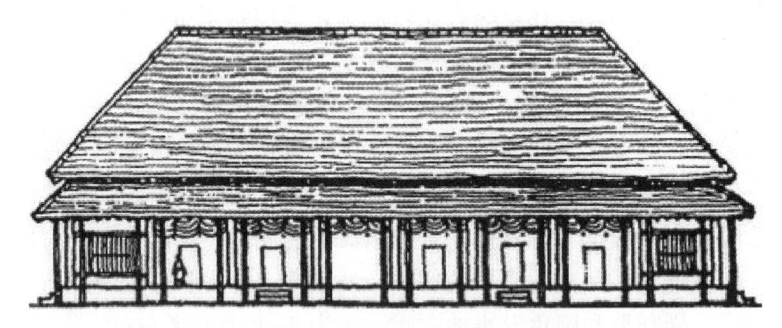

图 5-1 二里头遗址中的宫殿复原图

资料来源：杜金鹏、许宏《偃师二里头遗址研究》，科学出版社，2005 年。

而城址中的平民房屋同史前城址一样，如偃师二里头城址中的平民房屋仍然是小地面型和半地穴式。② 可见，一般居民的居住条件同史前时期一样，并没有得到多大改善。

商代城市的宫殿建筑规模要比夏朝城市的宫殿建筑大得多，建筑技术也有所提高。如安阳殷墟的宫殿遗址"南北长约 600 米，东西宽约 450 米，面积约 27 万平方米"。从建筑技术的角度看，商代城市房屋基址的建造采取填基法和挖基法两种。填基法即"将原来的洼地（如窖穴等）填平夯打"；挖基法则是"先在地面挖房基，然后将土填回夯实"。地面的处理，有的是将土夯实之后用火烧，以防潮，有的直接铺设木制地板。③ 建筑技术的提高为贵族的日常生活提供了优越的居住环境。

池苑还成为商朝城市宫城布局中的重要组成部分。这些池苑大都是贵族用来游乐、休憩的场所。偃师商城宫城的北部便有池苑，面积可达 1 万平方米，该池苑与城市的排水系统相连，可见，池苑经过精心的设计。④

商代城市中平民与奴隶居住的场所仍然是半地穴式的。如郑州商城内的房屋基址的形状分为长方形和方形两种，"房子的筑法一般是先由地面向下挖成一个方形或长方形浅坑基槽，然后将坑底夯实作为地坪，并在坑的周围用泥土堆筑墙壁。房门多向南，房内迎门靠后墙处的地坪上，又多用泥土堆筑一个低矮的长方形土台。

---

① 邹学德、刘炎主编：《河南古代建筑史》，中州古籍出版社，2001 年，第 42 页。
② 杜金鹏、许宏：《偃师二里头遗址研究》，科学出版社，2005 年，第 487 页。
③ 徐杰令：《先秦社会生活史》，黑龙江人民出版社，2004 年，第 58 页。
④ 井中伟、王立新：《夏商周考古学》，科学出版社，2013 年，第 86 页。

地坪和土台分别用细黄泥或'白灰面'涂抹一层"①。用石灰或者黄泥涂墙,在史前便存在,可见,商代一般居民的房屋建筑并无技术上的提高。这样的房屋大都是农民、小奴隶主居住的。从事手工业的奴隶的房屋条件更差,郑州商城内制陶作坊附近发现的房子呈方形或长方形,也分地面上与半地穴式的。② 居住在这些房屋中的大都是从事制陶的奴隶。由此可知,奴隶居住之所与一般平民的居住场所还是有所差异的。

与夏商时期相比,周代的宫殿建筑技术有了明显的提高,主要表现在房屋外部形态与建筑材料的发展。受宗法制的影响,宫殿及房屋建筑体现出明显的等级性,形制、规模差异较大。

周代城市中的宫殿布局要符合"前朝后寝""前堂后室"的要求。凤雏西周早期宫殿建筑为"两进的四合院,各单体建筑坐落其中并有明确的南北中轴线"③,且以木构架为主要结构,这种布置方式成为中国古代建筑的主要特征。西周时期的宫殿建筑已经较为纯熟,成为后世木制建筑的范本。

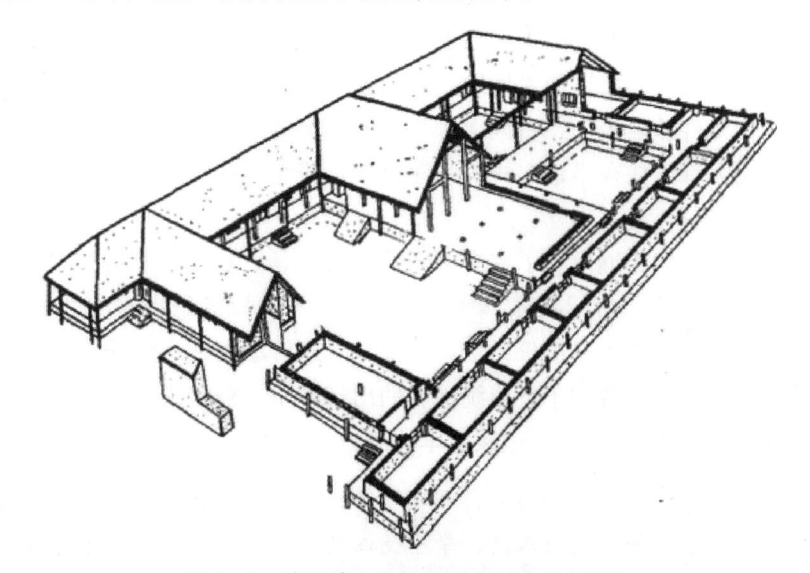

图 5-2 陕西岐山凤雏西周宫殿建筑复原图

资料来源:张之恒、周裕兴《夏商周考古》,南京大学出版社,1995年。

周代城市建筑技术发展的一个重要方面就是瓦的发明,春秋战国时期仅瓦就有板瓦、筒瓦、瓦当、瓦钉等种类。各国在城市建设中普遍使用瓦,瓦的形制各不相同,如"韩国的瓦当多素面,魏国的瓦当多卷云纹,齐国流行树林纹和双兽卷云纹"④,既有实用价值,又增强了建筑外观的美感。

周代统治者、贵族居住之所的内部装饰也较为考究,周王宫殿中都陈设有屏

---

① 杨育彬:《郑州商城初探》,河南人民出版社,1985年,第56页。
② 杨育彬:《郑州商城初探》,河南人民出版社,1985年,第59页。
③ 张之恒、周裕兴:《夏商周考古》,南京大学出版社,1995年,第210页。
④ 徐杰令:《先秦社会生活史》,黑龙江人民出版社,2004年,第61页。

风、缀衣、竹席、矮几、玉器、礼器等生活用具及礼器。《尚书·顾命》记载:"狄设黼扆、缀衣。牖间南向,敷重篾席,黼纯,华玉,仍几。西序东向,敷重厎席,缀纯,文贝仍几。东序西向,敷重丰席,画纯,雕玉仍几。西夹南向,敷重笋席,玄纷纯,漆仍几。"①丰富多样的器具及精美繁复的纹饰反映出当时贵族统治者较优越的生活条件。

西周时期,一般贫民的居住条件仍然较差,房屋较为简陋。根据考古发掘,早期的房屋是长方形半地穴式的,"墙壁不加修饰,居住面比较平整且用火焙烤过,靠墙处多有凹入地面的椭圆形小灶";晚期的房屋是"圆形的半地穴坑,墙壁表面涂细泥,居住面也抹一层黄土细泥,平整而坚硬,但没有用火焙烤的迹象,屋内有灶坑,室外有斜坡状的出口"。②

春秋战国时期,平民居住区大都称为"郭"。从城市内部空间布局来看,平民大都居住在"大城"。根据考古发掘,齐国临淄城的平民居住区域"绝无大型建筑遗迹"③。与夏商时期相比,普通手工业者、奴隶等社会阶层的居住条件改变较小。

总之,由于社会生产力的进步与王权的发展,人类社会从村落进入城市聚落时代,城市也就成为人类大型的聚居地。而随着等级制度的日益严格,夏商周时期城市居民的居住条件差异极大,贵族大都居住在宫殿等地面建筑内,而士、农、工、商等社会阶层大都居住在半地穴式房屋建筑中,居住条件较差。

2. 居民的出行

先秦时期,人们相继发明了许多不同的交通工具。《史记》记载:"陆行乘车,水行乘船,泥行乘橇,山行乘樏。"④ 可知,船、车、橇等是当时的几种主要交通工具。但是,这些交通工具造价昂贵,大都是贵族等享用,一般平民难能使用。

先秦时期,马车主要用于贵族统治者的出行游乐、狩猎或对外战争。相传人类较早时期便已经造车,《周礼》记载了车的制造过程:

> 车有六等之数:车轸四尺,谓之一等;戈柲六尺有六寸,即建而迤,崇于轸四尺,谓之二等;人长八尺,崇于戈四尺,谓之三等;殳长寻有四尺,崇于人四尺,谓之四等;车戟常,崇于殳四尺,谓之五等;酋矛常有四尺,崇于戟四尺,谓之六等。车谓之六等之数。凡察车之道,必自载于地者始也,是故察车自轮始。凡察车之道,欲其朴属而微至。不朴属,无以为完久也;不微至,无以为戚速也。轮已崇,则人不能登也;轮已庳,则于马终古登阤也。⑤

从中可以看出,马车的制造需要多道工序,车身的制造技术要精准,说明马车制造不易。先秦时期,马车多为贵族统治者所用,一般平民及奴隶则不可能有乘车

---

① 《尚书·顾命》,冀昀主编,线装书局,2007年,第239页。
② 中国社会科学院考古研究所:《新中国的考古发现和研究》,文物出版社,1984年,第253页。
③ 中国社会科学院考古研究所:《新中国的考古发现和研究》,文物出版社,1984年,第272页。
④ 司马迁:《史记·夏本纪》,线装书局,2006年,第5页。
⑤ 《周礼·冬官考工记》,崔高维校点,辽宁教育出版社,1997年,第78页。

的条件。《墨子·辞过》记载："古之民未知为舟车时，重任不移，远道不至，故圣王作为舟车，以便民之事。"① 说明马车是统治者用于管理社会和出行的重要工具。从先秦考古资料中也可以看出，马车是贵族的专用之物。如商代发掘的马车主要出自贵族墓葬。根据今人的统计，安阳殷墟出土的马车，是高级权贵的殉祭品。其中出自王陵区者有 32 辆，占总数的 59.3%；出自王室宗庙区者有 6 辆，占 11.1%；其余 16 辆出自一些贵族墓地。② 车辆的多少代表了墓葬主人地位的高低。

先秦时期，战争频繁，战车则被用于战争。《吕氏春秋》记载："殷汤良车七十乘"③。武王伐纣时，有"虎贲三千，简车三百乘"④。可见，战车已经被广泛地运用于战争。

船也是先秦时期的重要交通工具。在黄帝、大禹时期，舟便已经出现，《尚书》记载："罔昼夜頟頟，罔水行舟。"⑤ 而在远古时期，人类就已经学会架桥。如湖北黄陂商代前期盘龙城的壕沟发掘有桥桩的柱洞遗存，洞内留有残木桩，北岸柱洞八个，排列呈门字形凸出朝向河中；南岸坡缘相对处有一半圆形浅坑，坑内也有一个柱洞；南垣外东段城壕也发现桥桩的柱洞，南岸柱洞四个，呈东西排列。还发现大量塌入河底的桥梁木板遗存。⑥ 这说明当时已经有了建造吊桥的技术。

总之，受社会生产力的限制及等级制度的影响，城市的一般居民大都步行，只有贵族统治者及官吏可以使用马车，这也体现了城市居民在出行方面的等级差异。

（二）城市居民的饮食、服饰与娱乐活动

除了居住环境之外，日常饮食服饰、娱乐活动也是城市居民生活的重要组成部分。

1. 城市居民的饮食

由于自然地理环境的地区差异，不同区域的农作物结构有着明显的不同。大致来说，北方地区属于粟作文化区，而南方地区则属于稻作文化区。

夏代，城市中的贵族过着极其奢华的生活，如二里头遗址发掘的中型墓葬中有木质葬具，铺朱砂，随葬铜器、玉器、漆器、陶制礼器及其他奢侈品。⑦ 这些物品是平民所接触不到的。根据考古发掘，商代城市已经出现专门装粮食的容器。"陶大口尊是商代陶器中比较常见的器物之一，也可以说是商代独有的一种陶器品种，郑州商城等商代遗址出土了数量较多的陶大口尊"⑧。可见当时贵族的物质生活比较丰富。

---

① 《墨子·辞过》，苏凤捷、程梅花注说，河南大学出版社，2008 年，第 106 页。
② 宋镇豪：《夏商社会生活史》（上），中国社会科学出版社，1994 年，第 230 页。
③ 《吕氏春秋·简选》，冀昀主编，线装书局，2007 年，第 153 页。
④ 《吕氏春秋·简选》，冀昀主编，线装书局，2007 年，第 154 页。
⑤ 《尚书·益稷》，冀昀主编，线装书局，2007 年，第 31 页。
⑥ 宋镇豪：《夏商社会生活史》（上），中国社会科学出版社，1994 年，第 297 页。
⑦ 杜金鹏、许宏：《偃师二里头遗址研究》，科学出版社，2005 年，第 487 页。
⑧ 安金槐：《商代的粮食量器——对于商代陶大口尊用途的探讨》，《农业考古》，1984 年第 2 期。

从先秦的历史文献记载来看，人们的饮食结构已经多样化。周代，国王和贵族的吃穿用度较为考究。《周礼》记载："凡王之馈食用六谷，膳用六牲，饮用六清，羞用百有二十品，珍用八物，酱用百有二十瓮。王日一举，鼎十有二，物皆有俎，以乐侑食。膳夫授祭，品尝食，王乃食。"① 其中，六谷即稻、黍、稷、粱、麦、菰；六牲为牛、羊、豕、犬、雁（鹅）、鱼；六清为水、浆、醴、凉、医、酏。可见其饮食结构多样，荤素搭配，较为考究。

与贵族相比，一般平民的饮食则相对简单，特别是城市手工业者往往依附于统治阶级，饮食较差。

2. 城市居民服饰的变化

服饰经历了一个长期的演变过程，在不同的时期，居民服饰有所不同。

史前时期，早期人类穿衣服是适应生存的需要，如《墨子·辞过》记载："古之民未知为衣服时。衣皮带茭……故圣人之为衣服，适身体和肌肤而足矣，非荣耳目而观愚民也。"② 人类最初用兽皮、树叶遮体，后来用衣服代替兽皮、树叶等遮蔽身体。这是中国古代文明史上的一个飞跃。

丝织品在史前时期就已经出现，比棉织品的起源早得多。相传早在黄帝时期，中国便已经养蚕织绸。《诗经·豳风·七月》："春日载阳，有鸣仓庚。女执懿筐，遵彼微行，爰求柔桑。春日迟迟，采蘩祁祁。"③ 说明当时已有采桑及养蚕活动。1984年，河南荥阳仰韶文化遗址出土的丝织物残片，距今约5500年，是我国北方迄今发现的最早的丝织品实物；南方发现最早、最完整的丝织品则出自浙江吴兴钱山漾新石器时代遗址，距今约4700年。④

在夏、商、周时期，随着社会分工的进一步细化，手工业也逐渐从农业中脱离出来。专门从事麻布、丝绸生产的手工业出现，丝织业获得较快的发展。服饰的种类趋向多样化，服饰的功能也趋向多元化。到了战国时期，出现了"深衣"和"胡服"两种服饰。深衣是"将原有的上衣和下裳缝合在一起的衣服"；胡服则是由"短衣、长裤和靴组成，衣身紧窄，便于游牧与射猎"。⑤ 胡服的出现，是中国古代服饰史上的第一次大变革。

丝织品大都为贵族享用，而普通民众则主要穿麻布衣服。用于织"布"的原料主要是麻和葛。古代麻布的质量好坏是根据麻布的经纱多少来判断的，布幅内有80根经纱称为1升布，升数越大，布越精细。根据经纱的数量就可以看出不同社会阶层的地位。先秦时期，奴隶和罪犯穿用的是7升到9升的粗麻布，普通平民穿用的是10升到14升的较细的麻布，奴隶主穿用的是15升以上的细麻布，其中精

---

① 《周礼·天官冢宰》，崔高维校点，辽宁教育出版社，1997年，第6页。
② 《墨子·辞过》，苏凤捷、程梅花注说，河南大学出版社，2008年，第105页。
③ 《诗经·豳风·七月》，梁锡锋注说，河南大学出版社，2008年，第65页。
④ 黄能馥、陈娟娟：《中国丝绸科技艺术七千年：历代织绣珍品研究》，中国纺织出版社，2002，第2页。
⑤ 戴钦祥、陆钦、李亚麟：《中国古代服饰》，中国国际广播出版社，2010年，第10页。

细者好像丝绸一样，所以叫作缌布。30升的缌布最精细，相当于今天的高级府绸.按规定只能做天子和贵族的麻冕。① 由此可知，古代城市居民的穿着有着严格的等级规定，服饰成为古代社会阶层身份的标志之一。

3. 日常娱乐活动

先秦时期，城市统治者的娱乐活动较多，而下层平民多从事农业、工商业，为统治阶级服务，娱乐活动较少。

先秦时期，王室贵族的生活极为奢华，《墨子》记载："以为宫室台榭曲直之望，青黄刻镂之饰……以为锦绣文采靡曼之衣，铸金以为钩，珠玉以为佩，女工作文采，男工作刻镂，以为身服……以为美食刍豢，蒸炙鱼鳖。大国累百器，小国累十器……"② 夏桀的生活更是荒淫无度，《帝王世纪》记载：

> 帝桀淫虐有才，力能伸钩索铁，手能搏熊虎。多求美女，以充后宫。为琼室瑶台金柱三千。始以为瓦屋，以望云雨。大进侏儒倡优，为烂漫之乐，设奇伟之戏，纵靡靡之声。日夜与妹喜及宫女饮酒，常置妹喜于膝上。妹喜好闻裂缯之声而笑，桀为发缯裂之，以顺适其意。以人驾车，肉山脯林；以酒为池，使可运舟。一鼓而牛饮者三千余人，醉而溺水。以虎入市，而视其惊。③

考古发掘的古器物数量也能反映贵族骄奢淫逸的生活状态。春秋时期的新郑贵族墓出土青铜器88件，用铜约2630斤，其中钟鼎两类占用铜总量的68%；山东章丘齐墓内出土26件陶塑乐舞俑，有引吭讴歌俑、敲钟俑、击磬俑、抚琴俑、观赏俑等，反映了当时贵族的奢靡生活。④

先秦时期，贵族们为了满足自己骄奢淫逸的生活，还大肆兴建园囿。《韩非子》记载："秦大饥，应侯请曰：五苑之草著蔬菜橡果枣栗，足以活民，请发之。"⑤ 五苑指的是君主的禁苑，内种有各种蔬菜瓜果，足以养活饥民，可见其面积之大。

与贵族相比，其他社会阶层的生活则较为简单，如手工业者、平民等主要从事手工业、农业生产，生活水平较低，娱乐活动较少。不过，部分城市的娱乐活动也开始大众化，《史记》记载："临菑甚富而实，其民无不吹竽鼓瑟，弹琴击筑，斗鸡走狗，六博蹹鞠者。临菑之涂，车毂击，人肩摩，连衽成帷，举袂成幕，挥汗成雨，家殷人足，志高气扬。"⑥ 临淄的城市居民开始普及蹴鞠、斗鸡之类的娱乐活动。

综上所述，随着社会生产力的发展与生产关系的变化，城市的人口构成，特别是职业构成发生了较大的变化。在史前时期，阶级分化不严重，人口由部落首领与一般平民构成。到了夏商西周以至春秋战国时期，城市的人口规模迅速扩大，城市

---

① 王明泽：《中国古代服饰》，北京科学技术出版社，1995年，第7页。
② 《墨子·辞过》，苏凤捷、程梅花注说，河南大学出版社，2008年，第104—106页。
③ 皇甫谧撰：《帝王世纪》，中华书局，1985年，第17—18页。
④ 于云瀚：《城居者的文明》，中国社会科学出版社，2011年，第87页。
⑤ 《韩子浅解·外储说右下》，高华平、王齐洲、张三夕译注，中华书局，2009年，第336页。
⑥ 司马迁：《史记·苏秦列传》，线装书局，2006年，第306页。

人口分为贵族及士、农、工、商、奴隶等多个阶层，这些阶层的社会地位差异较大。在日常生活中，饮食、出行、居住条件等，贵族与一般平民的差距较大。

第二节　先秦时期的城市管理

史前时期早期城市产生伊始，城市本身就具有一定的管理功能。到春秋战国时期，随着城市规模的扩大，城市人口数量的增加，逐渐形成了复杂的政治、经济、社会综合体，为了让城市有序地发展，就需要不断完善城市管理机制，加强城市管理。先秦时期的城市管理经历了一个逐步规范的过程。

一、城市管理机构

在史前时期，统治者依靠氏族血缘关系来维系统治，早期城市形成后，相关管理在一定程度上亦是通过宗族血缘关系来维系的。随着国家的建立，统治者逐渐建立起日益庞大的国家机器来管理国家，城市管理也逐渐摆脱宗族血缘关系而纳入国家管理的范畴。关于夏、商时期的城市管理，因缺乏文献记载，不能有所了解。周代，随着城市数量的增加和城市规模的扩大，统治者成立了专门管理城市的机构，城市管理机制逐渐完善，城市管理也逐渐走向规范。

在氏族部落联盟时期，负责管理社会治安的官员已经出现。《尚书·舜典》记载，舜在位时设立了司空、司徒、士、共工、虞、秩宗、典乐、纳言等职官。[1] 其中，"司徒"和"士"是具有治安管理职能的官员。"司徒"的职责是负责处理氏族成员之间的纠纷，维护社会秩序。不过，这些官员主要是负责整个部落联盟的治安，专门管理城市的机构与官员还未出现。

夏朝建立之后，制定了法律，以加强对社会的控制。《左传·昭公六年》记载："夏有乱政而作《禹刑》"[2]。《史记·夏本纪》也记载："皋陶于是敬禹之德，令民皆则禹。不如言，刑从之。"[3]

商朝建立之后，城市的管理职能大都是由行政机构与军事管理机构行使的。商代的政务性管理机构如百辟、百僚、冢宰以及相等，军事性管理机构如马、亚、惟亚、射等，都具有一定的社会治安管理职能。[4]

周朝建立之后，设置了完备的国家机器，主要由中央机构与地方机构两部分构成。周王之下设有大宰，相当于宰相，由卿担任，全面负责国家治安工作。由中大夫担任的小宰则负责朝廷各部各府内部的政治管理与纠察查禁事宜。周武王时，曾

---

[1]　《尚书·舜典》，冀昀主编，线装书局，2007年，第12—13页。
[2]　王守谦、金秀珍、王凤春译注：《左传全译》，贵州人民出版社，1990年，第1162页。
[3]　司马迁：《史记·夏本纪》，线装书局，2006年，第7页。
[4]　陈智勇：《中国古代社会治安管理史》，郑州大学出版社，2003年，第6页。

为百姓设立长官,《尚书》:"立政:任人、准夫、牧,作三事。"① 此即"三有司",或称之为"三事大夫",即司徒(管理土地、人口以及耕籍之事)、司马(管理军事、军赋)、司空(管理百工、劳役)。同周王朝一样,各诸侯国也设有"三有司",管理地方的土地、民众、农业、军事、军赋、劳役等事务。在城市之外的"郊野",则有司谏、司救、调人等职官,负责乡、遂、县、里、邻的治安管理。《尚书》中记载了周代的官员设置及其职责:

> 立太师、太傅、太保,兹惟三公。论道经邦,燮理阴阳。官不必备,惟其人。
>
> 少师、少傅、少保,曰三孤。贰公宏化,寅亮天地,弼予一人。
>
> 冢宰掌邦治,统百官,均四海。司徒掌邦教,敷五典,扰兆民。宗伯掌邦礼,治神人,和上下。司马掌邦政,统六师,平邦国。司寇掌邦禁,诘奸慝,刑暴乱。司空掌邦土,居四民,时地利。六卿分职,各率其属,以倡九牧,阜成兆民。②

与夏、商不同的是,周朝统一由"司徒"管理社会,维持社会治安。司徒又下辖"司救""调人""师氏"以及"保民"等职,这些官员专门负责城市治安。《周礼》记载:"司救掌万民之邪恶过失而诛让之,以礼防禁而救之。凡民之有邪恶者,三让而罚,三罚而士加明刑,耻诸嘉石,役诸司空。其有过失者,三让而罚,三罚而归于圜土。"③ 司救以"礼制"管理城市居民,对凡有过失者有教化或者惩罚的权力。

西周的地方行政组织,在战国时期有所变化。随着郡、县的设置,战国时期的地方行政组织,有郡、县、乡、里四级。其中,县设县令,掌管全县事务,县令之下有丞和尉,分掌行政和军事。乡也是居民聚居之处,大体上是十里为一乡,乡设三老,掌教化,还设有廷掾,掌纠察。不过,各诸侯国的地方行政体系略有差别。如齐国是采用"叁其国,伍其鄙"的制度。国即为都城,鄙则是乡村地区。在乡村地区,"三十家为邑,邑有司;十邑为卒,卒有卒帅;十卒为乡,乡有乡帅;三乡为县,县有县帅;十县为属,属有大夫"④。其中的邑、卒、乡、县、属为五级建制,各级都设有官员,负责民政及治安。

从史前时期的氏族社会,到夏、商、周时期的国家机器的建立,城市管理机制经历了一个逐渐形成和完善的过程。特别是西周以后,以周天子为中心实行的等级分封制,确立了以血缘关系为基础的王室统治。统治者为了维护统治和适应经济发展的需要,逐步建立了比商朝更完备的国家机器。到了春秋战国,以血缘关系为基础的分封制瓦解,逐渐向地缘关系为主转变,城市的管理与控制也逐渐摆脱原有的

---

① 《尚书·立政》,冀昀主编,线装书局,2007年,第223页。
② 《尚书·周官》,冀昀主编,线装书局,2007年,第228页。
③ 《周礼·地官司徒》,崔高维校点,辽宁教育出版社,1997年,第24—25页。
④ 《国语·齐语》,鲍思陶点校,齐鲁书社,2005年,第115页。

关系，反映了社会管理在制度方面的细化以及城市制度文明的发展。

二、城市社会管理

（一）城市人口管理

从史前至春秋战国，随着城市规模的不断扩大，城市人口数量越来越多，人口构成渐趋复杂，如何对城市进行有效的管理，是统治者面临的一个重要问题。周王朝及各诸侯国大都实施户籍管理制度，并设置基层行政单位，以加强对人口的管理。

首先，制定了严格的户籍制度，以便对人口进行登记造册。西周建立之后，曾设置专门的机构及官员对全国人口进行统计。《周礼》记载："司民掌登万民之数。自生齿以上，皆书于版。辨其中国，与其都鄙，及其郊野，异其男女，岁登下其死生。及三年，大比，以万民之数诏司寇。司寇及孟冬祀司民之日，献其数于王，王拜受之，登于天府。"[①] 可知，"司民"是负责全国土地图籍、人口户籍的官员，具体负责对城乡地区的人口进行登记造册。

周代，各诸侯国也对所属的人口进行详细的登记造册管理。《管子·乘马》记载："分春曰书比，立夏曰月程，秋曰大稽；与民数得亡。"[②] 政府有关部门对辖区内的人口在每年春天进行登记，夏天进行核实，秋天进行普查；对人口数量进行详细的统计。秦国曾明令："四境之内，丈夫女子皆有名于上，生者著，死者削。"[③] 对境内人口的生与死均做严格的登记。

其次，严格按照职业划分居住区域，并对各个居住区设置多个基层单位加以管理。

从史前早期城市的形成到夏商时期，城市居民主要是贵族，虽然也有一定数量的平民和奴隶，但人口规模有限，他们的居住地也受到严格的限制，如手工业者主要居住在手工业作坊附近，从事农业生产的人口主要居住在城外。

西周以至春秋时期，城市数量增多，城市规模有所扩大，为了便于对不同人口进行管理，统治者禁止贵族和平民混杂居住，即所谓"士大夫不杂于工商"。齐国管仲便采取了"分业定居""勿使杂处"的政策。《国语·齐语》记载："四民者，勿使杂处，杂处则其言咙，其事易。……昔圣王之处士也，使就闲燕；处工，就官府；处商，就市井；处农，就田野。"[④] 官私工贾集中居住在六个工商之乡中，编户登记，设官管理，世业相传，不得随便迁徙，从而保证了工商各业的稳定性及各部门职业分工的比例关系。《管子·小匡》记载："定民之居，成民之事"；"制国以

[①] 《周礼·秋官司寇》，崔高维校点，辽宁教育出版社，1997年，第67页。
[②] 《管子·乘马》，北京燕山出版社，1995年，第51页。
[③] 《商君书·境内》，岳麓书社，1990年，第43页。
[④] 《国语·齐语》，鲍思陶点校，齐鲁书社，2005年，第109—110页。

为二十一乡：商工之乡六，士农之乡十五。"① 各诸侯国统治者将城市人口分为不同的组织单位，每个单位均设置官员加以管理。《国语·齐语》记载，齐国都城的户口编制为：

> 五家为轨。轨为之长；十轨为里，里有司；四里为连，连为之长；十连为乡，乡有良人焉。以为军令：五家为轨，故五人为伍，轨长帅之；十轨为里，故五十人为小戎，里有司率之；四里为连，故二百人为卒，连长帅之；十连为乡，故二千人为旅，乡良人帅之；五乡一帅，故万人为一军，五乡之帅帅之。②

由家、轨、里、连、乡组成不同的基层单位，分别由家长、轨长、里有司、连长以及乡良人主管包括户口在内的有关政事。其中，里作为基层组织最早见于《尚书·酒诰》："越在内服，百僚庶尹惟亚惟服，宗工越百姓里居，罔敢湎于酒，不惟不敢，亦不暇。"③ 这种居民组织方式是与军队编制相联系的，充分体现了当时城市居民管理的军事化。

其他诸侯国也是如此。春秋战国时期的城市居民组织具体见下表：

表5-4 春秋战国时期城市居民组织比较表

《管子·小匡》《国语·齐语》	《鹖冠子·王铁》	《管子·立政》	《管子·乘马》	《周礼·地官》
轨（五家）	伍（五家）	伍（五家）	伍（五家）	比（五家）
里（十轨）	里（十伍）	游（十伍）	连（十家）	闾（五比）
连（四里）	扁（四里）	里（十游）	暴（五连）	族（四闾）
乡（十连）	乡（十扁）	州（十里）	乡（五暴）	党（五族）
帅（五乡）		乡（五州）	都（四乡）	州（五党）
				乡（五州）

从上表可知，春秋战国时期的城市居民基层组织最多的有六个单位，最少的有四个单位。最基层的单位轨、伍、比均为五家。里按人口规模大致分为二十五家的小里、五十家的里、一百家的大里三类。有的乡的人口规模可达一万二千五百家，有的乡只有一百家。可见，各诸侯的乡里制度有所差异。乡里作为城市居民的组织单位，改变了原有的以宗族血缘关系为纽带的邻里关系，而代之以非血缘关系的人口杂居。

---

① 《管子·小匡》，北京燕山出版社，1995年，第179页。
② 《国语·齐语》，鲍思陶点校，齐鲁书社，2005年，第112—113页。
③ 《尚书·酒诰》，冀昀主编，线装书局，2007年，第171页。

（二）城市日常秩序的管理

鉴于城市人口数量较为集中，职业较为复杂，夏、商、周各朝代都制定了一系列政策措施，以加强对城市日常秩序的维护和管理，如制定相关法令，缉捕盗贼，教化众民等。

首先，城市作为贵族统治者的集中地，宫廷防卫是城市管理中的重中之重。城市在产生之初，便具有很强的军事功能。商代，城市管理的重点主要放在宫城的防卫上，尤其是王室的守卫。这从考古发掘就可以得知，在河南安阳小屯村商代遗址中，每座宗庙遗址的大门口，都有成组的被活埋的奴隶遗骸。单门口，每组四具；三联门的，每组七具；他们的首领执一戈一盾，其余均各执一戈。除发现有执戈殉葬的奴隶外，还有狗。① 说明门口的守卫是常态。此外，商代统治者在王都内修建了防御设施，建立了戍守武装。"王师""我师"等军队负责城市的防卫。这些军队也负有城市治安管理的职能。周代的城市防卫更加严密。城郭和城郭外的城壕由掌固掌管，在城池的防卫上，民皆有职，白天巡逻三次，黑夜巡逻三次。晚间三鼓以为号戒。军队也是城市管理者，周代城市安全主要由"虎贲氏"及"旅贲氏"负责。《周礼》载："虎贲氏掌先后王而趋以卒伍。……舍则守王闲。王在国，则守王宫。国有大故，则守王门。"② 此外，周代统治者还设置了专门管理宫城的"宫正"（宫伯），主要负责宫廷警卫，所谓"掌王宫之戒令纠禁"，比如宿卫人员的名籍，宫殿出入的门禁条令，对淫怠邪恶犯禁人员的查处等。

春秋战国时期，各国统治者为了加强对城市居民的管理，对于平民居住的区域采取封闭式管理。齐国是较早采取封闭式管理的，"里闾"或者"乡里"便是封闭管理的组织形式。《管子·八观》记载：

> 大城不可以不完，郭城不可以外通，里域不可以横通，闾闬不可以毋阖，宫垣关闭不可以不修。故大城不完，则乱贼之人谋；郭周外通，则奸遁逾越者作；里域横通，则攘夺窃盗者不止；闾闬无阖，外内交通，则男女无别；宫垣不备，关闭不固，虽有良货，不能守也。……明君者，闭其门，塞其途，弇其迹，使民毋由接于淫非之地，是以民之道正行善也，若性然。故罪罚寡而民以治矣。③

封闭式管理制度的实施，可以有效地遏制贼人谋乱和窃盗等；而且以"里"作为城市居民管理的基本单位，可以更有效加强对基层社会的管理。

其次，以"法律"约束众民，以"礼制"教化众民，约束居民的日常行为。

周朝至春秋战国时期，各国都有连坐制度。《管子》记载："凡过党，其在家属，及于长家；其在长家，及于什伍之长；其在什伍之长，及于游宗；其在游宗，

---

① 郑振香：《河南安阳殷墟大型建筑基址的发掘》，《考古》，2001 年第 5 期。
② 《周礼·夏官司马》，崔高维校点，辽宁教育出版社，1997 年，第 56 页。
③ 《管子·八观》，北京燕山出版社，1995 年，第 113—114 页。

及于里尉；其在里尉，及于州长；其在州长，及于乡师；其在乡师，及于士师。"①连坐制度可以使居民之间相互监督。对于违反社会法令的行为要坚决处罚。《周礼》记载了八种不法行为："（大司徒）以乡八刑纠万民：一曰不孝之刑，二曰不睦之刑，三曰不姻之刑，四曰不弟之刑，五曰不任之刑，六曰不恤之刑，七曰造言之刑，八曰乱民之刑。"而小司徒"凡用众庶，掌其政教与其戒禁，听其辞讼，施其赏罚，诛其犯命者"。②秦国也实行联保联防及连坐制，奖励耕战。其法律也较为严苛，"不告奸者腰斩，告奸者与斩敌首同赏，匿奸者与降敌同罚"③。

周朝统治者还直接以法令的形式规定了城市居民的日常行为，《礼记》记载："道路，男子由右，妇人由左，车从中央。父之齿随行，兄之齿雁行，朋友不相逾。轻任并，重任分，班白不提挈。"④可知，当时男女出行及马车的行走都是有一定规矩的。此外，周朝统治者还对公共场所的大声喧哗行为予以禁止，《周礼》载："衔枚氏掌司嚣。国之大祭祀，令禁无嚣。军旅、田役，令衔枚、禁嚣呼叹鸣于国中者，行歌哭于国中之道者。"⑤大意是国家有大祭祀，或者军旅、耕田时，禁止喧哗、吵闹。

周朝统治者还通过"礼制"教化及鼓励的方式来维护社会秩序。周朝的司徒负有教化职责，他在每年的正月都要宣扬教化。《周礼》记载："正月之吉，始和，布教于邦国、都鄙。乃县教象之法于象魏，使万民观教象。挟日而敛之，乃施教法于邦国、都鄙，使之各以教其所治民。"⑥《礼记》记载了司徒教化的主要内容："司徒修六礼以节民性，明七教以兴民德，齐八政以防淫，一道德以同俗……"⑦基层官员则负责具体执行，"行乡里，视宫室，观树艺，简六畜，以时均修焉；劝勉百姓，使力作毋偷，怀乐家室，重去乡里，乡师之事也"⑧。这些教化措施对于维护社会秩序具有重要作用。

各诸侯国都有其不同的城市管理措施。如齐国管仲在管理城市过程中通过问询的方式进行详细的调查，并在此基础上制定相应的管理措施。根据今人的统计，《管子》就提出了七十多个问题，主要的问题如下：

> 问邑之贫人债而食者几何家？……士之有田而不耕者几何事？……外人之来从而未有田宅者几何家？……乡子弟力田为人率者几何人？国子弟之无上事，衣食不节，率子弟不田弋猎者几何人？男女不整齐，乱乡子弟者有乎？……

---

① 《管子·立政》，北京燕山出版社，1995年，第41页。
② 《周礼·地官司徒》，崔高维校点，辽宁教育出版社，1997年，第19—20页。
③ 司马迁：《史记·商君列传》，线装书局，2006年，第301页。
④ 《礼记·王制》，崔高维校点，辽宁教育出版社，2000年，第47页。
⑤ 《周礼·秋官司寇》，崔高维校点，辽宁教育出版社，1997年，第71页。
⑥ 《周礼·地官司徒》，崔高维校点，辽宁教育出版社，1997年，第19页。
⑦ 《礼记·王制》，崔高维校点，辽宁教育出版社，2000年，第44页。
⑧ 《管子·立政》，北京燕山出版社，1995年，第43页。

问国之伏利,其可应人之急者几何所也?人之所害乡里者何物也?问士之有田宅,身在陈列者几何人?余子之胜甲兵有行伍者几何人?问男女有巧技,能利备用者几何人?处女操工事者几何人?问国所开口而食者几何人?问一民有几人之食也?问兵车之计几何乘也?牵家马轭家车者几何乘?处士修行,足以教人,可使帅众莅百姓者几何人?士之急难可使者几何人?工之巧,出足以利军伍,处可以修城郭、补守备者几何人?城粟军粮,其可以行几何年也?吏之急难可使者几何人?……

问执都官者,其位事几何年矣?所辟草莱,有益于家邑者几何矣?……所筑城郭,修墙闬,绝通道,轭门阙,深沟防,以益人之地守者,何所也?所捕盗贼,除人害者几何矣?[①]

调查的内容包括人口、职业、居民的穿戴、城墙的修筑等事宜,这些调查结果对城市管理措施的制定有极大帮助。

春秋战国时期,有专门的官员负责城市市场治安,也有专人对娱乐场所进行管理。

预防火灾也是城市管理的重要内容,先秦有关文献中记载了城市火灾的具体情形。先秦时期城市建筑以木结构为主,因而城市火灾经常发生。《左传》记载:"夏五月,火始昏见。丙子,风。梓慎曰:'是谓融风,火之始也。七日,其火作乎?'戊寅,风甚。壬午,大甚。宋、卫、陈、郑皆火。"[②]郑国火势之大,使城中损失惨重,"三日哭,国不市"[③]。因此,各国统治者都特别注意预防和救助火灾,并对引发火灾者处以刑罚。《周礼》记载:"季秋内火,民亦如之。时则施火令。凡祭祀,则祭爟。凡国失火,野焚莱,则有刑罚焉。"[④]

总之,从史前至春秋战国,城市管理逐渐走向规范化,包括城市基层管理、法律与礼乐的约束、治安管理措施等,这些都对后世的城市管理具有借鉴意义。值得注意的是,从西周到春秋战国时期,随着分封制的瓦解,地方诸侯国大都因地制宜,采取了不同的城市管理措施,这也反映了地方政治制度的发展。

第三节 先秦时期的城市文化

文化是人类文明的产物,是客观存在的现象。文化有广义和狭义之分。广义上的文化等同于"总体的人类社会遗产",包括人们创造的物质财富和精神财富。先秦

[①]《管子·问篇》,北京燕山出版社,1995年,第212—214页。
[②]《左传·昭公十八年》,王守谦、金秀珍、王凤春译注:《左传全译》,贵州人民出版社,1990年,第1276页。
[③]《左传·昭公十八年》,王守谦、金秀珍、王凤春译注:《左传全译》,贵州人民出版社,1990年,第1277页。
[④]《周礼·夏官司马》,崔高维校点,辽宁教育出版社,1997年,第54页。

时期，随着城市的形成和发展，城市物质文化和精神文化也有很大发展。城市文化能够丰富城市内涵，提高城市居民素质，展示城市形象，凝聚力量，产生精神动力。

一、先秦文化发展的历史分期与类型

城市作为人类的高级聚落，也是文化的重要载体，城市文化所呈现的文化特征，是时代政治、经济、文化等因素共同作用下的产物，也是它们的直接体现。不同的历史时期，在一定的社会政治、经济背景下，各区域形成了不同的地域文化。根据不同阶段的文化特征，先秦文化发展大致分为史前至夏商时期、西周时期、春秋战国时期三个阶段，在这三个不同的阶段，文化发展呈现出不同的特征。在史前时期，社会生产力水平较低，城市文化的内涵较为简单；在夏、商等王权国家成立之后，城市成为统治中心，城市文化的内涵丰富起来；到了西周时期，随着较为完善的政治制度的确定，城市文化也就具有某些共同的特征；春秋战国时期，由于政治分裂，城市文化尽管具有某些融合的特征，但是地域文化特征仍然较为明显。

史前以至夏、商时期是中国早期文化类型形成的第一个阶段，受社会生产力水平与自然地理环境的限制，各区域之间的文化交流较少，不同地域的社会发展程度差异较大，因而形成了具有不同特征的地方文化。苏秉琦先生根据不同区域的考古特征，将中国分为以燕山南北长城地带为重心的北方，以山东为中心的东方，以关中（陕西）、晋南、豫西为中心的中原，以环太湖为中心的东南部，以环洞庭湖与四川盆地为中心的西南部，以鄱阳湖—珠江三角洲一线为中轴的南方。[1] 史前以至夏、商时期，这六大区域属于不同的文化类型，具体表现在考古发掘的青铜器物、陶器、城址等都有自身的特征。

我们应注意到，尽管夏、商已经有国家的存在，但是两个王朝直接统辖的地域范围还比较小，而且它们建立的社会制度远远达不到对周边方国的严格控制，它们与周边方国之间的关系较为松散，因此，周边方国文化的发展受到的夏、商所在中原文化的影响较小，各区域文化呈现出自身的某些特征。而且，即使在同一地域内部，也可以划分为更小的文化单位。以巴蜀地区为例，四川盆地西部是经济、文化最发达的地区，是西南地区青铜文化的主干，而与四川盆地东部的文化特征就有所差异。[2] 这也充分说明史前以至夏、商时期，各地区的文化发展程度不一，特征不一，文化类型多样化。

与夏、商时期不同，西周建立之后，推行井田制与分封制，并以礼制为中心，确立了一整套的教化体系，并对周边的诸侯国进行严格的控制。周天子有着至高无上的权威，不仅掌握着"礼乐征伐"的大权，也拥有舆论宣传和文化教育的大权。刘向曾说："周室自文、武始兴，崇道德，隆礼义，设辟雍、泮宫、庠序之教，陈

---

[1] 苏秉琦：《中国文明起源新探》，辽宁人民出版社，2009年，第29—30页。
[2] 孙华：《四川盆地的青铜时代》，科学出版社，2000年，第89页。

礼乐、弦歌移风之化，叙人伦，正夫妇。天下莫不晓然论孝悌之义，惇笃之行……周之流化，岂不大哉！"① 在此背景下，各诸侯国不仅在营建城市方面都要严格遵循礼制，而且在发展城市文化教育方面也要遵循"周礼"的规定。各诸侯国的城市文化逐渐趋同，周朝都城文化在"礼制"的约束下成为该时期各诸侯国发展城市文化的蓝本，尽管各诸侯国城市文化虽然也有一定的地域性，但并非该时期的文化主调。

春秋时期，周王室衰微，诸侯争霸，象征最高道德和社会规范的礼乐逐渐崩坏，社会出现大分化、大动荡。正如孔子所说："天下有道，则礼乐征伐自天子出；天下无道，则礼乐征伐自诸侯出。自诸侯出，盖十世希不失矣；自大夫出，五世希不失矣；陪臣执国命，三世希不失矣。"② 这种政治格局对城市文化的发展产生了重要影响，主要体现在以下方面。

首先，春秋战国时期，宗法制度构成的金字塔形的权力结构开始一层一层地坍塌，分裂的政治格局创造了宽松的政治环境和包容的文化氛围，促进了城市文化的发展。官学逐渐衰微，私学勃然兴起，新兴的知识分子群体产生，士作为一个独立的阶层出现。他们根据自己的认识与主张，针对现实社会中出现的各种问题提出了各种不同的主张，并形成了相关的学派。刘歆《七略》将战国诸子学派分为儒、道、阴阳、法、名、墨、纵横、杂、农、小说家等十个学派。除这些重要学派外，还有若干学派，后人称之为"诸子百家"。战国时期城市文化也因此兴盛，形成了"九流并兴""百家争鸣"的文化格局。

其次，地域文化的形成经历了一个漫长的过程，在春秋战国时期初步形成了各具特色的文化体系。地方邦国在适应、改造自然与社会环境的过程中形成物质的、制度的、习俗思想的独具特色的地域文化。地域文化在春秋战国时期发展成熟，其特色表现得较为明显。目前学界通常将春秋战国时期地域的文化分为齐文化、鲁文化、楚文化、燕文化、晋文化、吴越文化、秦文化、巴蜀文化等几种类型。

春秋战国时期，各诸侯国之间的文化交流较为频繁，各国文化在保持自身特色的同时，还具有开放性与兼容性的文化特性，表现出"兼收并蓄"的包容精神，能够容纳和整合不同思想内容、不同风格流派的学术文化。

总而言之，城市作为文化的重要载体，城市文化的发展亦是政治格局的产物，从史前时期中国早期文化的多元化格局，到西周时期各地域文化的逐渐融合，再到春秋战国时期多元文化格局的形成。就城市文化发展的总体趋势而言，先秦时期的文化格局仍然是多元化的，各地域文化在保持自身文化特色的基础上，逐渐走向融合。

二、先秦时期的城市教育文化

先秦时期的城市教育大致经历了两个发展阶段：第一个阶段是从夏代到周代的

---

① 何建章注释：《战国策注释》，中华书局，1990年，第1355页。
② 《论语·季氏》，岳麓书社，2000年，第158页。

官学时期，在该发展阶段，教育的对象主要为贵族统治者；第二个阶段是春秋战国时期官学与私学并存时期，私学的兴起是该时期教育发展的重要特征。

关于史前与夏代的城市教育，史籍中并没有明确记载，但是，从某些官职的设置及其职责中可以得知部分信息：虞舜时期便已经存在学校教育，曾设立"司徒"与"秩宗"来掌管"五教与三礼"。夏朝建立之后，继续沿用该官职，设立的六卿之中就有"司徒""秩宗"与"乐官"等职，管理教育。夏代的教育主要分为"国学"与"乡学"两个部分，"国学"即"大学"，为"造士之学，即人才及专门教育"；"乡学"即"小学"，主要是国民及职业教育，教育的主要内容是"养老教孝，习射，习乐"等。①

商代，教育获得进一步发展。商代的学校主要有"左学"（小学）、"右学"（大学）、"瞽学"（贵族学校）、"序"（乡学）等。《礼记·王制》记载："殷人养国老于右学，养庶老于左学"②。商人尚西尚右，把大学设在城市西郊，所以大学又称"西学""右学"。商代的受教育者主要是贵族，一般平民无法接触到正规的教育。

西周时期，周天子以"礼制"控制着文化及教育，正所谓"礼乐征伐自天子出"，亦如刘向所说："周室自文、武始兴，崇道德，隆礼义，设辟雍、泮宫、庠序之教，陈礼乐、弦歌、移风之化，叙人伦，正夫妇。天下莫不晓然论孝悌之义，悖笃之行……"③ 可知，教育的内容较为广泛，包括礼仪、道德、礼乐、弦歌、人伦等各个方面。

周朝统治者建立了自上而下的教育体系，包括学校设置与教育行政体系。《周礼》："乃立地官司徒，使帅其属而掌邦教……小司徒之职，掌建邦之教法……乡师之职，各掌其其所治乡之教，而听其治。……乡大夫之职，各掌其乡之政教禁令。……州长各掌其州之教治政令之法。……党正各掌其党之政令教治。……"④ 由此可知，周代已经建立起由司徒、小司徒、乡师、乡大夫、州长、党正等自上而下的教育行政体系。就教育内容而言，推行"六艺"之教，即礼、乐、射、御、书、数。在"六艺"之中，又较为重视"礼"与"乐"两项，如《礼记》所载：

> 乐者为同，礼者为异。同则相亲，异则相敬。乐胜则流，礼胜则离。合情饰貌者礼乐之事也。礼义立，则贵贱等矣；乐文同，则上下和矣；好恶著，则贤不肖别矣。刑禁暴，爵举贤，则政均矣。仁以爱之，义以正之，如此，则民治行矣。乐由中出，礼自外作。乐由中出故静，礼自外作故文。大乐必易，大礼必简。乐至则无怨，礼至则不争。揖让而治天下者，礼乐之谓也。暴民不作，诸侯宾服，兵革不试，五刑不用，百姓无患，天子不怒，如此，则乐达矣。⑤

---

① 宋锡正：《先秦教育思想与实施》，三民书局，1985年，第24页。
② 《礼记·王制》，崔高维校点，辽宁教育出版社，2000年，第47页。
③ 何建章注释：《战国策注释》，中华书局，1990年，第1355页。
④ 《周礼·地官司徒》，崔高维校点，辽宁教育出版社，1997年，第15—18页。
⑤ 《礼记·乐记》，崔高维校点，辽宁教育出版社，2000年，第126—127页。

周代的教育大致分为中央与地方两个体系。中央教育主要集中在城市之中，以"国学"与"小学"为主，皆为统治者和贵族设立。这些学校都离宫廷较近，《礼记》："小学在公宫南之左，大学在郊。天子曰辟雍，诸侯曰頖（泮）宫。"① 《大戴礼记》中也记载各类学校的位置："帝入东学，上亲而贵仁……帝入南学，上齿而贵信……帝入西学，上贤而贵德……帝入北学，上贵而遵爵……帝入太学，承师问道……"② 这便是西周的"五学"。下图为"五学"在城市中的布局：

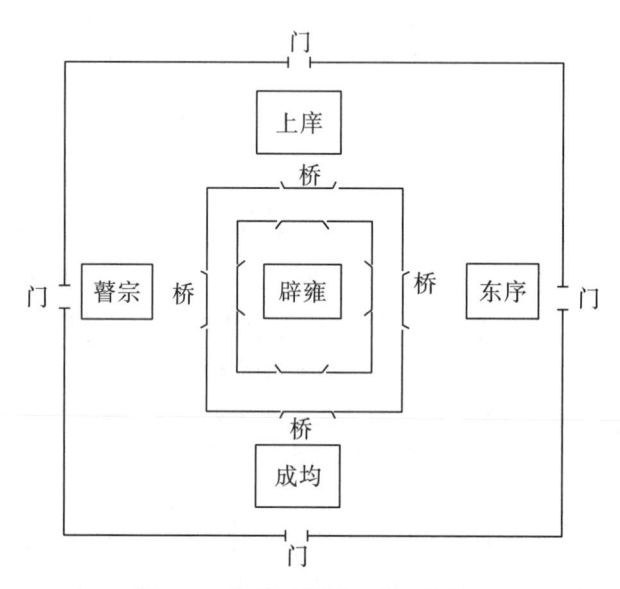

```
           ┌──门──┐
           │      │
        ┌─上庠─┐
        │  桥  │
  ┌──┐ ┌────┐ ┌──┐
门│瞽宗│桥│辟雍│桥│东序│门
  └──┘ └────┘ └──┘
        │  桥  │
        └─成均─┘
           │      │
           └──门──┘
```

图 5—3 西周时期"五学"布局图

资料来源：宋锡正《先秦教育思想与实施》，三民书局，1985 年。

五学分别位于城市的中心及城门处，每个学校的教化职能都有所不同。位于城市中心的"辟雍"是天子亲临讲学之所。位于南门之处的"成均"则是道德教化的场所。《周礼》："大司乐掌成均之法，以治建国之学政，而合国之子弟焉。凡有道者，有德者，使教焉。死则以为乐祖，祭于瞽宗。以乐德教国子，中、和、祇、庸、孝、友；以乐语教国子，兴、道、讽、诵、言、语；以乐舞教国子，舞《云门》、《大卷》、《大咸》、《大磬》、《大夏》、《大濩》、《大武》。"③ 北学则主要是天子养老之所。西学即"国学"，主要为贵族子弟所设。东学是贵族养老之处。上文所说"五学"主要为贵族学习之所在。而普通平民教育主要是在乡学之中。按照周制，六乡遂当为十五万家，而所设立的学校，"初小为六千个，高小三百个，初中六十个，高中十二个"④。

与夏、商相比，周代的教育内容增加许多。国学与乡学的教育内容差别较大，

---

① 《礼记·王制》，崔高维校点，辽宁教育出版社，2000 年，第 42 页。
② 《大戴礼记·保傅》，山东友谊出版社，1991 年，第 377—378 页。
③ 《周礼·春官宗伯》，崔高维校点，辽宁教育出版社，1997 年，第 40 页。
④ 宋锡正：《先秦教育思想与实施》，三民书局，1985 年，第 52—53 页。

具体参见下表：

表 5-5　西周时期的国学课程与乡学课程内容

国学课程	三德	至德（以为道本）、敏德（以为行本）、孝德（以知逆恶）
	三行	孝行（以亲父母）、友行（以尊贤长）、顺行（以事师长）
	六艺	五礼：吉、凶、宾、军、嘉
		六乐：云门、大咸、大韶、大夏、大濩、大武
		五射：白矢、参连、剡注、襄尺、井仪
		五御：鸣和鸾、逐水曲、过君表、舞交衢、逐禽左
		六书：象形、会意、形声、转注、指事、假借
		九数：方田、粟米、差分、少广、商功、均输、方程、赢不足、旁要
	六仪	祭祀之容（谨严正冠）、宾客之容（严格矜庄）、朝廷之容（厚重宽舒）、丧纪之容（尤戚困悫）、军旅之容（严正果毅）、车马之容（堂堂正正）
乡学课程	乡三物	六德：知、仁、圣、羲、忠、和
		六行：孝、友、睦、姻、任、恤
		六艺：礼、乐、射、御、书、数
	十二教	以祀礼教敬，则民不苟；以阳礼（乡饮酒之礼）教让，则民不争；以阴礼（婚姻之礼）教亲，则民不怨；以乐礼教和，则民不乖；以仪辨等，则民不越；以俗教安，则民不偷；以刑教中，则民不暴；以誓教恤，则民不怠；以度教节，则民知足；以世事（世业）教能，则民不失职；以贤制爵，则民慎德；以庸（功）制禄，则民不兴功。

资料来源：宋锡正《先秦教育思想与实施》，三民书局，1985 年。

从上表来看，国学的课程内容要比乡学课程内容丰富，要求更为严格，主要是针对王族和贵族子弟，意在培养治国人才。《礼记》记载："大乐正论造士之秀者以告于王，而升诸司马，曰进士。司马辨论官材，论进士之贤者以告于王，而定其论。论定然后官之，任官然后爵之，位定然后禄之。"[①] 由此可知，周代教育还有"选士""取士"的功能，主要用以培养上层阶级的子弟，为统治阶级服务。而乡学所设课程较为生活化，意在规范居民的日常行为。此外，从一些课程的设置来看，乡学的教学目的在于防止"民怨""民争"等，某种程度上具有教化功能。总之，西周时期的城市教育对象以贵族为主，大多数庶民的子弟没有入学受教的机会。而贵族子弟所受教育的内容，也仅限于诗、书、礼、乐等课程。

春秋时期，周天子王权衰落，诸侯国的实力不断增强，政治上的一元格局遭到破坏。多元政治格局的形成，为多元文化的勃兴创造了条件。私学的兴起是春秋战国时期多元文化发展的重要表现之一。春秋中后期，周王朝势微之后，周天子已无法垄断教育大权，无官无职的平民也可以凭借自己的学识去招收门徒，兴办教育，从而促进了私学的兴盛。庄子曾说：

---

① 《礼记·王制》，崔高维校点，辽宁教育出版社，2000 年，第 45 页。

> 天下大乱，贤圣不明，道德不一，天下多得一察焉以自好。譬如耳目鼻口，皆有所明，不能相通。犹百家众技也，皆有所长，时有所用。……天下之人各为其所欲焉以自为方。悲夫，百家往而不反，必不合矣！后世之学者，不幸不见天地之纯，古人之大体，道术将为天下裂。①

春秋战国时期，时局变化为"道术将为天下裂"的文化格局奠定了基础。特别是"士"阶层纷纷发表自己的认识与主张，形成各种学说，学术的话语权由贵族转移到士阶层，形成了"九流并兴""百家争鸣"的局面。但是，也有学者认为，士不能不借助于私学，作为造就进身之阶，养士风气的盛行，也就影响了私学的发达。②

春秋战国时期，由于分封制的瓦解，礼乐制度也随之衰败，旧有的礼制已经失去了意义。以礼制为中心，突出礼乐和射御的官学逐渐没落，私学开始兴盛。战国时期的诸侯割据，更为私学的发展提供了宽松的环境，正如《汉书·艺文志》所载：

> 诸子十家，其可观者九家而已。皆起于王道既微，诸侯力政，时君世主，好恶殊方，是以九家之术，蜂出并作，各引一端，崇其所善，以此驰说，取合诸侯。其言虽殊，辟犹水火，相灭亦相生也。仁之与义，敬之与和，相反而皆相成也。……今异家者各推所长，穷知究虑，以明其指，虽有蔽短，合其要归，亦六经之支与流裔。使其人遭明王圣主，得其所折中，皆股肱之材已。仲尼有言："礼失而求诸野。"方今去圣久远，道术缺废，无所更索，彼九家者，不犹愈于野乎？若能修六艺之术，而观此九家之言，舍短取长，则可以通万方之略矣。③

私学的兴起主要得益于时局的变动，以及诸侯国统治者对教育的重视。城市作为一定区域的行政中心，私学最先在此获得发展。该时期的私学最有影响力的有儒、墨两家。当时的受教育群体不仅仅限于社会上层，而是涵盖了社会各阶层，体现了"有教无类"的教育原则。教育的内容也突破了原有的"礼制"，大都是"仁义""孝悌"等君子行为规范。

为了在争霸中取得优势，各诸侯国都非常重视教育的发展。如齐国鼓励游说之士，并赋予官位。《史记》记载："宣王喜文学游说之士，自如驺衍、淳于髡、田骈、接予、慎到、环渊之徒七十六人，皆赐列第，为上大夫，不治而议论。是以齐稷下学士复盛，且数百千人。"④ 春秋战国时期，讲学风气盛行，齐国临淄的稷下学宫就是一个讲学的中心。在各诸侯国王权的支持下，各国私学得到较好的发展。

此外，春秋战国时期城市文化融合程度较高。《国语·楚语上》："教之春秋，而

---

① 《庄子·天下》，北京燕山出版社，1995年，第319页。
② 王㴊：《先秦诸子新探》，齐鲁书社，2011年，第101—102页。
③ 班固：《汉书·艺文志》，中华书局，1962年，第1746页。
④ 司马迁：《史记·田齐世家》，线装书局，2006年，第228页。

为之耸善而抑恶焉,以戒劝其心;教之世,而为之昭明德而废幽昏焉,以休惧其动;教之诗,而为之异广显德,以耀明其志;教之礼,使知上下之则;教之乐,以疏其秽而镇其浮;教之令,使访物官;教之语,使明其德,而知先王之务用明德于民也;教之故志,使知废兴者而戒惧焉;教之训典,使知族类,行比义焉。"[1] 这是楚庄王时太子学习的科目,内容包括《诗经》、乐、令、礼等,都是各国的文化精粹。这种融合与西周分封制之下一元的政治格局有关。尽管春秋战国时期各国争霸,但不能阻挡文化融合的趋势。

春秋战国时期政治割据局面促使各个学派发扬学说,广泛收徒,促进了私学的兴盛。私学的兴盛促进了学术的发展,形成了中国历史上前所未有的文化兴盛局面,儒家、墨家、法家、阴阳家等学派的形成与发展既是私学发展的结果,又反过来推动了私学的兴盛。该时期的孔子、孟子、管子、庄子等成为中国早期的思想家,其作品是春秋战国时期的文化精品,成为中华文明的杰出代表,为后世所传承。

三、先秦时期的城市艺术

城市是文明的重要载体,文明发展的各个方面在城市中都有所体现。艺术是文化或者说文明的重要组成部分,因此,谈及城市文化必然涉及城市艺术。城市艺术的内容较多,包括城市绘画雕刻艺术、音乐艺术、建筑艺术等。

(一)绘画、雕刻艺术

夏商周是我国的青铜时代,之所以称之为青铜时代,是基于青铜器在中国人类社会文明发展过程中的重要作用。青铜器不仅仅是生产工具,还是重要的礼器,它既是生产力发展的重要标志,也是权力的象征,更是艺术发展的重要表现形式。先秦时期,绘画、雕刻艺术已经普遍存在,并获得初步发展。绘画、雕刻艺术在陶器、青铜器上都有体现。

器物纹饰是中国早期绘画与雕刻的重要表现形式。早在良渚文化时期,彩陶就已经出现,说明当时已经有雕刻及绘画艺术。如浙江余杭发掘有彩绘陶器,这些陶器上的纹饰主要是简单的几何纹。史前绘画经历了一个由实物到抽象的过程,如下图所示:

---

[1] 《国语·楚语上》,鲍思陶点校,齐鲁书社,2005年,第258—259页。

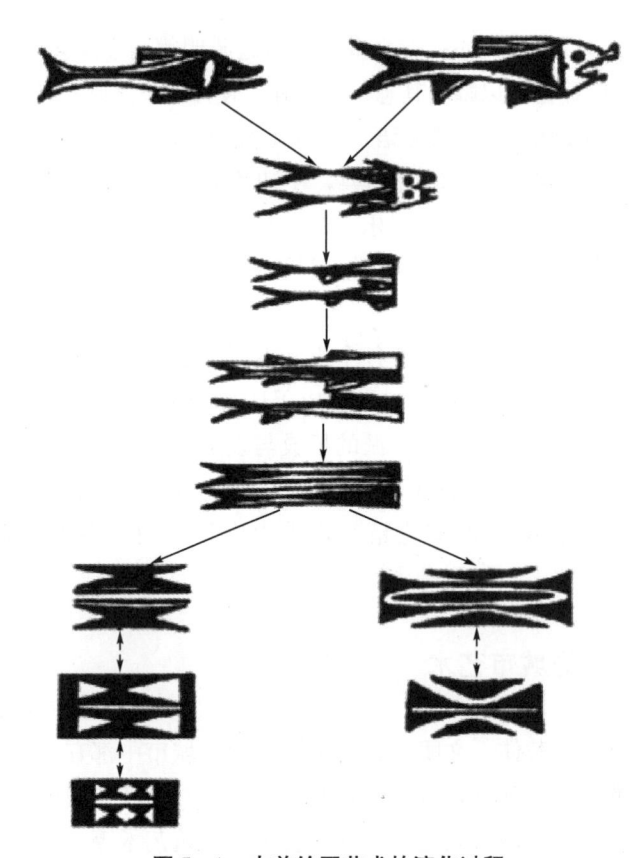

图 5-4　史前绘画艺术的演化过程

资料来源：李松远《远古至先秦绘画史》，人民美术出版社，2000 年。

　　夏代，青铜制造业是最重要的手工业部门，与青铜制造业并行发展的则是青铜艺术文化。青铜制造业与绘画艺术息息相关，高度发达的青铜制造业需要绘画艺术来装饰，绘画艺术使青铜制造走上了艺术化的道路。

　　夏代的陶器塑造也十分精美，如二里头遗址发现的一件陶蛤蟆，"身宽体阔，浑身有花斑，前脚伸出，后腿蹬起。此外还有团缩起来的陶龟、昂首视物的羊头，形象也都十分逼真"[①]。

　　商周时期，青铜艺术获得进一步发展，工艺水平的提高还体现在青铜器造型的精美上。长江中游湖北随县曾侯乙墓出土了数量较多的青铜礼器，皆艺术珍品。青铜编钟的挂件上站有六尊青铜立人像，这些人像都头戴帽，束腰佩剑，双手托起，应该是当时的武士像，造型精美，栩栩如生，代表了较高的青铜铸造艺术。殷墟妇好墓出土的五件铜编钟，制作精美，可以构成四声音阶序列。陕西汉中发现的商代铜器窖藏中，青铜尊的肩部饰有牛头，最高的达 44.5 厘米。[②] 四川广汉三星堆发掘出"青铜立人像、跪人像、跪坐人像、人头像、人（兽）面具、人（兽）面像"

[①]　李民：《夏代文化》，中华书局，1980 年，第 23 页。
[②]　戴扬本：《中国经济史话》，中国国际广播出版社，2010 年，第 29 页。

等不同表现形式的人像雕塑，这些器物一般用作"祭祀器、礼器、器型座（盖）、礼乐器装饰附件或陪衬物"，有"具象与抽象"两种表现形式。[①] 三星堆青铜器所展现出的艺术特征是巴蜀文化的重要特征。

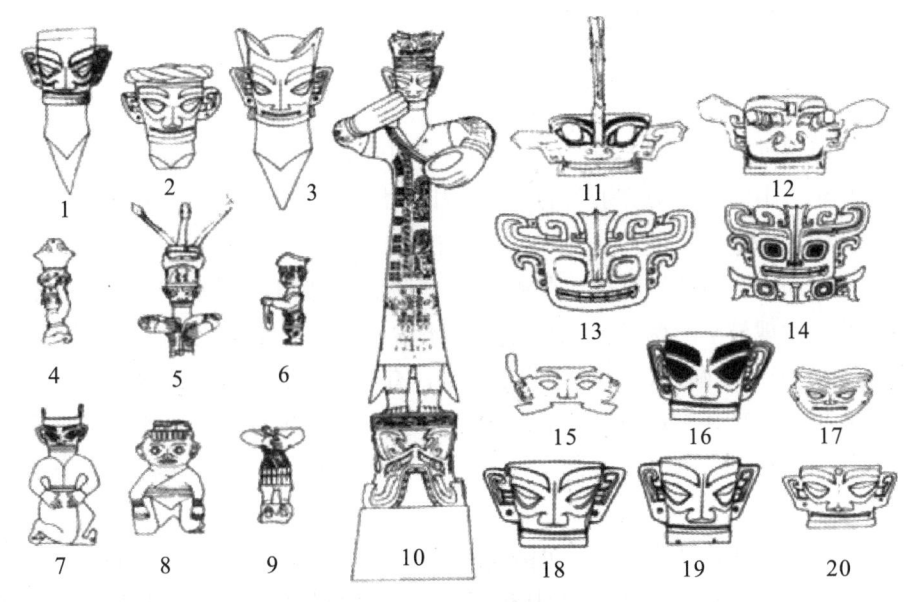

图5-5 三星堆出土的青铜人像群

注：1、2、3，人头像；5、6、9、10，全身立人像；4、7、8，跪人像；11、12，纵目面像；13、14，兽面具；15，黄金面具；16、18、19、20，人面像；17，小型人面像。

资料来源：范小平《古蜀王国的艺术星空——三星堆青铜文化研究》，巴蜀书社，2003年。

从考古发掘来看，四川三星堆是巴蜀文明的重要标志，青铜器的造型体量大，冲击视觉效果强，具有浓郁的宗庙神像或偶像色彩，充分展示"宗教与王权的艺术结合"。[②] 这也说明巴蜀地区有强大王权的存在，其文明发展程度毫不逊色于中原地区。

商代各重要城市遗址出土的青铜器物，显示了我国古代工匠杰出的创造智慧和高超技艺，被视为人类文明史上的瑰宝。

除了礼器，作为兵器的青铜剑同时也是精美的艺术品，如越王勾践和吴王夫差的宝剑，"在地下埋藏了两千五百多年，至今依然光彩照人，甚至连表面花纹依然十分清晰"[③]。

与夏商相比，春秋战国时期的青铜器的艺术性有新的发展，其雕刻、绘画技艺更加高超。楚国铸造的青铜器采用了新的工艺，有失蜡法及铸镶、嵌错、鎏金、刻镂、锻打、铆接等工艺，其中，失蜡铸造所表现的是三维的视觉形式，而铸镶法与

---

① 范小平：《古蜀王国的艺术星空——三星堆青铜文化研究》，巴蜀书社，2003年，第38页。
② 范小平：《古蜀王国的艺术星空——三星堆青铜文化研究》，巴蜀书社，2003年，第194页。
③ 秦彦士：《诸子学与先秦社会》，河北人民出版社，2003年，第235页。

嵌错等工艺则是这种风格的平面体现。[1]

总之，先秦时期，青铜器、陶器的制造与绘画、雕刻等艺术形式相结合。青铜器、陶器的纹饰从鸟兽等向人物转变，但是鸟兽等仍然是主体，说明该时期，图腾崇拜是人们思想观念的重要组成部分。

（二）音乐艺术

乐器是根据时代的需求而产生的具有特殊功能的产品，因时期不同、地域差别而各呈特色。中国古代的"乐"的概念，开始指的是诗歌、音乐、舞蹈等三种因素混为一体的艺术活动。

史前时期，音乐已经出现。在新石器时代遗址发掘出的陶埙和骨哨，是迄今为止我国境内发现最早的两种吹奏乐器。河姆渡遗址与仰韶文化遗址中都发掘有陶埙。"陶埙的形状有圆形，有橄榄形，中空，有一个吹孔，有一或两个音孔。经鉴定，可吹出四个半音。骨哨多见于太湖流域的新石器时代遗址，一般是截取禽类的肢骨制作的，长6～8厘米，中空，一侧有一孔或两孔。"[2] 这些乐器为人类的日常生活带来了乐趣。

根据文献记载，舞蹈及音乐可能是一种交往的礼节。《后汉书》记载，夏康王时，"世服王化，遂宾于王门，献其乐舞"[3]。上文也曾提及，夏桀蓄养的女乐多达三万人。二里头遗址中发现了一件铜铃，东下冯遗址和二里头遗址都发现了石磬[4]，这些乐器的发现证明了夏代音乐艺术的发展。

商代的统治者也极好歌舞。《史记·殷本纪》记载："（帝纣）好酒淫乐，嬖于妇人。……于是使师涓作新淫声，北里之舞，靡靡之乐。……大冣乐戏于沙丘，以酒为池，县肉为林，使男女倮相逐其间，为长夜之饮。"[5] 在考古发掘中也发现了很多乐器，如埙、箫、笙、鼓、磬、铙等。1976年，妇好墓中发掘出铜镛5件，编磬3件，特磬2件，陶埙3件。[6] 证明当时的乐舞已经达到了相当的水平。

到了西周时期，音乐与礼仪结合起来，礼乐制度成为重要的典章制度。周代分封制确立之后，以礼制的形式规定了不同等级所用的音乐。据《礼记》，周代设有专门的音乐机构，由大司马管理。当时著名的乐舞有《云门》《大咸》《大韶》《大夏》《大濩》和《大武》，称"六乐"；乐器种类有金、石、土、革、丝、木、匏、竹八类，称"八音"；具体的乐器有钟、镛、铙、编钟、编磬、琴、瑟、箫、笙、竽、埙、鼓等。周代音乐的功用已经区分得较为明显，不同的音乐有不同的功用，

---

[1] 邵学海：《长江流域美术史》，湖北教育出版社，2005年，第87—88页。
[2] 徐杰令：《先秦社会生活史》，黑龙江人民出版社，2004年，第122—123页。
[3] 范晔：《后汉书·东夷列传》，岳麓书社，2008年，第1027页。
[4] 黄石林等：《山西夏县东下冯龙山文化遗址》，《考古学报》，1983年第1期；李维明：《二里头遗址二里头文化一期遗存试析》，《中国历史文物》，2009年第1期。
[5] 司马迁：《史记·殷本纪》，线装书局，2006年，第11页。
[6] 王秀萍：《考古出土商代乐器研究》，苏州大学出版社，2015年，第144页。

《周礼》：

> 以乐德教国子，中、和、祗、庸、孝、友；以乐语教国子，兴、道、讽、诵、言、语；以乐舞教国子，舞《云门》、《大卷》、《大咸》、《大磬》、《大夏》、《大濩》、《大武》。以六律、六同、五声、八音、六舞、大合乐，以致鬼、神、示，以和邦国，以谐万民，以安宾客，以说远人，以作动物。乃分乐而序之，以祭、以享、以祀。①

春秋时期，乐已经成为私学课程的重要组成部分，是"六艺"（礼、乐、射、御、书、数）之一。大型乐器的出现反映了当时音乐艺术发展的盛况。湖北曾侯乙墓出土的编钟，"由1件镈钟、45件甬钟和19件钮钟组成，共分8组，悬挂在曲尺型钟架上。每个钟都可以发两个音，整套钟的音域达五个半八度有余，12个半音齐备，可旋宫转调，音色十分优美。编钟铭文还记载了曾国与楚、齐、晋、周、申等国的律名、阶名、变化音名之间的对应关系。"②

（三）建筑艺术

在城市形成之前，人类以穴居或者巢居为主，后又发展到干栏式建筑以及部分地面建筑。史前城市出现之后，城市内部的建筑基址大致分为两类：一类是大型夯土基址；一类是半地穴式房屋。通过考古发掘，这些房屋的建筑都较为简单，但已经进步很多。有的房屋墙壁上已经有美术图案，"在草拌泥的墙壁表面，用手指或其他尖细的工具按压或剔刺出几何形图案，以圆窝、方窝、竖线、横线、斜线等组成三角形、平行线或长方形图案"③。说明该时期的房屋建筑已经注意到美观。

夏商时期，国家形成，在王权的推动下，城市中开始修建大型的宗庙建筑。这些宗庙建筑大都建在高大的夯土平台之上。夏商时期的宫殿建筑大都由廊庑构成，呈现今"四合院"的特征。从周代开始，城市已经开始沿"中轴线"对称布局，而且在"周礼"的规制下，城市的规划建设在很多方面是相同的或者近似的，如宫城都有城墙和壕沟包围，全城由宫城和郭城两部分组成，宫城的王宫处在中轴线最显要的位置，郭城内均有市（商业区）等。

---

① 《周礼·春官宗伯》，崔高维校点，辽宁教育出版社，1997年，第40页。
② 牛世山：《神秘瑰丽：中国古代青铜文化》，四川人民出版社，2004年，第157—158页。
③ 杨泓：《美术考古半世纪——中国美术考古发现史》，文物出版社，2015年，第496页。

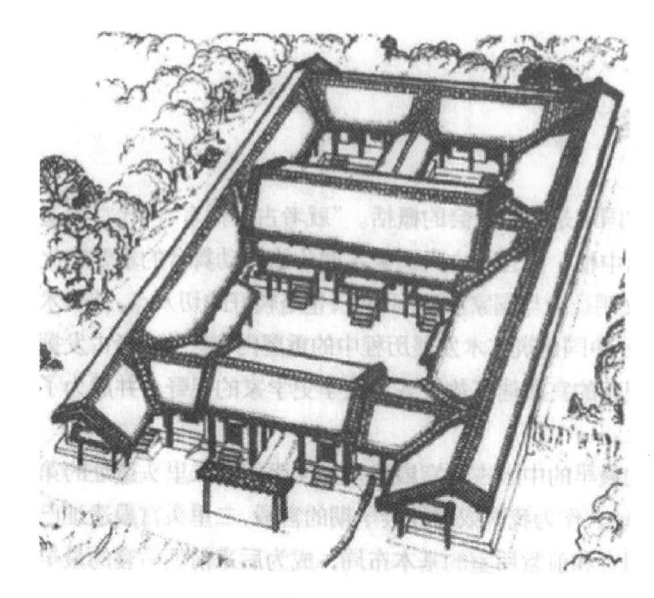

图 5-6　陕西岐山凤雏西周建筑遗址复原示意图

资料来源：朱亮亮、王韧《美术考古与美术史》，上海大学出版社，2008 年。

从上图可以得知，陕西岐山凤雏西周建筑的整体布置是以堂为中心，前筑门塾，后建室、房，左右有庑，以房屋围成方正的外轮廓，内部形成前后两进的庭院，堂、室、门、庑各建筑相对独立，以廊连接，很明显是有计划的一次性建造的一座完整的"四合院"式建筑。城市的宫室建筑中还有许多玉石和蚌壳做的装饰物。

春秋时期著名的建筑师鲁班，对房屋、桥梁的建筑和舟、车等器物的制作，均有特殊的贡献。

春秋战国时期，楚国是疆域广大，经济、文化繁荣的国家。从《楚辞》对郢都的描述中，可以看出当时高超的建筑艺术：

> 高堂邃宇，槛层轩些。层台累榭，临高山些。网户朱缀，刻方连些。冬有突厦，夏室寒些。川谷径复，流潺湲些。光风转蕙，氾崇兰些。经堂入奥，朱尘筵些。砥室翠翘，挂曲琼些。翡翠珠被，烂齐光些。弱阿拂壁，罗帱张些。䙱组绮缟，结琦璜些。
>
> ……
>
> 离榭修幕，侍君之闲些。翡帷翠帐，饰高堂些。红壁沙版，玄玉梁些。仰观刻桷，画龙蛇些。坐堂伏槛，临曲池些。芙蓉始发，杂芰荷些。紫茎屏风，文缘波些。文异豹饰，侍陂陁些。轩辌既低，步骑罗些。……兰薄户树，琼木篱些。①

楚国郢都深远的宫殿布局、环绕的亭阁、优美的园林，充分展示了高超的宫殿建筑艺术。

---

① 《楚辞·招魂》，王承略、李笑岩译注，山东画报出版社，2014 年，第 163 页。

结　语

先秦时期是中国早期城市形成的重要时期，由最初的城堡逐渐发展成具有政治、经济、文化功能的城市。然而，由于自然地理环境与人文环境的地域差异，各区域城市的形成时间与发展程度差异较大，这种差异贯穿于先秦以至当代整个历史发展进程。从史前早期城市的出现至夏商时期的"万国林立"，再到战国时期的"统一格局"，城市逐渐成为统一行政体系下的权力节点，奠定了秦朝及以后城市发展的基本格局。

一、先秦城市发展的历史分期及阶段特征

从史前早期城市的出现至春秋战国时期城市林立，社会生产力在不断发展，王权——国家的力量在不断壮大，社会制度因政治、军事格局的变化而变化，这些都深刻地影响着城市发展进程。中国早期城市的形成与发展经历了漫长的历史演变，大体上可分为史前时期的孕育期、夏商的初步形成期、西周的形成期、春秋战国的发展期等四个发展阶段。

史前时期是中国早期城市的孕育期。由于社会生产力的发展，农业逐渐同畜牧业分离，定居生活为大型聚落的形成奠定了基础。私有制出现之后，贫富差距日益扩大，阶级分化日益严重。部落之间为了争夺财富，战争不断，为了抵御外敌，开始筑城，城堡开始出现。不过，史前城市大都是以大型聚落为基础，在其四周筑墙而城，城市功能也以防御功能为主。城市的构成要素较为简单，大多为半地穴式房屋建筑及一些台地建筑。城市的经济、文化功能较弱。

夏商时期，国家形成，为城市的发展奠定了物质基础与制度基础。从城市的地域分布看，史前至夏商时期，城市主要分布在黄河流域、长江流域，又以黄河中下游、长江中上游最为集中。从城市的形态与布局看，高大的城墙和大型宫殿建筑的出现，是史前至夏商时期城市发展的最重要的特征，说明王权在城市建设中发挥着主导作用。而该时期城市外部形态的多样性，反映了建城的因地制宜原则与政治多元化特征。手工业是城市经济的主要部门，商业也随着城市的发展而逐渐兴起。不过，该时期的工商业主要受控于官府，并主要为统治者服务。农业在城市中保留，也成为该时期城市经济发展的重要特征。王权的发展与产业结构的变化促使该时期城市社会结构也发生改变，城市各阶层的等级差异明显，人口的职业构成开始多元化。

西周时期是中国早期城市的形成期。与夏商之前的城市相比，市场已经成为城市空间的重要组成部分，城市的经济功能逐渐增强，城市逐渐成为政治、经济、文化功能的综合体，标志着中国完整意义上的城市的形成。周朝建立之后，推行分封制，分封之地纷纷筑城，推动了中国历史上的第二次筑城高峰。"周礼"规定了分封诸侯及采邑城市的形制、规模，地方城市的发展打上了"礼制"的烙印，形成了以"分封制"为背景的自上而下的城市等级体系，即所谓的"都城—侯城—伯城"等多级城市体系。从城市的内部空间布局看，宫殿建筑位于城市的中心位置，以突显"王权至上"原则，城市的其他建筑以宫殿建筑为中心布局。这种城市布局形态对后世的城市建设影响至深。从城市经济的发展看，西周是青铜手工业发展的鼎盛时期，农业、手工业、商业等获得较快的发展，城市中出现大规模的手工业作坊，市场也是城市空间的重要组成部分，城市的经济功能增强。

春秋时期，周天子式微，地方诸侯国势力增长，各国纷纷推行改革，采取了一系列促进地方经济发展的措施，为各国城市的发展奠定了物质基础。"礼乐崩坏"促使地方城市的建设、规划突破了"礼制"的限制，诸侯国的城市获得快速发展，在规模上甚至远远超过周天子所在的都城，区域性的商业都会开始出现。战国时期，兼并战争更加频繁，各诸侯国相继兴建了一批军事城镇，进而促进了地方城市的发展。春秋战国时期，制度变革是该时期的一个重要特征，特别是郡县制度的推行，直接改变了地方城市的性质，城市由简单的城市权力节点，开始形成以王权为核心的"都城—郡城—县城"城市行政等级体系。

从城市空间布局看，"城郭制"是春秋战国都城空间布局的重要特征，除了少数城市之外，重要的城市，特别是都城都由城和郭两个城，甚至多个城构成，这些城的布局或并列，或嵌套。"城"是国君所居之地，"郭"是平民居住的地方，居住区域的严格划分，体现了严格的等级制度。

从城市经济的发展看，春秋战国时期，铁器的出现及推广，使社会生产力获得快速发展，中国由此逐渐步入铁器时代。在生产关系方面，井田制瓦解，"工商食官"制度被打破，私有制开始产生并获得初步发展，社会生产及组织方式发生变化，私有工商业开始有所发展。随着生产力的发展，社会经济结构逐渐发生变化，宗法制度逐渐解体，社会阶层流动较为频繁，宽松的政治环境为该时期文化艺术的发展提供了良好的土壤。各诸侯国教育发展迅速，特别是私学兴盛，打破了周天子对教育的控制，这些变化最终促成该时期城市文化的繁荣。

二、早期城市与文明演变

农业革命解决人类的基本生存问题，而城市革命则要解决人类的生存和发展问题。城市作为人类文明的产物，也成为文明的载体。在城市出现之前，人类文明的成果无法保存；而城市出现以后，文明得以保存、延续和发展，人类文明的大部分成果都集中在城市之中。先秦城市的发展反映了中国早期人类文明的发展轨迹。

（一）城市成为王权的物质实体与权力节点

城市作为庞大的物质实体，其建设必须有强大的社会组织作为后盾，黄河流域与长江流域城市的形成之所以较早，就是因为该地区早期邦国、酋邦等社会组织的产生要早于其他地区。但是在城市产生之初，城市仍是"血缘部落"的中心，而部落与部落之间是排他的，所以城市之间并不存在政治上的依附关系。

到了夏、商、西周时期，国家形成，城市逐渐成为王权的物质实体，成为王权的权力节点。在西周时期尤为典型，分封制打破了以血缘关系为基础的多元政治格局，分封制与采邑制构建了以周天子为中心的权力体系，而城市也形成了以"礼制"为蓝本的城市体系，成为周天子自上而下进行统治的权力节点。城市也成为周代的权力层级结构的物质表现形式，反映了王权的对外扩张以及地方控制的加强。

春秋战国时期，分封制的瓦解，中央权力逐渐衰落，地方势力快速增长，一元政治格局被打破。各诸侯国建立了以都城为中心的等级城市体系，这是"中央"与"地方"政治博弈的直接反映。到了战国后期，随着兼并战争的不断推进，郡县制度得以推行，至此，城市成为地方基层管理的权力节点，统一的行政等级城市体系逐渐形成，这也反映了中国早期统一的地域政治格局的逐渐形成。

（二）城市经济与文明发展

城市的形成与发展反映了先秦时期人类物质生活的极大进步。首先，人类从穴居、巢居，到大型的堡寨，最后到城市，反映了人类居住方式的重要改变与改造自然界能力的提高。其次，先秦时期，经济形态经历了一个由自然经济向商品经济发展的过程，而人类从石器时代进入青铜时代，再到铁器时代，反映了社会生产力的巨大进步。城市作为人口的聚集地，具有很强的经济功能，能够容纳大规模的手工业、商业活动，满足人们日益增长的物质生活需要。值得注意的是，农牧业仍然是周代城市中的重要经济因素，这也体现了先秦城市对农业较为依赖的原始性特征。

生产方式决定了文明发展的程度，不同的经济形态决定了城市的形成与发展。先秦时期，中国以农牧交错带为界，形成了农耕与游牧两大相对独立的文明单元，这两个区域不同的生产方式决定了两大区域城市形成及发展的差异。从城市的起源及分布格局看，先秦城市主要集中在黄河中下游、长江中上游地区。在同一时期，今内蒙古大部分地区、新疆地区、西藏地区处于游牧社会，人口的数量少、流动性较弱，难以形成城市，城市发展极为缓慢。尽管内蒙古地区出现了一些城市，但大都是石头城，为军事防御性城市。由此可知，农牧交错带以北的游牧地区的文明发展远远滞后于黄河流域与长江流域，由此形成的城市发展格局一直延续到今天。

（三）多元与融合：先秦城市文化的发展

城市除了作为政治、经济的载体之外，还是文化的重要载体，从城市的发展过程便可以了解到中国早期文化的发展历程及特点。

在史前时期至夏商时期，由于地域之间的文化交流并不频繁，因自然地理单元相对独立与多元的政治格局，形成了不同类型的地域文化。到了周朝，政治格局与制度变革为文化的区域交流创造了条件。"周礼"因政治上的一元格局而向各诸侯国渗透。无论是政治制度，还是礼仪教化，各诸侯国都经历了一个趋同的过程，各国城市遗址中发掘的青铜礼器、陶器，甚至是新疆地区的陶器，都具有相似性。再从语言方面来看，不同的地区有着不同的语言，如越语、楚语等。战国以后，这些地方的语言逐渐趋同。这也说明春秋战国时期，不同地区、不同城市之间在文化上相互渗透、相互融合。但是，由于早期文化的影响，各地区城市的建筑风格、青铜艺术、陶器艺术都呈现出了不同的地域风格，甚至是居民的日常生活习性地区差异也较大。城市社会的差异又反映了区域文化之间的差异性与多元化特征。

春秋战国时期，宗法制衰落，形成了多元的政治格局，松散的文化氛围造就了各具特色的地域文化，如齐鲁文化、巴蜀文化、吴越文化、燕辽文化等。这些文化特色在城市发展上表现得较为明显。同时，春秋战国时期的兼并战争以及不断走向统一的政治格局，使城市成为一个多种文化融合的载体，城市文化具有既多元又融合的特征。

总之，城市作为文明形成的重要标志，在不同的区域，形成的时间及发展程度自然有所差异，在不同的时段呈现出不同的特征，体现了中国早期文明起源与发展的多元性特征。与此同时，随着时间的推移，政治上的变革及地方经济的发展，促使不同地区之间的经济、文化交往日益频繁，这又促使不同区域间的文化发展呈现不断融合的趋势，为之后"多元一体"的政治、经济、文化格局的形成奠定了基础。

参考文献

一、史籍

1. 《孟子》，万丽华、蓝旭译注，中华书局，2006年。
2. 《荀子》，王学典编译，中国纺织出版社，2007年。
3. 《论语》，岳麓书社，2000年。
4. 《韩非子》，高华平、王齐洲、张三夕译注，中华书局，2010年。
5. 《管子》，吴文涛、张善良编著，北京燕山出版社，1995年。
6. 《吕氏春秋》，线装书局，2007年。
7. 《左传全译》，王守谦、金秀珍、王凤春译注，贵州人民出版社，1990年。
8. 《逸周书全译》，张闻玉译注，贵州人民出版社，2000年。
9. 《战国策》，齐鲁书社，2005年。
10. 《周礼》，崔高维校点，辽宁教育出版社，1997年。
11. 《礼记》，崔高维校点，辽宁教育出版社，2000年。
12. 《易经》，梁海明译注，山西古籍出版社，2000年。
13. 《尚书》，黄怀信注训，齐鲁书社，2002年。
14. 《尚书》，冀昀主编，线装书局，2007年。
15. 《国语》，鲍思陶点校，齐鲁书社，2005年。
16. 《墨子》，苏凤捷、程梅花注说，河南大学出版社，2003年。
17. 《春秋谷梁传》，顾馨、徐明校点，辽宁教育出版社，1997年。
18. 王充：《论衡》，陈蒲清点校，岳麓书社，1991年。
19. 班固：《汉书》，中华书局，1962年。
20. 司马迁：《史记》，线装书局，2006年。
21. 皇甫谧：《帝王世纪》，中华书局，1985年。
22. 李昉等：《太平御览》，中华书局，1985年。
23. 许慎著，段玉裁注：《说文解字注》，上海古籍出版社，1981年。
24. 顾炎武：《日知录》，周苏平、陈国庆点注，甘肃民族出版社，1997年。
25. 洪亮吉：《春秋左传诂》，李解民点校，中华书局，1987年。

二、专著/论集

1. 于洪俊、宁越敏：《城市地理概论》，安徽科学技术出版社，1983年。
2. 邹德慈：《城市规划导论》，中国建筑工业出版社，2002年。
3. 武进：《中国城市形态：结构、特征及其演变》，江苏科学技术出版社，1990年。
4. 汪德华：《中国古代城市规划文化思想》，中国城市出版社，1997年。
5. 吕文郁：《周代的采邑制度》（增订版），社会科学文献出版社，2006年。
6. 刘玉堂、张硕：《楚市商贾：楚国的商业与货币》，湖北教育出版社，2001年。
7. 马世之：《中国史前古城》，湖北教育出版社，2003年。
8. 李洁萍：《中国古代都城概况》，黑龙江人民出版社，1981年。
9. 陈力：《东周秦汉时期城市发展研究》，三秦出版社，2010年。
10. 杜闻贞：《城市经济学》，中国财政经济出版社，1987年。
11. 赵安启、王宏涛：《史记与中国古代建筑文化》，陕西人民教育出版社，2000年。
12. 任式楠：《任式楠文集》，上海辞书出版社，2005年。
13. 金荣权：《周代淮河上游诸侯国研究》，河南大学出版社，2012年。
14. 信阳地区地方史志编纂委员会：《信阳地区志》，生活·读书·新知三联书店，1992年。
15. 秦永龙：《西周金文选注》，北京师范大学出版社，1992年。
16. 马金南：《邯郸名胜古迹》，国际文化出版公司，2009年。
17. 王孝通：《中国商业史》，团结出版社，2007年。
18. 容镕：《中国上古时期科学技术史话》，中国环境科学出版社，1990年。
19. 余鑫炎：《中国商业史》，中国商业出版社，1987年。
20. 戴扬本：《中国经济史话》，中国国际广播出版社，2010年。
21. 陈平原、王德威、陈学超：《西安：都市想象与文化记忆》，北京大学出版社，2009年。
22. 赵世超：《周代国野制度研究》，陕西人民出版社，1991年。
23. 张星久、祝马鑫：《新编中国政治制度史》，武汉大学出版社，1993年。
24. 刘敦桢：《中国古代建筑史》，中国建筑工业出版社，1980年。
25. 邹学德、刘炎：《河南古代建筑史》，中州古籍出版社，2001年。
26. 杨宝成：《殷墟文化研究》，武汉大学出版社，2002年。
27. 徐杰令：《先秦社会生活史》，黑龙江人民出版社，2004年。
28. 戴争：《中国古代服饰简史》，轻工业出版社，1988年。
29. 戴钦祥、陆钦、李亚麟：《中国古代服饰》，中国国际广播出版社，

2010年。

30. 朱仲玉：《中国历史知识全书·中国古代服饰》，北京科学技术出版社，1995年。

31. 于云瀚：《城居者的文明》，中国社会科学出版社，2011年。

32. 孙华：《四川盆地的青铜时代》，科学出版社，2000年。

33. 曹迎春：《中山国经济研究》，中华书局，2012年。

34. 葛志毅：《周代分封制度研究》，黑龙江人民出版社，2005年。

35. 晁福林：《夏商西周的社会变迁》，北京师范大学出版社，1996年。

36. 高至喜：《楚文化的南渐》，湖北教育出版社，1996年。

37. 绥远通志馆：《绥远通志稿》，内蒙古人民出版社，2007年。

38. 马开樑：《春秋战国经济史》，云南大学出版社，2003年。

39. 南京大学历史系考古专业：《战国秦汉考古》，南京大学出版社，1981年。

40. 徐惠蓉：《城市经济发展论》，中国商业出版社，1997年。

41. 李亚光：《战国农业史纲》，吉林大学出版社，2009年。

42. 曲英杰：《齐国故都临淄》，山东文艺出版社，2004年。

43. 邵鸿：《商品经济与战国社会变迁》，江西人民出版社，1995年。

44. 余英时：《士与中国文化》，上海人民出版社，1987年。

45. 顾树森：《中国历代教育制度》，江苏人民出版社，1981年。

46. 刘斌：《临淄与齐国》，山东大学出版社，1995年。

47. ［日］山鹿诚次：《城市地理学》，湖北教育出版社，1986年。

48. 顾栋高：《春秋大事表》，中华书局，1993年。

49. 张鸿雁：《春秋战国城市经济发展史论》，辽宁大学出版社，1988年。

50. 宋镇豪：《夏商社会生活史》，中国社会科学出版社，1994年。

51. 侯外庐：《中国古代社会史论》，人民出版社，1955年。

52. 杨宽：《杨宽古史论文选集》，上海人民出版社，2003年。

53. 辛田：《春秋战国时期社会转型研究》，陕西人民出版社，2006年。

54. 周振鹤：《中国行政区划通史·总论、先秦卷》，复旦大学出版社，2009年。

55. 杨育彬：《郑州商城初探》，河南人民出版社，1985年。

56. 李锋：《商代前期都城研究》，中州古籍出版社，2007年。

57. 许倬云：《西周史》，联经出版事业公司，1984年。

58. 吴庆洲：《中国古代城市防洪研究》，中国建筑工业出版社，1995年。

59. 刘泽华等：《专制权力与中国社会》，吉林文史出版社，1988年。

60. ［美］刘易斯·芒福德著，宋俊岭、倪文彦译：《城市发展史——起源、演变和前景》，中国建筑工业出版社，1989年。

61. 刘德彪、吴磬军：《燕下都瓦当研究》，河北大学出版社，2004年。

62. 戴均良：《中国城市发展史》，黑龙江人民出版社，1992年。

63. 赵诚：《甲骨文与商代文化》，辽宁人民出版社，2000 年。
64. 宋镇豪：《商代地理与方国》，中国社会科学出版社，2010 年。
65. 尹盛平：《西周史征》，陕西师范大学出版社，2004 年。
66. 李贤浚：《大冶铜与中华青铜文化》，中国广播电视出版社，2004 年。
67. 何宏波：《先秦玉礼研究》，线装书局，2007 年。
68. 宋锡正：《先秦教育思想与实施》，三民书局，1985 年。
69. 秦彦士：《诸子学与先秦社会》，河北人民出版社，2003 年。
70. 邵学海：《长江流域美术史》，湖北教育出版社，2005 年。
71. 余国瑞：《中国文化历程》，东南大学出版社，2004 年。
72. 牛世山：《神秘瑰丽：中国古代青铜文化》，四川人民出版社，2004 年。
73. ［苏］列·谢·瓦西里耶夫，《中国文明的起源问题》，文物出版社，1989 年。
74. 张树栋、刘广明：《古代文明的起源与演进》，南京大学出版社，1991 年。
75. 段渝：《酋邦与国家起源：长江流域文明起源比较研究》，中华书局，2007 年。
76. 夏鼐：《中国文明的起源》，文物出版社，1985 年。
77. ［英］柴尔德著，周进楷译：《远古文化史》，上海文艺出版社，1990 年。
78. 宋豫秦：《中国文明起源的人地关系简论》，科学出版社，2002 年。
79. 费孝通等：《中华民族多元一体格局》，中央民族学院出版社，1989 年。
80. 苏秉琦：《中国文明起源新探》，辽宁人民出版社，2009 年。
81. 张兰生、方修琦、任国玉：《全球变化》，高等教育出版社，2004 年。
82. 严文明：《农业发生与文明起源》，科学出版社，2000 年。
83. 卜工：《文明起源的中国模式》，科学出版社，2007 年。
84. 薛凤旋：《中国城市及其文明的演变》，三联书店（香港）有限公司，2009 年。
85. 陈振中：《先秦手工业史》，福建人民出版社，2008 年。
86. 严文明：《仰韶文化研究》，文物出版社，1989 年。
87. 詹子庆：《夏史与夏代文明》，上海科学技术文献出版社，2007 年。
88. 李学勤：《殷代地理简论》，科学出版社，1959 年。
89. 孙淼：《夏商史稿》，文物出版社，1994 年。
90. 许顺湛：《商代社会经济基础初探》，河南人民出版社，1958 年。
91. 段渝：《政治结构与文化模式——巴蜀古代文明研究》，学林出版社，1999 年。
92. 王仁湘、丛德新：《新疆石器时代与青铜时代》，文物出版社，2008 年。
93. 李亚农：《西周与东周》，上海人民出版社，1956 年。
94. 田广林：《中国东北西辽河地区的文明起源》，中华书局，2004 年。
95. 施雅风：《中国全新世大暖期气候与环境》，海洋出版社，1992 年。

96. 满志敏：《中国历史时期气候变化研究》，山东教育出版社，2009 年。

97. 黄健英：《北方农牧交错带变迁对蒙古族经济文化类型的影响》，中央民族大学出版社，2009 年。

98. 刘泽华：《中国的王权主义——传统社会与思想特点考察》，上海人民出版社，2000 年。

99. 张光直：《中国青铜时代》，生活·读书·新知三联书店，1983 年。

100. 河南省文物研究所、中国历史博物馆考古部：《登封王城岗与阳城》，文物出版社，1992 年。

101. 董鉴泓：《中国城市建设史》，中国建筑工业出版社，2004 年。

102. 顾朝林：《中国城市地理》，商务印书馆，1999 年。

103. 李孝聪：《历史城市地理》，山东教育出版社，2007 年。

104. 庄林德、张京祥：《中国城市发展与建设史》，东南大学出版社，2002 年。

105. 叶骁军：《中国都城发展史》，陕西人民出版社，1988 年。

106. 吴刚：《中国古代的城市生活》，商务印书馆，1997 年。

107. 王震中：《商代都邑》，中国社会科学出版社，2010 年。

108. 赵冈：《中国城市发展史论集》，新星出版社，2006 年。

109. 杨宽：《中国古代都城制度史研究》，上海古籍出版社，1993 年。

110. 曲英杰：《古代城市》，文物出版社，2003 年。

111. 何一民：《中国城市史纲》，四川大学出版社，1994 年。

112. 何一民：《中国城市史》，武汉大学出版社，2012 年。

113. 许倬云：《许倬云自选集》，上海教育出版社，2002 年。

114. 刘俊文：《日本中青年学者论中国史（上古秦汉卷）》，上海古籍出版社，1995 年。

115. 潘明娟：《周秦时期关中城市体系研究》，人民出版社，2009 年。

116. 王妙发：《黄河流域聚落论稿——从史前聚落到早期都市》，知识出版社，1999 年。

117. 张国硕：《郑州商都文化》，河南人民出版社，2008 年。

118. 张驭寰：《中国城池史》，百花文艺出版社，2003 年。

119. 毛曦：《先秦巴蜀城市史研究》，人民出版社，2008 年。

120. 李福顺、刘晓路：《中国春秋战国艺术史》，人民出版社，1994 年。

121. 郭宝钧：《中国青铜器时代》，生活·读书·新知三联书店，1963 年。

122. 黄能馥、陈娟娟：《中国丝绸科技艺术七千年：历代织绣珍品研究》，中国纺织出版社，2002 年。

123. 中国社会科学院考古研究所：《新中国的考古发现和研究》，文物出版社，1984 年。

124. 四川省文物考古研究所：《三星堆祭祀坑》，文物出版社，1999 年。

125. 周崇云：《安徽考古》，安徽文艺出版社，2011 年。
126. 徐良高：《死城之谜：中国古代都城考古》，四川人民出版社，2004 年。
127. 山东省文物考古研究所、山东省博物馆、济宁地区文物组、曲阜县文管会：《曲阜鲁国故城》，齐鲁书社，1982 年。
128. 井中伟、王立新：《夏商周考古学》，科学出版社，2013 年。
129. 郭德维：《楚都纪南城复原研究》，文物出版社，1999 年。
130. 杨锡璋、高炜：《中国考古学·夏商卷》，中国社会科学出版社，2003 年。
131. 杜金鹏、许宏：《偃师二里头遗址研究》，科学出版社，2005 年。
132. 河南省文化局文物工作队：《郑州二里冈》，科学出版社，1959 年。
133. 朱乃诚、黄石林：《中国重要考古发现》，中国国际广播出版社，2011 年。
134. 段小强、杜斗城：《考古学通论》，兰州大学出版社，2007 年。
135. 曹玮：《周原遗址与西周铜器研究》，科学出版社，2004 年。
136. 北京大学历史系考古教研室商周组：《商周考古》，文物出版社，1979 年。
137. 查瑞珍：《战国秦汉考古》，南京大学出版社，1990 年。
138. 杨鸿勋：《建筑考古学论文集》，文物出版社，1987 年。
139. 高广仁：《海岱区先秦考古论集》，科学出版社，2000 年。
140. 陈旭：《夏商考古》，文物出版社，2001 年。
141. 许宏：《先秦城市考古学研究》，北京燕山出版社，2000 年。
142. 赵丛苍、郭妍利：《两周考古》，文物出版社，2004 年。

三、论文/报告

1. 李兰、朱诚、姜逢清、赵泉鸿、林留根：《连云港藤花落遗址消亡成因研究》，《科学通报》，2008 年第 1 期。
2. 侯林春、彭红霞、张利华：《中国全新世暖期农业考古文化分区及人地关系特征》，《干旱区资源与环境》，2009 年第 9 期。
3. 王晓岚、何雨等：《距今 7000 年来河南郑州西山遗址古代人类生存环境》，《古地理学报》，2004 年第 2 期。
4. 四川省文物管理委员会：《成都羊子山第 172 号墓发掘报告》，《考古学报》，1956 年第 4 期。
5. 中国社会科学院考古研究所：《殷墟发掘报告（1958—1961）》，文物出版社，1987 年。
6. 湖北省文物考古研究所：《大冶五里界——春秋城址与周围遗址考古报告》，科学出版社，2006 年。

7. 沈志忠：《青藏高原史前农业起源与发展研究》，《中国农史》，2011年第3期。

8. 达扎、玉珍：《论西藏农业文明的起源》，《西藏研究》，1992年第2期。

9. 邵安定等：《陕西神木县石峁遗址出土壁画制作材料及工艺研究》，《考古》，2015年第6期。

10. 张玉石：《史前城址与中原地区中国古代文明中心地位的形成》，《华夏考古》，2001年第1期。

11. 毛曦：《先秦城市史研究述评》，《中国史研究动态》，2008年第1期。

12. 侯峰：《春秋时期的邑》，天津师范大学硕士学位论文，2010年。

13. 张南、周伊：《春秋战国城市发展论》，《安徽史学》，1988年第3期。

14. 齐磊、翟京襄：《略论先秦城市发展的阶段性特征》，《安徽文学》，2008年第9期。

15. 史念海：《先秦城市的规模及城市建置的增多》，《中国历史地理论丛》，1997年第3期。

16. 李令福：《周秦都邑迁徙的比较研究》，《中国历史地理论丛》，2000年第4期。

17. 王明德：《论春秋战国时期的都城发展》，《三门峡职业技术学院学报》，2007年第4期。

18. 王豪：《夏商城市规划和布局研究》，郑州大学硕士学位论文，2014年。

19. 石硕：《关于唐以前西藏文明若干问题的探讨》，《西藏艺术研究》，1992年第4期。

20. 蒋刚：《东周时期主要列国都城人口问题研究》，《文物春秋》，2002年第6期。

21. 何一民：《从政治中心优先发展到经济中心优先发展——农业时代到工业时代中国城市发展动力机制的转变》，《西南民族大学学报》，2004年第1期。

22. 李鑫：《先秦城市的长时段比较研究》，陕西师范大学硕士学位论文，2004年。

23. 毛曦：《论中国城市早期发展的阶段与特点》，《天津师范大学学报》，2006年第3期。

24. 黄启标：《论春秋战国的商业对中国古代城市发展的影响》，《广西广播电视大学学报》，1999年第4期。

25. 雏雷：《春秋战国时期城市经济结构试析》，《中国经济史研究》，1987年第3期。

26. 杜勇：《春秋战国城市发展蠡测》，《四川师范学院学报》，1997年第1期。

27. 吴继轩：《春秋战国时期商品经济发达原因探析》，《山东师范大学学报》，2007年第2期。

28. 张鸿雁：《春秋战国城市经济的原始性——农业经济对城市经济的渗透》，

《辽宁大学学报》，1986年第2期。

29. 冷鹏飞：《春秋战国时期商品经济形态的变革》，《学术研究》，1999年第10期。

30. 桂芳：《春秋战国时期商人兴起的原因》，《新乡师范高等专科学校学报》，2005年第1期。

31. 李生：《春秋战国时期商业发展原因新探》，《唐山师范学院学报》，2006年第6期。

32. 侯强：《春秋战国市场作用考论》，《安徽史学》，2003年第2期。

33. 翟媛：《从生态地理和经济地理学看战国时期城市的繁荣》，西北大学硕士学位论文，2009年。

34. 王丽霞、何艳杰：《从考古资料看商代城邑人的生产和生活方式》，《西北大学学报》，2003年第1期。

35. 傅道彬：《春秋：城邦社会与城邦气象》，《北方论丛》，2001年第3期。

36. 于云涵：《春秋战国时期的城市居民组织及其管理》，《安徽史学》，2000年第4期。

37. 喻述君：《论先秦的城市与城市文化》，《重庆科技学院学报》，2012年第19期。

38. 张国硕、程全：《试论我国早期城市的选址问题》，《河南师范大学学报》，1996年第2期。

39. 谢雪宁：《古代都城城址选择的主要影响因素》，《河北工程大学学报》，2011年第1期。

40. 朱瑾、王军：《从古代都城建设谈人与自然的和谐发展》，《西安建筑科技大学学报》，2007年第1期。

41. 田银生：《自然环境——中国古代城市选址的首重因素》，《城市规划学刊》，1999年第4期。

42. 高幸：《春秋至汉代鲁中南地区城市组群变迁研究》，东南大学硕士学位论文，2013年。

43. 李磊：《先秦时期河北地区古城池生态思想探析》，河北工业大学硕士学位论文，2007年。

44. 卢东东：《先秦齐鲁地区城市发展的历史审视》，华中师范大学硕士学位论文，2012年。

45. 郭春媛：《郑州地区先秦城址保护利用研究》，郑州大学硕士学位论文，2014年。

46. 杨鸿勋：《初论二里头宫室的复原问题》，《建筑考古学论文集》，文物出版社，1987年。

47. 罗二虎：《长江流域早期城市初论》，《文物》，2013年第2期。

48. 毛曦：《先秦蜀国城市起源与形成初论》，《大连大学学报》，2006年第

3 期。

49. 毛曦：《中国早期城市研究——以古代巴蜀为例》，四川大学博士后学位论文，2004 年。

50. 王元：《殷墟布局规划研究》，河北师范大学硕士学位论文，2007 年。

51. 尹弘兵：《纪南城与楚郢都》，《考古》，2010 年第 9 期。

52. 黄尚明：《从考古新材料看鄂国的历史变迁》，《华中师范大学学报》，2015 年第 1 期。

53. 董灏智：《楚国郢都兴衰史考略》，东北师范大学硕士学位论文，2008 年。

54. 马世之：《略论楚郢都城市人口问题》，《江汉考古》，1988 年第 1 期。

55. 陶新伟：《新郑郑韩故城研究》，湘潭大学硕士学位论文，2008 年。

56. 郑杰祥：《郑韩故城在中国都城发展史上的地位》，《黄河科技大学学报》，2008 年第 2 期。

57. 王佳涵：《战国韩三都比较研究》，郑州大学硕士学位论文，2013 年。

58. 陈旭：《论河南早商都邑遗址的年代及相关问题》，《考古与文物》，2000 年第 1 期。

59. 袁广阔、曾晓敏：《论郑州商城内城和外郭城的关系》，《考古》，2004 年第 3 期。

60. 田昌五、方辉：《论郑州商城》，《中原文物》，1994 年第 2 期。

61. 徐昭峰：《试论郑州商城的建造过程及其性质》，《中国历史文物》，2006 年第 6 期。

62. 赵明星：《河南先秦城市平面布局与中国古代城市规划理论体系的形成》，《华中建筑》，2008 年第 6 期。

63. 李自智：《略论中国古代都城的城郭制》，《考古与文物》，1998 年第 2 期。

64. 杨肇清：《略论登封王城岗遗址大城与小城的关系及其性质》，《中原文物》，2005 年第 2 期。

65. 刘继刚：《从考古发现看先秦时期城市的给水与排水》，《中原文物》，2010 年第 4 期。

66. 李自智：《东周列国都城的城郭形态》，《考古与文物》，1997 年第 3 期。

67. 潘付生：《洛阳东周王城布局研究》，郑州大学硕士学位论文，2007 年。

68. 韦峰：《先秦城市空间格局研究》，郑州大学硕士学位论文，2002 年。

69. 刘少和：《周代建筑风格》，《华夏文化》，2003 年第 1 期。

70. 张学海：《试论山东地区的龙山文化城》，《文物》，1996 年第 12 期。

71. 梁云：《战国都城形态的东西差别》，《中国历史地理论丛》，2006 年第 4 期。

72. 刘雨婷：《〈春秋〉及其"三传"所见建筑原则探析》，《同济大学学报》，2014 年第 1 期。

73. 苏畅：《〈管子〉城市思想研究》，华南理工大学博士学位论文，2004 年。

74. 张慧、赵晓峰、张锦秋：《〈管子〉中的城市生态规划思想》，《山东文学》，2008年第7期。

75. 马骏华、高幸：《〈考工记〉与城市形态演变》，《建筑与文化》，2013年第2期。

76. 刘敏、李先逵：《〈诗经·大雅·绵〉中的城市营建思想探析》，《规划师》，2008年第6期。

77. 文超祥：《从〈周礼〉看西周时期的城市建设制度》，《规划师》，2006年第11期。

78. 焦泽阳：《周"礼制"与〈考工记·匠人营国〉对早期都城形态的影响》，《城市规划学刊》，2012年第1期。

79. 张悦：《周代宫城制度中庙社朝寝的布局辨析——基于周代鲁国宫城的营建模式复原方案》，《城市规划》，2003年第1期。

80. 徐光冀：《赤峰英金河、阴河流域石城遗址》，《中国考古学研究：夏鼐先生考古五十年纪念论文集》，文物出版社，1986年。

81. ［日］宇野隆夫著，王震中译：《城市的方位——以商州时代为中心》，《考古与文物》，2005年第1期。

82. 张学海：《陈庄西周城蠡测》，《管子学刊》，2010年第4期。

83. 盛会莲：《北京市房山区夏商周考古发现与研究》，《首都师范大学学报》，2013年第2期。

84. 孙永和、张庆奎：《古曲沃地域考析》，《晋阳学刊》，2007年第1期。

85. 江西省文物考古研究所、江西樟树市博物馆：《江西清江盆地区域考古调查简报（2011—2012年度）》，《南方文物》，2012年第4期。

86. 云南省文物考古研究所、美国密歇根大学人类学系：《云南滇池地区聚落遗址2008年调查简报》，《考古》，2012年第1期。

87. 张国硕、缪小荣：《先秦城址马面初探》，《中原文化研究》，2015年第1期。

88. 张敏：《吴国都城初探》，《南方文物》，2009年第2期。

89. 何一民：《第一次"城市革命"与社会大分工》，《甘肃社会科学》，2014年第5期。

90. 陕西省考古研究院、榆林市文物考古勘探工作队、神木县文体局：《陕西神木县石峁遗址》，《考古》，2013年第7期。

91. 卢涛、李先逵：《中国古代都城规划中的数理哲学与美学特征》，《城市规划》，2002年第1期。

92. 童恩正：《古代的巴蜀》，《四川大学学报》，1977年第1期。

93. 董琦：《中国先秦城市发展史概述》，《中原文物》，1995年第1期。

94. 张孝光：《陇东镇原常山遗址14号房子的复原》，《考古》，1983年第5期。

95. 李晓东：《河北易县燕下都故城勘察和试掘》，《考古学报》，1965 年第 1 期。

96. 田亚岐：《秦都雍城布局研究》，《考古与文物》，2013 年第 5 期。

97. 中国历史博物馆考古组：《燕下都城址调查报告》，《考古》，1962 年第 1 期。

98. 邯郸市文物保管所：《河北邯郸市区古遗址调查简报》，《考古》，1980 年第 2 期。

99. 河北省文物管理处等：《赵都邯郸故城调查报告》，《考古学集刊 4》，中国社会科学出版社，1984 年。

100. 侯马市考古发掘委员会：《侯马牛村古城南东周遗址发掘简报》，《考古》，1962 年第 2 期。

101. 张守中：《1959 年侯马"牛村古城"南东周遗址发掘简报》，《文物》，1960 年第 Z1 期。

102. 李先登：《王城岗遗址出土的铜器残片及其它》，《文物》，1984 年第 11 期。

103. 叶万松等：《洛阳北窑西周遗址陶器的分期研究》，《考古》，1985 年第 9 期。

104. 李家窑遗址考古发掘队：《三门峡发现虢都上阳城》，《中国文物报》，2001 年 1 月 10 日。

105. 王博：《新疆乌帕尔细石器遗址调查》，《新疆文物》，1987 年第 3 期。

106. 陕西周原考古队：《扶风召陈西周建筑群基址发掘简报》，《文物》，1981 年第 3 期。

107. 吴震：《新疆东部的几处新石器时代遗址》，《考古》，1964 年第 7 期。

108. 宝鸡茹家庄西周墓发掘队：《陕西省宝鸡市茹家庄西周墓发掘简报》，《文物》，1976 年第 4 期。

109. 新疆楼兰考古队：《楼兰古城址调查与试掘简报》，《文物》，1988 年第 7 期。

110. 中国科学院考古研究所二里头工作队：《河南偃师二里头早商宫殿遗址发掘简报》，《考古》，1974 年第 4 期。

111. 铜绿山考古发掘队：《湖北铜绿山春秋战国古矿井遗址发掘简报》，《文物》，1975 年第 2 期。

112. 李众：《中国封建社会前期钢铁冶炼技术发展的探讨》，《考古学报》，1975 年第 2 期。

113. 许宏、陈国梁、赵海涛：《二里头遗址聚落形态的初步考察》，《考古》，2004 年第 11 期。

114. 河南省文物研究所：《郑韩故城制骨遗址的发掘》，《华夏考古》，1990 年第 2 期。

115. 河南省文物研究所：《郑韩故城内战国时期地下冷藏室遗迹发掘简报》，《华夏考古》，1991年第2期。

116. 河南省文物研究所：《河南新郑郑韩故城制陶作坊遗迹发掘简报》，《华夏考古》，1991年第3期。

117. 张映文等：《陕西清涧县李家崖古城址发掘简报》，《考古与文物》，1988年第1期。

118. 中国社会科学院考古研究所山东队、山东省文物考古研究所、聊城市文物局：《山东茌平教场铺遗址龙山文化城墙的发现与发掘》，《考古》，2005年第1期。

119. 山东省文物考古研究所等：《山东阳谷县景阳岗龙山文化城址调查与试掘》，《考古》，1997年第5期。

120. 东下冯考古队：《山西夏县东下冯遗址东区、中区发掘简报》，《考古》，1980年第2期。

121. 郝红星、季惠萍、王文华：《陨落的夏代城市：大师姑城址发掘记》，《大众考古》，2014年第10期。

122. 王文华、陈万卿、丁兰坡：《河南荥阳大师姑夏代城址的发掘与研究》，《文物》，2004年第11期。

123. 山东省博物馆：《临淄郎家庄一号东周殉人墓》，《考古学报》，1977年第1期。

124. 河南省文物研究所郑州工作站：《近年来郑州商代遗址发掘收获》，《中原文物》，1984年第1期。

125. 四川省文物管理委员会：《成都羊子山土台遗址清理报告》，《考古学报》，1957年第4期。

126. 湖北省博物馆：《盘龙城商代二里冈期的青铜器》，《文物》，1976年第2期。

127. 陈旭：《关于偃师商城和郑州商城的年代问题》，《郑州大学学报》，1985年第4期。

128. 张国硕：《郑州商城与偃师商城并为亳都说》，《考古与文物》，1996年第1期。

129. 中国社会科学院考古研究所洛阳汉魏故城工作队：《偃师商城的初步勘探和发掘》，《考古》，1984年第6期。

130. 徐昭峰：《试论郑州商城的建造过程及其性质》，《中国历史文物》，2006年第6期。

131. 河南省文化局文物工作队第一队：《郑州商代遗址的发掘》，《考古学报》，1957年第1期。

132. 杨锡璋：《1987年夏安阳郭家庄东南殷墓的发掘》，《考古》，1988年第10期。

133. 安志敏：《中国早期铜器的几个问题》，《考古学报》，1981年第3期。

134. 中国科学院考古研究所安阳发掘队：《殷墟出土的陶水管和石磬》，《考古》，1976年第1期。

135. 赵芝荃、郑光：《二里头遗址与偃师商城》，《考古》，1983年第3期。

136. 张福康：《中国古代琉璃的研究》，《中国古瓷器研究》，科学出版社，1987年。

137. 河南省博物馆新郑工作站等：《河南新郑郑韩故城的钻探和试掘》，《文物资料丛刊》第3辑，1980年。

138. 尹申平：《陕西新石器时代居民对环境的选择》，《中国考古学研究论集》，三秦出版社，1987年。